학습자와 교수자 모두를 위한 영문법지침서

# 영문법 대계

*A Compendium of English Grammar*

김강석 지음
영문학박사 이정희 감수

영문법 주요 개념부터 용어까지 올바른 정의
기초에서 고급까지 문법사항의 체계적·유기적 서술
풍부한 예문을 통한 문법·독해·작문 동시학습
연습문제를 통한 완벽한 복습

## 머리말

영어를 익히기 위해서 기본적으로 공부해야 하는 것이 영문법이라고 할 수 있다. 영문법은 바로 영어의 듣기, 읽기, 쓰기, 말하기를 위한 규칙이자 원리이기 때문이다. 우리가 영문법을 공부하는 목적은 영문법 그 자체를 잘 알기 위해서라기보다는 영어를 더 잘 듣고, 읽고, 쓰고, 말할 줄 알기 위해서이다. 그러므로 영문법에 관한 책은 단지 영문법을 위한 영문법만을 서술해서는 안 되며 또한 특정 시험을 위한 문법공식을 나열한 것이어서도 안 된다.

진정한 영문법서란 그 안에 듣기, 읽기, 쓰기, 말하기에 대한 규칙과 기본용법에 대한 설명이 모두 들어있어야 한다. 그러므로 영문법은 그렇게 간단하거나 쉽다고 할 수가 없다.

학창시절 영어 포기자였던 나는 학교를 졸업 후 수험과 문학 공부를 위해 영어공부를 다시 시작했다. 하지만 기존의 영문법 학습서들을 통하여 영어를 공부하면서 수많은 시간을 들여도 시험성적은 크게 나아지지 않았고 영문학 원서를 제대로 읽을 수 있는 수준에는 결코 도달할 수가 없었다. 그리하여 직접 영어를 찾아 나서기로 작정하였다. 먼저 나 자신이 쉽게 알아볼 수 있는 영문법 정리 노트를 만들어 보기로 하고 국내외의 이론서, 논문, 잡지, 사전 등을 참조하여 영문법을 총정리하여 보았다. 그리고 본격적으로 영어를 연구하고 가르치면서 기존의 영어학습서를 통해서는 일반 학습자가 영문법을 제대로 이해하는 데 한계가 있을 수밖에 없음을 알았다. 또 영어를 가르치는 분들도 그 학습서들의 한계를 넘어서지 못하는 경우가 많음을 알 수 있었다. 정리 노트의 분량이 차츰 늘어가면서 문득 나와 같은 처지에 있는 모든 영어학습자들이 보이지 않는 그 한계를 넘어 포기하지 않고 끝까지 읽어낼 수 있는 영문법 책이 있으면 좋겠다는 생각을 하게 되었다. 그리고 이제 그 오래고 숨이 가빴던 영어를 찾아가는 여정의 상세한 기록을 본서에 담아 내놓는다.

본서의 특징으로는 다음과 같은 것들이 있다.

첫 번째로, 본서는 영문법의 주요개념과 용어의 정확하고 바른 정의 내지 개념 정립을 하고자 노력하였다. 즉, 영어공부에 가장 기본이 되는 것임에도 불구하고 기존의 대부분의 영문법 학습서들이 놓치거나 잘못 설명하고 있는 영문법의 주요개념과 용어의 뜻을 바르고 정확하게 서술하여 학습자들이 영문법의 주요개념이나 용어로 인한 혼란에서 벗어날 수 있도록 하였다.

　두 번째로, 올바른 개념·용어 속에서 이끌어낸 세부 문법사항들을 기초에서 고급까지 체계적이고도 유기적으로 서술하여 누구라도 바르고 쉽게 영문법(영어)을 이해할 수 있도록 하였다. 본서의 효율적인 활용을 위해 영어 초심자로서 본서를 처음 읽을 때는 우선 본문만을 읽고, 어느 정도의 영어 실력을 갖추었거나 본서를 2회 이상 읽을 때는 '덧붙임' 부분과 '참고' 부분까지 읽기를 권한다.

　세 번째로, 문법사항과 관련한 글말(문어) 및 입말(구어)의 예문을 풍부히 싣고 충실한 해석을 달아 예문을 통해서 읽기, 쓰기, 그리고 말하기까지도 한꺼번에 익힐 수 있도록 하였다.

　네 번째로, 각 장의 뒤에 둔 복습용 연습문제(REVIEW EXERCISES) 부분에서는 본문의 내용을 복습, 정리하는 것은 물론, 여러 시험유형을 익힐 수 있도록 수능, 대학편입, 대학원, 고시, 공무원시험의 기출문제 및 문법 관련 토익(TOEIC) 유형의 문제를 엄선하여 본문을 토대로 하여 상세한 해설과 해석을 붙였다.

　절대 적지 않은 분량의 원고를 꼼꼼히 살펴보아 주시고 고귀한 조언의 말씀과 격려를 해주신 존경하는 이정희 박사님께 머리 숙여 감사를 드린다. 그리고 본서를 멋진 모습으로 출간해 주신 밥북 주계수 대표와 편집·교정하느라 많은 고생을 하신 편집부 윤정현 과장님 등 출판사 직원께 깊은 감사를 드린다. 끝으로 독자 여러분의 많은 지도와 편달을 부탁드리는 바이다.

2017년 새로운 봄에

김 강 석

## 감수의 변 ■

외국어(영어)를 습득하는데 제일 좋은 방법은 바로 습득하고자 하는 나라에 가서 생활하며 공부하는 것이다. 왜냐하면 외국어 공부는 첫째 듣기(listening)부터 해야 하기 때문이다.

말을 알아듣게 되면 말하기(speaking)는 쉽게 배울 수가 있다. 듣기와 말하기가 되면 읽기(reading)를 하게 되는데 이는 글자를 배우는 순서이다. 글자를 알고 나면 쓰기(writing)를 하게 된다. 즉 말로 하는 것을 문장으로 기록하는 작문이 필요하게 된다. 그러나 누구나 다 외국에 직접 가서 외국어를 공부하기는 어렵다. 그리고 원어민이 아닌 이상 우리는 외국인으로서 우리만의 방법으로 필요한 만큼의 외국어를 배우면 된다 할 것이다. 우리의 외국어 공부는 읽기와 쓰기가 선행되는 것이 보통이므로 올바른 읽기와 쓰기를 위해서 문법적 지식은 필수적이다. 읽기와 쓰기가 완벽하게 된다면 듣기와 말하기는 약간의 실전 훈련만 있다면 쉬이 해낼 수가 있기 때문이다.

그렇다면 우리는 영어를 습득하기 위해 영문법을 어떻게 배워야 할 것인가. 영문법 원서를 볼 것인가, 그 번역서를 볼 것인가, 아니면 우리가 직접 만든 영문법 책을 통하여 배울 것인가. 이제 막 영어를 배우려는 사람에게 영문법 원서를 보라는 것은 어불성설이 될 것이며 또, 명성 있는 영문법 원서들을 아무리 잘 번역한다고 하여도 한국인인 우리가 외국인으로서 영어를 배우는 데 있어서 어려워하는 점을 속 시원하게 설명해주지도 못한다 할 것이다. 이것이 바로 한국어를 사용하는 우리에게 알맞은 영문법 지침서가 달리 필요한 이유라고 할 것이다. 번역서이든, 직접 쓴 것이든 아직껏 우리는 제대로 된 영문법 지침서를 갖지 못했다. 그만큼 시중에는 수많은 영문법 학습서들이 있지만 초급에서 고급을 아우르면서도 이해도가 높은 책을 찾기가 어렵다는 말이다. 그러던 차에 김강석 선생의 원고를 읽어가면서 그 내용의 폭과 질 면에서 우리의 좋은 영문법 지침서가 될 만하다고 생각되었다. 이에 몇 군데를 보완하여 출판을 격려하였다.

본서의 저자인 김강석 선생은 영어를 전공하지는 않았다. 그저 자신이 좋아하는 문학을 하면서 영문학에도 관심을 가지게 되어, 오랫동안 영어를 공부해오면서 효율적으로 영어를 완성하는 방법을 터득한 경우이다. 그것은 바로 영문법의 바른 숙지를 통해서라고 그는 단호히 말한다. 그리하여 김강석 선생은 영어공부에 어려움을 느끼는 사람들이 영문법을 바르고 쉽게 이해하고 활용할 수 있도록 이 책 '영문법 대계'를 내놓았다. 어려운 연구 여건 속에서 이처럼 훌륭한 책을 완성하기까지의 노고를 치하하는 바이다. 국내의 어떤 다른 영문법 학습서보다 독학은 물론 영어 실력[읽기, 쓰기, 말하기]을 증진시킬 수 있는 가장 효율적인 책이라고 확신한다. 중학생, 고등학생, 대학생, 수험생과 일반인은 물론 영어를 가르치는 선생님들께도 필독서로 추천한다.

2017년 5월

**감수자 영문학박사 이정희**

일러두기 ■

1. 본서에서는 기존의 한자 문법용어를 되도록 이면 우리말로 바꾸거나 겸용했다.

   예) 구어 → 입말  문어, 문장어 → 글말  구어체 → 입말체  문어체 → 글말체

   * '일상어'는 입말의 의미로 '일상체'는 입말체의 의미로 사용하기도 했다.

   도치 → 어순 바꿈  삽입어구 → 끼움어구

2. 약어

   본서에서 사용된 약어로는 다음과 같은 것들이 있다.

   cf.: 라틴어 confer (비교·참조하시오)  etc.: 라틴어 et cetera (기타 등등)

   ex: example (예, 보기)

   opp.: opposite (반대말, 반의어)  syn.: synonym (같은 말, 동의어)

   v.: verb (동사)  vi.: intransitive verb (자동사)  vt.: transitive verb (타동사)

   n.: noun (명사)  pron.: pronoun (대명사)  int.: interjection (감탄사)

   a. 또는 adj.: adjective (형용사)  ad.: adverb (부사)

   S 또는 s: subject (주어)  O 또는 o: object (목적어)  C 또는 c: complement (보어)

   D.O: Direct Object (직접목적어)  I.O: Indirect Object (간접목적어)

   O.C: Objective Complement (목적격보어)

   p.: page(페이지, 쪽)  pp.: p.의 복수 (복수의 페이지)

   p.p.: past participle (과거분사)

   〈영〉 또는 (영): 영국  〈미〉 또는 (미): 미국  〈법〉: 법률  〈약〉: 약어, 약자

3. [ ] 안의 숫자는 본권(제1권) 외의 권의 수를 표시합니다.

   예) 380[1] 〈제1권의 380쪽〉, 26[2] 〈제2권의 26쪽〉, 365[3] 〈제3권의 365쪽〉

## 4. 참고문헌

- Hornby, Albert Sydney. Guide to patterns and usage in English. London. Oxford University Press. 1975
- Randolph Quirk, Sidney Greenbaum, Geoffrey Leech, and Jan Svartvik. A Comprehensive Grammar of The English Language. London & New York. Longman. 1985
- Martin Hewings. Advanced Grammar in Use. Cambridge university Press. 1999
- Raymond Murphy. Grammar in use. New York. Cambridge university. 1994
- Swan, Michael. Practical English Usage. Oxford. Oxford university Press. 1995
- Strumpf, Michael. Douglas, Auriel. 2004. The Grammar Bible. Henry Holt & Co.
- 동아출판사 출판부. 영어정설. 서울. 동아출판사. 1962
- 안현필. 삼위일체 강의. 서울. 대영당. 1984
- 장재진. MAN to MAN 종합영어. 서울. 도서출판 맨투맨. 1994
- 한국비교언어학연구소. 국어로 배우는 영어. 서울. 우리말. 1992
- 이재옥. 고급영문법. 서울. 소망. 1994.
- 구희산. 영어음성학. 서울. 한국문화사. 1998
- 김영석. 영어형태론. 서울. 한국문화사. 1998
- 문용. 영어품사론. 서울. 한국문화사. 1998
- 정국. 영어음운론. 서울. 한국문화사. 1998
- 류진. 영어구문론. 서울. 백만사. 2004
- 박태호. 정문고시영어. 서울. 정문사. 1992
- 성기근. 프린시피아 고시영문법. 서울. 유풍출판사. 2000

- 송수찬. 꼭 알아야 할 고급영어문법. 서울. (주) 아이비김영·도서출판 Kim & Book. 2009
- 김규진. 영어합성어 구문연구. 성균관대 대학원 석사학위논문. 2003
- 김혜경. 영어의 합성어 형성 −하이픈 연결 합성어를 중심으로− 단국대대학원 박사학위논문. 2004
- 임홍빈 외. 바른 국어생활과 문법. 서울. 한국방송통신대학교출판부. 2005
- Longman. Longman Dictionary of Contemporary English. Longman. 1998
- Hornby, A. S., Wehmeier, Sally. Oxford Advanced Learner's Dictionary. Oxford University Press. 2000.
- 시사영어사 사전편찬실. 시사엘리트 영한사전. 서울. 시사영어사. 1999
  시사엘리트 한영사전. 서울. 시사영어사. 1999
- 민중서림편집국. 엣센스 영한사전. 서울. 민중서림. 1996
  엣센스 한영사전. 서울. 민중서림. 1996
- 금성출판사 사전팀. 뉴에이스 영한사전. 서울. 금성출판사. 2006
- 두산동아사서편집국. 프라임영한사전. 서울. 두산동아. 2004
- 국립국어연구원. 표준국어대사전. 서울. 두산동아. 1999

# 차례

## 제0장 영어 문법과 영어 문장

1. 영어 문법 (English grammar)   13
2. 영어 문장 (English sentence)   19
3. 8품사(The eight parts of speech)   36
4. 단어 (Word)   40
5. 구 (Phrase)   47
6. 절 (Clause)   50
- REVIEW EXERCISES -   54
= 해설·정답 =   56

## 제1장 동사(Verb)

1. 앞말   58
2. 동사의 종류별 문장 형식   70
- REVIEW EXERCISES -   152
= 해설·정답 =   157

## 제2장 부정사(Infinitive)

1. 앞말   163
2. 부정사의 용법   165
3. 원형부정사(root 또는 bare infinitive)   190
4. 부정사의 의미상의 주어 (sense subject)   194
5. 부정사의 태   198
6. 부정사의 시점 표시   200
7. 부정사의 부정   203
8. too ~ to부정사   204
9. 기타   206
- REVIEW EXERCISES -   211
= 해설·정답 =   214

## 제3장 동명사(Gerund)

1. 앞말     218
2. 동명사의 용법     220
3. 동명사의 의미상의 주어     225
4. 동명사의 시점표시     230
5. 동명사의 부정     234
6. 종속절의 동명사구문으로의 전환     235
7. to + ~ing (동명사) 구문     244
8. 주요 동명사 구문     248
- REVIEW EXERCISES -     259
= 해설·정답 =     263

## 제4장 분사(Participle)

1. 앞말     267
2. 분사의 종류     269
3. 분사의 용법 (분사의 형용사적 용법)     274
4. 분사구문(participial construction)     284
- REVIEW EXERCISES -     307
= 해설·정답 =     311

## 제5장 시제(Tense)

1. 앞말     316
2. 기본시제와 기본시제의 진행형     321
3. 완료시제와 완료진행시제     342
- REVIEW EXERCISES -     362
= 해설·정답 =     366

## 제6장 법(Mood)

1. 앞말 ........................................................... 370
2. 명령법 (imperative mood) ................................ 372
3. 가정법(subjunctive mood) ................................ 380
– REVIEW EXERCISES – ...................................... 411
= 해설·정답 = ................................................... 416

## 제7장 조동사(Auxiliary Verb)

1. 앞말 ........................................................... 421
2. 준(법)조동사 [형식조동사] be, do, have의 용법 ...... 424
3. 시제조동사(tense auxiliary verb) ........................ 428
4. 서법조동사(modal auxiliary verb) ....................... 429
– REVIEW EXERCISES – ...................................... 507
= 해설·정답 = ................................................... 512

## 제8장 일치와 화법(Agreement and Narration)

1. 일치의 의의 .................................................. 516
2. 수의 일치(Agreement of number) ...................... 516
3. 성의 일치 ..................................................... 530
4. 시제의 일치(sequence of tenses) ....................... 530
5. 화법 (Narration) ............................................ 539
– REVIEW EXERCISES – ...................................... 565
= 해설·정답 = ................................................... 571

## 제9장 태(The Voice)

| | |
|---|---|
| 1. 앞말 | 577 |
| 2. 수동태의 시제 | 586 |
| 3. 수동태문의 주어와 행위자 | 591 |
| 4. 동사의 종류에 따른 수동태 | 597 |
| 5. 조동사가 있는 문장의 수동태로의 전환 | 616 |
| 6. 의문문의 수동태 | 617 |
| 7. 부정문의 수동태 | 620 |
| 8. 명령문의 수동태(수동명령문) | 621 |
| 9. 기타 | 623 |
| - REVIEW EXERCISES - | 629 |
| = 해설·정답 = | 635 |

| | |
|---|---|
| 찾아보기(Index) | 640 |

## 제0장

# 영어 문법과 영어 문장

## 1. 영어 문법 (English grammar)

### (1) 의의

언어란 사상이나 감정을 표현하거나 전달하기 위하여 사용하는 음성, 문자, 몸짓 자체 또는 그것의 사회·관습적 체계를 가리킨다. 사람의 언어는 보통 사람의 사상, 감정이나 사람·사물의 이름, 사람·생물의 동작이나 상태, 사물의 상태 등을 기호로 나타낸 단어를 기본으로 하여 이 단어들을 일정한 구조로 조합·배열한 문장을 사용하여 표현된다. 언어 현상에 있어 문장을 구성하는 일정한 규칙 또는 질서가 바로 문법이다. (좁은 의미의 문법) **영어 문법이란** 바로 **영어문장을 구성하는 규칙** 또는 영어를 사용해온 사람들이 정한 **영어문장의 구조체계의 원리·원칙**이라고 할 수 있다.

※ 넓은 의미의 문법에는 좁은 의미의 문법 (문장론)에 음운에 관한 현상이나 어휘, 의미에 관한 기술 등 (어휘론)을 포함한다. 본서에서는 문장론을 주로 하여 일부 어휘론을 기술하고자 한다.

### (2) 영어의 우리말에 대한 문법적 특징

1) 우리말이 SOV형 언어라면 영어는 SVO형 언어이다. 즉, 우리말은 문장에서 핵심이라고 할 수 있는 동사가 문장의 끝에 (= 목적어 뒤에) 오는 동사-끝 (verb-final)의 언어이고, 영어는 주어 다음으로 오는 동사-두 번째 (verb-second)의 언어이다.

우리말: <u>나/는</u>   +   <u>삼순/을</u>   +   <u>좋아한다</u>.
〈주어 + 주격조사〉 〈목적어 + 목적격조사〉 〈동사〉

※ 우리말은 주어와 목적어에 주격조사와 목적격 조사가 붙는 것이 보통이다.

영어:  <u>I</u>   +   <u>like</u>   +   <u>Sam-sun</u>. (나 / 좋아한다 / 삼순.)
〈Subject(주어)〉 〈Verb(동사)〉 〈Object(목적어)〉

※ 영어에는 조사가 없다.

### 2) 우리말은 교착어인 반면에 영어는 굴절어이다. (△)

① 우리말은 보통 자격, 높임, 시제, 수, 피동, 기타 여러 의미를 나타내기 위하여 말의 중심이 되는 부분 (어근, 어간)에 조사나 앞에 열거한 것 등의 내용을 갖는 접미사를 붙임으로써 단어의 형태를 변화시킨다. 이렇게 우리말은 단어가 형태를 변화할 때 어간과 접사(조사포함)가 비교적 분명하게 구별되며, 하나의 형태소는 하나의 문법적인 기능을 한다고 할 수 있다. 이렇게 단어의 핵심부분에 특정의 단어를 붙임(= 첨가)으로 인해 그 실질적 의미를 더하거나 변화시키며, 문법적 기능의 변화도 갖게 하는 등의 특징을 갖는 언어를 교착어(agglutinative language) 또는 첨가어라고 한다.

■ **첨가의 예**

**아버지가 나귀타고 장에 가신다.**

아버지 / **가**(주격조사) 나귀 / 타(동사어간) / **고**(접속형 어미) 장/ **에**(방향을 나타내는 조사)
가(동사 어간) / **시**(존경형 접미사) / **ㄴ**(진행형 접미사) / **다**(종결형 접미사).

② 영어의 단어는 수(數), 성(性), 격(格), 인칭(人稱), 시제(時制), 태(態), 비교(比較), 법(法) 등의 문법 범주에 따른 어형(語形)의 변화(變化)를 갖는다. 즉, 영어에서 단어는 수, 성, 격, 인칭, 시제, 태, 비교, 법 등에 따라서 단어 자체의 형태가 변화된다. 이러한 단어의 형태 변화에 있어서도 어간과 접사가 쉽게 구별되지 않으며, 하나의 형태소가 복수의 문법적인 기능을 한다. 단어(형태소) 자체에 성, 격, 인칭 등을 나타내는 요소가 포함되어 있기 때문이다. 그리고 단어의 형태변화가 있을지라도 그 내용적 변화

는 없으며 단지, 형식적(= 문법적) 기능의 변화만을 갖는다. 이처럼 **단어가 특정의 문법적 역할에 따라서 내부적으로 형태변화를 하는 것을 굴절**(inflection)이라 하고, 이 굴절의 형식으로 형태변화를 하는 특징을 갖는 언어들을 굴절어(inflected language)라고 한다.

> **■ 굴절의 예**
>
> 수에 따른 형태변화: am 〈단수〉 – are 〈복수〉
>
> 성에 따른 형태변화: he 〈남성〉 – she 〈여성〉 – it 〈중성〉
>
> 격에 따른 형태변화: he 〈주격〉 – his 〈소유격〉 – him 〈목적격〉
>
> 인칭에 따른 형태변화: go 〈1, 2인칭〉 – goes 〈3인칭〉
>
> 시제에 따른 형태변화: come 〈현재시제〉 – came 〈과거시제〉
>
> 비교(급)에 따른 형태변화: rich 〈원급〉 – richer 〈비교급〉 – richest 〈최상급〉

※ 영어의 굴절어로서의 특징은 우리말 등 다른 언어체계와의 비교에서 나타나는 특징적 요소일 뿐이며 영어 단어의 형태변화 전반에 걸쳐 적용되는 것은 아니라고 할 수 있다. 즉, 첨가어로서의 특징인 파생법에 의한 복합어의 형성이라든가, ① 명사의 복수형은 원칙적으로 단수형 명사에 복수의 굴절접사 –(e)s를, ② 명사의 속격(소유격)은 명사에 속격의 굴절접사 –'s를 붙이고, ③ 동사의 3인칭·단수·현재는 그 원형에 –(e)s를, ④ 규칙변화 하는 동사의 과거시제형이나 완료시제형에는 보통 그 원형에 과거형 굴절접사 –ed를, 진행형에는 그 원형에 –ing를 붙이며, ⑤ 형용사나 부사의 비교급은 원칙적으로 그 원급에 비교의 굴절접사 –er을, 최상급은 그 원급에 비교의 굴절접사 –est를 붙인다거나 하는 것처럼 굴절의 형식 자체는 때로는 첨가(= 파생)에 의하기도 한다.

3) 영어에는 우리말에는 없는 관사, 관계사, 접속사, 형식어(가주어 it, 허사 there 등)와 같은 것들이 있다.

① 관사 ☞ 제11장 한정사에서 (p. 97[2])

명사 앞에 놓여 그 **명사의 의미를 한정하거나 그것의 지시범위를 한정해 주는 기능**을 가진 a, an, the를 가리켜 관사(冠詞)라 한다. 우리말에도 필요에 따라 명사 앞에 관형사가 붙어 영어의 관사와 일부 유사한 기능을 하는 경우도 있으나, 영어에서는 불특정의 단수 보통명사 앞에는 반드시 부정관사 a [an]을 붙여야 하고, 또, 특정한 것을 가리키거나, 습관적으로 어떠한 명사에는 반드시 정관사 the를 붙여야 하는 것처럼 어느 명사에 반드시 붙여야만 하는 관형사는 없다 할 것이다. 결론적으로, 우리말에는 영어의 관사에 해당하는 것이 없다.

② **관계사** ☞ 제16장 관계사에서 (p. 11[3])

종속절 내에서 명사, 형용사, 부사로 쓰이면서 동시에 주절 속의 어느 말을 수식하여 종속절을 주절에 연결시키는 접속사의 역할을 겸하는 말을 관계사라고 한다. 우리말에도 관계사절과 같은 문장구조는 있으나 관계사 자체는 없다.

> **우리말**: 이것이 내가 어제 산 책이다.
> ※ 하나의 절이 또 다른 (더 큰) 절 안에 들어간 구조인데, 이때 이 두 개의 절을 이어주는 어떠한 형식적인 말이 덧붙지 않음을 알 수 있다.
>
> **영어**: This is the book. + I bought the book yesterday.
>   → This is the book which I bought yesterday.
> ※ 이 문장 역시 하나의 절 (종속절)이 또 다른 절 (주절)을 수식하는 구조인 데, 이때 본래는 뒤의 절에 the book이라는 말이 들어가야 하는데 이를 대신하는 말 which를 쓰고, 이를 앞 절에서 같은 것을 가리키는 말 (the book) 뒤로 가져다 붙여, 두 개의 문장을 연결시키는 역할을 하게 된다. 이러한 기능을 하는 말을 관계사라고 하는데 우리말에는 이러한 것이 없다.

③ **접속사** ☞ 제17장에서 (p. 98[3])

단어와 단어, 구와 구, 문장과 문장을 연결하거나 문장을 한 단어와 같이 묶어주는 역할을 하는 단어의 갈래 (품사)이다. 영어에서 접속사는 연결어로서는 물론 특정한 표현법 (서법)을 만드는 데도 쓰여 중요한 역할을 하므로 하나의 단어 갈래인 품사로 인정받고 있다. 우리말에도, '그리고', '그러나', '또는'과 같은 (등위) 접속사의 역할을 하는 말이 있으나, 이들은 영어에서 특정한 문장을 만들 경우에는 특정한 접속사를 사용해야 하는 경우처럼, 하나의 품사로 인정할 만큼의 기능을 담당하지 못하기에 단지 부사의 하나로만 취급하고 있다 할 것이다.

④ 단순형식어 [가주어·가목적어 it, 허사 there]의 사용

우리말에는 하나의 문장을 만들기 위해 내용적 의미를 갖지 않는 말을 집어넣어 주어나 목적어로 사용하는 일은 없다. 하지만 영어에서는 시간, 계절, 날씨, 온도, 명암, 거리 등을 막연히 가리키면서 주어로 사용될 경우의 it이나, 막연한 상황을 나타내어 주어나 목적어로 사용될 경우의 it, 그리고 하나의 완성된 문장을 만들기 위해 별다른 뜻 없이 쓰이는 허사로서의 there 등 형식적으로만 쓰이는 말들이 있다.

It is Sunday today. 〈시간을 나타내는 문장에 쓰이는 가주어 it〉　　　오늘은 일요일이다.
It's your turn. 〈막연한 상황을 나타내는 문장에 쓰이는 가주어 it〉　　　네 차례다.
I will fight it out. 〈막연한 상황을 나타내는 문장에 쓰이는 가목적어 it〉　나는 끝까지 싸우겠다.
There is a book on the desk. 〈'~이 있다.'라는 뜻을 나타내는 문장에 별다른 뜻 없이 쓰이는 there〉
　　　　　　　　　　　　　　　　　　　　　　　　　　　　　책상 위에 책이 한 권 있다.

4) 우리말은 수식하는 말이 반드시 수식 받는 말 앞에 놓이는 즉, 왼쪽으로 가지를 치는 좌분지 언어(left branching language)임에 대하여, 영어는 전치사, 접속사, 관계사 등의 연결어를 이용하여 오른쪽으로 가지를 치는 우분지 언어(right branching language)이다. 즉, 영어에서 명사를 수식하는 관계사절이나 전치사구는 반드시 명사의 뒤인 오른쪽에 놓인다.

> **우리말**: [ [ [어제 내가 만난] 친구]가] 얘기한] 여학생
> **영어**: the book on the desk　　그 책상 위에 있는 책
> the girl (whom) I met yesterday　어제 내가 만난 소녀
> the student (that) I know that can speak English.
> 내가 알고 있는 영어를 말할 줄 아는 학생

5) 우리말은 복수 대상에는 반드시 복수를 나타내는 말이 연결되어야 하는 것은 아니나, 영어의 경우에는 복수를 나타내는 말에는 반드시 복수를 나타내는 변화형을 써야 한다. 또한, 우리말은 엄격한 성(性), 수(數), 인칭(人稱) 상의 일치를 요하지 않으나, 영어는 우리말 보다 엄격한 성, 수, 인칭 상의 일치를 요한다.

☞ 명사의 복수형 (p. 47[2]) 및 수의 일치 (p. 516[2]) 참조

> 우리말: 운동장에는 학생이 많다. (o)
> 　　　　운동장에는 학생들이 많다. (o)
> ※ 위 두 문장은 의미에 있어서 별다른 차이가 없다고 할 수 있다. 이처럼 우리말은 복수를 가리키기 위해 복수표지의 말을 반드시 쓸 것을 요구하지는 않는다. 그리고 어느 경우에는 복수를 나타낼지라도 복수표지의 말을 써서는 안 되는 경우도 있다.
> 예) 나는 두 책들을 샀다. (x) → 나는 책 두 권을 샀다. (o) / 나는 책 둘을 샀다. (o)
>
> 영어: I bought **two** book. (x) → I bought **two books**. (o) 나는 책 두 권을 샀다.
> 　　　There is **many** student in the playground. (x)
> 　　→ There **are many** students in the playground. (o) 운동장에는 많은 학생들이 있다.
> ※ 이처럼 영어는 셀 수 있는 명사 앞에 복수 수사가 올 경우에는 반드시 그 명사의 복수형을 사용해야 하고, 복수를 나타내는 명사가 주어일 경우 그 동사 역시 복수형을 써야 한다.

6) 우리말의 형용사는 독자적으로 서술어로 쓰일 수 있다. 즉, 우리말의 형용사는 동사처럼 어형변화를 갖는 등 동사와 거의 동일한 기능을 한다. 그러나 영어의 형용사는 우리말과는 달리 동사 없이 독자적으로 서술어가 되지는 못한다. 즉, 영어의 형용사는 명사를 수식하는 수식어 기능을 주로 하고, 동사와 함께 서술어 기능(보어)을 할 수 있다.

> 우리말: <u>하늘이</u>　　<u>푸르다</u>. (o)
> 　　　　〈주어〉　〈형용사 (서술어)〉
> ※ 우리말은 형용사가 독자적으로 서술어가 될 수 있어 동사 없이도 '주어 + 형용사'만으로도 완전한 문장을 이룰 수 있다.
>
> 영어: <u>The sky</u>　　<u>blue</u>. (x)
> 　　　〈S (주어)〉　〈adjective (형용사)〉
> → <u>The sky</u>　　<u>is</u>　　<u>blue</u>. (o) 하늘이 푸르다.
> 　　〈S (주어)〉　〈V (동사)〉　〈Complement (보어)〉
> ※ 영어는 동사가 없으면 완전한 문장을 이루지 못한다. 그러한 측면에서 영어의 형용사는 be동사나 기타 자동사 없이 독자적으로 서술어 (주격 보어)가 되지 못한다.

## 2. 영어 문장 (English sentence)

### (1) 의의

　문장 (sentence)이란 생각이나 감정을 말로 표현할 때 완결된 내용을 나타내는 최소의 단위로서 말의 주체를 나타내는 주어와 그 주어의 동작이나 상대를 나타내는 (서)술어를 결합하여 나타내는 말의 기본적인 형식체계를 말한다. 영어 문장이란 영어 단어를 사용하는 문장을 말한다. **영어의 문장도 기본적으로 「주어 + 서술어 (동사)」로서 성립**한다. 영어에서 서술어가 되는 것은 동사뿐이다. 즉, '서술어 = 동사'가 된다.

### (2) 영어 문장의 요소

　영어문장의 요소(=성분)란 영어 문장의 구성에 필수적으로 요구되거나 부가적으로 요구되는 각각의 단위들을 가리킨다. 문장의 구성에 반드시 요구되는 요소를 **주요소(主要素)**라고 하며, 부가적으로 요구되는 요소들을 **종요소(從要素)**라고 한다. 이처럼 영어 문장의 구성에 기본적으로 요구되는 주요소와 종요소를 가리켜 영어 문장의 **기본요소**라고 한다. 그리고 영어문장의 구성에 반드시 필요한 것은 아니지만, 영어 문장 내에서 독립적으로 쓰여 감탄, 호칭, 부연설명 등을 나타내는 말들을 **독립요소(獨立要素)**라고 한다.

#### 1) 주요소 (The main elements)

　**영어 문장이 성립하기 위해서 반드시 필요한 성분을 주요소**라고 한다. 주어(subject), 동사(verb), 목적어(object), 보어(complement)를 영어 문장의 주요소로 본다. 이것들은 문장의 종류에 따라 하나라도 없으면 영어 문장이 성립되지 않는다.

##### ① 주어 (Subject)

　주어는 영어 문장의 주요소의 하나로 동사가 나타내는 **동작이나 상태의 주체가 되는 말**을 가리킨다. 명사, 대명사와 이에 상당하는 구 (명사구)나 절 (명사절)이 주어가 될 수 있다.

Sam-sik returned to his hometown to engage in farming. 〈고유명사〉

삼식은 농사를 짓기 위해 그의 고향에 돌아왔다.

She is a cute girl. 〈대명사〉  그녀는 귀여운 아가씨이다.

To learn a foreign language is very difficult. 〈명사구 (to부정사구)〉

외국어를 배우는 것은 매우 어렵다.

Swimming in the river in this weather is very dangerous. 〈명사구 (동명사구)〉

이런 날씨에 강에서 수영을 하는 것은 매우 위험하다.

The rich are not always happy. 〈명사구 (the + 형용사)〉

부자라고해서 반드시 행복한 것은 아니다.

That she is honest is known to everybody. 〈명사절 (that절)〉

그녀가 정직하다는 것은 누구나 다 안다.

What is beautiful is not always good. 〈관계대명사절〉

아름다운 것이 반드시 좋은(선한) 것은 아니다.

② 동사 (Verb)

동사는 주어의 동작, 작용, 상태를 나타내어 문장에서 서술어가 되는 말이다. 완전한 하나의 영어문장이 성립하기 위하여서는 술어인 동사가 반드시 있어야 한다.

※ 영어에서 술어가 되는 것은 동사뿐이며, 술어인 동사만으로 뜻의 전달이 불완전한 경우에 동사를 보완하기 위해 보어, 목적어, 부사어를 사용한다. 이와 같이 술어(=동사)와 이를 보완해 주기 위해 쓰이는 보어, 목적어, 부사어 등의 부분을 통틀어 술부(=서술부)라 하고, 주어와 그에 딸린 수식어 부분을 주부 (= 주어부)라 한다.

He runs very fast.  그는 매우 빨리 달린다.
I love you.  너를 사랑해.
I can speak English.  나는 영어를 말할 수 있다.

※ 여기의 can은 동사 speak를 보조해주는 **조동사**이다.

③ 목적어 (Object)

목적어는 동사의 동작이나 작용이 미치는 대상, 즉, **타동사 다음에 와서 동작이나 작용을 받는** 말을 가리킨다. 명사, 대명사 및 그에 상당하는 구나 절이 목적어가 된다.

　　Everyone likes **her**. 〈her: 목적어〉　　　　　　　모든 사람들이 그녀를 좋아한다.
　　My mother gave **me some money**. 〈me (대명사): 간접목적어, money (명사): 직접목적어〉
　　　　　　　　　　　　　　　　　　　　　　　　　　　　엄마가 내게 얼마의 돈을 주셨다.
　　I think **that she is very pretty**. 〈that절〉　　　나는 그녀가 매우 예쁘다고 생각한다.
　　I cannot help **falling in love with you**. 〈동명사구〉
　　　　　　　　　　　　　　　　　　　　　　　나는 당신과 사랑에 빠지지 않을 수가 없습니다.
　　I don't know **what to do** right now. 〈의문사구〉
　　　　　　　　　　　　　　　　　　　　　　　　　　나는 당장 무엇을 해야 할지를 모르겠다.
　　Do you know **where she lives**? 〈의문사절〉　당신은 그녀가 어디 사는지 압니까?
　　He hopes **to see her** soon. 〈to부정사구〉　　그 남자는 곧 그 여자를 만나기를 바라고 있다.


④ 보어 (Complement)

주어 또는 목적어와 동사만으로는 뜻이 불완전할 경우에 **주어나 목적어를 보충하기 위해 쓰이는** 말을 가리킨다. 명사, 대명사, 형용사 및 그에 상당하는 구나 절이 보어가 된다. 다만, 원칙적으로 절을 목적격 보어로 하지는 못한다.

　　I am **a student**. 〈명사: 주격 보어〉　　　　　　　　　　나는 학생이다.
　　She looks **happy**. 〈형용사: 주격 보어〉　　　　　　　　그녀는 행복해 보인다.
　　My hobby is **reading books**. 〈동명사구: 주격 보어〉　내 취미는 독서이다.
　　She seems **to be rich**. 〈부정사구: 주격 보어〉　　　　그녀는 부자인 것으로 보인다.
　　He sat **reading the newspaper** on the sofa. 〈현재분사(구): 주격 보어〉
　　　　　　　　　　　　　　　　　　　　　　　　　　그는 신문을 읽으면서 소파에 앉아있었다.
　　I am not **what I was**. 〈관계대명사절: 주격 보어〉　나는 과거의 내가 아니다.
　　The problem is **which is the best choice**. 〈의문사절: 주격 보어〉
　　　　　　　　　　　　　　　　　　　　　　　　　문제는 어느 쪽이 최선의 선택이냐 이다.

I believe him (to be) **honest**. 〈형용사: 목적격 보어〉   나는 그를 정직하다고 믿는다.

I had my purse **stolen**. 〈과거분사 (형용사): 목적격 보어〉   나는 지갑을 도둑맞았다.

He had Tom **wash his car**. 〈원형부정사: 목적격 보어〉

그는 톰에게 그의 차를 수리하도록 시켰다.

She kept me **waiting for an hour**. 〈동명사: 목적격 보어〉

그녀는 나를 한 시간 동안 계속해서 기다렸다.

## ■ 주부 (complete subject)와 술부 (complete predicate)

문장 [주어 + 술어 (동사)]에서 주어와 이에 딸린 수식어 부분을 통틀어 주부(主部)라 하고, 동사(술어)와 보어, 목적어, 부사어 등 주부를 제외한 모든 부분을 통틀어 술부(述部)라고 한다.

Anyone who wants to come     is welcome.
주부[주어 + 관계사절 (주어를 수식)]   술부[술어 동사 + 보어 (형용사)]

오고 싶어 하는 사람은 누구라도 환영한다.

In spring everything     is fresh and vivid.   봄에는 만물이 생동한다.
주부[수식어+주어]     술부[술어 동사 + 보어 (형용사) + 형용사]]

This     is the house where I was born.   이곳이 내가 태어난 집이다.
주부(=주어)   술부[술어 동사 + 보어 (명사)] + 관계사절]

Anyone who saw the accident     should call the police.
주부[주어 + 관계사절 (주어를 수식)]   술부[조동사 + 동사 + 목적어 (명사)]

사건을 목격한 사람은 누구든지 경찰을 불러야 한다.

There was     a breeze stirring the branches of the trees.
술부 [부사어 + 술어 동사]   주부[명사 + 현재분사구 (명사인 주어를 수식)]

산들바람은 나뭇가지를 살랑살랑 흔들고 있었다.

A fire   (breaks out)! / (There is)   A fire!   불이야!
주부(=주어)   술부(생략)     술부 (생략)   주부(=주어)

(You)     Listen!     (내말) 들어봐! / 이봐. / 있잖아.
주부(=주어)생략   술부 (동사)

How beautiful   she   is!   그녀는 정말로 예쁘구나!
술부(부사 + 형용사)   주부(= 주어)   술부 (동사)

※ 술부의 일부가 글머리로 나온 경우이다.

## 2) 종요소(Subordinate elements)

종요소(=종속성분)에는 문장의 주요소를 꾸며주는 말인 **수식어구**, 단어나 문장을 연결하여주는 말인 **연결어구(연결사)**, 그리고 주요소에 대하여 독립적으로 쓰이는 **독립어구**가 있다. 수식어구로는 형용사, 부사 및 그 상당어구가 있고, 연결어구로는 접속사, 전치사, 관계사가 있고, 독립어구로는 감탄사, 호격어구, 끼움어구, 동격어구 등이 있다. 이들 종요소는 생략해도 보통은 문장이 성립한다.

### ① 수식어구 (modifiers)

문장의 주요소를 꾸며주는 말들을 가리킨다.

❶ **명사 (주어, 목적어, 보어)를 꾸미는 수식어구**: 일반적으로 형용사와 형용사 역할을 할 수 있는 어, 구, 절이 명사를 수식한다.

ⅰ. 관사 및 한정사 ☞ 제11장 한정사에서 (p. 97[2])

ex) a [an], the, this, that, these, those, some, any, no, every, another, more, 소유격 등

ⅱ. 형용사와 그에 상당하는 어, 구, 절 ☞ 제13장 (형용사)에서

a certain person 어떤 사람　　　　a flying bird 날고 있는 새
a drunken man 만취한 사람　　　　the building ablaze 불타는 건물

Students **arriving** late will not permitted. 〈현재분사 (형용사)〉
　　　　　　　　　　　　　　　　늦게 도착하는 학생들은 입장이 허락되지 않을 것이다.

I received a letter **written** in English. 〈과거분사 (형용사)〉
　　　　　　　　　　　　　　　　나는 영어로 쓴 편지를 한 장 받았다.

He is a man **of importance**. 〈전치사구가 형용사 역할〉　　그는 중요한 인물이다.

I need a pen **to write with**. 〈부정사구가 형용사 역할〉　　나는 쓸 펜이 하나 필요하다.

Anyone **who wants to come** is welcome. 〈관계대명사절이 형용사 역할〉

This is the house **where I was born**. 〈관계부사절이 형용사 역할〉

iii. 명사 또는 동명사가 형용사처럼 쓰일 경우 ☞ p. 42[2] 이하 참조

    a **savings** bank 저축은행            **account** number 계좌번호
    a **sleeping** bag 잠자는 가방 (= 침낭)    a **waiting** room 대기실, 대합실

## ❷ 동사를 꾸미는 수식어구

부사와 그에 상당하는 구, 절이 동사를 수식한다.

### i. 부사

| | |
|---|---|
| I **often** <u>go</u> to the movies alone. | 나는 종종 혼자 극장에 간다. |
| Spring <u>came</u> **late** this year. | 올해는 봄이 늦게 왔다. |
| He <u>runs</u> **very fast**. | 그는 매우 빨리 달린다. |

### ii. 부사구

He <u>works</u> **hard to pass the exam**. 〈부정사구인 부사구가 동사를 수식하는 경우〉

The sun <u>rises</u> **in the east**. 〈전치사구인 부사구가 동사를 수식하는 경우〉

**Walking along the street yesterday**, I <u>met</u> an old friend of mine.
〈분사구문인 부사구가 동사를 수식하는 경우〉

### iii. 부사절 ☞ 제17장 (접속사)에서

| | |
|---|---|
| **As time passes**, one's sorrows <u>become</u> thin. | |
| | 세월이 흘러가면서 사람의 슬픔도 옅어진다. |
| Tom <u>was absent</u> **because he was ill**. | 톰은 몸이 아파서 결석했다. |

## ❸ 형용사, 부사를 꾸미는 수식어구

부사와 이에 상당하는 말들 (부사구, 부사절)이 형용사나 부사를 수식한다.

### i. 부사

This book is **too** difficult for me. 〈부사 (too)가 형용사 (difficult)를 수식〉

                                            이 책은 내게 너무 어렵다.

It is a **very** amusing story. 〈부사 (very)가 형용사 (amusing)를 수식〉

그것은 매우 재미있는 이야기이다.

She was **much** surprised. 〈부사 (much)가 형용사 (surprised)를 수식〉

그녀는 무척 놀랐다.

She cooks **quite** well. 〈부사 (quite)가 부사 (well)를 수식〉

그녀는 요 매우 잘한다.

He promised me to come back **very** soon. 〈부사 (very)가 부사 (soon)를 수식〉

그는 바로 돌아오겠다고 내게 약속했다.

ii. 부사구

Smoking is harmful **to health**. 〈전치사구인 부사구가 형용사 (harmful)를 수식〉

흡연은 건강에 해롭다.

She did so **on purpose**. 〈전치사구인 부사구가 부사 (so)를 수식〉

그녀는 일부러 그렇게 했다.

That book is difficult **to read**. 〈부정사구인 부사구가 형용사 (difficult)를 수식〉

그 책은 읽기가 어렵다.

iii. 부사절

It didn't take <u>so</u> long **as we expected**. 〈부사절이 부사 (so)를 수식〉

그것은 우리가 생각했던 만큼 그렇게 오래 걸리지는 않았다.

② 연결어구 (transition words)

단어, 구, 문장을 서로 연결하여 주는 역할을 하는 말을 가리킨다. 연결사(連結詞)라고도 한다.

❶ 접속사

단어와 단어, 구와 구, 문장과 문장을 서로 연결하는 말의 종류를 접속사라 한다.

i. 등위접속사 (coordinate conjunction)

단어와 단어, 구와 구, 문장(절)과 문장(절) 등 문법적으로 대등한 것을 서로 연결하여 주는 말을 가리킨다.

ex) and, but, for, or, nor, so, yet 등

ii. 종속접속사 (subordinate conjunction)

종속절 앞에 놓여 그 절을 한 단어와 같이 묶어주는 역할을 하여 주가 되는 문장 (주절)의 주어, 목적어, 보어가 될 수 있도록 하게 하여 주는 말 (명사절을 이끄는 종속접속사)과 시간, 장소, 원인·이유, 목적, 결과, 양보, 조건, 비교 등을 나타내는 부사구와 같은 역할을 할 수 있도록 하게 하여 주는 말 (부사절을 이끄는 종속접속사)을 가리킨다.

ex) that, if, whether, when, while, until, where, if, for, because, as, though 등

❷ 전치사

'전치사 + 명사·대명사'의 형태로 그 명사·대명사와 다른 말과의 관계를 표시하면서 형용사구, 부사구, 동사구를 형성하는 말의 종류 (품사)를 가리킨다.

❸ 관계사

종속절 내에서 명사, 형용사, 부사로 쓰이면서 동시에 주절 속의 어느 말을 수식함으로써 종속절을 주절에 연결시키는 역할을 하는 말을 가리킨다.

3) 독립요소 (absolute elements)

영어 문장의 구성에 반드시 필요한 것은 아니지만, 문장 내에서 독립적으로 쓰여 감탄, 호칭, 부연설명 등을 나타내는 말을 독립요소 또는 독립어구(absolute words)라고 한다. 이에는 감탄어구, 호격어구, 끼움어구, 동격어구 등이 있다.

① 감탄어구 (감탄사): 기쁨, 슬픔, 놀라움, 무서움 등의 감정을 나타내는 말이다.

Bravo!; Alas!; Oh, my God! 등

② 호격어구 (부르는 말): 누군가를 부를 때 쓰는 말

| | |
|---|---|
| Mother! 어머니! / Mom! 엄마! | Father! 아버지! / Daddy! 아빠! |
| My Boy! 얘야!; 아들아!; 이봐 자네! | Darling [Love]! 여보, 자기야. |
| Mister! 아저씨! | Miss! 아가씨 |
| Hey! 이봐! | Captain! |
| Doctor! | Professor! |

Thank you, Mr. Kim.

Good morning, Captain.

③ 끼움어구 (삽입어구)

부가적 설명을 위해 문장의 중간에 끼워 넣는 일정한 말 (어·구·절)을 가리킨다.

He is, **so far as I know**, a reliable man.　　**내가 아는 한에서** 그는 믿을만한 사람이다.

You are, **so to speak**, a fish out of water.　　**말하자면** 너는 물 밖에 나온 물고기이다.

④ 동격어구

명사 또는 명사에 상당하는 말에 대하여 동일함을 나타내어 그것을 수식·설명하는 말을 가리킨다.

<u>Mr. Kim Sam-sik</u>, <u>our teacher</u>, is a Korean. 우리 선생님이신 김삼식 씨는 한국인입니다
　　〈명사〉　　　〈동격어구〉

### (3) 영어 문장의 종류

영어 문장의 종류로는 문장 구성의 기본인 「주어 + 동사」의 관계가 몇 번 성립하느냐에 따라서 단 한 번만 성립하는 **단문**과 이 관계가 두 번 이상 성립하는 **복문**으로 구별할 수 있다. 복문은 다시, 대등한 문장이 두 개 이상 이어지는 대등문, 주된 문장 속에 종속된 문장을 포함하는 구조의 일반 복문으로 나눌 수 있는데, 이 둘을 완전 분리하여 전자를 **중문[또는 대등**

문], 후자만을 복문(=겹문장)이라 부르는 것이 보통이다. 그리고 대등문 중에 하나라도 복문인 경우의 중문을 혼문(또는 혼합문)이라고 한다. 또한, 문장은 서법(敍法)에 따라서 평서문, 의문문, 가정문, 감탄문, 명령문, 기원문 등으로 나눌 수 있다.

> ■ **문장의 분류**
> - 문장 구조상의 분류: 단문, 중문, 복문, 혼문(=혼합문)
> - 문장 의미상 (서법)의 분류: 평서문, 의문문, 가정문, 명령문, 감탄문, 기원문
>
> ※ **서법 (the mood)**
> 서법 (敍法)이란 문장의 내용에 대한 말하는 사람의 심적 태도를 나타내는 동사의 어형변화, 즉, 특정한 심적 태도를 말로 표현하는 일정한 방식을 가리킨다. 우리말의 경우에 있어 평서문의 경우 '~다. ~ㅂ니다.', 의문문의 경우 '~니? ~ㅂ니까?', 감탄문의 경우 '~구나!, ~라!', 명령문의 경우 '~해라, ~해요.'등과 같이 각기의 종결어미를 통하여 표현하는데, 영어에서는 **동사의 형태를 변화**시켜 평서문, 의문문, 가정문, 감탄문, 명령문, 청유문 등의 문장형태를 만든다.

## 1) 문장의 구조에 따른 분류

### ① 단문 (simple sentence)

「주어 + 동사」의 관계가 단 한 번만 성립하는 문장을 단문이라 한다. (= 홑문장) 수식어구가 많이 붙어 복잡한 구조의 문장처럼 보일지라도 주어와 동사가 한 개씩이면 단문이다.

<u>Birds</u> <u>sing</u>. 새가 지저귄다.
〈주어〉 〈동사〉

<u>The earth</u> <u>moves</u> <u>round the sun</u>. 지구는 태양 주위를 돈다.
〈주어〉 〈동사〉 〈부사구〉

<u>Because of illness</u> <u>she</u> <u>could</u> <u>not</u> <u>go</u> <u>to the party last night</u>.
〈부사구〉 〈주어〉 〈조동사〉 〈부정어〉 〈동사〉 〈부사구〉
병이 났기 때문에 그녀는 지난밤에 파티에 가지 못했다.

② 중문 (compound sentence)

「(등위) 절 + 등위접속사 + (등위) 절」의 형태로 두개 또는 그 이상의 등위절로 구성된 문장을 말한다. 대등문이라고도 한다. 등위접속사로는 and, but, or, for, so 등이 있다.

<u>The sun set</u>   <u>and</u>   <u>the moon rose</u>.   해가 지고 달이 떴다.
〈주절: 등위절〉 〈등위접속사〉 〈주절: 등위절〉

<u>He is poor</u>,   <u>but</u>   <u>he never complains</u>.
〈주절: 등위절〉 〈등위접속사〉 〈주절: 등위절〉

그는 가난하다. 하지만 그는 결코 불평하지 않는다.

③ 복문 (complex sentence)

홑문장 (종속절)이 다른 문장 (주절)의 한 성분으로 안기어 있거나, 홑문장끼리 (주절과 시간, 조건 등의 부사절인 종속절) 서로 이어진 문장을 말한다.(=겹문장)

> ■ 복문 (complex sentence)
> 복문(= 겹문장)은 구조적으로 다시 안은문장과 이어진 문장으로 구분할 수 있다.
> • **안은문장**: 한 문장 (주절)이 그 안에 주어, 보어, 목적어가 되는 다른 문장 (= 명사절)이나, 특정 어구를 수식하는 다른 문장 (= 형용사절)을 갖는 경우로서, 이때의 명사절이나 형용사절은 그 문장 (주절) 속에 안기는 형태가 되므로 안긴문장, 이에 대한 전체문장 (주절)을 안은문장이라고 한다.
> • **이어진 문장**: 주된 문장과 이것을 서술적으로 수식하는 시간, 장소·방향, 원인·이유, 목적, 결과, 양보, 조건 등을 나타내는 다른 문장(=부사절)이 서로 이어져 있는 경우를 말한다.

<u>I think</u>   <u>that he is honest</u>.  〈안은문장〉 나는 그가 정직하다고 생각한다.
 〈주절〉     〈종속절: 명사절〉

※ 여기서 종속절 〈that he is honest〉는 'I think ~'라는 문장의 한 성분으로 들어가 (안겨) 목적어로 쓰이고 있다. 전체문장 (주절)은 안은문장이 된다.

<u>I love the girl</u>   <u>who is kind</u>.  나는 다정한 그녀를 사랑한다.
  〈주절〉        〈종속절: 형용사절〉

※ 여기서 종속절 〈who is kind〉는 앞 문장 (주절)의 특정 어구 〈the girl〉에 붙어 (안겨) 그 말을 수식하는 형용사 역할을 하고 있다. 전체문장 (주절)은 안은문장이 된다.

He came to Seoul  when I was a child. 〈이어진문장〉.
　　〈주절〉　　　　　〈종속절: 부사절〉

그는 내가 어린아이였을 때 서울에 갔다.

※ 여기서 종속절 〈when I was a child〉는 주절의 부사 역할을 하면서 주절에 나란히 이어져 쓰이고 있다. 전체문장은 이어진문장이 된다.


While I was walking along the street,  I met an old friend of mine. 〈이어진문장〉
　　〈종속절: 부사절〉　　　　　　　　　　〈주절〉

나는 거리를 걷던 중에 옛 친구와 마주쳤다.

※ 여기서 종속절 〈While I was walking along the street〉는 부사역할을 하면서 뒤의 주절과 나란히 쓰이고 있다. 전체문장은 이어진문장이 된다. 이처럼 종속절인 부사절을 주절 앞에 놓을 수 있으며, 이때는 보통 콤마 (,)로 두절을 분리한다.


④ 혼문(compound-complex sentence)

적어도 한 개 이상의 종속절을 가진 두 개 이상의 등위절로 구성된 문장을 말한다. '중문-복문 혼합문'이라고도 한다.

Tigers leave their skins after death, but man does his fame when he is gone.
　　〈단문의 등위절〉　　　　　　　　　〈복문(주절-부사절)의 등위절〉

　　　　　　　호랑이는 죽어서 가죽을 남기지만 사람은 죽어서 이름 (명성)을 남긴다.

You may think that he is an honest man, but I'd rather say that he's
　　〈복문(주절-목적절)의 등위절〉　　　　　　　〈복문(주절-목적절)의 등위절〉
nothing of the kind.

　　너는 그가 정직한 사람이라고 생각할지도 모르지만, 내가 보기엔 그는 전혀 그런 사람이 아니다.

He is not poor that has little, but he (is poor) that desires much.
　　〈복문의 등위절〉　　　　　　　〈복문의 등위절〉

　　　　　　　조금 가진 사람이 가난한 것이 아니고 많은 것을 갖고 싶어 하는 사람이 가난한 것이다.

※ 〈that has little〉은 앞의 등위절의 주어 He를 수식하는 형용사절이고, 〈that desires much〉는 뒤 등위절의 주어 he를 수식하는 형용사절이다.

## 2) 문장의 의미 (내용)에 따른 분류

### ① 평서문 (declarative sentence)

어떤 사실을 단순 서술하는 문장을 말한다. 서술문이라고도 한다. 보통 「주어 + 동사」의 어순이 되며, 문장 끝에 마침표 (.)를 붙이고 읽을 때는 문장 끝을 내려 읽는다. 종류에는 긍정 평서문과 부정 평서문이 있다.

**❶ 긍정 평서문**

The sun rises in the east.
She loved him.
He will be a great poet.

**❷ 부정 평서문**

▶ 평서문의 부정형은 not, do not이나 never를 써서 나타낸다.

| | |
|---|---|
| I am not good at English. | 나는 영어를 잘하지 못한다. |
| She didn't love him. | 그녀는 그를 사랑하지 않았다. |
| He won't (= will not) be a great poet. | 그는 위대한 시인이 되지 못할 것이다. |
| The little boy have never seen a tiger. | 그 꼬마아이는 지금껏 호랑이를 본적이 없다. |

### ② 의문문(interrogative sentence) ☞ 자세한 것은 p. 326[3]에서

상대방에게 **질문하는 형식의 문장**을 의문문이라 한다. 보통 「동사 (be동사, 조동사) + 주어~?」의 형식을 사용한다.

**❶ 일반의문문**

▶ 평서문의 의문문 형태로서 yes, no로 답할 수 있는 의문문을 일반의문문이라 한다. 일반 동사의 평서문은 do를 사용하여 의문문을 만들고, be동사나 조동사가 있는 평서문은 be동사나 조동사를 사용하여 의문문을 만든다.

### ⅰ. 의문사가 없는 의문문

yes, no로 답할 수 있다.

ⓐ 일반 동사의 의문문: **Do [Does, Did]** + 주어 + 동사원형 ~?

You know the fact.     당신은 그 사실을 알고 있다.

→ "**Do** you know the fact?"     당신은 그 사실을 알고 있습니까?

"Yes, I **do**." 예, 알고 있습니다. / "No, I **don't**." 아니요, 알고 있지 않습니다.

ⓑ be동사 의문문: **Be동사** + 주어 ~?

You **are** a student.

→ "**Are** you a student?"     당신은 학생입니까?

"Yes, I **am**." 예, 저는 학생입니다. / "No, I'm not." 아니요, 저는 학생이 아닙니다.

ⓒ 조동사의 의문문: **조동사** + 주어 + 동사원형 ~?

I **can** play the guitar.     나는 기타를 연주할 수 있다.

→ "**Can** you play the guitar?"     기타를 연주할 줄 아세요?

"Yes, I **can**." 예, 할 수 있습니다. / "No, I **can't**." 아니요, 하지 못합니다.

I **have** been to Gongju.     나는 공주에 가본 적이 있다.

→ "**Have** you ever been to Gongju?"     공주에 가본 적이 있습니까?

"Yes, I **have**."     예, 가본 적이 있습니다.

"No, I **haven't**."     아니요, 가본 적이 없습니다.


### ⅱ. 의문사가 있는 의문문

who, what, which, when, where, why, how의 의문사로 시작되는 의문문을 말한다. 그 대답은 yes나 no로 하지 못하고 상황에 맞는 대답을 해야 한다.

ⓐ 의문사가 주어인 경우: **의문사** + 동사 ~?

"**Who** broke my computer?"     누가 내 컴퓨터를 고장 냈니?

- "Jack did."     잭이 그랬습니다.

ⓑ 의문사가 주어가 아닌 경우

: **의문사 + be동사 + 주어 ~? / 의문사 + 조동사 + 주어 + 동사원형 ~?**

| | |
|---|---|
| "**Who is** that man?" | 저 남자는 누구입니까? |
| – "He is Tom." | 그 사람은 톰입니다. |
| "**What do** you want?" | 당신은 무엇을 원하세요? |
| – "I want a glass of water." | 물을 한잔 마시고 싶습니다. |

❷ 선택의문문 (alternative question)

접속사 or를 써서 상대방에게 **둘 중에서 선택을 요구하는 의문문**으로 yes나 no로 답하지 않는다.

"Which do you like better, coffee **or** tea?"

　　　　　　　　　　　　　　당신은 커피와 홍차 중에 어느 것을 더 좋아하십니까?

– "I like tea better."　　　　　저는 홍차를 더 좋아합니다.

❸ 부가의문문 (tag question)

자기가 한 말에 대하여 상대방의 확인, 동의를 구하거나 가벼운 의문을 나타낼 때 쓰며, 평서문 뒤에 「동사(v) + 주어(s)」의 형태로 온다.

| | |
|---|---|
| Geum-sun is kind, **isn't she**? | 금순은 친절합니다, 안 그래요? |
| You love her, **don't you**? | 당신은 그녀를 사랑합니다, 안 그래요? |
| Sam-sun isn't kind, **is she**? | 삼순은 친절하지 않아요, 그렇죠? |
| You don't love Sam-sun, **do you**? | 당신은 삼순을 사랑하지 않습니다, 그렇죠? |

❹ 간접의문문 (indirect question)

**의문문이 명사절로서 다른 문장 일부가 될 때** 이를 간접의문문(간접의문절)이라 한다. 「whether, if, 의문사 + 주어 + 동사」의 형태로 사용한다.

I don't know **if [whether]** this coat become me.

〈의문사가 없는 의문문이 목적어가 된 경우〉　　이 코트가 내게 어울리는지를 나는 잘 모르겠다.

Who will go is a question. 〈의문사가 있는 의문문이 주어가 된 경우〉

누가 갈 것인가가 문제이다.

Nobody knows where he went. 〈의문사가 있는 의문문이 목적어가 된 경우〉

아무도 그가 어디로 갔는지를 모른다.

③ 가정문(subjunctive sentence)

가정법을 사용하는 문장, 즉, 어떤 일을 사실로서가 아니라, 가정, 상상, 소망, 의심, 양보, 요구, 제안, 주장, 가능성 등의 주관적 감정의 색채를 더욱 섞어서 나타내는 문장을 말한다. 평서문이나 의문문처럼 실제의 시점을 나타내는 동사(=시제)를 사용하여 사실을 표현하는 법을 직설법이라고 하고, 직설법의 시제형을 시제규칙과는 다르게 사용하여 불가능·부존재의 사실을 전제로 가정, 상상하거나 사실과는 반대되는 가정, 상상을 나타내는 말의 표현방식을 가정법이라고 한다. ☞ **가정법에서 (p. 380)**

If I knew her name, I would tell you.

내가 그녀의 이름을 안다면 (그녀의 이름을 모른다) 너에게 말을 하지 (너에게 말을 못한다).

※ **현재의 일을 나타냄에도 불구하고 현재 사실의 반대되는 가정을 나타내기 위하여 과거형의 동사를 사용하고 있다.**

④ 명령문 (imperative sentence)

명령법을 사용하는 문장, 즉, 말하는 사람의 생각을 상대방 (you)이나 제3자가 **이행하게 하려는 의도를 표현하는 문장**을 명령문이라 한다. 직접명령문과 간접명령문 두 가지가 있다. ☞ **명령법에서 (p. 372)**

❶ 직접명령문(긍정)

i. 기본형식

먼저 주어인 You를 생략하고 동사원형으로 시작한다. 동사가 be동사인 경우에는 Be로 시작한다.

Open the window! 창문을 열어라.

Do it right away! 즉시 그것을 해라!
Be careful of your health! 건강에 조심해라.

ii. 명령문 + 부가의문문

명령문에 will you?를 붙이면 부탁의 뜻이, won't you를 붙이면 권유의 뜻이 된다.
Shut the door, **will you**? 창문 좀 닫아 주시겠어요?
Come to the party, **won't you**? 파티에 오세요?

❷ **직접명령문 (부정)**: 금지를 나타내며, 동사의 원형 앞에 don't를 쓴다. don't 대신 never를 쓰면 더 강한 금지가 된다.

Don't say such a thing again. 그런 말은 다시는 하지 마라.
Don't be sad! 슬퍼하지 마라!
Never tell a lie again. 절대로 다시는 거짓말 하지 마라.

❸ **간접명령문**: Let이나 Let's로 시작하는 명령문을 말한다.

i. 「Let + O (목적어) + R (동사원형)」: O가 R (~)하게 (허락)하시오.

Let me know the time when she will arrive.
그녀가 도착하는 시각 좀 알려 주십시오.

ii. 「Let's + R (동사원형)」: 〈권유〉 우리 ~하자.

"Let's have a drink, shall we?" 우리 술 한잔 할까요?
– "Yes, let's." 예, 합시다. / "No, let's not." 아니요, 하지 맙시다.

⑤ 감탄문 / 기원문 ☞ p. 365[3]

❶ 감탄문 (exclamatory sentence)

감탄문이란 기쁨, 슬픔, 놀람 등의 강한 감정을 나타내는 문장을 말한다. 감탄문 뒤에는 감탄 부호 (!)를 둔다.

▶ 보통 'What + a [an] + 형용사 (~) S + V!'나 'How + 부사, 형용사 + S + V!'로 나타내며, 이때의

What과 How는 '매우, 참으로, 정말'의 뜻을 갖는다. 감탄문의 'S + V'는 생략할 수 있다.

| | |
|---|---|
| What a beautiful girl (she is)! | (그녀는) 정말 예쁜 소녀구나! |
| How cold it is! | 정말 춥다! |

### ❷ 기원문(optative sentence)

바람을 나타내는 문장을 기원문이라 한다. 보통 「(May) + S + 동사원형 (R) ~」의 형태를 가지며, Heaven, God를 많이 사용한다. 기원문 뒤에도 감탄부호 (!)를 둔다.

▶ 이때의 May는 '바라 건데 ~하기를'의 의미를 갖는다.

| | |
|---|---|
| May you always be happy and healthy! | 항상 행복하시고 건강하십시오. |
| (God) Bless you! | 당신에게 신의 축복이 있기를! / 정말 감사합니다! |

## 3. 8품사(The eight parts of speech)

품사란 문법적 성질이 공통된 단어끼리 모아놓은 단어의 갈래를 말하며, 영어의 품사에는 명사, 대명사, 동사, 형용사, 부사, 전치사, 접속사, 감탄사의 여덟 개가 있다.

### (1) 명사(Noun)

사람이나 사물의 이름을 나타내는 단어의 갈래이다. 명사는 문장 안에서 주어(S), 목적어(O), 보어(C)의 역할을 하며, 전치사와 함께 전치사구를 이루기도 한다.

| | |
|---|---|
| My father is a farmer. ⟨father: 주어, a farmer: 주격 보어⟩ | 나의 아버지는 농부이다. |
| She likes apples. ⟨apples: 목적어⟩ | 그녀는 사과를 좋아한다. |

They called him **a nice guy**. 〈a nice guy: 목적격 보어〉  그들은 그를 멋진 친구라고 불렀다.

## (2) 대명사(Pronoun)

명사를 대신하거나 사람이나 사물, 장소나 방향을 직접 가리키는데 쓰이는 단어의 갈래이다. 명사와 마찬가지로 문장에서 주어, 목적어, 보어의 역할을 하며, 전치사와 결합하기도 한다.

I love **her** very much. 〈I (대명사): 주어, her (대명사): 목적어〉  나는 그녀를 아주 많이 사랑한다.
It is **he** that is wrong. 〈it (대명사): 주어, he (대명사): 보어〉  잘못이 있는 사람은 그 사람이다.
**He** gave a rose to **her**. 〈He (대명사): 주어, her (대명사): 전치사의 목적어〉

그는 그녀에게 장미 한 송이를 주었다.

### ■ 명사, 대명사의 격 (Case)

#### A. 의의

명사나 대명사가 문장 속에서 다른 말에 대하여 가지는 자격을 격(格)이라 한다. 격에 따른 대명사의 형태변화는 영어의 굴절(어)의 한 모습이다. 영어의 격에는 주격 (nominative), 대격 (accusative), 여격 (dative), 속격 (genitive), 동격 (apposition), 호격 (vocative) 등이 있으나, 현대영어에서는 보통 주격, 목적격, 속격 (소유격)의 세 가지로 나누어 논하는 것이 보통이다. 즉, 대격(직접목적어)이나 여격(간접목적어)은 목적격에, 동격이나, 호격은 주격에 포함시켜 논한다.

#### B. 명사·대명사의 격의 종류

(A) 주격(nominative case)

문장에서 주체가 되는 자격을 갖는 것을 말한다. 주어, 주격 보어, 동격, 호칭 (호격)이 이에 해당한다.

**Mary** is pretty. 〈Mary: 주어〉
I am **a student**. 〈I: 주어, a student: 주격 보어〉
Good morning, **Tom**. 〈Tom: 호칭 (호격)〉

(B) 목적격(objective case)

문장에서 명사나 대명사가 목적 대상의 자격을 갖는 것을 말한다. 주어의 목적 대상이 되는 목적어 [직접목적어(대격), 간접목적어(여격)]와 목적어의 목적대상이 되는 목적격 보어(대격), 전치사의 목적 대상이 되는 전치사의 목적어(대격)가 이에 해당한다. 명사는 주격과 목적격의 형태가 같으나 대명사는 주격과 목적격의 형태를 달리하기도 한다.

ex) I → me, we → us, he → him, she → her, they → them
I ate an apple. 〈an apple (명사, 목적격)〉 나는 사과 하나를 먹었다.
I love her. 〈her (대명사, 목적격)〉 나는 그녀를 사랑한다.
He gave me a red rose. 〈me (대명사, 목적격) / a rose (명사, 목적격)〉
He gave a rose to her. 〈her (대명사, 전치사의 목적격)〉 그가 나에게 빨간 장미 한 송이를 주었다.

(C) 속격(genitive case) 또는 소유격(possessive case) ☞ p. 74[2], 154[2]
명사나 대명사가 다른 명사 앞에 쓰여 소유자, 행위자, 용도나 목적 등의 관계를 나타내는 것을 말한다.
my father's shoes 〈father's (명사): 소유격〉 나의 아버지의 구두
her book 〈her (대명사): 소유격〉 그녀의 책
today's paper 〈today's (명사): 속격〉 오늘의 신문

## (3) 동사(Verb)

주어의 동작, 작용, 상태를 나타내어 문장에서 서술어가 되는 단어의 갈래이다. 주어와 함께 문장구성의 필수요소이다.

A river **flows** to the sea.                                          강은 바다로 흐른다.
I **am** a student.                                                    저는 학생입니다.
She **has** a kind heart.                                              그녀는 다정한 마음씨를 지니고 있다.

## (4) 형용사(Adjective)

사람이나 사물의 성질과 상태를 나타내는 단어의 갈래로서 명사·대명사를 수식하는 수식어가 되거나, 보어로서 동사와 함께 서술어 기능을 하기도 한다.

Rachel is a **pretty** girl. 〈명사 수식〉                                레이첼은 예쁜 소녀이다.
I'm **Korean**. 〈주격 보어(서술어)〉                                     나는 한국인입니다.
She made her parents so **happy**. 〈목적격 보어〉

그녀는 그녀의 부모님을 매우 행복하게 만들었다.

## (5) 부사(Adverb)

수식어로서 기능하며 일반적으로 동사, 형용사 및 다른 부사를 수식하나, 때로는 문장 전체를 수식하거나 명사·대명사를 직접 수식하는 기능을 하는 단어의 갈래이다.

I **often** go to the movies alone. 〈동사 수식〉　　　　　　나는 종종 혼자서 영화를 보러 간다.
He was **very** glad to meet her again. 〈형용사 수식〉　　그는 그녀를 다시 만나서 매우 기뻤다.
**Certainly** he will succeed. (= It is certain that he will succeed.) 〈문장전체 수식〉
　　　　　　　　　　　　　　　　　　　　　　　　　　　분명히 그는 성공할 것이다.
**Even** a child can do it. 〈명사 수식〉　　　　　　　　　아이일지라도 그것을 할 수가 있다.

## (6) 전치사(Preposition)

전치사는 연결어로서 명사나 대명사 또는 명사 상당 어구 앞에 놓여 구(부사구, 형용사구, 동사구를 형성)를 이루어서 다른 말(명사, 동사, 형용사, 부사)과의 다양한 문법적 관계를 이루게 하는 단어의 갈래이다.

She **looked at** him **for a while**. 〈looked at은 동사구, for a while은 부사구〉
　　　　　　　　　　　　　　　　　　　　　　　　　　　그녀는 잠시 그를 바라보았다.
He is a man **of ability**. (= He is an able man.) 〈of ability는 형용사구〉 그는 유능한 사람이다.

## (7) 접속사 (Conjunction)

연결어로서 단어와 단어, 구와 구, 절(문장)과 절(문장)을 이어주는 역할을 하는 단어의 갈래이다.

You **and** I are good friends.　　　　　　　　　　　너와 나는 좋은 친구다.
**Either** help me **or** go away.　　　　　　　　　　　나를 도와주든지 아니면 가버리든지 해라.
**Where** there is a will, there is a way.　　　　　뜻이 있는 곳에 길이 있다.

### (8) 감탄사 (Interjection)

기쁨, 슬픔, 놀라움, 무서움 등의 감정을 나타내는 단어의 갈래이다. 문장구성의 기본요소가 아니나, 그 자체로 하나의 문장 구실을 할 수 있다.

Ah! 아아!
Alas! 아아! 슬프구나!; 가엾구나!
Bravo! 좋아!, 잘한다!
Good grief! 아이고!; 맙소사!
Mercy (on us)! 저런!; 어쩌나!
Hey! 어이!; 이봐!
Horrors! 어이쿠!; 어머나!
Hurrah! 만세!; 야호!
Mmm! 음!; 응응!
Oh, my God! 맙소사!; 세상에나!; 이런!
Ouch! 아얏!
Pshaw! 피; 체!
Whoopee! 야호!; 만세!
What! 뭐라고!; 아니!; 설마!
Zoiks! 깜짝이야!
Zounds! 에잇!; 쳇!

Alack! 슬프도다!
Bah! 흥!, 흠!
Eh! 뭐!; 에!; 음!; 그렇지!
Good heavens! 어머나!; 저런!
My goodness! 어머나!; 저런!; 이것 참!
Hallo! 이봐!; 야!; 어이!
Humph! 흥!; 흠!
Indeed! 정말!; 설마!; 그래요!
Oh, boy! 이것 참!; 야 이것 봐라!; 옳지!
Oops! 아이구!; 저런!; 미안!
Pish posh! 피!; 흥!; 체!
Whew! 휴!, 어휴!
Whoops! 아이고!; 이크!
Wow! 와!; 야!; 어머나!
Yippee! 야호!; 만세!
Zooks! 제기랄!

## 4. 단어 (Word) ☞ 자세한 것은 p. 430[3]에서

### (1) 뜻

일정한 뜻을 가지는 말의 기본단위를 말한다. 명사, 대명사, 동사, 형용사, 부사, 접속사, 전치사, 관사, 감탄사 등 품사로 분류되는 것은 모두 단어이다.

■ **문자 (Letter)와 글자 (Letter)**

**문자**란 인간의 의사소통을 위한 시각적인 기호 체계를 말한다. 〈표준국어대사전〉 즉, 한글의 자음과 모음 24자, 영어 알파벳 26자 등과 같은 글자를 포함하여 고대인들이 사용했던 그림문자나 상형문자 등 의사소통을 가능케 하는 시각적인 기호들은 모두 문자라고 할 수 있다.

**글자**란 말[소리]을 적는 일정한 체계의 시각적인 부호를 말한다. 〈위의 사전〉 즉, 한글의 자음과 모음 24자, 영어의 알파벳 26자 등 말[소리]을 시각적으로 표시하는 기호 중 글자라고 명명한 공식화된 기호체계를 가리킨다. 다만, 문자를 글자와 같은 의미로 사용하기도 한다.

## (2) 영어 단어의 구성요소

영어의 단어는 그 중심이 되는 부분인 어근과 부차적, 문법적 기능을 하는 부분인 접사로 이루어지는 것이 보통이다. 다만, 접사가 붙지 않고 한 개 또는 그 이상의 핵심어만으로 단어가 이루어질 수도 있다.

### 1) 어근 (Root)

단어를 형성할 때 실질적인 의미를 가지고 단어의 중심부를 이루는 부분(형태소)을 말한다. 즉, 어근은 2개 이상의 형태소가 합쳐져 단어가 만들어질 때 그 중심적인 뜻을 나타내는 부분으로 단어형성과 관련된 개념이다.

▶ audible(a. 들을 수 있는, 들리는): aud (= hear) 〈어근〉 + ible (= can) 〈형용사형 접미사〉

※ audible에서 aud(i)는 단어의 중심 뜻(hear)을 나타내는 부분인 어근이고, –ible은 어근에 붙어 가능(can)의 뜻을 더하여 형용사를 만드는 역할을 하는 접미사이다.

■ 참고

## 1. 형태소 (Morpheme)

보통, 단어에서 '최소의 유의적 단위 (minimal meaningful unit)' 즉, '의미를 가진 가장 작은 말의 단위'라고 정의된다. 여기에서 '의미'란 실질적으로 나타내고자 하는 뜻뿐만이 아니라 문법적으로도 어떠한 기능을 한다는 뜻의 의미도 포함한다. 실질적인 뜻을 나타내는 형태소를 실질형태소 (full morpheme) 또는 어휘형태소(lexical morpheme)라 하고, 문법적 기능만을 하는 형태소를 문법형태소(grammatical morpheme) 또는 형식형태소(empty morpheme)라고 한다. 어근, 어간, 명사, 대명사, 동사, 형용사, 부사, 감탄사, 실질적 의미를 지니는 접두사나 접미사 등 그 실질적 내용을 지니는 것은 실질형태소라 할 수 있고, 관사, 접속사, 관계사, 전치사, 가주어 it, 허사 there, 굴절접사 [복수형 -s, 소유격의 's, 3인칭 단수 현재의 -s, 과거형 -ed, 과거분사형 -ed, -en, 현재분사형 -ing, 비교형 -er, -est] 등은 형식형태소라고 할 수 있다. 또한, 형태소는 문장에서 단독으로 쓰일 수 있느냐 없느냐에 따라 단독으로 쓰일 수 있는 자립형태소(free morpheme)와 독립적으로 쓰일 수는 없고 다른 형태소나 단어에 결합되어서만 쓰일 수 있는 의존형태소 (bound morpheme)로 구분할 수 있다. 명사, 대명사, 동사, 형용사, 부사, 감탄사 등은 다른 형태소나 단어 없이 독립적으로 쓰일 수 있으므로 자립형태소라고 할 수 있고, 어근, 어간, 파생접사 (접두사, 파생접미사), 굴절접사, 접속사, 관계사, 관사, 전치사 등은 다른 형태소나 단어가 있어야만 쓰일 수 있으므로 의존형태소라고 할 수 있다.

## 2. 어근 (root) / 어간 (stem) / 어기 (base)

어근이 명사, 동사, 형용사, 부사이든 〈중심어 + 부차어 (접미사)〉로 된 단어에 있어서 그 중심어를 가리키는 것이라면, 어간은 동사, 형용사, 부사가 시제, 수, 비교 등에 의해 형태변화(=굴절)를 할 경우 변화되지 않는 부분 (단어의 줄기 부분이라는 의미)을 가리킨다. 예컨대 unkindly라는 단어에서 파생접미사 -ly의 어간은 'unkind'이다. 그리고 어기란 접사를 붙일 때 그 바탕(base)이 되는 부분을 가리킨다. 즉, 파생접사(접두사, 파생접미사)나 복수의 -(e)s, 비교의 -er, -est 등의 접미사가 붙을 때 그 토대가 되는 부분(의 원형)을 가리킨다. 예를 들어 unhappier라는 단어에서 접두사 un-의 어기는 'happy'이고, 비교의 접미사 -er의 어기는 'unhappy'이며, 어간도 또한 'unhappy'이다.

ex) books = book (어근, 어기) + -s (복수의 굴절접사)
    goes = go (어근, 어간, 어기) + -es (3인칭 단수 현재의 접미사)
    lovely = love (어근, 어간, 어기) + -ly (형용사형 접미사)
    unkindly = <u>un (접두사) + kind (어근)</u> + -ly (부사형 접미사)
                    어간
    unhappier = <u>un (접두사) + happy (어근)</u> + -er (비교의 굴절접사)
                    어간

> * 접두사 un-의 어기는 'happy'이고, 비교의 굴절접사 -er의 어간과 어기는 'unhappy'이다.
>   **lovelier** = <u>love (어근) + ly (형용사형 접미사)</u> + -er (비교의 굴절접사)
>   　　　　　　　　　　　　어간
> * 비교의 굴절접사 -er의 어간과 어기는 'lovely'이다.
>   **untouchables** = un (접두사) + touch (어근) + -able (형용사형 접미사) + -s (복수의 굴절접사)
> * 여기서 접두사 un을 붙일 경우 변하지 않는 부분인 'touchable'이 un-의 어기이고, 복수의 굴절접사 -s의 어간이나 어기는 굴절 시에 변하지 않는 부분인 'untouchable'이다.
>   **brainworkers** = brain (어근) + work (어근) + -er (명사형 접미사) + -s (복수의 굴절접사)
> * 이 단어의 중심되는 부분 (어근)은 brain과 work 둘 다라고 할 수 있고, 복수의 굴절접사 -s의 어간이나 어기는 'brainworker'이다.

## 2) 접사(Affix)

단어의 중심부가 되지 못하고 단어의 중심 부분(어근이나 단어)에 붙어 단어를 형성하는 문법 기능을 담당하는 부분을 말한다. 접두사와 접미사가 있다.

### ① 접두사(Prefix)

**❶ 뜻**

영어의 접두사란 단어나 어근, 어기의 앞에 붙어 일정한 뜻을 첨가하는 의존형태소를 가리킨다.

**❷ 종류 (예시)**

i. 부정(否定): un-, non-, in-, il-, ir-, dis-, etc.

　ex) **un**happy, **im**possible, **in**nocence, **ir**rational, **dis**honest, **non**sense, etc.

ii. 분리·제거·결여: ab-, de-, dis-, un-, se-, etc.

　ex) **ab**dicate, **de**code, **dis**cord, **un**kindness, **dis**sect, etc.

iii. 잘못·나쁨·거짓·좋음

　mis-, mal- (wrong; bad); anim- (bad); bene- (good, well); pseudo-

(false) etc.

ex) **mis**conduct, **mal**treat, **anim**advert, **bene**volent, **pseudo**-intellectual, etc.

### iv. 크기·정도

mini- (small); semi- (half); super-, sub- (above); ultra-, hyper- (extremely), etc.

ex) **mini**ature, **semi**conductor, **super**natural, **sub**standard, **ultra**violet, **hyper**critical, etc.

### v. 공동·상반

ambi- (both, around); anti- (against, opposite); com-, con- (with, together); counter- (against, opposite); ob-, op- (against), etc.

ex) **ambi**dextrous, **anti**thesis, **con**temporary, **counter**vail, **ob**noxious, **ob**struct, **op**press, etc.

### vi. 위치·방향

ad- (to, toward); de- (down, under); enter- (between); inter- (between, among); sub- (under, below); re- (back); retro- (back, backward); sub- (under, elow); trans- (across), etc.

ex) **ad**verse, **de**cadent, **enter**tain, **inter**play, **retro**spective, **sub**mit, **trans**ition, etc.

### vii. 시간·순서

ante-, pre-, pro- (before); post- (after); ex- (former); re- (back), etc.

ex) **ante**date, **pre**pare, **post**graduate, **pro**blematic, **ex**-president, **re**cant, etc.

### viii. 수

uni- (one, single); bi-, di- (two, double); tri- (three); multi-, poly- (many, much), etc.

ex) **uni**form, **uni**lateral, **bi**polar, **di**chotomy, **tri**angle, **multi**ply, **poly**glot, etc.

### ix. 기타

auto- (self); dia- (thoroughly, completely), neo- (new); pan- (all, universal), etc.

ex) **auto**biography, **dia**gnosis, **neo**classicism, **pan**cosmism, etc.

## ② 접미사 (Suffix)

### ❶ 정의

영어의 접미사란 단어나 어근의 뒤에 붙어 그 단어나 어근의 의미나 품사를 변화시키는 등의 역할을 하는 의존형태소를 말한다. 파생접미사라고도 한다.

### ❷ 품사에 따른 접미사의 분류

### i. 명사형 접미사

ⓐ 행위자 (사람)를 나타내는 접미사

: -ant, -ent, -ar, -er, -or, -ee, -eer, -ian, -ic, -ist, etc.

ex) applic**ant**, schol**ar**, labor**er**, govern**or**, employ**ee**, engin**eer**, publ**ic**, technic**ian**, sychol**ogist**, etc.

ⓑ (집합) 신분·상태·영역·학문을 나타내는 접미사

: -age, -dom; -ence, -ance, -ery; -hood, -ics, -ship, -tude; -logy, etc.

ex) assembl**age**, free**dom**, machin**ery**, experi**ence**, boy**hood**, mathemat**ics**, friend**ship**, soli**tude**, physio**logy**, etc.

ⓒ 더 작은 느낌을 나타내는 말 (지소사)을 만드는 접미사

: -et, -ette; -ie, -i, -y; -kin, -ikin, -kins; -let; -ling, etc.

ex) cigar**ette**, bird**ie**, dogg**ie**, aunt**ie**, dadd**y**, manik**in**, book**let**, cut**let**, dar**ling**, duck**ling**, etc.

ii. 동사형 접미사

ⓐ -ate (to make, to cause)

ex) agit**ate**, isol**ate**, loc**ate**, oper**ate**, etc.

ⓑ -en (to make, to become, to have)

ex) dark**en**, length**en**, rip**en**, strength**en**, etc.

ⓒ -er (반복의 의미를 갖는 동사를 만듦)

ex) flick**er**, recov**er**, wav**er**, etc.

ⓓ -ify/fy (to make, to become, to fill with)

ex) beaut**ify**, glor**ify**, pur**ify**, sign**ify**, simpl**ify**, satis**fy**, etc.

ⓔ -ize (to cause, to make, to become)

ex) civil**ize**, critic**ize**, familiar**ize**, hospital**ize**, idol**ize**, memor**ize**, real**ize**, vital**ize**, etc.

iii. 형용사형 접미사

ⓐ 소속, 소유를 나타내는 형용사접미사: -an, -ed, -ese

ex) Kore**an**, simple-mind**ed**, chin**ese**, etc.

ⓑ 유사성을 나타내는 형용사접미사: -ish, -like, -y

ex) fool**ish**, child**like**, silk**y**, etc.

ⓒ 모양, 성질, 상태를 나타내는 형용사접미사: -ate, -al, -esque, -ful, -ic, -ical, -ile, -ous, -ory, etc.

ex) moder**ate**, annu**al**, pictur**esque**, forget**ful**, success**ful**, econom**ic**, fantast**ic**, econom**ical**, fert**ile**, doc**ile**, consci**ous**, preparat**ory**, etc.

iv. 부사형 접미사

ⓐ 정도, 방법을 나타내는 부사접미사: -ly

ex) certain**ly**, complete**ly**, extreme**ly**, fair**ly**, etc.

ⓑ 양태 (모습·상태)를 나타내는 부사접미사: -wise

ex) clock**wise**, crab**wise**, length**wise**, etc.

## 5. 구 (Phrase)

### (1) 뜻
구(句)란 두 개 또는 그 이상의 단어가 문법적으로 결합하여 하나의 품사와 같은 역할을 하지만, '주어 + 동사'의 형식을 갖추지 못한 단어의 무리를 말한다.

### (2) 구의 종류
구의 종류에는 명사구, 형용사구, 부사구의 세 가지가 있다.

#### 1) 명사구 (noun phrase)
문법적으로 결합한 두 개 이상의 단어가 문장 내에서 주어, 목적어, 보어 등 명사의 역할을 하는 것을 가리킨다. 다음과 같은 것들이 명사구로 쓰인다.

① 부정사구

To see is to believe. 〈to see: 주어, to believe: 보어〉     보는 것이 믿는 것이다.

I want to go to Paris to study art. 〈to go to Paris: 목적어〉
나는 미술을 배우기 위해 파리에 가고 싶다.

I believe him to be right. 〈to be right: 목적격 보어〉     나는 그가 옳다고 생각한다.

She didn't know what to do next. 〈what to do next: 목적어〉
그녀는 다음으로 무엇을 해야 할지를 몰랐다

② 동명사구

Doing nothing is doing ill. 〈Doing nothing: 주어, doing ill: 보어〉
아무것도 하지 않은 것은 곧 잘못을 저지르는 것이다.

His hobby is reading a book. 〈reading a book: 보어〉     그의 취미는 독서이다.

She is fond of **reading novels**. 〈reading novels: 전치사의 목적어〉

그녀는 소설 읽는 것을 좋아한다.

> ■ 참고 – 부정사 / 동명사 / 분사
>
> 이 셋을 동사에 준하는 속성을 갖는다는 의미에서 준동사라고도 부른다.
> 1. 부정사란 종속절이 「to + 동사원형 ~」이나 「동사 원형 ~」의 구형태로 간소화되어 명사, 형용사, 부사로 쓰이는 말을 가리킨다.
> 2. 동명사란 종속절 동사의 변형(동사원형 + ing)으로서 문장 내에서 명사의 역할(주어, 보어, 목적어)을 하는 말을 가리킨다.
> 3. 분사란 종속절 동사의 변형(동사원형에 -ing를 붙이거나, -ed를 붙여 만듦)으로서 문장 내에서 형용의 역할을 하는 말을 가리킨다. 분사에는 현재분사(~ing)와 과거분사(~ed)가 있다.

## 2) 형용사구 (adjective phrase)

문법적으로 결합한 두 개 이상의 단어가 한 개의 형용사와 마찬가지로 (대)명사를 수식하거나 주격 보어, 목적격 보어 역할을 하는 것을 가리킨다.

### ① 부정사구

He has no house **to live in**. 〈to live in: 형용사구〉   그는 살 집을 가지고 있지 않다.

To see her is **to love her**. 〈To see her: 주어, to love her: 주격 보어〉

그녀를 보면 그녀를 사랑하게 될 것이다.

I think him **to be honest**. 〈to be honest: 목적격 보어〉   나는 그가 정직하다고 생각한다.

### ② 분사구

Students **arriving late** will not permitted. 〈arriving late: 형용사구〉

늦게 도착한 학생들은 (입장이) 허락되지 않을 것이다.

She sat **reading the magazine**. 〈reading ~: 주격 보어〉

그녀는 잡지를 읽으면서 앉아 있었다.

He sat **surrounded by his grandchildren**. 〈surrounded ~: 주격 보어〉

그는 그의 손자들에 둘러싸여서 앉아있었다.

He kept me **waiting for an hour**. 〈waiting ~: 목적격 보어〉

그는 한 시간 동안 계속 나를 기다리고 있었다.

She had her bike **repaired by him**. 〈repaired ~: 목적격 보어〉

그녀는 그녀의 자전거를 그에게 수리하게 했다.

③ 전치사구[전치사 + 명사(구)]

The book **on the desk** is mine. 〈on the desk: 형용사구〉

그 책상 위에 있는 책은 내 것이다.

The size **of his bread** is twice as large as that **of mine**.
〈of his bread: 형용사구, of mine: 형용사구〉   그의 빵의 크기는 내 것의 두 배이다.

She is **in good health**. 〈in good health: 주격 보어〉   그녀는 건강하다.

It is **of no use**. (= useless) 〈of no use: 주격 보어〉   그것은 쓸모가 없다.

## 3) 부사구 (adverbial phrase)

부정사구, 분사구, 전치사구가 문장 내에서 부사의 역할을 하는 경우를 가리킨다. 동사, 형용사, 다른 부사나 문장 전체를 수식한다.

① 동사 수식

He studied hard **to pass the exam**. 〈to부정사구가 부사구로서 동사 (studied)를 수식〉

그는 시험에 합격하기 위하여 열심히 공부했다.

She went home **in a hurry**. 〈전치사구가 부사구로서 동사 (went)를 수식〉

그녀는 서둘러서 귀가했다.

② 형용사, 부사 수식

I am very glad **to see you again**. 〈to부정사구가 부사구로서 형용사 (glad)를 수식〉

너를 다시 만나게 되어서 반갑다.

Korean is difficult to learn. 〈to부정사구가 부사구로서 형용사 (difficult)를 수식〉

한국어는 배우기에 어렵다.

I am old enough to drink liquor. 〈to부정사사구가 부사구로서 부사 (enough)를 수식〉

나는 술을 마셔도 될 만큼 충분히 나이를 먹었습니다.

③ 문장 전체 수식

To be frank with you, you are a little too self-assertive.
〈to부정사구가 다음 문장 전체를 수식〉       솔직히 말해서 당신은 너무 자기 자신만 내세웁니다.
Judging from his appearance, he must be a Korean.
〈분사구문이 다음 문장 전체를 수식〉         외모로 보아하니 그는 한국 사람임에 틀림없다.

# 6. 절 (Clause)

## (1) 뜻

절(節)이란 하나의 문장이 **다른 문장의 하나의 마디가 된 경우**의 것을 말한다. 이때 다른 문장은 절인 문장과 대등한 관계를 갖거나(이때의 다른 문장 역시 절로서 대등절 또는 등위절이라 한다) 절을 하나의 구성요소로 포함하는 관계를 갖는다. (이때 문장 속의 한 구성요소가 되는 절을 종속절이라 한다.) 종속절에는 문장 안에서 명사 역할을 하는 명사절(주어절, 보어절, 목적절), 형용사 역할을 하는 형용사절, 부사 역할을 하는 부사절이 있다.

> ■ **문장 (Sentence)과 절 (Clause)**
> 문장(文章)이란 생각이나 감정을 말로 표현할 때 완결된 내용을 나타내는 최소의 단위로서, 기본적으로 '주어 + 동사'로써 성립한다. 그리고 절(節)이란 완전한 하나의 문장이 다른 문장과 대등한 관계로 연결되거나 (대등절), 완전한 하나의 문장이 다른 문장의 일정요소가 되어 쓰이는 것을 말한다. 이때 다른 문장의 한 요소가 되는 문장을 종속절, 이러한 종속절을 포함하는 문장을 주절이라고 한다.

## (2) 절의 종류

### 1) 대등절 (co-ordinate clause)

어느 한 문장이 다른 한 문장에 종속됨이 없이 서로 대등한 지위를 갖는 문장을 가리킨다. **등위절** 또는 **독립절**이라고도 한다. 대등절의 연결어로는 등위접속사 and, but, for, or, so 등이 쓰인다.

He is a poet and his wife is a novelist.　　　그는 시인이고 그의 아내는 소설가이다.
〈주절: 대등절〉　　　〈주절: 대등절〉

He is poor, but he is happy.　　　그는 가난하지만 행복하다.
〈주절: 대등절〉　　〈주절: 대등절〉

### 2) 주절 (the principal clause)

두 개 이상의 절로 이루어진 문장 (= 복문) 가운데 글의 주체가 되는 주된 절을 말하며, 종속절을 제외한 나머지 부분이다. 즉, 두 개 이상의 절로 이루어진 문장 (복문)에서 문장 전체를 이끄는 주어, 동사로 이루어지는 절을 말한다.

I think that he will recover soon.　　　나는 그가 곧 회복될 거라고 생각한다.
〈주절〉　〈종속절: 주절의 목적어 역할〉

The boy loves the girl　　who is cute.
〈주절〉　　〈종속절: 주절의 목적어를 수식하는 형용사 역할〉
　　　　　　　　　　　　　　　　그 소년은 귀여운 그 소녀를 사랑한다.

He works hard that he may make much money.
〈주절〉　〈종속절: 주절 전체를 수식하는 부사의 역할〉
　　　　　　　　　　　　　　　　그는 돈을 많이 벌기위해 열심히 일한다.

### 3) 종속절 (subordinate clause) ☞ p. 11[3]참조

두 절이 한 문장 (= 복문)을 이룰 때 주된 절에 대해 종속되어지는 절을 말한다. 이에는 주된 절 속에서 주어, 보어, 목적어가 되어 하나의 명사와 같은 역할을 하는 절인 **명사절**, 주된 절의 특정어구(=선행사)를 수식하는 절인 **형용사절**과 주된 절에 대하여 시간, 장소·방향, 원인·이유, 목적, 결과, 양보, 조건 등을 나타내어 주절과는 독립적으로 쓰이는 절인 부사절이 있다.

① 명사절 (noun clause)

문장에서 명사 (주어, 목적어, 보어, 동격어)가 올 자리에 명사를 대신해서 쓰이는 문장을 말한다. that절, whether절, if절, 의문사절이 명사절로 쓰인다. 즉, that절, whether절, if절, 의문사절 (의문사 + s + v)은 문장 안에서 각각 주어, 보어, 목적어, 전치사의 목적어, 동격어 등으로 쓰일 수가 있다.

That he will pass the exam is certain. 〈that절이 주어인 경우〉

그가 시험에 합격할 것이 확실하다.

My plan is that I am going to Europe this summer. 〈that절이 보어인 경우〉

나의 계획은 이번 여름에 유럽에 가는 것이다.

I don't know whether she will come (or not). 〈whether절이 목적어인 경우〉

나는 그녀가 올 것인지 (안 올 것 인지)를 모른다.

He asked if I knew Sam-sun. 〈if절이 목적어인 경우〉

그는 내가 삼순을 알고 있는지를 물었다.

Our success depends upon whether you will support us (or not).
〈whether절이 전치사의 목적어인 경우〉

우리의 성공은 당신이 우리를 돕느냐 않느냐에 달려있다.

What he means isn't clear. 〈의문사절이 주어인 경우〉

그가 말하려는 뜻이 무엇인지 분명치 않다.

I have no idea (as to) what we should do. 〈의문사절이 동격절인 경우〉

나는 우리가 어떻게 하면 좋을지를 모르겠다.

② 형용사절(adjective clause) ▶ 제16장 (관계사)에서

절의 형태로 주절 속의 특정한 말 (어, 구, 절)을 수식할 때 이 수식하는 절을 형용사절이라고한다. 형용사절의 앞에는 이를 이끄는 말이 놓이는데 이를 관계사라 한다. 형용사절은 관계사가 형용사절 내에서 어느 품사의 역할을 하느냐에 따라서 관계대명사절,

관계형용사절, 관계부사절로 나뉜다.

I love the girl who is kind. 〈관계대명사절〉　　　　　나는 다정한 그녀를 사랑한다.

※ 여기서 who는 명사 〈The girl〉을 대신하는 대명사로 쓰이면서 형용사절을 주절(선행사 the girl)에 연결하는 역할을 하고 있다.

That house whose gate is green is mine. 〈관계형용사절〉

　　　　　　　　　　　　　　　　　　　　　　대문이 초록인 저 집이 나의 집이다.

※ 여기서 whose는 소유격대명사 Its를 대신하는 형용사로 쓰이면서 형용사절을 이끌어 주절 (선행사 that house)에 연결하고 있다.

This is the house where he was born. 〈관계부사절〉　　이곳이 그가 태어난 집이다.

※ 여기서 where는 부사구 〈in the house〉를 대신하는 부사로 쓰이면서 형용사절을 이끌어 주절 (선행사 the house)에 연결하는 역할을 하고 있다.


③ 부사절 (adverbial clause) ☞ 종속접속사에서 p. 99[3], 120[3]

문장에서 부사가 올 자리에 이를 대신해 놓이는 시간, 장소·방향, 원인·이유, 목적, 결과, 양보 ('~을 인정한다 해도'의 의미), 조건, 비교·대조, 양태 (모습·상태) 등의 뜻을 나타내는 종속접속사가 이끄는 절을 말한다.

I had just fallen asleep when someone knocked at the door. 〈시간의 부사절〉

　　　　　　　　　　　　　　　　　　　　내가 막 잠이 들었을 때 누군가가 문을 두드렸다.

Where there is a will, there is a way. 〈장소의 부사절〉　　뜻이 있는 곳에 길이 있다.

Jane was absent because she was ill. 〈이유의 부사절〉　　제인은 아파서 결석했다.

Although (he is) poor, he is happy. 〈양보의 부사절〉　　그는 비록 가난하지만 행복하다.

## - REVIEW EXERCISES -

1. 다음 중 관사나 전치사 외에 우리말에는 없는 문장의 구성요소를 갖거나, 우리말과 다른 문법적 특징을 드러내는 문장으로 볼 수 없는 것은?

    (A) This is the house where she lives.

    (B) There is a book on the desk.

    (C) This rose is yellow.

    (D) They fought it out gallantly to the very last.

    (E) The consumer price rose.

2. 다음 밑줄 친 전치사구 중에서 성격이 다른 하나를 고르시오?

    (A) I bought it <u>at this store</u>.

    (B) She is good <u>at singing</u>.

    (C) He is <u>in good health</u>.

    (D) Her eyes were full <u>of tears</u>.

    (E) <u>By dint of your kind help</u>, I could accomplish my task.

3. 다음 중에서 문법적으로 틀린 문장을 고르시오.

    (A) He seldom came here, did he?

    (B) Men differ from brute in that they can think and speak.

    (C) He asked if I knew Sam-sun or not.

    (D) How beautiful she is!

    (E) She asked me what the matter was with me.

4. 올바른 영작이 되도록 다음 괄호 안에 알맞은 접속사나 관계사 또는 의문사를 넣으시오.

(A) 그가 시험에 합격할 것이 확실하다.
  → ( ) he will pass the exam is certain.

(B) 나는 그녀가 언제 올지를 모른다.
  → I don't know ( ) she will come.

(C) 이것이 내가 모임에 참석하지 못한 이유이다.
  → This is the reason ( ) I could not attend the meeting.

(D) 내가 함께 가주는 것 이외에 그녀를 기쁘게 해줄 길이 없는 것 같다.
  → Nothing would please her but ( ) I go along (with).

(E) 그녀가 나에게 영어를 할 줄 아는 지를 물었다.
  → She asked ( ) I knew English.

= 해설·정답 =

1. 【해설】

   (A) 우리말에는 없는 관계부사 where가 쓰임.

   (B) 우리말에는 없는 형식어(허사) there가 쓰임.

   (C) 우리말에서 형용사는 독자적으로 서술어가 될 수 있는 것에 반해 영어에서는 형용사만으로는 서술어가 될 수 없고 be동사나 자동사와 함께 서술어(주격 보어) 기능을 할 수 있을 뿐이다.

   (D) 막연한 상황을 나타내는 가목적어 it의 사용은 영어의 우리말과 다른 문법적 특징을 나타내는 것으로 볼 수 있다.

   (E) 'consumer price'와 같은 복합어의 형성은 우리말에도 있다. 또한, '주어 + 완전자동사'만의 문장구조는 우리말의 문장구조와도 차이가 없다.

   〈정답〉 (E)


2. 【해설】

   (A) at this store는 동사 bought를 수식하는 부사구이다.

   (B) at singing은 형용사 good을 수식하는 부사구이다.

   (C) in good health는 형용사구로써 불완전자동사 be를 보충하여 주어의 상태를 설명하여 주는 주격 보어로 쓰였다.

   (D) of tears는 형용사 full을 수식하는 부사구이다.

   (E) By dint of your kind help는 뒤의 문장 전체를 수식하는 부사구이다.

   〈정답〉 (C)


3. 【해설】

   (A) 주문에 no, nothing, seldom, hardly, scarcely 등이 있는 경우 그 부가의문문은 긍정으로 한다.

(B) 전치사 in, except, but, save는 that절을 그 목적어로 할 수 있다.

(C) if절은 목적절로만 쓰인다.

(D) How로 시작하는 감탄문은 보통 'How + 형용사·부사(s + v!)'의 형식을 사용한다.

(E) what 이하는 명사절인 간접의문문으로서 직접목적어로 쓰였다. 여기서 what은 의문대명사로서 직접목적어절 안에서 주어로 쓰이고 있으므로 그다음에 동사가 와야 한다. was가 what 다음으로 와야 문법적으로 옳은 문장이 된다.

〈정답〉(E)


4. 〈정답〉(A) That  (B) when  (C) why  (D) that  (E) if

## 제1장

# 동사(Verb)

## 1. 앞말

### (1) 뜻

동사(動詞)는 **주어** (사람이나 사물)**의 동작, 작용이나 존재, 상태를 나타내어 문장에서 서술어가 되는 단어의 갈래** (품사)이다. 하나의 완전한 영어 문장이 성립하기 위하여서는 서술어 즉, 동사가 반드시 있어야 한다.

### (2) 동사의 종류

동사는 크게 그 목적어의 필요 유무에 따라서 목적어를 필요로 하지 않는 **자동사**와 목적어를 필요로 하는 **타동사**로 나눌 수 있다. 자동사는 다시 그 보어의 필요 유무에 따라서 **완전자동사와 불완전자동사**로 나눌 수 있으며, 타동사는 한 개의 목적어를 필요로 하는 **완전타동사**와 두 개의 목적어를 필요로 하는 **수여동사**, 그리고 목적어와 목적격 보어를 필요로 하는 동사인 **불완전타동사**로 나눌 수 있다.

※ 대부분의 동사가 자동사와 타동사 양쪽으로 다 쓰인다. 또, 대부분의 자동사가 완전자동사와 불완전자동사로 다 쓰이며, 대부분의 타동사도 완전타동사와 불완전타동사로 다 쓰인다. 즉, 본래 동사의 쓰임이 각각 분리되어있는 것이 아니라 하나의 동사를 그 필요에 따라 쓰다 보니 이와 같은 쓰임의 형식이 나타난 것이다.

## ■ 동사의 종류

### A. 자동사

**(1) 완전자동사**
주어와 동사만으로 완전한 문장을 이루는 동사 [주어 + 완전자동사] 〈제1 문장형식〉

**(2) 불완전자동사**
주어와 자동사만으로는 완전한 뜻을 나타내는 문장이 될 수 없고 자동사를 보충하여 주어를 설명하여 주는 말인 주격 보어를 필요로 하는 동사 [주어 + 불완전자동사 + 주격 보어] 〈제2 문장형식〉

### B. 타동사

**(3) 완전타동사**
주어가 지향하는 대상 즉, 목적어를 한 개 필요로 하는 동사
[주어 + 완전타동사 + 목적어] 〈제3 문장형식〉

**(4) 수여동사**
주어가 지향하는 대상 (직접목적어)과 그것을 받는 말인 간접목적어를 각 한 개씩 필요로 하는 동사 [주어 + 타동사 (수여동사) + 직접목적어 + 간접목적어] 〈제4 문장형식〉

**(5) 불완전타동사**
타동사와 목적어만으로는 뜻의 전달이 불완전하여 타동사를 보충하여 목적어를 설명하여 주는 말인 목적격 보어를 필요로 하는 동사
[주어 + 불완전타동사 + 목적어 + 목적격 보어] 〈제5 문장형식〉

※ 이와 같이 동사를 다섯 종류로 분류하고 동사가 만드는 다섯 가지 형태의 문장을 영어 문장의 기본형태로 설정하게 된 것은 영국의 문법학자 어니언스(Charles Talbut Onions)가 영문의 기본구성요소를 주어(S), 술어 동사(V), 목적어(O), 보어(C)로 파악한 것에 그 근거를 두고 있다. [C. T. Onions. Modern English syntax, 1904] 영문을 5형식론에 근거하여 파악하는 것은 영어 문장의 기본구조를 이해하는데 아주 유효하다고 본다. 다만, 5형식이 영문의 형식을 모두 설명하여 주지는 못 한다. 그러므로 모든 영어 문장을 5형식에만 맞추어 파악하려 하기보다는 특정한 문장 그 자체의 쓰임을 이해하는 것이 더 필요하다고 본다.

### (3) 동사의 형태변화

동사는 주어의 인칭, 수의 변화에 맞추거나 시제, 법, 태 등을 나타내기 위하여 그 형태의 변화를 갖게 되는데 이를 **동사의 형태변화**(= 굴절) 또는 **동사의 활용**(conjugation)이라고 하며, 그 변화의 모습에는 원형, 현재형, 과거형, 과거분사형, 현재분사형이 있다.

■ **동사의 변화형**
- **원형**: 동사의 기본형으로 조동사의 뒤, 부정사, 명령문에 쓰인다.
- **현재형**: 현재시제에 쓰며, 주어가 3인칭 단수인 경우에는 '원형 + (e)s'를, 그 외의 경우에는 원형을 쓴다.
- **과거형**: 과거시제와 가정법 과거에 쓴다.
- **과거분사형**: 수동태, 완료시제나 명사 수식어 (형용사), 보어 등으로 쓰인다.
- **현재분사형**: 진행시제(진행형)나 현재분사, 동명사로 쓰인다.

※ 동사 be, have, do의 형태변화

| 원형 | 현재형 | 과거형 | 과거분사형 | 현재분사형 |
|---|---|---|---|---|
| be | am, are, is | was, were | been | being |
| have | have, has | had | had | having |
| do | do, does | did | done | doing |

### 1) 3인칭 단수의 현재형

동사 be나 have를 제외한 일반 동사는 원칙적으로 원형에 -s 또는 -es를 붙여 현재형을 만든다.

① 원칙: 원형에 -s를 붙인다.

ex) **come** - comes, **help** - helps, **laugh** - laughs, **like** -likes, **look** - looks, **open** - opens, **read** -reads, **run** - runs, **stop** - stops

② 원형의 발음이 [s, z, ʃ, tʃ]로 끝날 때는 -es를 붙인다.

ex) **pass** - passes, **kiss** - kisses, **fix** - fixes, **mix** - mixes, **possess** - possesses, **pass** - passes, **push** - pushes, **wash**- washes, **catch** - catches, **watch** - watches

③ 원형이 o로 끝날 때는 -es를 붙인다.

    ex) **do** - do**es**, **go** - go**es**, **undergo** - undergo**es**

④ 원형의 끝 형태가 '자음 + y'일 때에는 y를 i로 고치고 -es를 붙인다.

    ex) **cry** - cr**ies**, **fly** - fl**ies**, **study** - stud**ies**, **try** - tr**ies**

⑤ 원형의 끝 형태가 '모음 + y'일 때에는 그대로 -s만을 붙인다.

    ex) **buy** - buy**s**, **enjoy** - enjoy**s**, **play** - play**s**, **say** - say**s**, **stay** - stay**s**

---

**■ 참 고 – 동사의 원형에 3인칭 단수·현재의 굴절접사 -(e)s가 붙을 때의 발음**

1. [p], [f], [k], [t]의 발음 + s → [s]로 발음된다.

    ex) attacks, beats, camps, decorates, drinks, drops, escapes, helps, laughs, likes, locks, looks, meets, picks, puts, puffs, repeats, sets, sleeps, sniffs, speaks, stops, suggests, takes, talks, thanks, visits, walks, works, writes, etc.

2. [z], [dʒ], [s], [ʃ], [tʃ] + (e)s → [iz]로 발음된다.

    ex) buzzes, causes, freezes, loses, raises, rises, sneezes, changes, judges, blesses, dances, guesses, impresses, kisses, looses, mixes, passes, uses, brushes, pushes, washes, wishes, catches, teaches, touches, watches, etc.

    ※ 「자음 + y」를 ies로 고칠 경우 ies는 [iz]로 발음된다.

    ex) applies, copies, cries, hurries, marries, studies, tries, varies, worries, etc.

3. 그 외의 경우는 모두 [z]로 발음된다.

    ex) begs, buys, calls, comes, cries, does, drives, flies, gives, goes, lives, loves, moves, plays, rains, saves, says, sings, stands, waves, etc.

---

## 2) 규칙동사의 활용 (과거형, 과거분사형, 현재분사형)

동사의 과거형과 과거분사형이 똑같이 그 원형에 -ed가 붙어서 만들어지는 동사를 규칙동사 (regular verb)라 한다. 다만, 무조건적으로 원형에 -ed를 붙이는 것은 아니며 원형의 끝 철자나 뒷부분의 발음에 따라 다음과 같은 규칙에 따라 붙인다.

① 과거형과 과거분사형은 일반적으로 원형에 -ed를 붙인다. 그리고 현재분사형은 -ing를 붙인다.

 ex) **ask** - ask**ed** - ask**ed** - **asking**

  **listen** - listen**ed** - listen**ed** - listen**ing**

  **open** - open**ed** - open**ed** - open**ing**

  **talk** - talk**ed** - talk**ed** - talk**ing**

  **end** - end**ed** - end**ed** - end**ing**

  **need** - need**ed** - need**ed** - need**ing**

  **play** - play**ed** - play**ed** - play**ing**

  **want** - want**ed** - want**ed** - want**ing**

② 원형이 e로 끝나는 동사의 과거·과거분사형은 -d만을 붙인다. 현재분사형은 e를 빼고 -ing를 붙인다.

 ex) **change** - change**d** - change**d** - chang**ing**

  **like** - like**d** - like**d** - lik**ing**

  **move** - move**d** - move**d** - mov**ing**

  **use** - use**d** - use**d** - us**ing**

  **hope** - hope**d** - hope**d** - hop**ing**

  **love** - love**d** - love**d** - lov**ing**

  **smile** - smile**d** - smile**d** - smil**ing**

■ 덧붙임

1. **agree의 현재분사형은 그대로 -ing를 붙인다.**
 ex) agree - agreed - agreed - agreeing

2. **원형이 ie로 끝나는 동사의 현재분사형은 ie를 y로 고치고 -ing를 붙인다.**
 ex) **lie** - lied - lied - lying   **die** - died - died - dying   **tie** - tied - tied - tying

③ 원형이 '자음 + y'로 끝나는 동사의 과거·과거분사형은 y를 i로 고치고 -ed를 붙인다. 현재분사형은 그대로 -ing를 붙인다.

   ex) **carry** - carr**ied** - carr**ied** - carry**ing**

       **copy** - cop**ied** - cop**ied** - copy**ing**

       **marry** - marr**ied** - marr**ied** - marry**ing**

       **study** - stud**ied** - stud**ied** - study**ing**

       **cry** - cr**ied** - cr**ied** - cry**ing**

       **fly** - fl**ied** - fl**ied** - fly**ing**

       **pity** - pit**ied** - pit**ied** - pity**ing**

       **try** - tr**ied** - tr**ied** - try**ing**

> ▷ '모음 + y'로 끝나는 동사는 그대로 -ed와 -ing만을 붙인다.
> ex) **enjoy** - enjoy**ed** - enjoy**ed** - enjoy**ing**    **play** - play**ed** - play**ed** - play**ing**
>     **stay** - stay**ed** - stay**ed** - stay**ed**

④ 원형이 '단모음 (짧게 발음되는 모음 한 개) + 단자음 (자음 한 개)'으로 끝나는 1음절 단어의 과거·과거분사형은 마지막 자음을 하나 더 써주고 -ed를 붙이며, 현재분사형도 같은 방법으로 하고 -ing를 붙인다.

   ex) **beg** - beg**ged** - beg**ged** - beg**ging**

       **plan** - plan**ned** - plan**ned** - plan**ning**

       **slap** - slap**ped** - slap**ped** - slap**ping**

       **drop** - drop**ped** - drop**ped** - drop**ping**

       **rob** - rob**bed** - rob**bed** - rob**bing**

       **stop** - stop**ped** - stop**ped** - stop**ping**

> ▷ (예외) 원형이 '단모음 + 이중자음 (연속된 두 개의 자음)', '장모음 (길게 발음되는 모음) 또는 두 개의 모음 + 단자음', '2개의 r로 끝난 동사', '두 개의 모음 + r로 끝난 동사'는 -ed를 붙인다.
> ex) **help** - help**ed** - help**ed** - help**ing**    **seat** - seat**ed** - seat**ed** - seat**ing**
>     **err** - err**ed** - err**ed** - err**ing**    **pour** - pour**ed** - pour**ed** - pour**ing**

⑤ 원형이 '단모음 + 단자음'으로 끝나고 끝음절에 강세가 있는 2음절 이상의 동사는 자음을 하나 더 써 주고 -ed와 -ing를 붙인다.

ex) **admit** - admit**ted** - admit**ted** - admit**ting**,
**control** - control**led** - control**led** - control**ling**
**occur** - occur**red** - occur**red** - occur**ring**
**omit** - omit**ted** - omit**ted** - omit**ting**
**permit** - permit**ted** - permit**ted** - permit**ting**
**prefer** - prefer**red** - prefer**red** - prefer**ring**
**refer** - refer**red** - refer**red** - refer**ring**
**submit** - submit**ted** - submit**ted** - submit**ting**

▷ ⑤가 말하는 것과 같은 모습의 동사라도 그 끝음절에 강세가 없을 때는 -ed와 -ing만을 붙인다.
ex) **enter** - enter**ed** - enter**ed** - enter**ing**    **limit** - limit**ed** - limit**ed** - limit**ing**
**offer** - offer**ed** - offer**ed** - offer**ing**    **visit** - visit**ed** - visit**ed** - visit**ing**

⑥ 원형이 -ic로 끝나는 동사는 k를 붙인 다음 -ed와 -ing를 붙인다.

ex) mimic, frolic, panic, picnic, traffic, etc.

**mimic** - mimic**ked** - mimic**ked** - mimic**king**
**picnic** - picnic**ked** - picnic**ked** - picnic**king**
**traffic** - traffic**ked** - traffic**ked** - traffic**king**

### 3) 불규칙동사의 활용

동사의 과거형이나 과거분사형이 변화 없이 원형을 그대로 쓰거나, 과거형과 과거분사형이 같되 그 원형에 -ed가 붙는 것이 아니고 중간의 모음만이 변화되거나 고유한 모습으로 변화되는 것, 과거형만 -ed가 붙어 변화되고 과거분사형은 고유한 형태로 변화되거나, 과거형과 과거분사형이 각기 고유한 모습으로 변화하는 등 규칙동사에 비해 그 변화의 모습이 불규칙한 동사를 불규칙동사 (irregular verb)라 한다.

① 원형, 과거형, 과거분사형이 모두 같은 형태인 동사 (A-A-A형)

- **beat** - beat - beat - beating
- **burst** - burst - burst - bursting
- **cast** - cast - cast - casting
- **cost** - cost - cost - costing
- **cut** - cut - cut - cutting
- **hit** - hit - hit - hitting

ex) beat, burst, cast, cost, cut, hit, hurt, let, put, read, set, shed, shut, spread, thrust, upset, etc.

② 과거형, 과거분사형이 같은 형태인 동사 (A-B-B형)

- bend - **bent** - **bent** - bending
- bring - **brought** - **brought** - bringing
- build - **built** - **built** - building
- burn - **burnt** - **burnt** - burning
- buy - **bought** - **bought** - buying
- catch - **caught** - **caught** - catching
- creep - **crept** - **crept** - creeping
- deal - **dealt** - **dealt** - dealing
- dig - **dug** - **dug** - digging
- dream - **dreamt** - **dreamt** - dreaming
- dwell - **dwelt** - **dwelt** - dwelling
- feed - **fed** - **fed** - feeding
- feel - **felt** - **felt** - feeling
- flee - **fled** - **fled** - fleeing
- find - **found** - **found** - finding
- fight - **fought** - **fought** - fighting
- keep - **kept** - **kept** - keeping
- knelt - **knelt** - **knelt** - knelling
- hear - **heard** - **heard** - hearing
- hold - **held** - **held** - holding
- lay - **laid** - **laid** - laying
- lead - **led** - **led** - leading
- learn - **learnt, learned** (미) - **learnt, learned** (미) - learning
- leave - **left** - **left** - leaving
- lend - **lent** - **lent** - lending
- lose - **lost** - **lost** - losing
- make - **made** - **made** - making
- mean - **meant** - **meant** - meaning
- meet - **met** - **met** - meeting
- pay - **paid** - **paid** - paying
- say - **said** - **said** - saying
- seek - **sought** - **sought** - seeking
- send - **sent** - **sent** - sending
- sell - **sold** - **sold** - selling
- shine - **shone** - **shone** - shining
- shoot - **shot** - **shot** - shooting
- sleep - **slept** - **slept** - sleeping

- smell - **smelt** - **smelt** - smelling
- stand - **stood** - **stood** - standing
- strike - **struck** - **struck** - striking
- swing - **swung** - **swung** - swinging
- tell - **told** - **told** - telling
- understand - **understood** - **understood** - understanding
- weep - **wept** - **wept** - weeping
- spend - **spent** - **spent** - spending
- stick - **stuck** - **stuck** - sticking
- sweep - **swept** - **swept** - seeping
- teach - **taught** - **taught** - teaching
- think - **thought** - **thought** - thinking
- win - **won** - **won** - wining

③ 과거형, 과거분사형이 각기 다른 형태로 변하는 동사 (A-B-C형)

- **bear** - bore - born, borne - bearing
- **bite** - bit - bitten, bit - biting
- **break** - broke - broken - breaking
- **do** - did - done - doing
- **drink** - drank - drunk - drinking
- **eat** - ate - eaten - eating
- **fly** - flew - flown flying
- **freeze** - froze - frozen - freezing
- **go** - went - gone - going
- **hide** - hid - hidden - hiding
- **lie** (눕다, 위치하다) - lay - lain - lying
- **ring** - rang - rung - ringing
- **see** - saw - seen - seeing
- **show** - showed - shown - showing
- **sink** - sank - sunk - sinking
- **speak** - spoke - spoken - speaking
- **strive** - strove - striven - striving
- **swell** - swelled - swollen, swelled - swelling
- **begin** - began - begun - beginning
- **blow** - blew - blown - blowing
- **choose** - chose - chosen - choosing
- **draw** - drew - drawn - drawing
- **drive** - drove - driven - driving
- **fall** - fell - fallen - falling
- **forget** - forgot - forgotten - forgetting
- **give** - gave - given - giving
- **grow** - grew - grown - growing
- **know** - knew - known - knowing
- **ride** - rode - riden - riding
- **rise** - rose - risen - rising
- **shake** - shook - shaken - shaking
- **sing** - sang - sung - singing
- **sow** - sowed - sown, sowed - sowing
- **steal** - stole - stolen - stealing
- **swear** - swore - sworn - swearing
- **swim** - swam - swum - swimming

- **take** - took - taken - taking
- **throw** - threw - thrown - throwing
- **wear** - wore - worn - wearing
- **tear** - tore - torn - tearing
- **wake** - woke - waken - waking
- **write** - wrote - written - writing

④ 원형과 과거형이 같은 형태인 경우 (A-A-B형)

ex) **beat** - **beat** - beaten - beating

⑤ 원형과 과거분사형이 같은 형태인 경우 (A-B-A형)

ex) **become** - became - **become** - becoming

**come** - came - **come** - coming

**run** - ran - **run** - running

## 4) 주의를 요하는 불규칙동사

① 두 가지 형태의 과거형이나 과거분사형을 갖는 경우

ex) awake - **awaked, awoke** - **awaked, awoke** - awaking

burn - **burned, burnt** - **burned, burnt** - burning

learn - **learned, learnt** - **learned, learnt** - learning

light - **lighted, lit** - **lighted, lit** - lighting

pass - **passed, past** - **passed, past** - passing

show - **showed** - **showed, shown** - showing

saw[sɔː] (톱질하다) - **sawed** - **sawed, sawn** - sawing

sew[sou] (꿰매다, 바느질하다) - **sewed** - **sewed, sewn** - sewing

sow[sou] (씨를 뿌리다) - **sowed** - **sowed, sown** - sowing

swell - **swelled** - **swollen, swelled** - swelling

② 그 뜻에 따라 다른 형태의 활용형을 갖는 경우

❶ bear (태어나다) – bore – **born** – bearing

※ 단, 이 뜻의 과거분사로 by를 수반하는 수동태에서는 borne을 쓴다.
bear (참다, 견디다, 낳다) – bore – **borne** – bearing

| | |
|---|---|
| I was **born** in 1988. | 나는 1988년에 태어났다. |
| He was **borne** by an Korean woman. | 그는 한국인 어머니에게서 태어났다. |

❷ bid (vt. 명령하다, 말하다.) – bade – bidden – bidding

bid (v. 값을 매기다.) – bid – bid – bidding

| | |
|---|---|
| He bade me (to) come in. | 그는 내게 들어오라고 말했다. |
| Do as you are bidden[bid]. | 너는 시키는 대로 해라. |
| He bid one hundred dollars for the old book. | 그는 그 고서에 100달러를 매겼다. |

❸ hang (vi. 매달리다; vt. ~을 매달다, 걸다.) – hung – hung – hanging

hang (vt. 목매달다, 교수형에 처하다.) – hanged – hanged – hanging

| | |
|---|---|
| She hung the washing out in the garden. | 그녀는 뜰에다 세탁물을 널었다. |
| The murderer was hanged for murder. | 그 살인자는 살인죄로 교수형에 처해졌다. |

❹ lie (vi. 거짓말 하다.) – lied – lied – lying

lie (vi. 눕다, 놓여 있다.) – lay – lain – lying

lay (vt. ~을 눕히다; ~을 놓다.) – laid – laid – laying

| | |
|---|---|
| I lied to her about it. | 나는 그것에 대해 그녀에게 거짓말을 했다. |
| She lay beside her mother. | 그녀는 그녀의 어머니 곁에 누웠다. |
| She laid the baby on the bed. | 그녀는 아기를 침대에 눕혔다. |
| He laid his hand on her shoulder. | 그는 손을 그녀의 어깨에 올려놓았다. |

③ 혼동하기 쉬운 동사

❶ bind (vt. 묶다, 다발 짓다.) – bound – bound – binding

　bound (vi. 되 튀다, 튀어 오르다; vt. ~의 경계를 짓다.) – bounded – bounded – bounding

　She bound her hair with a ribbon.　　　　그녀는 리본으로 머리를 묶었다.

　The ball bounded against the wall.　　　　공은 벽에 맞아 되튀었다.

　Our country is bounded on three sides by the sea.

　　　　　　　　　　　　　　　　　　　　우리나라는 삼면이 바다로 둘러싸여 있다.

❷ fall (vi. 떨어지다; 넘어지다.) – fell – fallen – falling

　fell (vt. ~을 떨어뜨리다; 넘어뜨리다.) – felled – felled – felling

　She fell (down) senseless on the ground.　그녀는 기절하여 땅바닥에 쓰러졌다.

　The temperature fell rapidly.　　　　　　기온이 급속하게 내려갔다.

　He felled his enemy with a single blow.　그는 적을 일격에 쓰러뜨렸다.

❸ find (vt. 발견하다.) –found – found – finding

　found (vt. 설립하다.) – founded – founded – founding

　I found a ten thousand won on the street.　나는 길에서 만 원을 발견했다(주웠다).

　They collected funds and founded a school.　그들은 기금을 모아 학교를 설립했다.

❹ rise (vi. 일어나다, 떠오르다; 〈물가, 온도 등〉 올라가다.) – rose – risen – rising

　raise (vt. 올리다; ~을 세우다; 기르다, 재배하다.) – raised – raised – raising

　I rose at six in this morning.　　　　　　나는 오늘 아침 여섯 시에 일어났다.

　He raised his right hand to ask a question.

　　　　　　　　　　　　　　　　　　　　그는 질문하려고 오른손을 들어 올렸다.

　The farmers here raise crops and cattle.　이곳 농부들은 농작물과 소를 기른다.

❺ saw(v. 톱질하다.) – sawed – sawed, sawn – sawing

see(v. 보다.) – saw – seen – seeing

sew(v. 바느질하다.) – sewed – sewed, sewn – sewing

sow(v. 씨를 뿌리다.) – sowed – sowed, sown – sowing

❻ wind (vi. 꾸불거리다, 굽이치다; vt. ~을 굽이쳐 나아가다.)– wound – wound – winding

wound (v. 상처를 입히다.) – wounded – wounded – wounding

He wound up his watch.  그는 시계태엽을 감았다.
Her self-respect was wounded.  그녀의 자존심이 상처받았다.


## 2. 동사의 종류별 문장 형식

영어 문장은 동사의 종류에 따라서 보통 다음의 다섯 가지 형식으로 분류한다.

※ 영어의 문장 형식 (문형)을 다섯 가지 형식으로 분류하는 것이 전통적이고도 가장 일반성을 갖는 방식이기는 하나, 이 분류 방식이 영문의 모든 형식을 설명해주지는 못한다. 즉, 5형식론에 의해 설명할 수 없는 문장 형식들도 얼마든지 있다. 그래서 문장 형식을 7형식 (부사구를 주격 보어나 목적격 보어로 인정)에서 25형식 [Hornby, A. S. 1962. A Guide to Pattern and Usage in English 참조]까지도 분류하기도 한다. 본서는 기본적으로 전통적이고 보편적인 영문분류방식인 5형식론을 따르되 때론 지은이의 개인적 견해도 덧붙이고자 한다.


### (1) 완전자동사(complete intransitive verb)

완전자동사(完全自動詞)란 보어나 목적어를 필요로 하지 않고 **주어와 동사만으로 완전한 문장이 될 수 있는 경우의 동사**를 말한다. [주어 (S) + 완전자동사 (Vi.)] 〈제1 문장형식〉

## 1) 제1 문장형식의 형태

### ① 주어 (subject) + 완전자동사 (vi.) 〈기본형태〉

The sun **rises**. 해가 뜬다.   Birds **sing**. 새들이 지저귄다.

It **rains**. 비가 온다.   Time **flies**. 시간이 흐른다.

Whatever **is**(,) is right. — Alexander Pop —

세상에 존재하는 것은 무엇이든 정당하다.

### ② 주어 + 완전자동사 + 부사(구)

▶ 이때의 부사(구)로는 일반의 부사와 전치사구, 부정사구가 올 수 있다. 5형식론에 따를 경우 부사(구)는 아무리 많이 붙어도 문장형식에 변화를 주지는 못한다. 다만, 부사(구)가 없다면 완전한 문장이 될 수 없는 경우가 있는데 그러한 경우의 부사구는 주격 보어로 보는 견해도 있다.

She **eats** much.   그녀는 많이 먹는다.

"Do you know where he is?"   그가 어디 있는지 아세요?

—"He **is** in the room."   그는 방안에 있습니다.

※ 이때의 전치사구(in the room)는 부사구이지만 문장의 핵심이 되어 이 부사구가 없이는 그 핵심적인 의미를 전달할 수가 없는 경우이다. 이러한 구문에 대하여는 〈be, get + 단순부사구〉의 1형식으로 파악하는 견해, 이때의 부사구가 없으면 의미 있는 문장이 될 수 없다 할 것이므로 문장의 종속요소인 수식어구로서의 단순부사구가 아니라 문장의 주요소인 주격 보어로 보아 2형식으로 파악하는 견해, 「S + 완전자동사 + 필수적 부사구」의 5형식 이외의 문장 형식으로 파악하는 견해 등이 있다.

ex) He **is** in good health. 그는 건강하다.

"What time is the meeting?" 회의가 몇 시에 있지요?

— "The meeting is at nine a.m." 오전 9시에 있습니다.

She **got** on the bus. 그녀는 버스에 올라탔다.

He **got** into trouble with the police. 그는 경찰과 마찰을 일으켰다. / 그는 감옥에 들어갔다.

The book **sells** for five dollars.   그 책은 10달러에 팔린다.

He **came** to see me yesterday.   그가 어제 나를 만나려고 왔다.

They **left** for the day.   그들은 일과를 마치고 떠났다.

③ There + v (be동사, 자동사) + ~

❶ there + v (be, appear, come, live, stand 등의 자동사) + 명사상당 어구

▶ 이때의 there는 실질적인 의미는 갖지 않고 'be + 명사구 (S)'의 어순 바꿈 구문(= 도치 구문)을 이끄는 형식어(= 허사)로서 기능한다고 보고 자동사 뒤에 오는 명사구를 주어로 보아 1형식으로 파악하는 견해와 there를 주어로, 명사구를 보어로 보아 2형식으로 파악하는 견해가 있다. 이때의 there에는 강세를 두지 않는다.

※ 명사 상당 어구 (noun equivalent): 문장 내에서 한 개의 명사와 같은 역할을 하는 말들을 가리킨다. 대명사, 부정사구·동명사구 등의 명사구와 명사절 등이 명사 상당 어구로 쓰인다.

| | |
|---|---|
| There is a book on the desk. | 책상 위에 책이 한 권 있다. |
| There appears little doubt about that. | 그것에 관해서는 별로 의심할 바가 없는 것 같다. |
| There came a huge wave. | 거대한 파도가 밀려왔다. |
| There once lived a very pretty princess. | 옛날 옛날에 어여쁜 공주님 한 분이 살았습니다. |
| There stands a house on the hill. | 언덕 위에 집 한 채가 서 있다. |

❷ 「There + vi. + 명사」나 「There + 인칭대명사 + vi.」의 형태로 눈앞의 동작을 가리키거나, 주의를 환기시키려 말할 때 《저(기) 봐!; 이봐!; 자!》

▶ 이때의 there는 지시부사로서 이러한 구문은 제1 문장형식에 해당한다고 보는 것이 일반적이다. 주어가 대명사일 경우에는 'There + S (인칭대명사) + vi.'의 형태로 쓴다. 이때의 there에는 강세를 둔다.

| | |
|---|---|
| There goes Sam-sun! | 저기, 삼순이가 간다! |
| There goes [rings(x)] the class bell! | 자, 수업을 알리는 종소리가 난다. |
| There you are! | 자, 봐!; 자, 어때! |
| There you go! | 이봐, 당신! |

④ Here + vi (be, come, go 등) + s

▶ here도 위 ❷의 there의 용법과 대비되는 용법을 갖는다. 주로 간단한 입말체 (구어체) 문장에

쓴다. 주어가 대명사일 경우에는 'Here + S (인칭대명사) + vi.'의 형태로 쓴다. 이 구문에는 be, come, go 등의 동사가 쓰인다. 이때의 here는 대체로 '저 봐, 저기; 여봐, 여기; 자!'로 해석된다.

| | |
|---|---|
| Here are many books. | 여기에 많은 책들이 있다. |
| Here is the letter I got this morning. | 이것이 오늘 아침에 내가 받은 편지이다. |
| Here goes nothing. | (안 되겠지만) 한번 해보겠다. |
| Here comes Sam-sun! | (여기) 삼순이가 와요! |
| Here he comes! | 저기 그 사람이 오는군! |
| Here I am. | 저, 여기 있습니다; 나 왔어; 다녀왔습니다; 자, 이제 다 왔다. |
| Here you are. | 자, 여기 있습니다.(= Here it is.); 자, 보세요. (생각해 보세요.) |

## 2) 제1 문장형식에 쓰이는 동사

ex) appear, arise, awake, be, blow, come, come back, eat, end, exist, fall, flow, fly, go, grow up, happen, last, live, matter, move, occur, return, rise, run, seem, sing, sit, stand, take place, wake up, walk, work, etc.

| | |
|---|---|
| A sailboat **appears** on the horizon. | 돛배가 수평선 위로 나타났다. |
| "Won't you **come** to see me tomorrow?" | 내일 저를 만나러 와 주시겠습니까? |
| – "Yes, I will **come**." | 예, 그러겠습니다. |

※ 질문이나 요청에 come을 쓰면 대답에도 come을 써야 한다. 그러므로 여기서는 go를 써서는 안 된다.

| | |
|---|---|
| We **went** to the movies together yesterday. | 우리는 어제 함께 영화 보러 갔다. |

※ 누구에게 어디로의 동행을 요구할 때에는 come을 쓴다.

Will you come with me to the concert. 저와 함께 (그) 공연을 보러 가겠어요?

| | |
|---|---|
| He will **come back** home in a few days. | 그는 며칠 있으면 집에 돌아올 것이다. |
| She **grew up** in a poor family. | 그녀는 가난한 가정에서 자랐다. |
| Accidents will **happen**. | 사고는 일어나게 마련이다. – 속담 – |
| It **matters** little to me who will be elected. | 누가 선출되느냐 하는 것은 내게 별 상관이 없다. |
| He **ran** for his life. | 그는 필사적으로 도망쳤다. |

There **seems** to be no chance of his success. 그는 성공할 것 같아 보이지 않는다.

Paris **stands** on the Seine. 파리는 센 강 가에 있다.

The Olympic Games **take place** every four years.

올림픽 경기대회는 4년마다 개최된다.

She **woke up** at five. 그녀는 5시에 잠이 깼다.

---

■ **참고 – 자동사 happen의 용법**

### 1. S + happen (부사구) 《일어나다, 생기다.》

This has never happened to me before.
전에는 이런 적이 한 번도 없었어요. / 이런 일은 처음이에요.

### 2. S[there] + happen + to do; It (just) (so) happen + that절

《우연히[마침, 공교롭게도] ~하다; 실은 ~이다.》
I happened not to be in my house at that time. 마침 그때 나는 집에 없었다.
(= It happened (that) I was not in my house at that time.)
I happened to see him in his true colors. 나는 우연히 그의 본색을 봤다.
You happen to see the morning paper? 조간신문 (어디 있는지) 봤어요?
It (so) happens that I have no money with me. 마침 내가 가진 돈이 없다.
Do you happen to remember her name? 혹시 그녀의 이름을 기억하십니까?

### 3. there + happen + to be + 명사 《~(명사)이 있다.》

For your information, there happen to be three. 너를 위한 정보가 3개 있다.
There happened to be nobody inside. 마침 안에는 아무도 없었다.

---

### 3) 완전자동사 + 전치사

완전자동사는 그 뒤에 전치사를 동반하는 경우가 많다. 이때 전치사 이하는 부사구가 되는 것이 보통이다. 그러나 많은 경우「자동사 + 전치사」를 구동사로 보아 하나의 타동사처럼 취급하기도 한다.

※ 동사와 전치사 (또는 부사)가 합쳐져서 하나의 동사처럼 쓰이는 것을 구동사(phrasal verbs)라 부른다. 구동사는 타동사구가 보통이나 구동사 뒤에 목적어를 동반하지 않고 자동사와 같이 쓰이는 경우도 있다. (p.

83 참조)

- abstain from ~ 《~을 끊다, ~을 삼가다.》

    Athletes usually **abstain from** smoking and wine.

    운동선수들은 보통 흡연과 술을 삼간다.

- accede to ~ 《~에 따르다, 응하다, 동의하다.》

    They have not been prepared to **accede to** that.

    그들은 그것에 응할 준비가 되어있지 않았다.

- account for ~ 《~ 때문이다; ~의 원인이다; ~을 설명하다; 간주하다.》

    His carelessness **account for** his failure.   그의 실패는 그의 부주의함 때문이다.

    I will **account for** the incident.   내가 그 사건에 대하여 설명하겠다.

- acquiesce in ~ 《묵인하다, 마지못해 동의하다; 순종하다.》

    I did not come here simply to **acquiesce in** Government decisions.

    나는 단지 정부의 결정을 묵인하기 위해 여기에 온 것이 아닙니다.

- add to ~ 《~을 더하다; 늘다 (= increase).》

    Is there anything else you want to **add to** that?

    추가로 하실 말씀은 없으세요?

    The sunset **added to** the beauty of the scenery.

    해넘이는 주위풍경을 곱게 물들였다.

- admit of ~ 《~의 여지가 있다; 허용하다.》

    This **admits of** no doubt.   이것은 의심의 여지가 없다.

    We **admit of** no exceptions to the rules.

    이 규칙에 대한 어떤 예외도 허용하지 않습니다.

- admit to ~ 《~을 인정하다; ~에 들어갈 수단이 되다; ~로 인도하다.》

    He **admits to** having hit the lowest point in his life.

    그는 삶의 밑바닥까지 가 봤음을 인정한다.

    This ticket **admits to** the hall.   이 표로 그 홀에 들어갈 수 있다.

- agree to[또는 with] ~ 《~에 동의하다.》
  - ▶ to는 사물에, with는 사람에 사용하는 것이 일반적이나 with는 사물에도 많이 쓴다.
  
  I cannot **agree to** [**with**] such a proposal.   나는 그와 같은 제안에 동의할 수 없다.
  I **agree with** you on that plan.   나는 너의 그 계획에 찬성한다.

- answer for ~ 《~을 책임지다; ~을 보증하다; ~을 대신하여 답하다.》
  
  You must **answer for** the consequences.   너는 그 결과에 대해서 책임을 져야 한다.
  She didn't **answer for** fear of hurting him.
  그녀는 그의 마음을 상하게 할까 봐 대답하지 않았다.

- apologize (to one) for ~ 《~일로 (…에게) 사과하다.》
  
  We **apologize for** the inconvenience.   불편을 드리게 되어 사과드립니다.
  I must **apologize to you for** coming so late.
  (= I must **apologize for** my lateness.)   늦어서 미안합니다.

- apply for ~ 《~에 지원하다, ~을 신청하다; ~에 적용되다.》
  
  Student in the bottom 70 percent income group can **apply for** scholar-ships at the Korea Student Aid Foundation.
  소득계층 하위 70%의 학생들은 한국장학재단(KOSAF)에 장학금을 신청할 수 있다.
  The same regulation **applies for** negotiating additional pay and leaves.
  이와 동일한 규정이 상여금과 휴가 협상에도 적용된다.

- attend to ~ 《~에 주의하다; ~에 유의하다.》
  
  **Attend to** your parents.   부모님을 잘 보살펴드리세요.
  I will **attend to** your business.   당신의 일에 신경을 쓰겠습니다.

- believe in ~ 《~을 믿다, ~을 신뢰하다; ~으로 인정하다.》
  
  Many people in the world **believe in** their existence.
  이 세상의 많은 사람이 그들의 존재를 믿는다.

- belong to ~ 《~의 것이다, ~에 속하다.》
  
  Dokdo **belongs to** Korea.   독도는 한국에 속한다.
  South Korea **belongs to** the group B with Argentina, Greece, and Nigeria.

한국은 아르헨티나, 그리스 그리고 나이지리아가 있는 B조에 속해 있다.

- call at ~(건물) 방문하다. / call on ~(사람): 방문하다.

  I will **call at** your house this Sunday.   이번 주 일요일에 너의 집에 갈게.

  I **called on** my parents yesterday.   나는 어제 부모님에게 갔었다.

- call for ~ 《~을 필요로 하다; ~을 요구하다.》

  This **calls for** a celebration!   이거 축하할 일이군!

  This job **calls for** a great deal of care and attention.

  이 일은 많은 주의와 배려를 요한다.

- catch at ~ 《~을 붙잡으려고 하다.》

  A drowning man will **catch at** a straw.

  물에 빠진 사람은 지푸라기라도 잡으려고 한다.

- catch on ~ 《~에 걸리다.》

  My sleeve has **caught on** a nail.   내 소매가 못에 걸렸다.

- come across 《우연히 ~을 발견하다, 우연히 ~와 마주치다.》

  I **came across** a very difficult problem.   내게 어려운 문제가 생겼어.

  When you **come across** something new, do not judge it based on your personal values, belief, or preference.

  무언가 새로운 것과 우연히 마주치면, 당신의 개인적 가치관, 신념, 또는 선호함에 근거해서 그것을 판단하지 마라.

- come by ~ 《~을 얻다.》

  I **come by** all these ideas from my own experience.

  나는 이 모든 아이디어를 나 자신의 경험에서 얻고 있습니다.

- come with 《~이 딸려 있다.》

  The prize **comes with** 1,000,000 won.   이 상은 100만 원의 상금이 주어진다.

  This coffee **comes with** a mug.   이 커피를 사시면 머그잔을 같이 드립니다.

- compete with ~ 《(상이나 지위를 목적으로) ~와 경쟁하다; 맞서다.》

  They can't **compete with** us on price.   그들은 가격 면에서 우리와 경쟁이 안 된다.

There is no book that can **compete with** this.  이것과 견줄 만한 책은 없다.

cf.) contend with: (대립되는 것과 격렬하게) 다투다. / contend with temptation 유혹과 싸우다.

- complain of [또는 about] ~ 《~에 [을] 불평하다.》

    They **complain of** little supply.  그들은 배급이 작은 것에 불평한다.

- comply with ~ 《~을 따르다, 준수하다.》

    Law and court rulings should **comply with** justice.

    법률이나 판결은 정의에 합치해야 한다.

    The contract shall **comply with** the laws and regulations of Korea.

    이 계약은 한국의 법과 규정을 준수한다.

- collide with ~ 《~와 충돌하다.》

    The ruling party **collided with** the opposition over the handling of legislation.

    여당은 법안 처리를 놓고 야당과 충돌했다

- concentrate on ~ 《~에 집중 [주력]하다.》

    We need to **concentrate on** our core business.  우리는 핵심 사업에 주력해야 한다.

- confer with ~ 《~와 의논하다, 협의하다.》

    I **conferred with** him on the matter.  나는 그 문제에 관해 그와 의논했다.

- conform to ~ 《~에 따르다; ~에 합치하다.》

    Please **conform to** etiquette in public places.  공공장소에서는 예의를 지키세요.

    This tool has been designed to **conform to** new safety standards.

    이 공구는 새로운 표준안전기준에 맞게 고안되었다.

- consist of ~ 《~으로 구성되어있다.》

    The committee **consists of** 7 members.  그 위원회는 7명의 위원으로 구성된다.

    Hangul **consists of** 10 vowels and 14 consonants.

    한글은 모음 10개, 자음 14개로 이루어져 있다.

- consist in ~ 《~에 있다 (= be equivalent to).》

    Love does not **consist in** gazing at each other, but in looking together in the same direction. − Antoine de Saint-Exupery(생텍쥐페리) −

사랑은 두 사람이 마주 보는 것에 있는 것이 아니라, 함께 같은 방향을 바라보는 것에 있다.

- **coordinate with ~** 《~와 조화되다; ~와 균형이 잡히다.》

    This house **coordinate with** that mountain.    이 집은 저 산과 조화를 이루고 있다.

- **consent to ~** 《~에 동의하다.》

    I can't **consent to** your opinion.    나는 네 의견에 동의할 수 없다.

- **cope with ~** 《~을 처리하다; ~에 대처(대응)하다.》

    Here are some healthy ways to **cope with** stress.

    여기에 스트레스에 건강하게 대처하는 방법들이 있습니다.

    We have got to be tough to **cope with** this unfriendly world.

    이 험한 세상에 맞서나가려면 대담해져야 해요.

- **count on ~** 《~에 의지하다; ~을 기대하다.》

    I cannot **count on** his support.    나는 그의 도움을 기대할 수 없다.

- **crash into ~** 《~와 부딪치다 (= collide with).》

    Scientists at NASA space center in the U.S. recently said this asteroid may **crash into** the Earth on September 24, 2182.

    최근 미국 나사 우주센터의 과학자들은 이 소행성이 2182년 9월 24일 지구와 충돌할 가능성이 있다고 얘기했다.

- **decide on ~** 《(~하기로) 결정하다.》

    They **decided on** the matter.    그들은 그 문제를 결정지었다.

- **decide against ~** 《~하지 않기로 결정하다.》

    We **decided against** going on a picnic.    우리는 소풍을 가지 않기로 결정했다.

- **decide between ~** 《~ 둘 중에 하나를 결정하다.》

    We have to **decide between** surrender and starvation.

    우리는 항복할 것인지 굶어 죽을 것인지 둘 중 하나를 결정해야 한다.

- **depart from ~** 《~에서 출발하다; ~을 [에서] 이탈하다, ~에서 벗어나다.》

    We **departed from** Seoul at 7 o'clock morning.

    우리는 오늘 아침 7시에 서울에서 출발했다.

depart from one's plan					계획을 바꾸다.

- dispense with ~ 《~없이 지내다(do without); ~을 배제하다; ~을 면제하다.》

    We cannot dispense with water.				우리는 물 없이는 살 수 없다.

- deal with ~ 《~을 다루다, ~을 거래하다, ~을 돌보다.》

    We must contrive a way to deal with the problem.
    우리 그 문제를 처리할 방법을 찾아야만 한다.

    I can't deal with it anymore.				난 더 이상 참을 수가 없다.

- dispose of ~ 《~을 처분하다, ~을 처리하다, 제거하다(죽이다).》

    How will you dispose of this problem?		이 문제를 어떻게 처리할 작정인가요?

- experiment on[with] ~ 《~로 실험을 하다.》

    experiment on animals					동물로 실험하다
    experiment with medicine				약품으로 시험하다
    I never agreed to experiment on people.		나는 인체 대상 실험은 절대 동의할 수 없다.

- fall for ~ 《~에게 속다, ~에게 사기당하다; ~에 홀딱 반하다.》

    I did not fall for his exaggerated story.
    나는 그의 과장된 이야기에 속아 넘어가지 않았다.

    We never expected her to fall for a man like him.
    우리는 그녀가 그런 남자에게 홀딱 반할 거라고는 전혀 예상을 못 했다.

- go into ~ 《~을 조사하다; 직업에 들어가다; 건물에 들어가다(enter); ~을 언급하다.》

    go into politics						정계에 들어가다
    go into a business					사업 [장사]을 시작하다
    The door goes into the garden.			그 문은 뜰로 통해 있다.
    Don't go into details about the book, just give me the gist.
    그 책에 대해 상세히 말하지는 말고, 그저 내게 요점만 말해주시오.

- go over ~ 《~을 검사하다, ~을 검토하다, ~을 복습하다.》

    Did you go over the report I emailed you a few days ago?
    제가 며칠 전에 이메일로 보내드린 보고서를 검토해보셨습니까?

- graduate from ~ 《〈미〉 ~(학교)을 졸업하다.》

    He **graduated from** Harvard. 그는 하버드 대학을 졸업했다.

- infringe on ~ 《~을 침해하다.》

    **infringe on** a person's privacy 남의 사생활을 침해하다

    A company is claiming that B company has **infringed on** its patent.

    A사는 B사가 자신들의 특허권을 침해했다고 주장하고 있다.

- insist on [또는 upon] ~ 《~을 주장하다; ~을 고집하다; 강조하다.》

    My brother **insists upon** accompanying me.

    내 남동생이 나를 따라가겠다고 고집을 피운다.

- interfere in ~ 《~에 참견하다, 간섭하다(= meddle).》

    Don't **interfere in** matters that do not concern you!

    당신과 관계없는 일에 참견하지 마라.

- interfere with ~ 《~을 해치다, ~을 방해하다.》

    I don't want to **interfere with** your work. 나는 당신의 일을 방해하고 싶지는 않아요.

    Smoking and drinking **interfere with** your body's ability to process oxygen.

    흡연과 음주는 신체의 산소를 처리하는 능력에 지장을 준다.

    **interfere with** health 건강을 해치다.

- knock at[또는 on] ~ 《~을 치다, 두드리다.》

    He had just fallen asleep when someone **knocked at** the door.

    그가 막 잠이 들었을 때 누군가가 문을 노크했다.

- lie with ~ 《~의 의무이다; ~에게 책임이 있다.》

    It **lies with** you to decide. 결정하는 것은 너에게 달려 있다.

    The fault **lies with** me. 잘못은 내게 있다.

    (= I am to blame. / I take the blame on myself.)

- operate on ~ 《작동하다; 약이 듣다; 수술하다; 작전하다; 개시하다.》

    We will have to **operate on** emergency mode Monday and Tuesday until the economy regains stability and gets on track again, he said.
    '경제가 안정을 되찾고 정상 궤도에 오를 때까지 월요일과 화요일 비상 체제로 운영할 것입니다'라고 그가 말했다.

    The surgeon **operated on** him for appendicitis.
    그 외과의사는 그의 맹장 수술을 했다.

- operate against ~ 《~에(게) 불리하게 작용하다.》

    The past record of the Democratic nominee for the president **operated against** this time presidential election.
    민주당 대통령후보자의 경력은 이번 대통령 선거에 불리하게 작용했다.

- refrain from ~ 《~을 억제하다; 그만두다; 삼가다.》

    I could not **refrain from** tears.    나는 눈물을 금할 수가 없었다.

- resort to ~ 《~에 가다; ~에 다니다; ~에 의지하다.》

    **resort to** a swimming pool    수영장에 잘 다니다.
    **resort to** violence    폭력에 의지하다, 폭력을 쓰다.

    The police **resorted to** compulsory measures to break up the crowd.
    경찰은 군중을 해산시키기 위해 강제 수단을 썼다.

    I've **resorted to** this book a lot.    나는 이 책을 많이 참고했다.

- start from ~ 《~에서[로부터] 출발하다; ~을 떠나다 (= leave).》

    The bus **started from** Seoul at six.    그 버스는 여섯 시에 서울에서 출발했다.

- sympathize with ~ 《~을 동정하다, ~을 위로하다; ~에 동의하다.》

    I **sympathize with** you in your bereavement.    삼가 조의를 표합니다.
    I can't **sympathize with** your opinion.    나는 네 의견에 동의할 수 없다.

- succeeded in ~ 《~에 성공하다.》

    He was fortunate enough to **succeed in** his attempt.
    다행히도 그의 시도는 성공했다.

- wait for ~ 《~을 기다리다; ~을 기대하다.》

    Time and tide **wait for** no man.  세월은 사람을 기다려 주지 않는다. – 속담 –

> ■ **자동사의 기능을 하는 동사구**
>
> 어떤 동사는 **전치사적 부사**(전치사로도 쓰이고 그 목적어 없이 부사로도 쓰이는 말)와 함께 동사구를 이루어 하나의 자동사와 같이 쓰이는 경우가 있다.
>
> ex) break down, break out, blow off, blow up, drink up, fall through, get up, give in, take off, turn up, etc.
>
> The negotiations **broke down**. 협상이 결렬되었다.   A fire **breaks out**. 불이 났어요.
> My hat **blew off**. 내 모자가 바람에 날려 떨어졌다.   **Drink up** quickly! 얼른 마셔!
> His plan **fell through**. 그의 계획은 수포로 돌아갔다.
> He will **turn up** later this evening. 그는 오늘 오후 늦게야 나타날 것이다.

### 4) 해석에 유의해야 할 완전자동사

다음과 같은 동사들은 완전자동사로 쓰일 경우 통상적인 뜻과는 전혀 다른 의미를 나타내는 경우가 있는데 특히 수동의 뜻을 나타내는 경우가 많다. 이 경우에는 같은 뜻의 수동태문으로 나타내지 않도록 주의해야 한다.

① count: **중요하다**(be important), 가치가 있다.

    Every minute counts.  매 시간[순간]이 중요하다; 일분일초가 급하다.
    What he said does not count.  그가 무슨 말을 하든 중요치 않다.

② do: **도움이 되다, 충분하다.** (= be good enough)

    Any chair will do.  어느 의자라도 좋다.
    Is 30,000 won enough?  3만 원이면 됩니까?
    – That will do.  – 그거면 충분합니다.

③ go

❶ 〈화폐 등이〉 통용하다; 인정되다, 받아들여지다

| | |
|---|---|
| Dollars go anywhere. | 달러는 어디서나 통용된다. |
| In this country, such behaviour doesn't go. | 이 나라에서 그런 행위는 허용되지 않는다. |

❷ 〈일이〉 진행되다; (어떤) 결과가 되다.

| | |
|---|---|
| How did the game go? | 그 경기는 어떻게 됐습니까? |
| Everything went well[badly]. | 만사가 잘(잘못)되었다. |

❸ 놓이다 (be placed), 속하다.

| | |
|---|---|
| Where does this box go? | 이 상자를 어디에 놓을까요? |
| This cap goes in that bottle. | 이 뚜껑은 저 병의 것이다. |

❹ 팔리다; 쓰이다.

| | |
|---|---|
| The house went very cheaply. | 그 집은 아주 싸게 팔렸다. |
| All his money goes on alcohol. | 그의 돈은 모두 술값에 쓰인다. |

④ matter: 〈보통 부정·의문·조건문에서〉 중요하다; 상관이 있다.

| | |
|---|---|
| It **matters** little to me who will be elected. | 누가 선출되느냐는 내게 별로 중요하지 않다. |
| What does it **matter** which side may win? | 어느 쪽이 이기느냐가 무슨 상관이냐? |

⑤ pay: 이익이 되다(be profitable), 수지가 맞다.

| | |
|---|---|
| The shop closed because it didn't **pay**. | 그 가게는 이익이 없어서 문을 닫았다. |
| Farming doesn't **pay** nowadays. | 요즘 농사는 수지가 맞지 않는다. |

⑥ read: (~이라고) 읽히다, 해석되다; ~라고 씌어 있다(read like).

    This novel reads well. 　　　　　　　　　이 소설은 잘 읽힌다. (이해하기 쉽다.)

    The sentence reads as follows. 　　　　　　그 문장은 다음과 같이 해석된다.

⑦ sell: 팔리다.

    This novel sells well. 　　　　　　　　　　이 소설은 잘 팔린다.

    This fruit sells for one dollar each. 　　　　이 과일은 개당 1달러에 팔리고 있다.

⑧ work: (계획 등이) 잘 되어 가다; 효과가 있다; (약이) 잘 듣다.

    Will this method work? 　　　　　　　　　이 방법이 효과가 있을까?

    This medicine works well if you follow the usage.

    　　　　　　　　　　　　　　　　　　　　이 약은 그 복용법을 따르면 잘 듣는다.

## (2) 불완전자동사 (incomplete intransitive verb)

### 1) 의의

불완전자동사(不完全自動詞)란 주어와 자동사만으로는 뜻의 전달이 불완전한 경우 자동사를 보충하여 주어의 동작, 상태를 설명하여 주는 말인 **주격 보어**(subjective complement)를 필요로 하는 동사를 가리킨다. [주어 (S) + 불완전자동사 (Vi.) + 보어 (C)] 〈제2 문장형식〉

※ 제2 문장 형식의 보어로는 명사, 대명사, 형용사를 비롯하여 명사나 형용사 역할을 하는 구, 절, 부정사, 동명사, 분사 등도 올 수 있다.

### 2) 제2 문장형식의 기본형태

- 나(는)/　이다/　학생.

    I　　**am**　　a student.
  주어(S)　불완전자동사(Vi)　보어(C)〈명사〉

- 우리(는)/ 헤어졌다/ 친한 친구(로).
  
  <u>We</u>  <u>**parted**</u>  <u>the best of friends</u>.
  S      Vi.         C〈명사구〉

- 나의 꿈(이)/ 되었다/ 사실(이).
  
  <u>My dream</u>  <u>**came**</u>  <u>true</u>.
  S          Vi.      C〈형용사〉

- 그(는)/ 보인다/ 부자인(것으로).
  
  <u>He</u>  <u>**seems**</u>  <u>to be rich</u>.
  S     Vi.        C〈부정사〉

- 그 이유(는)/ 이다/ 그녀가 아팠다는 것.
  
  <u>The reason</u>  <u>**is**</u>  <u>that she was ill</u>.
  S           Vi.     C〈that절〉

## 3) 제2 문장형식 동사의 유형

### ① '상태'를 나타내는 동사

**❶ be (~이다, 있다.)유형의 동사: S + vi. [be, lie, stand 등] + C (명사, 형용사)**

| | |
|---|---|
| She **is** <u>a third(-)year high school student</u>. | 그녀는 고등학교 3학년생이다. |
| How **are** you? | 잘 지내시죠? |
| — I **am** quite <u>well</u>, thanks. | 저는 아주 잘 지냅니다, 고맙습니다. |
| She **lies** <u>asleep</u>. | 그녀는 잠자고 있다. |
| The letter **lay** <u>open</u> on her desk. | 그 편지는 그녀의 책상 위에 열려진 채로 놓여 있었다. |
| The door **stood** <u>open</u>. | 문이 열려 있었다. |

**❷ remain(유지하다, 계속하다)유형의 동사**

: S + vi. [remain, continue, keep, lie, hold, stay 등] + C(형용사)

▶ 이때의 형용사에는 분사형 형용사 (현재분사, 과거분사)를 포함한다.

| | |
|---|---|
| She **remains** <u>single</u>. | 그녀는 독신으로 살고 있다. |
| The recession **continues** <u>unabated</u>. | 경기침체가 완화되지 않고 있다. |

She **keeps** crying. 그녀는 계속해서 울기만 하고 있다.
I **stayed** awake all night yesterday. 나는 어젯밤을 꼬빡 뜬눈으로 새웠다.

② '상태의 변화'를 나타내는 동사 [become 유형의 동사 (~이 되다; ~으로 되어지다.)]
: S + vi. [become, come, fall, get, go, grow, make, run, turn, wear 등] + C (형용사, 명사)

She **became** a great pianist. 그녀는 위대한 피아니스트가 되었다.
My dream **came** true. 나의 꿈이 이루어졌다.
I couldn't **fall** asleep in an agony of joy.
나는 너무나도 기뻐서 잠이 들 수가 없었다.
The fish **went** bad in hot weather. 생선이 더위에 상했다.
※ 형용사 ill, old, tired 등은 2형식 go의 보어로 쓰이지 않는다.
The girl **grew** (to be) a beautiful woman.
그 소녀는 아름다운 여인으로 성장했다.
We **made** ready to depart. 우리는 출발할 준비가 됐다.
We have **run** short of water. 물이 떨어졌다.
I'll hope you'll never **turn** traitor.
나는 네가 결코 배신자가 되지 않기를 바란다.
※ turn의 보어로 명사가 올 때는 무관사로 쓴다.
The soles of my shoes have **worn** thin. 내 구두의 밑창이 닳아 얇아졌다.

③ '판단'의 뜻을 나타내는 동사 [appear 유형의 동사(~으로 보이다, ~으로 생각되다.)]
: S + vi. [appear, look, seem] + (to be) C(형용사, 명사)

He **appears** (to be) a good-natured man. 그는 선량한 사람으로 보인다.
She **looks** (to be) happy. 그녀는 행복해 보인다.
※ appear형 불완전자동사의 주격 보어로 형용사가 올 때 to be를 쓰는 것은 미국이며, 영국에서는 쓰지 않는다.

He **looks** (like, to be) <u>a kind man</u>.  그는 착한 사람인 것 같다.

※ appear형 불완전자동사의 주격 보어로 명사가 올 때 like나 to be를 넣는 것은 미국이며, 영국에서는 넣지 않는다.

You **seem** <u>unable</u> to understand my position.

그는 내 처지를 이해하지 못하는 것 같구나.

She **seems** (to be) <u>a very old woman</u>.  그녀는 나이가 아주 많은 것 같다.

---

### ■ 참고

#### 1. 자동사 appear의 용법
주로 글말체에서 쓴다.

**(1) S + appear + 부사(구)** 《나타나다, 출현하다; 나오다, 보이게 되다.》

The singer **appeared** on the stage amid a thunderous hand clapping of the audience.
그 가수는 관중의 우레와 같은 박수를 받으며 무대에 등장했다

**(2) S [또는 There] + appear + 보어[(to be) 형용사/ (to be) 명사/ that절]**
《~인 것 같이 보이다, ~이라고 여겨지다.》

She appears (to be) rich. (= It appears (to me) that she is rich.) 그녀는 부자인 듯하다.
Never accept things as true because they appear to be such.
진실인 것처럼 보인다고 해서 그것을 진실이라고 받아들여서는 안 된다.
There appears to have been some misunderstanding between us.
우리들 사이에 무언가 오해가 있었던 것 같다.

**(3) 「It appear (to me) that ~」의 구문으로** 《~라는 생각이 들다; 명백하게 되다, 뚜렷해지다.》

It appears (to me) that he is honest. 그는 정직한 것 같다.
Jane appeared to me to know me. (×)
※ 이와 같이 'appear[seem] to + 목적어 + to부정사' 구문에서 to의 목적어와 부정사의 목적어가 같을 경우에는 it ~ that 구문으로 해야 한다.
  It appeared to me that Jane knew me. (○) 제인은 나를 알고 있는 것 같았다.
It appears to me that this article has been run without proof.
이 기사는 증거도 없이 게재된 것으로 보인다.

※ 「It + 자동사 (appear, seem, happen, matter 등) + 절 (that절, 의문사절)」 형태의 문장에 대하여는 it을 가(짜)주어, 자동사 뒤에 오는 절을 진(짜)주어로 보아 1형식으로 보는 견해와 it을 주어, 절 (that절, 의문사절)을 주격보어로 보아 2형식으로 보는 견해가 있다. 본서에서는 1형식으로 파악하기로 한다.
It seems that she is ill. 〈1형식 or 2형식〉 (= She seems (to be) ill.) 그녀는 아파 보인다.
It happened that we were traveling on the same train. 〈1형식 or 2형식〉
(= We happened to be travelling on the same train.) 우린 우연히 같은 열차를 타게 되었다.
It doesn't matter to me where you go. 〈1형식 or 2형식〉 네가 어디로 가든지 내게 아무 상관이 없다.

## 2. 자동사 look의 용법

### (1) S + look + 부사/ 전치사 (at등) + 명사 《보다, 바라보다; 주시하다.》

look away [off] 눈을 딴 곳으로 돌리다, 외면하다.
look through the papers 서류를 훑어보다; 서류를 뒤지다.

### (2) S + look + 보어 (형용사, 명사) / 부사구·절
《~으로 보이다 [생각되다]; ~할 것 같다 (= like).》

That dress looks good on you. 그 옷이 당신에게 잘 어울리네요.
He looks (to be) a kind man. 그는 친절한 사람인 것 같다.
It looks like it's going to rain soon. 곧 비가 올 것 같아요.
You don't look very well. 당신, 안색이 안 좋군요.

### (3) S + look + 전치사 + 명사/ that절 《주의하다, 유의하다; 조사하다.》

You should look out for your health. 너는 건강에 유의해야 한다.
They looked into the matter. 그들은 그 문제를 조사했다.
Look (to it) that everything is ready. 만반의 준비를 갖추도록 해라.

### (4) S + look + 부사/ look + 전치사 + 명사
《~ 향(向)이다, ~에 면해있다; (상황·정세가) ~쪽으로 기울어지다 (to, toward).》

The window looks seaward. 그 창문은 바다 쪽으로 향해 있다.
Conditions look toward defeat. 상황은 패배 쪽으로 기울어 보인다.

## 3. 자동사 seem의 용법

### (1) S + seem + (to be) + 형용사/ 명사/ to부정사 《~인 것 같다; ~처럼 보이다.》

▶ 「seem + to be + 보어」구문에서 'to be'는 생략할 수 있다. 다만, 생략하면 어조(語調) 상 어색하거나, 진행형, 수동태임을 특히 나타내고자 하는 경우에는 생략하지 않는다. 명사가 보어인 경우 단수가 산명사·불가산명사 (특히 추상명사)가 온다.

He seems (to be) a very old man. 그는 나이가 아주 많은 것 같다.

They seem to have something on us. 그들은 뭔가 우리의 비밀을 쥐고 있는 것 같다.
What seems to be the problem here? 무슨 문제가 있으신가 보죠?

### (2) 1인칭 주어 + seem + (형용사) + to부정사 《~인 것처럼 생각되다, ~같은 느낌이 들다.》

I seem to see her yet. 아직도 그녀가 내 눈앞에 있는 듯하다.
I seem unable to persuade him. 나로서는 그를 설득할 수가 없을 것 같다.
I seem to have heard his name. 나는 그의 이름을 들어 본 것 같다.
We seem to be having a lot of bad luck lately, don't you think?
요즘 우린 재수가 별로 없는 것 같아, 안 그렇게 생각해?

### (3) There + seem + (to be) 명사
《~이 있는 것 같다, ~이 있는 것 같이 보이다 [생각되다].》

이때 seem의 수는 「there seems (to be)」의 다음에 오는 명사(주어)의 수에 따른다. 과거에 대한 현재의 생각은 「seem(s) + to have been + 명사」이고 과거보다 더 과거 일에 대한 과거에서의 생각은 「seemed + have been + 명사」이다.

There seems (to be) much difficulty in learning the strategy.
그 전략을 알아내는 데에는 많은 어려움이 있는 것 같다.
There seem (to be) many people who want to see the exhibit.
그 전시회를 보고 싶어 하는 많은 사람이 있는 것 같다.

### (4) It + seem + 형용사/ that절/ as if [though]절 《~인 것 같다; ~이 정말인 것 같다.》

It seems inappropriate for us to intervene at this stage.
우리가 이 단계에서 끼어드는 것은 부적절한 것 같다.
It seems likely to rain. 비가 올 듯하다.
It seems to me that I have met him before. 내가 그를 한 번 본 적 있는 것 같다.
※ '아무에게는'을 명시하고자 할 때는 to me, to him 따위를 it seems와 that 사이에 넣는다.
It does not seem that he succeeded. 그는 성공하지 못한 것 같다.
Seems like just yesterday that we were going to school, doesn't it?
우리가 학교에 다니던 시절이 바로 어제 같다. 그렇지 않니?
※ 입말(체)에서는 이처럼 it를 생략하는 경우도 있다.
It seems as if we're lost. 우리가 길을 잃은 것 같아요.

④ '감각'을 나타내는 동사 [feel 유형의 동사(~한 것으로 느껴지다, 들리다, 맛이 나다 등)]
: S + vi. [feel, look, smell, sound, taste 등] + C (형용사)

I feel really great today because the weather is nice.

오늘은 날씨가 좋아서 기분이 정말 좋다.

She looks healthy. 그녀는 건강해 보인다.

This room smells damp. 이 방은 눅눅한 냄새가 난다.

The plan sounds feasible. 그 계획은 그럴 듯하게 들린다.

The meal my wife cooked tasted good. 아내가 만든 식사가 맛이 좋았다.

This bread tastes burnt. 이 빵은 탄내가 난다.

⑤ '판명'을 나타내는 동사 [prove 유형의 동사(~으로 판명 나다; ~으로 드러나다)]

: S + vi. [prove, come out, turn out 등] + (to be) C(명사, 형용사) / to부정사

This new invention will **prove** <u>useful</u> to all humanity.

이 새로운 발명품은 전 인류에게 유익한 것이 될 것이다.

She **proved** <u>to know nothing about it</u>.

그녀는 그것에 대해 아무것도 모르는 것으로 드러났다.

(= It proved that she knew nothing about it.)

He **proved** <u>to be a swindler</u>. 그는 사기꾼인 것으로 밝혀졌다.

The story **came out** (to be) <u>true</u> next morning.

그 이야기는 다음 날 아침 사실로 판명 났다.

It **turned out** <u>to be a false report</u>. 그것은 오보인 것으로 드러났다.

## ■ 덧붙임(중요)

### 1. look, taste 등이 행위자의 동작을 표현하면 타동사이다.

I **looked** her to shame. 나는 그녀를 노려보아 무안하게 만들었다.
He **tasted** the soup eagerly. 그는 게걸스럽게 수프를 먹었다.

### 2. 자동사 (aim, arrange, consent, hesitate, strive, tend, wait) + to부정사

I **aim** to go there tomorrow. 나는 내일 그곳에 갈 작정이다.
We **arranged** to start early in the morning. 우리는 아침 일찍 출발하기로 정했다.
She **consented** to go with me. 그녀는 나와 함께 가기로 승낙했다.
He **strove** to overcome his bad habits. 그는 자기의 나쁜 버릇을 없애려고 노력했다.
Population **tends** to concentrate in large cities. 인구는 대도시들에 집중하는 경향이 있다.

I can't **wait** to go to my old home. 어서 내 고향에 가보고 싶다.

---

### 3) 제2 문장형식의 보어의 형태

① 명사 보어

주격 보어로 명사 및 명사 상당 어구(대명사, 부정사구, 동명사구, 명사절 등)가 오는 경우이다. 주어의 이름, 신분, 직업, 직위 등을 나타낸다. (주어=보어)

| | |
|---|---|
| I am **a student**. | 저는 학생입니다. |
| Who's **there**? | 거기 누구시죠? |
| − It's **me**. | 접니다. |

※ 이처럼 주격 보어로 대명사를 쓸 때는 목적격을 사용하는 것이 보통이다.

It was **him** who did it. 그것을 한 사람은 그 사람이었다.

| | |
|---|---|
| The girl grew **a pretty woman**. | 그 소녀는 아름다운 여인으로 성장했다. |
| My aim in life is **to become a great writer**. | |
| | 내 인생의 목표는 위대한 작가가 되는 것이다. |
| My hobby is **reading books**. | 내 취미는 독서이다. |
| The reason is **that she was ill**. | 이유는 그녀가 아팠다는 것이다. |

※ that절은 명사보어로는 쓰이나 형용사보어로는 쓰이지 않는다.

---

■ 덧붙임

1. 명사 보어의 단·복수의 형태는 주어의 단·복수에 따른다.

   I am a student. 〈 I = a student〉
   We are students. 〈 We = students〉 우리는 학생(들)이다.

2. 「to be + 명사」가 2형식 동사 뒤에 올 경우 형용사구의 주격 보어로 보는 것이 보통이나 to be를 생략하여 명사(구)의 주격 보어로 사용하는 것이 일반적이다.

   He appears [seems] (to be) an honest man. 그는 정직한 사람으로 보인다.

3. 지위·직책을 나타내는 명사를 보어로 쓸 경우 종종 관사 없이 쓴다.

   In 1860, Lincoln became **President**. 1860년에 링컨은 대통령이 되었다.

### 4. turn의 보어로 명사가 올 때는 무관사이다. 《~이 되다, ~으로 전환하다.》

He turned traitor. 그는 배반자가 되었다.

### 5. 주어의 신분, 지위, 자격은 'as + 신분명사'의 형태로 보어가 될 수 있다.

They parted as good friends. 그들은 좋은 친구로 헤어졌다.

She acted as (a) guide at the conference. 그녀는 그 회의에서 안내를 맡았다.

---

### ② 형용사보어

주격 보어로 형용사 및 형용사상당 어구(분사, 부정사)가 오는 경우이다. 보어가 주어의 성질, 상태를 나타낸다. (주어≠ 보어)

※ **형용사 상당 어구 (adjective equivalent)**: 문장 내에서 형용사의 역할을 할 수 있는 말(단어, 구, 절)을 가리킨다.

| | |
|---|---|
| This wine tastes sour. | 이 포도주는 신맛이 난다. |
| I am certain (that) he is honest. | 나는 그가 성실한 것을 확신한다. |
| The quotation remains unchanged. | 시세는 변동이 없다. |
| He kept standing. | 그는 계속(꼼짝 않고) 서 있었다. |
| She seems to be rich. | 그녀는 부자인 것 같다. |

---

#### ■ 참고

**1. go + wrong, mad, bad, sour, naked, blind, crazy, bankrupt 등은 부정적 상태가 된 것을 나타낸다.**

The milk goes sour. 우유가 상해간다.
He went bald. 그는 대머리가 되었다.

**2. 2형식 동사로서의 agree의 용법**

다음과 같은 쓰임의 agree는 자동사이므로 to 이하는 목적어가 아니라 주격 보어이다.
(1) agree + to do 《(~하는 것으로) 의견이 일치하다.》
On July 27, 1953, everyone agreed to stop fighting temporarily.
1953년 7월 27일, 모두가 전쟁을 잠정적으로 멈추기로 의견이 일치했다.

(2) agree + to do 《(~하기로) 동의하다. (~하기를) 승낙하다.》

The two nations agreed to hold joint military exercises to cement their security cooperation.
두 나라는 안보 협력을 강화하기 위하여 연합 군사훈련을 실시하기로 동의했다.

### 3. 부사가 보어 역할을 하는 경우 ☞ p. 422[2]

down, in, on, off, over, through, up 등의 부사들이 보어 (주격 보어, 목적격 보어) 역할을 하는 경우가있다.

He is **in**. 그는 집에 있다.　　　　　　The water is not **on**. 물이 안 나온다.
The moon is **up**. 달이 떴다.　　　　　She sent a cry **forth**. 그녀는 큰소리로 울었다.
He put his hat **on**. 그는 모자를 썼다.　　They put the party **off**. 그들은 그 모임을 연기했다.
Is the game is **over** yet? 경기는 아직 안 끝났니?
I am **through** for the day. 오늘은 일이 끝났다.


③ 유사보어 (quasi-complement)

❶ 뜻

유사보어(類似補語)란 완전자동사와 함께 쓰여서 보어의 역할을 하는 말을 가리킨다. 이는 중문, 복문의 단문화 현상이라고 할 수 있으며 부대 상황을 나타낸다. 의사보어(擬似補語) 또는 준보어(準補語)라고도 한다.

※ **부대상황**: 두 가지 일(행동)이 동시 또는 연속해서 진행되는 상태.

❷ 형태

: S + 완전자동사 (come, live, die, marry, return, sit, stand 등) + 명사, 형용사, 분사

She came towards me and she was running.
　→ She <u>came</u> running toward(s) me.　　　　그녀가 내게로 (내 쪽으로) 달려왔다.
He lived a bachelor and when he died he was a bachelor.
　→ He <u>lived and died</u> a bachelor.　　　　　그는 독신으로 살다가 죽었다.
When she married, she was young.

→ She married young.  그녀는 어려서 결혼했다.

When we parted, we were the best of friends.

→ We parted the best of friends.  우리는 친한 친구로 헤어졌다.

He returned home deadbroke.  그는 무일푼으로 집에 돌아왔다.

She sat the window, and she was reading a novel.

→ She sat at the window reading a novel.

그녀는 소설을 읽으면서 창가에 앉아있었다.

Please stand and be silent. → Please stand silent.   조용히 [가만히] 서 있으세요.

## (3) 완전타동사 (complete transitive verb)

### 1) 의의

완전타동사(完全他動詞)란 주어가 지향하는 대상 즉, **목적어를 한 개 필요로 하는 동사를** 말한다. [주어 (S) + 완전타동사 (Vt.) + 목적어 (O)] 〈제3 문장형식〉

### 2) 제3 문장형식의 기본형태

- 나(는)/ 사랑합니다/ 그녀(를).

  I **love** her.
  주어 (S)  완전타동사(Vt.)  목적어 (O) 〈대명사〉

- 일찍 일어나는 새(가)/ 잡는다/ 벌레(를).

  The early bird  **catches**  the worm.
  S  Vt.  O 〈명사〉

- 나(는)/ 기대한다/ 그것에 성공할 것(을).

  I  **expect**  to succeed it.
  S  Vt.  O 〈부정사〉

- 우리(는)/ 논의했다/ 그 일을 하는 것(을).

  We  **discussed**  doing the work.
  S  Vt.  O 〈동명사〉

- 나(는)/    참을 수가 없다/    너의 무례한 행동(을).

  <u>I</u>    **can't put up with**    <u>your rude behavior</u>.
  주어(S)    완전타동사구(Vt.)    O 〈명사〉

- 우리(는)/    주목하는 게 좋겠다/    그가 말하는 것(을).

  <u>We</u>    **had better take notice of**    <u>what he says</u>.
  주어 (S)    완전타동사구(Vt.)    O 〈명사절〉

3) 제3 문장형식에 주로 쓰이는 동사

ex) accompany, address, answer, approach, attack, attend, await, become, consider, contact, discuss, enter, excel, explain, face, fit, flatter, greet, grudge, have, inhabit, join, kiss, leave, marry, mention, oppose, survive, touch, reach, resemble, stand, obey, occupy, outlive, powder, suggest, suit, understand, etc.

| | |
|---|---|
| Someone **addressed** me in English. | 어떤 사람이 영어로 나에게 말을 걸었다. |
| Does this hat **become** me? | 이 모자가 저와 어울리나요? |
| These shoes **fit** me perfectly. | 이 구두는 나에게 딱 맞는다. |
| The fishermen **inhabited** the island. | 그 어부는 그 섬에 살았다. |
| He **married** a rich girl. | 그는 부유한 여자와 결혼했다. |
| The old lady has **survived** all her children. | |

그 노부인은 자식들 모두 보다 더 오래 살고 있다.

| | |
|---|---|
| You **resemble** your mother very closely. | 당신은 어머니를 매우 많이 닮으셨군요. |
| She **outlived** his husband by thirty years. | 그녀는 남편보다 30년을 더 살았다. |
| He **suggested** another plan to me. | 그는 내게 다른 계획을 제안했다 |

■ 덧붙임(중요)

1. 다음의 동사는 다음과 같은 뜻으로 쓰일 경우 타동사로 착각하기 쉬우나 자동사로 쓰이는 것에 주의해야 한다.

(1) apologize(사과하다)

You must apologize him for doing it. (x)

You must **apologize to** him for doing it. (o) 너는 그것을 한 것에 대해 그에게 사과해야 한다.

### (2) complain(불평하다)
I have nothing to complain. (x)
I have nothing to **complain of**. (o) 나로서는 아무런 불만이 없다.

### (3) hope(기대하다)
I hope your success. (x)
I **hope for** your success. (o) 성공하시길 바랍니다.

### (4) look(바라보다)
She looked him. (x)
She **looked at** him. (o) 그녀가 그를 바라보았다.

### (5) look up(올려다보다)
He looked up the sky. (x)
He **looked up** at the sky. (o) 그는 하늘을 올려다보았다.

### (6) object(반대하다)
He objected my proposal. (x)
He **objected to[against]** my proposal. (o) 그는 내 제안에 반대했다.

### (7) subscribe(구독하다)
He subscribes The New York Times. (x)
He **subscribes to** The New York Times. (o) 그는 뉴욕타임스지를 구독한다.

2. 다음과 같은 동사들은 3형식 동사로 쓰일 경우 그 목적어 앞에 at, about, from, for, to, with 등의 전치사를 붙여야 할 것처럼 보이나 붙지 않음에 유의해야 한다.

   ex) address, answer, approach, attend, become, befall, call, consider, contain, discuss, enter, escape, explain, fit, kiss, leave, marry, mention, obey, powder, reach, resemble, suit, survive, try, etc.

### (1) address + 목적어: ~에게 말을 걸다, ~에게 연설 [인사]하다.
**address** the audience 청중에게 연설하다. / address to the audience (x)

### (2) answer + 목적어: ~에 대답하다.
**answer** a question 질문에 대답하다.
※ answer to a question을 쓰기도 한다.
**Answer** my question. 내 질문에 대답해라.

※ answer to ~: ~와 일치[합치]하다.

(3) **approach + 목적어**: ~에 가까이 가다, ~에 접근하다. (= get close to)
  **approach** Gongju 공주에 가까워지다(다 오다). / approach to Gongju (x)
  ※ approach to: (성질·금액 따위가) 거의 같다, 비슷하다.

(4) **attend + 목적어**: ~에 참석하다(= participate in); ~에 다니다.
  **attend** a meeting 모임에 참석하다. / attend to the meeting (x)
  **attend** school 학교에 다니다.

(5) **become + 목적어**: ~와 어울리다, ~에게 알맞다, ~에게 적당하다.
  **become** her (옷 등이)그녀와 어울리다. / become to her (x)
  Does this coat **become** me? 이 코트가 내게 어울리나요?

(6) **befall + 목적어**: ~에게 일어나다, (들이) 닥치다.(= happen to)
  **befall** him 그에게 일어나다. / befall to him (x)
  A misfortune **befell** them. 불행이 그들에게 들이닥쳤다.

(7) **call + 목적어 (사람)**: ~에게 전화하다.
  **call** him 그에게 전화하다. / call to him (x)
  ※ call at + 건물: 어디를 방문하다. / call on +사람: 누구를 방문하다.

(8) **consider + 목적어**: ~을[에 대하여] 숙고하다; ~에 주의[관심]을 기울이다.
  We **considered** his suggestion. 우리는 그의 제안에 대하여 숙고했다.
  He never **considers** others. 그는 남에 대해 전혀 신경을 쓰지 않는다.

(9) **discuss + 목적어**: ~에 관하여 토론하다; ~에 대하여 이야기하다.
  **discuss** the problem 그 문제에 대하여 논의하다. / discuss about the problem (x)
  I **discussed** literature with them. 나는 그들과 문학에 대하여 이야기를 나누었다.

(10) **enter + 목적어 (장소)**: ~에 들어가다; ~에 박히다; ~에 입학하다.
  **enter** a room 방에[으로] 들어가다. / enter into a room. (x)
  The bullets **entered** the post. 총탄이 그 기둥에 박혔다.
  **enter** a college 대학에 입학하다.
  ※ go to college나 get into a college를 쓰는 것이 보통이다.

**(11) explain + 목적어: ~을[~ 대하여] 설명하다. (= account for)**
    explain it 그것을(대하여) 설명하다. / explain about it (x)
    Can you **explain** this problem? 너는 이 문제에 대해 설명할 수 있니?

**(12) fit + 목적어: ~에 들어맞다, 적합하다; ~에게 어울리다, ~에 꼭 맞다.**
    fit her 그녀에게 어울리다[꼭 맞다]. / fit to her(x)
    The example **fits** the case. 그 실례는 그 사례에 꼭 들어맞는다.
    This coat doesn't **fit** me. 이 웃옷은 나에게는 어울리지[맞지] 않는다.

**(13) kiss + 목적어: ~(사람)에게 입맞추다; 〈바람·물결·손 따위가〉 가볍게 스치다.**
    **kiss** her (특정 부위를 말하지 않고 말할 때) 그녀에게 입맞춤하다. / kiss to her(x)
    **kiss** a person on the mouth[cheek] (특정부위를 말할 때) ~의 입[뺨]에 입 맞추다.
    (= kiss a person's mouth [cheek])
    ※ 이마, 볼, 입술 등은 이와 같은 두 가지 방식으로 나타내지만 손등에는 kiss her hand라고 하고 kiss her on the hand라고는 하지 않는다.
    He **kissed** her on the lips[kissed her lips]. 그는 그녀의 입술에 입맞춤했다.
    The wind **kissed** my hair. 바람이 내 머리를 스쳤다.

**(14) leave + 목적어: ~에서 떠나다 [출발하다].**
    **leave** Seoul 서울을(에서) 떠나다. / leave from Seoul. (x)]
    I **left** home at eight. 나는 여덟 시에 집을 나왔다.
    ※ leave[depart] for Seoul. 서울을 향하여 떠나다[출발하다].
    He **left** home for Seoul. 그는 집을 나서서 서울을 향했다.

**(15) marry + 목적어: ~와 결혼하다.(= get married to)**
    **marry** Tom 톰과 결혼하다. / marry with Tom (x)
    Mary **married** Tom. (= Mary got married to Tom.) 메리는 톰과 결혼했다.

**(16) mention + 목적어: ~에 대하여 언급하다. (= speak[talk] about)**
    **mention** it 그것에 대하여 언급하다. / mention about it (x)

**(17) obey + 목적어: ~에 [게] 복종하다.**
    **obey** his order 그의 명령에 복종하다. / obey to his order (x)
    **obey** one's mother 어머니의 말을 잘 듣다.

(18) powder + 목적어: ~(얼굴)에 분을 바르다.
   **powder** one's face 얼굴에 분을 바르다. / powder on one's face (x)

(19) reach + 목적어: ~에 도착하다[ 도달하다.] (= arrive at, get to); ~에 닿다.
   **reach** Seoul 서울에 도착하다. / reached to Seoul (x)
   Your letter **reached** me today. 네 편지를 오늘 받았다.

(20) resemble + 목적어: ~와[를] 닮다 (= take after).
   **resemble** her mother 그녀의 어머니와 닮다. / resemble with her mother (x)

(21) survive + 목적어: ~보다 오래 살다 (= remain alive after).
   **survive** her children 그녀의 자식들보다 오래 살다.
   / survive after her children (x)

(22) suit + 목적어: ~에[게] 어울리다; (기후·음식물 등이)~에[게] 적합하다.
   The name **suit** it. 그 이름은 그것에 꼭 어울린다. / ~ suit about it. (x)
   This food doesn't **suit** me. 이 음식은 내입에 맞지 않는다. / ~ suit to me. (x)

(23) try + 목적어: ~에게 시련을 겪게 하다.
   His long hours of study **tried** his wife. 그는 장기간의 공부로 아내를 고생시켰다.

## 3. 기타

(1) address는 타동사로만 쓰이며 자동사로는 쓰이지 않는다.
(2) resemble은 수동태나 진행형을 갖지 못하며 전치사도 취하지 못한다.
(3) explain은 수여동사(4형식)로는 쓰이지 않는다.
(4) understand는 3형식으로만 쓰인다.
(5) agree, differ, kiss, marry, meet, similar 등 주어와 목적어를 서로 바꾸어 써도 무방한 동사를 대칭적 술어 (symmetric predicate)라고 부르기도 한다.
   Gum-sun married Sam-dol. 금순은 삼돌과 결혼했다.
   ⇒ Sam-dol married Gum-sun. (= Gum-sun and Sam-dol married.)

### 4) 완전타동사의 형태

완전타동사는 단일형과 타동사구(= 타동사적 구동사)로 구분할 수 있다. 단일형은 한 개의 단어가 타동사가 되는 것을 말하고(위1)의 예시된 단어들), 타동사구는 다음과 같은 형태가 있다.

① 자동사 + 전치사

ex) abstain from, accede to, account for, act upon, add to, admit of, agree to [with], allow for, amount to, aim at, answer for, answer to, apologize (to one) for, apply for, ask after, ask for, attend on, attend to, believe in, belong to, call at, call for, call on, care for, catch at, come across, come by, complain of, come with, comply with, concentrate on, consist in, consist of, correspond to[with], count on, deal with, decide on, depart from, depend upon, dispense with, dispose of, do without, get over, go into, go over, graduated from, hear of [from, about], infringe on, insist on, interfere in[with], knock at[on], laugh at, listen to, long for, look after, look for, look into, object to, part with, participate in, pass for, run into, refer to, refrain from, research into, result from, run over, seek after, send for, sleep off, stand by, stand for, stare at, suffer from, sympathize with, take after, think of, touch on, turn over, wait for, wait on, wish for, etc.

This **admits of** no doubt.  이것은 의심할 여지가 없다.
We must **allow for** the unexpected.
　　　　　　　　　　　　　우리는 예측할 수 없는 사태를 고려 [대비]해야만 한다.
The man **answers to** the description issued by the police.
　　　　　　　　　　　　　그 남자의 얼굴이 경찰이 배포한 인상서(人相書)와 들어맞는다.
He **asked for** an interview with his boss to discuss his salary.
　　　　　　　　　　　　　그는 급여문제를 논의하기 위하여 사장에게 면담을 요청했다.
The task **calls for** great courage.  그 일은 큰 용기를 필요로 한다.
She **complained of** being harassed by the netizens.
　　　　　　　　　　　그녀는 인터넷 누리꾼 (네티즌)들에게 괴롭힘을 당하고 있노라고 불평했다.
His actions do not **correspond with** his words.  그의 행동은 말과 일치하지 않는다.
You can **count on** me from now on.  앞으로 나를 믿어보세요.

I'd like to **depart from** the main subject of my lecture for a few moments.

내 강의의 주제에서 잠시 벗어나 보겠습니다.

I've **heard of** him since.  그 뒤로 그의 소문을 듣지 못했다.

※ hear of him은 간접적으로 제3자로부터 '그에 대해서 듣다', hear about him은 of보다도 더 자세히 '그에 대해서 듣다', hear from him은 '그에게서 듣다'의 뜻으로 쓰인다.

A cellular phone can **interfere with** the air plane's equipment.

휴대전화기는 비행기 장비에 장애를 초래할 수 있다.

She **longs for** something new.  그녀는 뭔가 새로운 것을 갈망한다.
He **passes for** a great writer.  그는 위대한 작가로 통한다.
I cannot **refrain from** laughing.  나는 웃음을 참을 수가 없다. (웃지 않을 수가 없다.)
Korea's education heavily **relies on** individual economic strength.

한국의 교육은 개인의 경제력에 대단히 의존하고 있다.

I **slept off** my fatigue.  나는 잠을 자서 피로를 풀었다.
I finally found someone to **stand by** me.

드디어 저는 제 곁을 지켜줄 사람을 찾았습니다.

We cannot **stand by** and let the children be ill-treated.

우리는 그 아이들이 학대받도록 그냥 내버려둘 수는 없다.

I **stand for** your proposal.  나는 당신의 제안을 지지합니다.
She really **takes after** her mother.  그녀는 엄마를 꼭 닮았다.
Hooligans **turned over** cars and set them on fire.

불량배들이 차들을 전복시키고 불을 질렀다.

We **wish for** happiness.  우리는 행복하기를 원한다.

② 타동사 + 부사

　　ex) blow up, call off, give up, lay aside, pick up, put away, put off, put on, sent forth, take off, turn on, turn off, turn out, etc.

They **blew up** the building with gunpowder.

그들은 폭약으로 그 건물을 폭파했다.

He **laid aside** his books, started a business without any plan.

그는 학업을 접고 무작정 사업을 시작했다.

cf.) He **laid aside** his book.         그가 (나중에 보려고) 책을 한쪽으로 밀쳐놓았다.
I'll **pick up** the tab[check, bill].         계산은 제가 하겠습니다.
He **turned out** the dog.         그는 개를 밖으로 내쫓았다.

> ▷ 「타동사 + 부사」의 타동사구는 「타동사 + 목적어(명사) + 부사」의 형태로 바꿀 수 있는 경우가 있다. ☞ p. 151의 〈덧붙임〉 부분참조
> We **put off** the meeting. 우리는 그 모임을 연기했다.
> → We **put** the meeting **off**.
> She **turned on** the light. 그녀는 불을 켰다.
> → She **turned** the light **on**.

③ 자동사 + 부사 + 전치사

    ex) **catch up with, do away with, go on with, make up for, look down upon [on], look up to, look forward to, put up at, put up with, speak ill [well] of, think well of, make much of,** etc.

He worked hard to **catch up with** the rest of the class.

그는 학급의 다른 친구들을 따라잡기 위하여 열심히 공부했다.

We should **do away with** a bad law.         우리는 악법을 폐지해야 한다.
The company **made up for** the worker's injury.

그 회사는 그 근로자의 부상을 보상해 주었다.

Don't **look down upon** others.         다른 사람들을 깔보지 마라.
We're really **looking forward to** seeing you again.

진정으로 여러분을 다시 뵙게 되기를 바랍니다.

He **put up at** an inn for the night.         그는 그날 밤 한 여관에 들었다.
Everyone **speaks** very **well of** her.         모두가 그녀를 아주 좋게 이야기 한다.
I couldn't **make much of** what he said.     나는 그가 말한 것을 잘 이해할 수가 없었다.

④ 동사 + (추상)명사 + 전치사

ex) ask a favor of, catch sight of, find fault with, have an advantage of, keep company with, keep pace with, lose sight of, make allowance for, make fun of, make use of, make an appointment with, pay attention to, take care of, take advantage of, take notice of, think nothing of, etc.

May I **ask a favor of** you?  부탁 좀 하나 해도 되겠습니까?

A bad workman **finds fault with** his tools.

일 못하는 사람이 연장을 나무란다. – 속담 –

We must not **lose sight of** our original aim.

우리는 본래의 목적을 망각해서는 안 된다.

Don't **pay attention to** what he says.  그가 하는 말에 신경 쓰지 마라.

He **took advantage of** my generosity.  그는 나의 호의를 이용했다.

We had better **take notice of** what he says.

그가 말하는 것에 귀 기울이는 것이 좋겠다.

> ▷ 「make A of B／make B A: B를 A로 만들다[바꾸다, 전환시키다].
> She wants to make a doctor of her son[= her son a doctor].
> 그녀는 아들을 의사로 만들고 싶어 한다.
> ※ make of ~: ~를 만들다, ~로 만들다.
> make something of: ~을 활용하다; ~을 출세시키다; ~을 중요시하다.
> make something of oneself: 입신출세하다.

⑤ 동사 + 대명사 (또는 명사) + 전치사

❶ '경고·통지' 동사 + 대상 (사람) + of

ex) accuse, advise, apprise, assure, convince, inform, notify, remind, suspect, tell, warn, etc.

She <u>accused him of</u> stealing her car.

그녀는 그녀의 차를 훔쳤다고 그를 고발했다.

They <u>advised her of</u> the date.  그들은 그녀에게 그 날짜를 통지했다.

※ advise가 '알리다, 통지하다.'의 뜻으로 쓰일 때만 이와 같이 쓰인다.

I **assure you of** her innocence. 나는 그녀의 결백을 보증합니다.
She could not **convince him of** his mistake.
그녀는 그의 잘못을 납득시킬 수가 없었다.
I'd like to **inform you of** some changes that have been made to the plan.
계획이 다소 변경되었음을 알려드리고자 합니다.
The police have **suspected him of** murder. 경찰은 그에게 살인의 혐의를 두어왔다.
She **reminds me of** her mother. 그녀를 보면 그녀의 어머니가 생각난다.

❷ '제거·박탈' 동사 + 대상 + of

ex) absolve, acquit, bare, bereave, break, cheat, clear, cure, defraud, deprive, disarm, disburden, discharge, divest, drain, ease, empty, evacuate, free, heal, plunder, purge, relieve, rid, rob, strip, etc.

The typhoon **bared the apple tree of** its fruit.
태풍으로 그 사과나무의 과실이 모조리 떨어졌다.
The accident **bereaved him of** his left leg. 그 사고로 그는 왼쪽 다리를 잃었다.
He tried to **break his child of** the bad habit.
그는 아이들의 나쁜 버릇을 고쳐보려고 하였다.
The doctor **cured the patient of** chronical indigestion.
그 의사는 그 환자의 만성소화불량을 치료했다.
He **purged himself of** suspicion. 그는 자신의 혐의를 벗어냈다.
I **cleared my courtyard of** snow. 나는 우리 집 안마당의 눈을 치웠다.
The general **deprived the king of** his power. 그 장군은 왕의 권력을 빼앗았다.
They began to chat to **relieve the boredom of** the flight.
그들은 비행의 지루함을 달래기 위하여 잡담을 하기 시작했다.

❸ '상·벌' 동사 + 대상 (사람) + for

ex) admonish, arrest, blame, bless, censure, chide, compensate, criticise, excuse, fine, forgive, pay, praise, punish, rebuke, reprehend, reprimand, reproach, reprove, reward, scold, thank, apologized to, call down, etc.

The police **arrested** him **for** theft.  경찰은 그를 절도죄로 체포했다.
He **compensated** the man **for** the loss.  그는 그 남자의 손실을 보상해 주었다.
**Thank** you **for** helping me.  도와주셔서 감사합니다.
The teacher **called** the child **down for** talking too much.
　　　　선생님은 그 아이가 너무 떠들어서 야단쳤다.

❹ '공급' 동사 + 대상 + with

ex) acquaint, charge, credit, endow, entrust, equip, feast, fill, furnish, help, inspire, leave, present, provide, replace, store, supply, trust, etc.

We **acquainted** him **with** our plan.
　　　　우리는 그에게 우리의 계획을 충분히 이해시켰다.
Until now I have always **credited** you **with** some sense.
　　　　지금까지 나는 자네가 어느 정도의 분별력은 있다고 언제나 믿어 왔네.
They **charged** the man **with** attempted murder.
　　　　그들은 그 남자를 살인미수 혐의로 고발했다.
Nature has **endowed** her **with** beauty.  조물주는 그녀에게 아름다움을 부여해 주었다.
[= She is endowed (by nature) with beauty.]  그녀는 미모를 타고났다.
Can I **entrust** you **with** the task? (= Can I entrust the task to you?)
　　　　내가 그 일을 당신에게 맡길 수 있겠습니까?
We **feasted** our eyes **on** the wonderful scenery.  우리는 멋진 경치를 만끽했다.
His behavior **inspired** them **with** distrust.
　　　　그의 태도를 보고 그들은 불신감을 품게 되었다.
He **presented** the winner **with** a medal.  그는 우승자에게 메달을 수여했다.

They **provided** the homeless **with** blanket.

그들은 집 없는 사람들에게 담요를 공급했다.

He **replaced** a flat tire **with** a new one.  그는 펑크 난 타이어를 새것으로 교체했다.

A milch cow **supplies** us **with** milk.  젖소는 우리에게 우유를 제공한다.

(= A milch cow supplies milk for us.)

The accused man **trusted** his lawyer **with** his affairs.

그 피고인은 자신의 사건을 그의 변호사에게 맡겼다.

■ 덧붙임

1. furnish, present, (en)trust 등은 '사물 + to + 사람'의 형태로 할 수 있다.

   She **presented a watch to** him. 그녀는 그에게 손목시계를 선물했다.

2. inspire는 '사물 + in [into] + 사람'의 형태로 할 수 있다.

   ~ **inspire** selfconfidence **in** others 남의 마음에 자신감을 품게 해주다.

3. impart + B + to + A: A에게 B를 나누어주다.

   Flowers **impart** beauty **to** the room. 꽃은 방을 화사하게 한다.

4. bestow + B + on + A: A에게 B를 수여하다.

   He **bestowed** a gift **on** me. 그는 나에게 선물을 주었다.

5. impose + B + on + A: A에게 B를 과하다.

   ~ **impose** taxes **on** a person's property. 남의 재산에 과세하다.

6. inflict + B + on + A: A에게 B (고통, 타격)를 가하다.

   He **inflicted** no injury **on** her. 그는 그녀에게 어떤 상처도 주지 않았다.

❺ '금지·억제' 동사 + 대상 + from + 동명사

  ▶ 무생물을 주어로 하는 구문형식이 많이 쓰인다.

ex) deter, disable, discourage, dissuade, hinder, keep, prevent, prohibit, restrain, stop, etc.

Nothing can **deter** him **from** doing his duty.
어떤 것도 그의 의무수행을 단념시킬 수는 없다.

He **dissuade** his son **from** going to sea. 그는 아들이 선원이 되는 것을 말렸다.

cf.) He **persuaded** his son **to** go to sea. 그는 자기 아들이 선원이 되도록 설득했다.

Nothing shall **hinder** me **from** accomplishing my purpose.
어떤 것도 내가 목표를 달성하는 것을 방해할 수는 없을 것이다.

The heavy rain **hindered** her **from** going to the party.
폭우가 내려 그녀는 파티에 갈 수 없었다.

His shyness **kept** him **from** talking to her.
그는 수줍어서 그녀에게 말을 걸지 못했다.

Snow **prohibited** us **from** going to school. 눈으로 우리는 학교에 갈 수가 없었다.

She only just managed to **stop** herself **from** shouting at him.
그녀는 그에게 소리치고 싶은 것을 겨우 참았다.

❻ '처단·처분' 동사 + 대상 + to + 명사

ex) abandon, condemn, confine, direct, sentence, submit, surrender, etc.

He **abandoned** himself **to** despair. 그는 완전히 절망에 빠져 버렸다.
The judge **condemned** him **to** death. 판사는 그에게 사형을 선고했다.
Nobody **directed** his attention **to** the fact. 아무도 그 사실에 주의를 기울이지 않았다.
The judge **sentenced** the thief **to** three years' imprisonment.
재판관은 그 도둑에게 3년의 금고형을 선고했다.
She **surrendered** herself **to** grief. 그녀는 슬픔에 빠졌다.

❼ '설득' 동사 + 대상 (사람) + into + 동명사

ex) bribe, chat, deceive, frighten, persuade, talk, trick, etc.

He **bribed** the officials **into** doing it.

그는 공무원들에게 뇌물을 주어서 그것을 하도록 했다.

They **frightened** her **into** telling the secret.

그들은 그녀가 비밀을 말하도록 위협했다.

He **persuaded** me **into** taking out a life insurance policy.

그는 나를 설득해서 생명보험에 들도록 했다.

He **talked** his father **into** buying a new car.

그는 새 차를 사달라고 아버지에게 졸랐다.

cf.) He talked me **out of** my plan.   그는 나를 타일러 나의 계획을 단념시켰다.

## ❽ '분리·구조' 동사 + 대상 + from

ex) absolve, deliver, distinguish, exempt, free, know, preserve, protect, rescue, save, separate, shelter, tell, etc.

She **delivered** him **from** death.   그녀는 그를 죽음에서 구해냈다.

The power of speech **distinguishes** human beings **from** animals.

인간의 언어 능력이 인간을 동물과 구별 짓는다.

His bad eyesight **exempted** him **from** military service.

그는 시력이 나빠서 군복무가 면제되었다.

We must **free** ourselves **from** the fetters of feudalism.

우리는 봉건제도의 속박에서 탈피해야만 한다.

She is so wise that she can **know** right **from** wrong.

그녀는 매우 현명하므로 옳고 그름을 구별할 수 있다.

She wore dark glasses to **protect** her eyes **from** the sun.

그녀는 햇빛으로부터 눈을 보호하기 위해 검은 색안경 [선글라스]을 쓰고 있었다.

She **saved** her child **from** a fire.   그녀는 그녀의 아이를 화재에서 구해냈다.

It is difficult to **tell** a Korean **from** a Japanese.

한국인과 일본인을 식별하기는 어렵다.

❾ '충고·협의/ 축하/ 복수(復讐)' 동사 + 대상 + on [upon]

ex) advise, avenge, compliment, consult, congratulate, revenge, etc.

He advised me on the choice of a career.

그는 직업선택에 관하여 나에게 조언을 주었다.

He avenged his father's death upon the murderer.

그는 자신의 아버지를 죽인 자에게 복수했다.

I congratulate you on your engagement.   취업을 축하드립니다.

His father complimented him on good grades.

그의 아버지는 그가 좋은 성적을 받은 것을 칭찬했다.

I consulted the doctor on my health.   나는 건강에 관해 의사에게 상담을 받았다.

❿ '관련·비교' 동사 + 대상 + with

ex) associate, compare, combine, confuse, connect, contrast, correlate, share, etc.

We associate Einstein with the theory of relativity.

우리는 아인슈타인하면 상대성 원리를 연상한다.

The connoisseur contrasted the imitation with the rare article.

그 감정가는 모조품을 진품과 대조시켰다.

People often confuse liberty with license.   사람들은 종종 자유와 방종을 혼동한다.

Attempts to correlate specific language functions with particular parts of the brain have not advanced very far.

특정 언어기능을 뇌의 특정 부위와 연관 짓는 시도는 아주 많이 진전되지는 않았다.

### 5) 3형식 문장의 목적어의 형태

① 명사·대명사/ 명사구

The early bird catches the worm. 〈명사〉   일찍 일어나는 새가 벌레를 잡는다.

They helped him. 〈대명사〉   그들은 그를 도왔다.

We don't know what to do next. 〈명사구(의문부정사구)〉

우리는 다음에 무엇을 해야 할지를 모르겠다.

※ (명사)보어와 목적어의 차이

He became **a poet**. 〈보어〉 he = a poet

He loves **the poet**. 〈목적어〉 he ≠ the poet

② 명사절 (that절, 의문사절, if절/whether절)

▸ 목적절의 동사는 주절 동사의 의미에 따라 직설법의 동사 (주절의 동사가 사실의 인식을 나타내는 것일 때)나 가정법의 동사 (주절의 동사가 의지, 가정.소망을 나타내는 것일 때)를 사용한다.

❶ 사실을 나타내는 동사

사실(의 인식)을 나타내는 동사의 목적절에는 직설법 동사, 즉, 인칭과 시제에 따라 형태변화를 갖는 보통의 동사가 온다.

i. that절을 목적어로 취할 수 있는 사실 (인식) 동사

ex) admit, agree, answer, assert, assume, believe, conclude, declare, discover, deny, demonstrate, doubt, except, explain, feel, find out, guess, hope, indicate, know, notice, object, presume, point out, prove, realize, report, reveal, say, show, state, suppose, think, turn out, understand, etc.

I admit (that) it was entirely my fault.

나는 그것은 전적으로 내 불찰이라는 점을 인정한다.

Most doctors agree that smoking is a pernicious habit.

대다수의 의사들은 흡연이 해로운 습관이라는 것에 동의한다.

The police assumed that the woman was murdered by her ex-husband.

경찰은 그 여자가 전남편에게 살해되었다고 추정했다.

The scientist demonstrated that his theory was true.

그 과학자는 자신의 이론이 맞는다는 것을 증명했다.

The jury concluded that he was guilty. 배심원들은 그가 유죄라고 결정을 내렸다.

Columbus believed that the earth is round. 콜럼버스는 지구가 둥글다고 믿었다.

I don't doubt that he will succeed. 나는 그가 성공할 것을 믿어 의심치 않는다.

※ doubt는 부정문이나 의문문에서는 그 목적어로 that절이 오고, 긍정의 평서문에서는 if절이나 whether절이 온다.

Do you doubt that I did it? 너는 내가 그것을 했다고 의심하는 것이냐?

I doubt if such a thing is of any practical use. 나는 그런 것이 과연 실익이 있을지가 의문이다.

She explained (to me) that he should go right away.

그는 즉시 가야 한다고, 그녀는 (나에게) 설명하였다.

We found out later that he'd been lying to us.

우리는 그가 우리에게 거짓말을 해 왔음을 나중에야 알았다.

The minister has indicated that he may resign next month.

그 장관은 자신이 다음 달에 사임할 수 있다고 넌지시 내비쳤다.

He objected that I was too young for the job.

그는 내가 그 일에 너무 어리다고 반대했다.

He pointed out (to us) that such investments would be risky.

그는 (우리에게) 그런 투자는 위험할 것이라고 지적했다.

I presume that you have seen her. 나는 네가 그녀를 만났다고 생각하는데.

His experiment showed that the theory was false.

그의 실험은 그 학설이 오류임을 증명하였다.

I suppose that the situation will improve. 나는 상황이 호전될 것으로 본다.

I understand that you're very upset. 당신이 매우 혼란스러우실 줄을 압니다.

■ 덧붙임

1. 목적절 (that절)의 주어와 주절의 주어가 일치할 경우에는 that절을 to부정사구문으로 바꿀 수 있다.

I hope that I will have read this book by next Sunday.
나는 이 책을 다음 주 일요일까지 다 읽을 수 있기를 바라고 있다.
⇒ I hope to have read this book by next Sunday.
I know that I am wrong. 나는 나에게 잘못이 있다는 것을 안다.
⇒ I know to be wrong.

2. say, think, suppose, believe 등의 동사는 절을 목적어로 취하며 준동사를 목적어로 취하지 못한다.

He says that he will succeed. (o) 그는 자신이 성공할 것이라고 말한다.
He says to succeed. (x)
※ say가 '명령하다'의 뜻으로 쓰일 때에는 to부정사가 가능하다. 〈미, 입말체〉
  He said (for me) to start at once. 그는 즉시 출발하라고 나에게 명령했다.

3. hope, say는 3형식으로 쓰며, 5형식(목적어 + to do)으로는 쓰지 않는다.

4. like는 that절을 목적어로 하지 못한다. 다만, it을 가목적어 형태로 하여 사용할 수 있다.

I don't like that you do such a thing. (x)
I don't like it that you do such a thing. (o)
나는 네가 그런 짓을 하는 것을 좋아하지 않는다.

---

ii. 의문사절이나 if/whether절을 목적어로 취할 수 있는 (완전) 타동사

의문사절이나 if/whether절이 목적절이 될 경우는 의문문이 목적절로 쓰이는 경우로서 이를 간접의문문 또는 간접의문절이라고 한다. 의문문이 간접의문절이 될 경우 평서문의 어순이 된다. ☞ p. 332[3] 참조

ex) ask, discuss, doubt, find out, forget, know, notice, understand, remember, say, state, wonder, etc.

He asked where there was[he could find] a good hotel.
그는 어디에 좋은 호텔이 있는지 물었다.

Would you find out when the next train will leave for Busan?
다음 부산행 열차는 몇 시인지 알아봐 주시겠어요?

I can't remember where I stopped last time.
지난번에 내가 어디까지 했는지 기억나질 않는군요.

I couldn't understand why he had said like that.
나는 그가 왜 그렇게 말을 했는지 이해할 수가 없었다.

I don't know when I should do it.    나는 그것을 언제 해야 할지를 모르겠다.
I don't know how he used to live.    나는 그가 전에 어떻게 살았는지 모른다.

You should have stated how much it would cost.

너는 그것에 비용이 얼마나 들지를 말했어야 했다.

I asked if he knew Korean. 나는 그가 한국말을 할 줄 아는지를 물었다.
I doubt if [whether] he will succeed. 나는 그가 성공할지 의문이다.
I wonder whether [if] it will rain tomorrow. 내일은 비가 오지 않을까 한다.

❷ 의지를 표시하는 동사 (volitional verb)

주절에 다음과 같은 의지 (요구, 제안, 주장, 명령 등)를 표시하는 타동사가 오는 경우 그 목적절에는 인칭에 관계 없이 가정법동사 [(should) + 원형동사]를 쓴다.

▶ 목적절의 should를 생략하는 것은 주로 미국식 용법에서이다.

ex) ask, command, decide, demand, desire, determine, insist, move, order, propose, prefer, recommend, request, require, suggest, urge, etc.

He commanded (that) they (should) do it. 〈3형식〉

그는 그들이 그것을 할 것을 명령했다.

⇒ He commanded them to do it. (o) 〈5형식〉   그는 그것을 하라고 그들에게 명령했다.

※ 「command + 목적어(사람) + to부정사」 (5형식)는 목적어 (사람)에 대한 직접적인 명령을 나타내고, 「command + that (should)절」 (3형식)은 that절의 주어에 대한 직접적인 명령을 나타내지는 않는다는 점에서 그 의미의 차이를 보인다.

He demanded that we (should) include him in our group.

그는 우리 모임에 자신도 끼워줄 것을 요구했다.

※ 「demand + 목적어 + to부정사」의 형태(5형식)로는 쓰지 않는다.

She desired that I (should) stay with her. 그녀는 내가 함께 있어 주기를 원했다.
⇒ She desired me to stay with him. 그녀는 나에게 함께 있어달라고 했다.
He determined that nobody should dissuade him from doing it.

그는 누가 무어라고 해도 그 일을 하기로 결심했다.

The doctor insisted that he (should) keep his bed.

의사는 그가 자리에 누워있어야 한다고 말했다.

※ 「insist + 목적어 + to부정사」의 형태(5형식)로는 쓰지 않는다.

Mr. chairman, I move that the money (should) be used for a destitute person.
　　　　　　　　　　　　　　　　　　　의장님, 나는 그 돈이 극빈자를 위해서 쓰일 것을 제안합니다.

※ 「move + 목적어 + to부정사」형태로 바꿔 쓰지 못한다.

I prefer that you (should) wait here.　　　　너는 여기서 기다리는 게 좋겠다.
(= I prefer you to wait here.)

He proposed that we should help them.　　그는 우리가 그들을 도울 것을 제안했다.

※ 「propose + that(should)절」을 「propose + 목적어 + to부정사」형태로 바꿔 쓰지 못한다.

I recommend that you (should) think more carefully.
　　　　　　　　　　　　　　　　　　　　좀 더 신중히 생각해 보시길 권합니다.
(= I recommend you to think more carefully.)

They requested that we (should) wait.　　　그들은 우리가 기다려 줄 것을 요청했다.
⇒ They requested us to wait.　　　　　　그들은 우리에게 기다려 달라고 요청했다.

He required that I (should) pay the money.　그는 내가 돈을 치를 것을 요구했다.
⇒ He required me to pay the money.　　　그는 그 돈을 나에게 치르라고 요구했다.

I suggest that you (should) reconsider your position.
　　　　　　　　　　　　　　　　　　　　저는 당신이 입장을 재고해 보실 것을 제안합니다.

※ 「suggest + 목적어 + to부정사」의 형태(5형식)로는 쓰지 않는다.

▷ insist, suggest 등이 어떤 '행위'의 요구, 제안이 아니라 어떠한 '사실의 존재'를 주장, 제시(암시)하는 경우에는 that절에 사실동사를 쓰며 가정법동사를 쓰지 않는다.
He insisted that she (should) do it. 그는 그녀가 그것을 해야 한다고 강력히 주장(요구)했다.
He insisted that she did it. 그는 그녀가 그것을 했다고 우겨댔다.
Many witnesses insisted that the accident had taken place on the crosswalk.
많은 목격자가 그 사고는 횡단보도 위에서 일어났다고 주장했다.
She suggested that he (should) not smoke. 그녀는 그가 담배를 피우지 말 것을 권했다.
She suggested that he didn't smoke. 그녀는 그는 담배를 피우지 않는다는 뜻을 내비쳤다.

❸ 타동사 wish가 현재나 과거 사실과 다른(실현이 불가능하거나 실현하지 못한) 가정·소망을 나타낼 경우 그 목적절에는 가정법동사[과거형, 과거완료형]를 쓴다.

▶ wish의 목적절에 과거형이 오면 현재로서는 불가능한 가정·소망을, 과거완료형이 오면 과거에 실현하지 못한 일에 대한 유감을 나타낸다. (가정법)

I wish I **were** a millionaire.  내가 백만장자였으면 좋겠다.
I wish I **had studied** a little harder at college.
대학 시절에 좀 더 열심히 공부했다면 좋았을 것을.
I wished I **had bought** the book.  내가 (그 전에) 그 책을 샀었더라면 (그때) 좋았을 텐데.

③ to부정사

▶ to부정사를 목적어로 취하는 타동사는 기대, 희망, 추측, 미래성 (계획), 잠재성 (의도), 특정한 것 등의 의미를 나타내는 것들이다.

ex) afford, agree, ask, attempt, beg, bother, care, cause, choose, claim, command, dare, decide, decline, demand, desire, deserve, determine, encourage, endeavor, expect, fail, feign, get, help, hope, instruct, invite, learn, like, manage, mean, need, oblige, offer, order, persuade, plan, prepare, pretend, promise, refuse, request, resolve, seek, struggle, swear, volunteer, want, wish, etc.

I cannot afford **to buy** a new car.  나는 새 차를 살 여유가 없다.
I don't know whether I should agree **to do** it.
나는 그것을 하는 것에 찬성해야 좋을지 잘 모르겠습니다.
I beg **to differ** from you.  죄송하지만 저는 찬성할 수 없습니다.
Would you care **to have** some kind of drink?  뭐 좀 마시겠습니까?
He firmly determined **to try** again.  그는 다시 한 번 해보겠다고 굳게 결심했다.
He never fails **to keep** his promise.  그는 반드시 약속을 지킨다.
She helped **to organize** the meeting.  그녀는 회의 준비를 도왔다.

※ 입말체에서는 to를 생략하기도 한다.

I hope to help people realize it's OK to be different.

저는 사람들이 남과 다르다는 것이 괜찮은 일이라는 것을 깨닫도록 돕고 싶습니다.

Babies learn to speak at two. 아기들은 두 살이면 말을 배워서 할 수 있게 된다.

She managed to get on the bus. 그녀는 가까스로 버스에 올라탔다.

After the war, Germany never refused to admit the wartime atrocities or apologize to the victims of Holocaust.

전후 독일은 자신들의 전시 잔악 행위를 인정하거나 대학살의 희생자들에게 용서를 구하는 일을 결코 거부하지 않았다.

I want to speak English fluently. 나는 영어를 유창하게 말하고 싶다.

■ 덧붙임

1. ask, expect, need, like, want 등은 「someone + to부정사」의 형식으로 나타낼 수 있다.

    I asked to help her. (o) 나는 그녀를 도와 달라고 부탁했다.
    → I asked Tom to help her. (o) 나는 톰에게 그녀를 도와 달라고 부탁했다.

2. tell은 to부정사를 목적어로 취할 수 없다. 다만 그 목적격 보어로 to부정사를 취할 수 있다.

    I told to go there. (x)
    → I told him to go there. (o) 나는 그에게 그곳에 가라고 명했다.

3. say는 수동형이 아니면 부정사를 취하지 못한다.

    He says to do it. (x)
    He is said to have done it. (o) 그가 그것을 했다고(들) 한다.

4. 타동사 make는 부정사를 목적어로 취하지 못한다. 다만, 자동사로서 쓰일 때는 to부정사가 올 수 있다.

    He made to go. 그는 가려고 하였다.
    ※ 여기서 to go는 부사구이다.

5. 「ask, discover, explain, know, find out 등 + 의문사 + to부정사」 ☞ p. 171 참조

④ 동명사

> ▶ 동명사를 목적어로 취하는 타동사는 일시성, 과거 지향적, 실현, 일반성 등의 의미를 나타내는 것들이다.
>
> ex) acknowledge, admit, advise, advocate, allow, anticipate, appreciate, avoid, cease, consider, contemplate, defer, delay, deny, detest, discuss, dislike, entail, escape, excuse, evade, facilitate, fancy, favor, finish, forgive, foresee, help, hold, imagine, involve, justify, keep, mention, mind, miss, pardon, postpone, practise, quit, recollect, repent, resent, resist, restrain, risk, stand, stop, suffer, suggest, tolerate, understand, withstand, worth, cannot help, give up, keep on, leave off, put off, etc.

He did not acknowledge having been defeated. 그는 패배했음을 인정하지 않았다.
I certainly appreciate your helping me out. 저를 도와주셔서 정말 감사합니다.
He contemplates resigning his company. 그는 회사를 그만둘까하고 생각하고 있다.
I enjoy listening to folk music. 나는 민속 음악 듣는 것을 좋아한다.
They escaped being killed. 그들은 죽음을 모면했다.
He favours changing the law on this. 그는 이것에 대한 법률 개정을 찬성한다.
I missed seeing him by a second. 나는 조금 차이로 그를 만나지 못했다.
I repent (of) having been idle. 나는 이제껏 게을렀던 것을 뉘우치고 있다.
He stopped smoking because the doctor advised him to do so.
그는 의사가 그렇게 하라고 권했기 때문에 담배를 끊었다.
I could not avoid saying so. 나는 그렇게 말하지 않을 수 없었다.
I gave up smoking a year ago. 나는 1년 전에 담배를 끊었다.
The North Korea had suggested holding discussions at its border town of Gaeseong on the technical issues of receiving relief aid.
북한은 구호물자를 수령하는 기술적인 문제에 대해 그 국경(= 휴전선) 도시인 개성에서 회담을 열 것을 제안했다.
He keeps on idling when the examination is in sight.
시험이 눈앞인데도 걔는 놀고만 있다.

He left off **drinking once for all**.  그는 술을 뚝 [단호하게] 끊었다.

Could we put off **going there until tomorrow**?

우리가 그곳에 가기로 한 거 내일로 미룰 수 있을까요?

### ■ 덧붙임(중요)

#### 1. 부정사와 동명사 모두를 목적어로 취할 수 있는 타동사

ex) attempt, begin, bear, cease, commence, continue, decline, dislike, fear, forbear, forget, hate, intend, like, love, mean, need, neglect, omit, prefer, propose, recall, regret, remember, start, try, venture, can't stand, can't bear, etc.

He began to write/ writing a letter. 그는 편지를 쓰기 시작했다.

Will you continue to study/ studying after you get your diploma?

졸업하고 나서 학업을 계속하실 건가요?

What do you intend to do/ doing? 당신은 무엇을 하려고 하는가?

※ ㉮ begin, start 다음에 오는 feel, realize, see, understand는 to부정사의 형태로만 쓰인다.

Sam-wol began to feel lonely as she got older.

삼월이는 나이가 들어가면서 외로움을 느끼기 시작했다.

I started to understand why so many people razzed her constantly.

나는 왜 그렇게 많은 사람이 끊임없이 그녀를 비난하는지를 이해하게 되었다.

㉯ begin, cease, continue, start가 진행형일 때는 그 뒤에 to부정사만이 온다.

Ssireum, Korean wrestling, is ceasing to be a national sport.

한국의 레슬링인 씨름은 국가적인 스포츠의 자리를 그만두고 있다.

They are continuing to ruminate. 그들은 심사숙고를 거듭했다.

#### 2. 구체적인 행동의 경우는 to부정사를, 일상적 행위의 경우는 동명사를 사용하는 것이 일반적이다.

She hates **to get up** early tomorrow. 그녀는 내일 일찍 일어나고 싶어 하지 않는다.

She hates **getting up** early. 그녀는 일찍 일어나는 것을 싫어한다.

I like **to swim** this river. 나는 이 강에서 수영하는 것을 좋아한다.

I like **swimming**. 나는 수영하는 것을 좋아한다.

#### 3. 전치사가 붙은 동사구는 부정사구를 목적어로 취할 수 없기 때문에 동명사만을 목적어로 취한다.

Losing weight depends on **changing** eating habits.

체중감량은 식생활 습관을 변화시키는 데에 달려있다.

4. **remember, forget, regret, recall** 등은 부정사를 목적어로 하면 미래의 일을, 동명사를 목적어로 하면 과거의 일을 나타낸다.

   I remember to meet her tomorrow. 나는 내일 그녀를 만나는 것을 기억하고 있다.
   I remember meeting her the other day. 나는 일전에 그녀를 만난 것을 기억한다.

5. 라틴어에서 온 동사 **prefer**는 비교의 의미를 내포한 타동사로서 명사나 동명사 또는 to부정사를 목적어로 취할 수 있으며, 명사나 동명사를 목적어로 취하는 경우에는 전치사 to와 결합한 비교의 대상을 갖기도 한다. [prefer A (명사/동명사) to B (명사/동명사)]

   = prefer + A (to부정사) + (rather) than + B (to부정사 또는 원형부정사)]
   《B하는 것보다는 A하는 것을 더 좋아한다. (= like A better than B); B할 바에는(보다는) 차라리 A 하겠다 (택하겠다). (= would rather/sooner B (원형동사) than A (원형동사)》
   Nowadays, many children prefer playing a computer game to reading a book.
   요즘에는 많은 아이들이 책을 읽는 것보다는 컴퓨터 게임을 하는 것을 더 좋아한다.
   I prefer dying to living in dishonor. 불명예로 사느니 차라리 죽고 말겠다.
   (= I prefer to die (rather) than (to) live in dishonor.)
   I prefer reading a book to going out on such a rainy day.
   이렇게 비가 오는 날에는 외출을 하느니보다는 (차라리) 책을 읽겠다.
   = I prefer to read a book rather than (to) go out on such a rainy day.
   I would rather [sooner] read a book than go out on such a rainy day.
   I prefer beer to wine. 나는 포도주보다 맥주를 좋아한다.

6. **allow, permit, advise** 등의 동사는 수동태로 쓰일 경우나, 목적격 보어를 요하는 경우에만 to부정사를 사용하고 그렇지 않은 경우에는 동명사를 사용한다.

   I was allowed to go outside alone by my father.
   나는 아버지께 혼자 밖에 나가는 것을 허락받았다.
   My father allows me to go outside alone
   나의 아버지는 내가 혼자 밖에 나가는 것을 허락하신다.
   My father allows going outside alone.
   나의 아버지는 혼자 밖에 나가는 것을 허락하신다.

7. 다음 동사들은 '전치사 + ~ing'와 'to부정사'를 목적어로 취할 수 있다.

   decide on ~ing / decide to ~: ~ 하기로 결심 (결정)하다.
   agree on ~ing / agree to ~: ~ 하는 것에 동의하다.
   be about ~ing / care to ~: ~ 대하여 걱정하다.
   forget about ~ing / forget to ~: ~ 하는 것을 잊다.
   plan on ~ing / plan to ~: ~ 하는 것을 계획하다.

serve for ~ing / serve to ~: ~ 하는 것에 봉사 [공헌]하다.
suffice for ~ing / suffice to ~: ~ 하기에 충분하다.

---

### ⑤ 동족목적어(cognate object)

**❶ 의의**

blow, bow, breathe, die, dream, fight, laugh, live, nod, pray, run, shout, sigh, sing, smile 등의 자동사가 그 어원(語源)이 같거나 유사한 의미를 갖는 명사를 목적어로 하여 타동사로 쓰이기도 하는데, 이 경우의 목적어를 동족목적어(同族目的語)라고 한다.

**❷ 유형**

i. 동사와 어원이 같은 경우

| | | |
|---|---|---|
| breathe a breath | dream a dream | die a death 죽음을 당하다. |
| laugh a laugh | live a life | pray a prayer 기도를 하다. |
| bow a bow | smile a smile | sleep a sleep |

ii. 형태(어원)는 다르나 뜻이 같은 경우

fight a battle 싸움을 벌이다.   run a race 경주를 하다.   strike a blow 타격을 주다.
swear an oath 맹세하다.   weep tears 눈물을 흘리다.

They fought a fierce battle.                        그들은 격렬하게 싸웠다.
(= They fought fiercely.)
We ran a long race.                                 우리는 장거리 경주를 하였다.
The gangsters swore a dreadful oath.   그 깡패들은 무시무시한 맹세를 서약하였다.

**❸ 동족목적어를 취하는 동사는 목적어를 생략해도 의미변화가 없으므로 목적어를 생략한 채 자동사로 나타내거나 대신 it을 사용하기도 한다.**

She will **sing** (a song).                          그녀는 노래를 부를 것이다.

He **fought it** to the end. 그는 끝까지 싸웠다.
He **lived** a virtuous **life**. 그는 고결한 삶을 살았다.
(= He lived virtuously.)
She **smiled** a bright **smile** at him. 그녀는 그에게 환한 미소를 지었다.
(= She smiled brightly at him.)
I **dreamed** a strange **dream** last night. 나는 어젯밤에 이상한 꿈을 꾸었다.
(= I dreamed strangely last night.)
She **sang** a sweet **song** to the piano. 그녀는 피아노 반주에 맞춰 감미로운 노래를 불렀다.
(= She sang sweetly to the piano.)
He **died** a sudden **death**. 그는 갑작스런 죽음을 맞았다. [돌연사했다.]
(= He died suddenly.)
She **sighed** a deep **sigh**. 그녀는 깊은 한숨을 쉬었다.
(= She sighed deeply.)
He **slept** a sound **sleep**. 그는 깊은 잠을 잤다.
(= He slept soundly.)

❹ 동족목적어를 수식하는 형용사가 최상급일 때는 동족목적어를 생략하는 것이 보통이다.

She **smiled** her brightest (**smile**). 그녀는 아주 환한 미소를 지었다.
He **breathed** his last (**breath**). 그는 마지막 숨을 거두었다.
She **tried** her hardest (**trial**) to pass the exam.
그녀는 시험에 합격하기 위해 온힘을 다했다.

❺ 동족목적어에 동격명사가 따를 경우 동족목적어는 생략하는 것이 일반적이다.

She **nodded** (a **nod** of) approval 그녀는 승낙 (인정)의 뜻으로 고개를 끄덕였다.
They **shouted** their loudest (**shout**). 그들은 목청껏 소리쳤다.
They **looked** (a **look** of) thanks. 그들은 감사의 표정을 보였다.

### ❺ it이 동족목적어로 쓰인 경우

| | |
|---|---|
| She **queens it**. | 그녀는 여왕행세를 했다. |
| He had to **foot it** in the rain. | 그는 빗속을 걸어야 했다. |
| I will **fight it** out. | 나는 끝까지 싸우겠다. |
| You can **bus [foot] it** there. | 당신은 그곳까지 버스로 [걸어서] 갈 수 있습니다. |
| You will **catch it** for that. | 그런 짓하면 혼난다. |
| The boy **kinged it** over his friends. | 그 아이는 친구들 사이에서 왕 노릇을 했다. |
| Don't **take it** so seriously. | 그렇게 심각하게 받아들이지는 마라. |

### ⑥ 재귀대명사

타동사의 동작이 다시 주어 자신에게 미치는 경우에는 재귀대명사를 목적어로 하는데 이 경우의 목적어를 재귀목적어 (reflexive object)라고 한다.

**ex)** absented oneself from, acquaint oneself with, adjusting oneself to, apply oneself to, avail oneself of, burn oneself, cut oneself, disguise oneself as, devoted oneself to, dress oneself, enjoy oneself, exert oneself, help oneself to, hide oneself, hurt oneself, indulge oneself in, kill oneself, make oneself at home, overdrink oneself, overeat oneself, oversleep oneself, overwork oneself, pride oneself on, presented oneself at, pull oneself together, revenge oneself on, seat oneself, say to oneself, trouble oneself, etc.

They availed **themselves** of that opportunity.
그들은 그 기회를 자신들을 위해 이용하였다.

He killed **himself** last night. 그는 어젯밤에 자살했다.

I helped **myself** to the food in the buffet line.
나는 뷔페 줄에 있는 음식을 마음껏 먹었다.

Did you hurt **yourself**? 다쳤니?

People often hurt **themselves** by hurting nature.
사람들은 종종 남을 해치려는 본성에 의해 자신을 해친다.

He prided **himself** on his wealth. 그는 자신의 부유함을 자랑한다.

### ■ 덧붙임

1. 목적어로 오는 재귀대명사는 흔히 생략된다.

    He shaved himself. (o) 그는 면도를 했다.
    He shaved.(o) / He shaved him. (x)

2. absent, conduct, pride 등은 타동사로만 사용되므로, 재귀대명사가 목적어로 올 경우 생략하지 않는 것이 보통이다.

    He absented himself from school. 그는 학교에 결석했다.
    He prided himself on his health. 그는 자신이 건강한 것을 자랑한다.

3. 완전자동사는 동족목적어나 재귀목적어를 취하여 완전타동사가 될 수 있고, 다시 유사목적어를 취하여 불완전 타동사가 될 수도 있다. (결과를 나타냄)

    He **talked** himself hoarse. 그는 말을 많이 해서 목이 쉬었다.
    I had almost **fretted** myself ill. 나는 안달해서 거의 병이 날 정도였다.

### ■ 참고- 혼동되는 자동사와 타동사

1. raise / rise

    raise나 rise 모두 자동사/타동사 용법으로 쓰일 수 있으나, raise는 타동사로 많이 쓰이고 rise는 자동사로 많이 쓰인다.

    (1) raise: raise [reiz] – raised – raised – raising
    vt. (위로) 올리다; 일으켜 세우다; 승진[출세]시키다, (곤란·문제 따위를) 일으키다; 건축[건립]하다; 양육 하다, 재배하다; 마련[조달]하다; 모집하다.
    **raise** the price[temperature, rent] 물가[온도, 집세]를 올리다.
    **raise** up one's arms 팔을 들다. / **raise** a cloud of dust 부옇게 먼지를 일으키다.
    **raise** an issue at law 소송을 제기하다. / **raise** a revolt 반란을 일으키다.
    **raise** a child 아이를 기르다.

### (2) rise: rise [raiz] – rose [rouz] – risen [rízən]

**vi.** 일어서다, 일어나다; (회합이) 폐회하다; **기상하다**; 다시 살아나다, (연기) **오르다**, (해·달) **떠오르다**; 지위가 오르다; **상승하다**; 치솟다; 세어지다; 반역하다.

**rise** to one's feet. 일어서다. **rise** from a chair. 의자에서 일어나다.

The river **rose** five feet. 강물이 5피트 불어났다.

Her color **rose** on her cheeks. 그녀는 볼을 붉혔다.

My gorge[stomach] **rises** at it. 그것을 보면 [들으면] 울화통이 터진다.

## 2. bear [bɛər]: bear – bore – borne, born

**vt.** 나르다; 처신[행동]하다; ~의 자세를 취하다; (마음에) 품다; (소식을) 전하다; 퍼뜨리다; 지탱하다; (의무·책임을) 지다; 경험하다; 참다; (아이를) 낳다, (열매를) 맺다.

**bear** a heavy load 무거운 짐을 나르다 [짊어지다].

He was **borne** to prison. 그는 감옥에 들어갔다.

His hands **bear** the marks of toil. 그의 손을 보면 고생했다는 것을 알 수 있다.

The expression does not **bear** translation. 그 표현은 번역할 도리가 없다.

It doesn't **bear** thinking about. 그런 일은 도저히 생각할 수 없다.

The cloth will **bear** washing. 이 천은 세탁이 잘 된다; 이 천은 빨 수 있다.

This tree **bears** fine apples. 이 나무엔 좋은 사과가 열린다.

**vi.** 지탱하다, 참다 (with); (~위에) 덮치다; 기대다; 내리누르다; 영향을 주다; 관계하다; 향하다; 위치하다; 아이를 낳다, 열매를 맺다.

The ice will **bear**. 이 얼음판은 밟아도 괜찮을 테지.

The whole building **bears** on three columns. 건물 전체가 기둥 세 개에 떠받쳐져 있다.

The famine **bore** heavily on the farmers. 기근은 농민들을 몹시 괴롭혔다.

## 3. set / sit / seat

### (1) set[set]: set – set – set – setting

**vt.** **두다, 놓다**; 심다; 배치하다; 나란히 세우다; 준비하다; **향하다, 돌리다**; ~에 종사시키다(to); 고정하다; 조정하다; **설치하다**; (눈금) 맞추다.

**set** a vase on a table 꽃병을 테이블 위에 놓다. / **set** seeds 씨를 뿌리다.

**set** plants 묘목을 심다.

They **set** sail for America. 그들은 미국을 향하여 출항했다.

**set** a price on an article 물건의 값을 정하다.

**vi.** (해가) **지다, 저물다;** 기울다, 쇠하다; 굳어지다, 응고하다; (옷이) **어울리다,** 맞다; 종사하다; 착수하다, 출발하다; **열매를 맺다.**

The sun **sets** in the west. 해는 서쪽으로 진다. / His face has **set.** 그의 얼굴이 굳어졌다.
The coat **sets** well[badly]. 코트가 잘[안] 어울린다.
The apple trees have **set** well this year. 올해는 사과가 잘 됐다.

(2) sit [sit]: sit – sat – sat – sitting

**vi. 앉다, 착석하다; 앉아 있다;** 개회하다; **어울리다** (befit); 시중들다; 아이를 보다.

**sit** on a branch (새가) 나뭇가지에 앉다.
He **sat** down on a bench for a while and looked at the tall trees.
그는 잠시 동안 벤치에 앉아서 키가 큰 나무들을 바라보았다.
Parliament was **sitting.** 의회는 개회 중이었다.
The coat doesn't **sit** well on you. 상의가 너에게 잘 맞지 않는다.
The honor **sits** well[uncomfortably] on him. 그 명예는 그에게 어울린다 [어울리지 않는다].

**vt.** 〈재귀용법〉 **앉다, 앉히다, 착석시키다** (seat); (말·보트 따위를) 타다.

**Sit** yourself down right here. 여기에 앉으세요.
She **sat** the child at the table. 그녀는 그 아이를 식탁에 앉혔다.
He **sits** his horse well. 그는 말을 잘 탄다.

(3) seat [siːt]: seat – seated – seated – seating

**vt. 앉히다, 착석시키다;** 취임시키다; 설치하다; (극장 등) ~명 분의 좌석을 갖다; (재귀용법 또는 수동 태로) ~의 장소를 정하다.

Please **seat** yourself in a chair. 의자에 좀 앉아 주시오.
The hall **seats**[is **seated** for] 3,000. 그 회관은 3,000개의 좌석을 갖고 있다.
The usher **seated** me in the front row. 안내원은 앞줄 좌석에 나를 안내했다.
They **seated** themselves along the shore. 그들은 해안을 따라서 정주하였다.

4. fall / fell

(1) fall [fɔːl] v. fall – fell – fallen ※ 타동사로는 거의 쓰이지 않는다.

**vi. 떨어지다, 낙하하다;** (말이) 새다, 나오다; 하락하다; 넘어지다; 일어나다, 생기다.

Ripe apples **fell** off the tree. 익은 사과가 나무에서 떨어졌다.
Not a word **fell** from his lips. 그는 말을 한마디도 하지 않았다.
He stumbled over a stone and **fell** down. 그는 돌에 걸려 넘어져 나뒹굴었다.

(2) fell [fel] : fell – felled – felled
vt. ~를 쓰러뜨리다, 타도하다; (나무를) 베어 넘어뜨리다.
The man **felled** his opponent with a blow. 그 남자는 상대를 한 방에 쓰러뜨렸다.

## 5. hang [hæŋ]: hang – hung [hanged] – hung [hanged]

vt. 매달다, 걸다; 늘어뜨리다; 내리다; 목매달다, 교수형에 처하다; 전시 [진열] 하다; 덧붙이다; 관계를 맺게 하다 (on).
**hang** curtains on a window. 창문에 커튼을 치다.
**Hang** you! [= Be **hanged**!] 이 죽일 놈아!
**hang** a rider on a bill 의안에 부칙을 추가하다.

vi. 매달리다, 늘어지다; (위험 등이) 다가오다; 교살당하다 (p., pp. **hanged**); 주저하다; 결정을 보류하다; 출품 [진열]되다; 주의를 기울이다 (on).
The curtains **hang** over the window. 커튼이 창문에 쳐져 있다.
He **hung** on every word of his teacher's. 그는 선생님의 한 마디 한 마디에 귀를 기울였다.

## 6. say / speak / talk / tell

(1) say[sei]: say – said – said – saying ※ 3인칭 단수 현재는 says [sez]
vt. ~을 말하다, 이야기하다; (+ that절) ~로 가정하여; (+ to do) ~을 명하다. * 사람을 목적어로 하지 못한다.
　　He said (for me) to start at once. 그가 (내게) 즉시 출발하라고 말했다.

vi. 말하다, 의견을 말하다; 단언하다; 〈미, 입말〉 이봐, 여보세요.
　　It is just as you **say**. 정말 네가 말하는 그대로다.
　　I cannot **say**. (나로서는) 모르겠다. / **Say**, there! 여보세요.

(2) speak [spiːk]: speak – spoke – spoken [spóukən] – speaking
vi. 이야기하다 (= talk), 지껄이다; 연설하다; 말하다(on); 소리를 내다.
I'll **speak** to her about it. 내가 그것에 관해 그녀에게 이야기를 하겠다.
Actions **speak** better than words. 행동은 말보다 더 말을 잘한다.
I feel unqualified to **speak** on the subject.
나는 그 주제에 대해 말할 자격이 없는 것 같습니다.
The guns were beginning to **speak**. 포성이 울리기 시작했다.

**vt.** 말하다, 얘기하다(= tell); 전하다; (어느 언어를) 말하다; (문서 등으로) 성명하다(=decla-re); 신호[교신]하다. ※ 목적어로 사람을 쓰지 않으며 that절을 목적어로 하지 않는다.
speak a person's praise 아무를 칭찬하다.
speak Korean 한국말을 하다. * speak in Korean 한국어로 말하다.
English (is) spoken (here). 저희 가게에서는 영어가 통합니다.

## (3) talk [tɔːk]: talk – talked – talked – talking

**vi.** 말하다, 대화하다; 강연하다 (= speak); 의논하다; 불평을 말하다(to); 효력이 있다.
Human beings can talk; animals can't. 인간은 말할 수 있으나 동물은 말을 할 수 없다.
The professor talked about current social issues.
그 교수는 최근의 사회문제에 대해 강연했다.

**vt.** ~을 이야기하다; ~을 논하다; 이야기하여 (시간을) 보내다; (언어를) 사용하다.
※ 목적어로 사람을 쓰지 않으며 that절을 목적어로 하지 않는다.
talk Korean 한국말을 사용하다.

## (4) tell [tel]: tell – told [tould] – told – telling

a story, a joke, a lie, a secret, the truth, time 등이 있을 때는 tell만을 쓴다.

**vt.** ~을 말하다, ~에게 이야기하다 (= speak); 알리다; 누설하다; 분간하다, 식별하다.
※ 4형식으로 쓸 경우 간접목적어로 사람이 온다. 4형식의 직접목적어가 that일 때 쓴다.
I can't tell you how happy I am. 내가 얼마나 기쁜지 말로 표현할 수가 없습니다.
I was told that you were coming. 나는 네가 올 것이라는 말은 들었다.
I told him to go on. 나는 계속하라고 그에게 명했다 [일렀다].
  Can you tell the difference? 너는 그 차이를 알겠나?
  He told me that he would get well the next week.
  그는 그 다음 주에는 회복될 거라고 내게 말했다.

**vi.** 말하다, 얘기하다; 예언하다 (about, of); 밀고하다 (on); 식별하다; 효과가 있다.
Her tears told of the sorrow in her heart.
그녀의 눈물은 그녀의 마음의 슬픔을 말해주었다.
No one can tell about his destiny. 아무도 자신의 운명은 모른다.
I can tell at a glance. 나는 한 눈에 알겠다.

## 7. affect / effect

### (1) affect [ǽfekt]

vt. ~에게 영향을 주다; (병·고통이 사람·인체를) 침범하다, **걸리다**; 감동시키다.

The rise in prices directly **affects** the living of people.
물가 상승은 국민의 생활에 직접 영향을 미친다.
The cancer has **affected** his stomach. 암이 그의 위에 침투했다.
He was **affected** with compassion. 그는 측은한 생각이 들었다.
His performance **affected** me deeply. 그의 연기는 내게 깊은 감명을 주었다.

vt. **~인체하다,** ~을 가장하다 (assume); 즐겨 ~을 사용하다; (물건이 어떤 형태를) 잘 취하다.
**affect** ignorance 모르는 체하다. / **affect** loud dress 화려한 옷을 즐겨 입다.
Snowflakes **affect** hexagonal figure. 눈송이는 6각 형태를 취한다.

※ **affect** [ǽfekt] n. 감동, 정서

### (2) effect [ifékt] vt. (변화 등을) 가져오다, 초래하다; 실행하다; (목적 따위를) 성취하다.

effect a cure (병을) 완치하다.　　effect a change 변화를 가져오다.
effect a purpose 목적을 달성하다.　effect a reform 개혁을 완수하다.
effect an insurance[a policy] 보험에 들다.　in effect 유효하다.

## 8. lend / borrow / rent

### (1) lend [lend]: lend – lent – lent – lending

vt. 빌리다; 빌려주다; 대부하다; 임대하다.
**lend** enchantment [dignity] to ~: ~에 매력[기품]을 더하다.
Could you **lend** me a hand with these parcels?
짐 꾸리는 [푸는]데 도와주시지 않겠습니까?
This fact **lends** probability to the story. 이 사실로 보면 그 이야기는 있을 법하다.
vi. (돈을) 빌려주다, 대부를 하다.

### (2) borrow [bɔ́(:)rou/ bɑ́r–]: borrow – borrowed – borrowed – borrowing

vt. **빌리다, 차용하다**; 모방하다; (뺄셈) 윗자리로부터 꾸어오다.
May I **borrow** it? 그것을 좀 빌려주시겠어요.
vi. (~으로부터) **빌리다, 차용하다**(from).
**borrow** from the bank. 은행에서 돈을 빌리다

**(3) rent [rent]**: rent – rented – rented – renting

vt. …에게서 ~을 임차하다, …에게 ~을 임대하다; ~을 빌리다.
**rent** a house from Mr. Kim Sam-sik. 김삼식 씨에게서 집을 임차하다.
**rent** a farm to Mr. Gong Sam-dol. 공삼돌 씨에게 농지를 임대하다.
vi. 세놓다, 임대되다.
This house **rents** at [for] 1,000 dollars a year 이집은 1년에 1,000달러로 세놓는다.
(차·옷 따위) 일시적으로 임차하다.
**rent** (out) a car 자동차를 세내다.
※ 일반적으로 돈·책 따위 이동 가능한 것을 일시적으로 빌리는 것은 borrow, 집, 화장실 따위의 이동 불가능한 것을 빌리는 것은 use를, 집, 방, 자동차 따위를 빌릴 때는 rent를 쓴다.

## 9. thank / appreciate

**(1) thank [θæŋk]**: thank – thanked – thanked – thanking

vt. ~(사람)에게 사례하다, ~(사람)에게 감사하다; 부탁하다; (미리) 감사를 표하다(for).
**Thank** you for helping me. 저를 도와 주셔서 감사합니다.
I'll **thank** you to mind your own business. 남의 일은 걱정 말아 주었으면 좋겠군요.
You may **thank** yourself for that. 그건 네 자업자득이다.

**(2) appreciate [əpríːʃièit]**: appreciate – appreciated – appreciated – appreciating
<opp.> depreciate

vt. 평가하다, 감정 [판단]하다; 식별하다; 감상하다; (~라는 것을) 알고 있다; **고맙게 여기다**.
We have to **appreciate** history but we tend to forget the past too quickly.
우리는 역사의 중요성을 인식해야만 한다. 하지만 우리는 과거를 너무 쉽게 잊어버리는 경향이 있다.
We **appreciate** that ~ [= It is **appreciated** that ~]. ~이라는 것은 일단 이해할 수 있습니다.
I **appreciate** your kindness. 친절에 감사드립니다.
Visitors could **appreciate** their fantastic performance for one hour.
방문객들은 한 시간 동안 그들의 환상적인 공연을 감상할 수 있었다.

vi. 가격이 [시세가] 오르다.
Real estate has rapidly **appreciated**. 부동산의 시세가 급등했다.

## (4) 수여동사(dative verb)

### 1) 의의

수여동사(受與動詞)란 '~에게 ~을 준다 (수여한다).'는 의미를 갖는 것으로서 **간접목적어와 직접목적어의 2개의 목적어를 취하는 동사**를 말한다. 이때, 주는 대상을 간접목적어(indirect object), 주는 것에 해당하는 것을 직접목적어(direct object)라 한다.

[주어(S) + 타동사(Vt.) + 간접목적어(I.O) + 직접목적어(D.O)] 〈제4 문장형식〉

### 2) 제4 문장형식의 기본형태

- 그(가)/ 주었다/ 나에게/ 빨간 장미 한송이(를).
  He / gave / me / a red rose. 〈명사〉
  주어(S) / 수여동사(Vt.) / 간접목적어(I.O) / 직접목적어(D.O)

※ 기본적으로 4형식의 간접목적어는 직접목적어를 받는 대상을 나타내고, 5형식의 목적격 보어는 목적어의 성질, 상태, 동작이나 목적어와 동격 관계를 나타내는 점에서 둘은 서로 구별된다. 〈me ≠ a red rose〉

- 선생님(은)/ 경고했다/ 만수에게/ 좀 더 시간을 잘 지킬 것(을).
  The teacher / warned / Man-su / that he should be more punctual. 〈명사절〉
  S / Vt. / I.O / D.O

- 그녀(가)/ 물었다/ 내게/ 언제 기차가 출발하는지(를).
  She / asked / me / when the train was leaving. 〈명사절 (의문사절)〉
  S / Vt. / I.O / D.O

- 그(는)/ 조언 했다/ 나에게/ 그 방법을 택해야 할 것인지 말 것인지(를).
  He / advised / me / whether I should choose the way. 〈명사절 (의문사절)〉
  S / Vt. / I.O / D.O

- 나(는)/ 사주겠다/ 너에게/ 네가 원하는 무엇이라도.
  I / will buy / you / whatever you want. 〈명사절 (관계대명사절)〉
  S / Vt. / I.O / D.O

### 3) 수여동사의 직접목적어

수여동사의 간접목적어로는 사람이나 사물이 와야 하므로 명사나 대명사가 오겠으나, 직접목적어로는 명사, 대명사나 절(that절, 의문사절, whether절), to부정사, '의문사 + to부정사'가 올 수 있다.

① 절을 직접목적어로 취할 수 있는 수여동사

※ bet, promise, show, teach, warn, write 등은 그 간접목적어를 생략할 수 있다.

I assured myself that she was safe. 나는 그녀가 안전하다는 것을 확신했다.

He notified his office that he was going to leave.
그는 회사에 떠나겠다고 통고했다.

How can you persuade them that you are innocent?
그들에게 당신이 결백하다는 것을 어떻게 납득시킬 수가 있을까요?

Don't forget to remind him that the meeting has been postponed.
잊지 말고 모임이 연기되었다는 것을 그에게 일러주도록 해라.

She requested me that the door be left open.
그녀는 나에게 그 문을 열어 놓을 것을 요구했다.

Ask him if it is true. 그게 사실인지 그에게 물어 봐라.

He advised me whether I should choose the way.
그는 내가 그 길을 택해야 할 것인지 말 것인지에 대해 조언해 주었다.

The teacher warned (Mr. Kim) that he should be more punctual.
선생님은 시간을 더 잘 지키라고 (김 군에게) 경고했다.

(= The teacher warned Mr. Kim to be more punctual.)

> ▷ 직접목적어절의 주어가 주절의 주어나 간접목적어와 동일하지 않을 때에는 to부정사(5형식)로 바꿀 수 없다.
> They persuaded John that Mary should go to the school early. (o)
> 그들은 메리가 일찍 학교에 가야한다고 존을 설득했다.
> → They persuaded John Mary to go to the school early. (x)

② 「의문사 + to부정사」를 직접목적어로 취할 수 있는 수여동사

▶ 목적격 보어는 목적어와 동일한 것을 나타내거나, 목적어의 동작, 성질, 상태 등을 나타내는 관계에 있으므로 목적어와 이와 같은 관계가 성립하는 경우에는 목적격 보어가 된다. 따라서 「동사 + 목적어 + to부정사」가 올 경우의 to부정사는 목적어의 동작·상태를 나타내므로 목적격 보어가 된

다. 다만, 이때의 to부정사 앞에 의문사가 올 경우에는 주어의 목적 대상을 나타내는 직접목적어가 된다.

**ex)** advise, ask, inform, promise, show, teach, tell, etc.

She advised me **which to buy**. 그녀는 내게 어느 것을 사면 좋을지를 조언해 주었다.

Please inform me **what to do next**. 다음엔 무엇을 해야 할지를 가르쳐 주십시오.

I will show you **how to use this tool**.
제가 이 연장을 어떻게 사용하는 지를 [사용하는 법]을 가르쳐 드리겠습니다.

Could you tell me **how to make it**.
제게 그것을 어떻게 만드는 지를 [만드는 방법]을 말씀해 주시겠어요?

4) 대개의 4형식 문장은 간접목적어를 「전치사 + 간접목적어」의 형태로 하여 직접목적어의 뒤로 돌려 3형식의 문장으로 바꿀 수가 있다. 이때 간접목적어 앞에 오는 전치사로는 다음과 같은 것들이 있다.

① to가 오는 경우

**ex)** advance, award, bring, deny, drop, extend, feed, give, grant, guarantee, hand, lend, loan, mail, offer, owe, pass, pay, present, promise, quote, recommend, rent, sell, send, show, sing, take, teach, tell, (tele)phone, throw, trade, whisper, wish, write, etc.

She denies her son nothing.

→ She denies nothing **to** her son. 그녀는 아들이 해달라는 것은 어느 것도 마다않는다.

They extended us a hearty welcome.

→ They extended a hearty welcome **to** us.

그들은 우리들을 가슴 따뜻하게 맞아주었다.

Please hand me the pen.

→ Please hand the pen **to** me. 그 펜 좀 집어 주십시오.

Can you lend me one hundred thousand won until next week?

→ Can you lend one hundred thousand won **to** me until next week?
다음 주에 드릴 테니 10만원을 빌려주실 수 있나요?

He mailed (her) a book.

→ He mailed a book (to her).　　　　　　　그는 그녀에게 책 한권을 우편으로 보냈다.

He owes the bank a million dollars.

→ He owes a million dollars to the bank.　　그는 은행에 백만 달러를 갚아야 한다.

When will you pay me the money?

→ When will you pay the money to me?　　언제 그 돈을 지불해 주시겠습니까?

He presented his wife (with) a diamond ring.

→ He presented a diamond ring to his wife.

　　　　　　　　　　　　　　　　　　그는 아내에게 다이아몬드 반지를 선물했다.

He promised me the book.

→ He promised the book to me.　　　　　　그가 나에게 그 책을 주겠다고 약속했다.

She recommended me a good English conversation book.

→ She recommended a good English conversation book to me.

　　　　　　　　　　　　　　　　　　그녀가 나에게 좋은 영어회화 책을 권해 주었다.

Will you show me the photograph?

→ Will you show the photograph to me?　　제게 그 사진을 보여 주시겠어요?

I have never told you a lie.

→ I have never told a lie to you.　　　　　나는 지금껏 너에게 거짓말을 한 적이 없다.

The teacher told them the answer to the question.

→ The teacher told the answer to the question to them.

　　　　　　　　　　　　　　　　　　그 선생님은 그들에게 그 문제의 답을 말해주었다.

※ '말하다'의 의미가 있는 동사 중 tell만이 4형식에 쓸 수 있고, say, explain, talk, mention, speak 등은 3형식으로만 쓰고 4형식으로는 쓰지 않는다.

I wish her well. → I wish well to her.　　　　나는 그녀의 행복을 바란다.

② for가 오는 경우

ex) buy, build, call, catch, choose, cook, do, earn, cut, fetch, find, fix, get, keep, make, order, prepare, reach, reserve, save, secure, sing, spare, win, etc.

His son built him a new house. 그의 아들은 그에게 새 집을 지어 주었다.
→ His son built a new house **for** him.

Will you call [find] me a taxi? 택시 좀 잡아 주실래요?
→ Will you call[find] a taxi **for** me?

She chose him a present. 그녀가 그에게 선물을 골라 주었다.
→ She chose a present **for** him.

He cooked her Chinese dishes. 그는 그녀에게 중국요리를 해주었다.
→ He cooked Chinese dishes **for** her.

He did me a favor. 그는 나에게 친절을 베풀었다.
→ He did me a favor **for** me.

Can you find me a hotel? 제가 묵을 호텔을 좀 찾아 [잡아] 주시겠습니까?
→ Can you find a hotel **for** me?

Keep your elder brother the pie. 그 파이를 네 형 것으로[형을 위해] 따로 남겨 두어라.
→ Keep the pie **for** your elder brother.

He will make her a good husband. 그는 그녀의 좋은 남편이 될 것이다.
→ He will make a good husband **for** her.

He ordered his children a pizza. 그는 아이들에게 피자를 주문해주었다.
→ He ordered a pizza **for** his children.

Can you spare me a few minutes? 제게 몇 분만 시간을 내주시겠습니까?
→ Can you spare a few minutes **for** me?

His generosity won him many friends.
→ His generosity won many friends **for** him.

그는 후덕한 성품을 가져서 많은 친구를 얻었다.

■ 덧붙임

1. bring, do, cause, leave, fetch, play, read는 'to + i.o'또는 'for + i.o'도 가능하다. 다만, do, leave는 그 의미가 다르게 나타난다.

Bring a glass of water. → Bring a glass of water **to** [for] us. 제게 물 한 잔 갖다 주세요.
Fetch me that box. → Fetch that box **for** [to] me. 저 책을 내게 가져와라.
Read me the book. → Read the book **to** [for] me. 나에게 그 책을 읽어주세요.
Play us your favorite CD. → Play your favorite CD **for** [to] us.
네가 제일 좋아하는 CD를 틀어봐라.
He left his son his last present. → He left his last present **to** his son.
그는 아들에게 마지막 선물을 남기고 죽었다.
I'm afraid you leave me no choice. → I'm afraid you leave no choice **for** me.
당신은 제게 선택의 여지를 남겨주지 않으시는 것 같군요.

2. 전치사 for가 '~대신에'(= instead of)의 의미로 쓰일 때에는 4형식으로 바꿔 쓸 수 없다.

My sister made food **for** my mother. (o)
우리 누나가 엄마를 대신해서 음식을 만들었다.
→ My sister made my mother food. (x)
He wrote the letter **for** his old father.
그는 늙으신 아버지를 대신해서 그 편지를 썼다.
→ He wrote his old father the letter. (x)

③ of가 오는 경우

ex) **ask**

May I **ask** you a favor?
→ May I ask a favor **of** you?    부탁 좀 하나 할까요?

Could I **ask** you a question?
→ Could I ask a question **of** you?    질문 하나 해도 될까요?

■ 덧붙임

1. beg, demand, inquire, request, require 등의 '요구·간청'동사는 「(직접)목적어 + of [또는 from] + 사람」의 형태로 쓰며 4형식으로는 쓰지 않는다.

   He demand me an answer. (x)
   He demand an answer of [from] me. (o) 그는 내게 답변을 요구했다.
   She inquired her way of [from] a policeman. 그녀는 경찰관에게 길을 물었다.
   His parents require too much of [from] him.
   그의 부모님은 그에게 지나치게 많은 것을 요구한다.
   I request [beg] a favor of [from] you. 당신에게 부탁이 하나 있습니다.

2. 3형식으로만 사용되는 동사로서 '제거하다.'의 의미를 갖는 동사는 직접목적어에 해당하는 말 앞에 of가 오는 것이 보통이다. ☞ p. 105 참조

   They robbed the passersby their money. (x)
   They robbed the passersby of their money. 그들은 행인들에게서 돈을 강취했다.

④ on이 오는 경우

   ex) bestow, confer, impose, inflict, play, etc.

   He bestowed [conferred] her a gift.                     그는 그녀에게 선물을 주었다.
   → He bestowed [conferred] a gift on [upon] her.
   The university conferred an honorary doctorate on the President.
                                                          그 대학은 대통령에게 명예박사 학위를 수여했다.
   He imposed the group his ideas                         그는 그 단체에 자기생각을 강요했다.
   → He imposed his ideas on the group.
   He played me a mean trick.                             그는 나에게 비열한 속임수를 썼다.
   → He played a mean trick on me.

■ 덧붙임

1. supply, endow, furnish, present, provide, feast 등과 같은 소위 '공급 동사'는 직접목적어 with가 결합되어 나타나며 「공급동사 + 간접목적어 + with」가 하나의 타동사구를 이루어 4형식이 아닌 3형식으로 쓰인다. 이 중 supply, present, furnish는 4형식으로도 쓰인다.

   Nature has endowed her with musical talent. 그녀는 음악적 재능을 타고났다.
   They supply consumers with milk. 그들을 소비자들에게 우유를 공급한다.
   She furnished the child food. (o) 그녀는 그 아이에게 먹을 것을 주었다.
   She furnished the child with food. (o)
   She furnished food to the child. (o)

2. 다음의 동사들 뒤에 오는 목적어는 모두 직접목적어로 보며, 제1 목적어(사람)를 전치사와 함께 제2 목적어 뒤로 보내지 못한다. 그중에는 제2 목적어 (사물)에 해당하는 말 앞에 for를 사용하여 「for + 제2목적어」의 형태로 쓸 수 있는 것도 있다. 이때에도 그 순서를 바꾸어 「for + 제2목적어」를 제1 목적어 앞에 놓지 못한다.

   ex) beg, bet, charge, cost, envy, excuse, forgive, grudge, keep, last, lose, pardon, save, spare, strike, take, wish, etc.

   I beg you for pardon. 용서해 주십시오.
   He begged me for money. 그는 내게 돈을 구걸했다.
   I bet you 100 dollars (that) he will win. 나는 그가 이길 것이라는 데에 100달러 걸겠다.
   ※ you, 100 dollars, (that) he will win은 모두 목적어이다. 즉, bet는 3개의 목적어를 취할 수 있다.
   The book cost him 10,000 won. (o) 그는 그 책을 만 원 주고 샀다.
   ※ The book cost 10,000 won to him. (x)
   I envy you your success. 나는 너의 성공이 부럽다.
   ※ I envy him for his good fortune. (o) / I envy for his good fortune him. (x)
   Excuse me (for) just a moment. 잠시만 실례하겠습니다.
   She charged him a hundred dollars for the broken car.
   그녀는 그에게 자동차 파손 금으로 100달러를 청구했다.
   The food will last us three days. 그 식량으로 우리는 3일은 버틸 수 있을 것이다.
   That will save you ten dollars a week.
   그렇게 하면 너는 일주일에 10달러를 절약 할 수 있다.

3. 다음의 동사들은 우리말 해석상 제4형식 동사로 보이나, 'to + 간접목적어'의 형태로 쓰며(3형식), 4형식으로는 쓰지 않는다. 사람이 어디에 오든지 간에 사람 앞에 꼭 to를 붙인다. 이 'to + 간접목적어'는 생략할 수 있다.

   ex) admit, announce, ascribe, attribute, confess, dedicate, describe, explain, introduce, mention, propose, present, pronounce, prove, provide, remember, repeat, report, say, speak, suggest, supply, trust, etc.

He admitted to his employer that he had made a mistake.
그는 고용주에게 자기가 실수를 한 것을 인정했다.
She has announced her marriage to her friends. 그녀는 결혼을 친구들에게 알렸다.
We attribute prudence to him. 그는 사려가 있다고 생각합니다.
Can you describe the man to me? 그 사람의 인상착의를 제게 말해주시겠습니까?
Can you explain those problems to me? 그 문제들을 저에게 설명해 주시겠습니까?
(= Can you explain to me those problems?)
He mentioned to me that he would go fishing. 그는 낚시하러 갈 것이라고 내게 말했다.
Remember me to your family. 당신의 가족에게 저의 안부를 전해주세요.
He reported the accident to the police. 그는 그 사고를 경찰에 신고했다.
Say hello to him. 그에게 안부 전해주세요.

---

### (5) 불완전 타동사 (incomplete transitive verb)

불완전타동사(不完全他動詞)란 타동사와 목적어 자체만으로는 뜻의 전달이 충분하지 못하고, 타동사를 보충하여 목적어나 목적어의 신분(이름, 직업, 직위 등)을 구체적으로 설명해주거나, 목적어의 성질, 상태, 동작 등을 나타내 주는 말인 **목적격 보어**(objective complement)를 필요로 하는 동사를 가리킨다. [S + Vt. + O + O.C (목적격 보어)] 〈제5 문장형식〉

### 1) 제5 문장형식의 기본형태

- 나(는)/    생각한다/    그 저자(를)/    그 사람인 것으로.

  I           **believe**      the author         (to be) him.
  주어(S)    불완전타동사(Vt.)    목적어(O)        목적격 보어(O.C) 〈대명사〉

  ※ 목적격 보어는 주어와 주격 보어의 관계와 같아서 목적어와 동격적 관계를 갖거나, 목적어의 성질, 상태, 동작 등을 나타낸다(즉, 목적어와 주어·술어의 관계를 갖는다)는 점에서 간접목적어가 받는 대상을 나타내는 직접목적어와는 구별된다. 〈the author = him〉

- 나(는)/    생각한다/    그것을/    사실이라고.

  I           **think**         it           (to be) true.
  S            Vt.              O           O.C 〈형용사〉

- 지휘관(은)/ 명령했다/ 그의 부하들에게/ 계속 나아가라고.

  The commander / ordered / his men / to move on.
  S / Vt. / O / O.C 〈to부정사〉

- 나는/ 보았다/ 한 남자(가)/ 그 집에 들어가는 것(을).

  I / saw / a man / enter the house.
  S / Vt. / O / O.C 〈원형부정사〉

- 나(는)/ 들었다/ 내 이름(이)/ 불리는 것(을).

  I / heard / my name / called.
  S / Vt. / O / O.C 〈과거분사〉

- 나의 어머니(가)/ 만들어 놓았다./ 나를/ 지금의 나(로).

  My mother / has made / me / what I am.
  S / Vt. / O / O.C 〈명사절(관계대명사절)〉

## 2) 목적격 보어의 형태

### ① 명사/ 대명사인 경우

명사 또는 대명사인 목적격 보어는 목적어의 이름, 신분, 직업, 직위 등을 나타낸다. (목적어 = 목적격 보어)

ex) appoint, believe, call, choose, consider, crown, declare, deem, elect, feel, imagine, judge, make, name, proclaim, profess, pronounce, suppose, think, etc.

The President appointed her the Secretary of the State.
대통령은 그녀를 국무장관에 임명했다.

I believe [think] the author (to be) her.    나는 그 저자는 그녀라고 생각한다.

I believe myself to be a good teacher.
나는 나 자신이 좋은 선생이라고 자부한다.

※ believe의 목적격 보어가 'to be + 명사'일 때 believe는 강한 신념.확신을 나타내며 이때는 to be를 생략하지 않는 것이 보통이다.

They called him a nice guy.    그들은 그를 멋진 녀석이라고 불렀다.

※ 여기서 명사인 목적격 보어 앞에는 의미상 to be를 쓸 수 없다.

They elected Mr. Kim (to be) chairman.    그들은 김 씨를 회장으로 선출했다.

I felt it (to be) **my duty** to help them.

나는 그들을 돕는 것이 저의 의무라고 생각했습니다.

She imagined herself **a princess**. 그녀는 자신이 공주라고 상상 [공상]했다.

cf.) She imagined herself **to be a princess**.

그녀는 자신이 공주인 것으로 생각했다. (자신이 공주인 줄로 알고 **행동했다**는 의미)

He made her **his secretary**. 그는 그녀를 비서로 채용했다.

※ 여기서 명사인 목적격 보어 앞에는 의미상 to be를 쓸 수 없다.

They never supposed him (to be) **a king**.

그들은 그가 왕이라고는 꿈에도 생각하지 못했다.

■ 덧붙임

1. 목적격 보어로 동명사는 거의 쓰지 않는다. 다만, 동격 관계를 나타내는 ~ing형을 목적격 보어로 사용하기도 한다. 이때의 ~ing는 동명사이다.

I think it **wasting time** to do such a thing.
나는 그와 같은 일은 하는 것은 시간을 낭비하는 것이라고 생각한다.

2. 목적격 보어가 명사·대명사인 5형식의 문장을 수동태문으로 하면 2형식의 문장이 된다.

I believe the author (to be) him. 〈5형식〉
⇒ The author is believed to be he by me. 〈2형식〉

3. elect, choose, appoint, crown 등의 동사는 목적격 보어가 사람일 때에는 그 앞에 as 또는 to be를 붙이거나 무관사의 명사를 쓴다.

The president appointed him (as) his secretary. 사장은 그를 그의 비서로 임명했다.
The president appointed Miss. Kim **to be** his secretary.
사장은 김 양을 그의 비서로 임명했다.
They elected him **president**. 그들은 그를 의장으로 선출했다.

② (성질·상태를 나타내는) 일반 형용사인 경우

ex) believe, consider, declare, deem, drive, feel, find, get, hold, judge, leave, make, paint, proclaim, profess, pronounce, prove, strike, suppose, think, turn, etc.

We consider this (to be) **very important**.  우리는 이것을 매우 중요하다고 여기고 있다.
The game drove him **crazy [mad]**.  그 경기는 그를 미치게 [화나게] 했다.
We found the room **empty**.  우리는 그 방이 텅 빈 것을 알았다.
I felt this (to be) **necessary**.  나는 이것이 필요한 것으로 생각했습니다.
Too much coffee will keep you **awake**.  커피를 너무 많이 마시면 잠이 안 올 것이다.
He painted the wall **green**.  그는 그 담을 녹색으로 칠했다.
The doctor pronounced the patient (to be) **dead**.  의사는 환자의 사망을 선언했다.
The cold wind turned the leaves **red and yellow**.
　　찬바람이 나뭇잎을 단풍들게 했다.
The news made her **happy [ill]**.  그 소식을 듣고 그녀는 행복해졌다[병났다].
His eloquence struck me **dumb [speechless]** for a while.
　　그의 달변에 나는 잠시 말문이 막혔다.
She supposes me (to be) **rich**.  그녀는 나를 부자로 알고 있다.

### ■ 덧붙임

#### 1. 목적격 보어로 'as + 명사/ 형용사'를 취하는 동사

ex) accept, acknowledge, appoint, brand, categorize, certify, class, consider, define, denounce, depict, describe, diagnose, elect, establish, imagine, intend, interpret, know, label, recognize, regard, represent, respect, see, treat, use, look on, refer to, take, talk of, think of, view, etc.

I considered the matter **as settled**. 나는 그 문제를 해결된 것으로 간주했다.
I know him **as a pop singer**. 나는 그를 대중가수라고 알고 있다.
He regarded the situation **as serious**. 그는 그 상황을 심각한 것으로 보았다.
I respect him **as my senior**. 나는 그를 선배로서 존경하고 있다.
He took her remark **as an insult**. 그는 그녀의 말을 모욕으로 받아들였다.
He treated her **as a friend**. 그는 그녀를 친구로 대우했다.
I thought of you **as a friend**. 난 널 친구로 생각했다.

#### 2. 목적격 보어로 'for + 명사/ 형용사'를 취하는 경우

ex) know, leave, mistake, take, etc.

They <u>known</u> it **for a fact**. 그들은 그것을 사실로 알았다.

They left him for dead. (= They gave up him for lost.) 그들은 그를 죽도록 내버려 두었다.
I mistook him for his brother. 나는 그를 그의 형으로 착각했다.
They took it for granted. 그들은 그것을 당연한 것으로 보았다.

### 3. 'to be + 명사/ 형용사'형태의 목적격 보어에서 'to be'의 생략

목적격 보어가 'to be + 명사/ 형용사'의 형태인 경우 'to be'를 생략해도 어조(語調) 상 이상이 없거나 의미상의 차이가 없을 때에는 관용적으로 생략한다. 다만, believe, consider, imagine, prove, suppose, think와 같이 주관적인 사고·판단의 의미를 갖는 동사는 to be를 생략해도 문장이 자연스러우나 know, discover, report, teach 등과 같은 (객관적)사실을 나타내는 동사는 to be를 생략하면 문장이 자연스럽지 못한 경우가 많다. 다만, believe, imagine, suppose 등도 확신을 나타내거나 사실에 중점을 두어 말할 경우에는 생략하지 않는 것이 보통이다. (앞의 ①, ②의 예문들 참조)

---

③ to부정사인 경우

to부정사인 목적격 보어는 목적어의 동작, 작용, 의무 (명령), 예정, 운명, 필요, 가능 등을 나타낸다. [(불완전)타동사 + someone, something + to부정사]

ex) advise, allow, ask, assure, beg, believe, cause, challenge, choose, command, compel, convince, dare, desire, discover, enable, encourage, expect, forbid, force, get, grant, hate, help, hire, instruct, intend, invite, know, leave, like, mean, motivate, oblige, order, permit, persuade, prefer, permit, remind, request, require, suspect, state, take, teach, tell, understand, urge, want, warn, wish, would like, etc.

I advise you to meet her personally. 난 네가 그녀를 직접 만나보기를 권한다.
Her pride did not allow her to show her grief in public.
그녀의 자존심이 사람들 앞에서 슬픔을 내보이는 것을 허락지 않았다.
He asked her to marry him. 그는 그녀에게 자신과 결혼해 달라고 청했다.
His long letter caused her to change her mind.
그의 장문의 편지는 그녀의 마음을 돌리게 하였다.
His classmates chose him as [to be] class president.
급우들은 그를 반장으로 선출했다.

※ choose의 목적격보어 앞에 오는 as나 to be는 (의미상) 생략하지 않는 것이 일반적이다.

The general commanded the troops **to withdraw**.

장군은 후퇴하도록 부대에 명령을 내렸다.

(= The general commanded that the troops (should) withdraw.)

She compelled her son **to attend the party**.

그녀는 아들을 그 모임에 억지로 가도록 시켰다.

I expect you **to put your best effort into everything you do**.

여러분이 하는 모든 일에 최선의 노력을 다하길 바랍니다.

I convinced him **to go there**. 나는 그를 설득해서 그곳에 가게 했다.

They forced her **to sign the paper**. 그들은 그녀에게 억지로 그 서류에 서명하게 했다.

She got him **to quit drinking**. 그녀는 그를 설득하여 술을 끊게 했다.

I would hate you **to think I didn't care**.

난 당신이 내가 관심이 없었다고 생각지 않았으면 해요.

I intend them **to go**. 나는 그들을 보낼 작정이다.

I know her **to be a good woman**. 나는 그녀가 착한 여자라고 알고 있다.

※ know는 그 목적격 보어가 「to be + 명사/ 형용사」일 때 'to be'를 생략하지 못한다.

I know him **to be honest**. 나는 그가 정직하다고 알고 있다.

I would like you **to go there**. 나는 네가 거기에 가기를 바란다.

The law obliges us **to pay taxes**. 법률에 따라 우리는 세금을 내지 않으면 안 된다.

He ordered the luggage (to be) **loaded into the car**.

그는 짐을 자동차에 실으라고 지시했다.

Circumstances did not permit us **to live together**.

사정이 있어 우리는 함께 살지 못했다.

No one will persuade me **to approve of it**. 누가 뭐라 해도 난 그것에 찬성 못 하겠다.

I request you **to send money at once**. 즉시 송금을 부탁합니다.

I take him **to be an honest man**. 나는 그가 정직한 사람이라고 생각한다.

He taught his children **to be honest**. 그는 자식들에게 정직해야 한다고 가르쳤다.

They urged him **to accept the offer**. 그들은 그에게 그 제의를 받아들이도록 촉구했다.

I want these shoes (to be) repaired. 이 구두를 수선하여주세요.

※ to be를 생략하면 강한 직설적 어조가 된다. (이 구두를 수선해 주기 바란다.)

I want you to do it. 나는 네가 그것을 해주었으면 좋겠다. (= I want it done by you.)

I wish you to come home early. 당신이 일찍 귀가해 주기를 바랄게.

■ 덧붙임

1. cause, get, hate, like, want 등은 절을 목적어로 하는 3형식 문장으로 할 수 없다.

   He wanted that she should play the piano. (x)

2. advise, allow, permit 등은 목적어가 특정 대상인 경우 to부정사를 목적격 보어로 취하나, 일반적일 때에는 동명사인 목적어만을 취한다.

   My father allows me to drink. 〈5형식〉 나의 아버지는 내가 술 마시는 것을 허락하신다.
   My father allows drinking. 〈3형식〉 나의 아버지는 술을 마시는 것을 허용 (인정)한다.

3. hope는 목적어로 to부정사를 취할 수 있으나 to부정사를 목적격 보어로 하는 5형식으로는 쓰지 못한다.

   I hope to succeed. (o) 나는 성공을 바라고 있다. / I hope him to succeed. (x)

4. suggest, insist, demand는 목적어로 절을 취하며(3형식으로만 쓰임), 5형식으로 쓰지 못한다.

   He demanded that I (should) help him. (o) 〈3형식〉 그는 나에게 도와달라고 요청했다.
   He demanded me to help him. (x) 〈5형식〉

5. order + 목적 (사람) + to do / order + 목적 (사물) + to be p.p.

   I order him to leave the room. 나는 그에게 방을 나가라고 했다.
   He ordered the work (to be) done. 그가 그 일을 끝내라고 지시했다.

④ 원형부정사인 경우

원형부정사(to가 없는 부정사)인 목적격 보어는 인식 가능한 목적어의 동작이나 상태를 나타낸다. 이때의 동사로는 **사역동사**(let, make, have, bid, help)나 **지각동사** (see, watch, hear, feel, notice, smell, observe, behold, perceive, witness, look at, listen to 등)가 온다.

※ 사역동사(causative verb, 使役動詞): '어떤 일을 시킨다'는 의미를 지니는 동사.
　지각동사(verb of perception, 知覺動詞): 인간의 감각 (오감)을 나타내는 동사.

Let me **be**. 나를 가만히 나둬요. (= 상관하지 말아주세요.)
Let it **be** clearly stated that I had nothing to do with the affair.
　나는 그 사건과 아무런 관계가 없음을 분명히 말해 둡시다.
I can't make you **do it** if you refuse me.
　당신이 거절하시면 제가 억지로 하도록 할 수는 없지요.
I had a passerby **take my picture**.　나는 지나가는 사람에게 사진을 찍어달라고 했다.
(= I had my picture taken by a passerby.)
I helped him **find his things**. 나는 그의 일을 찾는 데 도왔다.
I saw a man **enter** [또는 **entering**] the house.
　나는 한 남자가 그 집에 들어가는 것을 보았다.
I have never observed him **do** otherwise.
　나는 그가 다르게 행동하는 것을 본 적이 없다.
She could feel her heart **beat**. 그녀는 가슴이 두근거리는 것을 느낄 수 있었다.
Did you hear Sam-sun **leave the house**?
　너는 삼순이가 집을 나간 것을 얘기 들었니?
He likes to listen to others **talk**. 그는 다른 사람들의 대화를 듣는 것을 좋아한다.
She smelt something **burn** [또는 **burning**] in the kitchen.
　그녀는 부엌에서 무엇인가가 타는 냄새가 나는 것을 느꼈다.

### ■ 덧붙임

1. 지각동사, 사역동사가 무조건 원형부정사만을 목적격보어로 취하는 것이 아니며, 목적어가 목적격 보어의 능동적 주체이면 현재분사형의 목적격 보어가, 수동적이면 과거분사형의 목적격 보어가 온다.

I saw him entering the room. 나는 그가 그 방에 들어가는 것을 보았다.
I heard my name called. 나는 내 이름을 부르는 소리를 들었다.

## 2. bid, help는 목적격 보어로 to부정사도 가능하다.

I bade you never (to) mention it again. 너는 다시는 그것을 절대 언급하지 마라.
I won't help you (to) do that any more. 나는 네가 그 일을 하는 것을 더 이상 돕지 않겠다.

## 3. 지각동사 다음에 '소유격 + 동명사'는 쓰지 못한다.

I saw his friend's running. (x)
I saw his friend running. (o) 나는 그의 친구가 달리는 것을 보았다.

## 4. notice, see가 '알다'나 '보다'의 의미 외의 뜻으로 쓰일 때에는 to부정사를 목적격 보어로 취할 수 있다.

I noticed him to go out. 나는 그에게 나가라고 통고했다.
I didn't see her to be ill. 나는 그녀가 아픈 것을 알아채지 못했다.

## 5. 원형부정사가 쓰인 5형식 문장이 수동의 3형식 문장이 될 경우에는 to부정사가 나타난다.

They made him work. 〈5형식〉 그들은 그가 일을 하도록 시켰다.
→ He was made to work. 〈3형식〉
He heard her say so. 〈5형식〉 그는 그녀가 그렇게 말하는 것을 들었다.
→ She was heard to say so by him. 〈3형식〉

## 6. make와 let의 차이

He made me go to Africa. 그는 (내 뜻과 관계없이) 나를 아프리카에 가게 만들었다.
He let me go to Africa. 그는 (내 뜻을 받아들여) 나를 아프리카에 가게 해주었다.

## 7. have[또는 get]와 help의 차이

I'll have him do it. [= I'll get him to do it.] 나는 그에게 그 일을 하도록 시키겠다.
I'll help him (to) do it. 나는 그가 그 일을 하는 것을 돕겠다./ 나는 그를 도와서 그 일을 하도록 하겠다.

## 8. get, have, make 등의 사역동사는 원칙적으로 수동의 원형부정사를 목적격 보어로 하지 못한다. 다만, let은 수동의 원형부정사를 목적격 보어로 할 수 있다.

I had my picture be taken by a passerby. (x)
Let it be forgotten at once. (o) 그것을 즉시 잊도록 합시다.
The damaged ship let thousands of gallons of gasoline be discharged. (o)
그 파손된 배는 수천 갤런의 가솔린을 방출시켰다.

9. 사역의 의미를 갖는 동사 ask, encourage, expect, force, get, permit, tell 등은 목적격 보어로 to부정사를 취한다. (유사사역동사)

They <u>forced</u> him **to sign the paper**. 그들은 그가 그 서류에 서명하도록 강제했다.

I told him **to go on**. 나는 그에게 계속하라고 명했다.

---

⑤ 현재분사인 경우

현재분사인 목적격 보어는 목적어의 능동적 행동·동작이나, 진행의 의미를 나타낸다.

**ex) catch, find, get, have, hear, keep, leave, see, send, set, smell, start, want, watch, etc.**

The teacher caught him **cheating the exam**.

그 교사는 그가 시험 부정행위 하는 것을 붙잡았다.

The teacher found a pupil **dozing**. 그 선생은 한 학생이 졸고 있는 것을 발견했다.

The engineer got the machine **working** again.

그 기술자는 그 기계를 다시 작동하게 했다.

I won't have him **speaking** in that way.

나는 그가 그런 식으로 말하는 것을 용납하지 않겠다.

I'm sorry to have kept you **waiting so long**. 너무 오래 기다리게 해서 죄송합니다.

Sight of the cat sent the mouse **shaking**.

고양이를 보자 생쥐는 무서워서 바들바들 떨었다.

I don't want others **interfering**. 나는 남들이 내 일에 간섭하는 것을 원하지 않는다.

I find <u>it</u> **embarrassing** to speak in front of a group of people.

저는 여러 사람 앞에서 말하는 것이 당황됩니다.

※ 여기서 it은 진목적어인 to 이하를 대신하여 놓인 가목적어이다. ☞ p. 266[2] 참조

I find <u>it</u> very **exciting** working here. 나는 이곳에서 일하는 것이 매우 신 납니다.

(= I find working here very exciting.)

※ 여기서 it은 진목적어인 동명사구(working here)를 대신하여 놓인 가목적어이다.

■ **덧붙임**

1. 현재분사인 목적격 보어는 목적어를 의미상의 주어로 하며, 이때의 목적어는 수동태문의 주어가 될 수 있다.

   I found **him** in my study reading my diary.
   나는 그가 내 서재에서 내 일기장을 보고 있는 것을 발견했다.
   → **He** was found by me in my study reading my diary. (o)

2. 목적어를 소유격으로 대치 가능한 동사 (감정동사)의 ~ing는 현재분사가 아니고 동명사이며, 목적격 보어가 아니라 목적어이다. 즉 「감정동사 (like, hate 등) + (목적격 또는 소유격) 대명사 + ~ing」에서 ~ing는 동명사이다. 이 동명사의 의미상의 주어가 되는 앞의 대명사는 수동태문의 주어가 되지 못한다.

   I don't like **you** [또는 **your**] smoking in this small library.
   나는 네가 이 작은 서재 안에서 담배피우는 것이 싫다.
   → **You** aren't liked by me smoking in this small library. (x)
   ex) amaze, convince, disappoint, distress, hate, like, please, surprise, etc.

⑥ 과거분사인 경우

목적어가 행위·동작을 받거나, 지각되어지는 상태 또는 완료의 상태를 나타낸다. 동사로는 사역동사나 지각동사가 오는 것이 보통이다.

ex) find, get, have, feel, hear, keep, like, leave, make, prefer, report, see, want, etc.

| | |
|---|---|
| She found the jewel **gone**. | 그녀는 그 보석이 사라진 것을 알았다. |
| They got him **thrown** out. | 그들은 그를 밖으로 내동댕이쳤다. |
| He had [got] his car **washed** (by someone). | 그는 그의 차를 (누군가에게) 닦게 했다. |
| (= He got someone to wash.) | |
| I must have[get] my hair **cut**. | 나는 머리를 깎아야 한다. |
| I don't like to have my name **mentioned**. | 나는 내 이름이 언급되는 것을 바라지 않습니다. |
| I felt myself **lifted up** from the ground. | 나는 내가 땅에서 들려지는 것을 느꼈다. |
| I kept the window **closed**. | 나는 창문을 (계속) 닫아 두었다. |
| He left those things **undone**. | 그는 그 일들을 하지 않고 그냥 두었다. |

How would you like your steak **done**?
　　　　　　　고기(스테이크)를 어떻게 해(어느 정도 익혀) 드릴까요?

I couldn't make myself **understood** in English.
　　　　　　　나는 영어로 내 말을 (남에게) 전달할 수가 없었다.

I prefer the work **finished** quickly.　　그 일을 빨리 끝내 주었으면 좋겠군요.

I saw the window **cleaned**.　　　　나는 그 창문이 닦여지는 것을 보았다.

I want this work **done** by tomorrow.　　이 일을 내일까지 끝냈으면 좋겠다.

### ⑦ 절인 경우

목적격 보어로는 절을 취하지 않는 것이 보통이나 예외적으로 복합관계사절을 목적격 보어로 취하는 경우가 있다.

My mother has made me **what I am**.　　나의 어머니가 지금의 나를 있게 하셨다.

Diligence has made him **what he is**.　　근면함이 현재의 그를 있게 했다.

Paint the wall **whatever color you like**.
　　　　　　　담장을 네가 좋아하는 무슨 색깔로든 칠해라.

### ⑧ 부사(구)인 경우

다음과 같이 부사나 부사구가 있어야만 의미 있는 문장이 되는 경우에는 이를 목적격 보어로 취급하기도 한다.

He treated her **badly**.　　　　　　　　그는 그녀를 몹시 구박했다.

He laid his book **aside** and stood up.　　그는 책을 (옆으로) 제쳐 놓고 일어섰다.

Put your suits **away**.　　　　　　　네 옷가지를 치우도록 [정리하도록] 해라.

She sent a cry **forth**.　　　　　　　　그녀는 큰 소리로 울었다.

I found my room **in an awful mess**.　　나는 내 방이 아수라장이 된 것을 알았다.

He threw the book **in the fire**.　　　　그는 그 책을 불 속에 던졌다.

The secretary showed me **into the reception room**.
　　　　　　　비서는 나를 응접실 안으로 안내했다.

He put the book **on the shelf**. 그는 그 책을 선반 위에 놓았다.

He saw his brother **through college**. 그는 동생이 대학을 졸업하도록 돌보아 주었다.

### ■ 덧붙임

1. 위(⑧)와 같이 목적격 보어처럼 쓰이는 부사구에서 전치사의 목적어가 서로 아는 것이나, 일반적인 것 일 경우 그 목적어를 생략하여 전치사만을 쓰기도 하는데, 이때의 전치사는 부사로 취급된다. 만일 타동사의 목적어가 명사일 경우에는 목적어와 부사를 도치하여 타동사구의 형태로 쓸 수 있다. 그리고 본래 부사인 aside, away, forth 등도 그렇게 쓸 수 있다. 이와 같이 전치사에서 온 부사 (전치사적 부사)나 본래 부사인 것 중에 동사와 결합하여 타동사구를 만들 수 있는 부사를 '부사적 소사 (adverbial particles)'라고도 한다.

   He laid the book aside. → He **laid aside** the book.
   Put your suits away. → **Put away** your suits.
   She sent a cry forth. → She **sent forth** a cry.
   We called the meeting off. 우리는 모임을 취소했다. → We **called off** the meeting.
   They put the party off. 그들은 모임을 연기했다. → They **put off** the party.
   He took his hat off. 그는 모자를 벗었다. → He **took off** his hat.
   He put his coat on. 그가 외투를 입었다. → He **put on** his coat.
   She turned the TV on[off]. 그녀는 TV를 켰다[껐다]. → She **turned on[off]** the TV.
   She turned the light out. 그녀는 불을 껐다. → She **turned out** the light.
   He turned the dog out. 그는 개를 밖으로 내쫓았다. → He **turned out** the dog.
   The enemy gave the fort up. 적은 그 요새를 포기했다. → The enemy **gave up** the fort.
   Pick the book up. 책을 집으세요. → **Pick up** the book.

   ※ 목적어가 대명사 (me, you, him, her, them, it, ~self 등)일 경우에는 목적어와 부사의 자리를 서로 바꾸지 않는 것이 보통이다. 중요도가 높은 말을 문미에 둔다는 영문법의 원칙상, 대명사는 이미 언급된 사람이나 사물을 가리키므로 이러한 문장에서는 부사보다 그 중요도가 떨어지기 때문이다.

   He took them off. (o) 그는 그것들을 벗었다. → He took off them. (x)
   He turned it on. (o) 그는 그것을 켰다. → He turned on it. (x)
   Don't put yourself out for us. (o) 우리를 위해서 일부러 무리하지는 마세요.
   → Don't put out yourself for us. (x)
   We're ready. Bring it on. (o) 우리는 준비가 되어 있다. 한번 붙어보자.

2. at, beside, from, for, into, of, till, until, with 등의 전치사는 그 목적어를 생략하여 부사로 쓰지 못한다.

## – REVIEW EXERCISES –

1. 다음 동사의 3인칭 단수 현재형을 쓰시오.

    (A) catch  (B) enjoy  (C) fix  (D) fly  (E) laugh  (F) open  (G) pass  (H) play  (I) possess  (J) push

2. 다음 중 동사의 원형에 3인칭단수 현재의 굴절접사 s가 붙을 때의 발음이 다르게 나는 것은?

    (A) laugh   (B) like   (C) live   (D) lock   (E) look

3. 괄호 안에 동사의 원형이나 알맞은 활용형(과거형과 과거분사형)을 넣으시오.

    (A) need – (      ) – (      )    (B) stop – (      ) – (      )
    (C) prefer – (      ) – (      )   (D) mimic – (      ) – (      )
    (E) cast – (      ) – (      )     (F) cost – (      ) – (      )
    (G) (      ) – let – (      )       (H) (      ) – burnt – (      )
    (I) dream – (      ) – (      )     (J) (      ) – laid – (      )
    (K) (      ) – led – (      )       (L) mean – (      ) – (      )
    (M) (      ) – tore – (      )      (N) (      ) – threw – (      )
    (O) (      ) – woke – (      )

4. 다음 중 다른 문장형식으로 볼 수 있는 것은?

    (A) He worked hard to make money.
    (B) She woke up at five.
    (C) The negotiations broke down.
    (D) I conferred with him on the matter.
    (E) There came a huge wave.

5. 우리말을 영어로 옮긴 것 중 가장 어색한 것을 고르시오. [공무원 9급]

   (A) 그에게서는 악취가 난다. → He smells badly.

   (B) 그녀는 혼자 사는데 익숙하다. → She is used to living alone.

   (C) 그녀는 밤에 외출하는 것을 겁낸다. → She is afraid of going out at night.

   (D) 중요한 것은 재산이 아니고 인격이다.
      → The important thing is not what you have but what you are.

   (E) 그가 조만간 승진할 것이라는 소문이 있다.
      → The rumor says he will be promoted sooner or later.


※ Choose the sentence that is not grammatically correct? [6 ~ 8]

6. (A) The music sounds sweetly and soothingly.

   (B) Never accept things as true because they appear to be such.

   (C) They don't seem to grasp the magnitude of the problem.

   (D) The recession continues unabated.

   (E) Weather keeps fine.


7. (A) I noticed that he had a peculiar sleep habit.

   (B) We don't know what to do next.

   (C) I couldn't understand why he had said like that.

   (D) He says to succeed.

   (E) I wish I had studied a little harder at college.


8. (A) I don't want others interfering.

   (B) You may accept the explanation true.

   (C) The rain caused the river to rise.

   (D) Let it be clearly stated that I had nothing to do with the affair.

   (E) How would you like your steak done?

9. Which of the following is grammatically correct?

   (다음 중 문법적으로 올바른 것은?)

   (A) You must apologize him for doing it.

   (B) I hope your success.

   (C) She looked him.

   (D) He objected my proposal.

   (E) This coat doesn't fit me.

10. 올바른 영역이 되도록 각 괄호에 알맞은 전치사를 넣으시오.

    (A) 그녀는 그녀의 차를 훔쳤다고 그를 고발했다.

       → She accused him (        ) stealing her car.

    (B) 그녀를 보면 그녀의 어머니가 생각난다.

       → She reminds me (        ) her mother.

    (C) 그들은 비행의 지루함을 달래기 위하여 잡담하기 시작했다.

       → They began to chat to relieve the boredom (        ) the flight.

    (D) 경찰은 그를 절도죄로 체포했다.

       → The police arrested him (        ) theft.

    (E) 선생님은 그 아이가 너무 떠들어서 야단쳤다.

       → The teacher called the child down (        ) talking too much.

    (F) 우리는 멋진 경치를 만끽했다.

       → We feasted our eyes (        ) the wonderful scenery.

    (G) 그의 태도를 보고 그들은 불신감을 품게 되었다.

       → His behavior inspired them (        ) distrust.

    (H) 그는 펑크 난 타이어를 새것으로 교체했다.

       → He replaced a flat tire (        ) a new one.

    (I) 그 피고인은 자신의 사건을 그의 변호사에게 맡겼다.

       → The accused man trusted his lawyer (        ) his affairs.

(J) 어떤 것도 내가 목표를 달성하는 것을 방해할 수는 없을 것이다.

　　→ Nothing shall hinder me (　　) accomplishing my purpose.

(K) 판사는 그에게 사형을 선고했다.

　　→ The judge condemned him (　　) death.

(L) 취업을 축하합니다.

　　→ I congratulate you (　　) your engagement.


11. 밑줄 친 부분 중 어법상 옳지 않은 것은? [공무원 9급]

In Rome, Italy, store burglary suspect, when (A) <u>caught in a store</u> after closing hours, (B) <u>explained the police</u> that he suffered from a desire to sleep constantly and had fallen asleep inside the store (C) <u>To prove his point</u>, he (D) <u>kept falling asleep</u> during police questioning.


12. 다음 글의 밑줄 친 부분 중 옳지 않은 것을 고르시오. [공무원 7급]

Needless to say, it is a privilege to (A) <u>address to</u> such a prominent audience like you all. I came back home for the first time in ten years simply for this presentation. I could not escape from my duty to present a detailed report to you, significant opinion leaders of our society, (B) <u>any more than</u> I (C) <u>could escape from</u> my duty to (D) <u>persevere in</u> what I have been doing abroad.


13. Choose the underlined part that is not grammatically correct.

　　(문법적으로 바르지 않은 밑줄 그어진 부분을 고르시오.)

The boy admitted (A) <u>having done</u> it himself and, (B) <u>asking</u> his mother (C) <u>to forgive</u> him (D) <u>for</u> his sin, (E) <u>burst into tears</u>.


14. One might (A) <u>object to</u> that (B) <u>since</u> there (C) <u>were</u> so few people in this research area, (D) generalizations <u>such as the above</u> are meaningless, but

this is not the case.

15. Choose the one word that best completes the sentence. [토익 유형]
    (문장을 가장 잘 완성하는 한 단어를 고르시오.)

I would like to _____ everyone that I will be out of the office.

(A) require    (B) interest    (C) remind    (D) teach


16. Identify one underlined word that should be corrected or rewritten. [토익 유형]
    (수정되어야하거나 다시 써야만 하는 밑줄이 그어진 하나의 단어를 가려내시오.)

The desire to (A) <u>make</u> a profit (B) <u>motivates</u> business executives (C) <u>organizing</u> and operate their firms (D) <u>efficiently</u>.

# = 해설·정답 =

1. ⟨정답⟩

   (A) catches  (B) enjoys  (C) fixes  (D) flies  (E) laughs  (F) opens  (G) passes  (H) plays  (I) possesses  (J) pushes

2. 【해설】

   원형이 [p], [f], [k], [t]의 발음으로 끝날 경우, 이에 붙는 3인칭 단수 현재의 굴절 접사 s는 [s]로 발음된다. 그리고 「[z], [dʒ], [s], [ʃ], [tʃ]의 발음 +(e)s」가 [iz]로 발음되는 것 외에는 모두 [z]로 발음된다.

   ⟨정답⟩ (C)

3. ⟨정답⟩

   (A) needed, needed   (B) stopped, stopped   (C) preferred, preferred
   (D) mimicked, mimicked   (E) cast, cast   (F) cost, cost
   (G) let, let   (H) burn, burnt   (I) dreamt, dreamt
   (J) lay, laid   (K) lead, led   (L) meant, meant
   (M) tear, torn   (N) throw, thrown   (O) wake, waken

4. 【해설】

   (A) '완전자동사(work) + 부사 + 부사구'의 제1 문장 형식

   (B) '완전자동사구(wake up) + 부사구'의 제1 문장 형식

   (C) 완전자동사구(break down)의 제1 문장 형식

   (E) there + 완전자동사 (come) + 주어 (a huge wave)의 제1 문장 형식

   (D) confer with는 '자동사 + 전치사'의 형태로 하나의 타동사와 같이 쓰인다. 제3 문장 형식이다.

   ⟨정답⟩ (D)

5. 【해설】

(A) smell은 주어의 상태를 설명해주는 보어를 필요로 하는 불완전자동사로서 그 보어로 형용사를 취한다. badly를 bad로 고치면 옳은 문장이 될 수 있다.

(B) be used to ~ing (~에 익숙하다.)

(C) be afraid of ~ (~을 무서워하다.)

(D) what you have (재산), what you are (인격, 사람됨).

〈정답〉(A)


6. 【해설】

(A) sound가 자동사로 쓰일 경우 형용사보어를 동반한다. sweetly and soothingly를 sweet and soothing으로 해야 문법적으로 옳게 된다.

(B) appear는 to부정사를 주격 보어로 할 수 있다. 여기서 such는 true를 가리킨다.

(C) seem은 to부정사를 주격 보어로 할 수 있다.

(D), (E) 자동사 continue, keep은 형용사를 그 보어로 한다.

〈정답〉(A)


7. 【해설】

(A), (B), (C) notice, know, understand 등의 소위 '인식류 동사'는 그 목적어로 to부정사 또는 동명사를 취하지 못하고 명사, 명사구(의문사 + to부정사), 절(that절, 의문사절/whether절)을 취한다.

(D) 타동사 say도 그 목적어로 to부정사 또는 동명사를 취하지 못하고 명사, 명사구(의문사 + to부정사), 절(that절, 의문사절, if/whether절)을 취한다.

(E) I wish의 목적절에는 가정법이 쓰인다.

〈정답〉(D)


8. 【해설】

(B) accept의 목적격 보어로는 'as +명사/형용사(분사포함)'가 온다. 그러므로 as true의 형태가

되어야 한다.

〈정답〉 (B)


9. 【해설】

(A) apologize는 자동사로만 쓰인다. him 앞에 to를 써주면 문법적으로 올바르게 될 수 있다.

(B) hope는 타동사로 쓰일 경우에는 that절이나 to부정사를 목적어로 한다. 자동사로서 전치사를 동반하여 명사를 목적어로 할 수 있다. your 앞에 for를 써주면 문법적으로 올바르게 될 수 있다.

(C) look은 '~을 바라보다.'의 뜻으로는 자동사로서 look at의 형태로 쓴다.

(D) object는 자동사로서 '~에 반대하다'의 뜻으로는 object to (against)의 형태로 쓴다.

(E) fit는 '~에 맞다, ~에 어울리다.'의 뜻으로는 3형식 동사로서 직접목적어를 취한다.

〈정답〉 (E)


10. 【해설】

「타동사 + 대명사 [또는 명사] + 전치사 ~」형의 타동사구의 문제. 본문 참조

〈정답〉 (A) of  (B) of  (C) of  (D) for  (E) for  (F) on  (G) with  (H) with  (I) with  (J) from  (K) to  (L) on


11. 【해설】

(B) explain은 우리말 해석상 4형식의 동사로 보이나, 'to + 간접목적어'의 형태로 3형식으로만 쓰며 4형식으로는 쓰지 않는다. 사람이 어디에 오든지 간에 사람 앞에 꼭 to를 붙인다. the police 앞에 to를 넣어야 한다.

[해석] 이탈리아의 로마에서 한 상점 절도 용의자가 폐점시간 후에 가게에서 붙잡혔을 때, 그는 끊임없이 잠을 자려는 욕구로 고통을 겪었으며 가게 안에서도 잠이 들었다고 경찰에게 설명했다. 그의 주장을 증명하기라도 하려는 듯이 그는 경찰이 신문하는 동안 계속 잠들어 있었다.

〈정답〉 (B)

## 12. 【해설】

(A) address는 타동사로만 쓰이므로 전치사가 필요하지 않다.

(B) not A any more than B(A가 아닌 것처럼 B도 아니다). A, B 전부의 부정을 나타내므로 B에 부정어 not을 넣어서는 안 된다.

(C) 여기서 could는 가정법적으로 쓰여 현재의 추측을 나타낸다. (~일 것이다.)

(D) 여기서 persevere는 자동사. persevere in ~(~을 꾸준히 지속하다).

[해석] 말할 필요도 없이, 여러분 모두처럼 너무도 저명한 청중께 연설하는 것은 특권입니다. 저는 단지 이번 발표를 위해서 10년 만에 처음으로 고국에 돌아왔습니다. 제가 우리 사회의 중요한 여론 주도층인 여러분께 세부 보고서를 제시해야 하는 저의 의무를 회피할 수 없는 것은 외국에서 제가 해오고 있는 일을 지속해야 하는 저의 의무로부터 회피할 수 없는 것과 마찬가지일 것입니다.

〈정답〉 (A)


## 13. 【해설】

(A), (B) admit는 절이나 동명사를 목적어로 하는 3형식 동사이므로 having done, asking은 괜찮다.

(C) ask는 to부정사를 목적격 보어로 하는 5형식으로 쓰일 수 있으므로 to give도 이상이 없다.

(D) forgive는 2개의 목적어를 취할 수 있는 동사로 his sin 앞에 for를 쓸 필요가 없으나 뒤의 목적어 (직접목적어) 앞에 for를 쓰기도 하므로 틀렸다고 볼 수 없으나 다른 부분에 이상이 없으므로 이것을 답으로 고를 수밖에 없다.

(E) 등위접속사 and로 이어지는 중문으로 분사구문이 대등절 앞에 들어 있는 경우이다. burst의 주어는 The boy이다. burst into tears (울음을 터트렸다).

[해석] 소년은 그 일을 자신이 했음을 인정했고, 어머니에게 자기 잘못의 용서를 구하면서 와락 울음을 터트렸다.

〈정답〉 (D)

## 14. 【해설】

자동사 object는 보통 뒤에 '전치사 (to) +명사'가 오고 타동사 object는 that절을 목적어로 취한다. 〈~(that절)이라고 반대하다; ~(that절)이라고 반대하여 말하다.〉 지문에서는 object의 목적어로 that절이 오고 있으므로,

(A) 전치사 to를 쓰면 잘못이다. 그리고 might는 현재의 추측을 나타낸다 (~할는지도 모르겠는데).

(B) 'since ~ area'는 that절의 주어에 부사절로서 들어간 것. 여기서 since는 이유의 부사절을 이끄는 접속사로 쓰였다.

(C) 주어(few people)가 복수이므로 복수동사가 맞다. 과거형 were를 쓴 것은 과거의 일을 나타내기 위한 것으로 보인다.

(D) such as ~ (예를 들면 ~같은), such as the above (위와 같은) 여기서 this는 앞서 말한 'that ~ meaningless'를 가리킨다.

**[해석]** 이 연구 분야에는 사람들이 거의 없었기 때문에 위와 같은 일반화가 의미 없다고 반대하여 말할지도 모르겠으나 이는 그렇지가 않다.

〈정답〉 (A)


## 15. 【해설】

(A) require는 to부정사를 목적격 보어로 하는 5형식의 동사이다.

(B) 타동사 interest는 3형식으로만 쓰인다.

(C) remind는 that절을 직접목적어로 할 수 있고 내용적으로도 적당하다.

(D) 타동사 teach도 '…에게 ~을 가르치다.'의 뜻으로 절을 직접목적어로 하는 4형식의 동사로 쓸 수 있으나 여기서는 의미상으로 부적당하다.

**[해석]** 내가 다음 주에 사무실을 비울 것이라는 것을 모두에게 환기시키고 싶다.

〈정답〉 (C)


## 16. 【해설】

(A), (B) The desire가 주어이고 motivates가 동사. to make a profit는 주어를 수식하는

부정사의 형용사적 용법. motivate는 5형식의 동사로서 to부정사를 목적격 보어로 하므로,

(C) organizing을 to organize로 고쳐야 한다. operate 앞에 to가 생략되었다.

(D) 효율적으로.

**[해석]** 이익을 올리려는 욕망은 기업경영자들을 자신들의 회사를 효율적으로 조직하고 관리하도록 동기를 부여한다.

**〈정답〉** (C)

# 제2장

# 부정사(Infinitive)

## 1. 앞말

### (1) 뜻

부정사(不定詞)란 종속절의 동사를 변형시킨 것으로 **동사적 성질을 가지면서도 인칭, 수, 시제와 관계없이 동일한 형태로 쓰이는 말**을 가리킨다. 구체적으로는, 종속절의 주어를 생략하고 동사를 'to + 동사원형'의 형태로 만든 것으로서 문장 내에서 명사(주어, 목적어, 보어, 동격어), 형용사(수식어, 보어), 부사로 쓰이는 말을 가리킨다. 보통 'to + infinitive(한정 받지 않는 말 = 변화되지 않는 말 ⇒ 동사원형)'의 형태로 쓰므로 흔히 'to부정사'라고 부른다.

### ■ 준동사 / 정형 동사와 비정형 동사

#### A. 준동사(Verbals)

종속절이 변화된 형태로서 동사의 속성을 간직하면서 문장 내에서 명사(구), 형용사구, 부사구로 쓰이는 것, 즉, 부정사, 동명사, 분사를 통칭하는 말이다. 부정사가 한 문장 내에서 명사, 형용사, 부사의 역할을 하면서도 그 자체는 동사와 같이 목적어, 보어, 부사어를 가질 수 있고, 동명사는 한 문장 내에서 명사의 역할을 하지만 그 자체는 목적어, 보어, 부사어를 가질 수 있으며, 분사는 한 문장 내에서 형용사의 역할을 하지만 그 자체는 보어, 목적어, 부사어를 가질 수 있는 것처럼 동사에 준하는 속성을 가진다 하여 준동사라고 한다.

#### B. 정형 동사 (finite verb)와 비정형 동사 (non-finite verb)

굴절어에 있어서 주어의 인칭, 수 또는 법, 시제에 따라 일정한 변화형을 갖는 동사를 **정형 동사** (finite verb) 또는 인칭·수·법·시제에 따라 그 형태의 한정을 받는다는 뜻에서 **한정 동사**라 한다. 정형 동사란 문장의 성립에 반드시 필요한 주요소로서의 동사(動詞)를 가리킨다. 즉, 영어에서 하나의 완전한 문장이 성립하기 위해서는 반드시 하나의 정형 동사(= 술어 동사)가 있어야 한다. 반면, 인칭, 수에 따른 변화형이 따로 없고 동일한 형태로 사용되는 동사의 부류를 **비정형 동사**(non-finite verb) 또는 인칭, 수에 따른 그 형태의 한정을 받지 않는다는 뜻에서 **비한정 동사**라 한다. 영어에서 비정형 동사는 정형 동사의 변형으로 동사의 성질을 유지하지만 문장의 성립에 반드시 필요한 술어 동사는 되지 못하고 문장의 구성요소인 명사 (주어, 목적어, 보어 등), 형용사 (수식어, 보어), 부사의 역할을 하거나 정형 동사와 함께 진행형, 완료형 등의 특정한 구문을 형성한다. 부정사, 동명사, 분사의 준동사가 이해 해당한다.

---

### (2) 부정사의 종류

부정사는 'to + 동사원형'의 형태이므로 일반적으로 **to부정사**(to-Infinitive)라고 하는 것에 대하여 특정한 문장 내에서는 to를 생략하여 동사원형만을 쓰기도 한다. to가 생략된 후자의 경우를 **원형부정사**(bare 또는 root Infinitive)라고 한다.

#### 1) to부정사(to-Infinitive)

「to + 동사원형」의 형태를 가리킨다. to부정사는 본질적으로 구의 형태이다. 'to + 동사원형'의 뒤에는 절에서와 마찬가지로 원형동사의 보어, 목적어, 부사어에 해당하는 말이 올 수 있다.

| | |
|---|---|
| I hope <u>to see you soon</u>. | 곧 당신을 다시 뵐 수 있기를 바랍니다. |
| My mother asked me <u>to clean the room</u>. | 어머니는 나에게 방을 청소하라고 하셨다. |

#### 2) 원형부정사(bare 또는 root Infinitive)

특정한 문장에서 to부정사가 올 자리에 to를 생략하여 동사원형의 형태로 쓰는 경우가 있는데 이때의 동사 원형을 원형부정사(原形不定詞)라고 부른다.

| | |
|---|---|
| I saw him **enter** the room. ⟨enter: 원형부정사⟩ | 나는 그가 그 방에 들어가는 것을 보았다. |
| Let me go. ⟨go: 원형부정사⟩ | 저를 가게 해주세요. / 저를 놓아주세요. |

### (3) 부정사의 의미상의 주어 ☞ p. 194에서 자세히

부정사는 절에서 주어를 생략하여 만드는 것으로 특별한 쓰임을 갖는 구라고 할 수 있는데, 부정사가 어느 문장의 한 요소가 될 때 본주어와 같거나, 일반인인 경우에는 그 주어를 따로 나타내 주지 않아도 되지만, 그 이외의 경우에는 부정사의 주어를 나타내 주어야 한다. 이를 주문 (주절)의 주어 (본주어)와 구별하여 부정사의 의미상의 주어(= 부정사의 주어)라고 한다.

I expect **him** to succeed.   나는 그가 성공하기를 바란다.
I believe **it** to have been a mistake.   나는 그것은 실수였다고 생각한다.
It is fortunate **for me** to have such good friends.
   나는 그런 좋은 친구들을 가졌으니 운이 좋다.
It is very kind **of you** to say so.   당신이 그렇게 말씀해주시니 대단히 고맙습니다.


## 2. 부정사의 용법

### (1) 명사적 용법 (Noun-Infinitive)

부정사가 명사적으로 쓰이는 경우 즉, 부정사가 주어, 목적어, 보어, 동격으로 사용되는 경우를 말한다.

#### 1) 주어로 사용될 경우

to부정사구가 주어 자리에 와서 '~하는 것은, ~하기는'의 뜻으로 쓰이는 경우이다. to부정사가 주어가 되는 경우 동사는 단수 동사를 쓴다.

**To see** is to believe.   보는 것이 믿는 것이다. [백문이 불여일견]
**To err** is human, **to forgive** divine.  - Alexander Pope -
   잘못을 저지르는 것은 사람의 일이고, 용서하는 것은 신의 일이다.
**To know oneself** is difficult.   자신을 아는 것은 어렵다.

= It is difficult to know oneself. 〈It: 가주어 / to know oneself: 진주어〉

※ 부정사가 주어로 쓰일 경우에는 간결성의 원칙에 따라 to부정사 대신 가주어 It을 쓰고 to부정사는 문장 뒤로 돌려 '가주어 (It) ~ 진주어(to부정사) …'형태로 쓰는 것이 일반적이다. (외치문)

It is easy to say but difficult to practise.  말하기는 쉽지만 실천하기는 어렵다.

For me to live with her was very happy.
그녀와 함께 사는 것이 저에게는 너무 행복했습니다.

### ■ 덧붙임

1. 단순부정사의 형태지만 문맥상 동작·상태의 완료를 나타내는 경우에는 본래부터 외치문으로 나타내야 한다.

It was a pleasure to spend time with you. (o) 당신과 함께 시간을 보낼 수 있어서 즐거웠습니다.
To spend time with you was a pleasure. (x)

2. 화제가 되고 있는 것에 대한 언급으로 부정사구문을 쓸 때는 본래부터 외치문으로 해야 한다.

"You don't look well. Are you feeling all right?" 몸이 안 좋아 보여. 괜찮니?
– "I think it would be a good idea to have a physical." 건강진단을 받아보는 게 좋겠다고 생각해.

## 2) 보어로 사용될 경우

### ① 주격 보어

▶ to부정사가 be동사 뒤에서 명사구로 쓰일 때이다('~하는 것이다.'의 뜻). '주어= 주격 보어'의 관계가 성립한다.

To live is to suffer.  산다는 것은 고난을 겪는 것이다.

To see her is to love her.  그녀를 보면 (누구나) 사랑에 빠지게 된다.

My father's last wish is to be buried in his hometown.
나의 아버지의 마지막 소원은 고향 땅에 묻히는 것이다.

My plan is to go England to study English this summer.
내 계획은 영어를 공부하기 위하여 이번 여름에 영국에 가는 것이다.

What I want to do is to go at once.  내가 바라는 것은 당장 가는 것이다.

■ 덧붙임

1. do동사 뒤에 'be + to부정사'의 to는 생략할 수 있다. 이때 to부정사의 원형동사는 '동작을 나타내는 동사'이어야 한다.

   The best thing I can do is **(to)** write. 내가 가장 잘 할 수 있는 일은 글을 쓰는 것이다.
   All I did was **(to)** tell the truth. 난 사실대로 말했을 따름입니다.

2. what 등이 이끄는 절의 동사의 형태가 doing일 때는 be동사의 보어도 ~ing (동명사)이다.

   What I am doing is **giving** you the chance to prove you were not telling lies.
   나는 지금 네게 네가 거짓말을 하지 않고 있었다는 것을 증명할 기회를 주고 있는 것이다.

② 목적격 보어

❶ S + Vt. + O + to부정사 (to-R): S는 O가 to부정사 하도록 Vt.하다.

ex) advise, allow, ask, cause, command, compel, enable, expect, force, get, help, know, oblige, order, permit, persuade, think, want, wish, etc.

I can't allow you to behave like that.
　　　　　　　　　　　　　　　　나는 네가 그런 식으로 행동하는 것을 용납할 수 없다.
The rain caused the river to overflow.　　　　　　비로 강이 범람했다.
Bad weather compelled [forced] us to stay another day.
　　　　　　　　　　　　　　날씨가 나빠서 우리는 하루 더 머물지 않을 수 없었다.
His recovery of health enabled him to continue his study.
　　　　　　　　　　　　　　그는 건강을 회복해서 연구를 계속할 수 있었다.
I can't get this door to shut properly.　　　　이 문은 잘 닫히지 않는다.
My friend helped me (to) do the work.　내 친구는 내가 그 일을 하는 것을 도와주었다.
※ help는 목적격 보어로 to부정사나, 원형부정사를 모두 쓸 수 있다.

I cannot permit you to temporize any longer.
　　　　　　　　　　　　　　나는 더 이상 네가 우물쭈물하는 것을 참을 수가 없다.
I want you to be happy.　　　　　　　　　난 당신이 행복해지기를 바라요.

2장 부정사(Infinitive)　　167

❷ S + Vt. (사역동사) + O (사람) + 원형부정사 (R): S는 O가 R하도록(하게) 시키다.

**ex) bid, have, help, let, make**

| | |
|---|---|
| She bade him **go**. | 그녀는 그에게 가라고 일렀다 |
| He had me **wait** outside. | 그는 나보고 밖에서 기다리라고 했다. |
| Please let me **know** what to do. | 제가 무엇을 해야 할지를 알려주세요. |
| The music made me **weep**. | 그 음악은 나를 눈물 흘리게 했다. |

❸ S + Vt.(지각동사) + O(사람) + 원형부정사(R) 또는 현재분사(R-ing)

: S는 O가 R 또는 R-ing하는 것을 Vt.하다.

ex) behold, feel, hear, notice, observe, see, smell, watch, listen to, look at, etc.

He beheld a bug creep [creeping] on the ground.
　　　　　　　　　　　그는 벌레 한 마리가 땅바닥을 기어가는 것을 지켜보았다.

She could feel her heart beat.
　　　　　　　　　　　그녀는 그녀의 심장이 콩닥거리는 것을 느낄 수 있었다.

His father noticed her go [going] out.
　　　　　　　　　　　그녀의 아버지는 그녀가 밖으로 나가는 것을 알아챘다.

He observed the thief open [opening] the lock of the door.
　　　　　　　　　　　그는 도둑이 그 문의 자물쇠를 여는 것을 보았다.

She smelt something burning in the kitchen.
　　　　　　　　　　　그녀는 부엌에서 무엇인가 타는 냄새가 난다는 것을 느꼈다.

She watched the children cross [crossing] the road.
　　　　　　　　　　　그녀는 아이들이 길을 건너는 것을 지켜보았다.

I listened to him talk about what he had been doing for the past time.
　　　　　　　　　　　나는 그에게서 자신이 지난 시간동안 해왔던 것에 관해 들었다.

I looked at my puppy cheerfully eating her [its] feed.
　　　　　　　　　　　나는 좋아라 하며 밥을 먹고 있는 내 강아지를 바라보았다.

## 3) 부정사가 목적어로 사용될 경우

### ① 부정사는 다음과 같은 타동사의 목적어로 올 수 있다.

**ex)** afford, agree, attempt, beg, begin, care, choose, continue, decide, deserve, determine, expect, fail, forget, hate, help, hope, intend, learn, like, love, manage, mean, offer, plan, pretend, promise, put, refuse, regret, remember, resolve, seek, speak, stop, try, want, wish, etc.

I cannot afford to buy such an expensive things.
　　　　　　　　　　　　　　　　　　　내게는 그러한 비싼 물건을 살 여유가 없다.
They agreed to pass the law.　　그들은 그 법률을 통과시키는 데 동의했다.
I don't care to do it today.　　나는 오늘 그 일을 하고 싶지 않다.
My father intended to make me a doctor, but I did not wish to be a doctor.　　아버지는 나를 의사로 만들 작정이셨으나 나는 의사가 되고 싶지는 않았다.
I managed to get on the bus.　　나는 간신히 버스에 올랐다.
We are planning to visit Europe this summer.
　　　　　　　　　　　　　　　　　　　우리는 이번 여름에 유럽에 갈 계획이다.
He pretended not to know me at the party.
　　　　　　　　　　　　　　　　　　　그는 그 모임에서 나를 모르는 척했다.
Though she had promised to come without fail, she did not come.
　　　　　　　　　　　　　　　　　　　그녀는 꼭 온다고 약속했는데 오지 않았다.
I resolved to give up drinking from this year.
　　　　　　　　　　　　　　　　　　　나는 올해부터 술을 끊기로 결심했다.
She tries to make me quit the job.　　그녀는 나의 일을 그만두게 하려고 애를 쓴다.
I wished to have come.　　나는 오고 싶었다. (하지만 오지 못했다.)

### ② 제4 문장형식의 직접목적어

She asked her father to go to the movies tonight.
　　　　　　　　　　　　　　　　　　　그녀는 아버지에게 오늘 밤에 영화를 보러 가도 되는지를 여쭸다.

He promised me to keep the secret.   그는 비밀을 지킬 것을 나에게 약속했다.

③ S + Vt. (불완전 타동사) + it(가목적어) + O.C(목적격 보어) + to부정사(진목적어)

▶ 제5문장 형식에서 to부정사가 believe, consider, find, make, think의 목적어가 될 경우 to부정사 대신에 가목적어 it을 써주고 목적어 (진목적어)인 to부정사는 목적격 보어 뒤로 돌리는 것이 원칙이다.

I believed it right to do that.   나는 그렇게 하는 것이 옳다고 믿었다.
He felt it his duty to help her.   그는 그녀를 돕는 것이 자신의 의무라고 생각했다.
I found it difficult to solve the problem.
　　　　　　　　　　　　　　나는 그 문제를 해결하는 것이 어렵다는 것을 알았다.
She makes it a rule to get up at six every morning.
　　　　　　　　　　　그녀는 매일 아침 여섯 시에 일어나는 것을 규칙으로 하고 있다.
Don't you think it insensible to hold a meeting on saturday of all days?
　　　　　　　　허구한 날 가운데서 토요일에 회의를 갖다니 이해할 수 없다고 생각지 않아요?

> ▷ 가목적어 it의 자리에 진목적어 (= to부정사)의 목적어를 옮겨 사용하는 경우도 있다.
> I found it difficult to solve the problem. 나는 그 문제를 해결하기는 어렵다고 생각한다.
> → I found the problem difficult to solve. (o)

④ 전치사의 목적어로 사용될 경우

▶ (be) about, besides, but, except, save, than만이 to부정사를 그 목적어로 취할 수 있다.

I am about to go there.   나는 막 그곳으로 가려는 참이다.
She asked nothing besides to be left alone.
　　　　　　　　　　　　　그녀는 혼자 남느냐는 것 이외에는 아무것도 묻지 않았다.
I had no choice but to accept the offer.
　　　　　　　　　　　　　　　나는 그 제안을 받아들일 수밖에 별도리가 없었다.
Nothing remains but [except] to go on (with it).
　　　　　　　　　　　　　　　　　　　　이젠 (그것을) 계속하는 수밖에 없다.

He has no ambition except **to be rich**. 그는 부자가 되려는 야망밖에 없다.

He is the man without duties save **to eat and sleep**.
그는 먹고 자는 것밖에는 아무 할 일이 없는 사람이다.

You ought to know better than **to trust him**.
너는 어리석게 그를 믿어서는 안 된다.

She did nothing else than **to cry**. 그녀는 우는 수밖에 없었다.

### 4) 동격으로 사용된 부정사

다음과 같은 (추상)명사의 동격어로 to부정사가 올 수 있다. 동격 관계를 나타내는 to부정사와 명사와의 사이에 콤마를 두면 명사적용법, 두지 않으면 형용사적 용법이 된다.

ex) ability, agreement, ambition, attempt, decision, desire, determination, dream, effort, inclination, invitation, permission, plan, program, promise, proposal, readiness, refusal, resolution, right, will, wish, (on) willingness, etc.

<u>My dream</u>, **to be a writer** has finally come true.
작가가 되고자하는 나의 꿈이 드디어 이루어졌다.

He has but <u>one aim</u> in life, **to make money**.
그의 인생에 단 하나의 목적은 돈을 버는 일이다.

<u>His last wish</u>, **to go his native hometown**, was gratified.
고향에 가보고 싶다는 그의 마지막 소망이 이루어졌다.

### 5) '의문사 + to부정사'가 명사적 용법(주어, 보어, 목적어, 동격)으로 사용되는 경우

명사절인 의문사절 (의문사 + S + should + v)의 주어와 주절의 주어가 일치할 때 주어와 should를 생략하고 동사를 to부정사로 바꾸어 명사구로 한 경우이다. advise, ask, choose, consider, decide, discover, explain, find out, forget, inform, know, learn, show, teach, tell, understand, wonder 등의 타동사는 「의문사(what, where, when, which, who(m), how, whether) + to부정사」를 그 목적어나 목적격 보어로 할 수 있다.

I don't know **what to do**. 〈목적어〉　　　　　　　　　나는 무엇을 해야 할지를 모르겠다.
　　　　　　　**when [how] to do the work**.　　　　언제 [어떻게] 그 일을 해야 하는지를
　　　　　　　**where to go**.　　　　　　　　　　　어디로 가야 할지를
　　　　　　　**which to buy**.　　　　　　　　　　어느 것을 사야 할지를
　　　　　　　**whether to believe that or not**.　　그것을 믿어야 할지 말아야 할지를

**How to begin** is more difficult than **where to stop**. 〈주어〉
　　　　　　　　어떻게 시작하느냐 하는 것이 어디서 그만두어야 하느냐 하는 것보다 어렵다.

The most important thing in life is **how to live**. 〈주격 보어〉
　　　　　　　　인생에서 가장 중요한 것은 어떻게 사느냐이다.

I wonder **who to invite**. 〈목적어〉　　　　　　　나는 누구를 초대할까 생각중이다.

She is learning **(how) to drive a motorcar**. 〈목적어〉
　　　　　　　　그녀는 자동차 운전(하는 법)을 배우고 있다.

Please explain **where to begin** and **how to do it**. 〈목적어〉
　　　　　　　　그것을 어디에서 시작하고 어떻게 하는지 설명해주십시오.

It is for you to decide **whether to go** in with Jack. 〈목적어〉
　　　　　　　　잭과 협력할 것인지를 결정하는 건 너다.

He asked me **how to go there**. 〈직접목적어〉
　　　　　　　　그가 나에게 그곳에 가는 방법 [= 어떻게 그곳에 가는지를]을 물었다.

She advised me **which to buy**. 〈목적격 보어〉
　　　　　　　　그녀는 내게 어느 것을 사야 좋을지를 조언해 주었다.

Can you know me **how to get to the station**? 〈목적격 보어〉
　　　　　　　　역에 가는 방법을 알려주시겠습니까?

It's waste your breath to tell him **what to do**. 〈목적격 보어〉
　　　　　　　　그에게 무엇을 하라고 얘기해봐야 소용없는 일이다.

You should tell him exactly **where to put it**. 〈목적격 보어〉
　　　　　　　　너는 그에게 그것을 어디에 두어야 할지를 정확히 말해주어야 한다.

There was no question as to **whom to select**. 〈동격〉

누구를 뽑아야 할지는 의문의 여지가 없다.

### ■ 덧붙임

1. 「what, which, whose + 명사 + to부정사」의 형태로 쓸 수 있다.

   It is for local clinicians and service providers to decide **what products to use** in individual cases.
   개개의 경우에 어떤 제품을 사용할 것인가를 결정하는 것은 지역 임상의들과 서비스제공 업체들이다.
   The difficult was **which way to choose**. 곤란한 것은 어떤 길을 선택해야 하느냐이다.
   I can't decide **whose book to choose**. 나는 누구의 책을 선택해야 할지 결정할 수가 없다.

2. 의문사와 부정사 사이에는 의미상의 주어가 오지 못한다. 부정사의 주어는 주절의 주어와 일치한다.

   She asked me how <u>for her</u> to go there. (×)
   → She asked me how to go there. (○) 그녀는 그곳에 가는 방법을 나에게 물었다.

3. 'why + to부정사'의 형식은 쓰지 않는다.


## (2) 형용사적 용법(adjective-infinitive)

부정사의 형용사적 용법에는 명사, 대명사를 뒤에서 수식하는 수식(= 한정)용법과 불완전자동사나 불완전타동사 구문에 쓰여 주격 보어나 목적격 보어의 역할을 하는 서술용법이 있다.


### 1) 한정용법

부정사가 명사 뒤에서 명사를 수식하는 쓰임 법을 말한다.


① 보통의 형용사는 명사를 수식 시 그 앞 또는 뒤에서 수식을 하지만, to부정사는 그 보어, 목적어를 거느리는 구조상 명사를 뒤에 두는 경우 그 보어, 목적어 등과의 구별이 어려울 수 있으므로 명사의 앞에서 수식할 수는 없고 뒤에서만 수식할 수 있다.

   Practice is <u>the only way</u> to learn a foreign language.
   연습만이 외국어를 익히는 유일한 길이다.

His character leaves nothing to be desired. 그의 성격은 더 이상 바랄 것이 없다.

He is the last man to consult about such matters.
그는 이러한 일을 의논할 만한 사람이 못 된다.

This is a question difficult to answer. 이것은 대답하기 어려운 문제이군요.

There is no chair to sit on. (= There is no chair on which to sit.)
앉을 자리가 하나도 없다.

I have something to say to you. 당신에게 말할 것이 좀 있어요.
(= I have something that I should say to you.)

I have nothing to do with the affair. 나는 그 사건과는 아무 관계가 없습니다.

One should have the courage to speak out one's beliefs.
사람은 자기의 소신을 거침없이 말할 용기를 갖지 않으면 안 된다.

He made a vain resolution never to repeat the act.
그는 다시는 그런 행위를 되풀이하지 않겠다고 결심했으나 소용없는 일이었다.

This much for today, if you have no other questions to ask.
다른 질문이 없으면 오늘은 이만 하겠습니다.

I lack words with which to express my thanks.
나의 고마움을 표현한 말이 부족합니다.

※ 이와 같이 전치사 + 관계대명사를 수식 받는 명사와 to부정사 사이에 넣기도 한다.

He wanted to make the world a better place in which to live.
그는 세상을 더 살기 좋은 곳으로 만들고 싶어 했다.

② 한정용법에 있어서 부정사와 수식 받는 명사 사이에는 다음과 같은 관계가 성립한다.

❶ 주격 관계

I am not a man to break my promise.
나는 약속을 어기지 않는 사람이다. (**사람이** 약속을 어기다.)

He has no friend to help him. 그는 그를 도와줄 친구가 없다. (**친구가** 그를 돕다.)

There was no one to undertake the work. 아무도 그 일을 맡을 사람이 없었다.

## ❷ 목적격 관계

I have no something to do now.   나는 지금 할 일이 없다. (**어떤 것을** 하다.)

You have the right to remain silent.
  당신은 묵비권을 행사할 수 있는 권리를 갖는다.(**권리를** 갖다.)

There is no time to lose.   꾸물거리고 있을 시간이 없어요. (**시간을** 잃다.)

Have you anything important to tell me?
  내게 이야기할 무슨 중요한 일이라도 있습니까? (**무슨 말을** 내게 하다.)

## ❸ 보어 관계

The thing for teenagers to be (in) these days is an entertainer.
  요즘에 십대들이 되고자하는 것은 연예인이다.

## ❹ 전치사의 목적어 관계

Some income to live on   먹고 살 수 있는 어느 정도의 수입

Some paper to write on   쓸 수 있는 어떤 종이

A friend to talk with   이야기를 나눌 수 있는 (한) 친구

There was no seat for me to sit on.   내가 앉을 자리가 없었다.

## ❺ 동격관계

He had the boldness to ask me to do his homework for him.
  그 녀석은 뻔뻔하게도 내게 자기 숙제를 부탁했다.

I have no desire to see him.   나는 그를 만나볼 생각이 없다.

I have a mind to see the baseball game.
  나는 그 야구경기를 보고 싶은 마음이다.

Give me your promise never to drink.
  당신, 다시는 술을 마시지 않겠다고 나에게 약속해요.

I have good reasons to think so.   내게는 그렇게 생각할 만한 충분한 이유가 있다.

❻ 단순 수식 관계

　　Please give me some time to consider.　　　　　　생각할 시간을 좀 주세요.
　　The day will come for us to repent of it.　　　　우리가 그 일을 후회할 날이 올 것이다.

③ 최상급, 서수, the last, the only 등이 결합된 명사는 그 자체가 부정사의 의미상의 주어가 된다. 그러므로 따로 의미상의 주어를 표시하지 않는다.

　　The first man for us to see is Lewis. (×)
　　The first man to be seen is Lewis. (○)　　　제일 첫 번째로 나타난 사람은 루이스이다.
　　He is the last person to shrink from any kind of difficulties or obstacles.
　　　　　　　　　　　　　　　　　　　　그는 어떠한 난관에도 위축되는 사람이 아니다.
　　She is the only one to survive the accident.
　　　　　　　　　　　　　　　　　　　　그녀는 그 사고에서 살아남은 유일한 사람이다.

---

### ■ 참고

**1. 한정용법에서 능동형의 to부정사만이 쓰이는 경우**

: 「S + have + O + to부정사」 구문에서 O가 to부정사의 대상인 경우 (관용적)
I have (got) things to do. (○) 나는 해야 할 일이 많다. / I have (got) things to be done. (×)
I've got no word to say. (○) 나는 말할 것이 아무것도 없다. / I've got no word to be said. (×)
※ 이때 O가 'a lot [plenty]'일 경우도 능동형만 쓴다.
We have a lot [plenty] to do. (○) 우리는 할 일들이 많다. / (to be done.(×))

**2. 한정용법에서 수동형의 to부정사만이 쓰이는 경우**

: 일정한 장소에 상존하는 사물을 지칭할 때.
The animals to be found there are very rare.
그곳에서 발견되는 동물들은 매우 희귀한 것들이다.

**3. 한정용법에서 능동형과 수동형의 to부정사가 항상 가능한 경우**

: 'there is ~'의 구문인 경우.
There are letters to write [to be written]. 써야할 편지가 많이 있다.
There is no time to lose [to be lost]. 낭비할 시간이 없다.

## 2) 서술용법

부정사가 보어로 사용되는 경우의 쓰임을 말한다.

### ① 주격 보어로 쓰일 경우

「S + 불완전자동사 (appear, seem, chance, come, continue, get, grow, happen, prove, turn out 등) + to부정사(형용사구)」 〈주어≠보어〉

| | |
|---|---|
| She appeared to me to be happy. | 내가 보기에 그녀는 행복해 보였다. |
| That woman is not so gentle as she appears to be. | 저 여자는 보기와는 달리 그렇게 유순하지 않다. |
| He chanced to be out then. | 그는 그때 마침 외출 중이었다. |
| (= It chanced that he was out then.) | |
| How did you come(get) to know that? | 너는 어떻게 해서 그것을 알게 되었느냐? |
| The situation continues to be unchanged. | 상황은 달라진 것이 없다. |
| I got to like her. | 나는 그녀를 좋아하게 되었다. |
| The girl grew (to be) a beautiful woman. | 그 소녀는 아름다운 여인으로 성장했다. |
| I happened to come across her there. | 나는 그곳에서 우연히 그녀를 만났다. |
| (= It happened that I came across her there.) | |
| He proved (to be) a great writer. | 알고 보니 그는 대단한 작가였다. |
| The weather turned out to be fine. | 날씨가 좋아졌다. |

### ② 목적격 보어로 쓰일 경우

❶ **다음의 불완전타동사는 그 목적격 보어로서 to부정사가 온다.**

ex) acknowledge, advise, allow, announce, ask, beg, believe, charge, choose, command, compel, conclude, consider, declare, discover, desire, enable, encourage, expect, fancy, forbid, force, guess, intend, judge, know, leave, like, love, maintain, mean, order, permit, persuade, promise, pronounce, report, show, suppose, take, teach, tell, thank, think, trust, understand, want, warn, etc.

Doctors advise people to wash their hands frequently and not share towels or tissues.  의사들은 손을 자주 씻고 수건이나 휴지를 함께 쓰지 말 것을 사람들에게 권한다.
Allow me to introduce to you Mr. Kim.  김 선생님을 소개하겠습니다.
I believed him (to be) honest.  나는 그를 정직하다고 믿었다.
I declare the above statement to be true and correct in every detail.
  나는 위에 진술이 모두 사실이고 올바른 것임을 밝힙니다. 〈이력서나 증명서 끝에 쓰는 글〉
I discovered him to be a liar.  나는 그가 거짓말쟁이라는 것을 알았다.
She fancies herself (to be) beautiful, though other people do not think so.  그녀는 자신이 예쁘다고 자부하지만, 남들은 그렇게 생각하지 않는다.
I forbid you to enter my house.  나는 네가 내 집에 들어오는 것을 금하겠다.
(= I forbid you entry to my house.)
I promise you not to do such a thing again.
  저는 앞으로 다시는 이런 짓을 안 할 것을 당신께 약속합니다.
The doctor pronounced the patient to be in a critical condition.
  의사는 병자가 위독한 상태라고 말했다.
Nobody supposed them to have done such a thing.
  아무도 그들이 그런 일을 하리라고는 생각지 않았다.
He thinks himself to be somebody, but really he is a nobody.
  그는 자신을 대단한 사람이라고 생각하고 있지만 실은 아무것도 아니다.

❷ 제5 문장 형식에 지각동사[see, watch, hear, feel, behold, perceive, observe, notice]나 사역동사[make, let, have, bid, help]가 올 때에는 목적격 보어로 원형부정사(= 동사원형)를 쓴다.

She felt her face **flush**.  그녀는 자신의 얼굴이 붉어지는 것을 느꼈다.
He observed the thief **open(opening)** the lock of the door.
  그는 도둑이 그 문의 자물쇠를 여는 것을 알아챘다.
They did not notice me **come** in.  그들은 내가 들어가는 것을 눈치 채지 못했다.

Don't let the fire **go out**. 불을 꺼트리지 않도록 해라.
I bade him **go**. 나는 그를 가게 했다.
She helped him (to) **stand** on his own feet. 그녀는 그가 자립할 수 있도록 도왔다.

■ 덧붙임

1. 사역의 의미를 갖는 「get, cause, set, compel, force, impel + O + to부정사」
   The driver's carelessness caused the car to crash.
   그 운전사의 부주의로 그 차가 충돌했다.

2. bid, help는 그 목적격 보어로 to부정사도 쓸 수 있다.

3. 보어가 「to be + 명사, 형용사」의 형태인 경우 'to be'를 생략해도 어조(語調) 상 이상이 없거나 의미상의 차이가 없을 때에는 관용적으로 생략한다.

③ 'be + to부정사'의 용법

to부정사가 be동사의 주격 보어로 쓰일 경우 다음과 같은 의미를 나타낸다.

❶ 예정[= be due to, be scheduled (expected, supposed) to]

I am to meet the president of the company at noon on Monday.
나는 월요일 정오에 그 회사 사장과 만나기로 되어 있다.
She is to get married next month. 그녀는 다음 달 결혼할 예정이다.

❷ 의무·명령[= must, should]

You are to finish the work by six. 당신은 그 일을 여섯 시까지 끝마쳐야 합니다.
You are not to have your own way without consulting with us.
당신은 우리와 의논하지 않고서 제멋대로 해서는 안 됩니다.

❸ 가능[= can]

The mountain is to be seen from my house. 그 산은 우리 집에서 볼 수가 있다.

Not a sound was to be heard in that house.

그 집 안에서는 아무 소리도 들려오지 않았다.

Nothing is to be obtained without labor.  노동 없이는 아무것도 얻어지지 않는다.

❹ 의도, 소망[= intend to, want to, hope to, expect to, would]

If you are to catch the train, you had better hurry.

기차를 타려면 서두르는 게 좋다.

If you are to succeed, you must study hard.

성공하고 싶다면 열심히 공부해야 한다.

❺ 운명(적 과거 사실)[= be doomed to, be destined to, be fated to]

They were never to see their father and mother again.

그들은 그들의 부모를 다시는 못 볼 운명이었다.

(= They were destined never to see their father and mother again.)


### (3) 부사적 용법 (adverbial-infinitive)

to부정사가 동사, 형용사, 부사를 수식하여 목적, 원인·이유, 결과, 조건, 양보, 정도 등의 의미를 나타내는 용법을 말한다.

#### 1) 목적 용법

to부정사가 주어의 행위 목적을 나타내는 경우이다. 이때의 to부정사는 흔히 'so as to ~', 'in order to ~'의 형태로 쓰인다.

He works hard **to pass the exam.**   그는 그 시험에 합격하기 위하여 열심히 공부했다.

※ 본 용법의 부정은 'in order not to~'를 사용한다.

He studied hard **not** to fail the exam. (x)

He studied hard **in order not** to fail the exam. (o)

그는 그 시험에 떨어지지 않기 위해서 열심히 공부했다.

I spoke to her as quietly as I could **in order not to offend her**.

나는 그녀의 감정이 상하지 않도록 하기 위해 될 수 있는 대로 조용히 이야기했다.

I want to save some money **so as to live comfortably in my old age**.

나는 늙어서 안락하게 살 수 있도록 하기 위해서 돈을 좀 모아 두기를 원한다.

We eat **to live**, not live **to eat**.

우리는 살기 위해서 먹는 것이지 먹기 위해서 사는 것이 아니다.

He sometimes scolds his child severely in order not **to spoil it**.

그는 아이를 버릇없게 키우지 않으려고 이따금 엄하게 꾸짖기도 한다.

---

### ■ 참고

**1. come, go, run, stay, stop, wait 등 목적의 뜻이 약한 동사 다음에서는 to부정사를 쓰지 않고 and를 사용하는 것이 보통이다.**

**Come to see** this goldfish. (x) / **Come and see** this goldfish. (o) 와서 이 금붕어 좀 보아라.
**Wait to see.** (x) / **Wait and see.** (o) 기다려 보자.
Go and get some water. 가서 물 좀 가져와라.
= **Go get** some water. ※ 미국영어에서는 go 뒤에 동사원형을 쓰기도 한다.
Try and see my point of view. (o) 내가 말하는 요지를 파악해 보라.
Try to see my point of view. (o) ※ 〈Try to see〉의 형식은 가능하다.
I will stay and make things straight. 나는 남아서 일을 정돈하겠다.
Will you run and get my bag, please? 뛰어가서 내 가방 좀 갖다 줄래?
Let's stop and have a rest for a while. 일을 멈추고 잠시 쉽시다.

### 2. 기타 목적을 나타내는 부사적 표현

**(1) He works hard so that he may pass the exam.**

→ so that 대신에 that, in order that 그리고 may 대신에 can, will을 쓸 수 있다.

**(2) He works hard for the purpose[good, benefit, sake] of passing the exam**

→ with the view of, with a view to, with the intention(aim) of, with the object of.

(3) She kept quiet **lest she should** disturb her father.

그녀는 아버지를 방해하지 않으려고 조용히 있었다.

▶ ~하지 않도록 하기 위해(= for fear of ~ing, for fear that + s + should ~)

(= She kept quiet **for fear of** disturbing her father.)

(4) 「for + 명사」가 '목적'을 나타내는 부사구로 쓰이기도 한다.

She went to the store **for some bread**. 그녀는 빵을 좀 사려고 가게에 갔다.

(= She went to the store to buy some bread.)

Won't you go out for dinner? 식사하러 나가지 않겠어요?

## 3. 'so that ~'의 용법

### (1) 목적

He stopped at an inn **so that** the horse might be fed.

그는 말을 먹이기 위해 한 여관에 들었다.

### (2) 결과

A great storm arose, **so that** the ship was wrecked. 큰 폭풍이 일어서 배가 난파되었다.

### (3) 조건 [= if only, so long as]

Any book will do, **so that** is interesting. 그것이 재미있다면 어떤 책이든 괜찮다.

## 2) 결과 용법

① to부정사가 주어의 의지와는 상관없는 일정한 결과를 나타내는 경우이다.

She got to the station **to find** that the train had left.

그녀가 역에 도착해 보니 기차는 떠나고 없었다.

He returns **to find** that she has left. 그는 돌아와 그녀가 떠난 것을 안다.

He is too young **to do** such a thing. 그는 너무 어려서 그와 같은 일을 할 수 없다.

② 「완전자동사 (awake, come back, grow up, live, return, wake up 등) + to부정사」는 결과의 용법으로 보는 것이 보통이다. 《…하여 ~하다; …하여 ~으로 되다.》

One morning I awoke **to find** myself famous. ―바이런 (6th Baron Byron)―

어느 날 아침 눈을 떠 보니 나는 유명한 사람이 되어 있었습니다.
(= One morning I awake and found myself famous.)

He came back home **to find her gone**. 그가 집에 돌아와 보니 그녀는 떠나고 없었다.

Lincoln grew up **to be president of the United Sates**.

링컨은 성장하여 미국의 대통령이 되었다.

He lived **to see his great-grandchildren**. 그는 살아서 증손자들을 보았다.

③ 'only + to부정사'나 'never + to부정사'는 절 뒤에 와서 부정적인 결과를 나타내기도 한다.

He tried to rise **only to fail**. 그는 일어서려 했으나 실패했다.
[= He tried in vain(vainly) to rise.]

He studied hard **only to fail in the exam**. 그는 열심히 공부했으나 시험에 떨어졌다.

I reached the station **only to find that my train had already left**.

역에 도착해보니 내가 타려 했던 기차는 이미 떠난 뒤였다.

I went to see the festival **only to have my purse stolen**.

나는 축제 구경을 가서 지갑을 털리고 말았다.

He lay on a bed of illness, **never to rise again**.

그는 병으로 자리에 누운 뒤 끝내 일어나지 못했다.

He was called (away) to the front, **never to return**.

그는 소집되어 전선으로 나간 후 다시는 돌아오지 않았다.

## 3) 원인 용법

smile, weep, grieve, laugh, rejoice, regret, weep 등의 감정을 나타내는 동사나, afraid, angry, curious, delighted, foolish, glad, happy, kind, polite, proud, rude, sorry, sensible, wise, wicked, ashamed, astonished, delighted, disappointed, pleased, relieved, surprised 등의 감정 형용사 다음에 오는 부정사는 감정의 원인을 나타낸다. 〈~하고서 (to부정사) …했다.〉

She wept **to see the sight**. 그녀는 그 광경을 보고서 눈물을 흘렸다.

I could not but laugh **to hear them talk in that way**.
그녀는 그들이 그런 식으로 말하는 것을 듣고서 웃지 않을 수 없었다.

She was relieved **to have some good news**.
그녀는 좋은 소식을 듣고서 마음이 놓였다.

I am sorry **to have kept you waiting so long**. 오래 기다리게 해서 미안합니다.

He was disappointed **to find her gone**. 그는 그녀가 가버린 것을 알고서 실망했다.

▷ 감정을 나타내는 형용사 뒤의 to부정사는 '감정의 원인'을 나타낸다. 이런 경우 「to one's + 추상명사」로 고쳐 쓸 수 있다.
We were delighted to hear of your success. 네가 성공했다는 소리를 듣고서 우리는 기뻤다.
(= To our delight, we heard of your success.)
※ to one's delight 기쁘게도  to one's grief 슬프게도
  to one's disappointment 실망스럽게도  to one's regret 후회스럽게도
  to one's shame 부끄럽게도  to one's relief 안심이 되게도

## 4) 이유 용법

'cannot be~ [must be ~, 감탄문] + to부정사'가 '~하는 것을 보니, ~하다니'의 뜻으로 to부정사가 이유 (판단의 근거)를 나타낸다.

She can't be poor **to buy such a big house**.
그렇게 큰 집을 사는 것을 보니 그녀는 가난할 리가 없다.

He can't be sane **to talk in that way**. 그렇게 말하는 것을 보니 그는 제정신일 수가 없다.

He must be a very bright boy **to pass that difficult entrance examination**.
그 어려운 입학시험에 합격하다니 그는 여간한 수재가 아닌 것 같다.

How careless he is **to commit such a blunder**!
그런 실수를 하다니 그는 조심성이 전혀 없군!

What a fool he is **to believe such a thing**! 그런 것을 믿다니 그는 정말 바보구나!

## 5) 조건 용법

to부정사가 조건문이나 가정법의 if절의 역할을 하는 경우이다. 《만약 ~한다면》

You will get healthy **to take exercise everyday**.

매일 운동을 하면 당신은 건강해질 것입니다.

(= You will get healthy if you take exercise everyday.)

I should be very glad **to go with you**. 〈가정법 과거〉

당신과 함께 간다면 저는 대단히 기쁘겠습니다.

(= I should be very glad if I could go with you.)

He would have been foolish **to have done it**. 〈가정법 과거완료〉

만약 그가 그런 짓을 했다면 그가 어리석은 노릇이었을 것이다.

(= He would have been foolish if he had done it.)


## 6) 양보 용법

to부정사가 '비록 ~할지라도, 비록 ~하지만'의 뜻으로 쓰이는 경우이다.

**To try best** he can't make both ends meet.

그는 아무리 최선을 다해도 수지타산을 맞출 수가 없다.

(= Though he tries his best, he can't make both ends meet.)

**To see it**, they would not believe it.

그것을 본다 해도 그들은 그것을 믿지 않을 것이다.

(= Though they see it, they would not believe it.)


## 7) 정도 용법

to부정사가 형용사, 부사 다음에 와서 '~하기에, ~할 정도로'의 뜻으로 쓰일 경우로 형용사, 부사를 수식하는 용법이다.

This river is dangerous **to bathe in**. 〈부사적 용법〉     이 강은 수영하기에 위험하다.

= It is dangerous **to bathe in this river**. 〈명사적 용법〉

이 강에서 수영하는 것은 위험하다.

This English grammar book is easy **to understand**.

이 영문법 책은 이해하기가 쉽다.

(= It is easy to understand this English grammar book.)

She is hard **to please**. 그녀는 성미가 까다롭다.

He is rich enough **to buy the big house**. 그는 그 큰 집을 살 수 있을 정도로 아주 부자다.

(= He is so rich as to buy the big house.)

※ 이 문장은 '그는 아주 부자라서 그 큰 집을 살 수 있다. (= He is so rich that he can buy the big house.)'의 뜻으로 '결과'용법으로 파악할 수도 있다. 결과의 의미로 볼 것인지 정도의 의미로 볼 것인지는 문맥이나 주위 상황 속에서 판단해야 할 것이다.

She is too young **to marry**.

그녀는 결혼하기에는 너무 어리다. (정도) / 그녀는 너무 어려서 결혼할 수 없다. (결과)

The young birds have grown big enough **to fly for themselves**.

그 어린 새들은 혼자서 날 수 있을 정도로 크게 자랐다. (정도) / 그 어린 새들은 크게 자라서 이제는 충분히 혼자서 날 수가 있다. (결과)

---

■ 참고

1. so의 수식을 받는 형용사나 부사 뒤에 오는 to부정사 앞에는 as가 결합되며 이때의 to부정사는 보통 (비교의) 정도나 결과의 뜻을 나타낸다.

    I am not a **so** stupid (a fool) **as** to say it. 〈정도〉 내가 그것을 말할 정도로 바보는 아니다.

    He was **so** stupid **as** to forget his own name. 〈정도〉
    그는 자신의 이름을 잊어버릴 정도로 아둔했다.

    He got up **so** early **as** to be in time for the train. 〈결과〉
    그는 일찍 일어났기에 제시간에 기차를 탔다.

    = He got up so early that he was in time for the train.

    ※ 'so ~ as + to부정사'의 as와 to부정사 사이에는 의미상의 주어가 결합되지 않는다.

    He was so foolish as <u>for him</u> to leave his car unlocked.(x)

2. 'so ~ that'형식에서 that절이 부정의 의미를 지닐 경우에는 'too ~ to'의 형식으로, 긍정의 의미를 지닐 경우에는 'enough + to부정사'의 형식으로 나타낼 수 있다.

    I am **so** much tired **that** I can't go out. 나는 너무 피곤해서 외출할 수가 없다.

= I am much too tired to go out.

I am so much tired as not to go out. (x) 또는 (△)

※ 'so ~ as not to'의 형식은 거의 사용하지 않는다.

The book is so easy that a child can read it.

그 책은 매우 쉬운 문체로 씌어서 아이라도 읽을 수 있다.

(= The book is easy enough for a child to red.)

3. too나 enough가 형용사를 수식할 때 주문의 주어가 부정사의 목적어나 전치사의 목적어인 경우 그 목적어를 생략하는 것이 원칙이다.

She is too heavy for me to lift. (o) 그녀는 너무 무거워서 내가 들 수가 없다.

She is too heavy for me to lift her. (x)

The ice was thick enough (for us) to walk on. (o) [on it . (x)]

얼음은 충분히 두꺼워서 우리가 그 위를 걸을 수 있었다.

4. to부정사 앞에 'with + (대)명사'나 'without + (대)명사'가 결합되어 조건, 가정의 의미를 드러내기도 한다. 이 경우 부정사는 부사적 용법이 아니다.

Without you to consult, I would be completely lost.

당신과 의논하지 않았다면 나는 완전히 실패했을 것이다.

※ 여기서 to consult의 의미상 주어는 I이며 to consult는 you를 수식하는 형용사적 용법의 부정사로 쓰인 것이다.

5. 부사적 용법의 to부정사구가 문장 앞으로 나오면 주절과 콤마로 분리된다.

Kevin worked until dawn to complete his term paper.

케빈은 기말 과제물을 완성하기 위해 새벽까지 공부했다.

→ To complete his term paper, Kevin worked until dawn.

## (4) 독립부정사 구문(absolute infinitive construction)

독립부정사 구문이란 주절 (= 주절의 주어)과는 상관없이 의미상의 주어를 나타내지 않고 독립적으로 쓰이는 부사적 용법의 부정사구문을 말한다. 이는 문법규칙에는 어긋나는 면이 있지만 그 의미상의 주어가 I, we, 일반인 (onc, thcy, pcoplc 등)인 것을 전제로 하여 이를 생략한 구문으로서 관용적으로 쓰인다. 독립부정사구(문)는 부정사의 부사적용법의 일종으로서 의미상으로는 주절 전체를 수식한다.

1) to tell the truth / to be frank with you / to be plain with you / to be honest 《솔직히 말해서, 사실인즉》

To tell the truth, the lecture falls far short of my expectation.
사실대로 말해서 그 강의는 내 기대에 훨씬 못 미친다.

To be frank with you, you are a little too self-assertive.
솔직히 말해서 당신은 너무 자기주장만 내세우는군요.

2) to do one justice / to do justice to him (= if we do him justice) 《(~에 대해) 공정하게 말하면》

To do him justice, we must admit that his intentions were good.
공정하게 말해서 그의 의도는 좋았음을 인정해야만 합니다.

3) to be brief / to make a long story short (= in brief, in a word) 《간단히 말하면》

To be brief, we accept his demand or go bankrupt.
간단히 말해서 우리가 그의 요구를 받아들일 것이냐 아니면 파산하느냐이다.

4) not to speak of / not to refer to / to say nothing of / not to mention (= without saying, let alone) 《~은 말할 것도 없고, ~은 물론(이고)》

He knows French, not to speak of English.    그는 영어는 물론이고 프랑스어도 안다.
Not to mention riches, even food cannot be obtained without efforts.
부(富)는 말할 것도 없고 (하루의) 양식도 수고 없이는 얻어지지 않는다.

5) so to speak(say) 《말하자면 (= in other words, that is to say, as it were, namely)》

So to speak, you are a fish out of water.
말하자면, 너는 물 밖에 나온 물고기다. (죽은 목숨이다.)

She is, **so to speak**, a grown-up baby. 그녀는 말하자면 다 큰 아기이다. (철이 없다.)

### 6) to begin with / to start with 《우선, 첫째로, 무엇보다도 (= above all, first of all, in the first place)》

**To begin with**, I don't like his looks. 우선, 나는 그의 외모가 마음에 들지 않는다.
You've got to have a good start **to begin with**. 무엇보다도 첫출발이 좋아야 한다.

### 7) to make matters worse / to add to his difficulty(misery) / to crown his misery 《설상가상으로 (= what is worse, what makes the matters worse)》

**To add to their difficulties**, they had to endure the pangs of hunger.
괴로운 일에 더하여 그들은 굶주림의 고통까지 견뎌내야만 했다.

### 8) strange to say 《이상한 이야기지만》

**Strange to say**, the light went out of itself. 이상한 이야기지만 불이 저절로 나갔다.

### 9) not to say ~ 《~하다고 말할 정도는 아니지만, ~라고 말할 수는 없어도》

He is very frugal, **not to say** stingy. 그는 인색할 정도는 아니지만 매우 검소하다.

### 10) lucky to say 《다행히도》

**Lucky to say**, I could get out without any hurt.
다행히도 나는 어디하나 다친 곳 없이 탈출했다.

### 11) happy to say 《행복하게도》

**Happy to say**, I have passed the examination. 행복하게도 나는 시험에 합격했다.

**2장 부정사(Infinitive)**

## 12) 기타

to one's surprise 놀랍게도  　　much to my surprise 대단히 놀랍게도

to say the least 줄잡아 말해도  　　to speak strictly 엄격히 말하면

to come to the point 요컨대  　　to be sure 확실히

to conclude 결론적으로, 마지막으로  　　needless to say 두말할 필요 없이

to sum it all up 통틀어 요약하면

## 3. 원형부정사(root 또는 bare infinitive)

to가 붙지 않은 부정사를 원형부정사(原形不定詞)라 한다. 즉, 지각동사, 사역동사의 목적격 보어로 동사원형을 쓰거나, 조동사, had better, may well, may as well, can not but, would rather 등의 뒤에도 동사원형을 쓰는데, 이 동사원형은 to부정사와 같은 역할을 한다. 이렇게 동사원형의 형태로 부정사의 역할을 한다고 하여 원형부정사라고 부른다.

### (1) 지각동사, 사역동사 구문의 목적격 보어로 ☞ p. 145 참조

They listened to me speak.  　　그들은 내가 말하는 것을 들었다.

Please let me know what to do.  　　내가 무엇을 해야 할지를 알려주세요.

### (2) 조동사 dare, need의 다음에서

He dare not ask her. 〈조동사 용법〉  　　그는 그녀에게 감히 물어 볼 용기가 없다.

= He does not dare to ask her? 〈본동사 용법〉

You need not do it at once. 〈조동사 용법〉  　　그 일은 당장 하지 않아도 된다.

= You don't need **to do** it at once. 〈본동사 용법〉

### (3) 일반 동사 make, hear, help, let 다음에서

He **made believe** not to hear me.        그는 내 말이 안 들리는 체했다.
I **hear say** that there will be no class tomorrow.
       내일 수업이 없을 것이라는 얘기가 있다.
She **helped** (to) **organize** the party.        그녀는 파티 준비를 도왔다.
He is going to be **let go** before the fall.        그는 가을 전에 해고될 것이다.
She **let fall** a further heavy hint.        그녀가 더 강한 암시를 무심코 흘렸다.

### (4) had ['d] better + 동사원형 《~하는 게 낫다 [좋다]. (= may as well + 동사원형)》

I had better **be** married.        내가 결혼했더라면 좋을 텐데.
(= I were better to be married.)
You had better **have kept** it secret to him.
       당신은 그에게 그것을 비밀로 해두는 것이 좋겠다.
Hadn't I better **go**?        내가 가는 편이 좋지 않을까?

### (5) better + 동사원형

Better [= It is better] **bend** than **break**.
       부러지는 것보다 구부리는 것이 낫다. [지는 것이 이기는 것.]
Better **ask** than **go** astray.
       길을 잃는 것 보다 물어보는 것이 낫다. [아는 길도 물어가라.]

### (6) not do better than + 동사원형 《~하는 것이 (가장) 좋다. (= had best + 동사원형)》

You can't do better than **go**. 너는 가는 것이 좋을 것이다.
You could not do better than **visit** here. 네가 이곳을 방문했으면 좋았을 것이다.

### (7) not do other [better] than + 동사원형 《~하려고만 하다.》

She would not do other than **weep**. 그녀는 울려고만 했다.
He would not do other than **complain** about it. 그는 그것에 관하여 불평하려고만 했다.

### (8) had best + 동사원형 《~하는 게 가장 좋다.》

We had best **get** home in a hurry. 우리는 서둘러 집에 돌아가는 것이 가장 좋겠다.
You had best **work** hard. 너는 열심히 일하는 게 최선이다.

### (9) cannot but + 동사원형 《~하지 않을 수 없다. (= cannot help[choice] but + 동사원형)》

I cannot but **feel** sorry for him. 나는 그에게 미안하지 않을 수 없다.
She could not but **cry** at the sight. 그녀는 그 광경을 보고 울지 않을 수 없었다.

### (10) do nothing but [except] + 동사원형 《오로지 ~하기만 하다.》

She does nothing but **complain** of his short comings.
그녀는 그의 단점을 흉보기만 한다.
He did nothing except **laugh**. 그는 그저 웃기만 할 뿐이었다.

### (11) do anything but [except, save] + 동사원형(~) 《~하는 것은 제외하고 무엇이든 하다.》

I'll do anything but [except, save] **steal** money.

나는 돈을 훔치는 것 빼고는 무엇이든 하겠다.

He never does anything but **heap up** money.

그는 돈을 모으는 일 외에는 아무것도 하지 않는다.

## (12) 〈입말체에서〉 주부가 do로 끝나는 경우의 술부에서
All [What] you have to do is (to) **go** at once.　　너는 즉시 가기만 하면 된다.
All [What] I did was (to) **study** English.　　내가 한 일은 영어를 공부하는 것뿐이었다.

## (13) may well + 동사원형 《~하는 것도 당연하다; ~일지도 모른다, 아마 ~일 것이다.》
You may well **say** so.　　네가 그렇게 말하는 것도 당연하다.
He may well **be** disappointed at the result.　　그가 그 결과에 실망하는 것도 당연하다.
It may well **be** true.　　그것은 아마 사실일 것이다.

## (14) may as well + 동사원형 《~하는 편이 좋다.》
You may as well **apologize** to him for your bad conduct.
　　너는 너의 잘못된 행동에 대해 그에게 사과하는 것이 좋을 것이다.
You may as well **give up** smoking.　　너는 담배를 끊는 것이 좋겠다.

## (15) would rather + 동사원형 《~하느니 차라리 …하겠다. (= would sooner, had rather)》
I would rather(sooner) **starve** to death than steal.
　　도둑질하느니 나는 차라리 굶어 죽겠다.
I would rather **sleep than play**.　　나는 노는 것 보다는 자고 싶다.

### (16) Why not + 동사원형~? 《~하는 게 어때?》

Why not **come and see** me tomorrow? 　　　　　　　　　　　내일 놀러 오지 않겠어요?

Why not **stop by and look at** the wide selection offered.

　　　　　　　　　　　　　　　　　　들르셔서 제공되는 다양한 품목들을 구경하세요.

> ▷ to부정사의 to의 생략
> 두 개 이상의 to부정사구가 and로 연결되는 경우 두 번째 이후의 to부정사구의 to는 생략된다.
> I asked him to come and sit next to me. 나는 그에게 내 옆에 와서 앉으라고 청했다.
> I would like to go to Swiss and see what it is like.
> 나는 스위스에 가서 그 나라가 어떤 나라인지를 보고 싶다.

## 4. 부정사의 의미상의 주어 (sense subject)

　부정사는 절을 간략히 한 것으로 주어가 없는 구의 형태를 띤다. 이 to부정구가 어떤 문장의 한 요소가 될 경우 그 문장의 주어(= 본주어)와 같거나, 일반인인 경우에는 to부정사가 나타내는 동작이나 상태의 주체를 따로 나타내 주지 않아도 되지만, 그 이외의 경우에는 to부정사가 나타내는 동작이나 상태의 주체를 나타내 주어야 한다. 이를 본주어와 구별하여 부정사의 의미상의 주어 (= 부정사의 주어)라고 한다. 원칙적으로 'for + 명사·대명사의 목적격'의 형태로 부정사의 의미상의 주어를 나타내나, 'of + 명사·대명사의 목적격'이나 문장의 목적어 자체가 부정사의 의미상의 주어가 되기도 한다.

(1) **본주어와 같거나(본주어가 부정사의 의미상의 주어가 된다), 상대방이거나(for you), 일반인(for us, for them, for anybody 등)일 때에는 부정사의 의미상의 주어를 생략하는 것이 보통이다.**

I expect to succeed.(= I expect that I shall succeed.) 　　　　　　나는 성공(을)할 것이다.

We are happy to see you again. 다시 만나 뵙게 되어 기쁩니다.
She is willing to go to Africa. 그녀는 아프리카에 가고 싶어 한다.
To know oneself is difficult. 자신을 아는 것은 어렵다.
It is necessary (for you) to study hard. (너는) 열심히 공부할 필요가 있다.
It is easy to say but difficult to practise. 말하기는 쉽지만 실천하기는 어렵다.

**(2) (1)의 경우를 제외하고는 부정사의 의미상의 주어를 나타내 주어야 한다. 부정사의 의미상의 주어는 'for + 명사·대명사의 목적격'의 형태로 나타내는 것이 원칙이다.**

It is fortunate for me to have such good friends.
나는 그런 좋은 친구들을 가졌으니 운이 좋다.
It is natural for him to be indignant. 그가 분개하는 것도 당연하다.
For Tom to do it is difficult. 톰이 그 일을 하기는 어렵다.
That book is too difficult for students to read. 그 책은 학생들이 읽기에는 너무 어렵다.
I think it difficult for him to solve the problem.
나는 그가 그 문제를 푸는 것이 어려울 거로 생각한다.
It's time for you to go to bed. 이제 네가 잘 시간이다.
Creativity is necessary for them to perform their unique activities in a knowledge based society.
창조성은 그들 (학생들)이 지식기반 사회에서 독창적 행동을 실행하는 데 필수적이다.
The excessive politicization of Korea's prosecutors and journalists, however, is just preparation for many of them to transform themselves into politicians.
그러나 한국 검찰과 언론인들의 지나친 정치화는 그들 중 다수가 정치인으로 변신하기 위한 준비과정일 뿐이다.

### ■ 덧붙임

**1. It is + 서술형용사 + for + 명사·대명사의 목적격 + to부정사** ☞ p. 302[2] 이하 참조
  ex) boring, common, convenient, dangerous, delightful, difficult, easy, embarrassing, essential,

fortunate, hard, important, impossible, natural, normal, pleasant, possible, regrettable, shocking, surprising, usual, unusual, tough, etc.

It is difficult for him to catch the lion. 그가 사자를 잡기는 어렵다.
It is hardly surprising for him to have failed the exam.
그가 시험에 떨어진 것은 그리 놀라운 일이 아니다.
It is imperative for me to go at once. 나는 지금 즉시 가지 않으면 안 된다.
It is necessary for him to come tomorrow. 그가 내일 반드시 와야 한다.

2. 「It is + 서술형용사 + for + 명사·목적격의 대명사 + to부정사」구문의 전치사 for의 목적어 (= to부정사의 의미상 주어)를 문장의 주어로 내보낼 수는 없으나, to부정사의 목적어를 주어로 하는 문장은 가능하다.

It is difficult for you to master English. (당신이) 영어에 숙달한다는 것은 어려운 일이다.
→ You are difficult to master English. (x)
→ English is difficult for you to master. (o)
It is very important for students to read good books.
학생이 좋은 책을 읽는 것은 매우 중요하다.
→ Students are very important to read good books. (x)
→ Good books are very important for students to read. (o)

---

### (3) for 없는 명사나 대명사의 목적격이 부정사의 의미상의 주어가 되는 경우

1) 사역동사나 지각동사를 포함한 5형식 동사의 목적어 (명사나 대명사의 목적격)는 그 자체로 목적격 보어인 부정사의 의미상의 주어가 된다.

ex) let, make, have, bid, help, see, watch, hear, feel, notice, smell, observe, behold, perceive, witness, look at, listen to, advise, allow, ask, assure, cause, believe, challenge, compel, convince, dare, desire, enable, encourage, expect, forbid, force, get, hate, help, hire, inform, instruct, intend, invite, know, like, oblige, order, permit, persuade, remind, request, require, suspect, teach, think, tell, urge, want, warn, wish, etc.

I made him go there.                            나는 그를 그곳에 가도록 했다.
I intend them to carry out the plan.     나는 그들이 그 계획을 실행하도록 할 작정이다.
I believe it to have been a mistake.      나는 그것은 실수였다고 생각한다.

I expect **him** to succeed. 나는 그가 성공할 것으로 기대한다.
I saw **her** sing in her room. 나는 그녀가 그녀의 방안에서 노래 부르는 것을 보았다.
I think **her** to be a little careless. 나는 그녀가 조금 조심성이 없다고 생각한다.

### 2) '의문사 + to부정사'를 직접목적어로 취하는 동사의 간접목적어는 부정사의 의미상의 주어가 된다.

ex) advise, ask, inform, promise, show, tell, etc.

She advised **me** which to buy. 그녀는 내게 어느 것을 사면 좋을지를 조언해 주었다.
Please inform **me** what to do next. 다음에는 제가 무엇을 해야 할지를 알려 주십시오.
I will show **you** how to use this tool. 제가 이 연장 사용법을 가르쳐 드리겠습니다.

## (4) 사람의 성격, 행동에 대한 평가를 나타내는 형용사 다음의 부정사의 의미상의 주어는 'of + 명사·대명사의 목적격'의 형태를 취한다. ☞ p. 309[2] 참조

ex) bad, brave, careless, clever, considerate, crazy, cruel, decent, foolish, generous, good, honest, horrid, impolite, intelligent, kind, mean, natured, nice, polite, right, rude, selfish, smart, silly, stupid, thoughtful, thoughtless, unkind, ungrateful, wise, wicked, wrong, etc.

It's very kind **of you** to invite me. 초대해 주셔서 대단히 고맙습니다.
It is foolish **of Joe** to bought such a thing. 그런 물건을 사다니 조는 참 바보 같구나.
It's ungrateful **of you** to say that about him.
　　　　그에 관해 그렇게 말하다니 너도 은혜도 모르는구나.
It is wrong **of [for]** a government to tell people what is important to them.
　　　　정부가 국민들에게 무엇이 중요한지를 얘기하는 것은 잘못된 것이다.

※ wrong, right는 의미상의 주어로 'of + 목적어'와 'for + 목적어'를 모두 쓸 수 있다.

How very smart **of you** to understand it! 그것을 이해하다니 너는 머리가 정말 좋구나!

> ▷ 'of + 명사·대명사의 목적격'이 부정사의 의미상의 주어일 때 이 명사나 대명사의 목적격을 주어로 하는 문장으로 바꿔 쓸 수 있다.
> It's very kind **of you** to invite me. = **You** are very kind to invite me
> It is foolish **of Joe** to bought such a thing. = **Joe** is foolish to have bought such a thing.
> It was wrong **of you** to laugh at him. = **You** were wrong to laugh at him.

### (5) 부정사의 의미상의 주어를 따로 표현하는 경우

to부정사가 조건절이나 양보절을 대신하여 독립적으로 쓰일 경우에는 to부정사구의 의미상 주어를 to부정사 앞에 쓰지 않으며, 주문의 주어가 to부정사의 의미상의 주어가 된다.

To hear him speak English, **you** would take him for an American.
          그가 영어를 말하는 것을 들으면 너는 그를 미국사람으로 착각할 것이다.
To see it, **you** would not believe it.  그것을 본다 해도 너는 그것을 믿지 않을 것이다.
To do your best, **you** could not solve the problem.
          네가 최선을 다할지라도 너는 그 문제를 풀 수는 없을 것이다.
Happy to say, I have passed the examination.  행복하게도 나는 시험에 합격했다.


## 5. 부정사의 태

### (1) 능동부정사

문의 주어가 동작의 주체가 되는 경우의 to부정사를 가리킨다. 'to + 동사원형'의 형태이다.
I have (got) things **to do**.      나는 할 일들이 있다.
We are happy **to see you** again.  여러분을 다시 만나게 되어 기쁩니다.

## (2) 수동부정사

문의 주어가 수동적 대상이 되는 경우의 부정사를 가리킨다. 'to be + p.p.'의 형태이다.

I hope **to be offered** a job. 나는 일자리 제의가 들어오기를 바라고 있다.
(= I hope I will be offered a job.)
I hate **to be disturbed** by you. 나는 너에게 방해받고 싶지 않다.
You are **to be congratulated**. 당신은 축하받아 마땅합니다.
These sheets are **to be washed**. 이 홑이불(시트)은 세탁이 잘된다.
Not a soul was **to be seen** in the street. 거리에는 사람 하나 보이지 않았다.
Women are made **to be loved** not **to be understood**. – Oscar Wilde –
여성은 사랑받기 위해 만들어졌지 이해받기 위해 만들어지지는 않았다. (여성은 사랑받아야 하는 존재이지 이해받아야 하는 존재는 아니다.)

---

### ■ 참고

**1. to부정사가 앞 명사를 수식하는 형용사적 용법으로 쓰일 경우 능동 부정사와 수동 부정사를 모두 쓸 수 있다. 양자는 거의 같은 의미로 사용하나 때론 의미상의 차이를 보일 때도 있다.**

the procedure to follow [= to be followed] 따라야 할 절차
the best thing to do [= to be done] 해야 할 최상의 것
There is a lot to do [= to be done]. 해야 할 일이 많이 있다.
There is nothing to do. 할 일이 하나도 없다.
There is nothing to be done. 된 것이 하나도 없다.

**2. be동사 뒤에서 수동 부정사로 쓰이는 경우**

The dog was no where to be seen. 그 개는 어디에도 보이지 않았다.

**3. 수동적 의미를 능동형으로 표현하는 경우**

Nobody was to blame for the accident. 그 사건에 대해서는 아무도 잘못이 없었다.
= to be blamed 〈실제적으로는 쓰이지 않음〉
There is no house to let on the hill. 언덕배기에는 세를 놓은 집이 없다.
= to be let 〈실제적으로는 쓰이지 않음〉
house to sell 팔 집 / man to blame 비난받아야 할 사람

## 6. 부정사의 시점 표시

부정사는 동사원형이기 때문에 그 자체만으로는 시점을 나타내지 못하고 본동사의 시제나 문맥에 따라 그 시점이 결정된다.

### (1) 단순부정사

본동사의 시제가 나타내는 시점과 같은 시점을 나타내는 보통의 to부정사 (to + 동사원형)의 형태를 단순부정사라고 한다. 단순부정사가 나타내는 시점은 본동사의 시제가 나타내는 시점과 일치하며, 본동사의 시점에서 현재, 미래, 과거 사건을 모두 다 드러낼 수 있다.

#### 1) 본동사가 현재시제이면 부정사도 현재 시점, 본동사가 과거시제이면 과거 시점을 나타낸다.

She seems to be happy. 그녀는 행복해 보인다.
(= It **seems** [appears] that she **is** happy.)

He seemed to be ill. 그는 아파 보였다.
(= It **seemed** that he **was** ill.)

She is said to be rich. 사람들은 그녀가 부자라고 말한다.
(= It **is** said that she **is** rich.)

He was said to be rich. 사람들은 그가 부자라고 말했다.
(= It **was** said that he **was** rich.)

I happened[chanced] to be out when he called yesterday.
 어제 그가 방문했을 때 마침 나는 외출 중이었다.
(= It **happened** that I **was** out when he called yesterday.)

2) expect, forget, hope, intend, mean, plan, promise, remember, want, wish 등 미래적 의미를 내포하는 동사의 뒤에서 본동사의 시점보다 미래 시점을 나타낸다.

I hope to succeed. 나는 성공하기를 희망한다.
(= I hope that I **shall** succeed.)
I expect her to come. 나는 그녀가 올 것으로 기대한다.
(= I expect that she **will** come.)
She promised me to come at six. 그녀는 6시에 오기로 약속했다.
(= She promised that she **would** [**will**] come at six.)

※ would는 과거에 있어서 미래를 나타낸다. 말하는 현재 약속 시간이 지나지 않았으면 will을 쓴다.

3) 〈기타〉 미래적 의미를 갖는 형용사 뒤에서 본동사보다 미래 시점을 나타내는 경우

He is **sure** to win. 그가 이길 것이 확실하다.
(= I **am** sure that he **will** win.)
He is **likely** to win. 그가 이길 것 같다.
(= It **is** likely that he **will** win.)

## (2) 완료(형) 부정사

본동사의 시제가 나타내는 시점보다 하나 앞선 시점을 나타내는 'to have p.p.'의 형태의 부정사를 말한다.

1) 완료(형)부정사의 시점은 본동사의 시제가 나타내는 시점보다 하나 더 과거 시점이다. 본동사가 현재시제인 경우 완료부정사는 현재완료나 과거 시점을 나타낸다.

He seems **to have been** ill. 그는 지금껏 앓아온 것으로 보인다. / 그는 아팠던 것으로 보인다.
(= It seems that he **has been** ill[or he **was** ill].)

2장 부정사(Infinitive)

He is said to have been rich. 그가 부자였다고 한다.

(= It is said that he was rich.)

I am sorry to have been late for the last meeting.

지난번 회의에 늦었던 것을 죄송하게 생각합니다.

(= I am sorry that I was late for the last meeting.)


### 2) 본동사가 과거시제일 때 완료부정사는 과거완료시제를 표시한다.

She seemed to have been ill. 그녀는 그때까지도 앓고 있던 것으로 보였다.

 (= It seemed that she had been ill.)

He was said to have studied English very hard.

그는 영어를 아주 열심히 공부했다고 했다.

(= It was said that he had studied English very hard.)


### 3) be동사의 과거형 [또는 expected, hoped, wanted, wished 등] + 완료부정사는 과거에 이루지 못한 일을 나타낸다.

I was to have met her at six. 그녀와 여섯시에 만나기로 되어 있었다. (못 만났다.)

I expected him to have finished the work by yesterday.

나는 그가 어제까지는 그 일을 끝마칠 것으로 기대했었다. (어제까지 끝내지 못했다.)

I wanted to have seen her. 나는 그녀를 만나고 싶었다. (하지만 만나지 못했다.)


### 4) seem, appear, happen, pretend 등의 동사 뒤에 완료부정사가 사용되어 과거 추정의 의미를 나타낸다.

He seems to have been a good teacher. 그는 좋은 선생님이었던 것으로 보인다.

⇒ It seems that he was a good teacher.

  / It seems that he has been a good teacher.

5) be said, be reported, be considered, be known, be believed, be acknowledged, be supposed, be thought, be understand 등과 같은 수동태 문 형식의 동사 뒤에 완료부정사가 쓰일 수 있다.

The president was said to have listened with a positive look.
　　　　　　　　　　　　　　　　대통령은 긍정적인 표정으로 경청한 것으로 전해졌다.
More than 500 volcanoes are known to have erupted on the surface in the history of the Earth.
　　　　　　　　　　지구의 역사에 있어서 500개 이상의 화산이 지표면에서 폭발한 것으로 알려진다.
She is thought to have been jealous.　　그녀는 질투심이 많았던 것으로 보인다.
Last year, spending on private education was reported to have totaled 13.6 trillion won.　　지난해 사교육에 대한 지출이 총 13조 6천억 원에 달했다는 보도가 있었다.

> ▷ 부정사의 진행형
> 본동사가 가리키는 시점에서 진행 중인 동작 또는 상태를 나타낸다. 이는 진행 중임을 강조하는 경우에 쓸 수 있으나 그 의미는 단순부정사와 별 차이가 없으므로 잘 쓰지는 않는다.
> He appears to be telling a lie. 그는 거짓말하고 있는 것으로 보인다.
> She seems to be sleeping. 그녀는 잠자고 있는 것으로 보인다.
> The airplane flew so smoothly that it seemed to be standing still.
> 비행기는 매우 사뿐하게 날랐으므로 마치 제자리에 서있는 것같이 보였다.

## 7. 부정사의 부정

부정사의 부정은 not이나 never를 부정사 바로 앞에 써 준다.
Be careful **not** to catch (a) cold.　　감기에 들지 않도록 조심해라.
Happiness is **not** to be bought.　　행복은 돈으로 살 수 없다.
She was disappointed **not** to be chosen.　　그녀는 선택되지 않은 것에 실망했다.

It would be better **not** to do it at all than to do it that way.
                 그런 식으로 하려면 차라리 아주 안 하는 것이 낫다.

He tried **not** to smile.     그는 웃지 않으려고 애를 썼다. → 웃음을 참으려 애썼다.
cf.) He did **not** try to smile. 〈try의 부정〉     그는 웃으려고(를) 하지 않았다.
It was my principle **not** to tell a lie.   거짓말을 하지 말자는 것이 나의 좌우명이었다.
I make it a rule **not** to depend upon others.  남에게 기대지 않겠다는 것이 나의 주의이다.
He makes it a rule **never** to lend money.
                그는 돈을 절대로 빌려 주지 않는 것을 원칙으로 하고 있다.
Time, once lost, is **never** to be recovered.   한번 잃은 시간은 결코 다시 오지 않는다.

He was **never** to come back to his country again.
                  그는 두 번 다시 조국에 돌아오지 못할 운명이었다.
It was an epoch **never** to be forgotten in her life.
                  그것은 그녀가 평생 잊을 수 없는 순간이었다.
**Never** to have sinned [To have never sinned] is impossible.
                  죄를 범해 본 적이 없다는 것은 불가능하다.

※ never를 사용한 완료부정사의 부정은 'never to have + p.p.'나 'to have never + p.p.'로 할 수 있다. 단순부정사의 부정은 'never to do'의 형태만을 쓴다.


## 8. too ~ to부정사

**(1) too + 형용사, 부사 + to 부정사(…) 《너무 ~해서 …할 수 없다. / …하기에 너무 ~하다.》**

I am too tired to walk any more.     나는 너무 지쳐서 더 이상은 못 걷겠다.
He spoke too quickly for me to understand.  그의 말은 너무 빨라 나는 이해할 수가 없었다.

He is too poor to buy the house. 그 집을 사기에 그는 너무 가난하다.
This shirt is too big for me to wear. 이 셔츠는 내가 입기에는 너무 크다.
That's too good to be true.
그것은 사실이라고 믿어지지 않을 만큼 너무 좋다. (사실이라 하기엔 믿지지 않는다.)

## (2) too + 형용사 (+ 부정관사 + 명사) + not to부정사(…) 《대단히 ~하므로 …할 수 있다. (= so ~ that + s + cannot but + 동사원형)》

She is too wise not to know it. 그는 대단히 현명하므로 그것을 알 수밖에 없다.
(= She is so wise that he cannot but know it.)
He is too bright a student not to solve such a question.
그는 아주 총명한 학생이므로 이런 문제를 못 풀 수가 없다.

## (3) not, never + too + 형용사 + to부정사(…) 《…할 수 없을 정도로 ~하지는 않는다. (= not so ~that + S + cannot + 원형)》

▶ 뒤에서부터 번역한다.

He is not too old to do the work.
그가 늙었다 할지라도 그 일을 하지 못할 정도로 늙지는 않았다. (그가 아무리 늙었다 할지라도 그 일을 할 수 있다)
= He is not so old that he can't do the work.
  He is not so old but he can do the work.
  However old he may be, he can do the work.
He was never too rich to live a frugal life. 그는 대단히 부자였어도 검소한 삶을 살았다.
It is never too late to stop smoking. 금연에는 너무 늦다는 법은 없다.

### (4) 'too + 형용사 + to부정사'가 긍정을 나타내는 경우 (= only too ~ to, but to ~)

I am only too glad to help her.  나는 그녀를 도와줘서 그저 기쁘기만 하다.

※ 이때의 only too는 very, exceedingly의 의미를 나타낸다.

I shall be only too pleased to help if I can.  내가 도울 수 있다면 무척 기쁠 것입니다.

There was no other way for me to get there in time but to speed.
내가 제시간에 그곳에 도착하려면 속도를 낼 수밖에 없었습니다.

### (5) 주어 + be + too + apt [ready, inclined, liable, likely, prone] + to부정사
《걸핏하면 ~하다.》

He is too apt to tell a lie.  그는 걸핏하면 거짓말을 하려 한다.

She is too ready to talk.  그녀는 너무 말을 하려 든다. (그녀는 지나치게 말이 많다.)

I am too inclined to make a promise.  나는 너무 쉽게 약속을 하는 경향이 있다.

## 9. 기타

### (1) 대부정사(pro-infinitive)

대부정사(代不定詞)란 to부정사구가 와야 하는 곳에 to부정사구의 동사원형 이하가 앞에서 나온 말의 반복일 경우 동사원형 이하를 생략하고 to만을 쓰는 형태를 말한다. 입말체에서 주로 쓰며 말할 경우에는 to를 강하게 발음한다.

1) to부정사를 목적어로 취하는 afford, decide, deserve, forget, hate, hope, like, love, mean, need, plan, try, want, wish 등의 동사 뒤에서

"Can you come to the meeting tomorrow?"  내일 모임에 오실 수 있으세요?
– "I'm sorry, but I can't afford to (go to the meeting tomorrow 생략)."

죄송하지만 제가 갈 형편이 안 됩니다.

"Would you like to come to the party with me tomorrow?"

내일 저와 같이 파티에 가시겠습니까?

- "I'd love **to** (go to the party with you tomorrow 생략)."   좋아요. / "I'd love."(x)

"Will you be back by noon?"   정오까지 돌아올 수 있으세요?

- "I will try **(to)** (be back by noon 생략)."   (정오까지 돌아오도록) 노력해 보겠습니다.

※ 동사 try 뒤에 나오는 대부정사 to는 생략하는 것이 보통이다.

Anyone who want **to**, can opt out of this school excursion now.

※ to뒤에 opt out of this school excursion 생략.

이번 수학여행에 참가하고 싶지 않은 사람은 지금이라도 빠질 수 있습니다.

He considered marrying her, but decided **not to**.

그는 그녀와 결혼하는 것을 고려했지만 하지 않기로 결심했다.

※ 대부정사의 부정은 일반 to부정사와 마찬가지로 부정사(to) 앞에 not을 둔다.

> ▷ 「접속사 + s + like, want + 대부정사 to」에서는 보통 to까지 전부 생략한다.
> Stay **as long as you like** (to stay 생략). 네가 있고 싶은 만큼 있어라.
> I decided to do **what I like** (to do 생략). 나는 내가 좋아하는 것을 하기로 결심했다.
> Come **when you want** (to come 생략). 네가 오고 싶을 때 와라.

2) courage, intention, opportunity 등의 명사의 뒤나, afraid, delighted, glad, happy 등과 같은 서술형용사의 뒤에서

▶ 이 같은 경우에는 to까지 생략하기도 한다.

I have not had any part in the issue and I have no intention **to**. (part in the issue 생략)   나는 그 사안에 전혀 관여한 적이 없고, 관여할 생각도 없습니다.

She goes to the shop everytime she has the opportunity **to**. (go to the shop 생략)   그녀는 기회가 있을 때마다 그 가게에 간다.

"Can you stay for dinner?"   있다가 저녁 먹고 갈 수 있겠니?

- "I'd (= would) be delighted **to** (stay for dinner 생략)."   그러면 저야 좋습니다.

"Will you teach me how to swim?" 수영하는 법을 가르쳐 주시겠습니까?
- "I will be glad **to** (teach you 생략)." 기꺼이 가르쳐 드리죠.

3) 언제나 to부정사를 동반하는 have to, ought to, used to, be able to, be going to 등의 무리 [군]조동사 뒤에서 쓰인다.

"Do I have to do it?" 내가 그것을 해야만 합니까?
- "Yes, you have **to** (do it 생략)." 예, 당신은 해야 합니다.
"Ought I to go?" 제가 가야만 합니까?
- "Yes, you ought **to** (go 생략)." 예, 당신은 가야합니다.
"Do you smoke?" 담배를 피우세요?
- "I used **to** (smoke 생략), but now I don't." 예전에는 피웠습니다만 지금은 안 피웁니다.
She wanted to go there but he wasn't able **to** (go there 생략).
그녀는 그곳에 가고 싶어 했지만 갈 수가 없었다.
"Did you have lunch?" 점심식사 하셨어요?
- "No, but I'm just going **to** (have lunch 생략)." 아뇨, 하지만 막 하려던 참입니다.

## (2) 분리 부정사(split infinitive)

1) 부사를 to부정사의 to와 동사원형 사이에 넣어 그 부사가 부정사를 수식, 강조하여 부정사의 뜻을 명확하게 표현하는 경우를 말한다. 신문 등 일상에서는 많이 사용하나 규범문법 (정식영어)에서는 부사가 본동사를 수식하는 경우와 부정사를 수식하는 경우의 뜻이 전혀 다른 경우에 사용하는 것을 제외하고는 잘못된 것으로 간주한다.

I failed to entirely understand it. 나는 그것을 완전히 이해하지는 못했다.
cf.) I **entirely** failed to understand it. 나는 그것을 이해하는데 **아주** 실패 했다.
I want to **really** marry him. 나는 그 사람과 **정말로** 결혼하고 싶다.
I can't find words to **sufficiently** express my gratitude to you.

나는 나의 감사의 마음을 흡족하게 표현할 수 있는 말을 찾아내지 못했습니다. → 제가 뭐라 감사의 말씀을 드려야 할지를 모르겠습니다.

2) 분리부정사의 사용은 어색한 어투가 되므로 많이 쓰지는 않으나 입말체에서 동사의 의미를 강조할 때 쓰기도 한다.

I want you to clearly read that last sentence.
⇒ I want you to read that last sentence clearly.

네가 그 마지막 문장을 **명확하게** 읽기를 바란다.

3) actually, clearly, completely, fully, really 등의 부사가 그것이 놓일 적당한 위치가 없는 경우 분리부정사 형식으로 쓰일 수 있다.

You don't have to actually talk to him.   네가 그와 꼭 얘기해야 할 필요는 없다.
It is difficult to really understand the theory of relativity.

상대성이론을 확실하게 이해하기는 어렵다.

## (3) 과거에 이루지 못한 소망의 표현

1) 주어 + had + 미래형동사의 p.p. + that절

I had hoped that I should see her yesterday.

나는 어제 그녀를 만나야 했었는데. (못 만났다.)

▷ 미래형 동사 (소망동사)
ex) intend, mean, hope, desire, promise …

2) 주어 + had + 미래형 동사의 p.p. + 단순부정사

I had hoped to see her yesterday.   나는 어제 그녀를 만나고 싶었는데. (못 만났다.)

### 3) 주어 + 미래형동사의 과거형 + 완료부정사

I hoped to have seen her yesterday.   나는 어제 그녀를 만나보고 싶었는데. (못 만나 봤다.)

### 4) 주어 + be (과거형) + 완료부정사

I was to have seen her yesterday.    나는 어제 그녀를 만나기로 했었는데. (못 만났다.)


## (4) It seems [appears] that + s + v 《～처럼 보이다.》

= S + seems [appears] + to부정사

It **seems** that he **was** idle [또는 **has been** idle]. → He seems to have been idle.

그는 게을렀던 것으로 보인다.


## (5) It happens [chances] + that절 《우연히도 [마침] ～하다.》

= S + happens [chances] + to부정사 ☞ p. 74 (자동사 happen의 용법) 참조

It **happened** that I **was** out when he called on last night.

→ I happened to be out when he called on last night.

지난밤 그가 나를 방문했을 때 마침 나는 외출해 있었다.


## (6) 동사 + to부정사 ⇒ 추상명사 + to부정사

He refused to discuss the question.           그는 그 문제를 논의하는 것에 거절했다.

⇒ He gave the refusal to discuss the question.

## – REVIEW EXERCISES –

1. 다음 복문을 부정사를 사용하여 단문으로 바꾸시오.

    (A) Do you think she is a good girl?

    (B) He was surprised because he saw her there.

    (C) It is said that he is a good man.

    (D) You are so young that you go to school.

    (E) The ditch was so narrow that I was able to jump across it.

    (F) It seemed that he was sick.

    (G) Please tell me what I should do next.


2. 다음 영어 문장들을 우리말로 바꾸시오.

    (A) She is to get married next month.

    (B) You are to finish the work by six.

    (C) You are not to have your own way without consulting with us.

    (D) Not a cloud was to be seen in the sky.

    (E) If you are to succeed, you must study hard.


3. 다음 밑줄 친 부정사의 용법이 나머지와 다른 하나는?

    (A) My aim in life is to become a great writer.

    (B) My teacher advised me to study hard.

    (C) Please let me know what to do.

    (D) One should have the courage to speak out one's beliefs.

    (E) I had no choice but to accept the offer.

4. 다음 밑줄 친 it의 용법이 다른 하나는?

    (A) It is difficult to know oneself.

    (B) I'll see to it that there is no such mistake.

    (C) I found it difficult to solve the problem.

    (D) She makes it a rule to get up at six every morning.

    (E) Don't you think it insensible to hold a meeting on Saturday of all days?

5. 다음 중 어법상 틀린 것은?

    (A) How to begin is more difficult than where to stop.

    (B) I don't know where to go.

    (C) I don't know why to do this.

    (D) Please tell me what to think of it.

6. 다음 중 부정사의 용법이 다른 하나는?

    It made the boy sad (A) to see the old man (B) come back each day without having caught a fish, and he always went down (C) to help him (D) carry the fishing tackles. It was this old man that had taught the boy (E) to fish, and so the boy loved him.

7. 다음 밑줄 친 부분 중 어법상 틀린 것은?

    Father told me (A) to take a letter to the post office, but I forgot (B) to do so. In the evening I remembered about the letter and looked around the room to find it. But the letter was (C) not to see anywhere in the house. I was afraid (D) to see father, but mother only smiled and said. "Be careful (E) not to forget next time."

8. 글을 흐름으로 보아, 밑줄 친 부분을 고칠 필요가 있는지를 알아보고, 필요가 있다면 가장

잘 고쳐진 것은? [수능]

> The most effective way to lose weight is to stay on a balanced diet. If you want to diet, you should consult a physician because it is difficult for selecting a proper diet.

(A) 고칠 필요 없음    (B) for him to select    (C) to select for yourself

(D) for his selecting    (E) to have you selected

※ Choose the one word or phrase that best completes the sentence. [9 ~ 10]
(문장을 가장 잘 완성하는 한 단어 또는 구를 고르시오.) [토익 유형]

9. You should know _____ your feelings under control, if you want to be a great leader.

(A) bringing    (B) to bring    (C) having brought    (D) how to bring

10. She couldn't buy anything because she forgot _____ her purse.

(A) bringing    (B) to bring    (C) having brought    (D) bring

11. Identify one underlined word or phrase that should be corrected or rewritten. [토익 유형]

> The U.N. has served as a forum with hair trigger antagonists to meet reg-
>    (A)              (B)     (C)                              (D)
> ularly and vent their grievances.

## = 해설·정답 =

1. 〈정답〉

   (A) Do you think her to be a good girl?

   (B) He was surprised to see her there.

   (C) He is said to be a good man.

   (D) You are too young to go to school.

   (E) The ditch was narrow enough for me to jump across it.

   (F) He seemed to be sick.

   (G) Please tell me what to do next.

2. 【해설】「be + to부정사」의 용법

   〈정답〉

   (A) 그녀는 다음 달 결혼할 예정이다.

   (B) 당신은 그 일을 여섯 시까지 끝마쳐야 합니다.

   (C) 당신은 우리와 의논하지 않고서 제멋대로 해서는 안 됩니다.

   (D) 하늘에는 구름 한 점 보이지 않았다.

   (E) 네가 성공하고 싶다면 열심히 공부해야 한다.

3. 【해설】

   (A) 명사적 용법 (주격 보어)  (B) 명사적 용법 (직접목적어)  (C) 명사적 용법 (목적격 보어)  (D) 형용사적 용법 (명사 the courage를 수식)  (E) 명사적 용법 (전치사 but의 목적어)

   〈정답〉(D)

4. 【해설】

   (A)는 to부정사를 대신하여 쓰인 가주어.

(B)는 that이하를 대신하는 가목적어.

(C), (D), (E)는 to부정사를 대신하여 쓰인 가목적어.

〈정답〉(A)

5. 【해설】

'why + to부정사'의 형식은 쓰지 않는다.

〈정답〉(C)

6. 【해설】

(A) 명사적 용법 (진주어) / (B) 명사적 용법 (목적격 보어) / (C) 부사적 용법 (목적용법)

(D) 명사적 용법 (목적격 보어)

(E) 명사적 용법 (직접목적어). 'It was this old man that had taught the boy to fish'는 this old man을 강조하는 'it ~ that'강조 용법.

[해석] 노인이 매일 고기 한 마리 잡지 못하고 돌아오는 것을 보는 것은 소년을 속상하게 했다. 그래서 소년은 항상 노인이 낚시 도구를 운반하는 것을 도와주려고 갔다. 소년에게 낚시하는 것을 가르쳐 준 것은 바로 노인이었기에 소년은 그를 좋아했다.

〈정답〉(C)

7. 【해설】

(A) to부정사가 직접목적어로 쓰인 경우(명사적 용법)

(B) 과거 시점에서의 미래에 할 일을 잊어버린 것이므로 forgot의 목적어로 to부정사가 온 것은 타당.

(C) to부정사의 부정으로 바로 앞에 not을 쓴 것은 적당하나, 편지는 찾아지는 것이므로 'to be seen'의 수동부정사로 해야 한다.

(D) 서술형용사 afraid는 전치사구 (of), to부정사, that절을 그 보충어로 할 수 있다.

(E) to부정사 앞에 not을 쓴 것은 타당. 서술형용사 careful은 전치사구, to부정사, that절, 의문사절을 그 보충어로 할 수 있다. 'be careful + to부정사'[~하려 (하도록)조심하다.]

[해석] 아버지께서 편지 한 통을 우체국에 가지고 가라고 (우체국에 가서 부치라고) 나에게 말씀하셨지만 나는 그렇게 하는 것을 잊어버렸다. 저녁에 나는 그 편지가 생각나서 그것을 찾기 위해 방 주변을 살펴보았지만 집안 어디서도 그 편지를 찾아볼 수가 없었다. 나는 아버지를 보는 것이 두려웠다. 그러나 어머니께서는 그저 웃으시면서 "다음에는 잊지 않게 조심하도록 해라."라고 말씀하셨다.

〈정답〉 (C)


8. 【해설】

서술형용사 difficult의 용법. 특정 사실에 대한 난이(難易)의 판단이나 어떤 일의 실현가능성에 대한 논리적 판단을 나타내는 서술형용사 difficult는 'It be + difficult + (for 목적격) to 부정사'의 형태로만 쓰인다.

(B) him은 의미상 부적절하다. 그러므로 정답이 될 수 있는 것은 (C)이다.

[해석] 체중을 줄이는 가장 효과적인 방법은 균형 있는 규정식을 하는 것이다. 규정식을 원한다면 의사와 상의하여야 한다. 그것은 자신 스스로가 적당한 규정식을 선택하기는 어렵기 때문이다.

〈정답〉 (C)


9. 【해설】

3형식 동사로 쓰일 경우의 know는 절(that절, 의문사절)이나 '의문사 + to부정사'를 목적어로 취하고 동명사나 to부정사를 목적어로 취하지 않는다.

[해석] 훌륭한 지도자가 되고 싶다면 자신의 감정을 다스리는 법을 알아야 한다.

〈정답〉 (D)


10. 【해설】

forget의 목적어로 to부정사가 오면 미래의 일을, 동명사가 오면 과거의 일을 나타낸다. 여기서는 과거에 한 일을 잊어버린 것이 아니고 잊은 시점에서 앞으로 해야 할 일(지갑을 가져가는 일)을 잊은 것이므로 동명사가 아니라 to부정사가 와야 한다.

**[해석]** 그녀는 지갑 가져가는 것을 깜박해서 아무것도 살 수가 없었다.

〈정답〉 (B)


11. **[해설]**

지문에서 serve는 완전자동사로 제1 문장형식 문장이다.

(A) United Nations(국제연합)의 약어인 U.N. (또는 UN) 앞에는 정관사 the를 붙인다.

(B) 여기서 as는 전치사로서 '~로(서), ~처럼 (like)'의 뜻으로 부사구를 형성하고 있다.

(C) hair trigger antagonists(격한 성질의 적대자들)는 a forum을 수식하는 to meet와 (to) vent의 의미상의 주어이므로 그 앞에는 for가 와야 한다. as를 for로 고쳐야 한다.

**[해석]** 유엔(국제연합)은 일촉즉발의 적대자들이 정기적으로 만나서 그들의 불평을 토해내는 토론장의 역할을 해왔다.

〈정답〉 (C)

# 제3장

## 동명사(Gerund)

### 1. 앞말

**(1) 뜻**

동명사(動名詞)란 종속절에서 주어를 생략하고 동사 이하를 '**동사원형 + ing**'의 **형태**로 만든 것으로서 **문장 내에서 명사의 역할**(주어, 보어, 목적어, 동격어)을 하는 말을 가리킨다.

※ 동명사 역시 to부정사와 마찬가지로 동사의 성질을 가지므로 '동사원형 + ing'의 뒤에는 보어, 목적어, 부사(구) 등이 따를 수 있다. 그러므로 단독으로 쓰이는 경우를 제외하고는 구(句)의 형태이다.

**(2) 동명사의 형태**

동명사의 형태는 현재분사의 형태와 같다. 기본적으로 '동사원형 + ing'의 형태이다.

☞ 동사의 형태변화 (p. 60 ~70) 참조

1) 기본적으로 동사의 원형에 –ing를 붙여 만든다.

   ex) ask → asking    cry → crying    end → ending   listen → listening

       marry → marrying   open → opening   play → playing   talk → talking

2) 동사의 원형이 1음절어로서 '단모음 + 단자음'인 경우에는 원형에 자음을 하나 더 쓰고 –ing를 붙인다.

   ex) cut → cutting   pat → patting   run → running   swim → swimming

3) 동사의 원형이 「단모음(짧게 발음되는 모음 한 개) + 단자음(자음 한 개)」으로 끝나고 뒤 음절에 강세가 있는 2음절의 동사는 자음을 하나 더 써주고 -ing를 붙인다.

 ex) admit → admitting  confer → conferring  omit → omitting
   prefer → preferring  refer → referring

> ▷ (주의) 3)과 같은 모습의 동사 원형이라도 뒤 음절에 강세가 없을 때는 자음의 첨가 없이 -ing만을 붙인다.
>  ex) differ → differing, enter → entering, limit → limiting, offer → offering,
>    order → ordering, suffer → suffering, utter → uttering, visit → visiting

4) 동사의 원형이 e로 끝나는 것은 e를 빼고 -ing를 붙인다.

 ex) change → changing hope → hoping like → liking love → loving
   move → moving  smile → smiling use → using

5) 동사의 원형이 ic로 끝나는 것은 k를 붙인 다음 -ing를 붙인다.

 ex) mimic → mimicking picnic → picnicking traffic → trafficking

6) 동사의 원형이 ie로 끝나는 것은 ie를 y로 고친 다음 -ing를 붙인다.

 ex) lie → lying die → dying tie → tying

> ▷ lie (거짓말하다): lied (과거) ― lied (과거분사) ― lying (현재분사, 동명사)
>  lie (눕다): lay ― lain ― lying
>  lay (놓다, 저장하다, 저축하다): laid ― laid ― laying

7) 기타

 agree → agreeing see → seeing dye → dyeing

**3장** 동명사(Gerund)

## 2. 동명사의 용법

동명사는 명사의 성질을 가지므로 문장에서 주어, 보어, 목적어의 역할을 한다.

※ 동명사는 명사의 일종이므로 명사적 용법만이 있어야 하고, 명사를 수식하는 ~ing는 형용사인 현재분사가 돼야 할 것이나 ~ing가 현재분사 (형용사)가 아니고 명사로서 뒤의 명사와 함께 복합명사를 형성할 때를 동명사의 형용사적 용법이라고 하기도 한다.

### (1) 명사적 용법

#### 1) 주어로 쓰이는 경우

동명사가 주어가 되는 경우 동사는 단수 동사를 쓴다.

**Speaking** much is a sign of vanity.  말이 많다는 것은 허영의 표시에 불과하다.

**Smoking** is not good for health.  흡연은 건강에 좋지 않다.

With the advent of satellite transmission of photographs of the earth's atmosphere, **forecasting** the weather **has** become a relatively exact science.
지구 대기사진 위성전송의 발달로 일기예보는 비교적 정확한 과학이 되었다.

It is good for your health **taking a walk in the morning**.
아침에 산책하는 것은 건강에 좋다.

> ▷ 동명사가 문장의 주어일 때(특히 목적어, 수식어구 등을 가질 때), 동명사 대신에 가주어 it을 사용하고 진주어, 즉, 동명사구를 문장 끝으로 돌릴 수 있다. (외치)
> Climbing a mountain often is good for your health.
> → It is good for your health Climbing a mountain often.
> 종종 등산을 하는 것은 건강에 좋다.
> Trying to catch the bus wouldn't be only good.
> → It wouldn't be only good trying to catch the bus.
> 그 버스를 잡으려고 해봤자 소용없는 일이다.

## 2) 보어로 쓰이는 경우

### ① 주격 보어

My hobby is **studying novel**.  　　　　　　나의 취미는 소설 습작이다.

Doing nothing is **doing ill**.  　　　　　　아무것도 하지 않는 것은 잘못을 저지르는 것과 같다.

Seeing is **believing**.  　　　　　　보는 것이 믿는 것이다. [백문이 불여일견(百聞 不如一見)]

> ▷ 'be + ~ing (주격 보어)'에서 주어가 사람이나 생물이면 ~ing는 현재분사로서 주어의 동작이나 상태를 나타내고 (주어≠보어), 주어가 무생물이면 ~ing는 동명사로서 주어와 동격 관계(주어=보어)이다.
> He is reading a book. 〈현재분사〉 그는 책을 읽고 있다.
> ※ 생물 주어의 주격 보어인 ~ing는 현재분사로서 주어의 동작, 상태를 나타낸다.
> His hobby is reading books. 〈동명사〉 그의 취미는 독서이다.
> ※ 무생물 주어의 주격 보어인 ~ing는 동명사로서 주어와 동격 관계이다.

### ② 목적격 보어

▶ 명사는 목적격 보어 자리에 자유롭게 사용하지만 동명사는 특히 쓸 필요가 있는 경우 외에는 잘 쓰지 않는다. 목적격 보어로 ~ing가 오는 경우에 생물인 목적어의 능동적 동작이나 진행의 의미를 나타내는 ~ing는 현재분사이고, 목적격 보어인 ~ing가 무생물인 목적어와 동격 관계가 성립하는 경우에는 동명사이다.

They called it **branding**.  　　　　　　그들은 그것을 낙인찍기라고 불렀다.

I think it **wasting time** to do such a thing.
　　　　　　나는 그와 같은 일은 하는 것은 시간을 낭비하는 것이라고 생각한다.

## 3) 목적어로 쓰이는 경우

### ① 타동사의 목적어

He admits **having done it himself**.  　　　　그는 자신이 직접 그것을 했다는 것을 인정한다.

When did you begin **learning English**?  　　　언제부터 영어를 배우기 시작했습니까?

It began **raining** hard.  　　　　　　비가 세차게 내리기 시작했다.

I could not help **laughing**.  　　　　　　나는 웃지 않을 수가 없었다.

He never gave up **writing a novel** and finally became a great writer.

그는 소설 쓰기를 결코 포기하지 않았고 마침내 위대한 작가가 되었다.

> ▷ 5형식의 목적어인 동명사가 단독으로 오는 경우가 아니고 그 목적어, 보어, 부사(구) 등을 수반하는 동명사구인 경우에는 반드시 가목적어 it을 사용하고 동명사구는 목적격 보어 뒤로 돌린다.
> You will find **talking with him** pleasant. (x)
> ⇒ You will find it pleasant **talking with him**. (o)
> 너는 그와 이야기하는 것이 즐겁다는 것을 알게 될 것이다.

② 전치사의 목적어로 쓰이는 경우

| | |
|---|---|
| She is good <u>at</u> **playing the piano**. | 그녀는 피아노를 잘 친다. |
| He was dismissed <u>for</u> **neglecting his duties**. | 그는 근무태만으로 해고되었다. |
| I am thinking <u>of</u> **buying a house**. | 나는 집을 살까 고려 중이다. |
| He worked hard for the sake <u>of</u> **making money**. | 그는 돈을 벌기 위해 열심히 일했다. |
| Man is bent <u>on</u> **harrying the earth**. | 인간은 지구를 괴롭히는 데 열중하고 있다. |
| I'm not accustomed <u>to</u> **making a speech in public**. | |

나는 사람들 앞에서 말하는 것에 익숙하지 않다.

---

■ 참고

1. 동명사를 목적어로 하는 완전타동사 ☞ p. 118 참조
   ex) abandon, admit, appreciate, attempt, avoid, begin, complete, consider, continue, delay, deny, detest, dislike, enjoy, escape, evade, finish, forget, intend, like, love, mind, postpone, practice, quit, regret, resent, remember, risk, stop, give up, put off, etc.

2. 「자동사 (be, come, feel, look 등) + like, near, past, worth 등」의 다음에 동명사나 명사가 올 경우가 있는데 이는 like, near, past, worth 등이 전치사로 사용되는 경우로서 이런 말들의 다음에 오는 ~ing는 그 목적어에 해당한다고 보는 견해와 like 등은 목적어를 갖는 특별한 형용사로서 ~ing (또는 명사)를 이들 형용사의 목적어라고 하는 견해가 있다. ☞ p. 302[2], 343[2] 참조
   I don't feel much like **working** these days.

> 나는 요즘은 일하고 싶은 마음이 들지 않는다.
> How I feel like **crying**! 정말로 울고 싶구나!
> The rain looks like **lasting**. 비가 계속 내릴 것 같다.
> I came near **being run over** by a car. 나는 하마터면 자동차에 치일 뻔 했다.
> Your recklessness come near **causing a disaster**.
> 너의 무모함이 재앙을 부를 뻔 했다.
> My anger was past **bearing**. 나는 울화통이 터지고 말았다.
> Whatever is worth **doing** at all is worth **doing** well.
> 할 만한 가치가 있는 일이라면 잘할 만한 가치가 있다. (이왕 할 바에는 잘해라.)

### 4) 동격어[of + 동명사] ☞ p. 86[2] 참조

<u>My dream</u> of becoming a writer has come true at last.

작가가 되는 나의 꿈이 마침내 이루어졌다.

She is in <u>the habit</u> of sitting up late.　　　그녀는 밤늦게까지 잠을 자지 않는 버릇이 있다.

## (2) 형용사적 용법 [동명사와 현재분사의 구별]

동명사의 형용사적 용법이란 명사 앞에 동명사가 와서 형용사처럼 명사를 수식하는 역할을 하여 복합명사를 형성하는 경우를 말한다. 아래 1)의 경우만을 동명사의 형용사적 용법이라고 하고, 2)의 ~ing는 그 자체가 형용사 (현재분사)일 뿐 동명사의 형용사적 쓰임이 아니다.

### 1) '동명사 + 명사'에서 동명사는 수식하는 명사의 '용도, 목적'(~을 하기 위한)을 나타낸다. 동명사에 강세가 온다.

　a smóking car 담배를 피울 수 있는 (열)차(= smoker)

　a sléeping bag 침낭 [= a bag (used) for sleeping]

　a sléeping pill 수면제 [= a pill (used) for sleeping]

　an ádding machine 계산기　　a bóarding house 하숙집　　bóxing gloves 권투장갑

　the bóiling point 끓는 점　　a búrning glass 화경　　a cálling card 전화카드

　a chéwing gum 껌　　a dáncing girl 무희　　a díning room 식당

drínking water 음료수   a físhing rod 낚시대   a fíling cabinet 서류정리함
a fílling station 주유소   a fítting room 가봉실, 탈의실   a frýing pan 프라이팬
a knítting needle 뜨게 바늘   a lánding gear 랜딩 기어   a wédding ring 결혼반지
lístenning comprehension 청해력   a líving room 거실   a párking place 주차장(= a parking lot)
a reáding room 열람실   a sáiling ship 돛단배(범선)   a séwing machine 재봉틀
a stánding room 입석   a stépping-stone 징검다리, 댓돌   a swímming pool 수영장
a vénding machine 자판기   a wálking stick 지팡이   a wáiting room 기다리는 곳, 대합실

2) '현재분사 + 명사'에서 현재분사는 수식하는 명사의 '동작, 상태'(~하고 있는)를 나타낸다. 뒤의 명사에 강세를 둔다.

a smoking chímney 연기 나고 있는 굴뚝(= a chimney which is smoking)
a sleeping báby 자고 있는 아기(= a baby who is sleeping)
boiling wáter 끓고 있는 물(= the water which is boiling)
a dancing gírl 춤추고 있는 소녀(= a girl who is dancing)
coming evénts 다가올 일들   the deciding vóte 결정투표   a differing opínion 이견
finishing tóuches 마무리 손질   a floating réstaurant 수상 식당
a flying sáucer 날고 있는 접시   following exámple 다음의 보기   a helping hánd 도움의 손길
a living créature 살아있는 것   pouring raín 퍼붓는 비   the rising sún 떠오르는 해
a rólling stóne 구르고 있는 돌   a running júmp 돋음 닫기   running wáter 흐르는 물; 수돗물
a sailing shíp 항해 중인 배   a shooting stár 별똥별 (유성), 운석
skyrocketing cósts 치솟는 물가   a sweeping státement 개략적인 언급
telling efféct 잘 듣는 효과   a wálking díctionary 걸어 다니는 사전(만물박사)

3) 동명사는 관사, 지시사, 소유격, 형용사 등의 한정사를 취할 수 있다.

현재분사에는 관사나 형용사를 붙이지 못한다. 동명사에도 역시 관사나 지시사, 소유격, 형용사를 붙이지 못하는 것이 원칙이나, 동명사가 단순히 명사의 기능만을 하는 경우에는 예외적으로 붙일 수 있다.

**The rising** of prices must be curbed. 물가상승은 반드시 억제되어야만 한다.

He emphasized the importance of **the enforcing** of peace in this peninsula.
그는 이 반도에서 평화실현(정착)의 중요성을 강조했다.

Stop all **this arguing**. 이 모든 다툼을 중지하라.

**A knocking** at the door was heard. 문에서 노크하는 소리가 들렸다.

I was awakened by **an loud tapping** on the door.
나는 요란하게 문을 두드리는 소리에 잠에서 깼다.

**Her singing** compelled our attention. 그녀의 노래가 우리의 관심을 끌었다.


4) 현재분사는 형용사이므로 그 복수형이나 소유격을 생각할 수 없으나, 동명사가 순수하게 명사와 같이 쓰일 경우에는 복수형이나 속격을 쓰기도 한다.

Your good **beginnings** will make good **endings**. 시작이 좋으면 끝도 좋다.

Their **comings** and **goings** were frequent. 그들의 왕래는 빈번했다.

Some people read only for **reading's** sake.
어떤 사람들은 단지 읽기 위한 목적으로 책을 읽는다.


## 3. 동명사의 의미상의 주어

동명사도 종속절의 동사를 변형시킨 것으로서 동명사가 나타내는 동작·상태의 주체가 주문의 주어와 다를 경우 to부정사의 경우와 마찬가지로 그 주어를 따로 나타내 주어야 한다. 주문의 주어와 대비하여 동명사의 의미상의 주어라고 한다.

## (1) 의미상의 주어를 표시하는 경우

### 1) 동명사의 의미상의 주어는 명사나 대명사의 '소유격'을 원칙으로 한다.

① 동명사의 의미상의 주어인 인칭대명사는 일반적으로 소유격으로 나타낸다.

**Her** knowing it was surprising.   그녀가 그것을 알고 있다니 놀라웠다.

The rain prevented **our** starting.   비 때문에 우리는 출발하지 못했다.

Do you mind **my** asking what the money is for?
그 돈을 어디에 쓰려고 하는지 물어봐도 될까요?

Thanks for **your** listening.   들어주셔서 감사합니다.

She is looking forward to **his** returning home.
그녀는 그가 집에 돌아오기를 고대하고 있다.

Not a day passes by without **my** thinking of her.
나는 단 하루도 그녀를 생각하지 않는 날이 없다. (나는 매일 그녀를 생각한다.)

I am sure of **his** succeeding.   나는 그가 성공하리라고 확신한다.

He is proud of **his daughter's** being a pianist.
그는 딸이 피아노 연주자인 것을 자랑한다.

② 주어인 동명사의 의미상의 주어는 반드시 소유격을 쓴다.

That he will succeed in the examination is certain.

→ **His** succeeding in the examination is certain. (o)

그가 시험에 붙을 것이 확실하다.

That she know it was surprising.   그녀가 그것을 알고 있는 것이 놀라웠다.

→ **Her** knowing it was surprising.

**Jack's** being here will spoil everything.   잭이 여기 있으면 모든 것을 망칠 것이다.

**Time's** elapsing is dangerous.   세월이 무섭게 흘러간다.

It is very strange **his** going away without a word.
그가 말없이 가버리다니 참 이상하다.

> ▷ 다음과 같은 타동사 뒤에는 소유격만이 동명사 앞에 올 수 있다.
> ex) appreciate, avoid, consider, defer, delay, deny, enjoy, postpone, risk, suggest, etc.
> I appreciate **your** helping me. (o) 도와주셔서 감사합니다.
> I appreciate you helping me. (x)

### 2) 다음의 경우는 소유격 대신 목적격을 사용한다.

① 의미상 주어가 somebody, someone, no one 등의 부정대명사이거나 고유명사일 경우

I forgot **someone** calling me this morning.
나는 오늘 아침에 누군가가 내게 전화했다는 것을 잊었다.

I remember **Tom** saying so.
나는 톰이 그렇게 말한 것을 기억하고 있다.

② 사람을 나타내는 보통명사는 소유격이나 목적격을 모두 쓸 수 있으나 목적격을 많이 쓴다.

He dislikes **his secretary** making private calls.
그는 비서가 개인적인 전화를 하는 것을 싫어한다.

He doesn't like **his daughter('s)** going out at night.
그는 딸이 밤에 밖에 나가는 것을 좋아하지 않는다.

She is proud of **her father('s)** being a famous writer.
(= She is proud that her father is a famous writer.)
그녀는 자기 아버지가 유명한 작가인 것을 자랑한다.

③ 의미상의 주어가 사람일지라도 그것이 구를 이루거나 수식 어구를 갖는 경우

I am not surprised at **young and old** falling in love with her.
젊은이고 나이 든 이고 그녀와 사랑에 빠진다는 것에 나는 놀라지 않는다.

Was there any chance of **the people in the next room** hearing the conversation?
혹시라도 옆방에 있는 사람들이 그 대화를 들었을 가능성이 있었습니까?

④ 의미상의 주어가 this, that, these, those, some, any, no, each, all, both, few, several, no one, oneself 등 소유격이 없는 대명사일 때는 목적격을 사용한다.

He is afraid of **all of us** being scolded. 그는 우리 모두 혼나는 것을 겁낸다.

I have no doubt of **this** being true. 나는 이것이 사실이라는 것을 믿어 의심치 않는다.

I remember **each one of them** saying the same thing.

                나는 그들 각자가 같은 말을 한 것을 기억한다.

⑤ 의미상의 주어가 추상명사이거나 무생물일 때에는 일반적으로 목적격을 사용한다.

We were surprised at **her beauty** being made so much of.

              완벽하게 갖추어진 그녀의 아름다움에 우리는 놀랬다.

On **the sun** shining in the east, we must leave here.

              동녘에 해가 솟으면 우리는 이곳을 떠나야 한다.

We must allow for **the bus** being late. 우리는 버스가 늦는 것을 감안해야 한다.

She is proud of **her house** having a beautiful garden.

              그녀는 자기 집에 아름다운 정원이 있는 것을 자랑한다.

> ▷ 다음과 같은 타동사 뒤에는 목적격만이 동명사 앞에 올 수 있다.
> ex) hear, keep, smell, start, stop, watch
> I can not stop **him** watching TV. (o) 나는 그가 TV를 못 보게 할 수가 없다.
> I can not stop his watching TV. (x)

⑥ 수동태 동명사의 의미상 주어

I don't like **him** being treated like that. 나는 그가 그렇게 취급받는 것이 싫다.

He disliked **her** being loved by others.

            그는 그녀가 다른 사람들에게 사랑을 받는 것을 싫어했다.

⑦ 「타동사 + 대명사·명사 + 전치사 + 동명사」 구문에서는 대명사나 명사가 동명사의 의미 상의주어가 된다. ☞ p. 104 ⑤의 예문들 참조

Thank you for listening. 들어주셔서 감사합니다.

Nothing can deter me from doing my duty.
어떤 것도 나의 의무수행을 단념시킬 수는 없다.

⑧ 입말(체)에서는 의미상 주어로 흔히 목적격을 사용한다.

I'm so afraid of you being angry. 네가 화를 내니까 내가 무섭잖아.

Would you mind me asking a few questions? 제가 몇 가지 물어 봐도 괜찮겠습니까?

Have you ever heard of me speaking like that?
당신은 내가 그렇게 말하는 것을 들어 본적이 있나요?

---

### ■ 참고

#### 1. there가 동명사의 의미상의 주어로 쓰이는 경우

허사 there가 있는 'there be ~'구문을 동명사구로 만들 경우 there는 그 동명사의 의미상의 주어 역할을 한다.

He denied **there** being anything uncongenial in their character.
그는 그들의 기호에 맞지 않는 것이 있음을 부인했다.

You think the idea of **there** being a god is true.
당신은 신이 있다는 것이 사실이라고 생각하는군요.

#### 2. 동명사의 연속

원칙적으로 동명사를 연속하여 쓸 수 없으나, 동명사의 동사가 그 목적어로 동명사를 취할 수 있는 경우이거나 동명사의 목적어가 동명사형의 단순명사일 경우 동명사를 연속하여 쓸 수 있다.

Dal-rae's **enjoying continuing singing** a song made herself happy.
달래는 계속해서 노래를 부르는 것을 즐김으로써 자신을 행복하게 만들었다.

His idea of **continuing studying** English is tenacious.
영어 공부를 계속하겠다는 그의 생각은 결연하다.

### (2) 의미상의 주어를 나타내지 않는 경우

문장 전체를 통하여 의미상의 주어가 필요 없는 경우에는 의미상의 주어를 생략한다.

#### 1) 의미상의 주어가 주문의 주어와 일치할 경우

I am sure of succeeding. 나는 나의 성공을 확신한다.

[= I am sure (that) I will succeed.]

She insisted on accepting the present.

그녀는 그 선물을 받아야 한다고 주장했다.

(= **She** insisted that **she** should accept the present.)

Do you mind passing me the salt over there?

거기에 있는 소금 좀 제게 건네주시겠습니까?

(= Will **you** pass me the salt over there?)

#### 2) 의미상의 주어가 we, one, you, they, people 등일 경우

Saying and doing are quite different things.

말하는 것과 행하는 것은 전혀 다른 것이다.

Giving up smoking is requires a lot of patience.  금연하는 데는 많은 인내가 필요하다.

#### 3) 정황상 (문맥상) 분명할 때

Thanks for helping with my work. 일을 도와줘서 고마워.


## 4. 동명사의 시점표시

### (1) 단순동명사 (~ing)

단순동명사란 본동사의 시제가 나타내는 시점과 같은 시점을 나타내는 '~ing'형태의 보통의 동명사를 말한다. 단순동명사는 본동사가 나타내는 시점과 같은 시점을 나타내는 것이 보통이지만, 본동사의 성격에 따라 본동사의 시점보다 이후(= 미래) 시점이나, 때로는 이전(= 과거) 시점을 나타내기도 한다.

### 1) 본동사가 나타내는 시제의 시점과 같은 시점

He is proud of being rich.    그는 자신이 부자인 것을 자랑한다.
(= He is proud that he is rich.)
She was proud of her father's being a writer.    그녀는 자기 아버지가 작가라고 자랑했다.
(= She was proud that her father was a writer.)

### 2) 본동사의 시제가 나타내는 시점보다 하나 이후 (= 미래)의 시점

본동사가 (기대, 소망 등) 미래의 뜻을 갖거나(insist, intend 등), 동명사구에 미래의 뜻을 갖는 형용사(sure, convinced)나 명사(hope, doubt, likelihood, possibility, probability 등)가 있을 때 단순동명사는 본동사의 시점보다 하나 이후 (= 미래)의 시점을 나타낸다.

I intend going there.    나는 거기에 갈 작정이다.
(= I intend that I will go there.)
I insist on your being present.    네가 꼭 참석해 주길 바라.
(= I insist that you should be present.)
I am sure of his succeeding.    그는 틀림없이 성공할 것이다.
(= I am sure that he will succeed.)
There is possibility of his passing the exam.    그가 그 시험에 합격할 가능성이 있다.
(= There is possibility that he will pass the exam.)
I have no doubt of your passing the exam.
  나는 네가 시험에 합격하리라는 것을 의심치 않는다.
(= I have no doubt that you will pass the exam.)

### 3) 본동사의 시제가 나타내는 시점보다 하나 이전 (= 과거)의 시점

accuse, admit, blame, deny, forget, punish, recall, regret, remember, scold 등 과거의 일을 나타내는 본동사 다음에 오는 단순동명사는 본동사의 시제가 나타내는 시점보다 하나 이전(= 과거)의 시점을 나타낸다. 이때의 단순동명사는 완료동명사로 바꿀 수 있다.

※ 공식적인 시험에서는 완료동명사를 우선시한다.

I forgot meeting him before.      나는 전에 그를 만났었던 기억이 없다.
= I forgot that I had met him before.
    I forgot having meet him before.

I remember seeing her the other day.     나는 지난번에 그녀를 본 것을 기억한다.
= I remember that I saw her the other day.
    I remember having seen her the other day.

She accused him of stealing her car.    그 여자는 자기 차를 훔쳤다고 그 남자를 고소했다.
= She accused him that he had stolen her car.
    She accused him of having stolen her car.

### 4) 단순 수동동명사 (being + p.p.)

수동태문장의 be만 being으로 고쳐주면 된다.

He is ashamed of being laughed at by them.

                               그는 그들에게 비웃음 받는 것을 수치스러워한다.

(= He is ashamed that he is laughed at by them.)

People don't like being treated unfairly.

                                     사람들은 불공평하게 대우받는 것을 싫어한다.

> ▷ bear, deserve, need, require, stand, want 등의 타동사와 형용사 past, be worth, worthy of 등의 다음에 오는 단순동명사는 수동의 뜻을 나타낸다.
> The garden wants watering. (= to be watered.) 그 정원은 물을 주어야 한다.

> ※ The garden wants being watered. (x) / The garden wants to water. (x)
> This watch needs mending. (= to be mended.) 그 시계는 수리가 필요하다.
> The man deserves punishing. (= to be punished.) 그 사람은 처벌받을 만하다.
> The story doesn't bear repeating. 그 이야기는 되풀이할 가치가 없다.
> Your hair needs cutting. (= to be cut.) 너는 이발이 필요하다.
> The boy requires looking after. (= to be looked after.) 그 아이는 보살핌이 필요하다.
> The report is worth reading twice. 그 보고서는 두 번 읽을 가치가 있다.

### (2) 완료(형) 동명사

완료(형)동명사란 본동사의 시제가 나타내는 시점보다 하나 앞선 시점을 나타내는 'having + 과거 분사'의 형태의 동명사를 말한다. 따라서 본동사가 현재시제이면 완료동명사는 과거 시점을, 본동사가 과거시제이면 완료동명사는 과거완료(의 시점)를 나타낸다.

### 1) 일반(단순, 능동) 완료동명사 [having + p.p.]

본동사의 시점보다 하나 더 과거의 시점을 나타낸다.

I regret having done such a thing. (= I regret that I did such a thing.)
나는 그런 짓을 한 것을 후회한다.

She is proud of having been rich. 그녀는 과거에 부자였던 것을 자랑한다.
(= She is proud that she was [has been] rich.)

I could not remember having seen him before.
나는 그 전에 그를 보았던 일을 기억할 수 없었다.
(= I could not remember that I had seen him before.)

I was sure of Tom's having passed the exam.
나는 그 당시 톰이 시험에 합격했다고 확신했다.
(= I was sure that Tom had passed the exam.)

## 2) 수동 완료동명사 [having been p.p.]

I never heard of such a thing **having been done**.

나는 그런 일이 있었다는 것을 들어보지 못했다.

(= I never **heard** that such a thing **had been done**.)

※ such 이하는 전치사 of의 목적어인 명사구이다. 이때 such a thing은 수동완료동명사 having been done 의 의미상의 주어다.

He did not acknowledge having been defeated.
= He **did** not acknowledge that he **had been defeated**.
 He did not acknowledge himself defeated.

그는 자신이 패배했다는 것을 인정하지 않았다.

He resents having been accused.  그는 비난 받은 것에 분개하고 있다.
Did you forget having been despised by him?

너는 그에게 멸시받았던 것을 잊었었니?

# 5. 동명사의 부정

동명사를 부정할 때에는 동명사 앞에 not, never, no 등의 부정어를 둔다.
He insisted on **not** meeting her again.  그는 다시는 그녀를 만나지 않겠다고 했다.
I make a habit of **never** lending money to strangers.

나는 낯선 사람에게는 절대 돈을 빌려주지 않는 습관을 들였다.

There's **no** disguising the fact that he's a liar.  그가 거짓말쟁이라는 사실은 숨길 수가 없다.
There is **no** telling what will happen tomorrow.  내일 무슨 일이 일어날지는 알 수 없다.
I'm sorry for **not** having called to you sooner.  좀 더 일찍 전화 드리지 못해 죄송합니다.

■ 덧붙임

1. 동명사의 의미상의 주어 앞에는 no, not, few 등의 부정어가 오지 못한다.
   No [Few] children knowing it was surprising. (x)

2. not, never를 동명사 앞에 놓을 경우 그 의미상의 주어는 목적격을 사용한다.
   Them not knowing it was surprising. 그들이 그것을 모르고 있는 것이 놀라웠다.


## 6. 종속절의 동명사구문으로의 전환

### (1) 의의
더 간명한 어구[단어, 부정사구, 분사구(문), 동명사구 등]를 사용하여 문장(단문)을 만들 수 있음에도 종속절(명사절, 형용사절, 부사절, 동격절)을 사용하여 문장(복문)을 만드는 것은 언어의 비경제적인 사용일 뿐만 아니라 복문은 단문에 비해 무겁고 딱딱한 느낌을 주기도 하므로, 뜻의 차이가 없고 특별히 종속절의 사용이 요구되는 경우가 아니라면 복문의 형식보다는 단문의 형식으로 쓰는 것이 좋다.

### (2) 종속절의 동명사구로의 전환법
복문의 단문화 방법의 하나인 종속절을 동명사구(문으)로 전환하는 법은 다음과 같다.

#### 1) 명사절을 동명사구로 전환하는 법
① 주어절 (that절)의 동명사구문으로의 전환

주어절의 주어를 없애고 동사를 ~ing형으로 만들고, 주어절의 주어를 속격(소유격)이나 목적격의 형태로 바꾸어 동명사의 의미상의 주어를 나타내 준다. 주어절의 주어가 일반인이거나 누구나 알 수 있는 경우에는 생략한다.

That he will pass the examination is certain.

→ **His passing the examination** is certain.　　그가 시험에 통과할 것은 확실하다.

That Jane came here was surprising.

→ **Jane coming here** was surprising.　　제인이 이곳에 온 것이 놀라웠다.

That he had been idle was the cause of his failure.

→ **Having been idle** was the cause of his failure.

　　　　　　　　　　　　　　　　　　　게을렀던 것이 그의 실패의 요인이었다.


② 타동사의 목적절 (that절)의 동명사구문으로의 전환

❶ 주절의 동사가 동명사를 목적어로 취할 수 있는 경우에는 목적절의 동사를 그대로 동명사형으로 바꿀 수 있으나, 동명사를 목적어로 취할 수 없는 타동사일 경우에는 「자동사 + 전치사」의 형태로 바꾼다. 그리고 조동사가 있을 경우에는 생략한다.

I remember that I met her the other day.

→ I remember **meeting her the other day**.　　나는 지난번에 그녀를 만난 것을 기억한다.

※ remember는 동명사를 목적어로 할 수 있으므로 전치사를 따로 요하지 않는다.

My brother insists that he will accompany me.

→ My brother **insists upon accompanying me**.

　　　　　　　　　　　　　　　　　　　내 남동생은 나를 따라오겠다고 고집을 피운다.

※ 타동사 insist는 동명사를 목적어로 하지 못하므로 같은 뜻으로 쓰는 「insist (자동사) + upon [on]」의 형태로 바꿔준다.

I suggested that we should play tennis.

→ I suggested **our playing tennis**.　　나는 테니스를 하자고 제안했다.

※ that절의 조동사(여기서는 should)는 생략한다.

❷ 목적절의 주어가 주절의 주어와 일치할 경우 생략하고, 주절의 주어와 일치하지 않는 경우에는 동명사의 의미상의 주어를 표시하는 원칙에 따라 that절의 주어를 소유격이나 목적격의 형태로 바꿔준다.

I remember that I met her the other day.
→ I remember meeting her the other day.

I can not but think that they are still alive.
→ I can not but think of their being still alive.
나는 그들이 여전히 살아있다고 생각하지 않을 수 없다.

I remember that Tom said so. → I remember Tom saying so.
나는 톰이 그렇게 말한 것을 기억하고 있다.

❸ 주절의 시제와 목적절의 시제가 같으면 단순동명사로, 목적절의 동사 시제가 주절의 동사보다 앞선 시점을 나타내는 시제이면 완료동명사로 바꾼다.

I regret that I can't help you. → I regret not being able to help you.
도와드리지 못해 유감입니다.

He denied that he had done it. → He denied having done it.
그는 그것을 한 일이 없다고 말했다.

❹ 「타동사 + that절 (타동사의 목적절)」구문의 동명사구문으로의 전환 예

i. deny, forget, regret, remember, suggest 등 + that절 ⇒ S + deny 등 + 동명사

I will never forget that I met [have met] her there.
→ I will never forget seeing [having seen] her there.
나는 그곳에서 그녀를 만났던 것을 결코 잊지 못할 것이다.

I regret that I can't help you. .
→ I regret not being able to help you. (o)    도와드리지 못해 유감입니다
   I regret being unable to help you. (o)

**3장 동명사(Gerund)**    237

ii. decide, insist 등 + that + s + v ⇒ decide 등 + on + 동명사

I've decided that I will go to Jejudo for my vacation.

→ I've decided on going to Jejudo for my vacation.

나는 휴가를 제주도로 가기로 결정했다.

He insists that I should pay the bill. → He insists on my paying the bill.

그는 내가 그 계산을 해야 한다고 주장한다.

iii. complain, dream, hear, know, repent, think 등 + that + s + v complain 등 + of + 동명사

He complained (to me) that he did not have enough to do.

→ He complained of not having enough to do.    그는 할 일이 별로 없다고 불평했다.

I hear that he will leave Korea at the end of the month.

→ I hear of his leaving Korea at the end of the month.

나는 그가 이번 달 말에 한국을 떠난다고 듣고 있다.

I repent that I was idle in my youth.

→ I repent of having been idle in my youth.

나는 젊은 시절에 빈둥거리며 지낸 것을 후회한다.

I cannot but think that he is still alive.

→ I cannot but think of his being still alive.

③ 서술형용사의 보충절 (that절)의 동명사구문으로의 전환

「주어 + be + 서술형용사 + that절(서술형용사의 보충절)」 구문의 that절은 형용사의 보충어로서 동명사구문으로의 전환 시 반드시 전치사를 요한다. 이외에는 타동사의 목적절을 동명사 구문으로 전환하는 법과 동일하다.

[주어 + be + 서술형용사 + that절 ⇒ 주어 + be + 서술형용사 + 전치사(of, about, at, for, with 등) + 동명사]

❶ be + glad, proud, afraid, ashamed; certain, confident, convinced, persuaded, sure; aware, conscious, ignorant 등 + that절 ⇒ be + glad, certain, aware 등 + of + ~ing ☞ p. 311[2] 이하 참조

I am glad that he passed the exam.
→ I am glad of his having passed the exam.   나는 그가 시험에 합격해서 기쁘다.
He is proud that he is of Korean origin.
→ He is proud of being of Korean origin.   그는 한국 출신임을 자랑으로 여긴다.
She was confident that she would succeed.
→ She was confident of succeeding.   그녀는 자신이 성공할 것이라고 자신하고 있었다.
I am convinced [persuaded] that she will come.
→ I am convinced [persuaded] of her coming.   나는 그녀가 오리란 것을 확신한다.
※ persuaded가 convinced보다 확신도가 떨어짐.

I was not aware that I had offended her.
→ I was not aware of having offended her.
　　나는 그때 내가 그녀의 감정을 상하게 했다는 것을 알지 못했다.
He was not conscious that the matter was important.
→ He was not conscious of the matter being important.
　　그는 그 문제가 중요하다는 것을 알지 못했다.
He was ignorant that she was a real treasure to him.
→ He was ignorant of her being a real treasure to him.
　　그는 그녀가 자기에게 정말 소중한 사람이라는 것을 몰랐다.


❷ be + angry, annoyed, anxious, apprehensive, concerned, disappointed, glad, happy, pleased, surprised 등 + that절 ⇒ be + angry 등 + about + ~ing

She was angry that he came late.
→ She was angry about [at] his coming late.   그녀는 그가 늦는 것에 화가 났다.
Salaried workers are anxious that they may be laid off.

→ Salaried workers are anxious **about being laid off**.

월급쟁이들은 자신들이 해고되지 않을까 걱정한다.

She was apprehensive that he might go wrong.

→ She was apprehensive **about [for] his going wrong**.

그녀는 그가 잘못되지나 않을까 걱정했다.

❸ be + amazed, angry, disappointed, embarrassed, pleased, puzzled, surprised 등 + that절 ⇒ be + amazed 등 + at + ~ing

He was amazed that he had been asked such a question.

→ He was amazed at **having been asked that question**.

그는 그러한 질문을 받자 놀랐다.

She was embarrassed [puzzled] that she heard the news.

→ She was embarrassed **at hearing the news**.     그녀는 그 소식을 듣자 당황했다.

I am pleased that you have come today.

→ I am pleased **at your having come today**.    네가 오늘 와줘서 기쁘다.

❹ be + anxious, apprehensive, sorry 등 + that절 ⇒ be + anxious 등 + for + ~ing

He is anxious that she (should) return.

→ He is anxious **for her returning**.    그는 그녀가 돌아오기를 간절히 바라고 있다.

I am sorry that he failed the exam.

→ I am sorry **for his having failed the exam**.    그가 시험에 떨어지다니 유감이다.

❺ be + happy, pleased, satisfied 등 + that절 ⇒ be + happy 등 + with + ~ing

I was very happy [pleased] that my proposal was accepted.

→ I was very happy [pleased] **with my proposal being accepted**.

나의 제안이 받아들여져 나는 매우 기뻤다.

I am satisfied that my requirements have been met.

→ I am satisfied with my requirements having been met.

나는 내 요구사항들이 충족되어 만족스럽다.

④ 동격절의 동명사구로의 전환법

사고, 판단, 가능, 경향 등을 나타내는 다음과 같은 (추상)명사들에 대한 동격의 that 절은 '명사 + of + ~ing (동명사)'의 형태로 전환할 수 있다.

ex) certainty, chance, conclusion, doubt, evidence, fact, freedom, habit, hope, idea, impression, intention, memory, method, necessity, news, objection, obligation, opportunity, opinion, (im)possibility, probability, prospect, purpose, question, report, responsibility, risk, rumor, suggestion, thought, etc.

There is no certainty that he will comply with my request.

→ There is no certainty of his complying with my request.

그가 나의 부탁을 들어줄지는 확실치 않다.

The fact that he is honest is known to everybody.

→ The fact of his being honest is known to everybody.

그가 정직하다는 것은 누구나 안다.

The idea that the gentleman was a thief never occurred to me.

→ The idea of the gentleman being a thief never occurred to me.

나는 결코 그 신사가 도둑이라는 생각은 하지 못했다.

I had no intention that I would hurt him.

→ I had no intention of hurting him.   나는 그를 해칠 의사가 전혀 없었습니다.

Is there any possibility that he will recover?

→ Is there any possibility of his recovering?   그가 회복할 가능성이 있습니까?

There's a rumor that Mr. Kim will marry Miss Park.

→ There is a rumor of Mr. Kim marrying Miss Park.

김 군이 박 양과 결혼할거라는 소문이 있다.

I blushed with shame at the thought that I had spoken ill of him.

→ I blushed with shame at the thought of (my) having spoken ill of him.

나는 그를 욕했던 깐이 있어 부끄러워서 얼굴이 화끈거렸다.

## 2) 부사절의 동명사구문으로의 전환법

시간, 원인·이유, 목적, 양보, 대조 등의 뜻을 나타내는 부사절을 같은 뜻의 전치사를 사용하여 '전치사(구) + ~ing (동명사)'의 형태로 전환할 수 있다.

① 시간을 나타내는 부사절은 전치사 in, on, before 등을 사용하여 동명사구로 바꿀 수 있다.

We cannot be too careful when we choose friends.

→ We cannot be too careful **in choosing friends**.

친구를 선택하는 데에는 아무리 신중해도 지나칠 게 없다.

When we learn a foreign language, it is necessary to advance step by step.

→ **In learning a foreign language**, it is necessary to advance step by step.

외국어를 배울 때는 차근차근 (꾸준히) 해 나아가는 게 필요하다.

As soon as the clock struck six, he got up.

→ **On the clock** striking six, he got up.   시계가 여섯 시를 치자마자 그는 일어났다.

A soon as we got into the train, it began to move.

→ **On us getting into the train**, it began to move.

우리가 오르자마자 기차가 움직이기 시작했다.

Knock at [on] the door when you enter the room.

→ Knock at [on] the door **before entering the room**.

방에 들어오기 전에 문을 노크하시오.

② 원인·이유를 나타내는 부사절은 전치사 because of, for, through 등을 사용하여 동명사구 로 바꿀 수 있다.

He failed his exam <u>because he didn't study hard</u>.
→ He failed his exam **because of** not **studying hard**.

그는 열심히 공부하지 않았기에 시험에 떨어졌다.

The student was scolded by the teacher <u>because he was late</u>.
→ The student was scolded by the teacher **for being late**.

그 학생은 지각해서 선생님께 꾸중을 들었다.

She got lost <u>because she did not know the way</u>.
→ She got lost **through** not **knowing the way**.

그녀는 길을 몰라서 어찌할 바를 몰라 했다.

③ 목적을 나타내는 부사절은 전치사구 for fear of, for the purpose of, with a view to 등을 사용하여 동명사구로 바꿀 수 있다.

We walked noiselessly <u>for fear (that) we might wake the fierce dog</u>.
→ We walked noiselessly **for fear of waking the fierce dog**.

우리는 그 사나운 개를 깨울까봐 살금살금 걸었다.

He studied hard <u>so that he could pass the exam</u>.
→ He studied hard **for the purpose of passing the exam**.

그는 시험에 합격하기 위해 열심히 공부했다.

She studies English <u>in order that she may go abroad</u>.
→ She studies English **with a view to going abroad**.

그녀는 유학을 갈 목적으로 영어를 공부한다.

④ 양보, 대조를 나타내는 부사절은 전치사구 in spite of, instead of 등을 사용하여 동명사구로 바꿀 수 있다.

He went out though it was raining.
→ In spite of raining, he went out.  비가 오고 있었는데도 불구하고 그는 외출했다.
She didn't go out, but stayed at home.  그녀는 외출하지 않고 집에 있었다.
→ Instead of going out, she stayed at home.  그녀는 외출하는 대신에 집에 있었다.

### 3) 형용사절 (관계사절)의 동명사구문으로의 전환법

「명사(선행사) + 관계사절(which절, that절, why절)」을 '전치사(of, for) + 동명사'의 형태로 바꿀 수 있다. [명사(선행사) + 관계사절(형용사절) ⇒ 명사 + 전치사 + 동명사]

▶ 이때 전치사로는 보통 of를 쓰며 'of + 동명사'는 형용사구가 된다. 선행사가 reason일 경우 for를 쓸 수 있다.

I have my own way (that) I do it. → I have my own way of doing it.
나에게는 그것을 하는 나대로의 방식이 있다.

I have good reasons why I say this. → I have good reasons for saying this.
내가 이런 말을 하는 데는 그만한 이유들이 있다.

He sent me the rice which he had grown himself.
→ He sent me the rice of his own having grown.
그는 자신이 손수 재배한 쌀을 내게 보냈다.

# 7. to + ~ing (동명사) 구문

다음과 같은 구문들에서 to는 전치사로서 그 뒤에는 동사원형이 아니라 동명사나 명사가 온다.

### (1) be opposed to + ~ing 《~하는 것을 반대하다.》

= object to + ~ing; make [raise] an objection to + ~ing

I am very much opposed to doing it. 　　　　　　나는 그것을 하는 것에 절대 반대한다.

Most of the inhabitants made objections to building the dam.

　　　　　　　　　　　　　　　　　　　　　주민 대다수가 그 댐 건설을 반대했다.


### (2) devote [dedicate] + A + to + ~ing (B) 《A를 B하는데 바치다.》

She devoted her entire life to helping the poor.

　　　　　　　　　　　　　　　　　그녀는 가난한 이들을 돕는데 그녀의 생애를 바쳤다.


### (3) with a view to + ~ing 《~을 하기 위해, ~할 목적으로》

= with an eye to ~ing / with an intention to ~ing / for the purpose of ~ing

He has bought the land with a view to building a house.

　　　　　　　　　　　　　　　　　　　　　그는 집을 지을 목적으로 그 땅을 샀다.


### (4) give rise to + ~ing 《~을 초래하다(= lead to + 동사원형), ~을 일으키다.》

The accident gave rise to troubling him. 　　　그 사건은 그를 곤란하게 했다.


### (5) contribute to + ~ing 《~하는 데 공헌하다.》

She contribute to improving social environment.

　　　　　　　　　　　　　　　　　　　그녀는 사회 환경을 개선하는데 공헌했다.

### (6) turn one's attention to + ~ing 《~하는 데 주의를 돌리다. (관심을 기울이다.)》

The company did not turn its attention to improving the welfare of its workers.

그 회사는 직원들의 복지를 개선하는 데 관심을 기울이지 않았다.

### (7) be [become] used to + ~ing 《~하는데 익숙해져 있다; 길들여지다.》

= get used to + ~ing / be accustomed [acclimated] to + ~ing 또는 동사원형

She is used to driving a car.　　　　　　　　그녀는 차 운전에 익숙해져 있다

(= She accustomed to drive [driving] a car.)

Have you got used to living on your own?　　이제 혼자 사는 것에 익숙해지셨습니까?

He is acclimated to speaking in front of people.

그는 사람들 앞에서 말하는 데에 익숙해져 있다.

> ▷ 「be used to + 동사원형」은 '~하는데 쓰여지다.'의 뜻을 갖는다. (= be use for ~ing)
> This machine is used to saw wood. 이 기계는 나무를 켜는 데 쓰인다.

### (8) be equal to + ~ing 《~와 동일하다; ~할 능력이 있다; ~을 감당할 수 있다.》

Doing nothing is equal to doing ill.　　　아무것도 하지 않는 것은 죄를 짓는 것과 똑같다.

He is not equal to doing the work.

그는 그 일을 할 능력이 없다. / 그는 그 일을 하기에 역부족이다.

She is very weak and not equal to making a long journey.

그녀는 몸이 몹시 약해서 장거리 여행을 감당해낼 수가 없습니다.

### (9) What do you say to + ~ing 《~하는 게 어때?; ~할까요?》

= How about ~ing …? / What about ~ing …? / What do you think about ~ing …?

What do you say to going to the theater tonight?

오늘 밤 극장에 가는 것에 대하여 어떻게 생각하니?

What do you think about playing tennis after lunch? 점심 먹고 테니스 할까?

## (10) take to + ~ing 《~에 몰두하다, ~에 빠지다.》

He took to making a money after he graduated from high school.

그는 고등학교를 졸업한 후에 돈을 버는 데 몰두했다.

## (11) fall to + ~ing 《~을 시작하다. (= begin + to부정사)》

The committee fell to discussing the proposed problem.

위원회는 제의된 문제를 논의하기 시작했다.

## (12) when it comes to + ~ing 《~의 문제라면, ~에 관한한》

When it comes to getting off work, he knows all the dodges.

땡땡이치는 일이라면, 그는 온갖 술수를 알고 있다.

She's all thumbs when it comes to cooking. 요리에 관해서라면 그녀는 아주 젬병이다.

## (13) look forward to + ~ing 《~하는 것을 기대 [고대]하다; ~하는 것을 기다리다.》

We look forward to sharing the flourishing New Year with you all.

새해에는 여러분 모두 번창하시게 바랍니다.

I am looking forward to seeing you again. 다시 만나 뵐 수 있기를 바랍니다.

# 8. 주요 동명사 구문

### (1) There is no ~ing 《~을 할 수 없다[~하는 것이 불가능하다.]》

= it is impossible to + 동사원형

There is no accounting for tastes. (= It is impossible to account for tastes.)
맛에 대한 이유를 설명할 수는 없다. (좋고 싫은 데는 이유가 없다.)

There is no telling where he has gone. 그가 어디로 가버렸는지 알 수 없다.
There is no reasoning with that man. 그 사람과는 아무리 말해도 통하지 않는다.

### (2) It is (of) no use [good] + ~ing 《~해봤자 (아무) 소용없다.》

= It is useless [(of) no use] + to부정사/ ~ing (동명사)

It is (of) no use crying over spilt milk.
= It is useless crying over spilt [spilled] milk.
엎지른 우유를 보고 울어봤자 소용없다. (지난 일은 잊어라.)

※ 'of no use'의 형용사구에서 전치사 of를 생략하여 명사를 형용사적으로 사용하면 그 뜻을 더 강조하는 것이 된다. (p. 200[3] 참조)
  It is useless to cry over spilt milk.
  There is no use (in) crying over spilt milk.
  What is the use [point] of crying over spilt milk?
  Of what use is it to cry [crying] over spilt milk?

It is (of) no use to say such a thing now when it is too late.
이미 때늦은 일을 갖고 (새삼스럽게) 지금 그런 말을 해봐야 아무 소용없다.

### (3) of one's own + ~ing 《자기가 직접 ~한 [= (which is) p.p. + by oneself]》

This is a cake **of my own making**.　　　　　　　　　이것은 내가 직접 만든 과자입니다.

= This is a cake which I have made myself.

　This is a cake (which is) made by myself.


### (4) It goes without saying + ~(that절) 《~(that 이하)는 두말할 필요가 없다.》

= (It is) Needless to say that ~ / It is matter of course that ~ /

It is not to much to say that ~

**It goes without saying** that health is above wealth.

　　　　　　　　　　　　　　　　건강이 재산 보다 위라는 것은 두말할 필요가 없다.

It is a matter of course that **such** an industrious man **as** he will succeed.

　　　　　　　　　　　그는 대단히 근면한 사람이라 성공하리라는 것은 두말할 필요가 없다.


### (5) on [upon] + ~ing 《~하자마자, ~할 때》

= as soon as, when + 주어 + 동사

**On his receiving** a call, he turned pale.　　　그는 전화를 받자마자 얼굴빛이 창백해졌다.

(= As soon as he received a call, he turned pale.)


### (6) in + ~ing 《~할 때에는 (= when + 주어 + 동사 ~); ~하는데; ~하는 것은》

Be polite **in speaking** to others.　　　　　　　다른 사람들에게 말할 때에는 공손하게 해라.

(= Be polite when you speak to others.)

No one has ever succeeded **in explaining** this phenomenon.

　　　　　　　　　　　　　　　　　　　아무도 이 현상을 설명하는 데 성공하지 못하고 있다.

We made a mistake **in trusting** such an impostor.

그런 사기꾼을 믿은 것은 우리의 실수였다.

### (7) without + ~ing 《~하지 않고, ~도 없이》

He went away **without waiting** for an answer.   그는 대답도 기다리지 않고서 가버렸다.

He offered to the work **without being** paid.   그는 보수도 없이 그 일을 하겠다고 말했다.

How can you do it **without** anybody **knowing** it?

아무도 모르게 당신이 그것을 어떻게 할 수 없습니까?

You can form no idea of it **without seeing**.

보지 않고서는 그것이 어떤 것인지를 가늠할 수 없다.

### (8) be thankful [grateful] + A + for + B (~ing) 《A에게 B하는 것에 대해 감사하다.》

I **am** very **thankful** to you **for inviting** me to the party.

파티에 초대해주셔서 대단히 감사합니다.

### (9) S (사물주어) + want, need, require + 능동동명사 (= 수동부정사) 《~을 필요로 하다; ~을 해야 한다.》

My house wants **painting**. (o)   우리 집은 칠이 필요하다.

→ My house requires to be painted. (o) / My house needs being painted. (x)

The shirt wants **washing**.   그 옷은 세탁이 필요하다.

### (10) feel like + ~ing 《~하고 싶은 생각이 나다.》

= feel inclined + to부정사 / have a mind + to부정사 / be disposed + to부정사

I **feel like** sleeping now.　　　　　　　　　　　나는 지금 자고 싶은 생각이 난다. (자고 싶다.)
(= I feel inclined to sleep now.)


### (11) be busy (in) + ~ing 《~하느라 바쁘다. (= be busy with + 명사)》
▶ 전치사 in을 생략하면 ~ing는 현재분사로서 분사구문이 된다.
He **is busy (in) preparing** for his presentation.　　　그는 발표를 준비하느라 바쁘다.
She **was busy getting** ready for the journey.　　　　그녀는 여행 준비에 바빴다.


### (12) be on the point [verge, brink, edge] of + ~ing 《~하려는 찰나다. (= be about to + 동사원형); 막 ~하려고 하다; ~의 직전에》
He **was on the verge of being** drowned.　　　　　그가 막 물에 빠지려는 순간이었다.
She **was on the point of going** out.　　　　　　　그녀는 막 외출하려는 순간이었다.


### (13) be worth + ~ing 《~할 가치가 있다.》
The book **is worth reading**.　　　　　　　　　　그 책은 읽을 만한 가치가 있다.
(= The book is worthy of reading.)
cf.) be worth + 명사(~): ~의 가치가 있다. (= be worthy of + 명사)
Your watch is worth the price.　　　　　　　　　네 시계는 그 가격만큼의 가치가 있다.
What **is worth doing** at all **is worth doing** well.
　　　　　　　　　　　　　　　　적어도 할 만한 가치가 있는 것이면 잘할 만한 가치가 있다.

### ■ 참고

1. It is **worth while** to read this book. (o) 〈우선〉 이 책은 읽을 만한 가치가 있다.
   　　〃　　〃　reading this book. (o) 〈차선〉

   ※ 여기서 to 이하나 reading 이하는 진주어이며, worth는 전치사성 서술형용사로서 while을 그 목적어(보충어)로 하고 있는 형태의 구문이다. worth와 while 사이에 소유격이 들어갈 수도 있다.

   It is worth **your** while to read the book. (o) 이 책은 네가 읽을 만한 가치가 있다.
   It would be worth **your** while to meet him. 네가 그를 만나보는 것이 도움될 것이다.
   He promised to make it worth **your** while to take part.
   그는 네가 참가하면 후하게 보상을 하겠다고 약속했다.

2. This book is **worth while to read**. (o) 이 책은 읽을 만한 가치가 있다

   ※ reading은 틀림. 여기서 while이 전치사적 형용사인 worth의 목적어가 되므로 또다시 목적어로 reading이 올 수는 없기 때문이다. 여기서 to read는 while을 수식하는 형용사구이다.

   = This book is **worth** reading. (o) / It is worth of reading this book. (o)

3. It is **worth** to read this book. (x) / It is **worth** reading this book. (x)

   ※ 즉, to read 이하나 reading 이하가 진주어이고 worth는 반드시 그 보충어(목적어)를 수반하는 전치사적 형용사이므로 보충어(목적어)가 없게 되기 때문이다.

4. The book is **worthy** to be read. (o) 그 책은 읽힐만한(읽어 볼 만한) 가치가 있다.
   　　〃　　〃　to read. (x)

   ※ 책은 읽히는 대상이 될 수는 있어도 읽는 주체가 될 수는 없다.

   The book **deserves** to be read. (o) 그 책은 읽어 볼 만한 가치가 있다
   　　〃　deserves reading. (o)

### (15) make a point of + ~ing 《~하는 것을 규칙으로 하다; 언제나 ~하기로 하고 있다.》

= be in the habit of + ~ing / make it a rule + to부정사

He makes a point of getting up at six in the morning.

그는 아침 여섯 시에 일어나는 것을 규칙으로 하고 있다.

I make a point of undergoing a medical checkup once a year.

나는 1년에 한 번씩 신체검사를 받기로 하고 있다.

▷ 'make a point of ~ing'는 '주장하다, 강조하다.'의 뜻을 가질 때도 있다.
Father made a point of our returning home on time.
아버지는 우리가 제시간에 귀가할 것을 강조하셨다.

### (16) come, go + near + ~ing 《하마터면 ~할 뻔하다; 가까스로 ~을 모면하다.》

= nearly, barely, narrowly + escape + ~ing

He came near being drowned. 하마터면 그는 물에 빠질 뻔했다.

He narrowly escaped being killed in that accident.

그는 그 사고에서 가까스로 죽음을 모면했다.

### (17) instead of + ~ing 《~가 아니고 (~다). (= not ~ but …)》

Instead of being shy, she is unsocial. 그녀를 부끄러움을 많이 타는 것이 아니고 비사교적이다.
(= She is not shy, but unsocial.)

### (18) besides, in addition to + ~ing (A) 《~(A)뿐만이 아니라 (B도 역시 ~이다.)》

In addition to teaching English, he writes many novels.

그는 영어를 가르칠 뿐만 아니라, 소설도 많이 쓴다.

### (19) never [또는 cannot] A without B (~ing) 《~A 하면 반드시 B하다.》

It never rains without pouring. 비가 왔다 하면 퍼붓는다.

[= It never rains, but it pours. / When it rains, it always pours. / Every time (or At any time) it rains, it pours.]

The two never meet without quarrelling. 그 둘은 만나기만 하면 싸운다.

I never[can not] see this album without recollecting my happy school life.

나는 이 사진첩을 볼 때마다 즐거웠던 학창시절이 생각난다.

I **never** see her **without being** reminded of my mother.

나는 그녀를 볼 때마다 나의 어머니 생각이 난다.

**Not** a day passes by **without my thinking** of her.

나는 단 하루도 그녀를 생각하지 않는 날이 없다. (나는 매일 그녀를 생각한다.)


### (20) be far from + ~ing 《~결코 ~않다.》

I **am far from saying** that.　　　　나는 그런 소리를 하고 싶은 생각은 조금도 없다.

His explanation **was far from** (being) satisfactory.

그의 설명은 결코 만족한 것이 못되었다.

He **is far from telling** a lie.　　　　그는 결코 거짓말을 하지 않는다.


### (21) cannot help + ~ing 《~하지 않을 수 없다.》

= can't help but + 동사원형; have no alternative but + to부정사

▶ help 대신에 avoid, forebear, resist, escape 등을 쓸 수 있다.

I **cannot help thinking** him foolish.　　　나는 그를 멍청하다고 생각하지 않을 수가 없다.

(= I can't (help) but think him foolish.)


### (22) cannot keep [abstain, refrain] from ~ ing 《~하지 않을 수 없다.》

I **cannot keep [abstain, refrain] from waiting him.**　　　나는 그를 기다리지 않을 수 없다.

(= I can't do otherwise than wait him. / I can do nothing but wait him. / I have no choice but to wait him. / I have no choice but to wait him.)

### (23) Would you mind ~ing? 《~해 주시겠습니까?》

**Would you mind opening** the window? 　　　　창문 좀 열어 주시겠어요?

(= Will you be so kind as to open the window?)

Will you be kind enough to open the window?

> ▷ (cf.) 'Would you mind one's ~ing …?' 아무가 ~해도 괜찮겠습니까?
> Would you mind my opening the window? 제가 창문을 열어도 될까요?
> Would you mind his smoking? 그가 담배를 피워도 괜찮겠습니까?

### (24) remember, forget, regret + ~ing (과거의 일을 나타낸다.)

I remember **seeing** her before. 　　　　나는 전에 그녀를 본 것을 기억하고 있다.

(= I remember that I saw her before)

I will never forget **seeing** her there. 　　나는 그곳에서 그녀를 만난 것을 잊지 못할 것이다.

I regret **having been** idle in my youth. 　나는 젊었을 때 게을렀던 것을 후회한다.

---

■ 덧붙임

1. 「remember, forget + to부정사」는 미래의 일을 나타낸다.

   Please remember to call on me again. 잊지 말고 저를 다시 찾아오세요.
   (= Please remember that you will call on me again.)

2. 「regret + to부정사」는 현재·과거의 일에 대한 유감·후회를 나타낸다.

   I regret to tell you that your request will not be accepted.
   유감스럽지만 당신의 요청은 받아들일 수 없음을 말씀드립니다.
   I regret to say that he did not pass the examination.
   유감스럽게도 그는 시험에 합격하지 못했다.

### (25) have one's hands full [busy] ~ing 《~하느라 바쁘다.》

She has her hands full bringing up children these days.
그녀는 요즘 아이들을 키우느라 바쁘다.

### (26) like, love, prefer, hate + ~ing (일반적인 사실을 나타낸다.)

I like **playing** baseball. 나는 야구를 하는 것을 좋아한다.
I hate **getting** up early in the morning. 나는 아침에 일찍 일어나는 것을 싫어한다.

■ 덧붙임

1. 「like, love, prefer, hate + to부정사」는 특정 시점에서의 사실을 나타낸다.
   I don't like to play baseball <u>now</u>. 나는 지금 야구를 하고 싶지 않다.
   I hated to get up early <u>that cold morning</u>. 나는 그런 추운 아침에는 일찍 일어나기를 싫어했다.

2. like는 그 목적어로 동명사나 부정사를 모두 받을 수 있지만 dislike는 일반적으로 동명사를 받는다.
   I <u>like</u> to do it [doing it]. 나는 그것을 하는 것을 좋아한다.
   I <u>dislike</u> doing it. 나는 그것을 하는 것을 좋아하지 않는다.

### (27) skill in + ~ing 《~에 솜씨·수완이 있다.》

She has great **skill in writing**. 그녀는 글 솜씨가 대단하다.
He showed wonderful **skill in rowing**. 그는 보트를 젓는데 놀라운 솜씨를 보였다.

### (28) try + ~ing 《시험 삼아 해보다.》

She tried **writing** in pencil. 그녀는 시험 삼아 연필로 써보았다.

cf.) **try + to부정사**: ~하려고 시도하다.

She tried to write in pencil.　　　　　　　　　　그녀는 연필로 써 보려고 했다.

### (29) take one's time (in) ~ing … 《~하는 데 시간이 걸리다; ~을 천천히 하다.》
▶ 전치사 in을 생략하면 ~ing는 현재분사로서 분사구문이 된다.

He takes his time (in) doing everything.

　　　　　　　　　　　　　　그는 무슨 일을 하든지 시간이 많이 걸린다. (꿈지럭 댄다.)

(= He is a long time (in) doing everything.)

### (30) lose no time (in) ~ing 《때를 놓치지 않고 ~하다; 지체 없이 [곧] ~하다.》
▶ 전치사 in을 생략하면 ~ing는 현재분사로서 분사구문이 된다.

He lost no time (in) getting ready.　　　　　그는 지체 없이 준비를 했다. (채비를 갖췄다.)
The police lost no time in pursuing the thief.　　경찰이 뒤미처 도둑의 뒤를 좇았다.

### (31) have [spend, employ, waste, take, lose] + difficulty[trouble, a hard time, money, a struggle] + (in) + ~ing 《~하느라 고생하다 (애먹다); (노력·금전)을 소비하다.》
▶ 전치사 in을 생략하면 ~ing는 현재분사로서 분사구문이 된다.

I had difficulty (in) persuading her.　　　　　나는 그녀를 설득하느라 고생을 했다.
= I had trouble to persuade her.
　It was difficult for me to persuade her.
　I had a hard time in persuading her.

※ have a hard time (in) ~ing: ~하느라 애먹다. (= have a hard time with + 명사)

The candidate spent a ton of money in electioneering.

　　　　　　　　　　　　　　　　　그 후보자는 선거운동을 하느라 엄청난 돈을 썼다.

### (32) go on + ~ing: 지금까지의 동작·상태를 더 계속(지속)하다.

He **went on talking** about his accident.     그는 자신의 사고에 대하여 계속해서 얘기를 했다.

> ▷ go on + to부정사 《다음에(으로는) ~하다; 더 나아가서 ~하다; 쉬었다가 ~를 계속하다.》
> Let's go on to discuss the demerits. 다음으로는 잘못된 점을 논의하자.
> He went on to talk about his accident.
> 그는 쉬었다가 자신의 사고에 대하여 얘기를 계속했다.

### (33) go ~ing 《~ 따위의 일을 하다.》

Don't go telling me lies.     내게 거짓말 따위는 하지 마라.

### (34) be sure [certain, convinced, confident] + of + ~ing 《~을 확신하다.》
### = be sure [certain, convinced, confident] + that + 주어 + 동사

He **is sure of succeeding**.     그는 성공을 확신한다.

(= He is sure that he will succeed.) 〈주어의 확신〉

cf.) He is **sure** to succeed. 〈화자의 확신〉     그는 틀림없이 성공할 것이다

(= I am sure that he will succeed.)

# – REVIEW EXERCISES –

1. 두 문장이 같은 뜻이 되도록 동명사를 사용하여 빈 칸을 채우시오.

(A) That he will pass the examination is certain.

→ _____ the examination is certain.

(B) My brother insists that he will accompany me.

→ My brother insists _____ me.

(C) I cannot but think that he is still alive.

→ I cannot but think _____ still alive.

(D) He denied that he had done it.

→ He denied _____ it.

(E) I regret that I can't help you.

→ I regret not _____ help you.

(F) He insists that I should pay the bill.

→ He insists _____ the bill.

(G) I little [never] dreamed that I should meet her there.

→ I little [never] dreamed _____ her there.

(H) I hear that he will leave Korea at the end of the month.

→ I hear _____ Korea at the end of the month.

(I) I am glad that he passed the exam.

→ I am glad _____ the exam.

(J) He was certain that he would win the game.

→ He was certain _____ the game.

(K) I am sure that she will come.

→ I am sure _____ .

(L) He was not conscious that the matter was important.

→ He was not conscious ____ the matter _____ important.

(M) I am pleased that you have come today.

→ I am pleased _____ come today.

(N) I am sorry that he failed the exam.

→ I am sorry _____ failed the exam.

(O) I was very happy that my proposal was accepted.

→ I was very happy _____ my proposal _____ accepted.

(P) The fact that he is honest is known to everybody.

→ The fact _____ honest is known to everybody.

(Q) There's a rumor that Mr. Kim will marry Miss Park.

→ There is a rumor _____ Mr. Kim _____ Miss Park.

(R) When we learn a foreign language, it is necessary to advance step by step.

→ _____ a foreign language, it is necessary to advance step by step.

(S) As soon as the clock struck six, he got up.

→ _____ the clock _____ six, he got up.

(T) He went out though it was raining.

→ _____, he went out.

(U) I have my own way (that) I do it.

→ I have my own way _____ it.

(V) Whenever I come here, I see the old man.

→ I _____ come here _____ the old man.

(W) Would you please turn down the TV?

→ Would you _____ down the TV?

2. 다음 문장 중 어법상 옳지 않은 것은? [공무원 9급]

(A) I never see her without being reminded of my mother.

(B) I just hate the thought of doing just one thing through the day.

(C) It's needless to say that diligence wins in the end.

(D) They were on the verge to leave the summer resort.

3. Choose the sentence that is not grammatically correct?

(A) It is good for your health taking a walk in the morning.

(B) He admits to have done it himself.

(C) I could not help laughing.

(D) I gave up smoking a year ago.

(E) I'm sorry for being late.

※ Choose the one word or phrase that best completes the sentence? [4 ~ 7]

4. He did not turn his attention _____ a fortune until he was forty.

   [토익 유형]

(A) made   (B) making   (C) to make   (D) to making

5. Mrs. and Mr. Gordon hadn't regretted _____ this holiday for a moment.

(A) to book   (B) booking   (C) having booked   (D) they book

6. Would you mind _____ the main points of your article again?

(A) running into

(B) running away with

(C) running down

(D) running over

7. Many astronomers suggest that the Ice Age may have been triggered by the solar system's _____ through a cloud of dust and gas.

(A) passing   (B) having passed   (C) being passed   (D) past

8. Choose the one word or phrase that best completes the blank?

   (빈칸을 가장 잘 완성하는 한 단어나 구를 고르시오.)

All nations modify their history. Disasters are redefined as victories. Bitter turns to sweet. The British turned the painful retreat from Dunkirk into a triumph of the spirit. The Japanese are much like other peoples when it comes _____ with their past. Japan's ruthless invasion of China, for example, is described as an "advance into China." Most offensive incidents are also wholly ignored, perhaps hoping that not discussing the unpleasant will somehow make it disappear.

(A) deal   (B) dealing   (C) to deal   (D) to dealing

9. Identify one underlined word or phrase that should be corrected or rewritten?

   [토익 유형]

Whether you are writing <u>an extended definition</u> or <u>relying primarily on</u> some
                          (A)                                (B)
other mode of development, always remember <u>defining</u> any words or terms
                                              (C)
you use that may be <u>unfamiliar to</u> your readers — particularly any words they
                       (D)
must know to understand your meaning.

# = 해설·정답 =

### 1. 〈정답〉

(A) His passing  (B) upon accompanying  (C) of his being  (D) having done  (E) being able to  (F) on my paying  (G) of meeting  (H) of his leaving  (I) of his having passed  (J) of winning  (K) of her coming  (L) of, being  (M) at your having  (N) for his having  (O) with, being  (P) of his being  (Q) of, marrying  (R) In learning  (S) On, striking  (T) In spite of raining  (U) of doing  (V) never 또는 cannot, without seeing  (W) mind turning

### 2. 【해설】

(A) never[cannot] A without B(~ing) (A하면 반드시 B하다), be reminded of ~(~이 생각나다.) '나는 그녀를 볼 때마다 나의 어머니가 생각난다.'

(B) 'the thought of doing just one thing'에서 the thought와 doing just one thing은 동격. of는 동격의 of. '나는 하루 종일 단 한 가지 일을 한다는 생각이 아주 싫다. (하루 종일 한 가지 일을 한다는 생각조차 하기가 싫다.)

(C) it's needless to say that ~ (~라는 것은 두말할 필요가 없다.) '근면하면 결국 성공한다는 것은 두말할 필요가 없다.'

(D) be on the verge of + ~ing (~하려는 찰나다; 막 ~하려고 하다.) '그들이 여름 휴양지를 떠나려던 순간이었다.'

〈정답〉 (D)

### 3. 【해설】

(A) It의 가주어, 동명사구 'taking a walk in the morning'의 진주어 구문으로 문법적으로 이상이 없다.

(B) 완전타동사로서의 admit는 that절이나 동명사를 그 목적어로 하므로 to 이하를 'that he

had done ~.'이나 'having done ~.'으로 해야 한다.

(C) can not help ~ing (~하지 않을 수 없다.)

(D) give up은 동명사를 목적어로 취하는 타동사구이므로 타당하다.

(E) 서술형용사 sorry는 전치사구를 그 보충어로 취할 수 있고, 전치사 다음에 동명사가 온 것은 타당하다.

〈정답〉 (B)


4. 【해설】

turn one's attention to + ~ing (~하는 데 주의를 돌리다.) 여기서 to는 전치사로서 그 뒤에는 동명사 (~ing)가 온다. '그는 나이 40이 될 때까지도 재산을 모으는 일에 주의를 기울이지 않았다.'

〈정답〉 (D)


5. 【해설】

'휴가를 위해 예약한 것'이 '후회하지 않은 것(hadn't regretted)'보다 시점적으로 앞서므로 regret의 목적절에는 동명사가 와야 한다. forget, recall, regret, remember 등 과거의 일을 나타내는 동사의 뒤에 오는 단순동명사는 본동사보다 앞선 시점을 나타내므로 본 지문에서는 단순동명사인 booking이 와야 한다.

[해석] 고든 씨 부부는 이번 휴가에 예약한 것을 잠시도 후회하지 않았다.

〈정답〉 (B)


6. 【해설】

mind의 목적어인 동명사구의 뜻을 묻는 문제이다. article과 관련하여서 볼 때 '대강 [재빨리] 훑어보다.'의 뜻을 갖는 running over가 적당하다.

(A) run into ~ (~에 충돌하다; 우연히 마주치다.)

(B) run away with ~ (~을 훔치다; ~와 함께 달아나다; ~을 가지고 달아나다.)

(C) run down (약해지다; 바싹 뒤쫓다; 다 되다, 멈추다.)

(D) run over (넘치다, 차가 치다, 대강 [재빨리] 훑어보다.)

[해석] 당신의 글 (기사)의 요점들을 다시 대강 훑어봐주시겠어요?

〈정답〉(D)

## 7. 【해설】

타동사 suggest의 목적절인 that 이하가 수동태문으로 되어있다. 전치사 by의 뒤에는 명사형이 와야 하므로 여기서는 동명사가 와야 한다. 또한 pass는 자동사이므로 능동형이 와야 하고, trigger와 pass는 같은 시점이므로 단순동명사가 와야 한다. the solar system's는 동명사 passing의 의미상의 주어이다.

[해석] 많은 천문학자가 빙하시대는 태양계가 먼지와 가스의 구름을 통과하면서 촉발되어졌을 것이라고 말을 한다.

〈정답〉(A)

## 8. 【해설】

앞에 when it comes가 있으므로 빈칸에는 to + ~ing가 와야 한다. 'when it comes to + ~ing'(~에 관해서는). 'perhaps hoping that not discussing the unpleasant will somehow make it disappear.'에서 hoping 이하는 부대상황 또는 이유를 나타내는 분사구문으로 파악할 수 있다. (희망하면서, 희망하기 때문에). that 이하는 hoping의 목적절인 동명사 구문. 동명사도 명사로 취급하므로 동명사가 주어인 문장 앞에 명사절을 이끄는 종속접속사 that이 올 수 있다. 'not discussing the unpleasant'(유쾌하지 않은 일을 거론하지 않는 것이)가 목적절 (종속절)의 주부, 'will somehow make it disappear' [어떻게든 그것을 (유쾌하지 않은 일) 사라지게 해줄 것이다]가 술부. it은 the unpleasant를 가리키는 목적어인 지시대명사.

[해석] 모든 국가는 자신들의 역사를 수정한다. 패배한 사건들을 승리한 사건들로 고쳐서 정의한다. 비참한 것이 기쁜 것으로 바뀐다. 영국은 Dunkirk(덩케르크)로부터의 비참한 후퇴를 정신의 승리로 바꾸었다. 자기들의 과거를 다루는 것의 문제라면 일본인들도 다른 민족과 대단히 유사하다. 예컨대, 일본의 무자비한 중국침략은 '중국으로의 진출'로 기술되어진다. 또한 가장 포악한 사건들은 전적으로 누락시킨다. 아마도 유쾌하지 않은 일을 거론하지 않는 것

이 어떻게든 그것을 사라지게 해줄 것이라고 희망하기 때문일 것이다.

〈정답〉 (D)


9. 【해설】

(A) '확장된 정의'

(B) 주로 ~에 의존하는

(C) 앞으로의 일을 기억하라(remember)는 것이므로 remember의 목적어로 to부정사가 와야 한다. 그러므로 defining을 to define으로 고쳐야 한다.

(D) be unfamiliar to ~ (~에게 익숙 [친숙]하지 않다, ~에게 생소하다.)

[해석] 여러분이 확장된 정의(定義)를 쓰던 주로 다른 개발한 양식에 의존하든지 간에 여러분이 사용하지만 독자들에게는 익숙하지 않은 단어나 전문용어– 특히 당신이 나타내고자 하는 뜻을 독자들이 반드시 알아야 할 단어들 –에 대한 정의를 내릴 것을 항상 기억하라.

〈정답〉 (C)

# 제4장

# 분사(Participle)

## 1. 앞말

### (1) 뜻

분사(分詞)란 종속절을 변형시킨 것으로서 형용사의 역할을 하는 말을 가리킨다. 구체적으로는 종속절의 주어를 생략하고 동사 이하를 '동사원형 + ing'(현재분사)나 '동사원형 + (e)d'(과거분사)의 형태나 기타 독자적인 형태로 변형시킨 것으로서 형용사로 쓰이는 말이 분사이다. 동사가 형용사처럼 기능한다고 하여 'verb-adjective(동사-형용사)'라고 부르기도 한다. 분사는 to부정사나 동명사와 함께 준동사의 하나로서 그 목적어, 보어, 부사(구)를 수반할 수 있다.

 ※ 분사(participle)의 어원은 '참여하다(participate)'인데, 이는 분사가 명사에 참여하여(= 명사와 함께 하여) 형용사처럼 쓰이기도 하고, 동사에 참여하여 시제(진행시제, 완료시제)와 태(수동태)를 표현하기도 한다고 본데서 유래한다. 그 뜻이 분명치 못한 '분사'라는 용어보다는 '참여사(參與詞)'라고 부르는 것이 보다 더 적합하다고 본다.

### (2) 분사의 형태

현재분사는 동명사와 동일한 '동사원형 + ing'의 형태이고, 과거분사는 기본적으로 '동사의 원형 + ed'의 형태이며 불규칙한 변화 형태를 갖는 것도 있다.

 ※ 현재분사(형) 만드는 법 = 동명사(형) 만드는 법 ☞ 동사의 형태변화(p. 60) 및 동명사의 형태(p. 218)참조

■ 의사분사(擬似分詞)

동사의 원형에 -ed를 붙인 것이 아니라 「명사 + ed」의 형태로 된 형용사를 가리킨다. 타고 난 성질을 나타낸다. 유사분사(類似分詞)라고도 한다. 《~을 가진(지닌)》

- talent + ed → talented ⇒ a **talented** man 유능한 사람
- eye + ed → eyed
  ⇒ a **blue-eyed** girl 푸른 눈을 가진 소녀 (푸른 눈의 소녀)
- tail + ed → tailed
  ⇒ a **long-tailed** monkey 긴 꼬리를 가진 원숭이 (긴꼬리원숭이)
- color + ed → colored
  ⇒ a **red-colored** rose 붉은색을 지닌 장미 (붉은 장미)
- mind + ed → minded
  ⇒ a **noble-minded** man 고상한 마음씨를 지닌 사람

ex) a **middle-aged** woman (중년 부인)　　a **warm-blooded** animal (온혈동물)
　　a **round-bottomed** container (둥근바닥의 그릇)
　　a **flat-footed** football player (평발의 축구선수)
　　a **red-haired** girl (빨간 머리 소녀)　　a **moneyed** man (돈 많은 사람)
　　a **landed** proprieter (지주)　　a **loud-mouthed** woman (수다스런 여자)
　　a **good-natured** man (선량한 사람)　a **deep-rooted** plant (뿌리를 깊이 내리는 식물)
　　a **bad[ill]-tempered** girl (성질 사나운 여자)
　　a **wooded** hill (나무가 울창한 산)　　a **winged** insects (날벌레)

### (3) 분사의 기능

분사는 일반 형용사처럼 명사를 수식하거나(한정용법), 주어나 목적어의 보어로 쓰이거나(서술용법), be동사나 have동사와 결합하여 진행형, 수동태, 완료형을 만드는데 쓰이기도 하고, 분사구문을 만드는데 쓰이기도 한다.

#### 1) 분사는 형용사로서 명사를 직접 수식할 수 있다. 〈한정용법〉

Baseball is an **exciting** game.　　　　　　　야구는 흥분을 자아내는 운동경기이다.

The leaves **fallen** on the ground were cleaned by the park cleaner.
　　　　　　　　　　　　땅 위에 떨어진 낙엽은 공원청소부에 의해 치워졌다.

2) 분사는 형용사로서 보어 (주격 보어, 목적격 보어)로 쓰일 수 있다. 〈서술용법〉

    She sat **reading** the magazine. 〈주격 보어〉           그녀는 잡지를 읽으면서 앉아있었다.

    I found him **dozing**. 〈목적격 보어〉                 나는 그가 졸고 있는 것을 발견했다.

3) 현재분사는 진행형을, 과거분사는 완료형과 수동태를 만드는 데 쓰인다.

    He is **writing** a novel. 〈be + 현재분사: 진행형〉         그는 소설을 쓰고 있는 중이다.

    He has **written** a novel. 〈have + 과거분사: 완료형〉     그는 소설을 다 썼다.

    The novel was **written** by him. 〈be + 과거분사: 수동태〉   그 소설은 그에 의해 쓰였다.

4) 절을 부사구(분사구문)로 만드는 데 쓰인다. 〈부사적 용법〉

    <u>While I was walking along the street</u>, I met an old friend of mine.

    → **Walking along the street**, I met an old friend of mine.

                                    거리를 따라 걷다가 나는 옛 친구와 마주쳤다.

    <u>As it is written in simple English</u>, that book is fit for beginners.

    → **Written in simple English**, that book is fit for beginners.

                                쉬운 영어로 쓰였기 때문에, 그 책은 초보자에게 알맞다.

## 2. 분사의 종류

### (1) 현재분사 (present participle)

**현재분사(現在分詞)**란 동사의 원형에 -ing를 붙여 만든 것으로서 형용사의 역할을 하는 말을 가리킨다. 현재분사는 형용사로서 명사를 직접수식(한정용법)하거나 간접수식(서술용법)할 수 있다. 그리고 진행시제의 문장과 분사구문에 쓰인다.

※ 자동사의 현재분사는 보통 진행 (~하고 있는), 상태 (~하는)의 의미를 나타내며, 타동사의 현재분

사는 진행, 상태는 물론 사역 (~하게 하는)의 의미를 나타낼 때가 많다.

### 1) 형용사로서 명사의 앞이나 뒤에서 직접 수식할 수 있다. 〈한정용법〉

① 자동사의 현재분사

자동사의 현재분사가 한정용법으로 쓰이는 경우, 보통 능동의 진행 (~하고 있는)이나 상태 (~하는)의 의미를 나타낸다.

a crying baby 울고 있는 아기    declining demand 감소하는 수요    a flying bird 날고 있는 새

playing children 놀고 있는 아이들   rising cost 상승하는 비용   a running man 달리고 있는 사람

a sleeping lion 자고 있는 사자   a walking man 걸어가고 있는 사람

students arriving late 늦게 도착하는 학생들

people living in cities 도시에 살고 있는 사람들

birds singing on the tree 나무 위에서 지저귀는 새들

a student studying abroad 해외에서 공부하고 있는 학생

② 타동사의 현재분사

타동사의 현재분사가 한정용법으로 쓰일 경우에는 보통 능동의 사역(~하게 하는)이나 상태(~하는)의 의미를 나타내며, 특히, 후위수식의 경우에는 보통 진행(~하고 있는)의 뜻을 나타낸다.

boring speech 지루하게 하는 연설    an exciting game 흥분되게 하는 경기

discouraging survey result 실망시키는 조사결과

an interesting book 재미있는 책    a meat-eating animal 육식동물

the surprising news 놀라운 소식    a girl riding a horse 말을 타고 있는 소녀

the news surprising me 나를 놀라게 한 소식

a boy wearing the blue shirt 청색 윗옷을 입고 있는 소년

### 2) 주격 보어나 목적격 보어로 쓰여 주어나 목적어를 간접 수식할 수 있다. 〈서술용법〉

She stood **looking** at the picture. 〈주격 보어〉        그녀는 그림을 바라보면서 서있었다.

I heard my name **called**. 〈목적격 보어〉    나는 내 이름이 불리는 것을 들었다.

> ■ 참 고
>
> 1. 다음과 같은 감정을 나타내는 타동사의 현재분사는 동사적 의미를 상실하고 단순형용사로도 쓰인다.
>    ex) amazing, amusing, boring, confusing, depressing, disappointing, exciting, interesting, shocking, surprising, etc.
>    an exciting game    an interesting book    the surprising news
>    It is very exciting. 그것은 매우 재미있다.    The game was boring. 그 경기는 지루했다.
>
> 2. 단순형용사로 쓰이는 경우의 현재분사는 much 대신 very로 수식한다.
>    It is **very** interesting. 그것은 매우 재미있다.
>
> 3. 위 (1.)의 현재분사(형용사)들은 사물을 주어로 한 문장에 쓰며, 사람을 주어로 한 문장에는 쓸 수 없다. [S (사물주어) + be + ~ing (현재분사)]
>    The game was boring. (○) 그 경기는 지루했다.
>    I was bored by the game. (○) 나는 그 경기가 지루했다.

3) 진행형 [be + ~ing]을 만드는 데 쓰인다. ☞ p. 319 등 참조

He **is writing** a novel. 〈현재진행형〉    그는 소설을 쓰고 있다.
I **was going** to call you. 〈과거진행형〉    너한테 전화하려던 중이었어.

4) 분사구문에 쓰인다. ☞ p. 284 등 참조

**Seeing** a policeman, he ran away.    경찰을 보자마자 그는 달아났다.
**Having written** my letter, I posted it.    나는 편지를 다 쓴 후에 그것을 부쳤다.

## (2) 과거분사 (past participle)

**과거분사(過去分詞)**란 '동사원형 + (e)d'나 '동사원형 + en', 기타 독자적인 동사의 변형된 형태로서 형용사로 쓰이는 말을 가리킨다.

※ 과거분사는 본질적으로 형용사로서 명사를 직접수식(한정용법)하거나 간접수식(서술용법)할 수 있으며, 완료형(완료시제), 수동태, 분사구문을 만드는 데에 쓰인다. 자동사의 과거분사는 보통 동작의 완료(~해버린), 상태(~한)의 의미를 나타내며, 타동사의 과거분사는 동작의 완료, 상태의 의미는 물론 수동의 의미를 나타낼 경우가 많다.

## 1) 형용사로서 명사의 앞이나 뒤에서 직접 수식할 수 있다. 〈한정용법〉

### ① 자동사의 과거분사

한정용법으로 쓰이는 자동사의 과거분사는 보통 동작의 완료(~해버린)나 사물의 상태(~한)를 나타낸다.

fallen leaves 낙엽    a decayed tooth 충치    a faded flower 시들은 꽃
a full-blown flower 활짝 핀 꽃   a gone case 절망적인 상태   a grown man 성인
a newly-married couple 신혼부부      a retired general 퇴역장군
the risen sun 떠오른 태양   sunken cheeks 홀쭉한 볼   a sunken rock 암초
a thing gone 지나간 일    a car worked by electricity 전기로 움직이는 자동차

### ② 타동사의 과거분사

한정용법으로 쓰이는 타동사의 과거분사는 보통 수동 (~하여진)의 의미나 사물의 상태 (~한, ~하는) 나타낸다.

an amazed silence 놀라서 말을 못 함   amused spectators 재미있어하는 관객들
a broken car 부서진 자동차       buried [hidden] treasure 묻혀진(숨겨진) 보물
a drunken man 만취된 사람    a excited spectator 흥분된 관객
scattered leaves 흩어져 있는 낙엽     a solidly built house 견고하게 지어진 집
surprised look 놀란 표정       a wounded soldier 부상당한 군인
bored teenagers 지루해 하는 십대    a very celebrated poet 매우 유명한 시인
a confused statement [account] 애매한 진술[설명]
a jerry-built house 날림으로 지어진 집    a well-built man 체격이 좋은 사람
a well-read man 박식한 사람      a car made in Korea 한국산 자동차
movies made before the nineteen sixties 1960년대 이전에 만들어진 영화들

a letter written in English 영어로 쓴 편지   the borrowed book 빌린 책

the child interested in the game 그 놀이에 재미있어하는 그 아이

### 2) 주격 보어나 목적격 보어로 쓰여 주어나 목적어를 간접 수식할 수 있다. 〈서술용법〉
☞ p. 301[2] (형용사의 서술용법) 참조

I was **surprised** to hear of his failure. 〈주격 보어〉 나는 그가 실패했다는 소리를 듣고 놀랐다.

I heard my name **called**. 〈목적격 보어〉   나는 내 이름이 불리는 것을 들었다.

---

■ 참고

1. 다음과 같은 타동사의 과거분사는 동사적 의미를 상실하고 (수동의 의미×) 단순 형용사 (능동의 의미)로도 쓰인다.

   ex) amazed, amused, bored, confused, depressed, delighted, disappointed, embarrassed, excited, frightened, interested, pleased, puzzled, satisfied, shocked, surprised, tired, worried, etc.

   an amazed silence 놀라서 말을 못함          amused spectators 재미있어 하는 관객
   the children's excited faces 아이들의 들뜬 얼굴   bored teenagers 지루해하는 십대
   a confused statement [account] 애매한 진술 [설명]
   I was amazed at his courage. 나는 그의 용기에 놀랐다.
   On the first. I'm really excited about it. 1일부터요. 저는 정말 흥분돼요.
   I get very bored with my own company. 나 혼자 지내는 게 너무 지겹다.
   I'm a little confused. 저는 좀 헷갈리네요.
   They wore a very worried look. 그들은 무척 걱정스러운 표정을 하고 있었다.

2. 과거분사는 much로 수식하는 것이 보통이지만, 과거분사가 완전한 형용사로서 쓰이는 경우 very로 수식한다.

   He is a **very** celebrated poet. 그는 아주 유명한 시인이다.
   I am **very** tired. 나는 몹시 피곤하다.
   She was **very** [또는 **much**] surprised at the news. 그녀는 그 소식에 무척 놀랐다.

3. 위(1.)에 예시된 과거분사형의 형용사들은 사람 (생물)을 주어로 하며 사물 (무생물)을 주어로 하지 못한다. ☞ 서술형용사가 만드는 특수한 문장 형식 (p. 302[2]) 참조

   I was surprised to hear of his failure. (○)

> It was surprised that I heard of his failure. (x)
> It was surprised for me to hear of his failure. (x)

### 3) 완료형 (완료시제) [have + 과거분사(p.p.)]을 만드는데 쓰인다.

She **has written** a letter. 〈현재완료〉  그녀는 편지쓰기를 끝마쳤다.

When I got to the station, the train **had** already **left**. 〈과거완료〉

내가 역에 도착했을 때는 이미 기차가 떠난 뒤였다.

I **shall have completed** my task by the time you come back. 〈미래완료〉

당신이 돌아올 때까지는 제 일을 끝마칠 것입니다.

### 4) 수동태 [be + 과거분사(p.p.)]를 만드는 데 쓰인다.

A letter **was written** by him.  편지가 그에 의해 쓰였다.

He **was respected** by everyone.  그는 모든 사람들에게 존경을 받았다.

### 5) 분사구문에 쓰인다.

**Disgusted**, he left the room.  분개하여서 그는 방을 나갔다.

**Born** in better times, he would have been a great statesman.

좀 더 좋은 시대에 태어났더라면 그는 위대한 정치가가 될 수 있었을 것이다.

## 3. 분사의 용법 (분사의 형용사적 용법)

분사는 기본적으로 형용사의 역할을 하므로 그 용법은 형용사의 용법과 대동소이하다.

※ 본서는 분사가 형용사적으로 사용되는 경우만을 분사의 용법이라 보고 이에 따라 설명하고자 한다. (협의) 물론, 분사형이 명사적으로 사용되거나(분사의 명사적 용법), 부사적으로 사용되는 경우

(분사의 부사적 용법: 분사구문)도 분사형이 사용되었으므로 분사의 용법이라 말할 수 있으나(광의), 논리의 전개나 이해의 편의상 형용사적으로 쓰이는 경우만을 분사의 본질적 쓰임새로 보는 것이 좋을 것 같다.

### (1) 한정용법 (attributive use)
분사가 명사의 앞이나 뒤에서 수식하는 용법을 말한다.

### 1) 명사 앞에서 수식 (전위수식, premodification)

▶ 분사가 단독으로 사용될 경우이다.

a blazing sun 이글대는 태양          a rolling stone 구르는 돌
a running boy 달리는 소년            a barking dog 짖어대는 개
a singing bird 지저귀는 새            a sleeping baby 자는 아기
surprising news 놀라운 소식           fallen leaves 낙엽
frozen foods 냉동식품                 registered mail 등기우편
a spoken English 입말체 영어          a surprised look 놀란 표정

A **blazing** sun is shining upon the **burning** plain of the desert.

불타는 사막의 평원위에 이글거리는 태양이 내리쬐고 있다.

Who is that **running** boy?        저기 달리고 있는 [달리는] 소년은 누구냐?

A **spoken** language is different from a **written** one.

입말(口語)은 글말(文語)과 다르다.

▷ 분사가 단독으로 대명사, those, all, one 등을 수식할 때는 단독일지라도 뒤에서 수식한다.
All **dying** are kindly to be treated.
죽어가는 모든 사람들은 정성으로 (극진하게) 돌봐져야 한다.
(= All who are dying are kindly to be treated.)
Those **wounded** were sent to the hospital. 부상을 당한 사람들은 병원에 보내졌다.
(= Those who were wounded sent to the hospital)

## 2) 명사 뒤에서 수식 (후위수식, post modification)

분사가 목적어, 보어, 부사(구)를 동반할 경우 후위수식을 한다. 관계대명사절로 바꿀 수 있다.

The girl (who is) playing the piano is my sister.

피아노를 치고 있는 소녀는 내 여동생이다.

Who is that boy (who is) wearing the blue shirt?

청색 윗옷을 입은 저 소년은 누구냐?

She had a lovely daughter (who is) called Chun-hyang.

그녀에게는 춘향이라고 불리는 어여쁜 딸이 하나 있었다.

I bought a car (which was) made in Korea.

나는 한국산 자동차를 한 대 샀다.

I received a letter (which was) written in English.

나는 영어로 쓰인 편지 한통을 받았다.

### ■ 덧붙임

1. 명사가 the, this, that 등의 한정사의 수식을 받을 경우 분사는 후위 수식하는 것이 일반적이다.

   The man looking at the picture is Mr. Kim. 그림을 쳐다보고 있는 사람은 김 군이다.
   Most of the people invited didn't turn up. 초대 받은 대부분의 사람들이 나타나지(= 오지) 않았다.

2. 타동사의 현재분사가 단독으로 후위 수식하는 경우 보통 수동의 의미를 나타낸다.

   There is a new house building. 새집이 지어지고 있다.
   There is a problem solving. 문제가 풀리고 있다.

3. 원칙적으로 자동사의 과거분사는 후위 수식하지 못한다. 명사 뒤에 자동사의 과거분사가 오면 과거분사 앞에 '주격관계대명사 + be'가 생략된 것으로 볼 수가 있는데 이는 수동태의 모습으로서 자동사는 수동태로 하지 못한다는 영문법의 원칙에 반하기 때문이다. 예외적으로 come, go, arrive, fall, finish, grow, return, rise, set 등의 'be + p.p.'의 형식을 쓸 수 있는 자동사는 후위 수식이 가능하다. 이들 자동사의 수동형 형식은 수동의 의미가 아니라 동작의 계속이나 완료의 의미를 나타내기 때문이다.

   The watch belonged to him is very expensive. (x)

→ The watch **belonging** to him is very expensive. (o)
그가 소유하고 있는 시계는 매우 비싸다.
The leaves **fallen** on the ground were cleaned by the park cleaner. (o)
(= The leaves **had fallen** on the ground)
Vegetables **grown** without the use of pesticides (o) 농약을 쓰지 않고 기른 채소

4. 완료형 현재분사 [having + p.p.]에 의해 수식되는 주어나 목적어는 부정명사 (불특정의 의미를 갖는 한정사가 있는 명사)이어야 한다. 완료형 현재분사는 주절의 동사가 나타내는 시점보다 이전 시점의 사건·상태를 나타낼 때 쓴다.

The person having witnessed the scene of the crime is under suspicion. (x)
Any person having witnessed the scene of the crime is under suspicion. (o)
그 범죄현장을 목격한 어떤 사람도 혐의를 받고 있다.

5. 후위수식의 현재분사가 사용된 관용어구

for three days running 3일간 계속
for the time being 당분간
the finest fellow going 보기 드문 좋은 사람들

## (2) 서술용법 (predicative use)

### 1) 의의

① 뜻

분사가 보어 (주격 보어, 목적격 보어)로 사용될 때의 용법을 말한다.

▶ be동사나 조동사와 결합하여 진행형, 완료형, 수동태에 쓰이는 경우의 분사는 보어가 아니라 특수한 동사의 형태 (동사구)로 보는 것이 보통이다.

② 현재분사는 주어가 능동적이며, 과거분사는 수동적이다.

She sat **reading** the magazine.    그녀는 잡지를 **읽으면서** 앉아 있었다.
He stood **surrounded** by his big fans.    그는 그의 열혈 팬들에 **둘러싸여서** 서있었다.

## 2) 주격 보어가 될 때

'S + vi + 분사 ~'의 형태로 분사가 불완전자동사의 보어로 쓰인다. 즉, 분사는 be동사, 상태 동사(remain, keep), 위치 동사(sit, stand), 왕래 동사(go, come) 등의 뒤에서 주격 보어로 쓰인다. 문의 주어가 분사의 의미상의 주어가 된다.

### ① 현재분사

**❶ 주어의 능동적 동작이나 상태(의 계속)를 나타낸다.** 《~하면서》

He went fishing.  그는 낚시하러 갔다.

※ 여기서 went는 자동사로서 fishing은 현재분사로서 보어이다.

She came crying.  그녀는 울면서 왔다.

※ (주의) 주어가 ~ing의 의미상의 주어가 아니면 현재분사가 아니고 동명사이다(동격의 보어가 된다). 그러므로 보어인 ~ing(현재분사)의 주어는 생물이 오며, 무생물이 주어인 경우 주격 보어로서의 ~ing는 동명사이다.

His hobby is collecting stamps. 〈동명사〉

The ball went flying away.  공이 멀리 날아갔다.

He sat reading the paper  그는 신문을 읽으면서 앉아있었다.

I kept waiting for my friend at the park for half an hour.

나는 공원에서 30분 동안 쭉 친구를 기다렸다.

---

▷ go + ~ing

(1) go fishing[driving, hunting, mountain-climbing, picnicking, shooting, shopping, skating, skiing]의 형식으로 쓰며 'go to fish[to drive, to hunt, etc.]'처럼은 쓰지 않는다.

(2) 'go + ~ing' 의 부정형은 명령문에서만 쓰며 보통 명령, 비난의 뜻을 나타낸다.

Don't go telling me lies. 내게 거짓말 따위랑은 하지 마라.
It's a secret, so don't go shooting your mouth off about it.
이건 비밀이야. 그러니 발설해서는 안 돼.
Don't go getting yourself into trouble. 넌 말썽 [사고] 좀 일으키지 마라.
Don't go saying[doing] that! 그따위 말은 [짓거리는] 집어치워라.

❷ **현재분사를 주격 보어로 취하는 동사**

ex) come, continue, die, go, go on, keep, keep on, lie, live, remain, run, sit, stand, etc.

come running 달려오다　　　　go walking 산책하다
keep going [crying, waiting] 계속하다 [계속해서 울다, 계속해서 기다리다]
sit [stand] talking 앉아서 [서서] 이야기하다

② 과거분사

❶ 자동사 다음에 쓰여 주격 보어의 역할을 한다. 주격 보어로 쓰이는 과거분사는 보통 수동의 의미를 나타낸다. 《~하여진, ~되어진, ~당한》

| | |
|---|---|
| I became **acquainted** with him. | 나는 그와 친한 사이가 되었다. |
| She got **injured** in the accident. | 그녀는 그 사고로 다쳤다. |
| Her room is always well **kept**. | 그녀의 방은 언제나 잘 정리되어 있다. |
| She looked a little **surprised** at it. | 그녀는 그것에 다소 놀란 것처럼 보였다. (놀란 표정이었다.) |
| She remains **unmarried**. | 그녀는 미혼이다. |
| He remained **satisfied** with his salary. | 그는 그의 봉급에 만족해하고 있다. |
| He seemed **satisfied**. | 그는 만족해 보였다. |

❷ **과거분사를 주격 보어로 취하는 동사**

ex) appear, become, come, die, get, go, grow, lie, live, look, remain, rest, seem, sit, stand, etc.

become known 알려지다　　　　become [get] bored 따분해지다
come home tired 지쳐서 집에 오다
come in[out] unnoticed 들키지 않은 채 들어오다 [나가다]
get tired 피곤해지다　　　　　　go unpunished 처벌을 면하게 되다
look surprised 놀란 것처럼 보이다　　look tired 피곤해 보이다
seem disappointed 실망한 것 같다　　remain unsettled 해결이 안 된 채로 남아있다

■ 덧붙임

1. 불완전자동사 act나 sound는 일반적으로 과거분사를 주격 보어로 하지 않지만 'by ~'등의 부사구가 있을 때에는 과거분사를 주격 보어로 할 수 있다.

    He acted possessed by something. 그는 무엇에 홀린 사람처럼 행동했다.
    She didn't sound surprised when I told her the news.
    내가 그녀에게 그 소식을 말해주었을 때 그녀는 놀라는 것 같지 않았다.

2. 「There + V + 명사(S) + 분사~」 ☞ p. 461[2] 참조

    이때의 분사는 명사(S)에 대한 주격 보어와 같이 쓰인다.
    There is a man standing at the door. 문간에 한 남자가 서 있다.
    (= A man is standing at the door.)
    There were several persons injured in the traffic accident.
    그 교통사고로 몇 사람이 부상당했다.
    (= Several persons were injured in the traffic accident.)

### 3) 목적격 보어가 될 때

목적격 보어로 쓰인 현재분사는 목적어의 동작이 진행 중인 것을 나타내고, 과거분사는 목적어와 수동의 관계임을 나타낸다. 목적어가 분사의 의미상의 주어가 된다.

① 현재분사가 목적격 보어일 경우

ex) catch, feel, find, hear, keep, leave, meet, see, send, set, etc.

▶ 목적어의 능동적 행동·동작이나, 진행의 의미를 나타낸다. 《(목적어가) ~하고 있는 것을, (목적어가) ~하도록》 ☞ 148p 참조

| | |
|---|---|
| I felt something **touching** my back. | 나는 무언가가 나의 등을 건드리는 것을 느꼈다. |
| She kept me **waiting** for an hour. | 그녀는 한 시간 동안 계속 나를 기다리고 있었다. |
| He left her **smiling**. | 그는 그녀를 미소 짓게 만들었다. |
| The punch sent him **reeling**. | 주먹을 맞고 그는 비틀거렸다. |
| I saw [watched] him **running**. | 나는 그가 달리는 것을 바라 [지켜]보았다. |

② 과거분사가 목적격 보어일 경우

▶ 목적어가 행위·동작을 받거나, 지각되어지는 상태 또는 완료의 상태를 나타낸다. 《(목적어가) ~하여진, (목적어가) ~된》 ☞ p. 149 참조

ex) feel, find, get, have, hear, keep, leave, make, see, etc.

I felt myself **watched** all the while.
　　　　　　　　　　　　　　　나는 그동안 죽 내 자신이 감시당하고 있음을 느꼈다.
I found my purse **gone**.　　　　　　　　나는 내 지갑이 없어진 것을 알았다.
We found the mountain **covered with** snow.
　　　　　　　　　　　　　　　우리는 그 산이 눈으로 뒤덮인 것을 알게 되었다.
I got my shoes **cleaned**.　　　　　　　　나는 구두를 닦도록 시켰다.
He got his leg **broken**.　　　　　　　　그는 다리가 부러졌다.
We had our picture **taken** by a passerby.
　　　　　　　　　　　　　　　우리는 지나가는 사람에게 사진을 찍어달라고 했다.
I had my eyes **tested** yesterday.　　　　나는 어제 눈을 진찰 받았다.
She kept her eyes **fixed** on the man.　　그녀는 그 남자를 응시하고 있었다.
Once you set about you work, don't leave it **undone**.
　　　　　　　　　　　　　　　일을 일단 시작했으면 중단하지 마시오.
I'd like to have it **wrapped**, please.　　그것을 포장해 주세요.
I cannot make myself **understood** in English.
　　　　　　　　　　　　　　　나는 영어로 타인과 의사소통을 하지 못한다.

※ make oneself understood: 자신의 말 [의사]을 남에게 이해시키다.

I saw them **seated** round the table.　　나는 그들이 탁자에 둘러 앉아 있는 것을 보았다.

> ▷ have + 사람 + 현재분사: 특정한 행위
> 　have + 사람 + 동사원형 (원형부정사): 일반적 행위
> 　I won't have you saying so. 지금은 네가 그렇게 말 못하게 하겠다.
> 　I won't have you say so. 어떤 경우건 네가 그렇게 말 못하게 하겠다.

### ■ 참 고 – 분사의 특수한 쓰임

분사는 기본적으로 형용사로 쓰이나, 예외적으로 명사나 부사, 전치사, 접속사로 쓰이는 경우가 있다.

### 1. 'the + 분사'가 명사의 역할을 하는 경우 [분사의 명사적 용법]

일반적으로 복수명사로 취급된다.

#### (1) the + 현재분사

the dying 죽어가는 사람들   the living 살아있는 사람들

#### (2) the + 과거분사

the accused 피고 〈단수〉

the dead 고인 (= the deceased) 〈단수 또는 복수 취급〉

the employed 고용되어진 사람   the unexpected 예기치 않은 일

the unknown 미지의 것   the handicapped 장애인   the pursued 추적 받는 자

the learned 학자들   the injured 부상자들 〈일반사고에 의한 상처〉

the wounded 부상병들 〈총상 (전쟁)에 의한 상처〉

The accused is not guilty till he is convicted.
피고는 유죄판결을 받을 때까지 죄인이 아니다.
Attend to the living first, and then the dying and the dead.
살아 있는 사람을 우선 돌보고, 그 다음에 죽어가는 사람과 죽은 사람을 돌봐라.
The unexpected always happens. 뜻밖의 일은 언제나 일어난다.

### 2. 현재분사가 형용사를 수식하여 부사와 같은 역할을 하는 경우 (= very)

It's **biting** [piercing, freezing] cold. 살을 에는 추위네요.
It's **boiling** [burning, scorching, stemming] hot. 날이 푹푹 찌네요.
He got **soaking** [dripping] wet. 그는 흠뻑 젖었다.
She is **shocking** poor. 그녀는 극도로 가난하다.

### 3. 분사가 접속사의 역할을 하는 경우 ☞ p. 163[3] 등 참조

ex) admitting (that), conceded that, considering [considered] (that), supposing (that), granted [granting] (that), provided [providing] (that), seeing (that),

**Admitting** (that) what you say is true, still there is much to be said for the other side.
설령 네가 말하는 것이 사실이라고 할지라도 여전히 얘기해야 할 다른 부분이 많이 있다.

Granting [Granted] that he may not know it, that is no excuse for his conduct.
그가 그것을 알지 못한다고 할지라도 그것이 그의 행위에 대한 변명은 되지 않는다.
You may do anything you like, provided (that) you do not give trouble to others.
다른 사람들에게 피해를 주지 않는다는 조건으로 네가 좋아하는 어떤 것을 해도 좋다.
You may well be praised, seeing that you work so hard.
너는 아주 열심히 일했으니 칭찬받을 만하다.
Supposing (that) you were in my place, what would you do?
만약 네가 내입장이라면 너는 어떻게 하겠는가?
Seeing [= Considering] that he is new to the job, he has done very well.
들어 온지 얼마 안 된다는 것을 고려하면 그는 썩 잘했다.

## 4. 전치사의 역할을 하는 경우 ☞ p. 191[3] 참조

### (1) 전치사의 역할을 하는 현재분사

ex) barring, concerning, considering, excepting, following, including, pending, regarding, respecting, touching, according to, depending on (~에 따라), judging from, etc.

Barring accidents, we should arrive on time.
사고가 없다면, 우리는 제 시간에 도착할 수 있을 텐데.
They had long talks concerning(= about) religion.
그들은 종교에 대하여 오랫동안 이야기를 나눴다.
Every one must be patient, not excepting me. 나를 포함해 모두가 인내해야 한다.
What's your opinion regarding(= about) his punishment.
그의 처벌에 대한 네 견해는 무엇이냐?
Employees would be able to take paid annual leave [vacation] of between 15-25 days depending on the number of years they have worked at their specific company.
근로자들은 그들의 특정 회사에서 근무연수에 따라 15에서 25일의 유급연차휴가를 가질 수 있을 것이다.

### (2) 전치사의 역할을 하는 과거분사

ex) given(= considering), past(~을 지나서), based on(~에 근거한, ~에 기초한), etc.

Given her interest in children, teaching seems the right job for her.
아이들에 대한 그녀의 관심을 고려해 볼 때 가르치는 일이 그녀에게 맞는 직업인 것 같다.
past the maximum age 제한연령을 넘어서  past all belief 전혀 믿을 수 없는
a child past six 여섯 살 넘은 아이  a pain past bearing 참을 수 없는 고통
They went past the house by mistake. 그들은 실수로 그 집을 지나쳐 버렸다.
a film based on a true story 실지 이야기를 도대로 한 영화

> Some analysts forecast a rosy outlook for Korea's economy next year **based on** strong exports.
> 몇몇 분석가들은 수출의 큰 증가를 근거로 내년 한국 경제에 대한 장밋빛 전망을 예보하고 있다.

## 4. 분사구문(participial construction)

### (1) 의의

#### 1) 뜻

**분사구문(分詞構文)**이란 복문의 부사절이나 대등문(중문)의 등위절을 현재분사나 과거분사를 사용하여 구의 형태로 간결하게 줄인 것을 말한다.

#### 2) 분사구문의 특성 및 용도

① 분사구문은 시간, 원인, 이유, 조건, 결과 등의 뜻을 나타내는 부사절이나 대등문(= 중문)의 등위절을 대신하여 쓰인다.

즉, 분사구문은 부사절 혹은 등위절을 부사구로 간결하게 줄인 것을 가리킨다. 이는 분사의 부사적 쓰임이라고 할 수가 있다.

※ 주로 글말체 (문어체)에서 사용하며, 목적의 뜻을 나타내는 부사절을 대신하는 분사구문은 사용되지 않는다.

② 분사구문은 중문이나 복문을 단문으로 단축함으로써 문장을 간결하면서도 더욱 짜임새 있게 한다.

<u>She was singing</u> and <u>her sister was playing the piano</u>. 〈중문〉
〈주절 (등위절)〉　　　　　　〈주절 (등위절)〉

→ <u>She was singing</u>, while <u>her sister was playing the piano</u>. 〈복문〉
　〈주절〉　　　　　　〈종속절 (부사절)〉

⇒ <u>She was singing</u>, <u>her sister playing the piano</u>. 〈분사구문이 있는 단문〉
　〈주절〉　　　　　　〈분사구문 (부사구)〉

그녀는 노래를 부르고, 그녀의 여동생은 피아노를 치고 있었다.

③ 분사구문의 분사는 '종속접속사 + 동사'의 역할을 한다.

**When** our dinner **was** over, we went out for a walk.
→ Our dinner **being** over, we went out for a walk.

저녁 식사를 마치고 우리는 산책하러 밖에 나갔다.

④ 분사구문과 주문 사이에는 대개 콤마(comma)를 둔다.

While staying in Seoul, I made friends with him.

내가 서울에 있는 동안 그와 친해졌다.

> ▷ 분사구문은 콤마를 동반하지 않고도 부사적 의미를 드러내기도 하는데, 이 경우의 분사구문은 주문 다음에 나오며, 주문의 주어가 분사구문의 (의미상) 주어가 되는 것이 보통이다.
>
> **The children** ran into the house **calling for their mother**.
> 아이들이 엄마를 부르면서 집안으로 달려 들어갔다.
> You will catch cold standing in the rain. 비를 맞으면 감기에 걸릴 것이다.
> He lost all that money playing a gambling game.
> 그는 도박게임을 하느라 그 돈을 모두 잃었다.

### ■ 분사구문을 만드는 방법

**1. 종속절(부사절)의 종속접속사를 생략한다.**

She was singing, while her sister was playing the piano.
→ She was singing, her sister playing the piano.

※ 종속접속사를 생략하는 것이 원칙이지만 분사만으로는 그 용법이 시간인지, 이유인지 또는 양보인지를 구별하기 쉽지 않거나, 분사의 의미를 더욱 명확히 드러내기 위해 분사(구문) 앞에 종속접속사를 쓰는 경우가 많다. 이때의 접속사로는 after, before, once, since, when, until, whenever, wherever, while, whilst, unless, though, although, even if, as if, as though, thereby, thus 등이 많이 쓰인다.

After he finished his work, he went home.
→ **After** having finished his work, he went home.
그는 일을 끝마친 후에 집에 갔다.

**4장** 분사(Participle)

**Though** having no money on me, I didn't care.
비록 내게 돈은 없었지만 나는 걱정하지 않았다.
**When** returning merchandise, be sure to bring your receipt.
상품을 반품할 때는 영수증을 꼭 가져오십시오.

## 2. 부사절의 주어가 주절의 주어와 같으면 부사절의 주어를 생략하고, 다르면 그대로 쓴다.
### (1) 부사절의 주어가 주절의 주어와 같은 경우: 부사절의 주어를 생략한다.
When I arrived in Seoul, I contacted him. → Arriving in Seoul, I contacted him.
나는 서울에 도착해서 그를 만났다.

### (2) 부사절의 주어가 주절의 주어와 다를 경우 [독립분사구문]
종속절의 주어를 그대로 쓰며, 그것이 분사구문의 의미상 주어가 된다.

1) 시간 부사절일 때

When our dinner was over, we went out for a walk.
→ **Our dinner** being over, we went out for a walk.
As it was cold, we made a fire. → **It** being cold, we made a fire.
날씨가 추워서 우리는 불을 피웠다.
When all things are considered, I think this is the best.
→ **All things** considered, I think this is the best.
아무리 생각해 봐도 나는 이것이 최상이다.
**The sun** having set, we started for home. 해가 져서, 우리는 집으로 출발했다.

2) 부대상황을 나타낼 때

She was singing and her sister was playing the piano.
→ **She** was singing, **her sister** playing the piano.
그녀는 노래를 부르고 있었고, 그녀의 언니는 피아노를 치고 있었다.

3) 이유 부사절일 때

As the dog barked at me, I ran away. → **The dog** barking at me, I ran away.
개가 나를 보고 짖어서 나는 도망쳤다.
As it was fine, we went out for a walk. → **It** being fine, **we** went out to play tennis.
날이 좋아서 우리는 산책하러 나갔다.
As the weather was fine, she kept the window open.
→ **The weather** being fine, she kept the window open.

날씨가 화창에서 그녀는 창문을 열어 놓았다.

As it had snowed all the night, the road was slippery.

→ **It** having snowed all the night, **the road** was slippery.

(그날) 밤새 눈이 내려 길이 미끄러웠다.


4) 조건 부사절일 때

We shall start tomorrow, if the weather permits.

→ We shall start tomorrow, **the weather** permitting.

날씨가 괜찮다면 우리는 내일 출발할 것이다.

If other conditions are equal, this principle holds good.

→ **Other conditions** being equal, **this principle** holds good.


5) 부사절에 「there + be」가 있는 구문

there를 그 의미상 주어로 하여 분사구문을 만든다. 즉, 'there being ~'으로 한다.

As there was no seat in the subway, I kept standing all the way.

→ **There** being no seat in the subway, I kept standing all the way.

지하철에 좌석이 없어서 나는 내내 서 있었다.


3. 부사절의 동사와 주절의 동사 시제가 같으면 단순분사 [종속절 동사의 -ing나 -ed]로, 부사절의 동사 시제와 주절의 동사 시제가 다르면 완료분사구문[having + p.p.]으로 하고, 부사절이 수동태이면 수동 단순분사구문[being +p.p.]이나 수동완료분사구문[having been + p.p.]으로 고친다.

(1) 부사절의 동사 시제와 주절의 동사 시제가 같은 경우: 현재형 동사, 과거형동사, 진행형은 모두 단순현재분사로 고친다.

As Birds sing, dogs bark. → Birds **singing**, dogs bark.

새가 지저귀고 개가 짖는다.

When he arrived at his home, he found his wife sleeping.

→ **Arriving** at his home, he found his wife sleeping.

그가 집에 도착했을 때 그의 아내는 자고 있었다.

She was singing, while her sister was playing the piano.

→ She was singing, her sister **playing** the piano.

(2) 부사절의 동사의 시제가 주절 동사 시제의 시점보다 한 시점 앞서는 경우나 부사절의 동사가 완료형인 경우, 부사절의 동사를 완료형 분사로 고친다.

As he worked hard when young, he is rich now.
→ **Having worked** hard when young, he is rich now.
그는 젊었을 때 열심히 일했기에 지금은 부자다.

After he had written a letter, he went out to post it.
→ **Having written** a letter, he went out to post it.
편지를 다 쓴 후에 그는 그것을 부치러 나갔다.

(3) 부사절의 동사가 수동태인 경우 (수동분사구문): 단순시제는 「(being) + p.p.」로, 완료시제 「(having + been) + p.p.」로 고친다. 수동분사구문의 being과 having been은 생략하는 것이 보통이다.

When the child was left alone, the child began to cry.
→ (Being) **Left** alone, the child began to cry.
혼자 남겨지자 그 아이는 울기 시작했다.

As he was born and brought up in the country, he is very simple.
→ (Having been) **Born** and **brought up** in the country, he is very simple.
시골에서 나고 자랐으므로 그는 매우 순박하다.

### (2) 분사구문의 종류

#### 1) 일반분사구문

주문의 주어와 분사구문의 의미상의 주어가 같은 경우를 말한다. 일반분사구문의 의미상의 주어는 생략된다.

(I 생략) **Having** lost my purse, I could not buy the book.

지갑을 잃어버려서 나는 그 책을 살 수 없었다.

#### 2) 독립분사구문(absolute participial construction)

분사구문의 의미상의 주어가 주문의 주어와 같을 경우에는 분사구문의 주어를 따로 쓸 필요가 없지만, 분사구문의 의미상 주어가 주문의 주어와 다를 경우에는 이를 나타내 주어야한다(부사절의 주어를 그대로 분사구문 앞에 써준다). 이와 같이 분사구문의 의미상의 주어와 주문의 주어가 다른 분사구문을 독립분사구문이라고 한다. 독립분사구문에서 분사구문의 주어로는 비 인칭 주어로 사용될 경우의 it을 제외하고는 인칭대명사 (I, you, he, she, they)를 사용하지 못한다.

When our dinner was over, we went out for a walk.
→ **Our dinner** being over, we went out for a walk.
After the sun had set, we came down the hill.
→ **The sun** having set, **we** came down the hill.

해가 진 후에 우리는 산을 내려왔다.

As it was rainy, I had to stay at home.
→ **It** being rainy, **I** had to stay at home.

날이 흐려서 나는 집에 머물러 있어야 했다.

As there was no bus service, we had to walk to school.
→ **There** being no bus service, **we** had to walk to school.

버스 편이 없었기 때문에 우리는 학교에 걸어가야만 했다.

We shall start tomorrow, if the weather permits.
→ **We** shall start tomorrow, **weather** permitting.

날씨가 괜찮으면 우리는 내일 출발할 것이다.

※ 관용적 표현으로서 〈the wether〉의 the를 생략함.

---

▷ 독립분사구문의 의미상의 주어로는 비 인칭 주어로 사용될 경우의 it을 제외하고는 인칭대명사(I, you, he, she, they)를 사용할 수 없다.
When I entered the room, I caught Man-su reading my diary.
→ I **Entering** the room, I caught Man-su reading my diary. (x)
→ **Entering** my room, I caught Man-su reading my diary. (o)
내 방에 들어섰을 때 나는 만수가 내 일기장을 읽고 있는 것을 발견했다.

## ■ 현수분사구문(dangling participle)

현수분사구문(懸垂分詞構文)이란 주절에 애매하게 매달린 분사구문이란 뜻으로서 분사구문의 의미상의 주어가 주절의 주어와 서로 다른데도 분사구문의 주어를 표시하지 않은 것을 말한다. 이런 표현은 문맥으로 보아 분사구문의 의미상의 주어를 표시하지 않아도 충분히 알 수 있는 경우에 쓸 수는 있겠으나, 문법적으로는 틀린 것으로 본다. 이런 경우에는 현수분사구문을 주문에 맞게 고치거나(주문의 주어가 분사구문의 의미상의 주어가 되도록 분사의 태를 바꾸어 줌), 주문을 현수분사구문에 맞게 고치거나(주문의 주어가 분사구의 의미상의 주어가 되도록 문장을 고쳐줌), 분사구문을 종속절로 풀어 써주거나 하여 그 문법적 결함을 바로 잡아 주어야 한다.

Writing in haste, the report has many defects. (x)

※ 'the report'는 writing의 주체(의미상의 주어)가 될 수 없다. 주절을 writing의 의미상의 주어가 될 수 있도록 고치거나, the report가 writing의 의미상 주어가 될 수 있도록 하기 위해 writing을 수동의 뜻을 나타내는 written으로 바꾸면 올바른 문장이 될 수 있다.

→ (Having been) **Written** in haste, the report has many defects. (o)
서둘러서 쓰였기 때문에, 그 보고서는 많은 결함을 갖고 있다.

→ Writing in haste, **he** made many mistakes in the report. (o)
서둘러서 쓰는 바람에 그는 그 보고서에서 많은 실수를 했다.

Walking along the street, my face felt frozen. (x)

※ 'my face'는 walking의 주체(의미상의 주어)가 될 수 없으므로 주문을 walking의 의미상의 주어를 갖는 문장으로 고쳐주면 문법적으로 바르게 될 수 있다.

→ Walking along the street, **I** felt my face frozen.
시내를 걷는 동안 나는 얼굴이 어는 줄 알았다.

Being fine tomorrow, we will go a picnic. (x)

※ 여기서 'we'가 분사구문의 의미상 주어가 될 수 없으나 비인칭주어 it는 분사구문과 주문의 주어가 다른 독립분사구문의 (의미상의) 주어가 될 수 있으므로 분사구문 앞에 그 의미상의 주어로 it만을 써주면 이 문장은 문법적으로 바르게 될 수 있다.

→ **It** being fine tomorrow, we will go on a picnic. (o)
(= If it is fine tomorrow, we will go on a picnic.)
내일 날씨가 맑으면 우리는 소풍을 갈 것이다.

Being no evidence, he was released. (x)

※ 'he'가 분사구문(Being no evidence)의 의미상 주어가 될 수 없으므로 분사구문의 주어를 나타내주어야 하는데 there는 독립분사구문의 (의미상의) 주어가 될 수 있으므로 there만을 분사구문 앞에 써주면 이 문장은 문법적으로 바르게 될 수 있다.

→ **There** being no evidence, he was released. (o) 증거가 없었으므로 그는 석방되었다.

Having read the newspaper, it was thrown away. (x)

※ 'the newspaper'는 읽히는 대상이므로 수동분사구문으로 해야 문법적으로 올바르게 된다.

→ Having **been** read the newspaper, it was thrown away. (o)
(= As the newspaper had been read (by me), it was thrown away.)
그 신문은 다 읽었으므로 버려졌다.

### 3) 무인칭 독립분사구문(impersonal absolute participle)

독립분사구문의 분사구의 의미상의 주어가 일반인(one, you, we, they, people 등)인 경우에는 주문의 주어와 일치하지 않더라도, 즉, 현수분사구문이 되더라도 그 의미상의 주어를 생략하여 쓰는데, 이를 무인칭 독립분사구문라고 한다. 다음과 같은 일반인인 의미상의 주어가 생략된 분사구가 관용구로 쓰이고 있다.

① broadly [roughly] speaking 《대충 말하면, 대체적으로 말해》
  = if we speak broadly [roughly]
  Broadly speaking, I agree with you.   대체적으로 (말해) 당신의 의견에 동의합니다.
  Roughly speaking, men are rational, and women intuitive.
                      대체적으로 말해서, 남자가 이성적이라면 여자는 직관적이다.

② frankly speaking 《솔직히 말해서 (= if we speak frankly)》
  Frankly speaking, he is foolish.      솔직히 말해서 그는 바보 같다.

③ generally speaking 《일반적으로 말하면 (= if we speak generally)》
  Generally speaking, old people are conservative and young people progressive.      일반적으로 말한다면 나이든 사람들은 보수적이고 젊은 사람들은 진보적이다.

④ strictly speaking 《엄격히 말하면 (= If we speak strictly)》
  Strictly speaking, she is not so good at English.
                      엄격히 말하면 그녀는 영어를 그렇게 잘하는 것이 아니다.

⑤ compared with 《~와 비교한다면(= if we compared with ~)》

(Being) Compared with his brother, he is not so intelligent.

(= If he is compared with his brother, he is not so intelligent.)

그의 형과 비교하면 그는 그렇게 총명하지 않다.

⑥ judging from ~ 《~로 부터 판단해 본다면 (= if we judge from ~)》

Judging from what people say, he must be a great scholar.

(= If we judge from what people say, he must be a great scholar.)

사람들이 말하는 것으로 판단하건대 그는 위대한 과학자임이 분명하다.

Judging from his appearance, he must be a Korean.

외모로 보아하니 그는 한국 사람임이 틀림없다.

⑦ speaking [talking] of ~ 《~에 관해서 말한다면; 말이 났으니 말인데; ~의 이야기라면》 (= if we speak [talk] of ~)

Speaking of novels about China, have you ever read 'The good Earth' by Pearl Buck?   중국에 대한 소설의 이야기라면, 펄 벅의 '대지'를 읽어 본 일이 있습니까?

Talking of animals, I like monkeys best.

동물에 관해 말하자면 나는 원숭이를 제일 좋아한다.

⑧ taking everything into consideration 《모든 것을 고려해 보면 [말한다면]》

(= if we take everything into consideration; taking all things into consideration; all things considered)

Taking everything into consideration, the result is better than I expected.   모든 것을 고려해 보면, 그 결과는 내가 기대했던 것보다 더 좋다.

⑨ considering ~ 《~을 고려한다면(= if[when] we consider ~)》

Considering his age, I can't believe the boy did such a great work.

(= When we consider his age, I can't believe the boy did such a great work.) 나이를 생각해 보면, 그 아이가 그런 대단한 일을 했다는 게 믿어지지 않는다.

⑩ supposing ~ 《(만약) ~라면 (= if)》

Supposing it were true, what would happen? 그것이 사실이라면 어떻게 될까?

⑪ given ~ 《(만약) ~라면 (= if)》

Given good weather, We shall start tomorrow.

날씨가 괜찮다면 우리는 내일 출발할 것이다.

⑫ provided[providing] (that) ~ 《(만약) ~라면 (= if)》

Provided [Providing] (that) he studies hard, he'll pass his exams.

그가 공부를 열심히만 한다면 시험에 합격할 것이다.

⑬ granted [granting] that ~ 《비록[설사] ~(인정한다 할)일지라도》 = even if ~; though ~

Granting that you were drunk, you are responsible for your conduct.
(= Though we grant that you were drunk, you are responsible for your conduct.) 술에 취해있었다는 것을 인정한다더라도 당신은 당신의 행동에 책임을 져야 합니다.

⑭ seeing that ~ 《~이므로(= since); ~을 고려하면(= considering), ~라는 점에서 보면, ~한 것을 보면》

Seeing that she's been ill all week she's unlikely to come.

그녀는 일주일 내내 아팠으므로 오지 않을 것 같다.

Her English is not bad, seeing that she has learned it only for six months. 영어를 배운지 겨우 6개월이라는 점에서 보면 그녀의 영어 실력은 나쁘지 않다.

Seeing that you keep sneezing continuously, you must have caught a cold.　　　　　　　　　　　　　　　계속해서 재채기하시는 걸 보니 감기에 걸리셨군요.

---

■ 참 고- 준동사의 의미상의 주어로 쓰이는 there 의 용법

'there be ~'구문은 준동사구로 바꿔 쓸 수 있는 데, 이 경우 there가 준동사구의 의미상의 주어가 된다.

### 1. there가 동명사구의 의미상 주어인 경우

I don't doubt your word about **there** being something wrong.
무언가 잘못된 것이 있다는 당신의 말을 나는 의심하지 않는다.

### 2. there가 분사구문의 의미상 주어인 경우

**There** being no objection, the meeting adjourned.
반대가 없었으므로 회의는 산회되었다.

### 3. there가 to부정사구의 의미상 주어인 경우

I don't want **there** to be any trouble. 이 이상 골칫거리는 없어야겠다.
For **there** to be life there must be air and water.
그곳에 생명이 존재하기 위해서는 공기와 물이 있어야만 한다.

---

### (3) 분사구문의 위치

분사구문은 글머리, 글 가운데, 글꼬리에 모두 올 수 있으나, 주어가 대명사일 경우 글 가운데에는 넣지 않는다.

#### 1) 글머리

Seeing the owner of the orchard, the children ran off.
　　　　　　　　　　　　　　　　　　　　　　과수원 주인을 보자 아이들은 도망쳤다.

Trained properly, the boy will be a good baseball player.
　　　　　　　　　　　　　　적절히 훈련을 받는다면, 그 소년은 훌륭한 야구선수가 될 것이다.

## 2) 글 가운데

The children, **seeing the owner of the orchard**, ran off.

The boy, **trained properly**, will be a good baseball player.

> ▷ 주어가 대명사일 경우 분사구문을 글 가운데에 넣지 않는다. 즉, 그렇게 되면 인칭대명사를 분사구문의 의미상 주어로 하지 않는다는 원칙에 어긋나기 때문이다.
> The children, **seeing the owner of the orchard**, ran off. (o)
> They, **seeing the owner of the orchard**, ran off. (x)
> The boy, **trained properly**, will be a good baseball player. (o)
> He, **trained properly**, will be a good baseball player. (x)

## 3) 글꼬리

The children ran off, **seeing the owner of the orchard**.

The boy will be a good baseball player, **trained properly**.

## (4) 분사(구문)의 시점표시

단순분사구문이 나타내는 시점은 주문(= 주문의 동사 시제)이 나타내는 시점과 같으며 완료분사구문은 주문이 나타내는 시점보다 하나 앞선 시점을 나타낸다.

### 1) 단순분사구문

주문의 시점(주문의 동사 시제)과 동일한 시점을 나타낸다.

**Living** in the next door, I know him well. 〈현재〉 이웃에 살기 때문에, 나는 그를 잘 안다.

(= As I live in the next door, I know him well.)

**Written** in simple English, that book is fit for beginners. 〈현재〉

쉬운 영어로 쓰였기 때문에, 그 책은 초보자에게 알맞다.

(= As it is written in simple English, that book is fit for beginners.)

**Studying** last night, he bled from his nose. 〈과거〉

어젯밤 공부하는 중에 그는 코피를 흘렸다.

**4장 분사**(Participle)   295

(= While he was studying last night, he bled from his nose.)

## 2) 완료(형) 분사구문

분사구문이 주문의 시점(주문의 동사의 시제)보다 더 앞서는 시점을 나타낸다.

① 주문의 동사가 현재, 미래일 때 완료분사구문은 과거 시점 또는 현재완료를 나타낸다.

▶ 종속절이 현재 시점이고, 주절이 미래 시점일 때는 시점의 차이가 나더라도 종속절을 완료형 분사구문으로 만들지 않는다.

Having finished my homework, I have nothing to do.

숙제를 다 했으므로 나는 할 일이 없다.

(= As I (have) finished my homework, I have nothing to do.)

Having lost my purse, I cannot buy the book.

지갑을 잃어버렸기 때문에, 나는 그 책을 살 수 없다.

(= As I have lost my purse, I cannot buy the book.)

② 주문의 동사가 과거(시제)일 때 완료분사는 과거완료를 나타낸다.

Having finished his work, he went home.

그는 일을 끝마치고(나서) 집에 갔다.

(= When [After] he had finished his work, he went home.)

Having made up his mind, he did not change it.

그는 한 번 마음 먹으면 [마음먹은 뒤에는] 그것을 바꾸지 않았다.

(= When [After] he had made up his mind, he did not change it.)

The palace, having been destroyed by fire in 1592, was rebuilt in 1865.

그 왕궁은 1592년에 소실된 뒤에 1865년에 재건되었다.

▷ '먼저 일 + 나중 일'형태의 문장에서 먼저 일을 분사구문으로 고칠 경우, 완료분사구문(having + p.p.)이나 단순분사구문(~ing)을 모두 쓸 수 있으나, 완료분사구문이 단순분사구문보다 우선으로 쓰인다.
After he finished his homework, he went to bed. 그는 숙제를 끝마친 후 잠자리에 들었다.
→ After **having finished** his homework, he went to bed. 〈우선〉
→ After **finishing** his homework, he went to bed. 〈차선〉


### (5) 분사구문이 나타내는 의미

#### 1) 시간관계

분사구문이 시간관계를 나타내는 경우는 보통 부대상황 즉, 동시에 일어나는 동작이나 연속되는 동작을 나타낸다. 두 동작 사이에 시간 차이가 있는 경우에는 먼저의 동작을 완료분사구문으로 나타내는 것이 원칙이나, 계속되는 동작이나 인접한 시간에 이루어지는 동작은 먼저의 동작을 분사구문으로 나타낼 경우라도 단순분사구문으로 나타낸다.

※ 부대상황이란 '어떤 일에 곁달라 있는 다른 일의 모습'이란 뜻으로서, 하나의 동작과 동시 또는 연속해서 이루어지는 다른 동작을 말한다. 분사구문은 부대상황을 나타내기 위한 구문이라 할 정도로 절(節)로 표현하기 어려운 것을 생생하게 표현할 수 있다.

① 동시의 동작을 나타내는 경우 《…하면서 동시에 ~하다.》
▶ 분사구문이 접속사 while, as가 이끄는 시간부사절의 의미를 갖는다.

She was singing, her sister playing the piano.
그녀는 노래를 부르고 있었고, 그녀의 여동생은 피아노를 치고 있었다.

Raising his hand, he stood up and answered.
그가 손을 들면서 일어나서 대답했다.

(= As he raised his hand, he stood up and answered.)

Looking up at him, she asked what was the matter.
그녀는 그를 쳐다보면서 무슨 문제가 있느냐고 물었다.

(= As she looked up at him, she asked what was the matter.)

Singing and staggering, he returned home.

노래하면서 비틀거리면서 그는 집으로 돌아왔다.

He hurt his knee (while) playing soccer.   그는 축구를 하던 중 무릎을 다쳤다.

She sang while dancing.   그녀는 춤추면서 노래를 불렀다.

② 연속동작(계속동작)을 나타내는 경우 《…하고, 그리고 ~하다.》

▶ 분사구문을 「S + v ~, and + v」의 중문으로 바꿀 수가 있다.

Closing the door, she went out.   문을 닫고서 그녀는 나갔다.

(= She closed the door, and went out.)

Taking a key out of his pocket, he opened the door.

그는 호주머니에서 열쇠를 꺼내어 그 문을 열었다.

(= He took a key out of his pocket, and opened the door.)

Saying goodbye to her, I left her home.

그녀에게 작별을 고하고 나는 그녀의 집을 뒤로했다.

(= I said goodbye to her and left her home.)

③ 일정한 때, 시간상 근접한 동작을 나타낼 경우

▶ 분사구문이 when, as, while, as soon as 등의 접속사가 이끄는 시간부사절의 의미를 갖는다.

Arriving at the station, I found the train going out slowly.

내가 역에 도착했을 때 열차는 서서히 역을 빠져 나가고 있었다.

= When I arrived at the station, I found the train going out slowly.

   Upon [On] arriving at the station, I found the train going out slowly.

Seeing her, I decided to spend the rest of my life with her.

그녀를 보자마자 나는 여생을 그녀와 함께 보내기로 결심했습니다.

(= As soon as I saw her, I decided to spend the rest of my life with her.)

Left alone, she began to watch TV.

혼자 남자 그녀는 TV를 보기 시작했다.

(= As she was left alone, she began to watch TV.)

When questioned, he denied being a member of the group.

그는 신문을 받자 그 단체의 회원임을 부인했다.

(= When he was questioned, he denied being a member of the group.)

A dog wags its tail when pleased. 개는 기쁠 때 꼬리를 흔든다.

(= A dog wags its tail when it is pleased.)

## 2) 결과관계

분사구문이 and, but, thus, thereby 등의 접속사가 이끄는 대등절의 의미를 갖는다.

We started in the morning, arriving in Seoul at noon.

우리는 아침에 출발해서 정오에 서울에 도착했다.

(= We started in the morning, and arrived in Seoul at noon.)

He went away, leaving her alone. 그는 그녀를 혼자 남겨 두고서 가버렸다.

(= He went away, and left her alone.)

It rained for a week, ruining our crops.

비가 일주일 동안 내려 우리 농작물을 망쳐놓았다.

A mutual fund spreads risk of loss over a number of stocks, thus reducing the risk to the individual investor.

개방형 투자신탁(뮤추얼 펀드)은 손실 위험을 여러 주식에 분산시킴으로써 개인투자자에 대한 위험부담을 덜어준다.

He paid cash, thereby avoiding any problems with tax.

그는 현금으로 지불했고, 그것으로 어떤 세금 관련 문제도 피할 수 있었다.

> ▷ 나중의 동작이나 결과를 나타내는 분사구문은 주문 (주절)의 앞에 놓을 수 없다.
>   We started in the morning, and arrived in Seoul at noon.
>   → We started in the morning, arriving in Seoul at noon. (o)
>   Arriving in Seoul at noon, we started in the morning. (x)

4장 분사(Participle)

### 3) 이유·원인관계

분사구문이 접속사 as, since, because 등의 접속사가 이끄는 이유·원인부사절의 의미를 갖는다.

Being sick [ill(영)], she was absent from school.

　　　　　　　　　　　　　　　　　　　　몸이 아팠기 때문에 그녀는 학교에 결석했다.

(= Because she was sick, she was absent from school.)

Utterly exhausted, he fell asleep at once.　　　그는 완전히 지쳤기에 곧바로 잠에 빠졌다.

(= As he was utterly exhausted, he fell asleep at once.)

Not wanting to anger him, I pretended to agree.

　　　　　　　　　　　　　　　　　　　　그에게 화내기가 싫어서 나는 동의하는 척했다.

(= As I did not want to anger him, I pretended to agree.)

Never having lived away from home, he felt homesick.

　　　　　　　　　　　　　　　　　그는 집을 떠나 살아 본 적이 없어서 향수병에 걸렸다.

(= Because he had never lived away from home, he felt homesick.)

There being no one to help me, I had to do it by myself.

　　　　　　　　　　　　나를 도와줄 사람이 없었기 때문에, 나는 그것을 혼자서 해야만 했다.

(= As there was no one to help me, I had to do it by myself.)

Standing on the hill, his house commands the whole view of Seoul.

　　　　　　　　　　　　언덕 위에 서 있으므로 그의 집에서는 서울의 전경을 내려다볼 수 있다.

Scolded by his parents, the boy left home.

　　　　　　　　　　　　　　　　　　　　　　그 소년은 부모님께 야단을 맞아서 집을 나갔다.

I looked at her face, fascinated.　　　　나는 홀딱 반해서 그녀의 얼굴을 쳐다보았다.

---

▷ 「Being + 보어」 형태의 분사구문은 이유·원인관계를 나타내는 것이 보통이다.

(Being) Angry at my words, she made no reply.

(= As she was angry at my words, he made no reply.)

내 말에 화가 나서 그녀는 아무 대답도 하지 않았다.

> (Being) An expert, he knows how to do it.
> (= As he is an expert, he knows how to do it.)
> 그는 전문가이므로 그것을 어떻게 해야 할지를 알고 있다.

### 4) 조건관계

분사구문이 접속사 if, unless가 이끄는 조건부사절의 의미를 갖는다.

Turning to the right, you will find the house. 오른쪽으로 돌면 그 집을 찾으실 겁니다.
(= If you turn to the right, you will find the house.)

Weather permitting, I shall go on a hike tomorrow.

날씨가 좋으면 나는 내일 하이킹 가겠다.

Driven more carefully, the car will do fifteen kilometers to the liter of gas.

차가 더 조심스럽게 운행된다면 휘발유 1리터에 15킬로미터는 갈 것입니다.

(= If it is driven more carefully, the car will do fifteen kilometers to the liter of gas.)

United, we stand; divided, we fall. 뭉치면 살고 흩어지면 죽는다.

Once lost, time cannot be retrieved. 한 번 잃으면 시간은 회수할 수가 없다.

### 5) 양보관계

분사구문이 접속사 though, although, even if 등이 이끄는 양보부사절의 의미를 갖는다.

**Admitting** what you say, I still believe I am right.

네 말도 인정하지만 나는 여전히 내가 옳다고 생각한다.

(= Though I admit what you say, I still believe I am right.)

**Granting** that it is true, I don't want to believe it.

그게 사실이라 해도 나는 그것을 믿고 싶지 않다.

All things **considered**, this is the best method.

모든 것을 고려해도 이것이 최선의 방법이다.

(= Even if all things are considered, this is the best method.)

| | |
|---|---|
| All allowances **made**, he is guilty. | 모든 것을 참작해도 그는 유죄이다. |
| This **granted**, what next? | 이번은 괜찮다고 해도 다음은 어떤가? |

### (6) with + 목적 + 분사 (또는 형용사, 부사)

분사의 의미상 주어가 주문의 주어와 다른 경우에 나타나는 독립분사구문의 일종으로 부대 상황을 나타낼 때 쓴다.

#### 1) with + 목적 + 현재분사

목적어의 능동적 행동을 나타낸다. 《~을 하면서, ~하고》

She sat silently, and the puppy was dozing at her feet.

그녀는 조용히 앉아있었고, 강아지는 그녀의 발치에서 졸고 있었다.

→ She sat silently, with the puppy dozing at her feet.

She sat silently, the puppy dozing at her feet.

Jane entered the house, with Tom standing outdoors.

제인은 집에 들어가고, 톰은 문밖에 서 있었다. / 제인은 톰을 문밖에 세워둔 채 집에 들어갔다.

It was a calm morning, with little wind blowing.

바람기가 거의 없는 고요한 아침이었다.

She went for a walk, with her dog following her.  그녀는 개를 데리고 산책을 나갔다.

The soldier stood with the bullets raining around him.

그 병사는 총알이 빗발치는 가운데에 서 있었다.

#### 2) with + 목적 + 과거분사

목적어의 (수동적) 상태를 나타낸다. 《~이 된 채로》

She sat on the chair, with her legs crossed.

그녀는 다리를 포갠 채로 의자에 앉아 있었다.

= She sat on the chair, her legs being crossed.

She sat on the chair, crossing her legs.

| | |
|---|---|
| He stood there with his arms folded[crossed]. | 그는 팔짱을 낀 채로 그곳에 서있었다. |
| I fell asleep with the TV turned on. | 나는 TV를 켜 놓은 채로 잠이 들었다. |
| with one's mouth [eyes] shut [closed] | 입 [눈]을 다문 [감은] 채 |
| with one's mouth stuffed with food | 입에 음식을 가득 채운 채 |
| with one's head bent | 고개를 숙인 채 |
| with one's eyes fixed on the spot | 눈을 그곳에 고정시킨 채 |

### 3) with + 목적 + 일반 형용사

'~한 채(로)'의 뜻을 갖는다.

| | |
|---|---|
| He was sleeping with his mouth open. | 그는 입을 벌린 채로 자고 있었다. |
| Don't leave the room with the window open. | 창문을 열어둔 채로 방을 나가지 마라. |
| Don't speak with your mouth full. | 입안이 가득한 채로 말하지 마라. |

### 4) with + 목적 + 부사/ 부사구 (전치사구)

'~한 채(로)'의 뜻을 갖는다.

| | |
|---|---|
| Don't leave the room with the light on. | 전등을 켜놓은 채로 방을 나가지 마라. |
| What a lonely world it would be with you away! | 네가 멀리 가버리면 세상이 얼마나 적막할까! |
| with one's hat on | 모자를 쓴 채 [쓰고서] |
| with a book in his hand | 손에 책을 든 채 |
| with his hand in his pocket | 주머니에 손을 넣은 채 |
| with his feet on the pillow | 베게에 발을 올린 채 |
| with his head against a cushion | 쿠션에 머리를 (기)댄 채 |

### (7) 분사구문의 부정

분사의 바로 앞에 not이나 never 등의 부정어를 둔다.

Having money, I can buy the car.    돈이 있기에 나는 그 차를 살 수 있다.

→ **Not** having money, I can't buy the car.    돈이 없기 때문에 나는 그 차를 살 수가 없다.

It being fine, we went on a picnic.

→ **Never** it being fine, we didn't go on a picnic.

날씨가 결코 좋지 않았기에 우리는 소풍을 가지 못 했다.

**Not** satisfied with the result, he shook his head.

그 결과에 만족하지 않았기 때문에 그는 고개를 가로저었다.

▷ 명사 little은 분사구문에서 부정어와 같은 역할을 할 수 있다.
Knowing **little** about the answer, I couldn't answer it.
나는 그 답을 잘 몰라서 그것에 답할 수가 없었다.


### (8) 분사(구문)의 강조

#### 1) 현재분사(구문)의 강조

'현재분사 + as + S + do'의 형태로 강조를 나타낸다. 즉, 'as + **주어**(s) + **동사**'구문에서 동사를 현재분사로 하여 글머리로 보내고 동사 자리에 대동사 do를 쓴 형태이다. 《사실 ~ 이기에, 그게 그렇게》

As my house stands on a hill, it commands a fine view.

→ Standing **as it does** on a hill, my house commands a fine view.

사실 우리 집은 언덕 위에 있기에 전망이 참 좋다.

Hugo began to execute a more north-northwest track, still intensifying **as it did** so.

(허리케인) 휴고는 진로를 더 북북서로 진행하기 시작했다, 그게 그러했듯이 여전히 강력했다.

### 2) 과거분사(구문)의 강조

'과거분사 + as + S + be'의 형태로 강조를 나타낸다. 수동태구문에서 과거분사를 문두로 보낸 형태이다. 《사실 ~이기에, 그게 그렇게》

As it is situated on a hill, my house commands a fine view.
→ (Being) Situated **as it is** on a hill, my house commands a fine view.

　　　　　　　　　　　사실 우리 집은 언덕배기에 위치하고 있어서 전망이 아주 좋습니다.

Seated **as we were** at the back, we couldn't hear a word.

　　　　　　　　　　그게 그랬던 게 우리는 뒤에 앉았기 때문에 한마디도 듣지를 못했다.


## (9) 분사구문의 being, having been의 생략

분사구문에서 보어인 형용사, 명사, 과거분사 앞에 쓰인 being, having been은 생략이 가능하다.

### 1) 보어인 형용사 앞의 being, having been은 생략할 수 있다.

(Being) Young, he was wise.

Lunch (being) over, we went out for a walk.

### 2) 보어인 명사 앞의 being, having been은 생략할 수 있다.

(Being) A woman of social instincts, she has many acquaintances.

　　　　　　　　　　　　그녀는 사교적 성향의 여성이라서 아는 사람이 많다.

(= As she is a woman of social instincts, she has many acquaintances.)

### 3) 수동분사구문의 과거분사 앞의 being, having been은 생략하는 것이 보통이다.

(Being) Taken by surprise, he did not lose his presence of mind.

　　　　　　　　　　　그는 깜짝 놀랐음에도 불구하고 정신을 놓지는 않았다.

(= Though he was taken by surprise, he did not lose his presence of mind.)

**(Having been)** Born in better times, he would have been a great scholar.

좀 더 좋은 시대에 태어났었더라면 그는 위대한 학자가 되었을 텐데.

(= If he had been born in better times, he would have been a great scholar.)

# – REVIEW EXERCISES –

1. 다음은 부사절의 복문이나 등위절의 중문을 분사구문을 사용하여 단문으로 고친 것이다. 같은 뜻이 되도록 빈칸을 채워라.

   (A) When our dinner was over, we went out for a walk.
   → Our dinner _____ over, we went out for a walk.

   (B) As it had snowed all the night, the road was slippery.
   → It _____ snowed all the night, the road was slippery.

   (C) As there was no seat in the bus, I kept standing all the way.
   → _____ no seat in the bus, I kept standing all the way.

   (D) As he worked hard when young, he is rich now.
   → _____ worked hard when young, he is rich now.

   (E) When the child was left alone, the child began to cry.
   → _____ alone, the child began to cry.

   (F) Though we grant that you were drunk, you are responsible for your conduct.
   → _____ that you were drunk, you are responsible for your conduct.

2. 다음 문장의 밑줄 친 분사구문 부분을 뜻이 같도록 '접속사 + 주어 + 동사'의 형태로 고치거나 빈칸을 채워라.

   (A) <u>Entering</u> my room, I caught Man-su reading my diary.

   (B) <u>(Being) Compared</u> with his brother, he is not so intelligent.

   (C) <u>Judging</u> from what people say, he must be a great scholar.

   (D) <u>Considering</u> his age, I can't believe the boy did such a great work.

   (E) <u>Written</u> in simple English, that book is fit for beginners.

   (F) <u>Having finished</u> my work, I have nothing to do.

(G) Having made up his mind, he did not change it.

(H) Raising his hand, he stood up and answered.

(I) Looking up at him, she asked what was the matter.

(J) Closing the door, she went out.

→ _____ the door, _____ went out.

(K) When questioned, he denied being a member of the group.

(L) We started in the morning, arriving in Seoul at noon.

→ We started in the morning, _____ in Seoul at noon.

(M) Not wanting to anger him, I pretended to agree.

(N) There being no one to help me, I had to do it by myself.

(O) All things considered, this is the best method.


3. 다음 분사 중 그 쓰임이 다른 하나는?

(A) The bird singing on the tree is a oriole.

(B) I found him dozing.

(C) This is the work done by you.

(D) It is pleasant to take a walk over the fallen leaves.

(E) They are retired generals.


4. 다음 밑줄 친 ~ing중 성격이 다른 하나는?

(A) Going along the street, I met a little girl (B) selling matches in the cold snow. (C) Bending over her, I asked if she had sold any, but the poor girl, (D) looking up shyly, replied that she had sold none.


5. 다음 중 문법적으로 옳지 않은 문장은? [공무원 7급]

(A) The programs on public television are generally superior in educational content to the programs on commercial television.

(B) We have only three days to practice until the band concert, but I forgot to have my uniform repaired.

(C) Referring to your request of July 13, the matter is being reviewed by our board.

(D) Realizing how they had failed, I regretted taking part in the program.

6. 빈칸에 문법적으로 가장 적합한 것을 고르시오. [공무원 7급]

　　＿＿＿＿＿ a museum display case in Arlington, Elizabeth looks in wonderment at the artifacts spread out before her.

　　(A) Peered into　　　　　　(B) Being peered into
　　(C) Having peered into　　　(D) Peering into

※ Choose the sentence that is not grammatically correct. [7 ~ 8]

7. (A) Leaving the room, he tripped over the mat.

(B) When questioned, she denied being a member of the group.

(C) Allowed unusual privileges, the prisoner seemed to enjoy his captivity.

(D) Considering works of art, the collections of china were admitted into the country without customs duties.

8. (A) Technological advancement is perceived by some as a license to attack other culture.

(B) National leaders will no doubt use politics and technology to protect their cultures against various info-assaults.

(C) Without human intervention, technology will increase the gap between rich and poor nations.

(D) Electronic proximity will inundate us with info-junk, create a need for human intermediaries.

9. Choose the one word or phrase that best completes the sentence.

_____, seemingly irrational tendencies can lead even the brightest minds to make costly mistakes. [공무원 7급, 토익 유형]

(A) Leaving unchecked     (B) Leaving unchecking
(C) Left unchecked        (D) Left unchecking

※ Identify one underlined word or phrase that should be corrected or rewritten. [10 ~ 14]

10. The math professor said that our examinations were disappointed and
                                         (A)                (B)
    that he would give a new test. [대학 편입, 토익 유형]
            (C)    (D)

11. Observe closely your surroundings, the positions of the cars involving,
            (A)                            (B)                  (C)
    license numbers and any other pertinent details. [공무원 7급, 토익 유형]
                        (D)

12. Have they not let the cat out of bag and show that, whatever they say,
         (A)              (B)          (C)
    they really know the Law of Nature just like anyone else?
                                       (D)

13. Inmates return to the outside world contend with the stigma of being ex
              (A)                            (B)              (C)
    —convicts, an obstacle to successful integration into the larger society.
                                                           (D)

14. I think we can admit, considered the circumstances, that they're making
                          (A)
    legitimate demands, for, after all, they have long suffered a most blatant
                        (B)                                      (C)
    kind of discrimination under the past regimes.
                           (D)

# = 해설·정답 =

## 1. 〈정답〉
(A) being  (B) having  (C) There being  (D) Having  (E) (Being) Left
(F) Granting

## 2. 〈정답〉
(A) When I entered  (B) If he is compared  (C) If we judge  (D) When we consider  (E) As it is written  (F) As I (have) finished  (G) When [After] he had made up  (H) As he raised  (I) As he looked up  (J) She closed, and  (K) When he was questioned  (L) and arrived  (M) As I did not want  (N) As there was  (O) Even if all things are considered

## 3. 【해설】
(A), (C), (D), (E)는 모두 분사가 한정용법으로 쓰인 경우이고, (B)는 분사가 서술용법(목적격 보어)으로 쓰인 경우이다.

〈정답〉 (B)

## 4. 【해설】
(A), (C), (D)는 분사가 부사적으로 쓰인 부대상황을 나타내는 분사구문. (B)는 a little girl을 수식하는 형용사적 용법의 현재분사이다. selling matches (성냥을 팔고 있는)

[해석] 거리를 걷다가 나는 차가운 눈을 맞으면서 성냥을 팔고 있는 작은 소녀를 만났다. 그녀에게 몸을 숙여 좀 팔았느냐고 물었다. 하지만 그 불쌍한 소녀는 부끄러운 듯이 쳐다보면서 하나도 팔지 못했다고 대답했다.

〈정답〉 (B)

5. 【해설】
   (A) be superior to~ (~보다 우수하다[우월하다].) '공영 텔레비전의 프로그램들은 일반적으로 교육적인 내용면에서 상업적 텔레비전의 프로그램보다 우수하다.
   (B) 전치사 until은 '때의 계속'을 나타낸다. (~까지, ~이 되기까지) '밴드 콘서트까지 단지 3일 남았다. 그러나 나는 유니폼을 수선하는 것을 잊고 있었다.'
   (C) 분사구문의 (의미상) 주어와 주문의 주어가 다른데도 분사구문의 주어를 표시하지 않은 현수분사구문이다. the matter가 referring의 주어가 될 수는 없다. 수동의 뜻을 나타내는 referred로 바꾸면 괜찮다. '7월 13일의 당신의 요청이 회부되어져 그 문제가 이사회에서 검토되고 있습니다.'
   (D) 분사구문으로 이상이 없다. '그들이 어떻게 실패했었는지를 깨닫고 나는 그 프로그램에 참여했던 것을 후회했다.'

   〈정답〉(C)


6. 【해설】
   분사구문이 주문의 주어와 시점이 같으므로 능동의 단순분사구문이 와야 한다. 그러므로 Peering into가 적당하다. (= While she is peering into~)
   [해석] 알링턴에 있는 박물관의 전시함 안을 가만히 들여다보면서, 엘리자베스는 그녀 앞에 펼쳐져 있는 유물들을 경이롭게 바라보고 있다.

   〈정답〉(D)


7. 【해설】 분사구문 문제
   (A) Leaving the room (방을 나가다가) (= While[As] he leaved) '그는 방을 나가다가 매트에 걸려 넘어졌다.'
   (B) she was가 생략된 분사구문으로서 이상이 없다.
   (C) Allowed(= Because he was allowed). '그 죄수는 남다른 특권이 허용되었기에 수형생활을 즐기는 것처럼 보였다.
   (D) 주어인 the collections of china는 '여겨지는 것'이므로 능동의 Considering을 수동의

Considered로 바꿔야 한다. '그 도자기 수집품들은 예술작품으로 간주되었으므로 그 나라에 관세 없이 반입이 허락되었다.'

〈정답〉(D)

## 8. 【해설】

(A) 'Some perceive technological advancement as a license to attack other culture.'의 수동태. 이상 없다. '어떤 이들에게 기술적 진보는 다른 문화를 공격하기 위한 허가증이라고 인식되기도 한다.'

(B) no doubt (의심할 바 없이, 확실히; 아마) '국가 지도자들은 다양한 정보공격들에 대항하여 그들의 문화를 보호하기 위하여 의심할 바 없이 정치와 기술을 이용할 것이다.'

(C) 인간의 간섭이 없다면 기술은 부국들과 빈국들 간의 격차를 증가시킬 것이다.

(D) inundate A with B (A를 B로 범람시키다.) 한 주어에 대하여 접속사 없이 동사를 두 개 쓸 수는 없다. 그러므로 여기서는 create 앞에 등위접속사 and를 써 주거나, 결과를 나타내는 분사구문(부사구)으로 해야 올바르게 된다. 분사구문으로 할 경우 주어 'Electronic proximity'가 인간 중재자들 (human intermediaries)을 필요로 하게 만들어내는 주체이므로 능동의 'creating'으로 해야 한다. '전자적 근접은 우리(사회)를 정보 쓰레기로 범람시킬 것이고 (그 결과) 인간중재자를 필요로 하게도 만들 것이다.'

〈정답〉(D)

## 9. 【해설】

(C) 밑줄 부분에는 조건부사절을 대신하는 분사구문을 요한다. 분사구문의 의미상의 주어인 tendency는 '시정되지 않고 놓여지는'것이므로 과거분사의 분사구문이 와야 한다. (= If it is left unchecked, seemingly ~) left 앞에는 Being이 생략되었다.

[해석] 시정되지 않고 그대로 놓여 진다면 언뜻 보기에 비합리적인 성향들은 가장 현명한 사람들조차도 값비싼 실수들을 하게 만든다.

〈정답〉(C)

## 10. 【해설】

amazed, amused, bored, confused, disappointed, embarrassed, excited, interested, shocked, surprised 등 감정을 나타내는 서술형용사인 과거분사들은 사람(생물)을 주어로 하며 사물 (무생물)을 주어로 하지 못한다. 반면에 amazing, amusing, boring, confusing, depressing, disappointing, exciting, interesting, shocking, surprising 등 감정을 나타내는 서술형용사인 현재분사들은 사물을 주어로 한 문장에 쓰며, 사람을 주어로 한 문장에는 쓸 수 없다. our examinations인 사물이 주어이므로 (B) disappointed가 아니라 disappointing으로 해야 한다.

[해석] 그 수학교수는 우리의 시험(결과)에 실망해서 (시험결과가 실망시켜서) 새로 시험을 보겠다고 했다.

〈정답〉 (B)

## 11. 【해설】

(C) '관련된'의 수동의 의미가 되어야 하므로 능동의 의미를 가지는 현재분사 involving이 아니라 과거분사 involved가 와야 한다.

[해석] 면밀히 주변 인물들을 관찰하고, 관련된 차들의 소재지, 운전면허 번호와 무엇이든 다른 관련사항들을 살펴보아라.

〈정답〉 (C)

## 12. 【해설】

(A) 입말체에서는 부정의문문의 be동사, 조동사, have동사의 부정축약형을 주어 앞에 쓰나, 글말체에서는 not를 주어의 뒤에 쓴다. (Have they not = Haven't they)

(B) let the cat out of bag (비밀을 누설하다.)

(C) 앞의 let (여기의 let은 현재완료로 쓰인 p.p.의 형태이다.)과 등위접속사 and에 의해 연결되고 있으므로 역시 p.p형 (shown)으로 해야 한다.

(D) just like ~ (마치 ~와 같이)

[해석] 그들이 무어라고 말하건 간에 그들이 비밀을 누설해서 다른 사람들과 마찬가지로 그들이 자

연의 법칙을 정말로 알고 있다는 것을 보여주지 않았나요?

〈정답〉(C)


## 13. 【해설】

(A) 뒤에 동사 contend가 오고 있으므로 밑줄 친 (A)부분은 주어 Inmates를 후위 수식하고 있는 형용사구이다. 그러므로 return은 분사형태가 되어야 한다. 주어의 능동적 동작을 나타내고 있으므로 자동사 return의 현재분사형인 returning으로 해야 한다.

(B) contend with~ (~과 싸우다.)

(C) the stigma of being ex-convicts와 an obstacle 이하는 동격관계.

(D) 'the larger society (더 큰 사회)'는 절대비교급의 형태이다.

[해석] 바깥세상으로 되돌아가는 재소자들은 전과자라는 오명, 즉, 더 큰 사회로의 성공적인 통합을 막는 장애물과 싸운다.

〈정답〉(A)


## 14. 【해설】

(A) 분사구문이 끼움구로 들어간 경우이다. 의미상의 주어가 we이므로 능동형의 분사가 되어야 한다. considering (상황을 고려해 보면)으로 해야 한다.

(B) for는 '근거'를 나타내는 등위접속사 (왜냐하면 ~이니까). after all(어쨌든; 결국, 요컨대)

(C) 여기서 most는 부사로서 '매우, 대단히'의 뜻을 갖는다. (= very)

(D) under the past regimes (지난 체제하에서)

[해석] 상황을 고려해 보면 그들이 합법적인 요구를 하고 있다는 것을 우리는 인정해야 한다고 저는 생각합니다. 왜냐하면, 요컨대 그들은 과거의 체제하에서 매우 노골적인 차별을 오랫동안 받아왔기 때문입니다.

〈정답〉(A)

# 제5장

## 시제(Tense)

### 1. 앞말

**(1) 뜻**

언어 일반에서 주어의 동작, 존재, 상태를 나타내는 동사는 그 동작, 존재, 상태의 시점도 함께 나타내는 것이 보통이다. 영어의 동사는 그 형태변화를 통하여 과거, 현재, 미래의 시간(시점)을 나타낸다. 이같이 시간을 나타내는 동사의 문법상의 형태를 시제(時制)라고 한다.

※ 시제의 개념을 시간을 나타내는 동사 그 자체만의 형태변화(어형변화)의 문제로 파악하는 경우 영어의 시제에는 현재시제와 과거시제의 두 가지가 있을 뿐이다. 즉, 전통적인 규범문법에서 시제로 파악한 미래시제나 완료시제, 진행시제는 동사에 will, shall, have, be의 조동사를 결합시켜 나타내므로 개념적으로만 본다면 시제라 할 수 없고, 일정한 시간관계를 나타내는 표현법일 뿐이라고 본다. 현대 언어학에서는 보통 이에 대하여 '미래의 표현'및 '시상 (aspect)'이라는 개념을 사용하고 있다. 본서에서는 시제를 기본적으로 동사의 형태변화 문제로 파악하기는 하나, 동사 자체의 어형변화는 물론 조동사와 결합시켜 나타내는 미래형, 완료형, 진행형도 동사 형태변화의 일종으로 보아 이를 모두 시제개념에 포함시켜 파악하고자 한다.

---

**■ 동사의 분류 (상태동사와 비상태동사)**

동사의 진행형 사용여부나 수동태의 가능여부, 무생물주어 구문의 이해 등을 위해 동사를 상태동사와 비상태동사로 구분할 실익이 있다. 영국의 언어학자 Quirk, Randolph는 동사를 상태동사와 비상태동사로 구분하고 다음과 같이 세분하였다.

**A. 상태동사 (stative verb)**

상태동사는 일반적으로 진행형을 쓸 수 없다.

(A) 항시적인 특성 (quality)을 나타내는 동사

　　ex) be, have

(B) 일반적인 상태 (state)를 나타내는 동사

　A) 주관적 상태: 인식, 감정, 지각·감각을 나타내는 동사

　일반적으로는 진행형을 쓸 수 없고 일시적인 특정한 경우에 예외적으로 쓴다.

　　ex) believe, forget, know, think, like, love, agree, want, feel, hear, see, hurt, etc.

　B) 관련 (소속) 상태

　　ex) be, belong, consist, contain, have, hold, include, own, resemble, etc.

B. 비상태동사 (nonstative verb)

(A) 위치동사 (stance)

　항시적이거나 일시적인 상태를 모두 나타낼 수 있다. 일시적인 경우에는 진행형을 쓸 수 있다.

　　ex) live, sit, stand, hang, lie, etc.

(B) 동작동사 (dynamic)

　A) 지속적 (durative): 동작의 지속을 나타내는 진행형을 쓸 수 있다.

　Ⓐ 비결정적·지속적

　a. 계속을 나타내는 동사 (무생물 동작)

　　ex) boil, glow, rain, shine, etc.

　b. 활동을 나타내는 동사 (생물 동작): 자동사로 표현된다.

　　ex) abandon, ask, dance, eat, etc.

　Ⓑ 결정적·지속적

　a. 과정 (상태변화)을 나타내는 동사(무생물 동작)

　　ex) grow up, improve, widen, etc.

　b. 달성을 나타내는 동사(생물 동작)

　　ex) finish, read, etc.

　B) 즉시적 (punctual): 통상적으로 진행형을 쓸 수 없다.

　Ⓐ 비결정적·즉시적

　a. 순간적 사건을 나타내는 동사 (무생물 동작): 사물 (무생물)주어가 쓰인다.

　　ex) blink, explode, flash, etc.

b. 순간적 행위를 나타내는 동사 (생물 동작)
ex) fire, kick, nod, etc.

Ⓑ 결정적·즉시적
a. 변화적 사건을 나타내는 동사 (사물 동작)
ex) arrive, come, depart, die, go, fall, land, start, stop, etc.
b. 변화적 행위를 나타내는 동사 (생물 동작)
ex) begin, catch, knock, shoot, etc.

### (2) 시제의 종류

영어의 동사 시제에는 통상의 시간 관계를 나타내는 과거, 현재, 미래의 기본시제 세 가지와 이 기본시제의 이전 시점 즉, 과거, 현재, 미래의 각각의 이전 시점에서 발생한 일이 과거, 현재, 미래의 특정시점에 이르러 나타내고 있는 정황을 표현하는 과거완료시제, 현재완료시제, 미래완료시제의 세 가지, 그리고 과거, 현재, 미래의 한 시점에서 어떤 일이 진행 중임을 나타내는 과거진행시제, 현재진행시제, 미래진행시제의 세 가지와 완료시제가 특히 진행 중임을 나타내는 경우에 쓰는 과거완료진행시제, 현재완료진행시제, 미래완료진행시제의 총 12개의 시제가 있다.

■ **시제의 종류 (12시제)**
- **기본시제**: 과거시제, 현재시제, 미래시제
- **완료시제 (완료형)**: 과거완료시제, 현재완료시제, 미래완료시제
- **진행시제 (진행형)**: 과거진행시제, 현재진행시제, 미래진행시제
- **완료진행시제 (완료진행형)**: 과거완료진행시제, 현재완료진행시제, 미래완료진행시제

### 1) 기본시제(primary tenses)

모든 시제의 기본이 되는 과거시제, 현재시제, 미래시제를 가리켜 기본시제(基本時制)라고 한다. 여기서 과거, 현재, 미래는 물리적 시간으로서의 과거, 현재, 미래가 아니라, 화자가 말하는 시점을 현재로 보고 이를 기준으로 한 전후의 시간관계를 나타내기 위해 주관적으로 설정하는 시간개념이다. 이러한 주관적 과거, 현재, 미래의 시간은 동사의 형태변화를

통해 나타내어지게 된다.

> **■ 기본시제**
> - **현재시제 (현재형)**: I study English. 나는 (지금) 영어를 공부한다.
> - **과거시제 (과거형)**: I studied English. 나는 (과거에 어느 때에) 영어를 공부했다.
> - **미래시제 (미래형)**: I will study English. 나는 (앞으로 어느 때에) 영어를 공부할 것이다.

## 2) 완료시제 (perfect tenses)

과거, 현재, 미래를 기준으로 그 이전에 일어난 일이 기준시점이 되는 과거, 현재, 미래에 이르러서 이루고 있는 정황을 나타내는 동사의 형태 [have +p.p.]를 완료시제 (完了時制 또는 완료형(完了形)이라 한다.

※ **과거완료**는 **과거의 한 시점**에서, **현재완료**는 **현재 시점**에서, **미래완료**는 **미래의 한 시점**에서 동사가 나타내는 행위나 상태가 이미 그 시점 이전에 발생, 존재하여 그 기준시점인 과거, 현재, 미래에 이르러 있음을 나타낸다. 즉, '완료시제'라고 할 때의 '완료'라는 말은 단순히 어떤 일을 끝마쳤다는 의미가 아니라, 과거, 현재, 미래라는 특정시점을 기준으로 그 이전에 일어난 일이 그 기준시점인 과거, 현재, 미래에 '**도달(到達)**'되어져 있음을 나타낸다. 그러므로 '완료시제'라는 말보다는 **도달시제**라고 하는 것이 더 적합하다고 본다.

> **■ 완료시제 (완료형)**
> - **현재완료시제 (현재완료형)**: I have studied English.
>   나는 (과거 어느 때부터 지금까지) 영어를 공부했다.
> - **과거완료시제 (과거완료형)**: I had studied English.
>   나는 (그 이전부터 과거 어느 때까지) 영어를 공부했었다.
> - **미래완료시제 (미래완료형)**: I will have studied English.
>   나는 (장래 어느 때에) 영어를 공부했을 것이다.
>   / 나는 (장래 어느 때에) 영어를 계속 공부하고 있을 것이다.

## 3) 진행시제 (progressive tenses)

어느 시점에서 (일시적으로) 어떤 행위, 동작이 이루어지는 중임을 나타내는 동사의 형태 [be + ~ing (현재분사)]를 진행시제(進行時制) 또는 진행형(進行形)이라 한다. 《~하고 있는 중이다, ~하고 있다.》

▶ 진행시제에는 현재 행위·동작이 이루어지는 중임을 나타내는 현재진행시제, 과거에 어떤 행위·동작이 이

루어지던 중이었음을 나타내는 과거진행시제, 미래에 어떤 행위·동작이 이루어지고 있을 것으로 추측하는 미래진행시제가 있다.

■ **진행시제 (진행형)**
- 현재진행시제 (현재진행형)
  I am studying English. 나는 (지금) 영어를 공부하는 중이다.
- 과거진행시제 (과거진행형)
  I was studying English. 나는 (과거에 어느 때에) 영어를 공부하고 있던 중이었다.
- 미래진행시제 (미래진행형)
  I will be studying English. 나는 (미래 어느 때에는) 영어를 공부하고 있을 것이다.

### 4) 완료진행시제(progressive perfect tenses)

완료시제를 나타내지만 특히, 계속·진행 중임을 분명히 나타내고자 하는 경우에 쓰는 동사의 형태 [have + been + ~ing]를 완료진행시제(完了進行時制) 또는 완료진행형(完了進行形)이라 한다.

■ **완료진행시제 (완료진행형)**
- 현재완료진행시제 (현재완료진행형)
  I have been studying English.
  나는 (과거 어느 때부터 지금까지) 영어를 계속 공부해오고 있는 중이다.
- 과거완료진행시제 (과거완료진행형)
  I had been studying English.
  나는 (그 이전부터 과거 어느 때까지) 영어를 계속 공부하고 있던 중이었다.
- 미래완료진행시제 (미래완료진행형)
  I will have been studying English.
  나는 (미래 어느 때에도) 영어를 계속 공부하고 있을 것이다.

## 2. 기본시제와 기본시제의 진행형

### (1) 현재시제 (the present tense)

현재시제(現在時制)란 현재의 일을 나타내는 동사의 형태(= 현재형)를 말한다. 여기서 현재란 물리적 시간으로서의 현재가 아니라 주관적으로 파악하는 현재 즉, 말하는 시점과 같은 것으로 파악되는 시간(의 범위)을 가리킨다. 일반 동사의 현재형은 3인칭 단수의 경우에는 '원형 + (e)s'를 쓰고 그 외의 경우에는 원형을 사용한다. 그리고 be동사는 1인칭 단수에 am, 3인칭 단수에는 is를 사용하고, 그 밖에는 모두 are를 사용한다.

※ 동사의 3인칭 단수 현재형을 만드는 방법에 대하여는 '동사의 형태변화' 부분참조 (p. 60 이하)

#### 1) 현재의 사실, 동작, 상태

| | |
|---|---|
| The Han River **runs** through Seoul. | 한강은 서울을 관통하여 흐른다. |
| Park **passes** the ball to Lee. | 박 선수(가) 공을 이 선수에게 전달 (패스)합니다. |
| London **stands** on the Thames. | 런던은 템스 강 가에 있다. |
| He **has** a big house. | 그는 큰 집을 갖고 있다. |

#### 2) 현재의 습관, 성격, 반복적인 동작

| | |
|---|---|
| I **get** up at six every morning. | 나는 매일 아침 여섯 시에 일어난다. |
| She never **takes** sugar in her coffee. | 그녀는 커피에 설탕을 절대 넣지 않는다. |
| Jack always **comes** to the class late. | 잭은 수업시간에 항상 늦는다. |
| The river often **overflows**. | 그 강은 자주 범람한다. |

#### 3) 현재의 직업, 출신(지)

| | |
|---|---|
| She **teaches** English. | 그녀는 영어를 가르친다. (영어 선생이다.) |
| Where **do** you come from? (= Where **are** you from?) | 출신지는 [고향은] 어디십니까? |

He **comes** of a good[royal] family. 그는 명문가문[귀족가문]의 사람이다.

## 4) 불변의 사실 (진리), 격언·속담

Summer **follows** spring. 여름은 봄 다음에 온다.

Energy **equals** mass times the speed of light squared. ($E=mc^2$)

에너지는 질량과 광속의 제곱을 곱한 것과 같다. (에너지(E) = 질량(m) × 빛의 속도(c)의 제곱)

Ancient saints said 'Honesty **is** the best policy.'

옛 성현들은 '정직하게 사는 것이 최고로 잘 사는 방법이다.'라고 말했다.

## 5) 옛사람의 유명한 말이나 책의 내용을 인용할 때의 (전달)동사

William S. Clark **says**, "Boys, be ambitious!"

윌리엄 클라크는 말한다. "젊은이여 큰 꿈을 품어라!"라고.

Dryden says that none but the brave **deserve(s)** the fair.

용기 있는 자만이 미인을 얻을 수 있다고 드라이든은 말한다.

## 6) 역사적인 사실은 과거로 표현하는 것이 원칙이나 지금에 살아있는 듯이 그리고자 할 때는 현재로 표현할 수 있다. (역사적 현재, 극적 현재)

▶ 이런 표현은 신문의 머리기사에서도 많이 쓴다.

Now Caesar **leaves** Gaul, **crosses** the Rubicon and **enters** Italy with 5,000 men.

이제 카이사르(시저)는 오천의 군사와 함께 갈리아를 떠나, 루비콘 강을 건너서 이탈리아로 입성한다.

Seoul **demands** Japanese textbooks corrected immediately

한국정부 일본 교과서 즉시 수정 요구하다

## 7) 가까운 (시간표상의) 미래의 일에 대한 미래시제의 대용

▶ 예정된 (확정된) 가까운 미래를 나타낼 때는 보통 미래를 나타내는 부사(구)와 함께 현재시제의 동사를 사용한다. 보통 be동사, 개시, 왕래발착의 뜻을 나타내는 동사들 (ex: be, arrive, begin, come, go, end, finish, leave, open, reach, return, start, come into, etc)이 이와 같이 쓰인다.

The last train up **arrives** at ten. 상행 마지막 기차는 10시에 도착합니다.
What time **does** the movie begin? 영화는 몇 시에 시작하죠?
I'**m** busy all day tomorrow. 나는 내일 종일 바쁘다.
※ 현재 상태를 나타내는 be는 확정된 미래표시와 함께 미래를 나타낼 수 있다.
The next flight to Tokyo **leaves** tomorrow at 9:00 a.m.
　　　　　　　　　　　　　　도쿄행 다음 항공편은 내일 오전 아홉 시에 출발합니다.
I **leave** Seoul for Busan tomorrow. 나는 내일 부산에 가려고 서울을 떠납니다.
※ 예정된 가까운 미래라도 개인적으로 정한 시간을 나타내는 경우에는 현재시제보다는 현재진행시제를 많이 사용한다.
I am **leaving** Seoul for Busan tomorrow. 나는 내일 아침에 부산으로 떠날 겁니다.

The contract **starts** as from the next month July 1st.
　　　　　　　　　　　　　　　　　　계약은 다음달 7월 1일부터 발효한다.

## 8) 시간, 조건, 양보를 나타내는 부사절에는 미래시제 대신 현재시제를 쓴다.

① be동사, 시작·완료를 나타내는 동사, 변화적 사건·행위를 나타내는 동사가 when, as, after, while, until, till, as soon as, before 등의 접속사가 이끄는 '시간'의 부사절에 쓰일 때 미래시제 대신 현재시제를 쓴다.

ex) be, arrive, begin, close, come, depart, end, go, leave, stop, etc.

When he **comes** back, I will tell him about it.
　　　　　　　　　　그가 돌아오면, 나는 그것에 관해 그에게 말할 것이다.
As spring **comes**, the birds move northward. 봄이 오면 새들은 북쪽으로 이동한다.
I hope you get the chance to relax while you'**re** away.
　　　　　　　　　　당신이 떠나있는 동안 휴식을 취할 기회를 가지길 바란다.
I want to take a trip around the world before I **die**.
　　　　　　　　　　나는 죽기 전에 세계 일주 여행을 하고 싶다.

② if, unless가 이끄는 '조건'의 부사절에는 미래시제 대신 현재시제를 쓴다.

I shall tell him if he **comes**.  그가 오면 그에게 말을 하겠다.

I will sleep at home if it **rains** tomorrow.
  내일 비가 온다면 나는 집에서 잠을 자겠다.

We shall leave tomorrow unless it **rains**.  비가 오지 않는 한 우리는 내일 떠난다.

You'll fail your exams unless you **work** harder.
  네가 더 열심히 공부하지 않으면 시험에 실패할 것이다.

> ▷ 시간, 조건을 나타내는 절이 명사절이거나 형용사절일 때는, 미래의 일을 나타내더라도 그대로 미래 시제로 나타내는 것이 보통이다.
> I don't know if he **will come** tomorrow. 〈명사절(목적절)〉
> 나는 그가 내일 올지 안 올지를 모른다.
> I don't know the time when he **will come**. 〈형용사절 (관계부사절)〉
> 나는 그가 언제 돌아올 것인지를 모른다.
> The day **when** my dream **will come** true will certainly come. 〈형용사절 (관계부사절)〉
> 나의 꿈이 실현될 날이 분명히 올 것이다.

③ whether, even if, if, whenever등이 이끄는 양보의 부사절에는 미래시제 대신 현재시제를 쓴다.

I will attend the meeting whether [if] it **rains** or not.
  비가 오거나 말거나 나는 그 모임에 참석하겠다.

Even if it **rains**, I will start.  비가 온다 할지라도 나는 출발할 것이다.

I will finish it if it **takes** me all day.
  그 일을 하는데 하루 종일이 걸리더라도 나는 그것을 마칠 것이다.

You will find me home whenever you **call**.
  네가 언제 찾아오든지 간에 나는 집에 있을 것이다.

9) 「명령문 + 명사절」일 때 명사절에는 미래시제 대신에 현재시제를 쓴다.

Mind what I **tell** you in future.  장차 내가 하는 말을 잘 들어라.

Remember that your mother **comes** to see you this weekend.

이번 주말에 너의 어머니가 너를 보러 오신다는 것을 기억해라.

### 10) 현재완료의 대용

동사 come, forget, hear, learn, say, see, tell, understand, be told 등은 현재시제가 현재완료의 의미를 나타내는 때가 있다.

I forget [= have forgotten] her name.  나는 그녀의 이름을 까먹었다.
I hear [= have heard] you're moving.  네가 이사한다는 소리를 들었어.
I see [= have seen] what you said.  (이제야) 네가 한 말이 무엇인지를 이해하겠다.
I am told [= have been told] (that) you were ill.  편찮으셨다고 들었습니다.

## (2) 현재진행 시제(the present progressive tense)

어떤 동작이 현재 이루어지고 있거나 어떠한 상태가 계속되고 있음을 나타내는 동사의 형태 (am, is, are + ~ing)를 현재진행 시제 또는 현재진행형(the present progressive form) 이라 한다.

### 1) 현재 이루어지고 있는 동작이나 상태의 계속을 나타낸다.

They **are having** a happy time now.  그들은 지금 즐거운 시간을 보내고 있다.
It **is growing** colder day by day, and the days are getting shorter.

날이 하루하루 추워지고 해도 점점 짧아지고 있다.

What on earth **are** you **doing** here?  도대체 당신은 여기서 무엇을 하고 있는 겁니까?

### 2) 일시적으로 반복되는 행위나 일시적으로 계속되고 있는 상태를 나타낸다.

I **am getting** up at twelve lately. 〈일시적으로 반복되는 행위〉  나는 요즘 정오에 기상한다.
cf.) I get up at twelve every day. 〈장기간의 습관적인 행위〉  나는 매일 정오에 기상한다.
I **am living** in London. 〈정해진 일정 기간 동안의 상태의 계속〉  나는 (당분간) 런던에 살고 있다.

cf.) I live in London. 〈정해진 기간이 없는 상태의 계속〉　　　　나는 런던에 산다.

3) always, continually, constantly, forever, incessantly, usually, all the time 등의 계속·반복의 뜻을 갖는 부사와 함께 습관처럼 반복되는 행위를 나타낸다.

▶ 이러한 쓰임의 현재진행형은 흔히 말하는 이의 불평, 못 마땅함 등의 심리를 내비친다.

Jack is always messing up the living room.　잭은 항상 거실을 어질러 놓는단 말이야.
She is always complaining of her husband.　그녀는 언제나 남편에게 투정만 부리고 있지.
The baby is crying continually.　　　　　　아기가 줄기차게 울어대는 구나.
He is constantly finding fault with others.　그는 언제나 남들 흠이나 들춰내려 한다니까.

4) 이미 계획·예정이 되어 있는 가까운 미래의 일에도 쓸 수 있다. 이때는 보통 미래 표시 부사 구와 함께 쓴다.

▶ 동사로는 arrive, come, go, do, depart, leave, reach, open, return, start, finish, end 등 왕래 발착, 시작, 종료 등을 나타내는 동사가 쓰인다.

I am leaving for Busan by the nine a.m. train the day after tomorrow.
　　　　　　　　　　　　　　　　　　　　나는 모레 오전 아홉 시 열차로 부산으로 떠날 겁니다.
The cherry blossoms in the park are opening just now.
　　　　　　　　　　　　　　　　　　　　공원의 벚꽃이 막 피려 하고 있다.
I must be going now.　　　　　　　　　　이제 가봐야겠습니다.
Our dream is coming true.　　　　　　　　우리의 꿈은 실현될 것 같다.
What are you doing tonight?　　　　　　　오늘밤에 뭐 할 거니?

---

■ 참고

1. 진행형을 쓸 수 없는 동사
　이미 동사 자체에 '계속'의 의미가 포함되어 있는 감정, 심리, 인식, 사고, 존재, 소유동사나 감각을 나타내는 지각동사는 진행형을 쓸 수 없다. 다만 이들 동사가 예외적으로 일시적인 상태나 다른 의미를 나타낼 때는 진행형을 만들 수 있다.

### (1) 존재 동사

ex) be (존재하다.), exist, consist in (존재하다.), etc.

Tyrants have **been** and **are**. 폭군은 지금까지 있어왔고 또 지금도 있다.
I **think**, therefore I **am** [exist]. 나는 생각한다. 그런고로 나는 존재한다.
Happiness **consists in** contentment. 행복은 만족해하는데 있다.

### (2) 인지 (認知), 사고 (思考) 동사

ex) agree, doubt, forgot, know, mean, realize, remember, believe, suppose, think, understand, wish, etc.

I couldn't **believe** my own eyes. 나는 내 눈을 믿을 수가 없었다.
We don't **doubt** its being true. 그것이 사실임을 믿어 의심치 않는다.
I was given to **understand** that you were coming. 당신이 오신다고 들었습니다.

### (3) 감정, 심리 동사

ex) appreciate, dislike, fear, hate, hope, like, love, prefer, respect, want, etc.

※ 입말체에서 like, hope, want 등은 진행형을 써서 정중함을 나타내기도 한다.

I **fear** (that) he will not come. 나는 그가 오지 못할까 걱정이다.
I **prefer** that it should be left alone. (= I prefer to leave it alone.)
그것을 내버려 두는 게 좋겠다.
I **appreciate** your kindness. 친절을 베풀어 주셔서 감사합니다.

### (4) 소유·소속 동사

ex) contain, have, possess, belong to, consist of, etc.

He **possesses** personal attractions. 그는 인간적 매력을 지니고 있다.
Orange juice **contains** a lot of vitamin C. 오렌지 주스는 비타민 C를 많이 함유하고 있다.
The house **belongs to** her. 그 집은 그녀의 소유이다.
Water **consists** of hydrogen and oxygen. 물은 수소와 산소로 구성되어 있다.

### (5) 지각 동사

ex) feel, hear, notice, perceive, see, smell, taste, etc.

I **felt** something creep [creeping] on the back. 나는 등에 무언가 기어가고 있는 것을 느꼈다.
I **saw** her knitting wool into stockings. 그녀가 털실로 양말을 뜨고 있는 걸 보았다.

The cook **tasted** the soup to see whether he had enough salt in it.
요리사는 간이 잘 되었는지 보기 위해 국물 (수프)의 맛을 보았다.

### (6) 상태 동사 등

ex) appear, depend, differ, lack, need, remain, resemble, seem, stand, etc.

My opinion does not **differ** from yours. 내 생각도 당신들과 다르지 않다.
She **lacks** common sense. 그녀는 상식이 없다.
They **resemble** each other in shape. 그들은 생김새가 서로 닮았다.

## 2. 어떤 동작의 결과에 의한 현재의 상태를 나타내는 be는 현재형을 쓴다.

The milk **is** out. 우유가 떨어졌다.
The secret **is** out. 비밀이 탄로 났다.

## 3. 진행형을 쓸 수 없는 동사들이라도 그 진행형의 뜻과는 다른 뜻을 나타내거나 일시적 상태를 나타낼 때는 진행형을 쓸 수 있는 경우도 있다. 특히, 지각동사의 경우 의지에 의한 동작 등을 나타낼 때는 진행형을 쓸 수 있다.

I **have** some money with me. (o) 나는 얼마간의 돈을 가지고 있다.
I **am having** some money with me. (x)
They **are having** a good time. (o) 그들은 행복한 한 때를 보내고 있다.
She **lacks** common sense. (o) 〈타동사〉 그녀는 상식이 없다.
= She **is lacking in** common sense. (o) 〈자동사로서 전치사(in) 함께〉
The school **stands** on the hill. (o) 그 학교는 언덕위에 서 있다.
The school **is standing** on the hill. (x)
She **is standing** in front of her house. (o) 〈일시적인 상태〉 그녀가 그녀의 집 앞에 서있다.
I **am seeing** the sights of Seoul. (o) 〈의도적으로 보는 경우〉
나는 서울의 경관을 바라보고 있는 중이다.
cf.) I **saw** her swimming in the fool. (o) 〈우연히 눈에 들어와 보게 되는 경우〉
나는 (문득) 그녀가 수영장에서 수영하고 있는 것을 보았다.
I **am seeing** her tomorrow. (o) (= I am meeting her tomorrow.)
나는 내일 그녀를 만날 예정이다.
I **am hearing** his lecture. (o) 나는 그의 강의를 듣고 있는 중이다.
The shepherd **was watching** his sheep. (o) 양치기는 양을 지키고 있었다.
You **are being** very kind today. (o) 네가 오늘은 (웬일로) 매우 다정스럽구나.
He **is being** a writer. (o) 그는 작가인 듯한 기분에 빠져 있다.
She **is being** a good girl. (o) 그녀는 지금은 얌전하게 지내고 있다.

She **is resembling** her mother more and more. (○)
그녀는 점점 더 그녀의 어머니를 닮아가고 있다.

### 4. 일시적인 신체적 이상 상태를 나타내는 동사 ache, feel, hurt, itch, prick, smart, tingle 등은 진행시제를 단순시제와 차이 없이 사용한다.

I ache all over. (= I'm aching all over.) 온몸이 쑤셔요.
I feel very hungry. (= I'm feeling very hungry.) 나는 몹시 배가 고파요.
My knees really hurt. (= My knees are really hurting.) 무릎이 정말 아파요.
My nose itches. (= My nose is itching.) 코가 가렵습니다.
The spot stung by the bee tingles. (= The spot stung by the bee is tingling.)
벌에 쏘인 데가 따끔따끔하다.

### 5. 진행형의 문장형식

#### (1) 자동사의 진행형

Dol-soe works in the field. 〈1형식〉
→ Dol-soe is working in the field. 〈1형식〉 돌쇠는 들에서 일을 하고 있다.
※ 1형식의 진행형은 1형식의 문장으로 본다.

#### (2) 타동사의 진행형

I consider writing to her. 〈3형식〉
→ I am considering writing to her. 〈3형식〉
나는 그녀에게 편지를 쓸까하고 생각하고 있다.
※ 3형식의 진행형은 3형식의 문장으로 본다.

## (3) 과거시제 (the past tense)

과거시제 또는 과거형 (the past form)이란 현재와는 관련이 없는 지난 시간의 일을 나타내는 동사의 형태를 말한다.

### 1) 과거의 동작, 상태

I **bought** this book yesterday.  나는 어제 이 책을 샀다.
It **was** hot yesterday.  어제는 날이 더웠다.

He **was** born, **lived**, and **died** in his beloved hometown of Königsberg.

그는 자신이 사랑하던 고향 쾨니히스베르크에서 태어나, 그곳에서 살다가, 그곳에서 죽었다.

## 2) 역사상의 사실

Hangeul **was** invented in 1443 by King Sejong.

한글은 1443년에 세종대왕에 의해 창제되었다.

Teacher said that World War Ⅱ **broke out** in 1939. (o)

선생님이 제2차 세계대전은 1939년에 발발했다고 말씀하셨다.

cf.) Teacher said that World War Ⅱ **had broken out** in 1939. (x)

## 3) 과거의 습관, 반복적 동작

▶ 빈도부사 always, often, sometimes, usually 등과 같이 쓰이는 경우가 보통이다. 특히, 현재는 있지 않은 과거의 습관을 나타내는 경우에는 used to나 would를 쓴다.

He **got up** at six o'clock every morning. 그는 매일 아침 6시에 일어났다.

He **would** often **ask** me some odd questions.

그는 가끔 내게 엉뚱한 질문을 하고는 했다.

She always **wore** white dress. 그녀는 언제나 흰색 옷을 입었다.

## 4) 현재완료의 대용

▶ 현재까지의 경험은 현재완료형으로 표현하지만 ever, never, once, always, before 등과 함께 과거 시제로 표현할 수 있다.

**Did** you ever **see** such a big fish? 지금껏 그렇게 큰 물고기를 본 적이 있습니까?

(= Have you ever seen such a big fish?)

I never **said** so. (= I have never said so.) 나는 그렇게 말한 적이 없다.

I once **seen** it. (= I once have seen it.) 나는 전에 그것을 본 적이 있다.

She **was** always kind to me.   그녀는 (그전부터 지금까지) 언제나 내게 친절하게 대해 주었다.

(= She has always been kind to me.)

I met him before.  나는 그 사람을 이전에 만나본 적이 있다. (= I have met him before.)

### 5) 과거완료나 대과거의 대용 ☞ p. 357 참조

after, before, till, when, as soon as 등이 이끄는 부사절이 있어서 과거 일의 시간적 선후 관계를 분명히 알 수 있는 경우에는 'had p.p.'(과거완료나 대과거를 나타냄)를 써야 할 주절이나 종속절에 단순과거시제를 쓸 수 있다.

The train started(= had started) just before we reached the station.

　　　　　　　　　　　　　　　　열차는 우리가 역에 도착하기 바로 전에 출발했다.

When I finished(= had finished) the work, I went out.

　　　　　　　　　　　　　　　　　　　나는 그 일을 끝내고 나서 밖에 나갔다.

---

■ **현재시제 대신 과거시제 (가정법 포함)를 쓰는 경우**

직설적으로 말하기 어려운 부탁, 질문, 명령 등을 나타낼 경우 상대방이 느낄 부담감, 감정 등을 고려하여 완곡하게 표현하고자 할 때 현재시제 대신 과거시제를 쓰기도 한다. (특히, 영국)

I wondered if you had some time. 시간 좀 있으셨는지 궁금했네요. (⇒ 시간 좀 있으세요?)
Did you want me? 저를 찾으셨어요? (⇒ 제가 지금 필요하세요?)
If I were you, I would not do such a thing. 〈가정법 과거〉
내가 너라면 그와 같은 일은 하지 않을 텐데. (하지 말라는 은근한 명령을 나타냄)

---

### (4) 과거진행시제(the past progressive tense)

과거의 어느 때에 (일시적) 진행 중이었던 동작이나 습관처럼 반복된 행위, 습관이나 과거에 계획된 미래 등을 나타내는 동사의 형태 (was, were + ~ing)를 과거진행시제 또는 과거진행형 (the past progressive form)이라 한다.

What were you doing this time yesterday?　　너는 어제 이 시간에 무얼 하고 있었니?
She was always asking me for more money.　그녀는 나에게 항상 더 많은 돈을 요구했다.

※ 과거의 반복적 행위, 습관을 나타내는 과거진행형은 always, constantly, continually, forever 등의 빈도부사와 잘 쓰인다.

The two rivals **were** constantly **trying** to outdo each other.
두 경쟁자는 끊임없이 서로를 이기려고 했다.

Why **was** I constantly **failing**? 왜 나는 번번이 실패만 하고 있었을까?

I **was leaving** for Seoul that morning. 나는 그 날 아침에 서울로 떠날 예정이었다.

> ▷ 동시에 진행되는 2가지의 과거사는 양쪽 모두 진행시제, 한쪽만 진행시제, 양쪽모두 단순과거시제로 표현할 수 있다.
> He **was reading** a book, while his wife **was playing** the piano.
> = When he read a book, his wife **was playing** the piano.
> 그는 책을 읽고 있었고, 그의 아내는 피아노를 치고 있었다.
> He **read** a book while his wife **played** the piano.

### (5) 미래시제 (the future tense)

미래시제 또는 미래형(the future form)이란 아직 발생하지 않은 일을 나타내는 동사의 형태를 말한다. [will, shall + 동사원형]

※ 미래시제는 보통 「will, shall + 동사원형」의 형태로 나타내며, 이에는 장래의 일에 대한 주어 또는 화자의 단순한 추측, 기대나 예정된 일, 의무 지워진 일, 가능 여부, 운명적 사실 등을 나타내는 '단순미래'의 용법과 장래의 일에 대한 주어나 화자의 의지를 표현하는 '의지 미래'의 용법이 있다.

### 1) 단순미래 시제

단순히 시간상으로 아직 이루어지지 않은 일에 대한 주어나 화자의 예측, 기대나 결과, 예정, 의무, 가능, 운명 등을 표현하는 동사의 형태 [will, shall + 동사원형]를 단순미래 시제라 한다.

> ■ **단순미래 시제 (시간상의 미래표현)**
> • 1인칭 - 평서문: I shall ~. 〈나는 ~할 (될) 것이다.〉
>   의문문: Shall [Will (미)] I ~? 《제가 ~할 수 있을 까요?》
> • 2인칭 - 평서문: You will ~. 〈너는 ~할(~가 될) 것이다.〉
>   의문문: Shall [Will (미)] you ~? 〈당신은 ~할까요? (~하게 될까요)〉
> • 3인칭 - 평서문: He [She, They, It] will ~. 〈그는 ~할 [~가 될] 것이다.〉

> 의문문: Will he [she, they, it] ~? 〈그는 ~할까요? (~하게 될까요?)〉
> ※ 미국에서는 단순 미래의 경우 shall 대신에 will로 통일하여 사용하고 있다. 그리고 일상 대화에서는 흔히 단축형을 쓴다.
> I will → I'll   you will → you'll   he will → he'll   she will → she'll
> it will → it'll   we will → we'll   they will → they'll   will not → won't

I shall [will (미)] be twenty years old next year.   나는 내년에 스무 살이 된다.
It will be fine tomorrow.   내일은 날씨가 화창할 것이다.
It will take you only two and a half hours to go from Seoul to Busan by KTX.   KTX로 가면 서울에서 부산까지 가는데 두 시간 반밖에 안 걸릴 겁니다.
Shall I be able to read the English novel if I study hard? 〈영〉
  제가 열심히 공부하면 그 영문 소설을 읽을 수 있게 될까요?
Shall [Will (미)] I be there in time if I start at once?
  곧 출발하면 시간 안에 닿을까요?
Shall [Will (미)] you have time enough to do this for me tomorrow?
  내일 이것을 해줄 시간 있겠어요?

※ 단순미래의 의문문은 Will you do ~?의 형식보다는 Will you be doing ~?이나 Are you doing ~?의 형태, 즉 진행형 형식을 쓸 때가 많다.
  Will you be coming? 오실 겁니까? (= Are you coming?)
  cf.) Will you come? 와주시겠습니까?
  Will [Shall (영)] you be seeing him tomorrow? 당신은 내일 그를 만날 예정입니까?

When shall I know the result? (= When will you let me know the result?)
  언제 그 결과를 알려 주시겠습니까?
How long shall [will (미)] you stay in Seoul?   서울에는 언제까지 계실 예정입니까?

> ▷ 이미 약속, 계획된 가까운 미래를 나타내는 경우에는 will, shall을 쓰지 못하고, 현재형, 현재진행형 등의 다른 미래형식을 쓴다.
>   She **comes** home **tomorrow** from the trip. 그녀는 내일 여행에서 돌아온다.
>     will come (x)

> I can't meet you **tonight** because my parents <u>are coming</u> to see me from the country.
>               will come (x)
> 오늘 저녁 너를 만날 수 없어. 왜냐면 우리 부모님이 시골에서 올라오시기로 하셨어.
> Are you going to see Sam-sun **tonight**? 너 오늘 저녁에 삼순이를 만날 예정이니?
> → Will you see Sam-sun tonight? (×)

### 2) 의지미래

의지미래(意志未來)란 사람의 의지로 이루어지게 되는 미래를 말한다. 주어가 누가 (몇 인칭) 되든 평서문에서는 말하는 사람 (I)의 의지를 나타내고, 의문문에서는 말을 듣는 상대방(you)의 의사를 묻는다.

※ 소위 의지미래라는 것은 단지 이루어지지 않은 일을 조동사 (will, shall)를 사용하여 표현하는 방식일 뿐, 시간적 개념 (시제)이 아니라 사람의 의사, 결심, 고집, 거절 등 심적 태도를 표현하는 것으로 이는 다름 아닌 서법의 문제라고 할 수 있다. 다만, 이곳에서는 일반론에 따라서 의지미래의 개념과 그 쓰임을 알아보고자 한다.

---

■ **의지미래**

- 1인칭 - ㉮ 평서문: 주어 I 또는 We의 의지 (의사)를 나타낸다.
    I [We] will [또는 shall] ~. 〈나는 [우리는] ~하겠다 (할 작정이다).〉
   ㉯ 의문문: I [We]가 상대방의 의지 (의사)를 묻는다.
    Shall I ~? 〈제가 ~해도 될까요? (~해드릴까요?)〉
    Shall we ~? 〈우리 ~할까요?〉
- 2인칭 - ㉮ 평서문: 현재 말을 하는 I의 의지를 나타낸다.
    You shall ~. 〈너는 (나에 의해) ~하게 될 것이다.〉
   ㉯ 평서문: 주어 (you)의 의지를 나타낸다.
    You will ~. 〈너는 ~하려고 할 것이다.〉
   ㉰ 의문문: 청자인 상대방의 의사 (의지)를 묻는다.
    Will you ~? 〈당신은 ~하시겠습니까?〉
- 3인칭 - ㉮ 평서문: 말을 하는 I의 의지 (의사)를 나타낸다.
    He [she, they, it] shall ~. 〈그는 (나에 의해) ~하게 될 것이다.〉
   ㉯ 평서문: 문의 주어 he, she, they, it의 의지를 나타낸다.
    He will ~. 〈그는 ~할 작정이다.〉
   ㉰ 의문문: 청자인 상대방의 의사 (의지)를 묻는다.
    Shall he [she, they, it]~? 〈제가 그를 ~하게 할까요 (~하도록 시킬까요?)〉

> ※ 의지미래의 주어의 의지(의사)는 인칭과 관계없이 will이 쓰인다. 또한, 현대 입말(체)에서는 2, 3인칭에 대한 말하는 사람(I)의 의지를 표현하는 'you (he, …) shall ~.'과 같은 표현도 거의 쓰지 않고 (글말체에서는 사용함) 'I will ~'의 표현을 쓴다. 결국, 현대 영어에서는 모든 단순미래와 주어의 의지를 나타내는 평서문의 의지미래에는 will을 사용한다고 할 수 있다. 그러므로 미래시제와 관련하여 will과 shall을 구별해야 할 경우는, (소위) 의지미래에서 상대방의 의사를 묻는 표현인 〈Shall I ~?〉, 〈Will you ~?〉, 〈Shall he(she, they, it) ~?〉의 세 가지 정도이다.

① 1인칭

❶ 평서문에서 화자 (I)나 문의 주어 (I, we)의 의지 – will 또는 shall

: I will [또는 shall] ~.《나는 ~하겠다.》

※ I의 의지에는 일반적으로 will을 쓰나, 강한 결의, 도전적 의지에는 shall을 쓰기도 한다. 이러한 경우에는 축약형 ('ll)을 쓰지 않는다.

I will [shall] go at all costs.　　　　　　　　　무슨 수를 써서라도 나는 갈 것이다.

I shall not move a step till you pay me.

　　　　　　　　　　　　　　　　　　　　　지불해 줄 때까지 나는 한 발짝도 움직이지 않겠다.

I shall never [= never shall] forgive him.　　나는 결코 그를 용서하지 않을 것이다.

❷ 의문문에서 청자(상대방)의 의지 – shall

i. Shall I ~?《제가 ~해드릴까요?; 제가 ~해도 될까요?》

"Shall I open the window?"　　　　　　　　　창문을 열어드릴까요?

– "Yes, please."　　　　　　　　　　　　　　예, 그래 주세요.

Shall I keep this book?　　　　　　　　　　　이 책을 제가 가져도 될까요?

ii. Shall we ~?《우리 ~할까요?》

"Shall we eat out?"　　　　　　　　　　　　　우리 외식하러 갈까요?

– "Yes, let's." 예, 갑시다. / "No, let's not." 아니요, 가지 맙시다.

Let's go to see a movie, shall we?　　　　　영화 보러 갈까요?

② 2인칭

❶ 평서문에서 화자 (I)의 의지 – shall

: You shall ~.《너는 (나에 의해) ~하게 될 것이다.》

You shall have my watch. 너는 내 시계를 갖게 될 것이다. (= 너에게 내 시계를 주겠다.)
(= I will give you my watch.)
You shall die. 널 죽여 버리겠어. (= I will kill you.)
You shall not enter my room without my permission.
　　　　　　　　　　　　　　　　　　　내 허락 없이 내 방에 들어가서는 안 된다.
If you are late again, you shall be dismissed. 또다시 지각을 하면 당신은 해고요.
(= If you are late again I'll dismiss you.)

❷ 의문문에서 청자나 평서문에서 문의 주어(you)의 의지 – will

i. Will you ~?《당신은 ~하시겠습니까?》

▶ 상대방인 청자 (you)의 의사 (의지)를 묻는다.

"Will you go to the movies?" 영화 보러 갈까요?
– "Yes, I will." 예, 갈게요.
"Will you not do such a thing again?" 두 번 다시 이런 짓 안 할 거죠?
– "No, I won't." 예, 하지 않겠습니다.
When will you be seeing her next week? 다음 주 언제 그녀를 만날 거니?

ii. You will ~.《너는 ~하려고(하고자) 할 것이다.》

▶ 문의 주어 (you)의 의지의 예견을 나타낸다.

If you will do it, do it at once. 네가 그 일을 하고자 한다면 당장 해라.
You will not take my advice. 당신은 내 충고를 받아들이지 않을 테지요.

③ 3인칭

❶ 평서문에서 화자 (I)의 의지나 의문문에서 청자(you)의 의지 – shall

　i. He shall ~. 《그는 (나에 의해) ~하게 될 것이다.》

　▶ he에 대한 화자 (I)의 의지를 나타낸다.

　He shall go there.　　　　　　　　　　　그는 (나에 의해) 그곳에 가게 될 것이다.
　(= I will make him go there.)
　He shall pay for that.　　　　　　　　　　(내가) 그에게 그 보복을 하고 말테다.


　ii. Shall he [she] ~? 《제가 그를[그녀를] ~하도록 시킬까요?》

　▶ 말을 듣고 있는 상대방 (you)의 he [she]에 대한 의사 (의지)를 나타낸다.

　"Shall she come in?"　　　　　　　　　　그녀를 들어오게 할까요?
　– "Yes, let her come in."　　　　　　　　예, 그녀를 들어오게 하세요.
　Shall he wait for you till you come back?
　　　　　　　　　　　　　　　　　　　　　당신이 돌아올 때까지 그를 기다리게 할까요?


❷ 평서문의 주어 (he, she, they, it)의 의지 – will

　: He will ~. 《그는 ~하고자 할 것이다; ~할 작정이다.》

　▶ 문의 주어 (he등)의 의지 (의사)의 예견을 나타낸다.

　He will not pardon you.　　　　　　　　　그는 너를 용서하지 않을 것이다.
　He will marry her.　　　　　　　　　　　　그는 그녀와 결혼할 작정이다.


---

■ 참고

1. 평서문에서 주어가 대명사인 경우 단순미래시제나 의지미래 모두 축약형 'll이나 won't(부정)를 쓰는 것이 보통이나 '~ and I'일 경우에는 축약형을 쓰지 않는 것이 보통이다.
　Tom and I will be delighted to see you.　톰과 저는 당신을 뵐 수 있으면 기쁘겠습니다.

2. 미국 입말체에서는 미래의 표현에 will이나 shall보다는 be going to를 많이 사용한다. 다만, 양자는 의미의 차이를 보일 때도 있다.

She will be twenty next month. 그녀는 내달이면 스무 살이 된다.
(= She is going to be twenty next month.)
It will rain soon. 〈단순 예측〉 곧 비가 올 것 같다.
It is going to rain. 〈현실로 눈앞에 다다른 상태〉 비가 막 오려고 한다. (비가 바로 쏟아질 것 같다.)

3. Will you ~? 와 Won't you ~?

(1) 모두 상대방의 의사를 묻는 경우뿐만 아니라 권유·의뢰를 나타낼 때에도 사용된다. Won't you ~? 가 Will you ~?보다 친밀감 있는 표현이다.

Will you please open the window? 창문 좀 열어 주시겠습니까?
(= Open the window, will you please?)
Won't you have dinner with me? 저와 저녁식사 같이하지 않을래요?

(2) 둘 다 명령문 뒤에 부가의문문으로 붙여 올림조로 말하면 부드러운 어조가 된다.

Give me a glass of cold water, will you? 냉수 한 잔 주시겠어요?
Please come in, won't you? 어서 들어오십시오.

(3) 부정명령문의 부가의문문으로서는 will you?만 붙일 수 있다. 이 경우 올림조이면 부탁, 간청하는 투이고, 내림조이면 명령하는 투가 된다.

Don't make a noise, will you? 〈올림조〉 조용히 해 주시겠어요. / 〈내림조〉 떠들지 마세요.
Be quiet, will you! 〈올림조〉 조용히 해주세요. / 〈내림조〉 조용히 하세요.

4. 기타(관용어구)

I'll [we'll] see to it. 적절히 조처해 보죠.
I'll tell you what. 〈제안 따위를 꺼낼 때〉 저 말이지; 실은 이렇단 말야.
will do: 적합하다, 쓸 만하다.
That'll do. 그것으로 [그것이면] 됐다[좋다].
That won't do. 그건 [그것으로는] 안 된다.
These shoes won't do for mountain-climbing. 이 신발은 등산용으로는 적합지 않다.
Any time will do. 언제라도 [아무 때고] 좋다.

### 3) 'will, shall + 동사원형'이외의 미래의 표현

① be about to + 동사원형 《막 ~하려고 한다. (= be on the point of ~ing)》

▶ 아주 가까운 미래를 나타내므로 1일이 넘는 부사 (tomorrow 등)와는 같이 쓸 수 없다.

We **were about to** start, when it rained. 우리가 막 떠나려는데 비가 왔다.

The president **is about to** make an important announcement.

대통령의 중대 발표가 곧 있을 참이다.

> ▷ 〈미〉 입말체에서는 「be not about to」로 '~할 생각은 없다.'라는 뜻을 나타낸다.
> I'm not about to lend you money. 〈미, 입말체〉
> 나는 너에게 돈을 빌려줄 생각이 전혀 없다.

② be due to + 동사원형 《~할 예정으로 되어 있다.》

= be scheduled [supposed] to + 동사원형

Mr. Kim is due to arrive at two this afternoon.

김 선생은 오늘 오후 2시에 도착할 예정입니다.

When is Kenneth due to arrive? 케네스는 언제 도착하기로 되어 있지?

This plant is scheduled to start operations next spring.

이 공장은 내년 봄에 가동될 예정입니다.

My friend is supposed to come over soon. 내 친구가 곧 오기로 되어 있다.

③ be going to + 동사원형 《곧 ~하려(고) 한다. ~할 것(예정)이다.》

▶ 주어의 의지, 기대, 확신 등을 표현한다. 'be about to'가 글말에서 많이 쓰이는 것에 비해 'be going to'는 입말(체)에 많이 쓰인다. 전자는 가까운 미래를 나타내지만, 후자는 상당한 시간 후의 미래나 의지를 나타내는 데도 쓰인다. 'be just going to'로 하면 'be about to'와 거의 같은 의미가 된다.

He is going to be a soldier. 그는 군인이 되려고 한다.

You are not going to do that. 네가 그렇게는 하지 못하게 될 걸. (내가 못하게 하겠다.)

There's going to be an eclipse of the moon tonight. 오늘밤 월식이 있을 예정이다.

What are you going to do tomorrow? 내일 무엇을 할 예정입니까?

> ▷ 조건문의 주절에는 'be going to + 동사원형'은 쓰지 않고 will이나 shall을 쓴다.
> If you leave now, you **will** regret it. 네가 지금 떠난다면 후회하게 될 것이다.

④ be to + 동사원형 《~할 예정(계획)이다; ~하기로 되어 있다.》 ☞ p. 179, p. 504 참조

We are (were) to meet at 6. 우리는 여섯 시에 만나기로 되어 있다 (있었다).
They are to discuss whether they will pass the bill in this session.
그들은 이번 회기 안에 그 의안을 통과시킬 것인지 여부를 토의할 계획이다.
The worst is still to come. 최악의 사태는 이제부터이다.

⑤ 현재진행형

▶ go, come, arrive, leave, start 등의 왕래 발착을 나타내는 동사가 현재진행형으로 쓰여 <u>확정된 가까운 미래의 일</u>을 나타내기도 한다. 이때는 미래를 나타내는 시간부사가 함께 쓰이는 것이 보통이다.

She is arriving this afternoon. 그녀는 오늘 오후에 도착할 것(예정)이다.
Tom is coming to see me tomorrow. 톰은 내일 나를 만나러 올 것이다.
They are leaving for New York next week. 그들은 다음 주에 뉴욕으로 떠날 예정이다.

> ▷ 일반 동사의 현재진행형도 미래를 나타내는 시간부사(구)와 함께 미래시제를 대신하는 경우도 있다.
> We are having dinner together this evening.
> 우리는 오늘 저녁에 함께 저녁 식사를 할 예정입니다.

⑥ 현재시제

▶ 확정된 미래의 일을 나타낼 때는 현재형을 쓰기도 한다. 또, 시간이나 조건의 부사절에서는 현재시제로 미래를 대신한다.

The airplane arrives at 7:00 this morning. 그 비행기는 오늘 아침 7시에 도착한다.
When he comes home, I will tell him about it.
그가 집에 오면 나는 그것에 대해 그에게 말할 것이다.
If it snows tomorrow, I will go skiing. 내일 눈이 오면 나는 스키 타러 갈 것이다.

> **■ 참고**
> - It was + 시간 + before + 과거 ~ 《… 시간 후에야 ~하였다.》
> - It will be + 시간 + before + 현재 ~ 《… 시간 후에야 ~할 것이다.》
>
> It was three years before I saw him again.
> 3년이 지난 후에야 나는 그를 다시 보았다.
> It will be three years before he masters English.
> 3년은 지나야 그는 영어를 완전히 익히게 될 것이다.

### (6) 미래진행시제 (future progressive tense)

어떤 일이 미래의 특정시점에 진행되고 있을 것임을 나타내는 동사의 형태 [will, shall + be + ~ing]를 미래진행시제 또는 미래진행형 (the future progressive form)이라 한다.

### 1) 미래의 한 시점이나 일정 기간에 어떤 동작이 행해지거나 어떤 상태가 지속할 것임을 표현한다.

This time next week I'll probably be lying on a beautiful beach.
다음 주 이 시간이면 나는 아마 아름다운 해변에 누워있을 것이다.
We will be owning our own home at this time next year.
우리는 내년 이맘때쯤 우리 소유의 집을 갖고 있을 것이다.
※ 이처럼 진행형을 잘 쓰지 않는 동사도 will과는 미래진행형으로 쓸 수가 있다.
It will be snowing when you get to Toronto.
네가 토론토에 도착할 쯤에는 눈이 내리고 있을 것이다.

### 2) 이미 계획되어 있는 일이나, 반복되는 일상적인 일이 생길 것을 말할 때도 쓴다.

The party will be stating at seven.    모임은 일곱 시에 시작될 것입니다.
I'll be seeing you tomorrow.    내일 다시 보게 될거야.; 내일 (찾아) 뵙겠습니다.
※ 'I'll see you tomorrow.'가 말하는 사람의 의지를 드러내는 표현임에 대해 'I'll be seeing ~.'은 정황상으로 볼 때 '만나게 될 것이다.'라는 추측적인 표현이다.

I will be watching television at ten o'clock tomorrow night.

> 나는 내일 밤 열 시에는 T.V.를 보고 있을 거야.

3) 미래진행의문문은 상대방의 계획에 대한 물음을 나타낸다.

[Will you be ~ing …?]

▶ 단순미래 시제형을 사용하는 것보다 상대방의 입장을 배려하는 뜻을 내포한다.

Will you be eating here or do you want it to go?

> 여기서 드실 건가요 아니면 가져가실 건가요?

How long will you be staying?

> 얼마나 오래 묵으실 건가요?

What will you be doing this weekend?

> 이번 주말에 무엇을 할 계획입니까?

## 3. 완료시제와 완료진행시제

### (1) 현재 완료시제(the present perfect tense)

#### 1) 의의

과거에 발생한 동작이나 상태가 현재에 이르러서 나타내고 있는 정황을 표현하는 동사의 형태[have, has + 과거분사]를 현재 완료시제 또는 현재 완료형(the present perfect form)이라 한다.

※ 현재시제가 단지 현재 시점의 일만을 나타낸다면 현재완료는 어떤 일의 발생이 과거에 있었고 그 일을 방금 완료하였다거나, 과거 일의 결과가 현재 어떤 상태로 남아 있다거나, 과거에 시작된 일이 현재도 계속되고 있다거나, 현재까지 그런 일을 몇 번 경험했다거나 하는 등의 뜻을 나타내어 <u>과거와 관련 있는 **현재의 일을 표현**</u>하는 동사의 특정한 형태이다.

■ 현재완료시제와 과거시제와의 비교

A. 현재완료시제는 과거와 일정한 관련이 있을 뿐 현재의 일을 나타낸다. 그러나 과거시제는 과거에 어떤 일이 있었음을 나타낼 뿐 현재와는 관련이 없는 경우이다.

I have lost my purse. 〈현재완료, 결과〉 나는 지갑을 잃어버렸다.
※ '과거에 지갑을 잃어버려서 현재 갖고 있지 않다'는 의미.

I lost my purse yesterday. 〈과거〉 나는 어제 지갑을 잃어버렸다.
※ 과거(어제)에 지갑을 잃어버렸음을 나타낼 뿐, 지금은 어떤 상태인지는 나타내지 않는다.

He has lived here all his life. 〈현재완료, 계속〉 그는 평생을 이곳에서 살아왔다.
※ '현재도 이곳에 살고 있다'는 뜻을 나타낸다.

He lived here all his life. 〈과거〉 그는 평생을 이곳에서 살았다.
※ '현재는 죽고 없다'는 뜻을 나타낸다.

B. 구체적인 과거 시점이나, 의문사 when이 있을 때는 단순 과거시제를 사용하고, 구체적인 시점이 주어지지 않았다면 현재완료시제를 사용한다.

I have been to Jejudo several times.
나는 제주도에 여러 번 갔다 왔다. / 나는 제주도에 여러 번 가본 적이 있다.
I went to Jejudo last spring. 나는 지난봄에 제주도에 갔었다.
I have gone Jejudo in January. (×)
※ 이 경우는 구체적 과거 시점을 나타내는 말이 있으므로 현재완료를 못 쓴다.

C. 상태동사는 구체적인 때를 나타내는 부사(구)가 있을 때 현재완료형을 쓸 수 있다.

I have known Mary (x)
I have known Mary for less than a year. (o) 내가 메리를 안지는 1년이 되었다.
The house has belonged to her. (x)
The house has belonged to her for three years. (o)
그 집은 그녀가 지금까지 3년 동안 소유해 왔다.

## 2) 현재완료시제가 나타내는 의미

### ① 완료

▶ 과거의 어느 시점부터 해오던 행위·동작이 현재는 완료된 상태를 나타낸다. 《지금(방금, 막) ~하였다 (해버렸다).》 완료를 나타내는 현재완료시제는 보통 already, just, now, yet, lately, recently, this year [week, month], by this time 따위의 부사(구)를 수반한다.

| | |
|---|---|
| I have just read the novel through. | 나는 막 그 소설을 끝까지 다 읽었다. |
| Tom has just come home from school. | 톰은 방금 학교에서 집에 돌아왔다. |
| "Has he done his task yet?" | 그는 이미 그의 일을 끝마쳤느냐? |
| – "No, he hasn't done it yet." | 아뇨, 그는 아직 끝마치지 못했습니다. |

② 결과

▶ 과거에 일어났던 일이 현재까지 남겨놓은 상태 (결과)를 나타낸다. 《~해서 (그 결과) ~한 상태이다.》

I have lost my purse somewhere.
　　　　　　　　　　나는 지갑을 어디선가 잃어버렸다. (현재 갖고 있지 않다.)
(= I lost my purse somewhere, so I don't have it.)
He has gone out.　　　　　　그는 나가 버렸다. (나가고 이곳에 없다.)
(= He went out, so he is not here.)

※ have gone (to)는 1, 2인칭에 사용할 수 없다.

I have often heard of you.　　　　선생님 말씀은 자주 들었습니다.

③ 경험

▶ 과거에서부터 현재까지의 경험을 나타낸다. 《(지금까지) ~한 적이 있다.》 경험을 나타내는 현재완료는 before, ever, never, once, twice, seldom, 수사 + times 등의 부사(구)를 수반하는 경우가 많다.

I have never been here before.　나는 이전에 이곳에 와 본적이 없다. (이곳이 처음이다.)
Have you ever been to Roma?　　로마에 가본 적이 있으세요?
(= Did you go to Roma?)
Have there been any calls for me?　나한테 전화 온 거 있었어요?
Is this the first time you've played golf?
　　　　　　　　　　당신은 골프를 쳐본 것이 이번이 처음인가요?

■ 참고

1. 현재완료 시제의 경험을 나타내는 'have ever (never) + 과거분사'대신에 입말체에서는 흔히 'ever, never + 과거형'을 쓴다.

   Have you ever been to Ulleungdo? 울릉도에 가 본 적이 있으세요?
   ⇒ Did you **ever go** to Ulleungdo? 〈입말체〉
   I have never seen him. 나는 그를 한 번도 본 적이 없다.
   ⇒ I **never saw** him. 〈입말체〉

2. have (ever) been (to) ~

   (1) '간 적이(가본 적이) 있다.'의 뜻으로는 have (ever) been을 쓰는 것이 보통이지만, 〈미〉에서는 have (ever) gone을 쓰기도 한다.

   Have you ever been[gone (미)] to Hawaii? 하와이에 가 본 적이 있으세요?

   (2) have been to는 '~에 가본 적이 있다'의 뜻 (경험) 외에 '(방금) ~에 갔다 왔다'의 뜻(완료)을 가질 때도 있다.

   I **have been to** Jejudo twice. 나는 제주도에 두 번 가 본적이 있다.
   "Where **have** you **been**?" 어디 갔다 오셨습니까 (어디 갔었습니까)?
   – "I **have been to** the market." 시장에 갔다 왔습니다.

3. 현재완료시제 경험에 ever를 쓸 경우 의문문에만 쓰고 긍정의 평서문에는 쓰지 않는다. 다만, 「S + is + only, 비교급, 최상급 … (that) + 현재완료」의 구문에는 비교급, 최상급의 강조어로서 관용적으로 사용된다.

   I have ever read the book before. (x)
   This is the most wonderful book I've ever read. (o)
   이것은 내가 지금까지 읽어 본 것 중에 가장 훌륭한 책이다.
   It's the best movie I've ever seen. (o)
   그것은 지금까지 내가 본 것 중에 최고의 영화다.

4. come, go의 '경험'은 have come, have gone 대신에 have been을 쓴다.

   He has come here now. 그는 지금 여기에 와 있다.
   ⇒ He has been here before. 그는 전에 이곳에 와본 적이 있다.
   She has gone abroad. 그녀는 외국에 가버렸다.
   ⇒ She has been abroad. 그녀는 외국에 가본 적이 있다.

### 5. have been in[at] ~

《~에 있었던(살았던) 적이 있다. (경험); 지금까지 ~에 있었다; 참가한 적이 있다. (경험)》

I have once been in Seoul. 나는 한 때 서울에 살았던 적이 있다.
I have never been in (또는 to) Jejudo. 나는 한 번도 제주도에 가본 적이 없다.
The baby has been at grand mother's all day long.
그 아기는 온종일 할머니 집에 가 있었다.
Have you ever been at the festival? 그 축제에 참가해 본 적 있으세요?

### 6. 현재까지의 경험의 횟수를 물을 때는 'How often + have + s + p.p. ~?'를 쓴다.

"How often have you met her?" 당신은 몇 번이나 그녀를 만났나요?
— "I've met her three times." 세 번 만났습니다.

### 7. 완료구문의 문장형식

완료구문은 'have(조동사) + 완료형동사(본동사)' 형식으로서 문장형식에는 변화를 주지 않는다고 보는 것이 일반적이다.

Temperature falls. 〈1형식〉 기온이 내려간다.
→ Temperature has fallen. 〈1형식〉 기온이 떨어졌다.
She finished her homework. 〈3형식〉 그녀는 숙제를 끝냈다.
→ She has finished her homework. 〈3형식〉 그녀는 숙제를 끝마친 상태다.

④ 계속

▶ 과거 어느 시점에서 시작하거나 생긴 동작, 상태가 현재까지도 계속됨을 나타낸다. 《(지금까지) 계속 ~하고 있다.》 계속을 나타내는 현재완료는 보통 전치사 for, since나 always, these days, all day, all one's life 등의 부사(구)와 함께 그 계속된 기간을 나타낸다.

I have lived here all my life. 나는 평생을 이곳에서 살아왔다.
She's (= has) been in Korea for a year. 그녀는 한국에서 1년 째 살고 있다.
He has been absorbed in the internet game for three hours without taking a meal. 그는 밥도 안 먹고 세 시간 동안이나 인터넷 게임에 빠져있다.
How long have you stayed here? 너는 얼마나 오랫동안 여기서 기다렸니?

> 현재까지 계속된 기간을 물을 때는 'How long + have + s + p.p. ~?'를 쓴다.
> "How long have you been[or lived] in San Diego?"
> 샌디에이고에서 몇 년이나 사셨습니까?
> – "I've been here for forty years." 40년 동안 살고 있습니다.

■ 덧붙임

### 1. 미래완료시제의 대용
때, 조건을 나타내는 부사절에서는 미래완료형 대신 현재완료형을 쓴다.
I will go to bed when I **have finished** my homework. 숙제를 끝마치면 나는 잠을 잘 테다.
Tell me if you **have finished** the work. 일을 끝마칠 경우에는 내게 말해주세요.

### 2. 현재완료시제는 근본적으로 현재의 일을 나타내는 표현이므로 현재를 포함하거나 현재와 긴밀한 관련이 있을 때, 기간을 나타내는 부사(구) [already, yet, just, now, lately, recently, today, by this time, this morning(week, month, year) 등]와는 같이 쓸 수 있으나, 명백한 과거를 나타내는 부사(구)[ago, then, when, yesterday, just now, last night (week, month, year), the other day 등]와는 원칙적으로 함께 쓸 수 없다.

I **haven't had** my breakfast this morning. 〈오전에 말할 경우〉
나는 오늘 아침 (아직까지) 아침밥을 아직 못 먹었다.
I **didn't** have my breakfast this morning. 〈오후에 말할 경우〉
나는 오늘 아침에 아침밥을 먹지 않았다.
He **slept** [has slept (x)] for six hours last night. 그는 지난밤에 여섯 시간을 잤다.
When did he return [has he returned (x)] home? 그는 언제 집에 돌아왔느냐?
He **came** [has come (x)] back from school just now.
그는 조금 전에 학교에서 돌아왔다.
※ (주의) 미, 입말체에서는 종종 just를 과거형과 함께 쓰기도 한다.
  I just came here. 〈미, 입말체〉 나는 방금 전에 여기에 왔습니다.
I **have** not tasted food today. 나는 오늘 (지금까지) 아무것도 먹지 못했다.
She **has** already gone home. 그녀는 벌써 집에 갔다.
**Has** she come home yet? 그녀는 벌써 집에 돌아왔나요?
She **has** just left. 그녀는 방금 떠났다.
I **have** never been to Jejudo by this time. 나는 지금까지 제주도에 가본 적이 없다.
**Has** he been here lately? 최근에 그는 이곳에 와본 적 있습니까?

## 3. have got의 용법

### (1) 형식상 현재완료시제의 형태이지만 일상에서는 흔히 have (현재)를 대신해 쓰인다.

Have you got some money? (= Do you have some money?) 돈 좀 갖고 있니?
I've got to go now. 나는 이제 가야겠다.

### (2) 과거형으로 쓰지 못한다.

You had got to see this. (x)
You have got to see this. (o) 네가 이걸 보아야 하는데.

### (3) 부정사형식이나 동명사형식으로 쓰지 못한다.

Tom seems to have got a problem. (x)
Tom seems to have a problem. (o) 톰에게 문제가 있는 것 같다.
I regret having got to refuse your offer when I saw you last. (x)
I regret having to refuse your offer when I saw you last. (o)
나는 지난번에 너를 만났을 때 너의 제안을 거절한 것을 후회하고 있다.

### (4) 명령문에 쓰지 않는다.

Have got to see this. (x)

## 4. 현재완료시제와 함께 쓰이는 어구

### (1) 전치사 (계속)

ex) for, since, during, in, over, etc.
It has rained for three days. 3일 동안 비가 계속 내렸다.

### (2) 부사

1) 완료

ex) already, yet, just, now, lately, recently, etc.
He has recently come out of the hospital. 그는 최근에 병원에서 퇴원했다.

2) 경험

ex) ever, never, before, often, once, twice, three times, etc.
I have seen the movie three times before. 나는 지금까지 그 영화를 세 번 보았다.

3) 계속

ex) always, since, thus, so far, so forth, until now, up to now, etc.
He has always lived in Jeonju. 그는 줄곧 전주에서 살고 있다.

4) this + 시간부사 [morning, today, Saturday, week, month, year, etc.]

My mother **has gone** shopping <u>this morning</u>. 나의 어머니는 오늘 아침 장보러 가셨다.

He has been quite ill <u>this year</u>. 그는 올해 많이 앓고 있다.

## 5. 현재완료시제의 부정문과 의문문

(1) 현재완료시제의 부정문: 주어 + have [has] + not + p.p.

I have finished the work. 나는 그 일을 끝 마쳤다.

→ I have <u>not</u> finished the work. 나는 그 일을 끝마치지 못했다.

(2) 현재완료시제의 의문문 ; (의문사) + Have [Has] + s + p.p. ~?

"Have you finished your work?" 일을 끝마쳤나요?

– "Yes, I have." 예, 다 끝마쳤습니다.

"No, I haven't." 아니요, 다 끝마치지 못했습니다.

Where **has** she gone? 그녀는 어디에 갔습니까?

※ 의문사 when은 과거시제와 함께 사용되며 현재완료시제와는 같이 쓰지 않는 것이 보통이나, '경험'을 나타내는 현재완료시제에는 쓸 수 있다.

<u>When</u> have you been there? 언제 그곳에 가 본적이 있습니까?

---

### ■ 참고

1. 자동사는 원칙적으로 수동태의 형식으로 쓸 수 없으나 come, go, arrive, fall, finish, grow, return, rise, set 등의 자동사는 「be + p.p.」의 형식으로도 사용하며, 이 경우 완료시제의 의미를 나타낸다. 다만, 이들 동사의 완료시제형식이 '동작의 완료나 결과'의 의미를 나타내는 것에 대해 「be + 자동사의 p.p.」는 '상태의 계속'의 의미를 나타내는 것이 보통이다.

   Spring **is come**. 봄이 와 있다: (현재) 봄이다.

   ⇒ Spring **has come**. 봄이 왔다: 이제 봄이다.

   She **is gone**. (= She has gone and is not here.) 그녀는 떠났다 (없다). 〈상태강조〉

   ⇒ She **has gone**. 그녀는 (다른 곳으로, 딴 사람에게로) 가버렸다. 〈동작강조〉

   I **am** just **returned** from France. 나는 방금 프랑스에서 돌아와 있는 상태다.

   ⇒ I **have** just **returned** from France. 나는 방금 프랑스에서 돌아왔다.

   The moon **is risen**. 달이 떠 있다. ⇒ The moon **has risen**. 달이 떴다. (달이 떠올랐다.)

   The leaves **are fallen**. 나뭇잎이 떨어져 있다.

   The sun **is set**. 해가 져 있다; 해가 졌다.

## 2. This is the first[second, ...] time (that) s + 현재완료(~)

《~하는 것은 이번이 처음[두번 째, ...]이다.》

This is the first time that I have ever stood on the platform.
내가 연단에 서보기는 난생 처음이다.
Is this the first time that you've flown? 당신은 비행기를 타는 것이 이번이 처음입니까?

## 3. It is the first [second, ...] time 등 (that) s + 현재완료(~): ~하는 것은 처음[두번 째, ...]이다.

It's the first time he has played golf. 그가 골프를 쳐보기는 처음이다.
It's the third time you've been late this week.
네가 이번 주에 지각하는 것은 오늘까지 세 번째다.
It's the third cup of coffee he has drunk this morning.
오늘 아침 그가 커피를 마시는 것은 이게 세잔 째이다.

## 4. S + is + only, 비교급, 최상급 ··· (that) s + 현재완료(~): 지금껏 ~한 (중에) 유일의 [제일의, ···] ···

He is the best student I've ever taught.
그는 내가 지금까지 가르친 학생 중에 가장 우수한 학생이다.
This is the most wonderful book I've ever read.
이것은 내가 지금까지 읽어 본 중에 가장 훌륭한 책이다.
It's only thing that I have ever regretted. 그것이 내가 지금껏 후회해 본 유일한 것이다.

## 5. just now의 용법

### (1) 방금, 바로 조금 전 (= a little time ago)

과거의 뜻을 가질 경우 과거동사와 함께 쓰며 현재완료와 함께 쓰지 못한다.
He came here just now. (o) 그는 방금 전에 여기 왔다.
He has come here just now. (x)

### (2) 바로 지금(at this very moment)

현재시제 동사와 함께 쓰여 '바로 지금'의 뜻을 나타낸다.
I'm very busy just now. 제가 지금 매우 바쁩니다.

### (3) 곧(presently)

미래시제와 함께 쓰여 '곧'의 의미를 나타낸다.
I'll come just now. 곧 가겠습니다.

## (2) 현재완료진행시제(the present perfect progressive tense)

과거에 시작하거나, 생겨난 동작이나 상태가 계속되어지다 바로 직전에 종료되었거나, 현재에도 계속되고 있고 앞으로도 계속될 것을 나타내는 동사의 형태 [have (has) been + ~ing]를 현재완료진행시제 또는 현재완료진행형(present perfect progressive form)이라 한다.

※ 과거 어느 시점에서 시작, 생겨난 동작이나 상태가 바로 직전에 종료되었거나, 현재도 계속되고 있거나, 계속될 것임은 현재완료 계속 용법으로 나타낼 수 있다. 다만 진행상황을 나타내거나, 지금도 계속되고 있고 앞으로도 계속될 것임을 나타낼 때는 현재완료진행형을 사용한다. 진행형을 쓸 수 없는 동사들을 제외하고는 '현재완료시제, 계속'의 형식보다는 '현재완료진행시제'를 많이 쓰는 편이다. 《지금까지 계속 ~하고 있는 중 [상태]이다.》

I have been working[have worked] for[in] this company for nearly ten years.
나는 거의 10년간을 이 회사에 근무해 오고 있습니다.
You've been saying that for months. 너는 몇 달째 계속 그렇게 말해왔어.
She has been waiting for him for over two hours.
그녀는 두 시간도 넘게 그를 기다리고 있다.
How long have you been studying English? 영어를 공부한지 얼마나 되었습니까?
What have you been doing all this while? 당신은 지금껏 무엇을 하고 있었습니까?

---

### ■ 참고

1. 진행형을 쓸 수 없는 동사들의 경우 계속적인 의미를 나타낼 때는 '현재완료시제, 계속'으로 나타낸다.

   I've known her for a long time. 나는 오랫동안 그녀를 알아 왔다.
   I've been knowing her for a long time. (x)

2. 현재완료진행형은 일정한 기간 동안 진행된 일에 쓰므로 always와 같이 기간을 한정할 수 없는 말과는 함께 쓰지 못한다.

   He has always been working hard. (x)
   He has always worked hard. (o) 그는 늘 열심히 일했다 [해왔다].
   I have been living in Jeonju since I retired. (o) 나는 은퇴하고 나서부터 전주에 살고 있다.

> I have been always lived in Jeonju. (o) 나는 줄곧 전주에서 살아왔다 [살고 있다].
>
> 3. 부정문에서는 현재완료시제 형태만을 쓸 수 있고 현재완료진행형은 못 쓴다. 현재완료진행형은 현재완료 '계속'(진행)을 강조하는 형식이므로 부정문에는 강조의 형식을 굳이 쓸 필요가 없기 때문이다.
>
> I haven't seen him since last month. 지난달 이후로는 그를 본 적이 없다.
> I have eaten nothing since yesterday. 나는 어제부터 아무것도 먹지 못했다.

### (3) 과거완료시제(the past perfect tense)

#### 1) 의의

과거 이전의 동작이나 상태가 기준시점인 과거의 한 시점에 이르러서 나타내고 있는 정황을 표현하는 동사의 형태 [had + p.p.]를 과거완료시제 또는 과거완료형(the past perfect form)이라 한다.

※ 과거완료란 과거 어느 때에 어떤 일이 바로 완료되고 있었다거나, 그 이전에 생긴 어떤 일의 결과가 어떻다거나, 그 이전에 생긴 일이 그때까지도 계속되고 있었다거나, 그때까지 어떤 경험을 하였다거나 하는 등의 뜻을 나타내어 과거의 일을 표현하는 동사의 특정한 형태이다.

#### 2) 과거완료시제가 나타내는 의미

① 완료

그 이전에 일어난 동작이 과거의 어느 한 시점에서 '끝났음'을 나타낸다. 종종 already, just yet, by the time 등의 시간 부사(구)와 함께 쓰인다.

I had just written my answers, when the bell rang.
　　　　　　　　　　　　　　　내가 답안을 막 다 쓰고 나자 종이 울렸다.

The movie had just started when I arrived at the theater.
　　　　　　　　　　　　　　　내가 극장에 도착했을 때는 막 영화가 시작된 뒤였다.

"Had he finished it when you saw him?"
　　　　　　　　　　　　　　　네가 그를 보았을 때 그는 그것을 끝마쳤더냐?

- "Yes, he had." 　　　　　　　　　　　　　　　예, 끝마쳤었습니다.

"No, he hadn't." 아니요, 끝마치지 못하고 있었습니다.

② 결과

▶ 과거 어느 한 시점에서의 그 이전에 일어난 일의 남아 있는 결과를 나타낸다.

I called at his house, but he had left a couple of hours before.
나는 그의 집에 들렀으나 그는 두 시간 전에 나가고 없었다.

She did not look out of the window until I had shouted three times.
내가 세 번씩이나 고함을 지르고 나서야 그녀는 창밖을 내다보았다.
(= She looked out of the window only after I had shouted three times.)

Spring had come by the time she was well again.
봄이 오고 나서야 그녀는 다시 건강이 회복되었다.

③ 경험

과거의 어느 시점을 기준으로 하여 그때까지의 경험을 나타낸다. 《그때까지 (그 전에) ~한 적이 있었다.》

I recognized him at once, for I had seen him before.
나는 그를 금방 알아보았다. 왜냐하면 전에 그를 본 적이 있었기 때문이었다.

He had been a teacher when he was young.  그는 젊었을 때 교사를 했었다.

She was very nervous because she had never flown before.
그녀는 그전에 비행기를 타본 적이 없어서 무척 긴장했다.

I had never seen such a beautiful woman before then.
나는 결코 그전에 그렇게 아름다운 여인을 본 적이 없었다.

④ 계속

그 이전에 시작, 발생한 동작이나 상태가 기준시점인 과거의 어느 한 시점까지 계속되었음을 나타낸다.

He had been unemployed for ages.  그는 당시 오랫동안 실직상태였었다.

It seemed that he had been ill. 그때 그는 병을 앓고 있었던 같았다.

The die-hard fans had waited since the previous evening to hold the best spot for cheering.
열혈응원자들은 응원하기에 가장 좋은 장소를 차지하기 위해 그 전날 저녁부터 기다리고 있었다.

He had been ill for a week when he was sent to hospital.
그는 일주일을 앓고 나서야 병원에 입원했다.

The building had been there about a hundred years.
그 건물은 100년 정도 그곳에 있었다.

They had not met since childhood. 그들은 어린 시절 이후 줄곧 만나지 못했었다.

### ■ 덧붙임

#### 1. 대과거시제(The pluperfect tense)

대과거란 과거의 한 시점을 기준으로 하여 그것보다도 앞서는 시점을 가리킨다. 즉, **과거완료시제가 과거의 어떤 시점을 기준으로 그 이전의 일이 과거에 이르러 나타내고 있는 정황을 나타내는 동사의 형태라면, 대과거시제란 단지 과거에 있었던 2가지 일을 한 문장(복문)에 나타낼 경우, 과거완료시제의 형식 [had + 과거분사(p.p.)]을 빌어 나타내는 더 먼저 일의 시점의 표현형식을 가리킨다.** 즉, 과거의 일 중에 먼저의 일이 완료관계(완료, 결과, 경험)를 나타내는 것이 아닌 단순히 과거에 발생한 2가지 일을 일어난 순서대로 각각 나타내는 대등문에서는 당연히 과거시제를 써야 할 것이나 이를 한 문장의 복문으로 나타낼 경우에는 주절과 종속절 사이에 시점이 다르므로 이를 나타내 주어야 한다 (시제의 일치). 이때 앞선 시점을 나타내기 위해 사용하는 형식이 바로 had p.p.이며 이를 더 앞선 과거의 시점을 나타낸다 하여 대(大)과거시제 또는 선(先)과거시제라고 한다. 다만, 복문의 주절과 종속절 사이에 시점이 다르더라도 after, before, when, as soon as, the moment 등이 이끄는 부사절에는 주절과의 선후관계가 분명하므로 대과거시제 대신 과거시제를 쓰기도 한다.

I **had seen** her before she **saw** me. 〈주절이 대과거 시제〉
그녀가 나를 보기 전에 내가 먼저 그녀를 보았다.
※ 주절-종속절 (부사절)의 이어진 복문이고 과거를 나타내는 두 절 사이의 시점이 다르므로 더 앞선 과거 시점의 주절에는 대과거시제를 써야한다.

No sooner **had** we **sat** down than the movie **began**. 우리가 자리에 앉자마자 영화가 시작되었다.
(= We **had** no sooner **sat** down than the movie **began**.)
Hardly **had** we **started** when it **began** to rain. 우리가 출발하자마자 비가 내리기 시작했다.
(= We **had** hardly **started** when it **began** to rain.)
※ 위 두 예문에서와같이 '~하자마자 …했다.'의 뜻을 나타내는 no sooner ~ than…, hardly [scarcely] ~ when [be-

fore] …의 주절(~)에는 관용적으로 대과거시제를 쓴다.

The witness **said** the driver **had ignored** the signal. 〈목적절이 대과거 시제〉
그 목격자는 운전자가 신호를 무시했다고 말했다.

※ 주절-종속절(목적절)의 복문이고 과거를 나타내는 두 절 사이의 시점이 다르므로 더 앞선 과거 시점을 나타내는 목적절에는 대과거시제를 써야 한다.

I **could** not sleep because I **had had** much coffee. 〈부사절이 대과거 시제〉
나는 커피를 너무 많이 마셔서 잠을 들 수가 없었다.

※ 주절-종속절 (부사절)의 복문이고 과거를 나타내는 두 절 사이의 시점이 다르므로 더 앞선 과거 시점을 나타내는 부사절에는 대과거시제를 써야 한다.

After he (**had**) **disappeared**, she **came** in. 그가 사라진 후에 그녀가 들어왔다.

※ 부사절에 대과거시제를 써야 할 경우라도 after, before, when등이 이끄는 부사절에는 주절과의 선후관계가 분명하므로 대신 과거시제를 쓰기도 한다.

When [= After] Tom **did** [또는 **had done**] his homework, he **went** to bed.
톰은 숙제를 하고 (난 뒤에) 잠자리에 들었다.

※ 일련의 과거의 일들을 일어난 순서대로 나타낼 때는 아래 예문과 같이 '먼저 일 (과거시제) + 나중 일 (과거시제)'의 대등문의 형태로 나타낸다. 다만, 위 예문과 같이 먼저 일어난 일임을 분명히 나타내고자 할 경우 대과거시제 (had + p.p.)의 부사절로 나타낼 수 있다.

Tom **did** his homework and **went** to bed. 톰은 숙제를 하고나서 잠자리에 들었다.
As soon as [The moment] he **saw** me, he **ran** away. 그는 나를 보자마자 달아났다.

※ 부사절에 대과거시제를 써야할 경우라도 '~하자마자'의 뜻을 나타내는 as soon as, the moment, the instant, the minute가 이끄는 부사절에는 과거시제만을 쓰는 것이 보통이다.

I **returned** the book that I **had borrowed** from the library. 〈형용사절이 대과거시제〉
나는 도서관에서 빌렸던 책을 반납했다.

※ 주절-종속절 (형용사절)의 복문이고 과거를 나타내는 두 절 사이의 시점이 다르므로 더 앞선 과거 시점을 나타내는 형용사절에는 대과거시제를 써야 한다.

2. hope, expect, mean, intend, think 등의 had p.p.는 과거의 실현되지 않은(또는 실현하지 못한) 것을 나타낸다. 즉, 실현되지(하지) 않은(못한) 일에 대한 유감, 후회의 뜻을 내포한다.

We hoped that he would be able to came. 우리는 그가 올 수 있기를 바랐다.
* 왔는지 안 왔는지 알 수는 없음.

We had hoped that he would be able to come. 우리는 그가 올 수 있기를 바랐었다.
* '오지 않았다.'는 뜻을 나타낸다.

We had expected to finish the work. 우리는 그 일을 끝마칠 것으로 예상했었다.
* '끝마치지 못했다.'의 뜻을 나타낸다.

3. 과거완료시제 구문의 의문문은 '(의문사) Had + 주어 + p.p~?'이고, 그 부정문은 'had + not + p.p'이다.

Had he finished it when you saw him? 네가 그를 보았을 때 그는 그것을 끝마쳤더냐?
They had not met since childhood. 그들은 어린 시절 이후 줄곧 만나지 못했다.

---

### ■ 참고

#### 1. had + p.p.가 쓰이는 경우

**(1) 과거완료시제**
과거의 어떤 때를 기준으로 그 이전의 일이 그 과거의 시점에 이르러서 나타내고 있는 정황을 표현할 경우

**(2) 대과거시제**
과거의 2가지 일을 복문으로 나타낼 경우 먼저 일어난 일을 과거완료의 형태로 나타내는 경우

**(3) 시제의 일치** ☞ p. 530 참조
주절의 동사 시제가 현재에서 과거로 바뀌면, 종속절의 현재완료시제나 과거시제는 과거완료시제로 바뀐다.
I know that he has done it. 〈현재완료〉 나는 그가 그 일을 했다는 것을 안다.
→ I knew that he had done it. 〈과거완료〉 나는 그가 그 일을 했었다는 것을 알았다.
I know that he did it. 〈과거〉 나는 그가 그 일을 한 것을 안다.
→ I knew that he had done it. 〈과거완료〉 나는 그가 그 일을 했다는 것을 알았다.

**(4) 가정법 과거완료**
과거의 사실을 실제와 반대로 가정, 상상, 소망하기 위하여 종속절의 동사를 had + p.p.의 과거완료 시제의 형식을 사용하는 표현방식을 말한다.

**(5) 기타**
1) S + had + 기대, 희망 등 동사의 p.p. + to부정사~
실현하지 못한 과거의 일을 나타낸다.《~하고자 했었다.(그렇지만 ~하지 못해 유감이다.)》
= S + 미래 관련 동사의 과거형 + to have + p.p. ~
  ex) desire, expect, hope, intend, mean, promise, suppose, think, want, 등
I had intended to persuade him. 나는 그를 설득해 보려고 했다. (설득하지 못했다.)

(= I intended to have persuaded him. / I intended to persuade him, but I couldn't.)

2) S + had + no sooner [scarcely, hardly] + ···(p.p) than [before, when] + s + ~ (과거)
   《···하자마자 ~했다.》
   = No sooner [Scarcely, Hardly] had + S + ··· (p.p.) than [before, when] + s + ~ (과거)
   As soon as + S + ··· (과거), s + ~ (과거)
   He had no sooner arrived there than he fell ill. 그는 그곳에 도착하자마자 병이 났다.
   = No sooner had he arrived there than he fell ill. .
     As soon as he arrived there, he fell ill.
   Scarcely had he seen the police before he ran away. 그는 경찰을 보자마자 달아나 버렸다

3) S + had + not + p.p. ~ before + s + v (과거) ··· 《불과 ~하기도 전에 ···했다.》
   I had not waited long before he came. 내가 얼마 기다리지 않아 그가 왔다.
   She had not gone a mile before she felt tired. 그녀는 채 1마일도 못가서 피로를 느꼈다.

## 2. 과거완료시제나 대과거시제 대신 과거시제를 쓰는 경우

종속절이 after, before, till, when, as soon as, the moment, than 등의 접속사에 의해 이끌림으로써 과거 일의 전후 관계가 분명한 경우에는 그때까지의 완료관계 (과거완료)나 선행된 일 (대과거)을 나타내는 종속절이나 주절의 시제를 과거완료시제형 (had p.p.)으로 하지 않고 단순과거시제로 할 수 있다.

After he finished (= had finished) his homework, he began to read the novel.
그는 숙제를 끝내고 나서 소설을 읽기 시작했다.
He waited (= had waited) till I returned. 그는 내가 돌아올 때까지 기다렸다.
As soon as they reached (= had reached) Seoul, they went to Namdamun market.
그들은 서울에 도착하자마자 곧바로 남대문 시장에 갔다.
I recognized her the moment I saw (= had seen) her. 나는 그녀를 보자마자 알아보았다.
He slept longer than he was wont (= had been wont). 그는 평소보다 오래 잤다.
No one worked harder than he worked (= had worked).
그보다 더 열심히 일했던 사람은 없었다.

## (4) 과거완료진행시제(the past perfect progressive tense)

기준이 되는 과거 시점의 이전에 발생한 동작이 과거 시점까지 계속되었음을 나타내는 동사의 형태 [had been +~ing]를 과거완료진행시제 또는 과거완료진행형(the past perfect progressive form)이라 한다.

※ 과거완료진행형은 독립적으로는 쓸 수 없고, 반드시 과거 시점의 상황과의 관련하여 서만 쓸 수 있다. 《(…할 때에) ~하고 있었다(있던 중이었다).》

She had been bathing when he came in.  그가 들어 왔을 때 그녀는 목욕 중이었다.
He finally came at seven o'clock. I had been waiting for him since five-thirty.
　　　　　　　　　그는 일곱 시에 드디어 왔다. 나는 그를 다섯 시 반부터 기다리던 중이었다.
The police had been looking for the criminal for ten years before they caught him.　　　경찰이 범인을 잡기 전까지 그들은 10년 동안 범인을 찾아다니고 있던 중이었다.
It had been raining for three days when we reached the island.
　　　　　　　　　　　　　우리가 그 섬에 도착했을 때는 비가 삼일 째 내리고 있었다.

### (5) 미래완료시제 (the future perfect tense)

1) 의의

어떠한 동작이나 상태가 미래의 어느 시점에 이르러서 나타내고 있을 정황을 나타내는 동사의 형태 [will, shall + have + 과거분사]를 미래완료시제 또는 미래완료형 (the future perfect form)이라 한다.

※ 시작 시점은 과거, 현재, 미래의 어느 때라도 가능하다. 보통 by the time, tomorrow, next week[month, year], when 등의 특정시간을 나타내는 시간부사(구, 절)를 동반한다. 이때의 부사절의 시제도 미래가 되어야 하나 시간부사절의 미래시제는 현재시제를 사용한다.

2) 미래완료시제가 나타내는 의미

① 완료

미래의 어느 한 시점까지 어떤 동작이 완료되어 있을 것임을 추정하는 경우이다. 《…때까지는 ~하게 될[했을] 것이다.》

I shall have completed my task by the time you come back.
　　　　　　　　　　　　　　당신이 돌아올 때까지는 제 일을 다 끝마칠 것입니다.

The movie will already have started by the time we get to the theater.

우리가 극장에 도착할 때쯤이면 영화는 이미 시작되었을 거야.

By this time next year I will have been married.

내년 이맘때면 나는 결혼을 했을 것이다.

■ **덧붙임**

1. '완료'를 나타내는 미래완료시제는 종종 단순미래시제로 대용된다.

We **shall have finished** the work by this day week.
우리는 다음 주 오늘까지 그 일을 끝낼 것이다.
(= We **shall finish** the work by this day week.)

2. 완료의 의미가 명백하지 않을 때에는 단순 미래시제를 쓴다.

He will read a newspaper before he eats his breakfast.
그는 아침밥을 먹기 전에 신문을 읽을 것이다.

② 결과

▶ 미래 어느 시점까지의 완료할 동작의 결과(상태)를 추정하는 경우이다. 《미래 어느 때까지는 ~인 상태일 것이다.》

I will have gone to my home when you come home tomorrow.

네가 내일 집으로 돌아올 때쯤이면 난 고향에 내려가고 없을 것이다.

Before this time tomorrow I shall have gained a peerage or Westminster Abbey.

내일 이맘때 이전에 나는 귀족의 작위를 얻거나 웨스트민스터 사원에 묻히는 영예를 얻거나 했을 것이다. – 넬슨(Horatio Nelson) 제독이 트라팔가르(Trafalgar) 해전에 임해 함장들에게 한 말 –

When you wake the fancies will have gone.

네가 잠에서 깨고 나면 환상은 사라지고 없을 것이다.

5장 시제(Tense)

③ **경험**

미래의 어느 시점까지 얻게 될 경험을 추정하는 하는 경우이다. 《… 때까지는 ~을 경험한 것이 될 것이다.》

I shall have seen this movie three times if I see it again.
다시 본다면 나는 이 영화를 세 번째 보게 되는 셈이 될 것이다.

You will have taken a driving test ten times if you sit for the next one.
네가 한 번만 더 운전면허 시험을 보게 되면 열 번을 보게 되는 셈이 된다.

By the time you are twenty, you will have seen much of the world.
네가 스무 살이 될 때까지 너는 많은 세상을 보게 될 것이다.

④ **계속**

미래의 어느 시점까지의 동작, 상태가 계속될 것을 추정적으로 나타내는 경우이다. 주로 진행형을 쓸 수 없는 동사가 쓰인다. 《~때면 ~하는 셈이 될 것이다./ (미래 어느 때에도) 계속 ~하고 있을 것이다.》

You will have been here for three years next April.
오는 4월이면 너는 이곳에 3년 동안 있는 것이 된다.

He will have been in hospital for half a year by the end of this month.
그는 이달 말까지면 반년을 입원하고 있는 셈이 될 것이다.

Next year they will have been married for ten years.
내년이면 그들은 결혼한 지 10년이 되는 셈이다.

I will have lived here then.   그때에도 나는 이곳에 계속 살고 있을 것이다.

---

■ **참고**

1. before, till, until, when, by the time, if, in case 등이 이끄는 때, 조건을 나타내는 부사절에는 미래완료시제 대신 현재완료시제를 쓴다.

   Wait there till I have done the work. 내가 일을 마칠 때까지 거기서 기다려라.

> I will go to the movies **when I have finished** my homework.
> 숙제를 끝마치면 나는 영화를 보러 갈 것이다.
> Let's start at twelve **if it has stopped** raining by that time.
> 열두 시에 출발합시다. 비가 그때는 되어야 그칠 것 같으니 말입니다.
> Lend me the book **in case you have done** with it. 그 책을 다 보시면 저를 빌려 주시겠습니까?
>
> **2. will have + p.p.가 현재까지의 경험·완료에 대한 추정을 나타낼 경우가 있다.**
> You **will have heard** about it. 당신은 그것에 관해 들어본 적이 있을 것이다.
> She **will have arrived** there by now. 그녀는 지금쯤 그곳에 도착했을 것이다.

### (6) 미래완료진행시제 (the future perfect progressive tense)

어떤 동작이나 상태가 미래의 어느 시점에도 계속될 것임을 나타내는 동사의 형태 [will, shall + have been + ~ing]를 미래완료진행시제 또는 미래완료진행형 (the future perfect progressive form)이라 한다. 미래완료시제의 '계속'을 강조하는 형식이다.

《~때면 ~ 하는 셈이 될 것이다. / (미래 어느 때) 계속 ~을 하고 있을 것이다.》

You will have been studying English for three years by next December.
오는 12월이면 너는 영어를 3년 동안 계속 공부하는 셈이 될 것이다.

By the end of this month he will have been living here for ten years.
이달 말이면 그는 10년을 이곳에서 계속 사는 것이 된다.

It will have been raining for three days by tomorrow(= if it rains tomorrow).
내일까지 비가 내린다면 3일 동안 계속 비가 내리는 것이 될 것이다.

I will have been writing then. 나는 그때에도 계속 글을 쓰고 있을 것이다.

## – REVIEW EXERCISES –

**1. 우리말 문장의 올바른 영역이 되도록 괄호를 채우시오.**

(1) 상행 마지막 기차는 10시에 도착합니다.

The last train up (        ) at ten.

(2) 영화는 몇 시에 시작하죠?

What time (        ) the movie begin?

(3) 계약은 다음 달 7월 1일 부터 발효한다. (start를 써서)

The contract (        ) as from the next month July 1st.

(4) 내가 서울에 도착하면 네게 전화할게.

I will call you when I (        ) to Seoul.

(5) 나의 꿈이 실현될 날이 분명히 올 것이다.

The day when my dream (        ) come true (        ) certainly come.

(6) (이제야) 네가 한 말이 무엇인지를 이해하겠다.(see를 써서)

I (        ) what you said.

(7) 편찮으셨다고 들었습니다.

I am told(or have been told) (that) you (        ) ill.

(8) 날이 하루하루 더워지고 해도 점점 길어지고 있다.

It (        ) (        ) hotter day by day, and the days are getting longer.

(9) 그는 언제나 남들의 흠이나 들춰내려 한다.

He (        ) constantly (        ) fault with others.

(10) 이제 가봐야겠습니다.

I must (        ) (        ) now.

(11) 그녀는 점점 더 그녀의 어머니를 닮아가고 있다.

She (        ) (        ) her mother more and more.

(12) 이제 기분이 좀 괜찮니?(feel을 써서)

(   ) you (   ) better now?

(13) 너한테 전화하려던 중이었어.

I (   ) (   ) to call you.

(14) 우리는 내일 수업이 없다.

We (   ) have no classes tomorrow.

(15) 당신은 언젠가는 그 일에 대해 후회하게 될 겁니다.

You (   ) feel sorry for it someday.

(16) 엄마, 어깨 주물러 드릴까요?

(   ) I massage your shoulders, Mom?

(17) 그의 책은 3월에 출판될 예정이다.

His book (   ) due (   ) be published in March.

(18) 이번 국회회기는 12월 9일에 끝나게 되어 있다.

This parliamentary session (   ) due (   ) end on December ninth.

(19) 그들은 이번 회기 안에 그 의안을 통과시킬 것인지 여부를 토의할 계획이다.

They are (   ) discuss whether they (   ) pass the bill in this session.

(20) 10일 날 모임에 참석하실 겁니까?

(   ) you be (   ) the meeting on the tenth?

(21) 저는 지금 막 병원에 김 선생을 문병 갔다 오는 길입니다.

I (   ) (   ) been to the hospital to inquire after Mr. Kim.

(22) 선생님 말씀은 자주 들었습니다.

I (   ) often heard (   ) you.

(23) 다시 본다면 나는 이 영화를 세 번째 보게 되는 셈이 될 것이다.

I (   ) have seen this movie three times if I (   ) it again.


2. **다음 중 어법상 옳지 않은 것은? [공무원 9급]**

(A) He is leaving for China next Friday.

(B) The wether has been nasty for half a month.

(C) I have not walked a mile before it began to rain.

(D) I will have read this book four times if I read it once again.

3. '그녀는 Tom과 방금 결혼했다.'의 바른 영역은?

    (A) She was just married to Tom.

    (B) She has just been married with Tom.

    (C) She has just married with Tom.

    (D) She has just been married to Tom.

4. 다음 글의 흐름으로 보아, 어법상 적절하지 않은 문장은? [수능]

    (A) One day a truck hit a pedestrian on the street. (B) The driver argued that the careless pedestrian was to blame for the accident. (C) It was difficult to determine exactly where the accident had taken place. (D) Many witnesses insisted that the accident should take place on the crosswalk. (E) So, the driver was held responsible for the accident.

※ Choose the one word or phrase that best completes the sentence. [5 ~ 7]

5. When I informed the customer service department that my card had been stolen, I ___ _____ that no charges occurring after that time would be applied to my account. [토익 유형]

    (A) will be assured  (B) am assured  (C) was assured  (D) was assuring

6. A: Did you visit your sister last weekend?

    B: Well, I intented to, but she called up saying she ___ out of town, so I went to Chicago instead. [공무원 7급]

    (A) shall be  (B) will be  (C) would be  (D) were

7. A: How long have you been in Korea?

   B: Since September.

   A: Oh, so by Christmas you _____ here three months.

   (A) will be  (B) are  (C) would be  (D) will have been  (E) would have been


8. Identify one underlined word or phrase that should be corrected or rewritten?
   [대학 편입, 토익 유형]

   Told to fetch an unfamiliar object with a name he <u>has not heard</u> <u>before</u>,
                                                                              (A)      (B)

   Rico picked out the novel item <u>from</u> a group of <u>familiar ones</u>.
                                        (C)                (D)

# = 해설·정답 =

1. 〈정답〉

(1) arrives  (2) does  (3) starts  (4) get  (5) will, will  (6) see (or have seen)  (7) were  (8) is, growing  (9) is, finding  (10) be, going  (11) is, resembling  (12) Are, feeling  (13) was, going  (14) shall  (15) will  (16) Shall  (17) is, to  (18) is, to  (19) to, will  (20) Will, attending  (21) have, just  (22) have, of  (23) shall, see

2. 【해설】

(A) arrive, go, come, leave, start 등의 왕래발착동사가 현재진행형(be + ~ing)으로 확정된 가까운 미래의 일을 나타낼 수 있다.

(B) 계속을 나타내는 현재완료는 'for/since + 시간어구'와 잘 쓰인다.

(C) 주절이 종속절의 과거 (began)보다 한 시점 앞선 과거를 나타내므로 대과거시제(had not walked)로 해야 한다.

(D) 미래완료시제 구문으로 이상이 없다. 미래를 나타내는 if절에는 현재시제를 쓴다.

[해석]

(A) 그는 다음 주 금요일에 중국으로 떠날 예정이다.

(B) 험악한 날씨가 반달 동안 계속되었다.

(C) 내가 채 1마일도 걷지 못해 비가 내리기 시작했다.

(D) 내가 그것을 다시 한 번 읽는다면 네 번을 읽는 셈이 된다.

〈정답〉(C)

3. 【해설】

'A가 B와 결혼하다.'의 뜻은 'A marry B'나 'A be[get] married to B'의 형식으로 나타낸다. 지문의 '방금 결혼했다'는 현재완료의 완료를 나타내므로 have p.p를 써야 한다. just가 완료구문에 쓰일 경우 조동사(have)와 p.p 사이에 온다. 과거시제와 함께 '방금, 조금 전에'의 뜻을 나타내는 말은 'just now'이다.

**〈정답〉** (D)

4. 【해설】

(A) 'one day'는 과거나 미래시제와 함께 과거나 미래의 '어느 날'을 나타낸다.

(B) 'be + to부정사'의 용법. 여기서는 '당연·의무'의 관계를 나타낸다.

(C) 'It be + 서술형용사 + to부정사'의 구문. 특정사실에 대한 난이(難易)의 판단이나 어떤 일의 실현 가능성에 대한 논리적 판단을 나타내는 convenient, dangerous, difficult, easy, hard, impossible, possible, (un)pleasant, worthwhile 등은 'It be +서술형용사 + (for 목적) to부정사'의 형식으로만 쓴다.

(E) 'the driver was held responsible for the accident.'는 'They(= many witnesses) hold the driver responsible for the accident.'의 수동태형이다.

(D) 의지를 나타내는 동사 insist의 that절에 should를 써야 하느냐의 문제가 아니라 시제 일치의 문제이다. 여기서 insist는 어떤 '행위'의 요구, 제안을 나타내는 것이 아니라 어떠한 '사실의 존재'를 주장하는 경우로 that절에는 should를 요하지 않는다. 단지 insist의 시점이 과거인데 사고를 목격한 것은 그 이전의 일이므로 그 시점이 다르므로 주절과 종속절의 시제를 일치시켜주어야 한다. 즉, 목격자들이 사고를 목격한 것은 insisted(과거)한 시점보다 더 과거의 일이므로 대과거시제를 써야 한다. 그러므로 should take place를 had taken place로 고쳐주어야 한다.

[해석] 어느 날 트럭이 길에서 행인을 치었다. 그 운전자는 부주의한 행인이 그 사고에 대하여 책임이 있다고 주장했다. 사고가 발생한 지점이 어디인지를 정확하게 결정하는 것은 어려웠다. 많은 목격자가 그 사고는 황단 보도(위)에서 발생했다고 주장했다. 그리하여 운전자가 그 사고에 대한 책임을 졌다.

**〈정답〉** (D)

5. 【해설】

종속절의 시제가 과거(would)이므로 주절인 밑줄 부분에도 과거시제가 와야 한다. 그러므로 정답이 될 수 있는 것은 (C)와 (D). 그리고 주어 자신이 '확신하는, 안심하는'것이므로 'S + be + assured + of ~ (또는 that절)'가 되어야 하므로 (C)가 알맞다. (D) was assuring으로 하면 타동사 assure (〈목적어에게〉 보증하다, 안심시키다.)의 과거진행형이 되므로 4형식 동사인 assure의 간접목적어가 있어야 하므로 적당치 않다.

[해석] 내 카드를 도난당했다는 것을 고객봉사 부서에 알리고 나서 나는 그 이후 발생한 비용은 내 계좌에 적용되지 않는다는 것에 안심했다.

〈정답〉 (C)

## 6. 【해설】

주절이 과거시제이므로 saying의 목적절인 'she ~ town'에도 과거시제가 와야 한다. 내용상 과거 시점에서의 미래의 일을 나타내므로 미래시제 will의 과거형 would가 와야 한다.

[해석]

A: 지난 주말에 네 여동생 집을 방문했니?

B: 응, 그러려고 했었는데, 걔가 전화해서 시외에 나갈 것이라고 했어. 그래서 대신 시카고에 갔어.

〈정답〉 (C)

## 7. 【해설】

특정한 미래 시점(by Christmas)까지 계속될 상태를 나타내는 내용이다. 미래의 일정시점까지의 동작이나 상태의 계속을 나타내는 시제는 미래완료이다. will have been이 알맞다.

A: 한국에 온 지 얼마나 됐습니까?

B: 9월부터 살고 있습니다.

A: 그렇군요. 크리스마스까지 계시면 3개월간 이곳에 계시는 셈이군요.

〈정답〉 (D)

## 8. 【해설】

'Told ~ before'는 수동분사구문. 'Being told ~ before (= When he was told ~ before)'에서 Being을 생략한 경우이다. 주절이 과거시제 (picked)이고, 지시받은 것도 과거 시

점이므로 (A)는 과거 시점에서 그전에 (before) '들어보지 못한'경험을 나타내므로 과거완료시제가 되어야 한다. 그러므로 had not heard로 고쳐야 한다. (D) ones는 앞의 object를 복수로 받은 경우이다.

[해석] 자신이 이전에 들어보지 못한 이름을 가진 낯선 물건을 가서 가져오라고 지시 받은 리코는 낯익은 물건들 중에서 그 새로운 물건을 골랐다.

〈정답〉 (A)

## 제6장

# 법(Mood)

## 1. 앞말

### (1) 뜻

동사의 형태변화를 이용하여 화자의 심적 태도를 말로 표현하는 방식을 법(mood)이라고 한다.

※ 사람의 의사를 언어를 통하여 표현할 경우 그 무엇을 사실로 인정하여 말하거나(직설법), 자신의 생각을 상대방이나 누군가가 이행하도록 하려는 의지를 가지고 말하거나(명령법), 어떠한 사실을 가정하여 말하거나(가정법) 하는 등의 방식으로 하게 된다. 이와 같은 의사의 말로의 표현방식들은 보통 동사의 형태를 변화시켜 나타내게 된다. 즉, 동사의 일정한 형태변화를 이용하여 특정한 의사를 말로 표현하는 방식을 서법(敍法) 또는 그냥 법(法)이라고 한다. 영어의 굴절의 한 모습으로서 때를 표현하는 동사의 형태(변화)가 '시제'라면 특정한 의사를 표현하는 동사의 형태(변화)는 '법'이다.

### (2) 법의 종류

#### 1) 직설법(indicative mood)

어떠한 일을 사실로 인정하여 말하는 법을 직설법이라고 한다. 사실을 그대로 나타내는 서술문(= 평서문), 사실에 대한 의문을 나타내는 의문문, 그리고 사실에 대한 감탄을 나타내는 감탄문은 직설법으로 나타낸다. 직설법 문장은 인칭과 수에 따라 동사의 형태가 변화되며 시제규칙의 적용을 받는다. ☞ 의문문, 감탄문은 제19장에서

Twice two is two. 〈평서문: 현재시제〉　　　　　　　　　　　　　2의 두 배는 20다.

※ 직설법의 정의에서 '사실로 인정하여'라는 뜻은 실제적인 그것의 진부(眞否)가 어떻든 주관적으로 존재하

는 의지(명령법)나 가정 (가정법)이 아닌 사실적(事實的)·실재적(實在的)인 것으로 본다는 심적 태도를 가리킨다.

His house **stands** on the hill. 〈평서문: 3인칭 단수, 현재시제〉  그의 집은 언덕배기에 있다.
He **will be** a great writer. 〈평서문: 미래시제〉  그는 위대한 작가가 될 것이다.
I **have been** living in this town for ten years. 〈평서문: 현재완료진행시제〉
나는 이 도시에서 10년 동안 살고 있다.
I **had been** here several times before. 〈평서문: 과거완료시제〉
나는 전에 이곳에 여러 번 와 본 적이 있었다.
**Are** you a student? 〈의문문: 2인칭단수, 현재시제〉  당신은 학생입니까?
"Where **did** you go yesterday?" 〈의문문: 과거시제〉  당신은 어제 어디를 갔었습니까?
– "I **went** to my hometown." 〈평서문: 과거시제〉  고향에 갔었습니다.
What a beautiful girl she **is**! 〈감탄문: 현재시제〉  그녀는 정말 아름다운 여자야!
They **are not** students. 〈부정평서문: 3인칭 복수, 현재시제〉  그들은 학생들이 아니다.
**Don't** you like fish? 〈부정의문문〉  생선을 좋아하세요?

## 2) 명령법(imperative mood)

화자의 생각을 상대방(you)이나 제3자가 이행하게 하려는 의도의 말의 표현법을 **명령법**이라 한다.

Open the window.  창문을 열어라.
Let her do as she likes.  그녀가 하고 싶어 하는 대로 내버려 두세요.

## 3) 가정법(subjunctive mood)

가정, 상상, 소망, 의심, 양보, 요구, 제안, 주장 등 화자의 생각을 시제와는 다른 일정한 시제형의 동사를 사용하여 나타내는 말의 표현법을 가정법이라 한다. 시제규칙을 적용하지 않고 주어의 인칭과 수와 관계없이 일정한 시제형의 동사를 사용한다.

## 2. 명령법 (imperative mood)

화자의 생각을 상대방 (you)이나 제3자가 이행하게 하려는 의도의 말의 표현법을 **명령법(命令法)**이라 한다. 그리고 명령법을 쓴 문장을 명령문이라고 한다.

※ 직접 대하고 있는 상대방에 대한 명령 (직접명령)은 그 주체 (주어)를 지적하지 아니하여도 알 수 있을 것이므로 그 주어를 생략하고 동사의 원형을 사용하며, 일행에게 시키거나 상대방에게 제3자를 시키게 하려는 명령 (간접명령)에는 동사 let을 사용한다.


### (1) 직접명령문

2인칭 (상대방)에게 행위 할 것을 직접 명하는 말의 표현을 가리킨다. 주어 (you)를 생략하고 **동사의 원형으로 시작**한다. 상대방에 대한 명령, 지시, 요구, 제안, 부탁, 금지 등을 표현한다.

| | |
|---|---|
| Listen! | 들어봐라; 내말 들어 보세요; 이것 봐요. |
| Know thyself [= yourself]! – Socrates – | 너 자신을 알라. (자신의 참모습을 깨달아라.) |
| Give me liberty, or give me death. – Patrick Henry – | 나에게 자유를 달라. 그렇지 않으면 죽음을 달라. |
| Take your time. | 천천히 하세요. |
| Do as you're told! | 너는 (내가) 시키는 대로 해라. |
| Don't get me wrong. | 오해하지 마라; 내 말을 오해해서 듣지 마라. |


■ **덧붙임**

### 1. Be로 시작하는 명령문

「Be + 형용사, 명사, 대명사」의 명령문은 '~한 상태로 되라 [해라]!, ~가 되라!, ~답게 굴어라!'의 뜻을 나타낸다.

Be careful! 조심해라.  Be fair! 억지소리하지 마라.  Be happy! 행복하세요!  Be quick! 빨리해라.
Be wealthy! 부자 되세요!  Be nice! 친절하게 대해 줘라.  Be my guest! 그렇게 하세요. (= Go ahead.)
Be yourself! 하던 대로 (평소대로) 하세요.  Be a man [lady]! 남자[숙녀]답게 굴어라.
Be a good person! 착한 사람이 되라.

## 2. 「away, down, off, out, up 등 + with + 목적」의 명령문: 관용적으로 쓰인다.

Away with you! 비켜라! / 저리가 ! (= Go away!)
Away[Out] with him! 그를 쫓아 버려라.
Down with your rifle! 총을 버려라!
Down with the tyrant! 폭군 [독재자]을 타도하라!
Off with you! 썩 꺼져라!   Off with your hat! 모자를 벗어요.
Out with it! 말해라.   Out with the secret! 비밀을 털어놔라!
Up with the anchor! 닻을 올려라.

## 3. 부가의문문에 의한 직접명령

명령문 뒤에 will you~?나 won't you ~?를 붙여 친근감을 나타내거나 명령이나 권유, 요구 등의 뜻을 더욱 강하게 나타낼 수 있다.

Wait a minute, will you? 잠깐만 기다려 주시겠어요?
Have a cup of tea, won't you? 차 한잔 하시죠?
Lend me some money, will you? 돈을 좀 빌려 주십시오?

---

## (2) 간접명령문

간접명령문이란 1, 3인칭을 목적어로 하여 Let으로 시작하는 명령문을 말한다.

### 1) Let's + 동사의 원형 ~ 《(우리) ~하자(합시다).》

Let's 즉, us의 축약형('s)을 목적어로 하여 let으로 시작하는 명령문으로 권유, 제안을 나타낸다. [= How (What) about ~ing ~? / Shall we + 동사원형 ~?]

| | |
|---|---|
| Let's have a break! | 잠시 쉽시다. |
| Let's call it a day. | 오늘은 이만 일을 끝냅시다. |
| Let's have a drink. (= How about a drink [drinking]!) | 한잔합시다? |
| Let's decide by rock, paper, scissors. | 가위바위보로 결정하자. |

■ 덧붙임

1. 'Let's + 동사 원형'의 부정은 'Let's not + 동사원형' 또는 'Don't let's + 동사원형'으로 한다.

   Let's not get angry. 화나게 하지 마세요.
   = Don't let's get angry. / Let's don't get angry. 〈미, 입말(체)〉
   He said to them, "Let's not discuss the matter." 〈직접화법〉
   그는 그들에게 "그 문제는 논의하지 맙시다."라고 말했다.
   → He asked them not to discuss that matter. 〈간접화법〉
   그는 그들에게 그 문제를 논의하지 말 것을 부탁했다.

2. Let's의 부가의문문: Let's ~, shall we?

   Let's [Let us] start at once, shall we? 곧장 출발합시다.
   Let's go to a movie, shall we? 영화 보러 갈까요?

2) Let + O [me, him, her, us, it, them] + 동사원형

상대방에 대한 화자 (me)의 요구, 제의를 나타내거나, 3인칭의 행위·행태에 대한 허가, 방임하도록 상대방 [무형의 것 (자연, 신)일 수 있음]에게 명령, 요구하거나, 3인칭에 대한 가정을 나타낼 때 쓴다.

| | |
|---|---|
| Let me show you the way? (= Shall I show you the way?) | 길을 가리켜 드릴까요. |
| Let me [us] see. | 그런데 뭐랄까. ※ Let us는 일상에서 보통 Let's로 발음한다. |
| Let me sleep on it. | 생각할 기회를 주세요. |
| Let me try once more, will you? | 다시 한 번 해봅시다. |
| Let Tom have his say. | 톰이 하고 싶은 얘기를 하게 두어라(톰의 얘기도 들어 보자). |
| Let him do his worst. | 그 녀석 바보짓 하게 내버려 둬. |
| Let each man decide for himself? | 각자 알아서 결정하게 하세요. |
| Let it be done. | 그것을 하도록 해라. |
| Let the wind blow! | 바람을 불게 하라(바람아 불어라)! |
| Let the two lines be parallel. | 두 선이 평행을 이루고 있다고 하자. |

### (3) 부정명령문

금지를 나타내는 명령문을 말한다. 《~하지 마라.; 절대로 ~하지 마라.》

#### 1) 1인칭 복수, 3인칭이 있는 부정명령문

「Let's not + 동사원형」이나 「Don't let + 목적 + 동사원형」을 사용한다.

| | |
|---|---|
| Let's not talk about it any more. | 그것에 대해 더 이상 얘기하지 맙시다. |
| = Don't let's talk about it any more. | |
| Don't let him fool you with sweet talk. | 그 사람의 달콤한 말에 속지 마라. |
| Don't let Tom go there. | 톰을 그곳에 가게 하지 마라. |

#### 2) 2인칭에 대한 부정명령문

「Don't + be 또는 동사원형 ~」을 사용한다. Don't 대신에 Never나 'not + to부정사'를 쓰기도 한다.

| | |
|---|---|
| Don't put all eggs in one basket. | 달걀을 모두 한 바구니에 담지 마라. (한 가지 일에 전 재산을 투입하지 마라.) |
| Don't be so sure! | 그리 확신하지는 마라. |
| Never mind! | 상관 마세요. |
| Never be afraid of failing. | 실패하는 것을 두려워하지 마라. |
| Not to worry! 〈영, 입말체〉 | 걱정하지 마라. / 신경 쓰지 마라. |

> ▷ 금지의 명령문에도 'will you?'를 붙여 명령, 권유 등의 뜻을 강하게 할 수 있다.
> Don't open the window, will you? 그 창문을 열지 마세요, 네?
> Don't be in such a hurry, will you? 그렇게 서두르지 마세요, 네?
> Don't cry, will you? 울지 말아요, 네?

### (4) 조건명령문

명령문 다음에 등위접속사 and나 or가 이끄는 문장이 이어질 경우 명령문이 조건절의 역할

을 하는 경우가 있다. [명령문 + and, or + s + v ~]

### 1) 긍정의 조건명령

: 명령문 (…) + and ~ 《…해라, 그러면 ~할 것이다.》

= If you …, you will ~

Hurry up, and you will be on time.      서둘러라, 그러면 제시간에 닿을 것이다.

= If you hurry up, you will be on time.

Stir, and you are a dead man.      움직이기만 해 봐라, 그럼 너는 죽은 목숨이다.

### 2) 부정의 조건명령

: 명령문(…) + or [else, otherwise] ~ 《…해라, 그렇지 않으면 ~할 것이다.》

= If you don't …, you will ~ / Unless you …, you will ~

Hurry up, or you will be late.      서둘러라, 그렇지 않으면 늦을 것이다.

= If you don't hurry up, you will be late.

Make haste, or you will be late.

Seize the chance, otherwise you will regret it.

     기회를 잡아라, 그렇지 않으면 후회하게 될 것이다.

= Unless you seize the chance, you will regret it.

## (5) 양보명령문

가정법(현재) 구문이 강조를 위해 도치되어 명령문 형식을 띠게 되는 경우에 양보의 뜻을 나타낸다. [명령형(원형동사) + who, where, what ~] 《~일지라도, ~하더라도, ~하든지》

### 1) 원형동사 + 의문사 [where 등] + S + will [may] ~

Go where you will, you will be welcomed.      어디를 가든지, 너는 환영받을 것이다.

= Wherever you may go, you will be welcomed.

No matter where you may go, you will be welcomed.

Do what you will, you will succeed in it. 무엇을 하여도, 당신은 성공할 것이다.
= Whatever you will do, you will succeed in it.
   No matter what you will do, you will succeed in it.
Come what may, I will fight it out. 무슨 일이 있어도 나는 끝까지 싸울 테다.

## 2) 원형동사 + S + ever so + 형용사, 부사
= However + 형용사, 부사 + S + may + 동사원형

Be it ever so humble, there is no place like home.

아무리 허름할지라도 내 집만 한 곳은 없다.

= However humble it may be, there is no place like home.
   No matter how humble it may be, there is no place like home.
Be she ever so ugly, there is no good woman like my wife.

아무리 못생겼다 해도 내 아내만큼 착한 여자는 없다.

## 3) 원형동사 + as + S + may [will] ~

Try hard as you may, you can't master English in six months.

네가 아무리 열심히 한다더라도 6개월 이내에 영어에 통달할 수는 없다.

= However hard you may try, you can't master English in six months.
   No matter how hard you may try, you can't master English in six months.
Drive fast as you may, you can't catch up with the train.

네가 아무리 빨리 차를 운전한다 해도, 그 기차를 따라 잡을 수는 없을 것이다.

## 4) Be + s + A or B 《A이든 B이든 (= whether + s + A or B)》

Be they rich or poor, all men are equal before the law.

부유한 자이든 가난한 자이든 사람은 모두 법 앞에 평등하다.

= Whether they are rich or poor, all men are equal before the law.

Be it true or not, it is not worth considering.

그것이 사실이든 아니든 고려할 가치가 없다. (신경 쓸 필요가 없다.)

= Whether it is true or not, it is not worth considering.

### 5) 간접양보명령문

「Let 간접명령문 + what의 의문절…」의 형태로 '…가 ~라 할지라도'의 뜻을 나타내는 명령문을 말한다.

Let others say what they will, I still believe him to be honest.

남들이야 뭐라고 하든지 나는 여전히 그가 정직하다고 믿는다.

Let them say what they like, I have a clear conscience.

그들이 뭐라고 하든지 내 양심은 떳떳하다.

Let people say what they like, I do not care what people say.

자기들 마음대로 떠들라고 해, 사람들이 뭐라 떠들어도 나는 조금도 개의치 않으니까.

### (6) 수동 명령문

간접명령으로 한다. 즉, let을 사용하여 수동태문으로 나타낸다.

| | |
|---|---|
| Finish the work at once. | 그 일을 즉시 끝내라. |
| → Let the work be finished at once. | 그 일이 즉시 끝내지도록 해라. |
| Don't forget it. | 그것을 잊지 마라. |
| → Let it not be forgotten. | 그것을 잊지 말도록 해라. |

### (7) 명령문 동사의 생략

명령문의 동사를 생략하여 명령의 뜻을 나타낼 경우도 있다.

| | |
|---|---|
| Another bottle! (= Bring me another bottle.) | 한 병 더 (가져 오시오)! |
| Once again! (= Try once again.) | 다시 한 번 (해봐라)! |
| Hats off! (= Take your hats off.) | 탈모 (하시오)! |

### ■ 참고

#### 1. 주어가 있는 명령문

누구에게 하는 명령인가를 분명히 하고자 할 때 동사 앞에 주어를 둘 수 있다. 이때는 그 주어에 강세를 둔다.

**Geum-sun,** you go. 금순아, 네가 가라.  **Sam-sik,** come here. 삼식아, 이리 와봐라.

**You** do as I say. 너는 내가 말하는 대로 해라.

**Boys,** be ambitious! 젊은이들이여 큰 뜻을 품어라!

#### 2. 명령문의 강조

문두에 you를 쓰거나 동사 앞에 do를 덧붙인다. you는 주어를 강조하거나 1인칭과의 대조를 위해 쓰며, do는 주의를 끌거나 강조, 친근감, 간청, 긴급함 등을 표현하기 위해 긍정의 명령에 사용한다. 이때의 you나, do에는 강세를 둔다.

**You** read next, Sam-sik. 삼식아, **네가** 다음으로 읽어라.

**You** sit down and **you** stand up. **너는** 앉고 너는 일어서라.

※ 각기 다른 you를 강조한다.

**You** read the book, and I will cut this rice cake. 너는 그 책을 읽어라, 나는 이 떡을 썰겠다.

**Do** be quite! **제발** 조용히 해주시오.  **Do** have patience, please. **제발** 참으시오.

**Do** try. It's very important. **어서** 하여라. 그것은 매우 중요하다.

**Do** let us go. **제발** 갑시다.

#### 3. 명령문의 just와 please

(1) 명령문의 앞이나 뒤에 please를 붙이면 '~해 주십시오.'하고 정중하게 부탁하는 표현이 된다.

**Please** sit down. 앉아 주십시오.  Pass me the salt, **please**. 그 소금 좀 건네주십시오.

(2) just는 please보다는 더 친밀하고 가까운 사이에서 쓰거나, '글쎄, 좀, 그냥 등'의 뜻을 나타내어 명령문을 더 부드럽게 하는 역할을 한다.

Come now, son, **just** think of this. 이 봐, 자식아, 이것을 좀 생각해보라고.

**Just** have a look at this. **글쎄** 이걸 좀 보라니까.

**Just** drop in and have a cup of tea. **그냥** 잠깐 들러서 차 한잔 하세요.

## 3. 가정법(subjunctive mood)

### (1) 의의

가정법(假定法)이란 직설법의 시제형을 시제규칙과는 다르게 사용하여 불가능·부존재의 사실을 전제로 가정, 상상(소망)하거나 사실과는 반대되는 가정, 상상(소망)을 나타내는 말의 표현방식을 말한다. 가상법(假想法)이라고도 한다.

### (2) 종류

가정법에는 사용하는 동사의 형태에 따라 가정법 현재(원형동사), 가정법 과거(과거형 동사), 가정법 미래(should), 가정법 과거완료(과거완료형 동사)의 네 가지가 있다.

---

■ **가정법의 (직설법에 대한) 특성**

A. 직설법에서는 동사가 인칭과 수에 따라 동사의 형태가 변화되고, 시제규칙 (3인칭 단수, 현재형 동사에 -s나 -es를 붙임)의 적용을 받는 것에 반해, 가정법에서는 주어의 인칭과 수와 관계없이 일정한 동사의 시제형식 (특히 be동사의 경우 현재형은 주어의 인칭 수와 관계없이 be를, 과거형은 were를 쓴다.)을 사용한다.

This flower smells sweet. 〈직설법〉 이 꽃은 향기로운 내음이 난다.
She is pretty. 〈직설법〉 그녀는 예쁘다.
If he come [comes], I will tell him. 〈가정법 현재〉 그가 오면 나는 그에게 말하겠다.
※ 미래의 사실을 나타내므로 미래형 동사 [조건의 if절의 특칙에 의해 현재형의 동사(comes)가 와야 함에도 불구하고 불가능성을 전제로 하는 가정을 나타내기 위하여 동사원형(come)을 사용하고 있다. 다만, 지금은 가정법 현재의 형태는 거의 쓰지 않고 직설법(comes)을 쓰고 있다.
If it should rain, I shall not go out. 〈가정법 미래〉
만약 비가 온다면 나는 외출하지 않을 것이다.
※ if절에 미래를 나타내는 현재형 동사가 와야 함에도 불구하고 확정적인 미래사실의 반대되는 가정을 나타내기 위하여 should라는 특정한 조동사를 사용하고 있다.
If I knew her name, I would tell you. 〈가정법 과거〉
내가 그녀의 이름을 안다면 (그녀의 이름을 모른다) 너에게 말을 하지 (너에게 말을 못한다).
※ 현재의 일을 나타냄에도 불구하고 현재사실의 반대되는 가정을 나타내기 위하여 과거형의 동사를 사용하고 있다.

If I were not busy, I could go to the party. 〈가정법 과거〉
내가 바쁘지 않다면 그 모임에 갈 수 있을 텐데.
※ 현재의 일을 나타냄에도 불구하고 현재 사실의 반대되는 가정을 나타내기 위하여 be동사의 복수과거형(were)을 사용하고 있다.

If you had not helped, I should have failed.
네가 도와주지 않았더라면 나는 실패했을 텐데.
※ 단순 과거 시점의 일을 나타내므로 과거형을 써야 함에도 불구하고 과거사실의 반대되는 가정을 나타내기 위하여 과거완료형의 동사를 사용하고 있다.

### B. 가정법은 「전제절(前提節) (종속절) + 귀결절(歸結節) (주절)」의 복문의 형태를 기본으로 한다.

<u>If I were a bird</u>, <u>I would fly to you</u>. 내가 새라면 너에게로 날아갈 텐데.
　전제절(前提節)　　　귀결절(歸結節)

※ 가정법의 if절을 보통 조건절이라고도 부르나, 이때의 if절은 단순히 조건을 나타내는 것이 아니고 가정, 상상을 나타내며, 또 단순한 조건을 나타내는 직설법의 부사절을 조건 (부사)절이라고도 하므로 그렇게 부르는 것은 지양해야 할 것이다.

<u>If she loves me</u>, I'll marry her. 그녀가 나를 사랑한다면 나는 그녀와 결혼할 것이다.
※ 여기서 if절은 단지 (가능의) 조건을 나타내는 부사절로서 직설법이며, (불가능의) 가정을 나타내는 전제절 (= 가정법 if절)이 아니다.

### C. 가정법과 조건문(직설법의 조건부사절)의 차이

조건문(= 조건부사절)은 사실을 표현하는 직설법으로서 실제 사실이거나, 비록 실제사실은 아니지만 실현 가능한 일에 대한 가정, 조건을 나타내거나, 특정 속성이나 습관의 발현을 위한 조건을 나타낼 때 쓴다. 실제 시점과 조건문의 동사의 시제는 일치한다. 다만, 조건문 if절의 미래나 미래완료시제는 현재나 현재완료시제로 나타내며, 조건문 과거의 주절에 과거형 조동사를 쓰지 못한다. 이에 반해 가정법은 불가능하거나 존재하지 않는 일에 대한 가정, 상상이나 실제 사실의 반대를 가정하는 것으로서 실제 시점과는 일치하지 않는 동사의 시제형을 사용하여 심리를 표현하는 법이다.

If he comes, I will tell him. 〈조건문, 현재시제(미래를 나타냄)〉
그가 오면 나는 그에게 말하겠다.
※ 일반 동사의 현재형을 쓰고 있다. 다만, 여기서 if절은 미래를 나타내므로 미래시제(will come)가 와야 하지만 미래를 나타내는 if 조건부사절에는 현재시제를 쓴다는 특칙에 의해 미래시제가 아닌 현재시제를 쓰고 있다.

If it is fine tomorrow, we will go on a picnic. 〈조건문, 현재시제(미래를 나타냄)〉
만약 내일 날씨가 좋다면 우리는 소풍을 갈 것이다.
※ 비인칭 주어 it에 대하여 be동사의 현재형 is를 쓰고 있다. 다만, 여기서 if절은 미래를 나타내므로 미래시제 (will be)가 와야 하나 미래를 나타내는 if 조건부사절에는 현재시제를 쓴다는 특칙에 의해 미래시제가 아닌 현재시제를 쓰고 있다.

> If he **has** some money, he will lend you. 〈조건문, 현재시제〉
> 그가 돈이 있다면 너에게 빌려줄 것이다.
> ※ 여기서 if절은 단순한 현재의 일에 대한 조건을 나타내며 시점과 일치하는 동사의 현재형을 쓰고 있다.
> If water **is** frozen, it expands. 〈조건문(속성), 현재시제〉 물은 얼면 (부피가) 팽창한다.
> If you really **want** to learn Italian, you need to spend some time in Italy. 〈조건문(가능 사실), 현재시제〉 당신이 이탈리아어를 배우기를 정말 원한다면, 이탈리아에서 얼마 동안 있어볼 필요가 있다.
> If he **did** wrong, it was from ignorance. 〈조건문(실제 사실), 과거시제〉
> 그에게 잘못이 있었다면 그것은 무지했다는 것이다.
> ※ 여기서 if절은 과거 사실을 나타내는 조건부사절이다.
> If he **said** that, he **was** telling a real whopper. 〈조건문 (실제 사실), 과거시제〉
> 그가 그렇게 말했다면, 그건 새빨간 거짓말을 한 것이다.
> My mother used to whip me with a switch if I **told** lies.
> 〈조건문 (습관 사실), 과거시제〉 내가 거짓말을 하면 어머니는 회초리를 들고는 하셨다.
> If Jane **was** there, she must have seen me. 〈조건문(가능 사실), 과거시제〉
> 제인이 거기 있었다면, 분명 날 보았을 거야.
> If you **have finished** your work, you can go home.
> 〈조건문, 현재완료시제 (미래완료를 나타냄)〉 네 일을 다 끝내면 집에 가도 좋다.
> ※ 여기서 if절은 현재완료형을 쓰고 있다. 다만, 여기서 if절은 미래완료를 나타내므로 미래완료시제(will have finished)가 와야 하나 미래완료를 나타내는 if 조건부사절에는 현재완료시제를 쓴다는 특칙에 의해 미래완료시제가 아닌 현재완료시제를 쓰고 있다.

### 1) 가정법 현재(subjunctive present)

가정법 현재(假定法現在)란 현재나 미래의 불확실한 일을 가정, 상상하거나 요구, 주장, 기원, 목적 등 화자의 의지를 나타내는 말의 표현 방식으로서 주어의 인칭과 수에 관계없이 동사의 원형을 (전제절의) 술어 동사로 사용하는 경우를 말한다.

[If + s + 동사원형[또는 현재형], S + 조동사의 현재형(will, shall, can, may 등) + 동사원형]

※ 전제절(if절) 속의 가정법 현재동사(동사원형)는 오늘날에는 일부 격식체나 법 조항 등에 아주 제한적으로 사용되고 있으며, 그 외에는 직설법 현재시제로 대신하는 것이 일반적이다. 그러므로 가정법 현재의 if절은 가정법과 직설법이 교차하는 영역이라고 할 수 있다.

If you **are** [be] honest, I will employ you.    나는 당신이 성실만 하다면 채용하겠소.

If he **is** [be] a gentleman, he will not do such a thing.
그가 신사라면 그런 일은 하지 않을 것이다.

If it **rains** [rain] tomorrow, I will not go.  내일 비가 내린다면 나는 가지 않겠다.

---

### ■ 참고

**1. 가정법 현재 (또는 직설법 현재)의 if절을 대신하여 쓰이는 어구**

**(1) 분사**

1) provided [providing] (that) 《만약 ~하기만 하면 (= if only); ~하는 한은 (= so[as] long as), ~라는 조건으로 (= On condition (that))》

I will consent, **provided that** all the others agree.
다른 사람들도 모두 동의한다는 조건으로 나도 동의하겠다.

I will go, **providing** my expenses are paid.
나도 갈 것이지만, 내 비용을 대준다는 조건이 있다.

I will accept the post **on condition that** you assist me.
그 직책을 받아들이겠지만, 네가 나를 도와준다는 조건이 있다.

You may stay here, **so long as** you keep silent.
너희들이 조용히 하고 있다면 여기 있어도 좋다.

2) granted [granting] (that) 《만약 ~한다 할지라도(= even if)》

**Granted** that it is true, it doesn't matter to me. 그것이 사실이라 해도 나는 상관치 않는다.
**Granting** that it is true [= Granting it to be true], you are still in the wrong.
비록 그것이 사실이라 할지라도 여전히 잘못은 네게 있다.

**(2) 접속사**

- unless 《만약 ~하지 않는다면 (= if ~ not)》

**Unless** I get a job soon, I'll be out on the streets.
이내 직장을 구하지 못하면 나는 길거리에 나앉고 말거야.

I will close this meeting **unless** you have further questions.
더 이상 질문이 없으시면 회의를 끝마치겠습니다.

**(3) 명령문(…) + and ~** 《…해라, 그러면 ~할 것이다.》

Persevere, **and** you will get a good result. 인내하라. 그러면 좋은 결과를 볼 것이다.
(= If you persevere, you will get a good result.)

Come here, and you will see better. 이쪽으로 와, 그러면 더 잘 보일 거야.

### (4) 명령문(…) + or [또는 else, otherwise] ~ 《…해라, 그렇지 않으면 ~할 것이다.》

Take care, (or) else you will fall. 주의하세요, 그렇지 않으면 떨어집니다.
Do as you are told, otherwise you will be scolded.
너는 하라는 대로 해라, 그렇지 않으면 혼이 날 것이다.

### (5) 양보명령문

Come what may, we must not lose courage.
어떤 일이 있어도, 용기를 잃어서는 안 된다.
Say what we will, he doesn't want to change him mind.
우리가 무슨 말을 한다고 해도, 그는 자기 마음을 바꾸길 원치 않는다.

### (6) 동사원형 come

come은 if/when ~ come(s)의 의미로 가정법 현재의 if절을 대신하기도 한다.
Come tomorrow you'll feel better. 내일이 되면 기분이 더 나아질 것이다.
(= If/When tomorrow come(s) you'll feel better.)
She will be fifty(,) come next year. 내년이면 그녀는 쉰 살이 된다.
(= If/When next year come(s), she will be fifty.)

## 2. 가정법 현재 동사(= 동사원형)가 쓰이는 예

if절 속의 가정법 현재는 오늘날 직설법 현재 (동사의 현재형)로 바뀌었다. 현재 가정법 현재의 동사형(동사원형)을 쓰는 경우는 명령, 주장, 제안, 요구, 결정, 권유, 필요, 소망 등을 나타내는 동사, 형용사, 명사에 이어지는 that절에서이다. 이렇게 쓰는 것도 미국의 경우이며 영국에서는 'should + 동사원형'의 형태로 쓴다.

### (1) S + V[명령, 제안, 요구, 주장, 결정, 권유, 필요, 소망, 유감 등] + that + s + (should) + 동사원형

ex) agree, advise, arrange, ask, bid, command, decide, declare, demand, desire, determine, forbid, insist, move, order, plead, prefer, pray, propose, recommend, request, require, stipulate, suggest, urge, etc.

He ordered that the gate (should) be locked. 그는 그 문을 잠그라고 지시했다.
I suggest that he (should) apply for the job. 나는 그 일에 그분을 써주실 것을 제안 드립니다.
I regret that things (should) come to this. 사태가 이 지경이 되었다니 유감스럽다.
※ 위의 단어들이 제안, 요구, 주장, 명령, 결정 등의 뜻 외의 것으로 쓰일 경우에는 that절에 가정법 동사(동사원형)

가 쓰이지 않는다.

He **insisted** that he was present at the meeting. 〈말하다.〉
그는 그 모임에 참석했다고 말했다.
Are you **suggesting** that I am to blame for the accident? 〈뜻하다, 암시하다.〉
당신은 내가 그 사건에 책임이 있다는 뜻으로 말하는 겁니까?

### (2) It is [was] + 필요·의무에 대한 이성적 판단의 형용사 + that + s + (should) + 동사원형

ex) advisable, better, best, desirable, essential, fitting, imperative, important, necessary, right, vital, wrong, etc.

It is advisable that you (should) stop smoking. 너는 금연하는 것이 현명하다.
It is imperative that we (should) obey his instruction.
우리는 그의 지시를 따르지 않으면 안 된다.
It is necessary that you (should) come tomorrow. 너는 내일 반드시 와야만 한다.
It is proper that we (should) quit the plan. 그 계획을 중단하는 것이 좋을 것 같다.
Is it so urgent that we (should) go there? 우리가 그곳에 가는 것이 그리 시급한가?

※ happy, lucky, pitiful, regrettable, sad, sorry, strange, surprising, wonderful 등 놀람, 유감 등을 나타내는 소위 감정적 판단의 형용사 다음에 오는 that절의 should는 생략하지 않는다. (미국에서는 간혹 생략하기도 한다).
It is pitiful that she should be alone in the world. 그녀가 세상에 혼자 살아야 한다니 가엾다.
It is surprising [strange] that we should meet here.
우리가 이곳에서 만나다니 놀랍다. [이상한 일이다.]
It was wonderful that she should look after a stranger with such patient tenderness.
그녀가 낯선 이를 그처럼 인내심을 가지고 애정으로 돌보다니 놀라웠다.

### (3) 다음의 제안, 요구, 주장, 명령, 결정 등을 나타내는 명사의 동격절에도 가정법 현재동사(= 동사원형)가 사용된다.

ex) advice, arrangement, decision, demand, direction, insistence, instruction, intention, order, plea, prayer, preference, proposal, recommendation, request, requirement, resolution, suggestion, etc.

My teacher gave the advice to me **that I (should) work hard.**
나의 선생님께서 나에게 공부를 열심히 하라는 말씀을 주셨다.
There is an insistence **that life (should) be conducted on a level playing field.**
삶은 평등한 경쟁 [기회]의 장 위에서 펼쳐져야 한다는 주장이다.
They ignored our recommendation **that their trip (should) be postponed.**
그들은 여행을 연기해야 할 것이라는 우리의 권고를 무시했다.

### (4) 기원문에서

God **bless** you! (= May god bless you!) 당신에게 신의 축복이 있기를 (빕니다)!

God **save** the King! 폐하 만세!   Heaven **prosper** you! 성공하시기를 빕니다!

### (5) 양보문에서 《아무리 ~한다 할지라도》

**Say** what you will, I cannot accept your saying.
무슨 말을 할지라도 나는 네 말을 받아들일 수 없다.
**Cost** what it may, I will buy it. 돈이 아무리 많이 들더라도 나는 그것을 사겠다.

### (6) lest가 이끄는 절에서: 글말 (문어)적 표현이며, should를 사용하는 것은 영국식이다.

Make haste lest you (should) **be** late. 서둘러라 그렇지 않으면 지각한다.
I am anxious lest she (should) **lose** her way. 나는 그녀가 길을 잃지 않을까 걱정이다.

## 2) 가정법 미래(subjunctive future)

미래의 일에 대한 강한 의심이나, <u>실현 가능성이 희박한 미래의 일에 대한 가정이나 상상</u>을 나타내는 말의 표현방식으로서 전제절에 「If + S + should + 동사원형」을 사용하는 경우를 말한다.

[If + s + should + 동사원형, S + will(would), shall(should), can(could), may(might) + 동사원형] 《(그럴 리는 없겠지만) 만약 (만일), 혹시라도 …한다면, ~할 것이다.》

If I **should** fail again, I **will** [would] try again.

만일 내가 다시 실패한다 할지라도 나는 다시 해볼 것이다.

If you **should** see Sally, give her my regards.

만약 샐리를 보시게 되면 제 안부를 전해 주세요.

If it **should** rain, I **shall** not go out.   만약 비가 온다면 나는 외출하지 않을 것이다.

What **shall** [should] I do if I **should** fail this test again?

(떨어질 리야 없겠지만) 이번 시험에 또 떨어지면 난 어떡하지?

■ 덧붙임

1. 가정법 미래의 주절에는 조동사의 현재형(will, shall, may 등)및 조동사의 과거형(would, should, could, might)이 모두 올 수 있다.

2. 가정법 미래의 if절의 if는 생략할 수 있으며, 이때는 should가 주어 앞으로 나간다.
   If I should fail again, I will [would] try again.
   (= Should I fail again, I will [would] try again.)

3. 가정법 미래의 if절의 조동사로는 should만이 올 수 있으므로, should 자리에 would, could, might가 올 경우는 단순히 과거형 조동사로 보아, 주절에 가정법 과거가 오면 가정법의 주절에 대한 직설법의 조건절이 된다고 보는 것이 일반적이다.
   If you would pass the exam, you would have to study harder.
   시험에 합격하고 싶다면 너는 더욱 더 열심히 공부해야만 한다.
   I would do it if I could. 내가 할 수 있다면 나는 그것을 할 텐데.
   If I might speak frankly, I should say it is next to impossible.
   솔직히 말씀드리자면 그것은 아마도 불가능에 가까울 것입니다.

4. If + s + should + have p.p., S + will [shall] + 동사원형
   ▶ 간혹 문학작품 등 엄격한 문법을 적용하지 않는 곳에서 이와 같은 구문을 쓰기도 하는데, 여기서 'If + s + should + have p.p.'는 현재 완료된 일이나 미래에 완료될 일에 대한 강한 의심을 나타내는 것으로 이를 가정법 미래완료 구문이라고 하는 분도 있다. 하지만 이러한 구문은 문법적으로는 잘못된 것이며, 영문법에서 가정법 미래완료라는 형식은 사용치 않는다. 즉, 영문법에서는 ⟨If + s + should [would] + have + p.p.⟩와 같이 쓰는 것을 허용치 않는다. 이와 같은 형식의 사용을 허용하는 것은 가정법 과거완료에서의 could뿐이다.
   If he should have arrived there, he will surely call me. (x)
   〈해석〉 만일 그가 그곳에 도착하였다면 반드시 나에게 전화할 것이다.
   ※ 'If + s + 조동사 + have p.p.'의 형태로 쓸 수 있는 것은 가정법 과거완료의 could뿐이다.
   If I could have found it, I would have told you. (o)
   만일 내가 그것을 찾아낼 수 있었다면 네게 말했을 것이다. (찾아낼 수 없어서 말하지 못했다.)

### 3) 가정법 과거 (subjunctive past)

가정법 과거란 현재의 사실과는 반대로 가정하거나 현재나 미래의 실현가능성이 희박하거나 전혀 없는 일에 대한 가정, 상상을 나타내는 말의 표현방식으로서 과거형의 동사를 술어 동사로 사용하는 경우를 말한다. 현재의 일에 대한 직설적 표현을 피한 은근한 명령에

도 가정법 과거가 사용된다.

① If + s + 과거형 동사 (일반 동사의 과거형, were, had, did) …, S + would [should, could, might] + ~(동사원형) 《만일 …한다면, ~할 텐데》

이 형식의 가정법 과거의 if절에 be동사가 올 때는 항상 were만을 쓴다. 다만, 미국에서는 was도 쓴다. were가 보다 더 격식체이다.

❶ <u>현재의 사실과 반대되는 가정을 나타내는 경우</u>

If I **had** enough money, I **could** buy a new house.
　　　　　나에게 돈이 충분하다면, 새 집을 살 수 있을 텐데. (돈이 충분치 못해서 새집을 살 수가 없다.)
(= I don't have enough money, so I can't buy a new house.)

If I **were** not busy, I **could** go to the party.
　　　　　내가 바쁘지 않다면 그 모임에 갈 수 있을 텐데. (바빠서 그 모임에 갈 수 없다.)
(= As I am busy, I can't go to the party.)

If it **were** not raining, I **would** play tennis.　　비가 오지 않는다면 테니스를 할 텐데.
(= As it is raining, I don't (can't) play tennis.)

If she **could** come, I **should** be glad.　　　그녀가 올 수 있다면 나는 기쁠 텐데.
(= I am sorry that she isn't abel to come.)

She'd (= would) be pretty if she **didn't** wear so much make-up.
　　　　　화장을 너무 진하게 하지 않는다면 그녀는 예쁠 텐데.
(= As she wears so much make-up, she is not pretty.)

If I **were** you, I **would** not do such a thing.
　　　　　내가 너라면 그와 같은 일은 하지 않을 텐데. (그와 같은 일을 하지 마라.)
※ 직설적 표현을 피한 은근한 명령을 나타낸다.

❷ 현재의 사실과 동떨어지거나, 미래에 그 실현 가능성이 아주 희박한 가정이나 상상을 나타내는 경우

    If I **were** ten years younger, I **could** easily do such a thing.
        내가 10년만 더 젊다면 그런 일은 쉽게 할 수 있을 텐데.

    I **would** do it if I **could**.    내가 할 수 있다면 그것을 할 텐데. (실제로는 할 수가 없다).

    What **would** you do if you **won** the lottery?
        (그럴 일이야 없겠지만) 만약 복권에 당첨된다면 너는 무엇을 할 것이냐?

    I **wish** I **could** see her!    그녀를 만날 수 있다면 좋을 텐데. (만나지 못한다.)

■ 덧붙임

1. 위 ①의 가정법 과거는 I wish [wished]의 목적절 (명사절)로 쓰일 수 있다.
    I wish I could fly like a bird. 내가 새처럼 날 수 있다면 좋을 텐데.
    I wished I were rich. 내가 부자라면 좋았을 텐데.

2. 가정법 현재 (또는 직설법 현재)는 현재 또는 미래의 불확실한 일을 나타낼 뿐 그 존재 가능이나 일이 이루어질 수 있는 가능성을 배제하지 않는 가정이나 조건을 나타내는 것에 반해, 가정법 과거는 그 존재 불가능이나 장차 이루어질 가능성이 희박한 사실을 전제로 한 가정을 나타낸다.
    If he **is** [be] at home, I will call on him. 〈직설법 현재 [또는 가정법 현재]〉
    (그가 집에 있는지 없는지 모르지만) 만일 그가 집에 있다면, 나는 그를 방문할 것이다.
    If he **were** at home, I would call on him. 〈가정법 과거〉
    (그가 집에 없지만) 만약 그가 집에 있다면, 그를 방문할 텐데.
    If she **loves** [love] me, I'll marry her. 〈직설법 현재[가정법 현재]〉
    (사랑하는지 안 하는지 모르지만) 만일 그녀가 나를 사랑한다면 나는 그녀와 결혼할 것이다.
    If she **loved** me, I would marry her. 〈가정법 과거〉
    (사랑하지 않는 걸 알지만) 만약 그녀가 나를 사랑한다면 나는 그녀와 결혼할 텐데.
    If it **rains** [rain] tomorrow, we'll stay at home. 〈직설법 현재 [가정법 현재]〉
    (비가 올지 안 올지 모르지만) 만일 내일 비가 오면, 우리는 집에 있겠다.
    If it **rained** tomorrow, we'd stay at home. 〈가정법 과거〉
    (비가 올리는 없겠지만) 만약 내일 비가 오면, 우리는 집에 있겠다.

② If + s + were to ~, S + would [should, could, might] + 동사원형

미래에 실현될 가능성이 거의 없거나 순전한 상상(공상) 또는 미래의 일에 대한 강한 의심, 걱정, 관심, 놀람 등을 나타낼 때 사용된다. 종래의 문법서에서는 이를 가정법 미래로 분류하는 것이 일반적이나, 가정법은 그 내용이 아니라 사용하는 동사의 시제형에 따른 구별이라고 할 수 있기에, 여기서는 과거형의 동사 (were)가 사용되므로 가정법 과거라고 부르는 것이 합당하다.

If the sun **were to** rise in the west, I **would** never change my mind.

해가 서쪽에서 뜬다 하더라도 내 마음은 결코 변치 않을 것이다.

If plants <u>were not to</u> flower, how dreary nature **would** be!

초목이 꽃을 피우지 않는다면 자연은 얼마나 황량하게 될 것인가.

Even if my late mother **were to** come back to life, my resolution **would** be unchanged.

돌아가신 나의 어머니가 살아 돌아오신다고 해도 내 결심은 변하지 않을 것이다.

## ■ 덧붙임

1. 가정법 과거의 전제절의 if는 생략할 수 있으며, 이때에는 주어와 동사가 자리를 바꾼다. 다만 were 대신 was를 쓸 경우에는 if를 생략한 어순 바꿈 구문형식으로는 쓰지 않는다.

   If I were not ill, I could go there. 내가 아프지 않다면 거기에 갈 수 있을 텐데.
   
   ⇒ Were I not ill, I could go there.
   
   ※ If I was not ill, I could go there. (o) ⇒ Was I not ill, I could go there. (x)
   
   If I were to be born again, I would become a carpenter.
   내가 다시 태어난다면, 나는 목수가 될 것이다.
   
   ⇒ Were I to be born again, I would become a carpenter.
   
   If plants were not to flower, how dreary nature would be!
   
   ⇒ Were plants not to flower, how dreary mature would be!
   
   ※ 부정의 전제 절의 if를 생략할 경우 동사와 부정어의 축약형을 쓰지 않는다. (기타의 가정법 구문도 마찬가지.)
   Weren't plants to flowers, ~ (x)
   
   If I should fail again, I will [would] try again.
   (= Should I fail again, I will [would] try again.)

## 2. 가정법 과거의 귀결절에는 will, shall, can, may 등 조동사의 현재형이 올 수 없다.

If I were not ill, I can go there. (x)

If you were to win the lottery, what will you do? (x)

## 3. 「If + S + were to」의 가정법 과거 형식은 공손한 표현을 나타낼 때도 쓰인다.

If I were to express my opinion, I would say he's right.
제 생각을 말씀드리자면 저는 그분이 옳다가 말하고 싶습니다.

If I were to ask, would you help me? 부탁드리고 싶은데, 좀 도와주시겠는지요?

---

### ■ 참고

#### 1. 가정법 과거의 전제 절이 'if + 주어 + 동사의 과거형' 대신 다른 형태가 되는 경우

**(1) 과거진행형**

If my car was working I would [could] drive you to the station.
내 차가 말을 듣는다면 너를 역까지 태워다 줄 텐데.

If we were going by train I'd feel much happier. 기차로 간다면 나는 기분이 더 좋겠는데.

**(2) 과거완료형**

「가정법 과거완료 + 가정법 과거」의 혼합가정법 구문이 된다. ☞ p. 395 참조

If he had taken my advice he would be a rich man now.
그가 내 충고를 받아들였더라면 그는 지금 더 부자일 텐데.

#### 2. 가정법 과거의 귀결절이 '주어 + would + 동사원형'이 아니라 다른 형태를 취하는 경우

**(1) would 대신 might, could를 쓰는 경우**

If you tried it again you would succeed. 〈확실한 결과〉
네가 그것을 다시 한다면 성공할 것이다. (성공할 것이 분명하다.)

If you tried it again you might succeed. 〈가능성〉
네가 다시 그것을 하면 성공할 것 같다. (성공할 가능성이 있다.)

If he were present, we could ask him. 〈능력〉 그가 출석하고 있다면 물어볼 수 있을 텐데.

If he had a permit he could get a job. 〈능력, 허락〉 그가 면허증이 있다면 일자리를 구할 텐데.

**(2) 진행형**

If I were a bird, I could be flying in the sky. 내가 새라면 하늘을 훨훨 날아다닐 텐데.

If I were on holiday I would [might] **be touring** Jejudo.
내가 휴가 중이라면 나는 지금 제주도를 여행 중일 텐데.

### (3) 과거시제
과거의 자동적·습관적 결과를 나타낸다.
If anyone interrupted him, he **got** angry. 누구라도 자기를 방해한다면 그는 화를 낼 테지.
If there was a scarcity of anything, prices of that thing **went** up.
어떤 것이 부족하면 그것의 가격은 오르게 된다.

## 3. it is (high) time ~이나 it's about time that ~의 뒤에는 가정법 과거 형식이 온다. 이때 가정법 동사가 오는 that 절에는 should나 could는 쓰이지만 would는 쓰이지 않는다.

It's time we **were** going. 이제 (우리가) 떠날 때가 되었다.
It is high time I **should** be going. 이제 나는 떠나야만 합니다.
It is (high) time (that) you **went** to bed. 이제 네가 잘 시간이다.
It's about time (that) he **learned** to look after himself.
이제 그는 자신을 돌보아야 할 때다.
Isn't it about time we **stopped** talking about it?
이제 그 이야기는 그만하는 게 어때요?
※ It's time 뒤에 부정사가 쓰이기도 한다.
It's time for us to go. 이제 우리는 가야합니다.

## 4. as it were 《말하자면 (= so to speak, in other words, that is to say, namely)》
※ 끼움구로 쓰인다.
He is, **as it were**, a walking dictionary. 그는 말하자면 (한마디로 말해서) 걸어 다니는 사전이다.
A good book is, **as it were**, the lamp of life. 말하자면 좋은 책은 인생의 등불이다.

### 4) 가정법 과거완료 (subjunctive past perfect)

과거 사실을 반대로 가정하거나, 과거 사실에 대한 반대가 되는 상상, 소망(후회, 유감)을 나타내는 말의 표현방식으로서 과거완료형의 동사를 술어 동사로 사용하는 경우를 말한다.

[If + S + had p.p ~, s + would [should, could, might] + have p.p. ~]

※ 과거완료형의 동사를 사용하므로 이와 같이 부르는 것이며, 가정법 과거완료는 과거 시점에서의 상상, 소망을 나타내기 위하여 과거완료형을 쓰는 것일 뿐 (과거)완료시제를 나타내는 것은 아니다. 시제는 때를 나타내는 동사의 일정한 형태이고, 가정법이란 화자의 심적 태도를 표현하는 동사의 일정한 형태로서 시제와는 전혀 다른 것으로 시제규칙을 적용받지 아니하므로 가정법동사가 나타내는 시점은 말할 수 있어도 가

정법의 시제는 생각할 수 없다.

If I **had known** the fact, I **would have told** it to you.

내가 그 사실을 알았더라면 너에게 그것을 말했을 것이다.

(= I didn't know the fact, so I did not tell it to you.)

If you **had** not **helped**, I **should have failed**.

네가 도와주지 않았더라면 나는 실패했을 것이다.

(= As you helped me, I didn't fail.)

If we **had found** him earlier we **could[must] have saved** his life.

우리가 좀 더 일찍 그를 발견했더라면 그의 목숨을 구할 수 있었을 텐데.

If Cleopatra's nose **had been** a little shorter, the history of the world **might have changed**. 클레오파트라의 코가 조금만 더 낮았더라면 세계역사는 달라졌을지도 모른다.

If I **could have found** it, I **would have told** you.

만일 내가 그것을 찾아낼 수 있었다면 네게 말했을 것이다.

### ■ 덧붙임

**1. 가정법 과거완료의 if절에는 had p.p. 대신 could have p.p.는 쓸 수 있으나 'would[should, might] have p.p.'는 사용하지 않는다.**

If I <u>could have done</u> so, I <u>might have succeeded</u> soon.
내가 그렇게 할 수 있었더라면 이내 성공했을 텐데.

**2. 가정법 과거완료의 if절이나 귀결절에 과거완료진행형이 쓰일 수 있다.**

Luckily I was wearing a seat belt. If I **hadn't been wearing** one I would have been seriously injured.
다행히 나는 안전띠를 메고 있었다. 만일 그것을 메지 않았었다면 심각한 부상을 당했을 것이다.
If I had known you were coming, I **would have been waiting** for you.
네가 오는 중이라는 것을 알았더라면 나는 계속 기다렸을 텐데.

**3. 가정법 과거완료는 'I wish [wished]'구문의 목적절 (명사절)로 쓰일 수 있다.**

I wish I **had bought** the book. (그때) 그 책을 샀더라면 좋을 텐데.

= I regret I didn't buy the book. (그때) 그 책을 사지 않은 것을 (지금) 후회한다.
I wished I had bought the book. (그때) 그 책을 샀더라면 좋았을 것이다.
= I regretted I had not bought the book. 나는 (그때) 그 책을 사지 않은 것을 후회했다.

4. 가정법 과거완료의 if절의 if는 생략할 수 있으며, 이때는 had가 주어 앞으로 나온다.

If you had not helped, I should have failed. (= **Had** you not helped, I should have failed.)
네가 도와주지 않았더라면 나는 실패했을 거야.

※ **Hadn't** you helped(x), ~

5. 「S + had + 기대, 희망 등의 동사의 p.p. + to부정사~」는 과거의 실현하지 못한 일에 대한 유감, 후회의 뜻을 나타낸다. 《~하고자 했었다.(그렇지만 ~하지 못해 유감이다.)》

= S + 미래관련 동사의 과거형 + to have + p.p. ~ ☞ **p. 210 참조**

ex) desire, expect, hope, intend, mean, promise, suppose, think, want, etc.

---

■ 참고– I wish / if only / would rather / would sooner + 가정법절

1. 'I wish [wished]' 뒤에 따르는 절에는 가정법 과거나 가정법 과거완료가 온다.

   I wish (that) it **would** not rain. 〈가정법 과거〉 비가 안 오면 좋겠는데.
   I wished I **had met** her. 〈가정법 과거완료〉 그녀를 만났더라면 좋았을 텐데.

2. 가정법 절을 이끄는 'if only'의 뒤에는 가정법 과거나 가정법 과거완료가 온다.

   If only you **tried**, you **might** succeed. 네가 하기만 하면 너는 성공할 텐데.
   If only she **would** marry me! 그녀가 나와 결혼해주기만 한다면 좋겠는데.
   If only the rain **would** stop. 비가 그치기만 한다면 좋겠는데.
   = If the rain would only stop.
   ※ 이처럼 only를 동사 앞에 쓸 수도 있다.
   If only I **had been** here yesterday, the accident **would** never **have happened**.
   내가 어제 이곳에 있었기만 했다면 그 일은 결코 일어나지 않았을 텐데.
   If only you **could have seen** it. 네가 그것을 보았더라면 좋았을 텐데.

3. would rather [sooner] 뒤에 결합되는 절은 가정법 과거나 가정법 과거완료의 형식이다.
   ※ 주어가 다를 경우에 쓸 수 있다.

   I **would rather** you **came** tomorrow than today. 나는 네가 오늘 보다는 내일 왔으면 좋겠다.
   (= I wish you **came** tomorrow than today.)
   She always wakes me up early, I'**d rather** she **didn't**.
   그녀는 언제나 아침 일찍 나를 깨운다. 그렇게 하지 않으면 좋을 텐데.

> You have told it to everyone. I'd rather you hadn't (told).
> 너는 그것을 모든 사람에게 말해 버렸다. 네가 말하지 않았더라면 좋았는데.
> ※ 주어가 동일할 때는 「would rather [sooner] + 원형부정사」의 형태로 쓸 수 있다.
>   I'd rather like a cup of coffee. 커피를 한잔 마시고 싶다.
>   She would rather have the small one than the large one.
>   그녀는 큰 것 보다는 오히려 작은 것을 갖고 싶어 한다.
>
> 4. 기타
>   It would be better if you stayed here. 너는 이곳에 있는 것이 더 좋겠다.
>   = It would be better for you to stay here. / You may as well stay here. /
>     You do well stay here.

### (3) 기타

#### 1) 혼합 가정법

각각의 시점을 표시하는 어구를 써서 if절과 주절의 시점이 다른 가정법 문장을 만들 수 있다. 이렇게 시점이 다른 가정법을 전제절(if절)과 귀결절로 쓰는 경우를 혼합가정법이라고 한다.

① 가정법 과거완료(과거 시점) + 가정법 과거(현재 시점)

If I **had worked** harder while young, I **would [should]** be happier now.

젊은 시절에 내가 더 열심히 일했더라면 지금 나는 더 행복할 텐데.

If he **had** not **helped** me then, I **couldn't** succeed now.

그때 그가 나를 도와주지 않았다면 난 지금 성공하지 못했을 거야.

② 가정법 과거완료(과거 시점) + 가정법 미래(미래 시점)

If I **had finished** the work yesterday, I **could** meet her tomorrow.

그 일을 어제 끝마쳤더라면 나는 내일 그녀를 만날 수 있을 텐데.

If you **had helped** me, I **could** finish it earlier.

　　　　네가 나를 도와주었다면, 나는 좀 더 일찍 그 일을 끝낼 수 있을 텐데.

③ 가정법 과거(현재 또는 미래 시점) + 가정법 과거완료(과거 시점)

If he **were** alive now, he **would have contacted** me long ago.

　　　　지금까지 살아 있다면 그는 오래전에 내게 연락했을 텐데.

If I **were** not busy (in) this days, I **could have gone** to your party yesterday.

　　　　요즘 내가 바쁘지 않다면 어제 너의 파티에 갈 수가 있었을 텐데.

If I **hadn't** my examination next week, I **would have accepted** your invitation.

　　　　다음 주에 시험이 없다면, 나는 너의 초대를 받아들였을 텐데.

## 2) 가정법과 직설법이 섞인 경우

① S + v (가정법 동사) + but [except, only] that + s + v (직설법 동사) ~

You **can't read** this book **but you will change** your thinking.

　　　　(= if you will not change ~)

　　　　네 생각을 바꾸지 않고서는 이 책을 읽을 수 없다. (직역)

　　　　→ 이 책을 읽고 나면 반드시 네 생각이 바뀔 것이다.

I **would buy** that car, **but I do** not have enough money.

　　　　그 차를 사고 싶습니다만 제게 가진 돈이 충분치 않습니다.

He **would have fallen but that I caught** him. (= if I had not caught him.)

　　　　그는 떨어졌을 거야 아마. 내가 붙잡았었기에 망정이지.

I **would have done** it except I **didn't** have time.

　　　　시간이 있었더라면 제가 그 일을 했을 테지요. (시간이 없어서 그 일을 못 했다.)

② S + v (직설법 동사) ~ + as if [또는 though] + s + v (가정법 동사) ~.

He **speaks** English as well **as if** he **were** a Englishman.

　　　　그는 마치 영국인이기라도 하듯이 영어를 잘한다.

He **talks** as if he **had known** everything.

그는 마치 자기가 모든 것을 알고 있던 것처럼 말한다.

### 3) I wish [wished] + 가정법

현재 실현할 수 없거나 과거에 실현할 수 없었던 것을 나타내는 표현이다. I wish [wished] 다음에는 가정법 과거나 가정법 과거완료가 온다.

※ I wish [wished] 부분은 가정법이 아니고 직설법이며, I wish [wished] 다음에 오는 가정법절을 이끄는 접속사 that은 생략하는 것이 보통이다.

① I wish + 가정법 과거 《현재 ~라면 좋겠다고 생각한다. (좋을 텐데.)》

▶ 현재의 사실과는 반대되는 소망이나 실현가능성이 매우 희박한 소망을 표현한다.

I wish I **were** rich. 내가 부자라면 좋을 텐데.
= I am sorry (that) I am not rich. 나는 부자가 아니어서 유감스럽다.

※ 미국에서는 were 대신에 was도 쓴다. were가 보다 더 격식체이다.

I wish I **had** more chances to get together with you.

너와 함께 할 기회가 더 많다면 좋겠어.

I wish I **could** fly like a bird. 내가 새처럼 날 수 있다면 좋을 텐데.

※ (비슷한 표현) I would like to fly like a bird. 나는 새처럼 날고 싶다.

I wish you **would** not meet Sam-sun. 나는 네가 삼순이를 만나지 않았으면 좋겠다.

② I wished + 가정법 과거 《그때 ~라면 좋겠다고 생각했다. (그때 ~했으면 좋았을 텐데.)》

▶ wished (과거)와 같은 시점에서의 가정, 소망을 나타낸다. 가정법절의 동사가 비록 과거형이지만, 실질적으로 가정법 과거는 현재 시점을 나타내기 때문에, 과거 (wished)와 같은 때의 일을 나타내면서 그 종속절의 동사가 나타내는 시점을 현재 (가정법 과거)로 한다는 것은 시제 일치의 원칙에 어긋난다고 할 수 있다. 하지만 이러한 구문도 '법은 시제에 우선한다.'는 원칙에 의하여 인정된다.

I wished I **were** rich. (= I was sorry I was not rich.)

나는 내가 부자였으면 좋겠다고 생각했다. (부자가 아니라서 유감이었다.)

I wished I **had** more chances to get together with you.

　　　　　　　　　　　　　　　　　너와 함께 할 기회가 더 많았다면 좋았을 텐데.

③ I wish + 가정법 과거완료 《(그때) ~였다면 좋았다고 생각한다. (했었다면 좋을 텐데.)》
- ▶ 현재 (wish)보다 하나 앞선 시점 (과거나 현재완료)에 대한 현재의 가정, 소망(후회, 유감)을 나타낸다.

　I wish I had been rich.　　　　　　　　내가 부자였더라면 좋으련만.
　⇒ I am sorry I was not rich.　내가 (과거에) 부자가 아니었던 것이 (지금) 유감이다.
　　 I am sorry I have not been rich.　내가 지금까지도 부자가 아니어서 유감이다.
　I wish I **had met** her.　　　　　　　그녀를 만났더라면 좋을 것을.
　= I regret I did not meet her.　(그때) 그녀를 만나지 않은 것을 (지금) 후회한다.
　I wish I **had studied** a little harder at college.

　　　　　　　　　　　　　　　　　내가 대학시절에 좀 더 열심히 공부했다면 좋을 것을.

④ I wished + 가정법 과거완료 《(그 이전에) ~했었더라면 좋았을 것이라고 (그때) 생각했다. (~했었더라면 좋았을 텐데.)》
- ▶ wished (과거)보다 하나 앞선 시점 (대과거)의 일에 대한 과거 시점에서의 가정, 소망(후회, 유감)을 나타낸다.

　I wished I had met her.　　　　　　　그녀를 만났더라면 좋았을 것을.
　= I regretted I had not met her.

　　　　　　　　　　　　　　　　　나는 (그 이전에) 그녀를 만나지 않은 것을 (그때) 후회했다.
　I wished I had done so.　　　　　　　내가 그렇게 했더라면 좋았을 텐데.
　= I was sorry I had not done so.

　　　　　　　　　　　　　　　　　나는 (그 이전에) 그렇게 하지 않은 것이 (그때) 유감이었다.

⑤ Would that [Would to god (that) / If only / How I wish / O that] + 가정법 《~라면 [하면] 좋을 텐데; ~였다면 [했다면] 좋았을 것을》

▶ 모두 다 'wish + 가정법'과는 같은 의미를 나타내나, 'I wish + 가정법'보다는 강한 소망의 뜻을 나타낸다.

Would that I were young again!　　　　내가 다시 젊어진다면 얼마나 좋을까!
= Would (to) God that I were young again!
 I would rather I were young again!
How I wish I were as tall and beautiful and bright as she is!
　　　　　　　　　　　　나도 그 여자만큼 키 크고, 예쁘고, 머리도 좋다면 얼마나 좋을까.
Would that I spoke English as well as you.　나도 너처럼 영어를 잘하면 좋을 텐데.
If only it would stop raining.　　　　비가 그치면 좋겠는데.
O(h) that I could have made her happy!　그녀를 행복하게 해주었더라면 좋(았)을 것을.

## 4) as if [as though] + 가정법

① S + v + as if [though] + 가정법 과거 《(사실은 그렇지 않은데) 마치 ~인 것처럼 …한다.》

▶ 현재 사실의 반대나 사실일 가능성이 희박한 일 또는 사실인지 아닌지 불확실한 일을 나타낸다. 직설법으로 고칠 때 주절의 동사 시제와 같은 시제일 때의 반대사실을 의미한다.

He looks as if he were [was (입말체)] ill.　그는 몸이 아픈 것처럼 보인다.
(= In fact, he is not ill.)
She looked as if she were ill.　　　　그녀는 몸이 아픈 것처럼 보였다.
(= In fact, she wasn't ill.)
He talks as if [though] he knew everything.
　　　　　　　　　　　　　　그는 마치 모든 것을 알기나 하는 듯이 말한다.
(= In fact, he doesn't know everything.)
It seems as if the house would fall down.　그 집은 마치 무너질 것처럼 보인다.
I feel as if I were dreaming.　　　　나는 마치 꿈을 꾸고 있는 느낌이다.
She smiles as if she were not sad.　　그녀는 슬프지 않은 것처럼 웃고 있다.

> ▷ 사실일 가능성이 있는 일을 나타낼 경우에는 'as if [though] + 가정법 과거'대신 「as if [though] + 직설법 현재」를 쓴다.
> He acts **as if** he were rich. (부자가 아니면서) 그는 부자인 것처럼 행동한다.
> He acts **as if** he is rich. (부자일 가능성이 있음) 그는 부자인 것처럼 행동한다.

② S + v + as if [though] + 가정법 과거완료 《(사실은 그렇지 않았는데) 마치 ~했던 것처럼 …하다.》

▶ 과거 사실의 반대나 사실이었을 가능성이 희박한 일 혹은 사실이었는지가 아직 불확실한 일을 나타낸다. 직설법으로 고칠 때 주절 동사의 시제(시점)보다 하나 앞선 시점일 때의 반대 사실을 나타낸다.

He looks **as if** he had been ill for a long time.

그는 마치 오랫동안 앓았던 듯한 얼굴이다.

(= In fact, he wasn't [has not been] ill for a long time.)

He looked **as if** he had been ill for a long time.

그는 (당시) 마치 오랫동안 앓았던 듯한 얼굴을 하고 있었다.

(= In fact, he had not been ill for a long time.)

She acts **as if** she **had been** a princess.  그녀는 마치 공주였던 듯이 행동한다.

(= In fact, she wasn't [has not been] a princess.)

She **acted** as if she had been a princess. 그녀는 (그때) 마치 공주였던 것처럼 행동했다.

(= In fact, she had not been a princess.)

He spoke **as if** he had been in love with her.

그는 마치 그녀와 연애를 했던 것처럼 말했다.

### 5) 가정법의 if절(= 전제절)을 대신하여 쓰일 수 있는 어구

① 명사/ 대명사

A wise man would not do such a thing. 〈가정법 과거〉

제정신인 사람이라면 그런 짓은 안할 텐데.

(= If he were a wise man, he would not do such a thing.)

A judicious teacher would have treated the student otherwise. 〈가정법 과거완료〉

현명한 선생이었다면 그 학생을 달리 다루었을 텐데.

(= If he had been a judicious teacher, he would have treated the child otherwise.)

He who should content himself with what he is will never be a great man. 〈가정법 미래〉 현재의 자기 자신에 만족하는 사람은 결코 위대한 사람은 되지 못할 것이다.

② 동사

❶ suppose [supposing] (that) 《만약 ~이라면》

Suppose [Supposing] (that) she refuses my proposal, what shall I do?
〈가정법 현재〉                만약 그녀가 내 청혼을 거절한다면 나는 어쩌지?

Suppose you were in my place, what would you do? 〈가정법 과거〉

당신이 내 입장이라면 어떻게 하겠습니까?

Suppose you had failed, what would you have done? 〈가정법 과거완료〉

실패했다면 당신은 어떻게 했겠습니까?

❷ say (that) 《만약(가령) ~이라면》

Say (that) you lost your job what would you do then? 〈가정법 과거〉

만약 당신이 직장을 잃게 된다면 그때는 어떻게 하겠습니까?

Say it were true, what would we do? 〈가정법 과거〉

그것이 정말이라면, 우리는 어떻게 하지?

③ 부사 (부사구, 부사절)

Once he declines, he'll never accept. 〈가정법 현재〉

그는 한 번 거절하면 절대로 수용하지 않는다.

(= If he declines once, he'll never accept.)

Ten years ago, I could have done it with ease. 〈가정법 과거완료〉

10년 전이라면 나는 그것을 쉽게 했을 텐데.

(= If it had been ten years ago, I could have done it with ease.)

④ 전치사(구)

❶ with / without / but for

With your assistance, he should certainly succeed. 〈가정법 과거〉

너의 도움이 있었다면 그는 분명히 성공했을 텐데.

With a little more courage then, I could have married her. 〈가정법 과거완료〉

그때 조금 더 용기가 있었더라면 나는 그녀와 결혼할 수 있었을 텐데.

(= If I had had more courage then, I could have married her.)

Without water, all living things would die. 〈가정법 과거〉

물이 없다면, 모든 생물은 죽을 것이다.

= If it were not for water, all living things would die.

But for water, all living things would die.

Without my sister's help, I would have failed. 〈가정법 과거완료〉

내 여동생의 도움이 없었다면, 나는 실패했을 것이다.

= If it had not been for my sister's help, I would have failed.

But for my sister's help, I would have failed.

❷ in case + S + 직설법 현재 (현재형 동사)/ 가정법 동사 [(should) 동사원형]

《~할 경우에는; 만일 ~하면; ~하면 안 되니까》

= in case of + 명사/ in the event of + 명사

In case that you should be late [또는 you are late], give me a ring.

만일 늦을 경우에는 전화 주세요.

Take an umbrella with you in case it should [또는 may] rain.

비가 오면 안 될 테니 [비가 올지 모르니] 우산을 가져가거라.

(= Take an umbrella in the event of rain.)

I wrote down her address and phone number **in case** I **should** forget it.

　　　　　　　　　　　　　　나는 그녀의 주소와 전화번호를 잊지 않도록 적어 두었다.

**In case of** trouble, call for my help.　　　문제가 생기면 나의 도움을 요청해라.

❸ in your [his 등] place 《내가 너 [그]의 입장이라면》
　= If I were in your [his 등] place

I would not do such a thing **in your place**. 〈가정법 과거〉

　　　　　　　　　　　　　　　　내가 당신 처지라면 그런 일은 하지 않을 것이다.

❹ In different circumstances 《상황이 달랐다면》
　= If circumstances had been different

In different circumstances, it could have been a big problem. 〈가정법 과거완료〉

　　　　　　　　　　　　　　　　상황이 달랐다면 그것은 큰 문제가 될 수도 있었다.

⑤ to부정사

　To hear Amanda speak Korean, you **would** take her for a Korean. 〈가정법 과거〉

　　　　　　아만다가 한국말을 하는 것을 들어본다면, 당신은 그녀를 한국 사람이라고 생각할 것이다.

(= If you **heard** Amanda speak Korean, you **would** take her for a Korean.)

I should be glad **to go**. (= if I could go) 〈가정법 과거〉　　내가 갈 수 있다면 좋겠습니다.

He <u>would have been</u> foolish **to have done it**. 〈가정법 과거완료〉

(= He **would have been** foolish if he **had done** it.)

만약 그가 그것을 했다면 그가 어리석은 노릇이었을 것이다. (= 그가 바보가 아니었다면 어찌 그런 짓을 했단 말인가.)

⑥ 분사(구문)

Beginning the work at once, they will finish it in time. 〈가정법 현재〉
그 일을 즉시 시작하면, 그들은 때 맞춰 그것을 끝마칠 것이다.

(= If they begin the work at once, they will finish it in time.)

The same thing, happening in rush hour, would amount to great confusion.
〈가정법 미래〉  그 같은 일이 출퇴근 시간에 일어난다면 대혼란이 될 것이다.

(= The same thing, if it should happen in rush hour, would amount to great confusion.)

Left to herself, she would have gone astray. 〈가정법 과거완료〉
그녀가 혼자 남겨졌다면 그녀는 길을 잃어버리고 말았을 것이다. (잘못되고 말았을 것이다.)

(= If she had been left to herself, she would have gone astray.)


⑦ 접속사(구)

❶ otherwise (= or, or else, if ~ not)

- 「직설법 현재 + otherwise + 가정법 과거」《그렇지 않다면》
- 「직설법 과거 + otherwise + 가정법 과거완료」《그렇지 않았다면》

I'm busy today, otherwise [or, or else] I would accept your invitation.
오늘은 내가 바빠, **그렇지 않다면** 네 초대를 받아들일 텐데.

(= If I were not busy today, I would accept your invitation.)

He caught me, otherwise I would have fallen.
그가 나를 잡았지, 그렇지 않았다면 나는 넘어졌을 거야.

(= If he had not caught me, I would have fallen.)

He must have been ill, or (= if he had not been ill) he would have come.
그는 병이 났던 것이 틀림없어. **그렇지 않았더라면** 왔을 텐데 말야.

❷ but that + 직설법, s + v (가정법) ~ / 가정법 + but [except] that + s + 직설법

- But that + S + v (직설법 현재) …, s + would [should, could, might] + 동사

　　　　**원형** (가정법 과거) 《…하지 않다면 ~할 텐데》
- But that + S + v (직설법 과거) …, s + would [should, could, might] + have + p.p. ~ (가정법 과거완료) 《…하지 않았다면 ~했을 텐데》

But that I am poor, I would go abroad to study. 〈직설법 현재 + 가정법 과거〉
　　　　　　　　　　　　　　　　　　내가 가난하지만 않다면 외국에 나가 공부할 텐데.
(= If I were not poor, I would go abroad to study.)
But that I saw it, I could not have believed it. 〈직설법 과거 + 가정법 과거완료〉
　　　　　　　　　　　　　　　　　　내가 보지 않았다면 나도 믿지 못했을 거야.
What can I say but that I hope you may succeed? 〈가정법 현재 + 직설법 현재〉
　　　　　　　　　　　　　　　　　　성공하시라는 말 외에는 당신께 달리 드릴 말이 없군요.
I would go abroad but that I am poor. 〈가정법 미래 + 직설법 현재〉
　　　　　　　　　　　　　　　　　　내가 가난하지만 않다면 외국에 갈 텐데.
Nothing would satisfy him but (that) he must go there.
〈가정법 과거 (or 미래) + 직설법 현재〉　그는 그곳에 가지 않고서는 도저히 직성이 풀리지 않을 것이다.
Nothing would do but that I should do it. 〈가정법 과거 (or 미래) + 직설법 현재〉
　　　　　　　　　　　　　　　　　　내가 하지 않으면 도저히 수습이 안 될 것 같다.
I should have failed but that you helped me. 〈가정법 과거완료 + 직설법 과거〉
　　　　　　　　　　　　　　　　　　네가 도와주지 않았더라면 나는 실패하고 말았을 것이다.

## 6) 기타의 가정법적으로 쓰이는 구문들

① It is (about, high) time (that) + S + 과거동사 (가정법 과거) ~ 《~해야 할 시간이다 (때다); (곧) ~을 해야 할 것 같다.》

▶ 긴급사항, 당연, 필요, 재촉을 나타내는 표현이다.

It's (about) time that you went to bed.　　　이제 잘 시간이다. (가서 자도록 해라.)
(= It is time that you should go to bed. / It is time for you to go to bed.)
It's high time you had a haircut.　　　　　네 머리를 깎을 때가 다 된 것 같다.

② If it were not for ~, s + would [could, should, might] + (not) + 동사원형(…) 《만약 (지금) …이 없다면 ~할 텐데 (= but for, without~)》 (가정법 과거)

If it were not for my family, I would give up this position.

내 가족만 없다면, 나는 이 직장을 그만두겠다.

(= Were it not for my family, ~. / Without my family, ~. / But for my family, ~.)

If it were not for air, we should die.     만약 공기가 없다면 우리는 죽을 것이다.

(= Without[But for] air, we should die.)

If it were not for the sun, nothing could live on the earth.

만약 해가 없다면 지구에는 아무것도 살 수 없다.

③ If it had not been for ~, S + would [could, should, might] (not) + have + p.p … 《만약 (그때) …이 없었다면 ~했을 텐데 (= but for, without)》 (가정법 과거완료)

If it had not been for your help, I could not have succeeded.

네가 도와주지 않았다면 나는 성공할 수 없었을 텐데.

(= Had it not been for your help, ~./ Without your help, ~./ But for your help, ~.)

※ but that 다음에는 절이 오고, but for 다음에는 명사나 명사구가 온다는 점에서만 다를 뿐이다.

If it had not been for a dense fog, the collision would not have occurred.

짙은 안개만 아니었다면 그 충돌은 일어나지 않았을 텐데.

④ What if 《~라면 어쩔 것인가?; ~한들 무슨 상관이랴?》

What if it rains on Sunday? 〈가정법 현재 (직설법 현재)〉     일요일에 비가 오면 어쩌지?

(= What shall we do if it rains on Sunday?)

What if we should fail? 〈가정법 미래〉

만일 실패한다면 어찌하지. / 설사 실패하더라도 상관[관계]없지 않은가.

What if they were the police? 〈가정법 과거〉     그들이 경찰이라면 어쩌지?

※ What if 대신 say도 쓸 수 있다.

Say it were true, what would we do?　　　그것이 정말이라면, 우리는 어떻게 하지?

⑤ Heaven [God] forbid that + S + should ~ 《절대로 ~하지 않기를; ~한다는 것은 당치도 않다; 아무려면 ~할까!》

Heaven forbid that war should break out!　　　절대로 전쟁이 일어나지 않기를!
Heaven forbid that I should do such a thing!

　　　내가 그런 짓을 한다는 것은 당치도 않아!

God forbid that we should have school on Saturday!

　　　토요일에 학교 수업이 있다니 당치도 않아.

God forbid that the child should tell a lie!　　　아무려면 그 아이가 거짓말을 할까!


## (4) 가정법에서의 생략

### 1) if의 생략

전제절의 if는 생략할 수 있다. 그 경우 주어와 (조)동사가 자리를 바꾸어 (조)동사가 글머리로 나온다.

① 가정법 과거

가정법 과거 if절의 if를 생략하는 경우 동사가 were나 had인 경우에는 주어와 자리를 바꾸어 「Were, Have + s」의 어순으로 쓰고, 일반 동사의 경우는 조동사 did를 문두에 두어 「Did + s + v」의 어순으로 쓴다.

If I were you, I would try again. → **Were** I you, I would try again.

　　　내가 너라면 다시 해보겠다.

If he were not idle, he would be a good man. → **Were** he not idle, he would be a good man.　　　게으르지만 않다면 그는 좋은 사람인데.

If I knew her name, I would tell you. → **Did** I know her name, I would tell you.

　　　　　　　　　　　　　　　　　　내가 그녀의 이름을 안다면 네게 말하겠다마는.

② **가정법 미래**

'If + S (주어) + should + 동사원형'에서 if를 생략하면 「Should + S + 동사원형」의 어순이 된다.

If it **should** be fine tomorrow, I **will** go for a drive to the country with her.

→ **Should** it be fine tomorrow, I will go for a drive to the country with her.

　　　만약 내일 날씨가 좋다면 나는 그녀와 함께 시골로 자동차 나들이(드라이브)를 갈 것이다.

If you should see Sally, give her my regards.

→ **Should** you see Sally, give her my regards.

If he (should) go there, he would be surprised.

→ **Should** he go there, he would be surprised.

　　　　　　　　　　　　　　　　　　　　　만일 그가 거기에 간다면 놀라게 될 것이다.

※ if절에 'should + 동사원형'이 쓰인 구문은 본래 가정법 미래이나, should를 생략하고 가정법 현재형[동사원형]으로 쓰는 것이 일반적이다.

cf.) If I could do so, I would. → **Could** I do so, I would.

　　　　　　　　　　　　　　　　　　　　　내가 그렇게 할 수만 있다면 할 텐데.

> ▷ (주의) should가 쓰인 전제절 (= if절)의 부정은 should not을 쓰지 않으며, if를 생략하고 should를 절 앞으로 보내고 not은 절 가운데 그대로 둔다.
> If you (should) don't see him, go and see his mother.
> → **Should** you not see him, go and see his mother.
> 만약 그를 만나고 싶지 않다면 그의 어머니를 찾아가 뵈어라.

③ **가정법 과거완료**

'If + S + had + p.p.~'에서 If를 생략하면 「Had + S + p.p.~」의 어순이 된다.

If I had tried harder, I could have passed the exam.

→ **Had** I tried harder, I could have passed the exam.

내가 더 열심히 공부했더라면 그 시험에 합격할 수 있었을 텐데.

If I had been in your place, I should have done as you are doing.

→ **Had** I been in your place, I should have done as you are doing.

만일 내가 당신의 입장이었다 해도, 저도 당신이 지금 하는 것처럼 했을 것입니다.

## 2) 가정법 if절 (= 전제절)의 생략

문맥으로 보아 그 내용을 알 수 있을 때는 가정법의 if절을 생략할 수 있다.

I should say so (if I were you). 〈가정법 과거〉   나는 이렇게 말하겠다. (내가 너라면)

He could easily do it (if he wanted to do it). 〈가정법 과거〉

그는 쉽게 그것을 할 수 있을 텐데. (그가 하려는 맘만 있다면)

(If you wanted me to do anything) There is nothing I would not do for you.

(내가 너에게 무엇이라도 해주기를 원한다면) 나는 너를 위해서라면 무엇이든 해 주겠다.

What would you do (if you were rich)? 〈가정법 과거〉

당신은 무엇을 하겠습니까? (당신이 부자라면)

(If I had wanted to come) I could come yesterday. 《가정법 과거완료》 + 가정법 과거》

## 3) 가정법 주절 (= 귀결절)의 생략

주절(귀결절)이 뻔한 결과를 나타내거나 전제절만으로도 의미전달이 가능한 경우 가정법 주절을 생략할 수 있다.

Oh, if I were healthy! (I would be happy!) 〈가정법 과거〉

아, 내가 건강하기만 하다면! (행복할 텐데)

If the earth were to stop its rotation? (what would be the result?) 〈가정법 과거〉

만약 지구가 자전을 멈춘다면? (무슨 일이 일어날까?)

If only I'd (= had) listened to my parents! (I would not repent of my sins this.) 〈가정법 과거완료 + (가정법 과거)〉

부모님의 말씀을 잘 들었더라면! (이렇게 나의 잘못을 후회하지 않을 텐데.)

### (5) 가정법 문장의 종속절의 동사 시제

가정법 문장 속 종속절의 동사는 가정법과 관계없이 실제 시점을 나타내는 시제를 쓴다. 즉, 가정법 과거 구문 속의 종속절의 동사는 현재시제, 가정법 과거완료 구문 속 종속절의 동사는 과거시제이다.

I wish I <u>were</u> as rich <u>as you are</u>.　　　　　　　　내가 너 만큼 부자라면 좋을 텐데.

"I <u>would have studied</u> English harder if I <u>had known</u> that I was to become <u>president</u>,"President Roh confessed.

　　　"내가 대통령이 될 줄 알았더라면 영어를 좀 더 열심히 공부했을 것입니다."라고 노 대통령은 고백했다.

## – REVIEW EXERCISES –

1. 다음은 우리말을 명령법 영어 구문으로 바꾼 것이다. 뜻이 같도록 빈 칸을 채워라.

   (A) 오늘은 이만 일을 끝냅시다.
   → Let's _____ _____ a day.

   (B) 화나게 하지 마세요.
   → Let's not _____ angry.

   (C) 영화 보러 갈까요?
   → Let's go to a movie, _____ _____?

   (D) 그녀가 하고 싶어 하는 대로 내버려 두세요.
   → Let her _____ as she likes.

   (E) 그가 하고 싶은 얘기를 하게 두시오. (그의 얘기도 들어 봅시다.)
   → Let him _____ his say.

   (F) 내 말을 오해해서 듣지 마라.
   → Don't _____ me wrong.

   (G) 기회를 잡아라. 그렇지 않으면 후회하게 될 것이다.
   → Seize the chance, _____ you will regret it.

   (H) 무엇을 하여도, 당신은 성공할 것이다
   → _____ what you will, you will succeed in it.

   (I) 아무리 허름할지라도 내 집만 한 곳은 없다.
   → _____ it _____ so humble, there is no place like home.

   (J) 네가 아무리 열심히 한다더라도 6개월 이내에 영어에 정통할 수는 없다.
   → _____ hard you _____ try, you can't master English in six months.

   (K) 부유한 자이든 가난한 자이든 사람은 모두 법 앞에 평등하다.
   → _____ they rich _____ poor, all men are equal before the law.

(L) 제발 참으세요.

→ _____ have patience, please.

(M) 그냥 잠깐 들려서 차 한잔 하세요.

→ _____ drop in and have a cup of tea.

**2. 우리말과 뜻이 같아지도록 괄호 안에 알맞은 말을 넣어라.**

(1) 내가 그 일을 다시 하면 내 손에 장을 지지겠다.

→ I'll be hanged[damned] if I (　　　) it again.

(2) 네 일을 다 끝내면 집에 가도 좋다.

→ If you (　　　) (　　　) your work, you can go home.

(3) 그것이 사실이라 해도 나는 상관치 않는다.

→ Granted (　　　) it (　　　) true, it doesn't matter to me.

(4) 만일 그런 일이 일어나면 우린 어떻게 하지? (가정법 미래)

→ If such a thing (　　　) happen, what shall we do?

(5) 만일 내가 다시 실패한다 할지라도 나는 다시 해볼 것이다.

→ (　　　) I fail again, I will[would] try again.

(6) 내가 10년만 더 젊다면 그런 일은 쉽게 할 수 있을 텐데.

→ If I (　　　) ten years younger, I (　　　) easily do such a thing.

(7) 해가 서쪽에서 뜬다더라도 내 마음은 결코 변치 않을 것이다.

→ If the sun (　　　) (　　　) rise in the west, I (　　　) never change my mind.

(8) 그녀는 언제나 아침 일찍 나를 깨운다. 그렇게 하지 않으면 좋을 텐데.

→ She always wakes me up early, I'd (　　　) she (　　　).

(9) 다음 주에 시험이 없다면, 나는 너의 초대를 받아들였을 텐데.

→ If I (　　　) my examination next week, I would have accepted your invitation.

(10) 이 책을 읽고 나면 반드시 네 생각이 바뀔 것이다.
→ You (　　) read this book (　　) you will change your thinking.

(11) 그는 마치 자기가 모든 것을 알고 있던 것처럼 말한다.
→ He (　　) as if he (　　) (　　) everything.

(12) 그는 마치 모든 것을 알기나 하는 듯이 말한다.
→ He talks as if [though] he (　　) everything.

(13) 진정한 친구라면 그렇게 하지 않을 텐데.
→ A true friend (　　) not do so.

(14) 당신이 내 입장이라면 어떻게 하시겠소?
→ Suppose you (　　) in my place, what (　　) you do?

(15) 만일 늦을 경우에는 전화주세요.
→ In case that you (　　) be late [or you (　　) late], give me a ring.

(16) 만일 내가 당신의 입장이었다 해도, 저도 당신이 지금 하는 것처럼 했을 것입니다.
→ (　　) I been in your place, I (　　) (　　) (　　) as you are doing.

3. 괄호에 들어갈 말로 바르게 짝지어진 것은?

Liberty is the right of doing whatever the laws permit; and if a citizen (　) do what they forbid, he (　) be no longer possessed of liberty, because all his fellow citizens would have the same power.

(A) can, will  (B) can, would  (C) could, will  (D) could, would

(E) can, would

4. Choose one with the same meaning with the given sentence. (주어진 문장과 같은 의미를 갖는 하나를 고르시오.)

「공고가 일찍 나지 못한 까닭에 강의에 온 사람이 생각보다 적었다.」

(A) Not many people came to hear the lecture because it was held so late.

(B) Fewer people attended the lecture because of the early announcement.

(C) Had the announcement been made earlier, more people would have attended the lecture.

(D) The lecture, being announced lately, draw more people than expected.

5. 밑줄 친 부분과 그 의미가 가장 가까운 것은?

   A: How can we possibly let people hear the news?

   B: Leave it to me.

   (A) I am leaving the people.

   (B) I will take care of it.

   (C) People will take care of me.

   (D) I will depart from my word.

6. 어법상 가장 적절한 것을 고르시오. [공무원 7급]

   (A) Do you think who the speaker is?

   (B) Do you realize how far is it to Hawaii?

   (C) I'm having a real problem figuring out that I want.

   (D) If he had not died in the war, he would be forty now.

※ Choose the one word or phrase that best completes the sentence.
   (문장을 가장 잘 완성하는 하나의 단어나 구를 고르시오.)

7. He speaks as if he _____ the work. [토익 유형]

   (A) finishes  (B) finished  (B) finish  (D) had finished

8. He suggested that I _____ alone. [토익 유형]

   (A) go  (B) goes  (C) went  (D) had gone

9. I _____ live through Christmas without giving you a gift. [토익 유형]

   (A) can't  (B) couldn't  (C) may not  (D) shouldn't


10. _____ you have any concerns or questions, please feel free to call us at your convenience. [토익 유형]

    (A) could  (B) should  (C) can  (D) may

11. He who___ content himself with what he is will never be a great man. [토익 유형]

    (A) will  (B) shall  (C) would  (D) should


※ Identify one underlined word or phrase that should be corrected or rewritten. [12~14]

12. Although the news <u>came</u> as a surprise <u>to all</u> in the room, everyone tried to
                      (A)                          (B)
    do <u>his</u> work as though nothing <u>happened</u>. [대학 편입]
       (C)                               (D)

13. If it <u>had not been</u> for this relief, he <u>would have broken</u> down long <u>before</u> the
          (A)                                   (B)                              (C)
    war <u>had been</u> over. [토익 유형]
        (D)

14. We are <u>all</u> fortunate <u>to be not moulded</u> after one pattern; <u>otherwise</u> life <u>will</u>
           (A)              (B)                                        (C)              (D)
    <u>be</u> very monotonous. [토익 유형]

# = 해설·정답 =

1. 〈정답〉

   (A) call, it  (B) get  (C) shall, we  (D) do  (E) have  (F) get  (G) otherwise 또는 or  (H) Do  (I) Be, ever  (J) However, may  (K) Be, or  (L) Do  (M) Just

2. 〈정답〉

   (1) do  (2) have, finished  (3) that, is  (4) should  (5) Should  (6) were, could  (7) were, to, would  (8) rather, didn't  (9) hadn't  (10) can't, but  (11) talks, had, known  (12) knew  (13) would  (14) were, would  (15) should, are  (16) Had, should, have, done

3. 【해설】

   현재의 사실과 반대로 가정하는 것이므로 가정법 과거가 와야 한다.

   [해석] 자유란 법이 허용하는 것은 무엇이라도 할 수 있는 권리이다. 그러하긴 하지만 한 시민이 법이 금한 것을 한다면 그는 더 이상 자유를 누릴 수 없다. 왜냐하면 그 사람과 같은 모든 다른 시민들이 똑같은 권리를 갖게 되기 때문이다.

   〈정답〉 (D)

4. 【해설】

   (A) not many ~ (소수의 ~, ~가 많지 않은). '강의가 너무 늦게 열렸기 때문에 강의를 들으러 온 사람들은 많지 않았다.'

   (B) 일찍 난 공고 때문에 사람들이 더 적게 왔다.

   (C) 가정법 과거완료 구문 (과거 사실의 반대를 가정). 가정법 if절의 if를 생략하고 주어 (the announcement)와 (조)동사의 자리를 바꾼 경우이다. 공고가 더 일찍 났더라면 더 많은 사람이 그 강의에 참석했을 텐데.'

(D) 분사구문이 끼움구로 들어간 경우이다. than expected(예상보다, 기대한 것 보다). '그 강의는 최근에 공고되었으므로 예상보다 많은 사람을 끌고 있다.'

〈정답〉(C)

5. 【해설】

(B) take care of (〈일상어〉책임지다, 처리하다.) (D) depart from one's word (약속을 어기다.)

[해석] A: 우리가 어떻게 해야지 사람들이 그 소식을 듣게 할 수 있을까요?

B: 그건 내게 맡겨요.

(A) 나는 그 사람들을 떠날 겁니다.

(B) 내가 그 일을 처리할게요.

(C) 사람들이 저를 돌볼 겁니다.

(D) 나는 내 약속을 어길 것이다.

〈정답〉(B)

6. 【해설】

(A) 간접의문문이 think, believe, suppose, imagine, guess, say, conclude, suspect, want 등인 의문문의 목적절이고, yes, no로 답을 할 수 없는 경우에는 의문사가 문두 (주절의 앞)로 나온다. 여기서는 who를 문두로 보내 'Who do you think the speaker is?'로 해야 한다.

(B) 간접의문문은 명사절로서 「s + v」의 어순으로 한다. 'Do you realize how far it is to Hawaii?'

(C) figuring 이하는 problem을 수식하는 현재분사. figure out은 타동사구로서 뒤에는 목적어가 와야 하는 데 that은 want의 목적어를 겸하면서 절을 이끄는 관계대명사로 쓰였으나 선행사가 없으므로 that을 쓸 수는 없고 선행사를 겸할 수 있는 관계대명사를 써야 한다. 그러므로 what이 적당하다.

(D) if절은 과거 사실을 반대로 가정하는 가정법 과거 완료이고 주절은 현재와는 다른 상상을 나

타내는 가정법 과거의 혼합 가정법 구문이다.

[해석]

(A) 연사가 누구라고 생각하세요?

(B) 하와이까지 얼마나 먼지 아시나요?

(C) 나는 내가 무엇을 원하는지를 이해하는 것에 관한 현실의 문제를 겪고 있다.

(D) 그가 전사하지 않았다면 지금은 나이가 마흔일 텐데.

〈정답〉(D)

7. 【해설】

as if 뒤에는 가정법(가정법 과거, 가정법 과거 완료)이 온다. 현재 사실의 반대를 말할 때에는 가정법 과거(과거형 동사), 과거 사실의 반대를 말할 때에는 가정법 과거완료 (과거 완료형 동사)가 와야 하는 데, 일을 마친 것은 말하는 현재 시점보다 과거 시점이므로 여기서는 가정법 과거완료를 써야 한다.

〈정답〉(D)

8. 【해설】

suggested의 that절에는 가정법 현재형인 '(should) + 동사원형'이 와야 하므로 (A)가 적당하다.

[해석] 그는 내가 혼자 갈 것을 제안했다.

〈정답〉(A)

9. 【해설】

without 이하가 가정법 과거의 if을 대신하는 가정법 구문 (= if I didn't give you~). 주절에는 과거형 동사(또는 과거형 조동사 + 원형)가 와야 한다. 여기서는 내용상 couldn't가 적당하다.

[해석] 당신에게 선물하지 않고는 제가 성탄절을 그냥 지낼 수가 없을 것 같아요.

〈정답〉(B)

## 10. 【해설】

위 문장은 가정법 if절(= 전제절)에서 if를 생략하고 주어와 동사가 자리를 바꾼 것이다. 주절 (귀결절)이 명령문일 경우 전제절은 가정법 현재나 가정법 미래가 올 수 있는데, 가정법 현재는 현재 거의 쓰지 않으며, 또 가정법 현재의 if절의 if를 생략하여 어순 바꿈 구문으로도 쓰지 않으므로 can, may는 부적당하다. 또한, 내용상으로도 미래의 일에 대한 가정을 나타내므로 가정법 미래가 와야 적당하다. 가정법 미래의 if절에 올 수 있는 조동사는 should뿐이므로 (B)가 정답이다.

[해석] 만일 어떤 관심사나 질문이 있으시면 편리하신 때에 마음 놓고 전화하십시오.

〈정답〉 (B)

## 11. 【해설】

should는 who가 이끄는 관계사절(형용사절) 안에서 가정적 조건을 나타내기도 한다. 지문에서는 관계대명사 who가 이끄는 형용사절이 가정법 미래의 전제절 역할을 하고 있다.

[해석] 현재의 자기 자신에 만족하는 사람은 결코 위대한 사람은 될 수 없을 것이다.

〈정답〉 (D)

## 12. 【해설】

(A) come as a surprise(놀라움으로 다가오다.)

(B) 이상이 없다.

(C) everyone은 단수로 받는 것이 원칙이다.

(D) 'as though [if]는 가정법절을 이끈다. 주절의 시점이 과거 (tried)이고 'as though [if]'절은 그 과거 사실에 반대되는 가정을 나타내므로 가정법 과거 완료형이 와야 한다. happened를 had happened로 고친다.

[해석] 비록 그 소식이 그 방 안에 있는 모든 사람을 놀라게 했지만, 모두 마치 아무 일 없다는 듯이 자기 일을 하려 애썼다.

〈정답〉 (D)

### 13. 【해설】

가정법 과거완료 구문. 가정법 과거완료는 기준이 되는 과거 시점 이전에 발생한 일이 과거에 이르러 나타내는 정황 (완료, 결과, 경험, 계속)을 표현하는 동사의 형태 (과거 완료시제)가 아니라 단지 과거 사실에 반대되는 가정을 과거완료의 형식으로 나타내는 것일 뿐이다. 가정법 문장 속의 종속절의 동사는 가정법과 관계없이 실제 시점을 나타내는 시제를 쓴다. 여기서 before가 이끄는 부사절은 과거의 일을 나타내므로 과거시제를 써야 한다. 그러므로 (D) had been을 was로 고쳐야 한다.

[해석] 이러한 위안거리가 없었더라면 그는 전쟁이 끝나기 훨씬 전에 파멸했을 것이다.

〈정답〉(D)

### 14. 【해설】

(A) 여기서 all은 we와 동격으로 쓰였다. all이 주어와 동격으로 쓰일 경우 일반 동사의 앞, be 동사나 조동사의 뒤에 온다.

(B) 서술 형용사 fortunate는 'S + be + fortunate + that절[to부정사/전치사구]'의 형식이나 'it be + fortunate + that절'의 형식으로 쓸 수 있다.

(C) 접속부사 otherwise는 접속사처럼 쓰여 그렇지 않다면 [않았다면] (or, or else, if ~ not)의 뜻으로 가정법을 이끌기도 한다. otherwise 앞에 직설법 현재가 오면 가정법 과거(현재 사실의 반대)를, 직설법 과거가 오면 가정법 과거완료(과거 사실의 반대)를 이끈다. 여기서 otherwise는 부정의 부정이 되어 긍정인 'if we were all moulded after one pattern'의 뜻을 나타내고 있다.

(D) otherwise의 앞에 직설법 현재가 왔으므로 가정법 과거가 와야 한다. 그러므로 will을 would로 고쳐야 한다.

[해석] 우리가 모두 한 모형을 본떠서 만들어지지 않은 것은 다행이다. 그렇지 않으면 인생은 매우 단조로울 텐데.

〈정답〉(D)

## 제7장

# 조동사(Auxiliary Verb)

## 1. 앞말

### (1) 뜻

영어에서 하나의 문장은 기본적으로 하나의 주어와 동사로 이루어진다. 그런데 시제, 수동태, 진행형, 완료형을 만들기 위해서 또는 동사의 뜻을 보충, 강조하기 위해서 동사와 유사한 기능을 하는 말을 동사 앞에 사용하게 되는데 이를 조동사(助動詞, Auxiliary Verb)라고 한다.

※ 미국에서는 조동사를 보통 'helping verb'라고 칭한다.

### (2) 종류

조동사에는 그 자체가 어떠한 내용적 의미를 가지지 않고, 단지 의문문, 부정문, 수동태, 진행형, 완료형을 만들기 위해 쓰는 **준(법)조동사** (semi-modal auxiliary verb) 내지 **형식조동사**와 동사의 미래시제를 만드는 데 쓰는 **시제조동사** (tense auxiliary verb), 그리고 본동사보다 그 의미는 약하나 능력, 허가, 가능, 의무 등 주어나 화자의 주관을 드러내어 동사의 뜻을 보충·강조해주는 **서법조동사** (modal auxiliary)가 있다.

■ 조동사의 분류

A. 준(법)조동사 [또는 형식조동사]: be, have, do
B. 시제조동사: will/ would, shall/ should
C. 서법조동사: can/could, may/might, shall/should, will/would, must, ought, need, dare 등
D. 무리[군] 조동사: used to, be supposed to, be going to, be to 등

※ 일반적으로 조동사란 동사와 더불어 그 쓰임을 보조해 주는 시제조동사와 서법조동사를 가리킨다. 본서에서는 이를 일반조동사라 부르기로 한다. 그리고 used to와 같이 단어의 무리가 조동사의 역할을 하는 경우를 준 조동사라고 부르는 경우가 많은 것 같다. 본서에서는 be, have, do를 준 조동사로 부르고, used to와 같은 단어 무리는 '무리 조동사'로 부르기로 한다.

## (3) 조동사의 용법 일반

1) 「일반조동사(시제, 서법) + 동사의 원형」의 형태로 쓴다. 그리고 준 조동사의 진행형[be + ~ing]이나 완료형[have + p.p.]에 다시 일반조동사를 쓸 때는 「일반조동사 + 진행형, 완료형」의 형태로 쓴다.

I shall [will] be twenty years old next year.     나는 내년에 스무 살이 된다.

I can speak English.     나는 영어를 말할 수 있다.

I will have been able to speak English.     나는 영어를 말할 수 있게 될 것이다.

I shall have completed my task by the time you come back.
    당신이 돌아올 때까지는 제 일을 끝마칠 것입니다.

You will have been studying English for ten years by next December.
    오는 12월이면 너는 영어를 10년 동안 계속 공부하게 되는 셈이 된다.

2) 일반조동사를 연속하여 쓸 수 없다.

I can swim.     나는 (현재) 헤엄을 칠 수 있다.

⇒ I will can swim. (x) / I will be able to swim. (o)
    나는 (미래에) 헤엄을 칠 수 있을 것이다.

### 3) 주어가 3인칭 단수 현재형이라도 조동사에는 –s를 붙이지 않는다.

She cans speak Korean. (x)

→ She can speak Korean. (o)            그녀는 한국어를 할 수 있다.

### 4) 일반조동사가 있는 문장의 부정은 조동사 다음에 not이나 never를 붙인다.

I **cannot** speak English.            나는 영어를 할 줄 모른다.

※ can의 부정형은 cannot과 같이 보통 한 단어로 쓴다. 다만, 미국에서는 강조 시 can not과 같이 띄어서 쓰기도 한다. 입말(체)에서는 can't를 쓰는 것이 보통이다.

I **won't** (= will not) go to such places again.    나는 두 번 다시 그런 곳에는 가지 않겠다.

You **ought not to** say it.            너는 그것을 말해서는 안 된다.

I **shouldn't** have missed such a golden opportunity.

           그런 절호의 기회를 놓치지 말았어야 했는데.

I **would never** have guessed it!            나는 그것을 생각도 못 해봤다.

### 5) 조동사의 의문문은 조동사를 주어 앞으로 보낸다. 의문사가 있는 조동사 의문문은 의문사를 조동사 앞에 두어 「의문사 + 조동사 + 주어 + 동사원형 ~?」의 형태로 한다.

**Can** you play the piano?            피아노를 칠 줄 아세요?

**Shall** we go out for shopping?            쇼핑하러 나갈까요?

**Ought** he to join us?            그도 우리와 같이 가지 않으면 안 되는가?

Who **will** do it?            누가 그것을 할 것인가요?

Where **can** she have gone?            도대체 그녀는 어디로 간 것일까?

**Can't** you come? (= Can you not come?)    당신은 오실 수 없습니까?; 당신은 오실 수 있죠?

> ▷ 조동사의 부정의문문은 '조동사의 부정축약형 + 주어 + ~?'나 '조동사 + 주어 + not ~?' 의 형태로 한다.
> Hasn't he [또는 Has he not] come yet? 그는 아직 오지 않았니?

## 2. 준(법)조동사 [형식조동사] be, do, have의 용법

준(법)조동사는 일반조동사와는 달리 일반 동사와 법 조동사의 성질을 모두 가지므로 시제변화에서는 일반 동사와 같은 시제의 변화형을 갖는다.

### (1) be의 조동사적 용법

다음과 같은 be의 용법은 문법적으로 정형 동사이긴 하나 정형 동사로서의 내용적 의미를 갖지는 않고 준동사(분사, to부정사)와 함께 특수한 구문을 형성하는 조동사의 역할을 한다.

#### 1) (시제조동사) + be + ~ing (현재분사)

어느 시점에서 어떤 행위, 동작이 이루어지고 있는 중임을 나타낸다. 즉, 진행형 문장을 형성 한다.

I am studying English. 〈현재진행형〉
I will be studying English. 〈미래진행형〉
I have been studying English. 〈현재 완료진행형〉

#### 2) be + 타동사의 과거분사

「be + 타동사의 과거분사 (p.p.)」의 형태로 **수동태문장**을 만드는 데 쓰인다.

| | |
|---|---|
| She **is loved** by him. | 그녀는 그에게 사랑을 받고 있다. |
| The door **will be opened** at nine. | 그 문은 아홉시에 열린다. |

### (2) do의 조동사적 용법

#### 1) 의문문에

일반 동사의 의문문 [do + S + 동사원형 ~?]이나, 부가의문문 [do + S]을 만드는 데 쓰

인다. ☞ p. 337[3] 참조

**Do** you like to play baseball? 당신은 야구하는 것을 좋아하십니까?
Where **does** he leave? 그는 어디로 가나요?

※ 의문사가 있는 의문문은 '의문사 + do [does, did] + s + 동사원형 ~?'의 형태로 나타낸다.

How **did** they solve the problems? 그들은 그 문제들을 어떻게 해결했을까요?
You don't want to do it, **do** you? 당신은 그것을 하고 싶지 않습니다. 그렇죠?

### 2) 부정문에 ☞ p. 347[3]참조

일반 동사의 부정문 [do (does, did) + not]을 만드는 데 쓰인다.

I **do not [don't]** know it. 나는 그것을 모른다.
**Don't** you want to come shopping with me? 나랑 같이 쇼핑하러 가지 않을래?

### 3) 강조구문에 ☞ p. 368[3] (강조), p. 372 (명령법) 참조

「S + do[does, did] + 동사원형」의 형태로 평서문을 강조하거나, 「Do + 동사원형(명령문)」의 형태로 명령문을 강조하는 데 쓰인다. 이때의 do, does, did에는 강세를 둔다. 《꼭, 정말, 확실히, 제발, 어서》

I **do** think you ought to go there. 나는 **꼭** 네가 그곳에 가야 한다고 생각한다.
He **does** like to play baseball. 그는 야구 하는 것을 **정말** 좋아한다.

### 4) 어순 바꿈 구문(도치문)에 ☞ p. 382[3] (어순 바꿈) 참조

강조를 위해 부정어(부정부사)를 글머리에 놓을 때 do가 쓰인다. [부정부사(never, little, seldom 등) + do(does, did) + S + 동사원형]

I little thought of being so warmly welcomed.
→ Little **did** I think of being so warmly welcomed.
저는 이렇게 열렬한 환영을 받을 줄은 생각도 못 했습니다.

### (3) have의 조동사적 용법

1) have + to부정사

① 평서문, 의문문에서: have to 《~을 해야만 한다. (= must)》

We **have to start** again from scratch.　　　우리는 원점에서 다시 시작해야 한다.

All he **had to do** was to sit and wait.

　　　　　　　　　　　　　　　　　그가 해야 했던 일은 그저 앉아서 기다리는 것뿐이었다.

Where do I **have to go**?　　　　　　　　저는 어디로 가야 하는 거죠?

② 부정문에서: do not have to 《~할 필요가 없다. (= need not)》

All Korean people **do not have to speak** English fluently.

　　　　　　　　　　　　　　　모든 한국 사람이 영어를 유창하게 말해야 할 필요는 없다.

You **do not have to pay** any attention to what he says.

　　　　　　　　　　　　　　　　너는 그가 하는 말에는 전혀 신경을 쓸 필요가 없다.

③ have to의 강조형으로: just have to do 《(입말체) 반드시 (무슨 일이 있어도) ~하다; ~ 하지 않고는 못 배기다; (단지, 그저) ~하는 수밖에 없다.》

I **just have to say** this.　　　　　나는 무슨 일이 있어도 이것만은 말해야겠다.

We'll **just have to wait** and see.　　우리는 그저 두고 보는 수밖에 없을 것 같다.

④ 기타 (관용어구)

**have only [but] to do**: (단지, 그저) ~하기만 하면 되다.

You have only to keep silent.　　　　　너(희)는 조용히 하기만 하면 된다.

**have yet to do**: 아직 ~하지 않다 [않고 있다]; 아직 ~해야 하다.

I have yet to understand why I do this.

　　　　　　　　　　　　　나는 아직도 왜 내가 이것을 해야 하는지 모르겠다.

The details have yet to be finalized.　　구체적 내용은 아직 확정되지 않고 있다.

He has yet to learn it.　　그는 아직 그것을 배워야만 한다. (아직도 그것을 모른다.)

■ have to의 시제(시점표시)

이때의 have는 일반 동사 have와 같이 시제변화를 한다.
- 현재시제: have[has] to
- 과거시제: had to
- 미래시제: will[shall] have to
- 현재 완료시제: have[has] had to
- 과거 완료시제: had had to

### 2) 현재완료시제[have + 과거분사] ☞ p. 342 참조

'have + 과거분사(p.p.)'의 형태로 동사의 현재완료 시제를 만드는 데 쓰인다.

Fall **has come**. 가을이 왔다. / I **have** not **seen** him. 나는 그를 본 적이 없다.

**Have** you **finished** your work already? 당신의 일을 벌써 다했습니까?

### 3) 과거완료시제[had + 과거분사 (p.p.)] ☞ p. 352 참조

'had + 과거분사 (p.p.)'의 형태로 동사의 과거완료 시제를 만드는 데 쓰인다.

Spring **had come** by the time she was well again.

봄이 왔을 때 그녀는 다시 건강을 회복했다.

He **had** never **been** to school. 그는 학교에 다닌 적이 없었다.

### 4) 미래완료시제에 [will (shall) have + 과거분사] ☞ p. 358 참조

'will [shall] have + 과거분사 (p.p.)'의 형태로 동사의 미래완료시제를 만드는 데 쓰인다.

I **shall have finished** the work by the time you come back.

당신이 돌아올 때까지는 저는 그 일을 끝마치고 있을 것입니다.

### 5) 완료부정사에: to have + 과거분사 ☞ p. 201 참조

본동사가 나타내는 시점보다 하나 앞선 시점을 나타낸다.

She appears **to have been** rich. 그녀는 부자였던 것처럼 보인다.

(= It appears that he was rich.)

He seemed **to have been** ill.          그는 아팠었던 것 같았다.

(= It seemed that she had been ill.)


6) 완료동명사와 완료분사에: having + 과거분사 ☞ p. 233, 296 참조

① 완료(형) 동명사 [having + 과거분사]는 본동사가 나타내는 시점보다 하나 앞선 시점을 나타낸다.

He admits **having done** it himself.      그는 자신이 그것을 했다는 것을 인정한다.
She is proud of **having been** rich.        그녀는 부자였다고 자랑한다.

② 완료분사 [having + 과거분사]는 주문의 동사가 나타내는 시점보다 하나 앞선 시점을 나타내는 분사구문에 쓰인다.

**Having worked** hard when young, he is rich now.

                               젊었을 때 열심히 일했으므로 그는 지금은 부자다.

The clock **having struck** midnight, we kissed and parted.

                               시계가 자정을 치자 우리는 입맞춤을 하고 헤어졌다.


## 3. 시제조동사(tense auxiliary verb)

시제조동사(時制助動詞)란 그 자체가 어떠한 내용적 의미를 갖지는 않고 **단지 미래 시점을 나타내어 동사의 미래 시제형을 만드는 조동사**를 말한다. 즉, shall과 will을 가리킨다.

※ 미래는 존재 (현재)하거나 존재했던 (과거) 것이 아닌 관념 (주관)적으로 그 개념을 설정한 것으로, 이러한 미래를 나타내기 위해 사용되는 조동사도 당연히 주관성을 나타낸다고 할 것이므로, 시제조동사도 서법조동사라고 하는 견해도 있다. 그리 보아도 무리는 없어 보인다. 다만, 본서에서는 단순 미래의 shall, will은 미래 시제형을 만드는 시제조동사로, 의지미래를 나타내는 shall, will은 주어나 화자의 주관을 나타내는 서법조동사로 파악하되, 종합적인 의미파악을 위해 아래의 서법조동사

에서 통합하여 설명하고자 한다. be나 have도 조동사의 역할을 하여 진행시제나 완료시제를 만들므로 시제조동사라고 할 수도 있겠으나, 앞에서와같이 준 조동사[형식조동사]로 분류하여 논하는 것이 더 간명할 것 같다.

## 4. 서법조동사(modal auxiliary verb)

서법조동사(敍法助動詞)란 조동사 중에서 **일정한 내용적 의미 즉, 주어나 화자의 주관을 드러내며** 본동사에 대해 보조적으로 쓰이는 말을 가리킨다. 그냥 **법조동사(法助動詞)**라고도 한다. 서법조동사로는 can, could, may, might, shall, should, will, would, must, ought 등이 있다.

### (1) 서법조동사의 특징

1) 서법조동사의 현재형과 과거형은 시제가 아닌 화자나 주어 의지의 표현형식 즉, 법(mood)을 나타내며 시간상으로는 모두 현재 시점을 나타낸다.

He will go. 〈어느 정도의 확실성〉 그는 갈 것이다.
He would go. 〈불확실성이 강함〉 그는 갈 것 같다.

2) 부정의문문의 경우 긍정의문문과 같은 의미가 된다.

Must I (not) go? 제가 가야만 합니까?
May I (not) go? 가도 될까요?
Will you (not) lend me your umbrella? 우산 좀 빌려 주시겠습니까?

3) 서법조동사가 있는 문장의 부정문은 not, never 등의 부정어가 조동사를 부정하는 것이냐, 본동사를 부정하는 것이냐 따라 의미가 달라지나, 일반적으로는 본동사를 부정 (본동사의 뜻을 제한)한다고 본다.

He must not go. 그는 가지 말아야 한다.

※ 여기서 not이 must를 부정하는 것으로 본다면 '가지 않아도 된다.'로 해석될 수 있다. 그런데 cannot, may not(거절·금지의 경우 = can not), needn't는 부정어가 조동사의 의미를 제한하는 것으로 나타난다.
He **cannot** speak English. 그는 영어를 할 줄 모른다.
You **may not** go there. 너는 그곳에 가서는 안 된다.
You **need not do** it at once. 너는 그 일을 당장 할 필요는 없다.

### (2) can의 용법

can은 사람이나 사물의 일반적 능력 또는 어떤 일의 가능성에 대한 현재의 판단, 결정을 나타내며, 특정한 시점의 특정한 능력을 나타내거나, 특정한 시점에서의 가능 여부의 판단·결정에는 be able to를 사용한다. 능력·가능의 can의 과거형으로는 could와 was[were] able to를 모두 쓸 수 있다. 다만, could는 가정법에도 사용되므로 직설법에는 was[were] able to를 주로 사용한다.

### 1) 능력, 가능

① 능력(= be able to)

I **can** play the piano. 나는 피아노를 칠 줄 안다. / 제가 피아노를 쳐 드리죠.

※ 능력의 can은 권유·의뢰의 뜻으로 많이 쓰인다. (~해 드리죠; ~해 주시겠어요?)

I **cannot** afford to have a car, as I live a hand-to-mouth life.
나는 그날 벌어 그날 먹고 사는 형편이라 자동차를 장만할 여유가 없다.

> ※ 「cannot afford + 명사·대명사/ to부정사」의 형태로 쓰인다. 《~의(할) 여유가 없다.》
> This also causes divisions in society because it makes children, whose parents **cannot afford such products**, look inferior, thus creating feelings of frustration and inadequacy.
> 이것은 또한 **그러한 물건을 사줄 만한 형편이 안 되는** 부모를 둔 어린이들로 하여금 열등하게 보이도록 하여 (열등감을 느끼게 하여) 좌절감과 부족감이라는 감정을 생기게 함으로써 사회에 분열을 초래한다.

"Can he speak English?" 그는 영어를 할 줄 압니까?
– "No, he **cannot** speak at all." 아니요, 그는 전혀 (영어를) 할 줄 모릅니다.

※ 상대방 (you)에게 직접 물을 때는 'Do you speak English?'로 하는 것이 보통이다.

What **can** I do for you? (상점 등에서) 어서 오십시오. / 무엇을 (도와) 드릴까요.

② 가능(= be able to)

I **can** meet her tomorrow. (현재 상황에서 판단해 볼 때) 나는 내일 그녀를 만날 수 있다.
cf.) I **will be able to** meet her tomorrow.
 (내일의 상황 여하에 달렸지만) 나는 내일 그녀를 만날 수 있을 것이다.
This hall **can** hold 1,000 people. 이 강당은 1,000명을 들일 수 있다.
No word **can** describe my surprise. 내가 얼마나 놀랐는지 말로는 다 할 수가 없다.
I **cannot** have this conversation with you. 난 더 이상 당신과 대화를 못 하겠어.
**Can** you come to our party tomorrow? 내일 우리 파티에 오실 수 있겠습니까?

---

### ■ 참고

**1. 능력·가능의 can은 시제에 따라 다음과 같이 그 쓰임의 형태가 바뀐다.**

I **can** [= am able to] speak English. 〈현재〉 나는 영어를 할 줄 안다.
※ 현재에서의 일반적인 능력·가능은 can이나 be able to를 모두 쓸 수 있다.

I **am able to** do it now. 〈현재〉 나는 지금 그것을 할 수 있다.
※ 현재에서의 구체적인 능력·가능을 강조할 때는 be able to를 쓰는 것이 보통이다.

I **could** [= was able to] speak English. 〈과거〉 나는 영어를 할 줄 알았다.
※ 능력·가능을 나타내는 can의 과거로는 could와 was able to를 모두 쓸 수 있다. 다만, could는 과거에 있었던 일반적 능력이나 가능성만을 나타내므로 구체적 상황에서의 능력·가능 여부를 나타내는 경우에는 was [were] able to만을 쓸 수 있다. 〈아래 2. (5)〉

I **will be able to** speak English very well. 〈미래〉 나는 영어를 아주 잘 할 수 있게 될 것이다.
※ can의 미래시제로는 will [shall] be able to를 쓰지만, if절 속에서는 미래의 일을 나타내더라도 can을 그대로 쓴다.

If I **can**[will be able to(x)] speak English very well in this year, I will go to America to study English literature next year.
내가 올해 안에 영어를 아주 잘할 수 있게 된다면, 내년에 영문학을 공부하러 미국에 가겠다.

I have been able to speak English. 〈현재완료〉 나는 현재 영어를 할 수 있다.
I had been able to speak English. 〈과거완료〉 나는 과거에 영어를 할 줄 알았다.

2. 능력·가능의 can과 be able to
(1) 능력·가능의 can은 지각동사 see, hear, feel, smell, taste 등이나 believe, decide, imagine, remember, understand 따위의 동사와 함께 잘 쓰이나, 이 경우 can의 뜻은 잘 나타나지 않고 '지각하거나 생각하고 있는 (진행) 상태'를 나타낸다. 위의 동사들은 be able to와는 잘 어울리지 않는다.

I can see it clearly. 그것이 잘 보입니다. → I am able to see it clearly. (x)
Can you hear that noise? → Are you able to hear that noise? (x)
저 소리가 들리나요?
This is the best things, you can feel the difference.
이것은 최고의 물건입니다. 당신은 그 차이점을 느끼실 겁니다.
→ This is the best thing, you are able to feel the difference. (x)
I can smell something burning in the kitchen. 부엌에서 무엇인가가 타는 냄새가 나요.
→ I am able to smell something burning in the kitchen. (x)
I can't decide what to do. 나는 무엇을 해야 할지를 모르겠다.
→ I am not able to decide what to do. (x)
I can remember it well. 나는 그것을 잘 기억하고 있다. → I am able to remember it well. (x)
I can't understand what you are talking now.
나는 지금 네가 무슨 얘기를 하고 있는지를 모르겠다.
→ I am not able to understand what you are talking now. (x)

(2) be able to는 can과 달리 사람 또는 동물이 주어인 경우에 쓰며, 사물을 주어로 하여 쓰지 않는다. 다만, 사물이 동작·작용의 주체인 경우에는 be able to의 주어로 할 수 있다.
This hall can hold 1,000 people. → This hall is able to hold 1,000 people. (x)
Water is able to boiled. (x) → Water can be boiled. (o) 물은 끓일 수가 있다.
Water is able to rust iron. (o) 물은 쇠를 녹슬게 할 수 있다.

(3) 능력의 can의 부정은 cannot, be unable to, be incapable of이다.
I cannot swim. 나는 수영을 하지 못한다.
(= I am unable to swim. / I am incapable of swimming.)

(4) 「be able to + 동사원형」은 수동태와 함께 쓸 수 없다.
I could be understood in English. 나는 영어로 의사소통을 할 수가 있었다.

→ I was able to be understood in English. (x)
→ I was able to make myself understood in English. (o)

**(5)** 과거시제로서 could는 과거에 있었던 일반적 능력이나 가능성만을 나타내므로 실제의 일의 발생·성취는 was [were] able to + 동사원형, managed to + 동사원형, succeeded in + ~ing 등으로 나타낸다. 단, 부정문에 쓰인 could는 실제로 일어난 일을 나타낸다.

I **could** run fast when I was young. 젊었을 때는 나는 빨리 달릴 수 있었다.
(= I **was able to** run fast when I was young.)
I could see her yesterday. (x)
→ I **was able to** see him yesterday. (o) 나는 어제 그녀를 만날 수 있었다.
After three hours' climbing, we could reach the top of the mountain. (x)
→ After three hours' climbing, we **were able to** reach the top of the mountain. (o)
3시간 동안 산을 오른 끝에 우리는 그 산의 정상에 도달할 수 있었다.
Because he worked hard, he could finish the job in time.(x)
→ Because he worked hard, he **was able to** finish the job in time.(o)
그는 열심히 일했으므로 제시간에 그 일을 끝마칠 수 있었다.
Because he worked hard, he **managed to** the job in time.(o)
그는 열심히 일했기에 그 일을 제시간에 끝마쳤다.
I **could not** afford to buy a new car. 나는 새 차를 살만한 여력이 없었다.
(= I **was not able to** buy a new car.)

## 2) 추측 (가능성), 강한 의혹

추측 (가능성)의 can은 be able to로 바꿔 쓸 수 없다.

### ① 현재의 추측 (가능성)·강한 의혹

▶ 'can + 동사의 원형'《~일지도 모른다.》; 'cannot + 동사의 원형《현재 ~일리가 없다.》

| | |
|---|---|
| She can be there now. | 그녀는 이제 그곳에 도착했을지도 모른다. |
| Anybody can make mistakes. | 누구나 실수를 저지를 수 있다. |
| He cannot be honest. | 그는 정직할 리가 없다. |
| Can it be true? | 그것이 정말일까? |

> could가 현재, 미래의 일에 대한 불확실한 추측을 나타내는데 쓰기도 한다. 이 경우는 가정법 과거로 쓰인 경우로서 can에 비하여 가능성이 희박함을 내포하거나, 관용적으로 쓰는 경우이다.
> Geum-sun **could** be on her way now. (= may/might)
> 금순은 지금 오는 중일 수도 있다.
> The road **could** be blocked. 길은 (지금) 막혀있을 수도 있다.
> Don't swim in this river, you **could** be drowned.
> 이 강에서 수영하지 마시오. 익사할 수 있습니다.
> It is so quiet that you **could** hear a pin drop.
> 너무 조용해서 바늘 떨어지는 소리도 들을 수 있을 것 같다.

② 현재에서의 과거 일에 대한 부정적 추측 [cannot have p.p]이나 강한 의혹 [의문사 + can + S + have p.p.]

He **cannot have been** listening to what she said.

그는 그녀가 하는 말을 듣고 있었을 리가 없다.

How **can** it **have been** true? 어떻게 그것이 사실일 수가 있을까?

Where **can** she **has gone**? 도대체 그녀는 어디로 가버린 것일까?

> 현재에서의 과거의 일에 대한 긍정적 추측으로 can + have p.p.는 거의 사용하지 않고 이에 대하여는 may + have p.p. 를 쓴다.
> He <u>can have succeeded</u>. (0) 그는 성공할 수 있었을 것이다.
>   → He **may have succeeded**. (o) 그는 성공했을지도 모른다.

■ 추측의 can의 부정문과 의문문

추측의 can은 부정문·의문문에 쓰일 경우 강조를 나타낸다.

### 1. 추측 can의 부정문
(1) cannot + 동사원형: 현재 사실의 강한 부정적 추측을 나타낸다. 《~일 리가 없다.》
  = It is impossible that + s + v(현재형) ~.
  He can't fail (in) the examination. 그가 시험에 떨어질 리가 없다.

It can't be true. 그것은 사실일 리가 없다. (= It is impossible that it is true.)

**(2) cannot have + p.p.**: 현재에서의 과거사실에 대한 강한 부정적 추측을 나타낸다. 《~이었을 리가 없다.》= It is impossible that + s + v(과거 또는 현재완료형) ~.

He cannot have done such a thing. 그가 그런 짓을 했을 리가 없다.
(= It is impossible that he did[또는 has done] such a thing.)

### 2. 추측 can의 의문문

**(1) Can + S + 동사원형?** [= Is it possible that + S + V(현재) ~?]: 현재 일의 의심, 불신을 나타낸다. 《과연 ~일까?; 과연 ~일 수 있을까?》

Can the report be true? 과연 그 소문이 사실일까? (= Is it possible that the report is true?)

**(2) Can + S + have + p.p. ~?** [= Is it possible that + S + V(과거 또는 현재완료형~?]: 현재에서의 과거 일의 일에 대한 의심, 불신을 나타낸다. 《과연 ~이었을까?; 과연 ~이었을 수 있을까?》

Can he have done so? 과연 그가 그렇게 했을까? (= Is it possible that he did[has done] so?)

**(3) 의문사 + can + S + 동사원형 ~?**
can 의문문에 의문사를 쓰면 can을 강조하는 것이 되며, 놀라움, 당혹감, 초조감 등을 나타낸다. 이때 can에 강세를 둔다.

Who cán he be? 도대체 그는 누구일까?
How cán you leave me? 어떻게 당신이 나를 떠날 수 있단 말예요?
How cán he has done it? 어떻게 그가 그런 짓을 하였을 수가 있을까?
What cán they be doing? 대체 그들은 무엇을 하고 있는 것일까?

### 3) 허가, 명령, 의무 《~해도 좋다.(= may); ~해라; ~해야 한다. (= must)》

허가·명령의 can은 보통 may와 바꿔 쓸 수 있다. 입말체에서는 can이 may보다 더 잘 쓰인다. 허가·명령의 부정형은 cannot이며 가벼운 금지를 나타낸다.

You **can [may]** smoke here.   여기서 담배를 피우셔도 괜찮습니다.

If you will succeed, you **can** work hard.   성공하고 싶으면 열심히 일하지 않으면 안 된다.

You **can't** do that sort of thing.   그런 짓을 해서는 못쓴다.

※ cannot(can't)/ may not은 '~해서는 안 된다.'는 뜻으로 가벼운 금지를 나타낸다. 일상에서 cannot을 많이

사용하고 있다.

This cannot(= can't) happen. 이런 일이 있으면 곤란하다.

### 4) 호의, 요청 《~해 주다; ~해 주시겠습니까?》

| | |
|---|---|
| You **can** tell me if I'm wrong. | 만일, 제가 잘못이라면 말씀하십시오. |
| He **can** wait. | 그를 기다리게 하세요; 그는 기다리면 된다. |
| "**Can** I use your fax?" | 팩스를 사용해도 되겠습니까? |
| – "Of course, you **can**." | 예, 그렇게 하세요. |
| "No, you **cannot**." | 아니요, 안됩니다. |
| Leave me alone, **can**'t you? | 나를 혼자 있게 내버려 두세요, 부탁입니다? |

### 5) Can [Could] you ~? 《~해 주시겠습니까?, ~해주실 수 있습니까?》

could가 can보다 좀 더 공손하고 정중한 태도를 나타낸다.

**Can [Could] you** possibly give me a lift [ride]?

　　　　　　　　　　　　　　　괜찮으시다면 당신 차를 좀 태워 주시겠습니까?

### 6) 관용적 용법

① cannot ~ too: 아무리 ~해도 지나치지 않다.

We **cannot be too** careful of our health.　건강에는 아무리 주의해도 지나치지 않는다.

We **cannot be too** careful in the choice of our friend.

　　　　　　　　　　　친구를 선택하는 데 있어는 아무리 신중을 기해도 지나치지 않는다.

② cannot [never] ~ without …: ~하면 반드시 …한다; …하지 않고는 ~할 수가 없다.

I **cannot** see her **without** thinking of his mother.

　　　　　　　　　　　　　　나는 그녀를 보기만 하면 그녀의 어머니 생각이 난다.

You **cannot** access this account **without** a password.

　　　　　　　　　　　　　　암호 없이는 이 계좌에 접근할 수 없습니다.

③ cannot (help, choose) but + 동사원형: ~하지 않을 수 없다; ~할 수밖에 없다.
　= cannot help ~ing; have no choice but + to부정사
　　I cannot (help) but laugh.　　　　　　　　　　내가 웃지 않을 수가 없다.
　　(= I can't help laughing.)
　　I cannot but protest against injustice.　　　나는 불의에 항거하지 않을 수가 없다.

④ as ~ as (~) can be: 더할 나위 없이 ~하다; (~)할 대로 ~하다.
　　She is as happy as (happy) can be.　　　　　그녀는 더할 나위 없이 행복하다.
　　As I walked all day today, I am as tired as can be.
　　　　　　　　　　　　　　　　　　　　나는 오늘 하루 종일 걸어 다니느라 지칠 대로 지쳤다.

⑤ as ~ as (ever) one can: 가능하면; 될 수 있는 대로(= as ~ as possible)
　　Come as early as ever you can.　　　　　　　가능한 한 일찍 오너라.
　　Please finish this work as soon as you can.
　　　　　　　　　　　　　　　　　　　　　될 수 있는 한 빨리 이 일을 끝내주십시오.
　　I will help you as far as I can.　　　　　　　내가 할 수 있는 한 너를 돕겠다.

⑥ can but [only] + 동사원형: 단지 ~할 따름[뿐]이다; ~할 수 있을 뿐이다.
　　I can but hear.　　　　　　　　　　　　　　아무튼 내 들어나 보세.
　　She can but cry.　　　　　　　　　　　　　그녀는 울기만 할 뿐이다.
　　A man can only die once.　　　　　　　　　인간은 한 번 죽을 뿐이다.


### (3) could의 용법

직설법에서는 can의 과거형으로 쓰이고, 가정법에 쓰일 경우에는 현재나 과거의 일에 대한 반대되는 가정을 나타내며, 그 외의 독립된 용법으로서 능력, 추측, 감정, 부탁, 허가, 제안 등을 나타내는 데 쓰인다. 부정형은 could not 또는 couldn't (축약형)이다.

1) 직설법에서

① 능력, 가능, 경향, 허가 등을 나타내는 can의 과거형으로

❶ 과거의 능력·가능 《~할 수 있었다. (= was able to)》

▶ could는 과거의 일반적이거나 습관적인 능력·가능을 나타내며 was able to는 과거 특정시점의 구체적 능력·가능을 나타낸다. 다만, 부정문의 경우에는 could도 과거 특정시점의 구체적 능력·가능을 나타낼 수 있다.

I **could** run fast when I was young.   젊었을 때 나는 빨리 달릴 수 있었다.
(= I **was able to** run fast when I was young.)
cf.) I **could** run fast yesterday. (×)
→ I **was able to** run fast yesterday. (○)   어제 나는 빨리 달릴 수 있었다.
When I was young, I **could** never understand why people marry.
어렸을 때 나는 사람들이 왜 결혼을 하는지 전혀 이해하지 못했다.

■ could와 was able to의 차이

1. 부정문이나, 일반적, 습관적 의미를 나타낼 경우, 그리고 see, hear, feel, listen, smell, taste 등의 지각 동사나, believe, decide, imagine, remember, understand 등의 동사와 함께 쓰이는 경우를 제외하고는 실현할 수 없는 현재의 일에 대한 반대의 가정을 나타내는 가정법 과거[could + 동사원형]와의 혼란을 피하기 위해, could 대신으로 was[were] able to, managed to, succeeded in ~ing를 쓰는 것이 보통이다.

I couldn't[= was not able to] swim across the river then.
나는 그때 그 강을 헤엄쳐 건널 수 없었다.
I listened closely but **could** not hear any sound.
나는 귀를 바짝 기울였지만 아무런 소리도 들을 수가 없었다.
I **could** buy it. 〈가정법〉 나는 그걸 살 수 있을 텐데.
I **was able to** buy it. 나는 그걸 살 수 있었다.

2. 과거에 '~할 능력이 있었고 그래서 실제로 어떤 행위를 했다 [할 수 있었다].'의 뜻을 나타낼 경우에는 could를 쓸 수 없고 was able to만을 쓸 수 있다. 또, 부정인 couldn't와 'was not able to'는 거의 같은 뜻으로 쓰이지만, was not able to는 '~할 능력은 있지만 특수한 사정으로 할 수 없었음'을 나타내고, couldn't는 was not able to의 뜻과 더불어 '~할 능력도 없어서 할 수 없었다.'는 뜻도 가진다.

> He **was able to** [could (x)] swim across the river then. 그때 그는 그 강을 헤엄쳐 건널 수 있었다.
> He **couldn't** [was not able to] swim across the river. 그는 그 강을 헤엄쳐 건널 수 없었다.

❷ 과거 일의 추측 (가능성), 허가, 경향

He **could** be very naughty as a child. 그는 어렸을 때 아주 장난이 심했을 것이다.
It seemed like hours, but it **couldn't** have been more than two or three minutes. 몇 시간이나 지난 것처럼 생각되었으나 실은 2, 3분 이상은 되지 않았었다.
He was so angry he **could** hardly restrain himself.
그는 너무 화가 나서 자신을 거의 자제할 수가 없었다.
Her father was so strict that she **couldn't** stay out at night.
그녀의 아버지는 대단히 엄하셔서 그녀는 밤에 밖에 나가 놀 수 없었다.
She **could** be standoffish at times. 그녀는 가끔 새치름할 때가 있었다.

② 시제의 일치

❶ 주절의 시제가 현재에서 과거로 바뀌는 경우 종속절의 can은 과거형 could를 쓴다.

I think he <u>can</u> do the work. 나는 그가 그 일을 할 수 있을 거라고 생각한다.
→ I thought he **could** do the work. 나는 그가 그 일을 할 수 있을 거라고 생각했다.
I don't think such a thing <u>can</u> be possible.
나는 그런 일이 가능하리라고는 생각지 않는다.
→ I didn't thought such a thing **could** be possible.
나는 그런 일이 가능하리라고는 생각지 않았다.
There is some reason which he <u>can</u> not understand.
그가 이해하지 못할 만한 이유가 좀 있다.
→ There was some reason which he **could** not understand.
그가 이해하지 못했을 만한 이유가 좀 있었다.

❷ 직접화법의 can을 간접화법으로 고칠 경우 간접화법의 주절 동사의 시제가 과거일 때

He said, "I can do it." 그는 "나는 그것을 할 수 있어."라고 말했다.
→ He said (that) he could do it. 그는 그것을 할 수 있다고 말했다.
She said to me, "Can I buy this book?"
그녀는 "이 책을 사도 돼요?"라고 나에게 말했다.
→ She asked me if she could buy that book.
그녀는 그 책을 사도 돼는 지를 내게 물었다.

2) 가정법에 쓰여

① 가정법 과거에 쓰여 [could + 동사원형]

❶ 가정법 과거의 전제절 (if절)에 쓰여 가능적인 현재 사실의 반대를 나타내거나, 'I wish'의 목적절에 쓰여 가능적인 일에 대한 가정, 소망을 나타내어 《~할 수 있다면》

If he could come, I should be glad.
그가 올 수 있다면 나는 기쁠 텐데. (실제는 그가 올 수 없다.)
I would do it if I could. 내가 할 수 있다면 그것을 할 텐데. (실제로는 할 수가 없다.)
I wish I could see her! 그녀를 만날 수 있다면 좋으련만. (그녀를 만날 수가 없다.)
How I wish I could go there! 정말로 그곳에 가고 싶은데. (그곳에 갈 수가 없다.)

❷ 가정법 과거의 귀결절에 쓰여 가능적인 현재 사실의 반대를 나타내어 《~할 수 있을 것이다; ~할 수 있을 텐데.》

If I were not busy, I could go to the party.
내가 바쁘지 않다면 그 모임에 갈 수 있을 텐데.
I could do it if I tried. 내가 하려고 하면 그것을 할 수 있을 것이다. (그것을 하고 싶지 않다.)

② 가정법 과거완료에 쓰여 가능적인 과거 사실의 반대를 나타내어[could have + p.p.]

❶ 전제절(if절)에 쓰여 《~할 수 있었더라면 (= If +S + had been able to do)》

If I could have done so, I might have succeeded soon.

내가 그렇게 할 수 있었다면 이내 성공했을 텐데.

(= If I had been able to do so, I might have succeeded soon.)

If he **could have succeeded** in it, I should have been glad.

만약 그가 그것에 성공할 수 있었다면 나는 기뻤을 텐데.

(= If I had been able to succeed in it, I should have been glad.)

### ❷ 귀결절에 쓰여 《~할 수 있었을 텐데.》

If I had been one minute earlier, I **could have been** in time for the train.

내가 일 분만 빨리 갔었더라면 기차 시간에 댈 수 있었는데.

I **could have done** it if I had tried.  내가 하려고 했더라면 그것을 할 수 있었을 텐데.

### ③ 귀결절만의 문장에서 능력, 추측, 감정, 부탁, 허가, 제안 등을 나타내어

#### ❶ 현재의 일에 대한 추측, 감정 [S + could + 동사원형]

This **could be** the chance you have been looking for.

지금이 네가 찾고 있던 기회일는지도 모른다.

It is so quiet here that you **could hear** a pin drop.

이곳은 너무 조용해서 핀이 떨어지는 소리도 들을 수 있을 정도다.

**Could** it **be** true?  그게 도대체 정말일까요?

I **couldn't think** of that.  그런 일은 도저히 생각할 수조차도 없다.

#### ❷ 현재·당시에서 과거의 일에 대한 추측, 감정 [S + could have + 과거분사]

I could have **done** it then.  그 당시 내가 그것을 하려고만 했으면 하였을 텐데.

You **could have told** me! 네가 내게 말해 주었더라면 좋았을 텐데. (왜 말해 주지 않았느냐?)

It was so quiet there that you **could have heard** a pin drop.

그곳은 너무 조용해서 핀이 떨어지는 소리도 들을 수 있을 정도였다.

**Could** he **have made** a mistake?

그가 실수할 수가 있었을까요? (실수하지 않았을 것이다.)

❸ 허가·부탁의 의문문에 [Could + S + 동사원형 ~?] 《~하여도 괜찮겠습니까?; ~하여 주시겠습니까?》

▶ could를 쓰면 can 또는 will보다 더 공손한 표현이 된다.

Could you come and see me tomorrow?  내일 만나러 와 주시겠습니까?
Couldn't we get together next week?  다음 주에 우리 만날 수 있을까요? (만날까요?)

※ Couldn't는 Could와 같은 뜻을 나타내나 could보다 허락받을 자신이 없을 때에도 사용한다.

❹ 제안 《~하면 어떨까요?》

We could meet again tomorrow.  우리 내일 다시 만나기로 하면 어떨까요?

## 3) 관용어구

could be  그럴지도 (모른다); 아마도(maybe)
"Will she come today?" 오늘 그녀가 올까요? – "Could be." 아마도 올걸요.

could (very) well  어쩌면 ~인지도 모른다.
He could well be a spaceman.  어쩌면 그는 외계인인지도 몰라.

How could you (~)?  감히 ~하다니; 어쩌면 그럴 수 있어[~할 수 있어]?
How could you do that to me?  네가 나한테 어떻게 그럴 수 있어?

I couldn't. 〈음식을 더 권하는 것에 대해 정중히 사양할 때〉
저는 이제 그만 됐습니다[충분합니다].

It could be!  설마 그럴 수가[그럴 리가]!

(It) couldn't be better.  지금보다 더 좋을 수는 없다; 아주 좋다.

## (4) may의 용법

조동사 may는 추측, 가능성이나 허가, 용인 등을 나타낼 때 쓴다. 부정형은 may not이고, 과거형은 might이다.

1) 추측, 가능성

① 현재의 추측·가능성: may + 동사원형 《아마 ~일지도 모른다[일 것이다].》

▶ 이 뜻의 부정은 may not이다.

It may [might] be true.    그것은 사실일지도 모른다. (아마 사실일 것이다.)

※ might가 현재나 미래에 대한 추측(가능성)에 쓰이기도 한다. may보다 자신이 없는 추측 (가능성)의 표현이다.
You might be right. 네가 옳을지도 모른다.
Things might be better. 상황은 호전될지도 모른다.

She **may** not be at home now.    그녀는 지금 집에 없을지도 모른다.
Because people with high blood pressure **may** not exhibit symptoms, they **may** not be aware they have the disease.
고혈압이 있는 사람들은 증상이 드러나지 않을 수 있으므로 자신들이 그 병을 갖고 있다는 것을 알아차리지 못할지도 모른다.

■ 덧붙임

1. '추측'의 의문문에는 may를 쓸 수 없고 can이나 might를 쓴다.

May you be late coming home? (x)
→ Can [Might] you be late coming home? (o) 귀가가 늦어질 것 같은가요?
= Are you likely to be late coming home? (o)
Can [Might] it be true? 그게 정말일까요?

2. 강한 부정의 추측은 may not을 쓰지 않고 cannot을 사용한다.

It **cannot** be true. 〈현재〉 그것은 사실일 리가 없다.
He **cannot** have said so. 〈과거〉 그가 그렇게 말했을 리가 없다.

3. can이 일반적, 논리적 가능성을 나타내는 데 반해 may, might는 실제 일어날 가능성에 대한 주관적 판단을 나타낸다. 즉, 실제 발생할 것이 전제가 되지 않는 단순히 할 수 있느냐를 나타내는 말에는 may를 사용하지 않는다.

A third world war **could** break out, but **may** not break out.
제3차 세계대전이 일어날 수도 있겠으나 실제로 일어나지는 않을 것이다.

With the sky like this, it **may** rain at any moment.
이러한 날씨라면 언제 어느 때 비가 쏟아질지 모른다.

---

② 현재에서의 과거에 대한 추측 (가능성): may have p.p. 《~이었는지도 모른다.》

I **may have said** so, but I do not remember well.

내가 그렇게 말했는지 모르지만 잘 생각이 안 난다.

Something **may have happened** to him.   그에게 무슨 일이 생겼었는지도 모른다.

> ▷ may가 '허가'가 아닌 '추측'을 나타낼 때에는 과거에도 might를 쓰지 않는다. 다만, 과거 사실에 대한 may보다 그 가능성이 약한 불확실한 추측의 표현으로 'might have + p.p.'를 쓰기도 한다.
> She might have gotten a train already. 어쩌면 그녀는 이미 기차를 탔을지도 모른다.
> (= It is possible that she got a train already.)

### 2) 허가, 허용

현재나 미래에 있어서의 허가, 허용을 나타낸다. ( = be allowed to, be permitted to)

▶ 과거의 '허가'에는 might를 쓸 수 없고 was [were] allowed to, was [were] permitted to 등을 사용한다. '불허'의 뜻으로는 'may not'을 쓰나, '(강한) 금지'를 나타낼 때는 'must not'을 쓴다.

You **may** go at any moment.   너는 언제라도 가도 된다.
We **may** expect a good result this time.   이번에는 좋은 결과를 기대해도 되겠다.
No one **may** enter.   출입을 금합니다.
"**May** [**Might**] I use your phone?"   전화 좀 써도 될까요?
– "Yes, you **may**."   예, 쓰세요.

※ 'Yes, you may.'의 대답은 윗사람이 아랫사람에게 하는 경우 이외에는 Yes, certainly [please]. / Sure. / Of course, you can. / Why not? 등으로 대답하는 것이 보통이다.

– "No, you **may** not." 〈가벼운 거절·금지〉   안 되겠습니다.

※ 보통은 may not는 대신 cannot을 쓰거나 No, I'm sorry. / I'm afraid you cannot. 등과 같이 표현한다.

I'm afraid [sorry] you can't. 〈정중한 거절〉   죄송하지만 빌려드릴 수가 없습니다.

Certainly not. / I'm afraid not. 〈보통의 거절·금지〉　　　안 되겠는데요.
No, you must not. 〈강한 거절·금지〉　　　　　　　아니요, 안 됩니다.
May I have your attention? 〈용무중인 사람에게 말을 걸 때〉　　실례 좀 하겠습니다.
(May I have your) Attention, please? 〈안내방송에서〉　　안내 말씀드리겠습니다.

■ 덧붙임

1. 과거의 허가를 나타내는 might는 <u>허가를 요구하는 의문문</u>을 제외하고는 거의 쓰지 않으며 간접화법에서 시제 일치의 경우에 쓸 뿐이다. 그 대신 주절 등의 과거에는 could나 was allowed [permitted] to를 쓴다.

I said to him, "You may go." 나는 그에게 "너는 가도 된다."라고 말했다.
→ I told him that he **might** go. 나는 그에게 가도 좋다고 말했다.
You **could** [**were allowed to**] meet her last night. 너는 지난밤에 그녀를 만날 수 있었구나.
He **was permitted to** leave at any moment. 그는 언제라도 떠나는 것을 허락받았다.

2. Might I ~?

'Might I ~?'의 의문문은 허락받을 자신이 없음을 암시하며 'May I ~?'보다 공손한 표현이다.
**Might I** speak to you for a moment? 잠깐 말씀드려도 되겠습니까?
"**Might I** come in?" (실례하지만) 들어가도 괜찮겠습니까?
— "Yes, certainly." 예, 들어오십시오. 〈응답에는 might를 쓰지 않는다.〉
※ Can I ~? → May I ~? → Might I ~? 순으로 더 공손한 표현이 된다. 미국에서는 'May [Might] I ~?'보다는 'Can I ~?'를 많이 쓴다.

### 3) 능력, 가능 《~할 수 있다. (= can)》

▶ 예스러운 용법이며 일부 표현을 제외하고는 이 뜻으로 can을 쓰는 것이 보통이다.

I'll help you <u>as best I **may**</u>.　　　　제가 할 수 있는 한 도와 드리겠습니다.

※ as best (as) one may: 할 수 있는 한, 힘껏

No man is **so** old **that** he **may** not learn.

　　　　　　　　　　　　　사람이 나이가 너무 많아서 못 배운다는 법은 없다.

A man **may** be known by his friends.　　사람 됨됨이는 그의 친구를 보면 알 수 있다.

Gather roses while you **may**. — Robert Herrick —

  할 수 있을 때 (= 젊었을 때) 장미꽃을 모아라. (= 젊음을 누려라.)

### 4) 가능성, 희망, 두려움 등을 나타내는 동사의 명사절이나 형용사의 보충절에 쓰여 《~하지 않을까; ~하도록》

I hope he **may** succeed.    나는 그가 성공하기를 바란다.

I fear it **may** have been so.    난 그것이 그렇게 되었을지도 모른다는 게 두렵다.

It is possible that he **may** come.    그가 올는지도 모른다.

It is feared that he **may** fail.    그가 실패할지도 모른다고 걱정들을 하고 있다.

### 5) 목적(또는 결과), 양보의 (부사)절에 쓰여

① 목적·결과의 부사절에서 [(so) that + S + may + 원형 ~]

 《~하기 위해; ~할 수 있도록》

I am going to the theater early **so that** I **may** get a good seat.

   나는 좋은 좌석을 잡기 위해 일찌감치 극장에 갈 작정이다.

※ 미에서는 may 대신에 흔히 will, can을 쓴다.

He flatters **so that** he **may** win his boss's favor.

   그는 상사의 호감을 사려고 알랑대고 있다.

Talk louder **so that** I **may** hear you.   내가 들을 수 있도록 더 큰 소리로 좀 얘기해라.

② 양보의 (부사)절에서

❶ 뒤에 등위접속사 but 등이 와서 《~일지도 모르지만; ~라고 해도 할 수는 있지만》

I **may** be wrong, <u>but</u> I think you'd (= had) better not do that.

   내가 잘못 생각하는지 모르겠지만 당신은 그것을 하지 않는 것이 나을 것 같군요.

You **may** call him a great politician, <u>but</u> you cannot call him a man of character.   그를 대단한 정치인이라고 말할 수 있을지 모르지만, 인격자라고 말할 수는 없다.

Times **may** change, but human nature stays the same.

시대는 바뀔지라도 인간의 본성은 바뀌지 않는다.

### ❷ 양보의 부사절에서 《(비록) ~라고 할지라도》 ☞ p. 153[3] 참조

- wh-ever, however + s + **may** + 동사원형
- no matter + what[which, where, when, who, how] + s + **may** + 동사원형
- 형용사, 분사, 부사, 무관사 명사 + as + s + (might) + 동사원형
- no matter how, however + 형용사 + s + **may** + 동사원형
- 명령문(원형 동사) + as + s + **may**

Wherever you **may** go, I will follow you.

당신이 어디로 가든지 저는 당신을 따르겠습니다.

(= No matter where you **may** go, I will follow you. / Go where you **may**, I will follow you.)

However hard you **may** try, you can never do it in a day.

네가 아무리 열심히 하더라도 하루 만에 그것을 할 수는 결코 없다.

(= Try as you **may**, you can never do it in a day.)

No matter how difficult the work **may** be, I will go through with it.

그 일이 마무리 어렵더라도 나는 해내고야 말 것이다.

(= However difficult the work **may** be, I will go through with it.)

### 6) 감탄문에서 바람, 기원을 나타내어 [May + S + V ~!]

▶ 옛적 표현이며 현대영어에서는 보통 'I wish ~'를 쓴다.

| | |
|---|---|
| **May** you always be happy! | 언제나 행복하세요! |
| **May** you live long! | 만수무강하세요! |
| **May** they all be damned! | 망할 놈들 같으니라고! |

**7장** 조동사(Auxiliary Verb)

### 7) 의문사 의문문에서 불확실의 뜻을 강조하거나, 말을 부드럽게 하려고 《(도대체) 일까?; ~이신가요?》

| | |
|---|---|
| Who **may** you be? 〈무례한 표현이 됨〉 | 당신이 누구였더라? |
| What **may** that mean? 〈불확실의 강조가 됨〉 | 도대체 그것은 무슨 뜻일까? |
| How old **may** you be? 〈부드러운 어투가 됨〉 | 연세가 얼마나 되시나요? |
| What **may** I do for you? 〈부드러운 어투가 됨〉 | 무슨 용무이시지요? |

### 8) 기타(관용적 쓰임)

① may [might] well 《~하는 것은(도) 당연하다; ~할 만(도)하다.》

He may well say so.  그가 그렇게 말하는 것은 당연하다.
(= It is natural that he should say so.)

※ 'may [might] well + 동사원형'의 과거형은 'may [might] well + have p.p.'이다.
She may(might) well have got angry. 그녀가 화를 낸 것은 당연하다.

You may well think so.  당신이 그렇게 생각하는 것은(도) 당연하다.

※ 이 뜻의 부정은 cannot이다.
You cannot think so. 네가 그렇게 생각해서는 못쓴다.

<u>Well</u> <u>may</u> <u>you</u> think so!  네가 그렇게 생각하는 것도 당연은 하지.

※ 이처럼 부사를 앞으로 내고 주어와 may의 순서를 바꾸어 나타내기도 한다.

② may [might] as well A as B 《B하느니 차라리 A하는 게 낫다. (= would rather A than B)》

▶ had better보다 뜻이 약하고 부드럽다. might는 may보다 뜻을 더 부드럽고 간절하게 나타낼 때 쓴다.

You **may [might] as well** not know a thing at all as know it imperfectly.
불완전하게 알 바엔 차라리 아무것도 모르는 것이 낫다.

You **might as well** not do a thing at all as leave it half done.
도중에 일을 그만둘 것이라면 처음부터 안 하는 게 낫다.

You **might as well** expect a wolf to be generous as ask him for money.
그에게 돈을 부탁하느니 차라리 늑대가 관대하기를 바라는 것이 낫겠다.

> ▷ 'might as well A as B'는 'B를 하는 것은 A를 하는 것과 같다.'의 뜻을 가질 때도 있다.
> You **might as well** call a horse a fish as call a whale one.
> 고래를 물고기라고 부르는 것은 말을 물고기라고 부르는 것과 같다.

③ may [might] as well + 동사원형 《~하는 것이 낫다. (= had better ~); ~하면 어떨까; ~하면 좋을 텐데.》

We **may as well stay** here in this weather. 이런 날씨에는 이곳에 머무르는 것이 낫다.
You **may as well do** it today as tomorrow.
너는 그것을 내일 하기보다는 오늘 하는 것이 좋을 것이다.

④ be that as it may 《그것은 그렇다 치고; 어쨌든 간에 (= however that may be)》
Be that as it may, you are wrong. 어쨌든 간에 네가 잘못이다.


## (5) might의 용법

직설법에서는 may의 과거로서 시제 일치에 따라서 종속절에 쓰인다. 가정법에서는 현재사실과 반대되는 가정 (가정법 과거)이나, 과거사실과 반대되는 가정 (가정법 과거완료)에 쓰인다.

### 1) 시제 일치에서 may의 과거형으로서 종속절 (명사절, 부사절)에 쓰여

① 과거에서의 추측, 가능성 《~일지도 몰랐다; ~했을 가능성이 있었다.》

I think she **may** be an angel. 내 생각에 그녀는 천사인 것 같다.
→ I thought she **might** be a angel. 나는 그녀가 천사일지도 모른다고 생각했다.
She said, "It <u>may</u> rain tomorrow." 그녀는 "내일은 비가 올지도 몰라."라고 말했다.
→ She said that it **might** rain the next day.
그녀는 다음날 비가 내릴지도 모른다고 말했다.

I am afraid I <u>may</u> need to have an operation. 나는 수술해야하지 않을까 걱정이다.

→ I was afraid I **might** need to have an operation.

　　　　　　　　　　　　　　　　　　　　　나는 수술해야 하지 않을까하고 걱정했다.

② 과거에서의 허가, 허용 《(과거에) ~해도 좋다.》

I said to him, "You <u>may</u> go."　　　　　나는 "당신은 가도 좋습니다."라고 그에게 말했다.

→ I told him that he **might** go.　　　　　나는 그에게 가도 좋다고 말했다.

He said to me, "<u>May</u> I come in?"　　　　그가 "들어가도 되겠습니까?"라고 나에게 말했다.

→ He asked me if he **might** come in.　　그는 들어와도 괜찮은지를 나에게 물었다.

③ 과거에서의 소망, 요청 《바랐다; 청했다.》

She wished that her son **might** be safe.　그녀는 아들이 무사하기를 빌었다.

He asked that he **might** be allowed to go home.

　　　　　　　　　　　　　　　　　　　　　그는 집으로 돌아가게 해달라고 청했다.

④ 과거 시점의 목적, 결과의 부사절에 《(과거에) ~하기 위해; ~할 수 있도록》

I <u>get</u> up at five so that I **may** catch the 6:00 train.

　　　　　　　　　　　　　　　　　　　나는 여섯 시 기차를 타기 위하여 다섯 시에 일어난다.

→ I <u>got</u> up at five so that I **might** catch the 6:00 train.

　　　　　　　　　　　　　　　　　　　나는 6시 기차를 타기 위해 5시에 일어났다.

He <u>worked</u> hard so that his family **might** live in comfort.

　　　　　　　　　　　　　　　　　　　그는 가족이 편안히 살 수 있도록 열심히 일했다.

⑤ 과거 시점의 양보 (부사)절에

❶ 뒤에 등위접속사 but 등이 와서 《이었을지 [했을지도] 모르겠지만》

I **might** be wrong, but I thought he'd(= had) better not do that.

　　내가 잘못 생각했는지 모르겠지만 나는 그가 그것을 하지 않는 것이 더 좋을 것 같다고 생각했다.

He **might** be a good man but he was not a wise man.

> 그는 착한 사람이었는지는 몰라도 현명한 사람은 못되었다.

❷ 과거 시점의 양보 부사절에서 《비록 ~이었을 [하였을]지라도》

- wh-ever, however + s + might + 동사원형
- no matter + what [which, where, when, who, how] + s + might + 동사원형
- 형용사, 분사, 부사, 무관사 명사 + as + s + (might) + 동사원형
- no matter how, however + 형용사 + s + might + 동사원형
- 명령문 (원형동사) + as + s + might

Whatever **might** happen, he was determined to do it.

> 어떠한 일이 있더라도 그는 그것을 할 결심이었다.

I was determined to do the work, come what **might**.

> 나는 무슨 일이 있어도 그 일을 하기로 결심하고 있었다.

Try as he **might**, he could not persuade her to stay.

> 아무리 설득해 보았지만 그는 그녀가 머물러 있도록 할 수가 없었다.

Difficult as it **might** be, we managed to do it.

> 아무리 그것이 어려운 것이었을지라도 우리는 그것을 결국 해냈다.

However hard he **might** try, he never succeeded.

> 그가 아무리 노력했어도 그는 성공할 수가 없었다.

## 2) 가정법에 쓰여

① 가정법 과거에 쓰여 [might + 동사원형]

❶ 가정법 과거의 전제절(if절)이나, 'I wish'의 목적절에 쓰여 현재의 허가, 추측을 나타낸다. 《~해도 좋다면; ~할지도 모르겠는데》

If I **might** give an opinion, I should say that it is hard to carry out.

> 제가 한 말씀드려도 된다면, 그것은 실행이 어렵다고 하겠습니다.

If I **might** hazard a guess, I'd (= should) say she was about forty.
　　　　　　　　　　　　　　　어림잡아 생각해 본다면 그녀는 마흔 살쯤 되었을 것 같다.
I would go if I **might**.　　　　　　　내가 가도 좋다면 가겠는데.
I wish I **might** tell you.　　　　　　너에게 말해줄 수 있으면 좋겠건만.

❷ 가정법 과거의 귀결절에 쓰여 현재의 허가, 추측을 나타낸다. 《~해도 좋다면; ~할지도 모르겠는데》

I **might** do it if I wanted to.　　　내가 하고자 한다면 할 수는 있습니다만.
If you bought it, you **might** regret it.　그것을 산다면 너는 후회할지도 모른다.
It **might** be better if we didn't do the work.
　　　　　　　　　　　　　　　우린 그 일을 하지 않는 것이 나을 것 같다.

② 가정법 과거완료의 귀결절에 쓰여 [might have p.p.] 과거에 대한 현재의 불확실한 추측 또는 과거 일에 대한 반대의 가정을 나타낸다. 《~하였을 수도 있다. (하였을 텐데.), ~하였을지도 모른다. (모를 텐데.)》

I **might have come** there if I had wanted to.
　　　　　　　　　　　　　　　내가 가고자 했더라면 그곳에 갈 수 있었겠지(만).
If he had run a little faster, he **might have won** the race.
　　　　　　　　　　　　　　　그가 조금만 더 빨리 뛰었다면, 그는 경주에서 우승했을지도 모른다.
If it was me, I **might have tried** something different.
　　　　　　　　　　　　　　　그게 나였다면 다른 무언가를 시도해 봤을 텐데.

---

■ **may have done [been] 과 might have done [been]**

may have done [been]은 과거의 사실을 모르는 보통의 추측에 쓰고, might have done [been]은 과거의 사실과 반대로 가정하거나, 과거에 대해 확신이 없는 추측을 할 때 쓴다.
He may have done that. 그는 그렇게 했는지도 모른다.
It may have been true. 그것이 사실이었는지도 모른다.

> He might have done that if he had wanted to.
> 만약 그가 하고자 마음먹었다면 그렇게 하였을지도 모른다. (못했다.)
> It might have been true. 어쩌면 그것은 사실이었을지도 모르겠다.

③ 전제절(if절)을 내포한 귀결절만의 문장에서 추측 (가능성), 비난, 유감, 희망, 허가, 제안 등을 나타내어

❶ 추측 (가능성)

i. 현재 사실에 대한 추측 (가능성) [S + might + 동사원형] 《(어쩌면) ~인지도 모른다; (도대체) ~일까?》

※ may보다 약한 추측 (가능성)을 나타낸다.

| | |
|---|---|
| Things **might** be better. | 어쩌면 사태가 호전될지도 모른다. |
| **Might** she be there now? | 어쩌면 그녀는 지금쯤 그곳에 도착해 있지 않을까? |
| How old **might** she be? | 그녀는 대체 몇 살이나 될까? |

ii. 현재에서 과거에 대한 추측 [S + might have + p.p] 《(어쩌면) ~이었을지도 모른다.》
She **might have been** happier there.   그녀는 어쩌면 그곳에서 더 행복했을지도 모른다.

❷ 비난, 유감, 희망, 충고

i. 현재사실에 대한 비난, 유감, 희망, 충고 [might +동사원형] 《~하면 좋겠다. (~하여도 좋을 텐데.)》

| | |
|---|---|
| You **might** at least **apologize**. | 너는 적어도 사과쯤은 해야 하지 않겠어. |
| He **might** help us. | 그가 우리를 도와주어도 되겠건만. |
| You **might** listen to me. | 너는 내가 말하는 것을 잘 들어주면 좋겠다. |

ii. 과거사실에 대한 비난, 유감, 희망, 충고 [might have p.p] 《~했으면 좋았을 것이다.》
I **might have been** a rich man.   (마음만 먹었다면) 부자가 될 수 있었을 텐데.

You might have told me that before.

너는 좀 더 일찍 그것을 내게 말해주었으면 좋았을 것이다.

❸ 타당성의 일부 인정

  i. 현재의 사실에 대한 타당성의 일부 인정 [might + 동사원형] 《~할 수도 있을 것이다; ~라 해도 틀린 것은 아니다.》

  You might be right. 네가 옳을 수도 있겠다.
  You might say that. 네가 그렇게도 말할 수 있겠다.

  ii. 과거 사실에 대한 타당성의 일부 인정 [might have p.p] 《~할 수도 있었을 것이다; ~라 해도 틀린 것은 아니었다.》

  He might have said. 그는 그렇게 말할 수도 있었겠다.

❹ 가벼운 제안, 부탁 《~하면 어떨까; ~해주면 좋겠다.》

  ▶ 이 용법으로 may는 쓰지 않는다.

  You might forgive him. 그를 용서해 주는 게 어떻겠습니까?
  You might choose to go somewhere new.

  새로운 어딘가로 가보도록 하는 게 어떻겠어요?

❺ may보다 정중한 (허가의) 부탁 [Might I ~?] 《~해도 괜찮겠습니까?》

  ▶ 'May I ~?'보다 정중한 표현이 된다. '허가'의 might는 이와 같이 의문문으로만 쓰이며, 평서문에는 쓰이지 않는다. 그러므로 그 대답에도 might는 사용하지 않는다.

  "Might I come in?" 들어가도 괜찮겠습니까?
  – "Yes, certainly." 예, 들어오세요.
  Might I trouble you with a question? 실례하지만 질문을 하나 해도 괜찮을는지요?

### 3) 기타 (관용어구)

**as might be [have been] expected** 〈문 전체를 수식하여〉 예상했던 대로; 아니나 다를까.

As might have been expected, he turned out to be a swindler.

           짐작했던 대로 그는 사기꾼으로 드러났다. (사기꾼이었다.)

**as might be [have been] expected of ~**: 과연 [역시] ~답게 [이니 만큼]

As might be expected of a gentleman, he was as good as his word.

               과연 신사답게 그는 약속을 지켰다.

**as one might say** 말하자면 (= so to speak); 이른바; 흔히 말하듯이

She is, as one might say, a grown-up baby.     그는 말하자면 다 큰 애다.

As one might say, the scales fell (off) from my eyes.

      흔히 말하듯이 내 눈에서 비늘이 벗어졌다. (잘못을 깨닫다; 어리석음에서 깨어나다.)


## (6) shall의 용법

현대영어에서 shall은 상대방의 의지를 묻는 1인칭 의문문 [Shall I(we) ~?]과 1인칭의 단순미래[I (We) shall ~]에 쓰는 것 외에는 will을 shall을 대신하여 쓰는 경향이다.

※ 축약형: 'll / 부정형: shall not 또는 shan't


### 1) 시제조동사로서 1인칭의 단순미래에 쓰여

말하는 이의 의지와 관계없이 장차 일어날 일을 나타낸다.

 ① 1인칭 주어의 평서문에서 《~일 것이다; ~하게 되어 있다.》

  ▶ 1인칭의 단순미래 평서문에는 영국, 미국 다 같이 shall 대신에 will을 쓰는 경향이다.

  I **shall [will]** be twenty years old in May.   나는 5월에 20세가 된다.

  I'm sure we **shall [will]** miss you.     정말, 네가 보고 싶을 거야.

  We **shall [will]** have to hurry to get there in time.

          우리가 제시간에 거기에 달으려면 서둘러야 할 것이다.

  Excuse me, I **shan't [won't]** be long.   잠깐 실례합니다만, 곧 돌아오겠습니다.

② 1, 2인칭의 단순미래 의문문에서 [Shall I [you] ~?] 《나는 [당신은] ~하게 될까요; ~할 수 있을까요?; ~할 예정입니까?》

▶ 단순 미래를 나타내는 'Shall ~?'의 의문문은 보통 1인칭에 쓰이며, 2인칭에 쓸 경우에는 'I shall~'의 대답을 기대하는 질문이 된다. 현재 단순 미래를 나타내는 의문문에 shall을 쓰는 것은 격식체 (글말)에서이며 보통은 will을 쓰고 있다. 다만, 주어가 1인칭인 경우에는 영, 미 모두 will을 쓰는 것이 보통이나, 2인칭인 경우에는 be going to를 쓰는 것이 보통이다.

When **shall** I be able to read such books?  언제 제가 그런 책들을 읽을 수 있을까요?
"**Shall** you be home tomorrow?"  내일 댁에 계십니까?
(= Are you **going to** be home tomorrow?)
— "Yes, I **shall** [will] be."  예, 있을 겁니다.
"How long **shall** you be (또는 stay) in Seoul?"  서울에는 얼마 동안 계실 예정입니까?
(= How long **are** you going to be (또는 stay) in Seoul?)
— "I **shall** [will] be in a day or two."  하루나 이틀 동안 머무를 것 같아요.


2) 서법조동사로서

① 2, 3인칭을 주어로 하는 평서문에서 화자(I)의 의지를 나타내어 (의지 미래) 《~하여 주겠다; ~하게 하겠다; ~했으면 한다; (틀림없이) ~하겠다; (2인칭 주어에 대한 명령) ~해라.》

You **shall** do it.  (나는) 그것을 너에게 하게 [하도록] 하겠다.
You **shall** have my answer tomorrow.  내일 대답을 드리겠습니다.

※ 이는 격식을 차린 표현이며 다음과 같이 쓰는 것이 보통이다.
  You will certainly have my answer tomorrow.
  I'll give you my answer tomorrow.
  You can have my answer tomorrow.

If you are late again, you **shall** be dismissed.  또다시 지각하면 당신은 해고요.
You **shall** obey my orders!  너는 내가 시키는 대로 해라!

※ 이처럼 'You shall ~'은 <u>2인칭 주어에 대한 명령</u>을 나타내기도 한다. 《~해라; ~하지 마라.》

You shall not do so. 그렇게 해서는 안 된다.

He shall pay for that. (나는) 그에게 그것에 대해 보복하고 말 테다.
She shall not die. 그녀를 죽게 하진 않겠다.

② 1, 3인칭 주어의 의문문에서 상대방의 의지를 묻거나 제안할 때 (의지미래) 《~할까요?; ~시킬까요?》

▶ 의문문에서 대답하는 자(you)의 의지, 결단에 따르는 경우임에 주의해야 한다.

"Shall I make you a cup of coffee?" 커피 한 잔 끓여 드릴까요?
– "Yes, please." 예, 부탁드립니다.
"Shall we go for a drink after work?" 일 끝나고 한잔하러 갈까요?
– "Yes, let's." 예, 그럽시다. / "No, let's not." 아니오, 그러지 맙시다.
"Shall she be told?" 그녀에게 말할까요?
– "She shall." 그렇게 하세요.
Who shall I give it to? 이걸 누구에게 줄까요?
What shall he do next? 다음엔 그에게 무엇을 시킬까요.
When shall the wedding be? 〈결혼 당사자에게〉 결혼식은 언제 하나요?

※ 당사자 이외의 사람에게 묻는 경우에는 'When will the wedding be?'로 한다.

■ 덧붙임

1. 입말체에서는 Shall he [they] do ~? 대신에 Do you want him [them] to do ~?를 많이 쓴다.

Shall he wait for you till you come back? 당신이 돌아올 때까지 그분을 기다리게 할까요?
(= Do you want him to wait till you come back?)

2. 입말체에서는 What shall I [he, they] do?를 곤혹스러운 기분을 나타내거나, 자기 반문에 쓰기도 한다.

I've lost my key, what shall I do? 열쇠를 잃어버렸네, 어떡하지.
If such a thing should happen, what shall they do?
만일 그런 일이 일어나면 그들은 어떻게 할 것인가?

③ 1인칭 주어의 평서문에서 현재 의무감의 표시 또는 강한 결의 《반드시 ~하다; 무슨 일이 있어도 ~하겠다.》

> ▶ 결의를 나타낼 때에는 축약형 ['ll]은 사용하지 아니한다.

I **shall** do everything I can.　　　　　내가 할 수 있는 일이라면 무엇이든지 하겠다.
I **shall** go, come what may.　　　　　어떤 일이 있어도 나는 반드시 간다.
I <u>**shall** never [never **shall**] forget</u> your kindness.
　　　　　　　　　　　　　　　　　　　당신의 은혜는 결코 잊지 않겠습니다.
I **shan't** go till you pay me.　　　　　지불해줄 때까지 나는 꼼짝하지 않겠소.

④ 'Let's go'로 시작하는 간접명령문의 부가의문문에 [shall we?] 《~하지 않겠습니까?》

Let's go to see a movie, **shall we**?　　　　　영화 보러 갈까?

⑤ 법령, 규칙 등에 (격식체, 글말체)

The Republic of Korea **shall** be a democratic republic.
　　　　　　　　　　　대한민국은 민주공화국이다. – 대한민국 헌법 제1조 제1항 –
The President **shall** be Commander-in-Chief of the Army and Navy of the United States.
　　　　　　　　　대통령은 미합중국 육, 해군의 최고사령관이 된다. – 미국 헌법 제2조 제2절 중에 –
Freedom of speech **shall** not be violated.　언론의 자유가 침해되어서는 안 된다.
Every student **shall** follow this rule.　　모든 학생은 이 규칙을 따라야 한다.
There **shall** be no photographs taken.　　사진 촬영을 금함.

⑥ 예언, 운명, 명령 등을 나타내는 (옛) 경구에서 《~일 것이다(이니라); ~하라.》

All life **shall** one day be extinct.　　　모든 생명은 언젠가는 죽게 마련이다.
Knock, and the door **shall** be opened to you.　두드려라. 그러면 문이 열릴 것이니라.
No king so great **shall** never rise again.
　　　　　　　　　　　　　　　그처럼 위대한 왕은 두 번 다시는 나오지 않을 것이다.

Thou **shalt** love thy neighbor as thyself. 〈Thou: you의 옛글투, shalt: shall의 옛말〉

이웃을 네 몸같이 사랑하라.

⑦ 지시, 요구, 제안, 결정, 협정 따위를 나타내는 동사에 따르는 명사절 안에서
  ▶ 글말에서 쓴다. 이 경우 영국에서는 shall 대신 should를 쓰는 경우가 많으며, 미국에서는 동사원형 (가정법 현재)을 쓰는 것이 보통이다.

Our civilization demands that we **shall** be social creatures.

문명은 우리가 사회적 동물이기를 요구한다.

We have not yet decided as to who **shall** be captain.

우리는 누가 주장이 될지에 대하여 아직 정하지 않았다.

The contract demands that the money **shall** be paid immediately.

계약(서)은 그 돈을 즉시 지불하여야 할 것을 요구하고 있다.

⑧ (글말에서) 'Who shall ~?'의 형태로 반어적인 의문문을 만들어 《누가 ~할 수 있겠는가?》

Who **shall** conceive my secret pains?

누가 나의 헤아릴 수 없는 고통들을 상상이나 할 수 있을 것인가?

Who **shall** tell of what she was thinking?

그녀가 무엇을 생각하고 있었는지 누가 알겠는가?

### (7) should의 용법

should는 직설법에서 시제의 일치에 따라 shall의 과거로 쓰이는 것 외에는 거의 가정법의 조동사로 쓰인다. 특히, 미에서는 should를 shall의 과거라기보다는 독립된 조동사로 본다.

※ 축약형: 'd / 부정형: should not [부정축약형: shouldn't]

## 1) 직설법에서 shall (단순·의지 미래, 결의의 shall 모두)의 과거형으로 [시제조동사]

▶ 주절의 동사 시제가 바뀌는 경우의 종속절의 shall이나, 직접화법을 간접화법으로 바꿀 때 전달 동사의 시제가 과거이면 피전달문(종속절)의 shall은 should로 바뀐다. (시제 일치) 2인칭, 3인칭의 경우에는 should 대신 would를 쓰는 경우가 많다. 입말체에서는 1인칭일 때에도 would를 쓰기도 한다.

I am afraid I **shall** be late to the meeting.

나는 모임 [회의]에 늦지 않을까 걱정이다.

→ I was afraid I **should** [또는 **would**] be late to the meeting.

나는 모임 [회의]에 늦지나 않을까 하고 걱정했다.

He said, "I **shall** be back by Saturday at latest."

그는 "나는 늦어도 토요일까지는 돌아올 거야."라고 말했다.

→ He said he **should** [또는 **would**] be back by Saturday at latest.

그는 늦어도 토요일까지는 돌아올 것이라고 말했다.

She told me, "You will know the answer tomorrow."

그녀는 "당신은 내일 답변을 받게 될 겁니다."라고 나에게 말했다.

→ She told me I **should** [또는 **would**] know the answer the next day.

그녀는 다음날 답변을 받게 될 것이라고 나에게 말하였다.

He said to me, "You **shall** have my answer tomorrow."

그는 "내일 답변을 드리겠습니다."라고 내게 말했다.

→ He said that I **should** [또는 **would**] have his answer the next day.

그는 그 다음 날에 답변을 주겠다고 내게 말했다.

※ 직접화법에서 화자의 의지를 나타내는 shall은 간접화법에서 종속절의 주어가 1인칭이 되는 경우에는 should를 쓰는 것이 보통이나 would를 쓰기도 한다.

She said, "I shall never forget you."   그녀는 "결코 당신을 잊지 않겠습니다."라고 말했다.

→ She said (that) she **should** [또는 **would**] never forget me.

그녀는 결코 나를 잊지 않을 것이라고 말했다.

I said to him, "**Shall** I bring you a drink?"

나는 그에게 "마실 것을 내올까요?"라고 말했다.

→ I asked him if I **should** bring him a drink.

나는 그에게 마실 것을 내가도 되는지를 물었다.

※ 상대방의 의지를 묻는 'Shall I ~?'가 직접화법의 피전달문인 경우 이를 간접화법으로 고칠 때에는 그대로 shall [과거시제인 경우 should]을 쓴다.

## 2) 서법조동사로서

① 인칭과 관계없이 의무, 당위를 나타내어 《~하여야 한다; ~하는 것이 당연하다. (= must, have to, ought to)》

▶ '의무·당위'의 should와 ought to는 실제적으로 같은 뜻을 가지며, must가 '강제적인 의무'임에 비해 should는 비강제적인 '윤리적 의무'를 나타내거나, '권고'를 나타낼 때에도 쓴다.

We **should** [= ought to] observe the rule whether we like it or not.

우리는 좋든 싫든 간에 규칙을 지켜야만 한다.

You **should** go tomorrow. 너는 내일 가야만 한다.

※ 미래의 의무·당위도 역시 should로 표현하며, 직접화법의 과거는 had to를 쓴다.

Children **should** be taught to speak the truth.

아이들은 진실을 말하도록 가르쳐져야 한다.

He did the job because he felt he **should**.

그는 그 일을 하지 않으면 안 된다고 생각했기 때문에 그 일을 했다.

We **should** not judge a person by appearance. 외모로 사람을 평가해서는 안 된다.

**Should** I wait for him to come back? 그가 돌아오기를 기다려야 하나요?

※ 'Should I [we] ~?'는 겸손하게 상대의 의향을 묻는 표현이다.


② 당연한 추측(가능성), 강한 기대 《당연히 ~일 것이다; 아마(틀림없이) ~일 것이다.》

▶ ought to보다도 부드러운 뜻을 갖는다.

I guess it **should** be Mr. Kim. 그것은 틀림없이 김 군일 것으로 생각됩니다.

You **should** receive the package by next Monday.

아마 다음 월요일이면 소포를 받아보실 겁니다.

It was not to be expected that they **should** help each other.

그들이 서로 도울 것이라고 기대하지 말았어야 했다.

It **should** [**would**] seem that the ancients thought that way.

아마 옛사람들은 그러한 생각을 했던 것 같다.

It **should** have been a great surprise to him, for he turned pale.

그것은 그에게 아주 뜻밖이었던 것 같다, 그가 새파랗게 질렸던 것을 보니.

③ 가정법에 쓰여

❶ 가정법 미래의 if절 (= 전제절)에서 미래의 일에 대한 강한 의심이나, 미래에 실현될 가능성이 희박한 일에 대한 가정, 상상이나 양보적 의미를 나타낸다. 《(그럴 리는 없겠지만) 만약 ~한다면; 설령 ~한다 할지라도》

▶ 'If + S + should + 동사원형'의 전제절에 따르는 귀결절에는 shall, will이나 should, would 또는 명령문이 쓰일 때가 많다.

If I **should** live to be a hundred, I will [would] never understand her.

설사 내가 백 살까지 산다고 하더라도, 나는 결코 그녀를 이해 못 할 것 같다.

※ 이 경우 영국에서는 귀결절에 will[would] 대신에 shall [should]를 쓴다.

If it **should** rain tomorrow, they would not go.

만약 내일 비가 오면 그들은 가지 않을 것이다.

❷ 가정법 과거의 귀결절 (주절)에서

「I [we] should + 동사원형~」의 형태로 현재 또는 미래의 일에 관한 가정을 나타낸다. 《~일 것이다; ~할 텐데.》

※ 〈미〉에서는 보통 would를 쓰며, 〈영〉에서도 입말체에서는 would를 많이 쓴다.

I **should** be grateful if you could do it by tomorrow.

내일까지 그것을 해주신다면 고맙겠습니다.

If I had taken your advice then, I **should** be happier now.

〈가정법 과거완료+가정법 과거〉  그때 너의 충고를 들었더라면 지금 나는 더 행복할 텐데.

❸ 가정법 과거완료의 귀결절 (주절)에서 「S + should have + p.p.」의 형태로 과거의 일에 대한 가정을 나타낸다. 《~이었을 텐데.》

▶ 미에서는 보통 would를 쓰며, 영에서도 입말체인 경우 would를 많이 쓴다.

If I had been one minute late, I **should have missed** the train.
　　　　　　　　　　　　　　　　　1분만 늦었더라도 나는 그 기차를 놓쳤을 것이다.

If I had been in your place, I **should have done** as you are doing.
　　　　　　　　　　　만약 내가 당신의 입장이었다 해도, 당신이 지금 하시는 것처럼 했을 것입니다.

I **should have been** at a loss without your advice.
　　　　　　　　　　　　당신의 조언이 없었더라면 저는 아주 난처했을 것입니다.

❹ 귀결절만의 문장에서 말하는 이의 현재의 의견·감정을 완곡하게 (부드럽게) 표현할 때 [S + should + 동사원형] 《나로서는 ~하고 싶지만; 나라면 ~하(겠)는데; 내가 볼 때 아마 ~인 듯하다.》

I **should think** you would apologize.　　　　나는 네가 사과해야 한다고 생각한다만.

I **should suppose** anyone would be proud of such a clever boy.
　　　　　　　　　　　　　　　나라고 해도 그와 같이 총명한 아들을 자랑할 거야.

I **should** (surely) think not.　　　　　　　당연히 그렇지 않을 겁니다.

He is over 60, I **should say** [think].
　　　　　　　　　　내가 보기로는 [또는 아마] 저 사람은 60세는 넘었다. (넘었겠다.)

"Can you do it for me?"　　　　　　　　그 일을 해주실 수 있겠습니까?
- "Yes, I **should think so**."　　　　　　예, 당연히 해드려야죠.

❺ 귀결절만의 문장에서 말하는 이의 과거의 일에 대한 유감, 후회, 비난을 나타내어 [should have p.p.]

You **should have driven** more carefully.　　너는 더 조심해서 운전해야 했다.

I **should have thought** it was worse than that.
　　　　　〈영〉 그보다 더 지독하리라고 (도저히 그 정도로는 끝나지 않으리라고) 생각했었는데.

I **shouldn't have missed** such a golden opportunity.

그런 절호의 기회를 놓치지 말았어야 했는데.

**Should I have gone** to the meeting yesterday?

내가 과연 어제 그 모임에 가야만 했을까?

④ 독립용법으로

❶ 주절에 주장, 요구, 명령, 제안, 건의, 결정, 충고 등을 나타내는 의지 동사가 올 때 이에 연결되는 that절 (목적절)에는 시제와 관계없이 should를 쓴다. (요구, 주장의 should)

▶ 미에서는 that절에 should를 생략하고 동사원형을 쓰는 것이 일반적이다. ☞ p. 114 참조

ex) advice, agree, ask, command, decide, demand, desire, expect, insist, move, order, prefer, propose, request, require, recommend, suggest, urge, wish, etc.

We agreed [It was agreed] that we (should) follow the decision.

우리는 그 결정에 따를 것에 의견이 일치되었다.

I move that the case (should) be adjourned till tomorrow.

저는 이 재판을 내일까지 연기해 주실 것을 정식으로 요구합니다.

I prefer that it (should) be left alone.  그것은 내버려 두는 게 좋겠다.

> ▷ 제안, 요구, 주장, 결정, 명령 등의 명사를 수식하는 형용사절에도 should를 쓴다.
> The proposal **that we should** do it like that was reasonable.
> 그것을 그런 식으로 하자는 그의 제의는 온당했다.

❷ 「It is + 이성적 판단의 형용사 + that ~」구문의 that절에는 should를 사용한다. 〈이성적 판단의 should〉 ☞ p. 306[2]의 ⑤번 참조

▶ 미국에서는 종종 should를 생략하여 동사원형 (가정법 현재)의 형태로 쓴다.

ex) appropriate, advisable, crucial, desirable, essential, good, fitting, imperative, important, logical, natural, necessary, proper, rational, reasonable, right, vital, well, wrong, etc.

It is essential that he **should** be prepared for this.

그가 이 일에 마음의 준비하고 있는 것이 긴요하다.

It is natural enough that he **should** not understand it.

그가 그것을 이해하지 못하는 것은 당연하다.

It was right that these problems **should** have the first consideration.

이 문제들을 우선 고려한 것은 옳았다.

❸ 「It is + 일부의 감정 형용사 또는 명사 + that ~」의 구문의 that절에는 should를 쓴다.
〈감정적 판단의 should〉

▶ 이때의 should는 강한 감정의 색채를 드러내며 이를 생략하면 감정의 색채가 사라진다. 미국에서는 종종 생략한다.

ex) absurd, amazing, annoying, boring, curious, delightful, embarrassing, fortunate, lucky, odd, regrettable, ridiculous, shocking, strange, surprising, wonderful; a pity, regret, wish, no wonder, etc.

It is lucky that the weather **should** be so fine.   날씨가 이렇게 좋다니 운이 좋다.

It is surprising that he **should** do a thing like that.

그가 그런 일을 하다니 놀라운 일이다.

It is strange that you **should** know so little about it.

네가 그것에 대해 그렇게나 모르고 있다니 별일이다.

It was his wish that it **should** be kept secret.

그것을 비밀로 해뒀으면 하는 것이 그의 바람이었다.

It is a matter of sincere regret that such accidents **should** happen so frequently.   이런 사고가 빈발하는 것은 참으로 유감스러운 일이다.

It is a pity that you **should** not know it.   네가 그걸 모른대서야 되나?

❹ I regret, I am surprised 등에 이어지는 that절에서 놀람, 유감 등을 나타내어
《~하다니; ~이라니 》
▶ 입말체에서는 should를 사용치 않고 직설법을 쓰는 것이 보통이다.

I regret that things (should) come to this.
사태가 이 지경이 되다니 (된 것은) 유감스럽다.

I'm surprised that your parents should agree with it.
너의 부모님이 그것에 동의하시다니 놀랍다.

❺ 목적을 나타내는 부사절 (so) that, in order that, in case (that)에 이끌리는 절 안에서 《~할 수 있도록》 / 'lest [for fear] + s + should + 동사원형'의 구문에서 《~하지 않도록》
▶ 특히, 〈미〉에서는 should를 생략하고 원형을 쓴다.

She turned away sharply so that he should not notice the tears in her eyes.
그녀는 눈에 맺힌 눈물을 그가 보지 못하도록 재빨리 얼굴을 돌렸다.

I wrote down her address and phone number in case I should forget it.
나는 그녀의 주소와 전화번호를 잊지 않도록 적어 두었다.

I will note it lest I should forget (it).  잊어버리지 않도록 그것을 적어 두어야겠다.

She was anxious lest he (should) fail.  그녀는 그가 실패하지 않을까 걱정했다.

❻ 의문사 + should 《대체 ~인가; ~해야(만) 하나; ~말고 대체 누가[무엇이] ~있을까.》
▶ 의외, 반문, 놀람 등을 나타낸다.

How should I know it? (= I don't know it at all.)   내가 그걸 어떻게 알겠어?

How should you have come to know that?   너는 그것을 어떻게 알게 되었느냐?

Why should I take the blame for somebody else's mistakes?
왜 내가 다른 사람의 잘못에 대한 비난을 받아야 하는가?

What should he know about it?   그가 그것에 대하여 무엇을 알겠는가?

Who should do come in but my old friend Bong-tae?
누가 오는 가 했더니, 바로 나의 옛 친구 봉태가 아닌가?

> ▷ 'who [what] should ~ but …'의 형태로 반문, 놀람 등을 나타낸다.
> 《말고는 누가[무엇이]) ~했을까, (다름 아닌) ~이지 않은가?》
> Who should be there but him? 그 사람 말고(는) 누가 거기에 있었겠는가?
> What should happen but my car stopped halfway.
> 글쎄 내 차가 중간에 멈추지 않았겠느냐.

## ❼ 기타

i. who가 이끄는 관계사절 (형용사절) 안에서 가정적 조건을 나타내어

He who should content himself with what he is will never be a great man.

ii. 요청, 권유를 나타내는 명사의 보어절에 [(should) + 동사원형]

The order was that we should be still in the house.

집안에서 조용히 있으라는 지시가 있었다.

iii. 〈미, 입말〉 should worry로 《(반어적으로) ~할 필요가 있을까?》

With his riches, he should worry about a penny?

그는 그렇게 돈이 많으면서도 동전 한 닢에 안달할 필요가 있을까?

iv. 기타 (관용어구)

I should [would] like to ~: ~하고 싶다; 〈과거 일에 대한 유감〉 ~하고 싶었는데; 아무개가 ~해주었으면 하다.

※ 〈미〉에서는 should 대신 would를 많이 쓴다. 그리고 'I [We] should like + 완료부정사'는 실현되지 않은 과거에 일에 대한 후회나 유감을 나타낸다.

I should like to have seen the movie. 그 영화를 보고 싶었는데.
= I should have liked to see the movie.
　I should have liked to have seen the movie.

I should very much like you to help me. 당신이 꼭 저를 도와주셨으면 합니다.
I should worry! 난 조금도 걱정될 것이 없어!; 내가 알 바 아니다!; 참나 기가 막혀서!
It should [would] seem ~: 〈It seems보다 에두르는 표현〉 아무래도 [어쩐지] ~인 것 같다.
It should seem that she thought that. 아무래도 그녀는 그렇게 생각했던 것 같다.

### (8) ought의 용법

should와 거의 같은 의미로 쓰이며 기본적으로 윤리적, 비강제적 의무를 나타내는 서법조동사이다. 언제나 to부정사를 수반한다.

※ 부정형: ought not + to부정사 또는 oughtn't + to부정사
의문형: Ought + S + to부정사 ~? 과거 시점표시: ought to have + p.p.

#### 1) 문법 구조적 측면의 쓰임새

① to 이하를 본동사로 보며 현재, 미래, 시제 일치상의 과거에 모두 'ought to + 동사원형'을 쓴다.

You ought to do it at once. 〈현재〉 너는 그것을 당장 해야 한다.
It ought to be rainy tomorrow. 〈미래〉 내일은 틀림없이 비가 올 것이다.
He said that he ought to come. 〈과거〉 그는 자기가 가야 한다고 말했다.

② 과거형이 따로 없으나 「ought to + have p.p.」의 형태로 써서 과거에 하지 못한 일에 대한 유감, 후회, 비난 등을 나타낸다.

I ought to have phoned her this morning, but I forgot.
나는 오늘 아침에 그녀에게 전화를 했어야 했는데, 깜박 잊고 안 했다.
You ought to have looked at it. 너에게 그것을 보여 주고 싶었다.
Something ought to have been done before now.
어떤 조치가 이미 취해졌어야 했다.

③ 부정형은 'ought not to + 동사원형'과 'ought not to have p.p.'이다.

| | |
|---|---|
| We **ought not to make** a noise in the library. | 도서관 안에서는 떠들어서는 안 된다. |
| That step **ought not to have been taken**. | 그 수단은 피했어야 했는데. |

④ 의문문은 「Ought + 주어 + to부정사 ~?」로 한다.

| | |
|---|---|
| "Ought I to go?" | 제가 가야만 합니까? |
| – "Yes, you ought to (go)." | 예, 당신은 가야 합니다. |
| Ought he to join us? | 그도 우리와 같이 가지 않으면 안 되는가? |
| What ought I to do in order to succeed in business? | 사업에 성공하려면 제가 무엇을 해야 할까요? |

## 2) 내용적 쓰임새

① (객관적) 의무, 당연, 도덕적 책임 등을 나타낸다.

▶ ought to와 should는 둘 다 의무, 도덕적 책임, 당부, 기대 따위를 나타내며, 둘을 구별하지 않고 사용한다. 입말체에서는 보통 ought to를 쓴다. 의무의 강도는 must > be + to부정사 > had better > ought to ≧ should의 순이다.

| | |
|---|---|
| You ought to go home and get some rest. | 너는 집에 가서 좀 쉬어야 해. |
| You ought to see the beautiful view. 〈입말체〉 | 그 멋진 경치를 너도 꼭 봐야 한다. |
| At her age she ought to know better. | 그 나이면 그녀는 더 분별이 있어야 한다. |
| You ought not to say it. | 너는 그것을 말해서는 안 된다. |

※ 〈미〉에서는 부정문에 to를 쓰지 않고 'You ought not say it.'라고 하기도 한다.

She says you do not have to do it, but I think you ought (to).
　　　　그녀는 네가 그 일을 할 필요가 없다고 하나, 나는 해야 한다고 생각한다.

※ to 이하가 앞말을 받는 것일 경우 to만 남기거나 to이하를 모두 생략할 수 있다.

② 미래의 단정적 추측 (개연성, 당연한 결과) 《당연히(틀림없이) ~했을 것이다; ~하기로 되어있다.》

It ought to be fine tomorrow.      틀림없이 내일은 날씨가 맑을 것 같다.

He ought to be here soon, he left home at six.
    (분명히) 그가 곧 이곳에 도착할 거야. 여섯시에 집을 나섰대.

She ought to have arrived Seoul (by) now.
    그녀는 지금쯤(은) (당연히) 서울에 도착했을 것이다.

③ 과거의 하지 못한(않은) 일에 대한 유감, 후회, 비난 등 [ought to + have p.p.]
  ☞ 앞의 1) ②, ③ 참조

---

■ 참고

1. had ought to do

미, 입말(체)에서 쓰는 표현으로 문법적으로는 맞지 않는 것으로 보기도 한다.
(1) ~해야 한다. (= ought to do)
(2) ~해야 했다. (= ought to have done)

2. hadn't ought to do

미, 입말(체)에서 쓰는 표현으로 문법적으로는 맞지 않는 것으로 보기도 한다.
(1) ~하여서는 안 된다. (= ought not to do)
(2) ~하지 않았어야 했다. (= ought not to have done)

---

### (9) will의 용법

시제조동사로서 단순 미래에 쓰이고, 서법조동사로서 의지, 추측, 습관 등을 나타낸다. 입말에서는 보통 'll로 쓰고 강조 용법 및 문두에 올 때는 반드시 will을 쓴다. 현대영어 (입말)에서는 will을 shall을 대체하여 쓰는 경향이다.

※ 1, 2, 3인칭의 현재 단수, 복수 모두 will (2인칭의 옛말로는 wilt)

긍정 축약형: will → 'll / 부정 축약형: will → won't

### 1) 시제조동사로서 (단순미래)

2, 3인칭을 주어로 하는 단순 미래 문장의 시제조동사로 쓰인다. 영국에서는 1인칭의 단순 미래에는 shall을 사용하는 것이 보통이지만, 입말체에서는 will을 사용하는 경향이다. 미국의 경우에는 1인칭의 단순 미래에도 will을 사용한다.

| | |
|---|---|
| I **will** [= 'll] be twenty (years old) next year. | 저는 내년이면 스무 살이 됩니다. |
| You'**ll** feel better if you take this medicine. | 이 약을 먹으면 기분이 좋아질 거야. |
| I am afraid you **will** catch cold. | 네가 감기 걸릴까봐 걱정이다. |
| It **will** rain tomorrow. | 내일 비가 올 것이다; 내일은 비가 오겠습니다. |
| **Will** [shall (영)] you be seeing him tomorrow? | 내일 그를 만날 예정[생각]입니까? |
| When **will** it stop raining? | 비는 언제 그칠까요? |
| I **will be waiting** for you at the station when your train arrives. 〈미래진행형〉 |
| | 네가 탄 열차가 도착할 쯤에는 나는 역에서 너를 기다리고 있을 것이다. |
| I'**ll have finished** this work by six o'clock. 〈미래완료형〉 |
| | 여섯 시까지는 이 일을 끝마칠 것입니다. |
| It **will have been raining** for three days by tomorrow. 〈미래완료진행형〉 |
| | 내일까지 비가 내린다면 3일 동안 계속 비가 내리는 셈이 된다. |

### 2) 서법조동사로서

① 말하는 사람(I, We)의 의지를 나타낼 때 〈의지미래〉

❶ 1인칭 주어의 평서문에서 《~하겠다; ~할 작정 [생각]이다.》

| | |
|---|---|
| I **will** do my best. | 나는 최선을 다할 것이다. |
| "We'**ll** begin soon, won't we?" | 곧 시작합시다. |
| – "All right, I **will** do so." | 좋습니다. 그렇게 하죠. |
| "No, I **will** not." | 아니요, 하지 않겠습니다. |

7장 조동사(Auxiliary Verb)

❷ 2, 3인칭 주어의 평서문에서 〈의지미래〉

《(2인칭을 주어로) ~하기 바라다; ~하시오.》

※ 화자 (I)의 의지를 나타낸다.

《(2, 3인칭을 주어로) ~할 의사가 있다; ~할 작정이다.》

You **will** report to the principal at once. 즉시 최고 윗선에 보고하도록 하시오.

※ 이 경우 you의 의지가 아니라 화자의 의지를 나타낸다.

If you are ready, you **will** follow me. 준비가 다되었으면 나를 따라 오시오.

I shall be grateful if you **will** permit me the opportunity.

제게 기회를 주신다면 고맙겠습니다.

※ 조건문의 if절에서 상대방 (조건절의 주어)의 호의 (의지)를 기대하는 경우에 will을 쓴다.

I shall be glad [pleased] to go, if you **will** accompany me.

당신이 동행해 주신다면 기꺼이 가겠습니다.

If you **will** do it for me, I shall be very much obliged to you.

He **won't** lend me any more money.

그는 나에게 돈을 더 빌려 주지 않을 것이다. (않을 작정이다.)

③ 상대방 (you)의 의지를 나타낼 때 〈의지미래〉

2인칭 주어의 의문문에 쓰여 상대방(you)의 의지를 묻거나 권유, 의뢰 등을 나타낸다.

《~할 작정입니까; ~해 주지 않겠습니까?; ~하지 않겠습니까?》

**Will you** come tomorrow? 내일 오겠어요?

Where'**ll you** be? 어디 가시렵니까?

What kind of (an) automobile **will you** buy? 어떤 종류의 자동차를 사실 겁니까?

**Will you** please stop talking? 얘기 좀 그만 하세요.

**Will [Won't] you** have some bread? (= Have some bread, won't you?)

빵 좀 드세요?

※ 'Won't you ~?'가 'Will you ~?'보다 친근한 표현이다.

Open the window, **will [won't] you**? 창문을 열어 주겠어요?

※ 명령문 뒤에 붙이는 'Will you?'를 올림조로 말하면 부드러운 의뢰나 권유를 나타내고, 내림조로 말하면 명령조가 된다.

You'll try it, **won't** you?　　　　　〈권유〉 네가 해보지 않겠니? / 〈의뢰〉 네가 해줄 거지.

④ **말하는 사람(I)의 현재의 확신적인 추측을 나타내어 《~일[할] 것이다.》**

I believe he **will** be a Korean.　　　　나는 그가 한국 사람일 거라고 생각한다.
You **will** be Mr. Kim, I think.　　　　김 선생님이시죠.
He **will** be there by now.　　　　그는 지금쯤은 이미 거기에 있을 것이다.
"How far is it to the town?"　　　　그 마을까지는 거리가 얼마나 되나요?
– "It **will** be two miles, I reckon."　　2마일쯤 될 것 같은데요.
I'm sure she'll have finished by now.　　지금쯤 그녀는 틀림없이 끝마쳤을 것이다.

※ 미래완료의 형태이지만 과거 또는 완료된 일에 관한 현재의 추측을 나타낸다.

It is unlikely that you **will** have heard anything definite.
　　　　　　　　　　　　　　　　당신이 확실한 것을 알고 있다고는 생각되지 않는다.

⑤ **주어의 현재의 강한 의지, 단언, 고집, 주장, 거절 등을 나타내어 《~하기를 원하다; 어떻게든지 ~하려고 하다.》**

결심, 고집, 거절 등으로 쓰인 will에는 강세가 오며 'll로 축약되지 않는다. 다만 부정형은 축약형도 사용한다. 여기의 will은 **의지미래**를 나타내는 것이 아니라 **현재의 결심, 고집** 등을 나타낸다는 것에 유의해야 한다. 단, 1인칭 (I, We)의 경우 의지미래와의 구별은 사실상 어렵다. 이 용법을 그냥 강한 의지미래라고 생각해도 될 것 같다.

I **will** never do such a thing again.　　두 번 다시 그런 일은 하지 않겠다.
You **will** have your own way.
　　　　　너는 꼭 네 생각대로 하려고 한다고. / 너는 네 고집만 피우는구나.
She **won't** listen to me.　　　　그녀는 내말에 귀 기울이려고 하지 않는다.
This car **won't** start.　　　　이차는 아무리 해도 시동이 걸리지 않는다.
Let him do what he **will**(do 생략).　　그가 하고 싶어 하는 대로 하게 하시오.

⑥ 반복 행위, 습관, 경향, 사물의 속성 등을 나타내는 경우에 《곧잘 ~하다; 반드시 ~하는 법이다; (사물이 속성이) ~하다.》

He **will** often sit up reading all night. 그는 책을 읽느라 곧잘 밤을 새우곤 한다.

※ 불규칙적인 습관을 나타내는 경우 often, sometimes, now and then 등과 같이 쓰인다.

The historian **will** commonly assign several causes to the same event.
　　　　　　　　　　역사가는 같은 하나의 사건에도 여러 가지 원인이 있는 것으로 보는 것이 보통이다.

People **will** talk. 사람의 입은 못 막는다.

※ 사람의 성향·습관은 'will + 진행형 [be + ~ing]'의 형식으로도 많이 쓴다.
　　People **will be** talking. 사람이란 말이 하고 싶은 법이다.

Boys **will** be boys. 사내애들은 어쨌거나 사내애들이다. (사내애들은 짓궂다.)
A sunshiny shower **won't** last half an hour. 여우비는 반시간도 내리지 않는 법이다.
Dogs **will** bark when they see a stranger. 개는 낯선 사람을 보면 짖게 마련이다.
Money **will** come and go. 돈은 돌고 도는 것이다.
Oil **will** float on water. 기름은 물 위에 뜬다. (기름은 물에 뜨는 법이다.)

> ▷ 되풀이 되는 자연법칙에는 단순현재를 쓴다.
> The earth **moves** round the sun. (o) 지구는 태양 주위를 돈다.
> The earth will move round the sun. (x)

⑦ 물건의 기능 (능력), 용량을 표현하는 경우에 《~할 능력이 있다; ~할 수가 있다.》

This grass **will** live without water for three months.
　　　　　　　　　　이 풀은 물 없이도 3개월간을 살 수 있다.

Bring me a pen, any pen **will** do. 펜을 가져와라. 어떤 것이라도 좋다.
This bucket **will** hold two liters of water. 이 통에는 2리터의 물이 들어간다.
This hall **will** seat 1000 people.
　　　　　　　　　　이 회관은 1000명이 좌석에 앉을 수 있다. (1,000명을 들일 수 있다.)
This knife **won't** cut. 이 칼은 잘 들지 않는다.
**Will** this ice bear? 이 얼음은 밟아도 안전할까?

⑧ 제안·권유, 명령·지시 등을 나타내는 경우에 쓰여 《~합시다; ~해 주세요; ~해 주는 거다; ~하지 않으면 안 된다.》

I **will** bid you "Good night!" 자도록 합시다.
You **will** take this pill three times a day. 이 알약을 하루 세 번씩 복용하세요.
All students **will** attend roll-call at 8 o'clock. 〈게시문〉
학생 전원은 8시 출석확인에 참석할 것.
= All students are (supposed, requested) to attend.
You are a good boy, so you **will** behave yourself. 착한 아이는 얌전하게 구는 거야.


### (10) would의 용법

시제조동사로서 would는 직설법에서 시제의 일치에 따라서 will의 과거형으로 쓰이며, 서법조동사로서의 would는 과거의 의지, 주장, 습관, 동작의 반복 등을 나타내거나 가정법에 쓰인다. 서법조동사로서의 should가 서법조동사 shall과는 독립되어 쓰이는 것과는 달리 서법조동사 would는 서법조동사 will의 과거 의미를 갖는다.

※ 1, 2, 3인칭의 과거 단수, 복수 모두 would [2인칭의 옛말로는 wouldst]
  축약형: 'd / 부정형: would not [부정 축약형: wouldn't]


#### 1) 종속절에서 시제의 일치에 따른 will의 과거형으로

① 단순 미래의 경우 《~일 것이다.》

※ 과거 시점에서의 단순 미래를 나타내는 경우에는 would를 쓰며, 주절의 시제가 현재에서 과거로 바뀔 경우 단순 미래를 나타내는 종속절의 will은 would로 바뀐다.

I was afraid she **would** catch cold. 나는 그녀가 감기나 걸리지 않을까하여 걱정했다.
In an old bookshop, the poet first met the girl whom he **would** marry one day. 그 시인은 한 고서점에서 나중에 자신과 결혼하게 된 소녀를 처음으로 만났다.
He says that he will be twenty next birthday.
그는 돌아오는 생일에는 스무 살이 된다고 말한다.

→ He <u>said</u> that he **would** be twenty next birthday.

　　　　　　　　　　　　　　　　그는 돌아오는 생일에는 스무 살이 된다고 말했다.

I <u>think</u> you <u>will have finished</u> the work by then.

　　　　　　　　　　　　　　나는 당신이 그 일을 그때까지는 끝마쳐 주리라고 생각합니다.

→ I <u>thought</u> you **would have finished** the work by then.

　　　　　　　　　　　　　　나는 그때까지는 당신이 그 일을 끝마칠 것으로 생각했습니다.

He said, "I <u>shall [will]</u> be here by seven."

　　　　　　　　　　　　　　　　그는 "일곱 시까지 이곳으로 올게."라고 말했다.

→ He said he **would** be there by seven.　　그는 7시까지 그곳으로 오겠다고 말했다.

※ 직접화법의 단순 미래인 I [we] shall이 간접화법에서 2·3인칭을 주어로 하여 나타낼 경우 should로 받는 것이 원칙으로 되어 왔으나, 현재에는 주어의 인칭에 맞추어 you [he, she] would로 하는 것이 보통이다. 미국에서는 1인칭 (I, we)에도 would를 쓰기도 한다.

I asked her, "Will you go to the party?"

　　　　　　　　　　　　　　　　　나는 "너 파티에 갈거니?"라고 그녀에게 물었다.

→ I asked her if she **would** go to the party.

　　　　　　　　　　　　　　　　　나는 그녀에게 파티에 갈 것인지를 물었다.


② 의지 미래의 경우 《~하겠다; ~할 작정이다.》

I <u>decide</u> I <u>will</u> leave here tomorrow.　　　　나는 내일 이곳을 떠날 결심이다.

→ I <u>decided</u> I **would** leave here tomorrow. 〈결심 후 오늘 말할 때〉

　　　　　　　　　　　　　　　　　나는 내일 이곳을 떠나기로 결심했다.

→ I <u>decided</u> I **would** leave there the next day.

〈말하는 날을 기준으로 '내일'이 지난 이후에 말할 때〉　나는 그 다음 날 그곳을 떠날 것을 결심했었다.

He said, "I will try it."　　　　　　　　그는 "제가 그것을 해보겠습니다."라고 말했다.

→ He said he **would** try it.　　　　　그는 자신이 그것을 해보겠다고 말했다.

## 2) 과거의 주어의 강한 의지, 주장, 거절 등을 나타내어 《(기필코) ~하려고 하였다.》

모든 인칭에 쓰이며, 흔히 부정문에서 나타난다. 《아무리 해도 ~하려 하지 않았다.》 would를 강하게 발음한다.

All persuaded Geum-sun not to marry Sam-sik, but she **would** marry him.
모두들 금순이에게 삼식이와 결혼하지 말라고 했으나 그녀는 그와 결혼하려고 하였다.

She didn't get in the house because the door **would** not open.
문이 도무지 열리지 않아서 그녀는 집안에 들어가지 못했다.

He was so obstinate that he **would** not listen to my advice.
그는 너무나 고집불통이라서 내 충고를 들으려 하지 않았다.

## 3) 과거의 습관, 동작의 반복 등을 나타내어 《~하고는 했다; 흔히 ~하였다.》

현재의 불규칙한 습관을 나타내는 will은 3인칭 이외에는 거의 쓰지 않으나, 과거의 불규칙한 습관을 나타내는 would는 3인칭 이외에도 쓴다. would는 현재의 습관, 동작의 반복을 나타내기도 한다.

She **would** often sit in a chair and knit for hours.
그녀는 의자에 앉아 몇 시간씩 뜨개질하는 일이 종종 있었다.

After lunch he **would** take a nap. 점심 식사 후에 그는 흔히 낮잠을 잤다.

> ▷ 습관·동작의 반복 등을 나타내는 would는 과거의 일만이 아니라 가정법적으로 쓰여 말하는 이의 <u>현재</u>의 감정 (짜증, 비난)을 드러내어 '(사람이) 상습적으로 ~하다.', '(사건 등이) 늘 ~하다.'라고 말할 때도 사용된다.
> He **would** park his car in front of my house. 그는 늘 우리 집 앞에다 주차한단 말이야.
> She **would** have her will in every way. 그녀는 모든 면에서 자기 마음대로 하려고 해.
> He **would** be unavailable when we want him. 그는 필요할 때면 꼭 없어지거든.

## 4) 과거 시점에서의 물건의 기능 (능력)·용량을 나타내어 (= could) 《~할 수가 있었다; ~할 능력이 있었다.》

이 용법의 would는 현재의 기능 (능력)·용량을 나타낼 때도 쓰기도 한다.

That hall **would** seat 1,000 people. 그 회관은 1,000명을 수용할 수가 있었다.

This car would seat [hold] seven people.　　　이 자동차는 일곱 명이 앉을 [탈] 수 있다.

## 5) 과거 일의 추측 《~이었을[하였을] 것이다.》

I suppose she would be about eighteen when she got married.

　　　　　　　　　　내 생각에 그녀가 결혼할 때 나이가 열여덟 살쯤 되었던 것 같다.

## 6) 가정법에 쓰여

### ① 'I wish'의 목적절로 쓰여 현재의 소망을 나타내어

I wish you would give up smoking.　　　나는 네가 담배를 끊었으면 좋겠다.
I wish you would let this go.　　　난 네가 이런 건 대충 넘어갔으면 좋겠어.

### ② 가정법 과거 if절에 쓰여 주어의 의지를 나타내는 경우 《~할 마음만 있으면; ~하려고 한다면》

I could do so if I would.

　　　　　　　　　내가 하고자 한다면 그렇게 할 수야 있지. (그렇게 하고 싶지가 않다).

I should be most obliged if you would grant my request. 〈정중한 의뢰〉

　　　　　　　　　　　　　　　　부탁을 들어주시면 참으로 감사하겠습니다.

If you would understand a nation, you must know its language.

　　　　　　　　　　하나의 민족을 알고자 한다면 그 민족의 언어를 알아야만 한다.

### ③ 가정법 과거 귀결절(주절)에 쓰여 [would + 동사원형]

**❶ 현재 또는 미래의 일에 대한 단순(무의지) 가정을 나타내어 《(할) 것이다; ~일 텐데.》**

※ 가정법인 주절이 'you [he, she, it, they] would + 동사원형'일 경우로서 화자의 추측, 상상, 바람 등을 나타내며 주어의 의지를 나타내진 않는다. 이런 문장은 전제절 또는 그에 상당하는 구의 귀결문으로 쓰거나 전제절을 생략한 채 독립된 문장으로 쓰기도 한다.

If she saw this, she would be delighted.　만약에 그녀가 이것을 본다면 기뻐할 것이다.
That's (= is) what most men would say.　대부분의 사람들은 아마 그렇게 말할 것이다.

It **would** be a great help to me for you to come.

> 당신이 와준다면 크게 도움이 되겠습니다만.

It **would** be about a mile from here to town.  여기서 읍내까지는 1마일쯤 될 겁니다.

It **would** seem (to be) likely.

> 그것은 어쩐지 정말같이 생각된다. / 그것은 있을 법한 일이다.

I dont' know what it **would** be.  그것이 무엇인지 나는 알 수 없다.

❷ 현재 또는 미래의 일에 대한 의지의 가정을 나타내어 《~할 텐데; ~하고 싶다.》
- ▶ 가정법의 주절이 보통 'I would'일 경우로 현재 또는 미래의 일에 대한 **주어(I)**의 의지, 결심을 나타낸다.

If I were you, I **would** not do it.  만일 내가 너라면 그 것을 안 할 거야.

If you could persuade him, I **would** give you one million won.

> 네가 그를 설득해 준다면 내가 너에게 백만 원을 주겠다.

I **would** have nothing to do with it.  나는 그런 일에는 관여하지 않겠다.

④ 가정법 과거완료 귀결절에서 [would + have + p.p.]
- ▶ 전제절에 상당하는 구의 귀결문으로써 쓰거나 전제절을 생략을 생략한 채 독립된 문장으로 쓰기도 한다.

❶ 과거의 일에 대한 단순 (무의지) 가정을 나타내어 《~했을 것이다; ~이었을 텐데.》
- ▶ 가정법인 주절이 'you(he, she, it, they) would + have p.p.'일 경우로서 과거의 일에 대한 **화자의 추측, 가정**을 나타내며 주어의 의지를 나타내진 않는다. 이런 문장은 전제절 또는 그에 상당하는 구의 귀결문으로 쓰거나 전제절을 생략한 채 독립된 문장으로 쓰기도 한다.

I **wouldn't have gone** to the baseball game if I had known it was going to be so boring.

> 만일 야구경기가 그토록 지루하게 진행될 줄 알았더라면 나는 야구 보러 가지 않았을 것이다.

He **would** not **have said** that if he had known.

> 그가 알고 있었더라면 그런 말은 하지 않았을 텐데.

❷ 과거의 일에 대한 의지의 가정을 나타내어 《~했을 텐데; ~하고 싶었는데.》
  ▶ 가정법의 주절이 보통 'I would + have p.p.'일 경우로 과거의 (하지 못한) 일에 대한 **주어(I)의 의지**, 유감, 후회를 나타낸다.

  If I could have found it, I **would have told** you.
  만일 내가 그것을 찾아낼 수 있었다면 네게 말을 했을 텐데 말이야.

  ※ 'If I would[should, might] have p.p.'의 형태는 없으며 이 구문은 could에만 허용된다.

  If I had been in your place, I **would** not **have given** him any money.
  만일 내가 당신 입장이었다면 그에게 한 푼도 주지 않았을 것이다.

  I would have liked to see [or have seen] him.
  그를 만나고 싶었는데. (만나지 못했다.)

7) 「I would [had] rather + 동사원형」, 「I would like [prefer] + to부정사」의 형태로 말하는 사람 (I)의 현재의 의견, 감정, 소망 등을 완곡하게 표현할 경우 《~하고 싶다; ~하면 좋겠다; ~해주었으면 좋겠다.》

  I would rather **go** home and **rest**.   나는 그냥 집에 가서 쉬고 싶다.
  I'd rather **not talk** about it over the phone.
  전화를 통하여 그것에 관해 말하고 싶지는 않다.

  ※ 'would rather'를 부정할 경우 그 중간에 not을 넣을 수 없고 그 뒤에 둔다.

  I would like to go through proper judicial procedures.
  저는 적절한 법적 절차를 밟고 싶습니다.

  I would like (for) you to check it.   당신이 그것을 확인해 주었으면 좋겠습니다.

  ※ for를 쓰는 것은 미국에서이다.

  I would prefer you to go home.   나는 네가 집에 가주었으면 좋겠다.

■ 덧붙임

1. S + would rather [sooner] A (동사원형) than B (동사원형) 《B하느니 차라리 A하다.》
  I would rather die than live in dishonor. 불명예 속에서 사느니 차라리 죽고 말겠다.

= I had better [또는 rather] die than live in dishonor.
I would choose death before life in dishonor.
I prefer dying to living in dishonor.
I prefer to die rather than (to) live in dishonor.
I would [had] as soon die as live in dishonor.
I may [might] as well die as live in dishonor.
I **would rather** hurt myself **than** make you cry.
당신을 눈물 흘리게 하느니 차라리 제가 상처를 받겠어요.
I'd **rather** think it over **than** decide now.
지금 결정하기보다는 생각을 좀 해보는 것이 좋겠다.

2. would rather 다음에 절이 올 경우에는 동사를 과거로 한다. (가정법 과거)

I'd (= would) **rather** you **went** home now. 나는 이제 네가 집에 가 주었으면 좋겠다.
I would rather he **came** tomorrow **than** today. 나는 그가 오늘 보다는 내일 와주면 좋겠다.

3. would [또는 should] like + to부정사 《~을 하고 싶다.》

   **would like + 명사 《~을 가지고 [먹고] 싶다.》**

I'd like to speak Mr. Kim, please. 김 선생과 통화하고 싶군요.
I would like a cup of coffee. 커피를 한 잔 마시고 싶다. / 〈주문에〉 커피 한 잔으로 할게요.

4. I would rather like + to부정사/ 명사 《~했으면 [이라면] (매우) 좋겠다; (매우) ~하고 싶다.》

I would rather like to be a poet. 내가 시인이라면 정말 좋겠다.
I would rather like a cup of coffee. 커피를 한 잔 마셨으면 정말 좋겠는데.

## 8) 현재의 소망, 의욕을 나타낼 경우 (= wish to, want to)

▶ 가정법 과거적이며, 실현 불가능한 소망이나 명령적인 경구 등에도 사용된다.

If you **would** catch fish, you must not mind getting wet.

물고기를 잡고 싶다면 물에 젖는 것을 꺼려서는 안 된다.

A man who wanted to live a worthy life **would** not waste even a fraction of a moment.   가치 있는 인생을 보내고 싶은 사람이라면 한순간이라도 허비하지는 않을 것이다.

※ 관계대명사 who가 이끄는 형용사절이 가정법 과거의 전제절 역할을 하고 있다.

Do to others as you **would** be done by.

(= Do to others as you **would** have them do to you.)

남이 대접해 주기를 바라는 것과 (똑)같이 남을 대접하라.

**Would that** I **were** young again. 다시 한 번 젊어질 수 있다면 좋으련만.

> ▷ 'would that'이나 'would to god that'은 '~할 수 있다면; ~이라면; 바라건대'의 뜻을 가지며 가정법의 if 대신으로 쓰인다. 즉, that절에는 가정법(가정법 과거, 가정법 과거완료)이 온다. 'I wish [wished]'로 바꿔 쓸 수 있다.
> Would it **were** so. 그랬으면 좋으련만. 〈would 다음에 that이 생략되어 있음〉
> Would (to) God that I **were** a bird. 내가 새라면 좋을 것을.
> Would that it **had been** true. 그것이 사실이었더라면 좋았을 텐데.

9) 'Would [Will] you ~?'의 형태로 정중한 의뢰, 권유를 나타내는 의문문을 만든다. 《~하여 주시겠습니까?》

▶ would가 will보다 더 공손한 표현이 된다. 또한, please를 함께 쓰면 더욱 공손한 표현이 된다. 대상, 방법 등을 강조하기 위해 의문사를 앞에 둘 수도 있다.

**Would you** do me a favor? 부탁 좀 해도 되겠습니까?
**Would you** come again, please? 다시 한 번 말씀해 주시겠어요?
**Would you** mind opening the window? 창문 좀 열어 주시겠습니까?
(= Would [Will] you please open the window?)
**What would you** have me do? 저에게 무엇을 시키고 싶으세요?
**How would you** like your steak? 스테이크를 어떻게 해드릴까요?

■ 덧붙임

1. 'Would you mind ~ing?'는 상대방 (you)에 대한 정중한 '의뢰, 부탁'을 나타낸다. 이에 대한 '예, 좋습니다; 물론입니다.'의 대답은 'No, not at all.''Certainly not.''Sure.'와 같이 한다. 부정의 대답은 'I'm afraid I can't.'와 같이 한다.

Would you mind waiting a moment, please? 죄송하지만 잠깐만 기다려 주시겠습니까?
Would you mind taking my picture? 사진 좀 찍어 주실래요?

※ 'Would [Wouldn't] you mind [like, prefer] ~?'의 표현은 있어도 'Will [Won't] you mind [like, prefer]~?'라는 표현은 없다.

### 2. Would you mind one's ~ing? 《~해도 괜찮겠습니까?》

▶ one's (나를 포함한 누구)의 행위에 대한 정중한 '양해'를 구하는 표현이다.

**Would you mind my opening** the window? 창문을 열어도 괜찮겠습니까?
(= Would you mind if I open the window? / Do you mind my opening the window?)

---

### 10) 〈주로 의문사와 함께〉 뜻밖의 일에 놀람, 의아함, 반문 등을 나타내어

▶ 보통은 should를 사용하나 would도 많이 쓴다.

Who **would** have thought to find you here?
누가 당신을 이곳에서 만나리라고 생각이나 했겠습니까?

Why **would** he do a thing like that? 왜 그가 그런 짓을 한거지?

What **would** I not give to be free? 자유를 얻기 위해서라면 무슨 대가인들 못 치르겠습니까?

### 11) 기타 (관용어구)

**would just as soon ~**: 아무렇지도 않게 ~하다; ~하는 것쯤은 아무렇지도 않게 여기다.

He **would just as soon** break his promise. 그는 아무렇지도 않게 약속을 어긴다.
You **wouldn't [couldn't]** (do that)! (당신이) 설마 그럴 리야!
He **would not** speak for the word. 그는 아무리 해도 입을 열려고 하지 않았다.

---

## (11) must의 용법

조동사 must는 절대적인 필요, 의무, 명령, 강제나 강한 추측을 나타낼 때 쓴다.

※ 부정형: must not / 부정 축약형: mustn't

### 1) 절대적인 필요, 의무, 명령, 강제

① 필요, 의무 《~해야 할 필요가 있다; ~하지 않으면 안 된다.》

이 뜻의 must는 have to 또는 have got to로 바꿔 쓸 수 있다. 또한 과거시제, 미래시제, 완료시제의 표시와 의문문에는 have to의 시제에 따른 변화형을 쓴다. 부정에는 need not이나 do not have to를 쓴다.

I **must** have a haircut. (= I must have my hair cut.)　　나는 이발을 해야 하겠다.
You **must** do as you are told.　　당신은 하라는 대로 하지 않으면 안 된다.

※ 2인칭이나 3인칭에서 must는 have to보다 더 피할 수 없는 의무나 강제사항을 나타낸다.

Bygones **must** be bygones.
　　지나간 일은 지나간 일로 놓아두어야만 한다. (옛일을 들추어내지 마라.)
"**Must** I wait?"　　제가 기다려야만 합니까? (= Do I have to wait?)
– "Yes, you **must**."　　예, 당신은 기다려야 합니다.
　"No, you **don't have to**." / "No, you **need not**."
　　아니요, 당신은 기다리지 않아도 됩니다. / 아니요, 그럴 필요 없습니다.
You **had to** leave in a hurry yesterday.　　당신은 어제 서둘러서 떠났어야 했다.
You **will have to** go there.　　너는 그곳에 가야 할 것이다.
She said she **must** [had to] find a job by August.
　　　그녀는 8월까지는 일을 찾아야 한다고 말했다.

※ 간접화법에서는 과거에도 must를 그대로 쓰는 일이 많다.
　I told him that I must go. 나는 그에게 내가 가야만 한다고 말했다.


② 명령, 강제 《~해야 한다.》

You **must not** tell a lie.　　거짓말을 하지 말아야 한다.

※ 명령·강제의 부정인 '금지'는 must not을 쓴다. (~ 해서는 안 된다.) 여기서 not은 must를 부정하는 것이 아니라 동사를 부정한다. 그리고 가벼운 금지에는 can not이나 may not을 쓰기도 한다.
　You **can't** do that sort of thing. 그런 짓을 해서는 못쓴다.
　You **may not** smoke here. 이곳에서 담배를 피우지 마시오.

You really **mustn't** say anything about it.
　　　너는 그것에 대하여 절대로 입 밖에 내서는 안 된다.
"**May** I go?"　　가도 되나요?
– "Yes, you **may**." 〈허가〉　　예, 가도 됩니다.

"No, you may not." 〈금지〉      아니오, 가지 마세요.

"No, you **must** not." 〈강한 금지〉      아니오, 가서는 안 됩니다.

### ■ must와 have to

1. 필요, 의무, 명령, 강제를 나타내는 must의 과거시제, 미래시제, 완료시제에는 have to의 시제에 따른 변화형을 쓴다. 간접화법에서 시제 일치상의 과거는 그대로 must를 쓰거나 had to를 쓸 수 있다.

    I **had to** spend ten minutes looking for a place to park.
    주차할 곳을 찾느라고 10분이나 허비해야 했습니다.
    We **will have to** go to the seminar tomorrow.
    우리는 내일 연구회의에 가야만 할 것이다.
    She **has had to** exchange her eating habits to lose weight.
    그녀는 살을 빼기 위해 식습관을 바꿔야만 했다.
    He **had had to** mortgage his estates to buy the building.
    그는 그 건물을 사기 위해 그의 토지를 저당 잡혀야 했다.
    I think that I must go. 나는 내가 가야 한다고 생각한다.
    → I thought that I must[had to] go. 나는 내가 가야 한다고 생각했다.

2. must가 필요·의무의 뜻으로 쓰일 때의 부정은 need not, do not need to, do not have to, have not to를 사용한다.

    You **must** go there at once. 당신은 즉시 그곳에 가야만 합니다.
    ↔ You **don't have to** go there at once. 당신은 즉시 그곳에 갈 필요는 없습니다.
    "Must you go soon?" 당신은 곧 가야만 합니까?
    – "Yes, I must." 예, 곧 가야만 합니다.
      "No, I need not." 아니오, 그럴 필요는 없습니다. (= No, I don't have to.)
    ※ must가 '금지'의 뜻으로 쓰일 때의 부정은 must not이다.
    You must not go there. 가서는 안 된다. ↔ You may go there. 가도 좋다.

3. must가 '필요·의무'의 뜻으로 쓰일 때의 의문문은 must를 주어 앞에 놓거나, 「Do + 주어 + have to ~」의 형태로 나타낼 수 있다. 그 대답은 긍정에는 must나 have to를, 부정에는 don't have to 또는 need not을 사용한다. 그리고 과거시제의 의문문은 「Did + 주어 + have to ~」의 형태로 하고 그 대답은 had to나 didn't have to, didn't need to로 한다.

    "Must I do it? / Do I have to do it?" 내가 그것을 해야만 합니까?

— "Yes, you have to." 〈긍정〉 예, 당신은 해야 합니다.

"Yes, you must." 〈강한 긍정〉 예, 당신은 반드시 해야만 합니다.

"No, you don't have to." / "No, you don't need to." 아니요, 당신은 할 필요가 없습니다.

"Must you get home early?" / "Do you have to get home early?" 집에 일찍 들어가야 하니?

— "Yes, I must." 응, 반드시 들어가야 해. / "Yes, I have to." 그래, 들어가야 해.

"No, I need not." 아니, 그럴 필요는 없어. / "No, I don't have to." 아니, 안 그래도 돼.

"Did you have to get home early yesterday?" 너는 어제 집에 일찍 들어가야만 했었니?

— "Yes, I had to." 응, 그래야 했어. / "No, I didn't have to." 아니, 안 그래도 됐었어.

### 4. 규칙, 습관의 의무를 나타내는 경우에는 have (got) to를 사용한다.

I have (got) to leave home every morning at 5:30.
나는 매일 아침 다섯 시 삼십 분에 집을 나서야 한다.

### 5. always, often 등의 빈도부사가 결합하는 경우 have got to보다는 have to가 알맞다.

He often **have to** work by 10 o'clock. 그는 종종 열 시까지 근무해야 한다.
Why do you always **have to** lay your problems at my doorstep?
어째서 너는 자신의 문제를 언제나 내게 떠맡기고 있는가?

### 6. 필요, 의무, 명령, 강제 등을 나타내는 공식문서에는 have (got) to를 사용하지 않고 must 만을 쓴다.

You **must** drive slowly in the school zone. 어린이보호구역에서는 천천히 운전해야만 합니다.
Applicants **must** have finished the senior high school. 지원자는 고등학교를 졸업했어야 한다.

## 2) 강한 추측 [must + 무의지 동사]

'~임이 틀림없다.'뜻의 '추측'을 나타낼 때는 현재, 과거 모두 must를 쓴다. 이 뜻 must의 부정은 'cannot(~일[할]리가 없다.)'이며 이 cannot은 응답과 부가의문문에 사용되는 것 외에 의문문에는 사용치 않으며 그 경우에는 'Are you sure?'를 쓴다.

① 현재 사실에 대한 추측 [must + 동사원형 (무의지 동사)] 《~임에 틀림없다; 틀림없이 ~일 것이다.》

The rumor **must** be true.               그 소문은 사실임에 틀림없다.

(= I am sure [It is certain] that the rumor is true.)

You **must** know this, **mustn't** you?

　　　　　　　　　　　　　　　당신은 틀림없이 이걸 알고 있을 테지, 그렇지 않은가?

If no help comes, they **must** starve.　원조가 없으면 그들은 틀림없이 굶어죽을 것이다.

It **must** be getting on toward nine o'clock.　　　아홉시 쯤 되었을 것이 분명합니다.

> ▷ 추측의 must의 부정형은 'cannot + 동사원형'(~일 [할]리가 없다.) 을 쓰는 것이 보통이나, 〈미〉에서는 must not (= mustn't)을 쓴다.
> She cannot be so young; she must be over fifty.
> 그녀가 그렇게 젊을 리가 없다. 그녀는 50세는 넘었을 것이 틀림없다.
> He mustn't be there. 〈미〉 그는 그곳에 없을 것이 틀림없다.

② 과거의 일에 대한 추측 [must have p.p.] 《~이었음에 [했음에] 틀림없다.》

must have p.p.는 may have done과 같이 '현재형 조동사 + 완료시제형'의 구실을 하는 한편, might have done과 마찬가지로 '과거형 조동사 + 완료시제형'의 구실도 아울러 한다.

※ 부정형: cannot have p.p.

I thought something **must have happened** to him.

　　　　　　　　　　　　　　　나는 그에게 틀림없이 무슨 일이 일어났을 것으로 생각했다.

To most people he **must have seemed** a rather dull little boy.

　　　　　　　　　　　　　　대부분의 사람에게 그는 약간 덜떨어진 아이로 보였을 것이 틀림없다.

If he did that, he **must have been** mad.

　　　　　　　　　　　　　　　만약 그런 짓을 했다면, 그가 미쳤던 것이 틀림없다.

※ 이는 다른 조건을 가정하여 추측하는 경우로서 might have p.p.에 대응되는 경우이다.

He **must have done** it if he had been told to.

　　　　　　　　　　　　　　　　하라고 했으면 그는 했을 것이 틀림없다.

How you **must have hated** me!　　　　　네가 나를 얼마나 증오했겠니!

He **cannot have done** so on purpose.　　　그가 고의로 그랬을 리가 없다.

※ 미국에서는 과거에 대한 강한 추측의 부정으로 'must not have p.p.'를 쓴다.
He **mustn't** have known it. 그는 그것을 몰랐음이 틀림없다.

### ■ 덧붙임

1. 추측을 나타내는 must는 현재시제 및 기타 시제에서 have [had] to로 바꾸지 못한다.

    The rumor **must** [have to (x)] be true. 그 소문은 사실임에 틀림없다.
    He said to me "You **must** [have to (x)] be tired."
    그는 "너는 피곤한 것이 틀림없구나."라고 나에게 말했다.
    → He told me that I **must** [had to (x)] be tired.
    그는 나에게 내가 틀림없이 피곤하겠다고 말했다.
    He said that it **must** [had to (x)] be true. 그는 그것은 사실임이 틀림없다고 말했다.

2. must have p.p.는 과거 사실에 대한 추론이며 과거의 이루어지지 않은 사실에 대한 후회·유감의 뜻(가정법)을 나타내지는 않는다. 다만, 가정법적으로 쓰기도 하는데, 이는 옛 용법이다.

    He **must have stopped** smoking. 그는 담배를 끊었음이 분명했다. (o)
    → 담배를 끊었어야만 했다. (x)
    You **must have caught** the train if you had hurried.
    네가 서둘렀더라면 틀림없이 기차를 잡았을 텐데.

---

3) 필연, 주장, 강한 의지 《(필연) 반드시 한다, ~은 피할 수 없다; (주장) 꼭 ~하여야 하다.》

    Man **must** eat to live. 인간은 살기위해 먹어야 한다.
    He **must** always have everything his own way.
    그는 언제나 매사를 자기 뜻대로 해야 한다.
    "I **must** do it." 나는 그것을 반드시 해야만 합니다.
    – "If you must, you must." 〈두 must 뒤에 do it가 생략됨〉 네가 꼭 해야 한다면 어쩔 수 없지.
    ※ 조건문 등에서 must 이하가 앞 문장이나 주절 등에서 이미 언급된 것이거나 알 수 있는 것일 때에는 보통 생략한다.
    "Can I borrow your car, Tom?" 톰아, 네 차 좀 써도 되겠니?
    – "If you must." 〈must 뒤에 borrow my car가 생략됨〉 꼭 써야 한다면 (써라).

He said that he **must** [had to] see her.   그는 꼭 그녀를 만나야겠다고 말했다.

## 4) 요청, 충고 《(꼭) ~해주기 바라다; ~해주면 좋겠다.》

▶ 2인칭을 주어로 하는 문장에 쓴다.

**You must** be dressed for dinner.   만찬에는 정장을 입어야 합니다.
**You must** get up now, mustn't you?   이제 일어나야지 않겠어?

## 5) 안타까움, 원망 등을 나타내어 《하필이면[공교롭게도] ~했다.》〈입말체〉

Why **must** it always rain on Sundays?   일요일만 되면 왜 하필 비가 오느냔 말이냐고.
Just as [when] I was going out, he **must** call on me.

　　　　　　　　　　내가 막 외출하려 할 때 하필 그가 찾아왔으니 말야.

## 6) 가벼운 의무(감), 필요(감)를 나타내어 《~해야 한다, ~하지 않을 수 없다.》

▶ 1인칭을 주어로 하는 문장에 쓴다.

**I must** ask you to excuse me.   실례 좀 해야겠습니다.
**I must** be leaving [off(입말체)] now.   슬슬 작별해야 하겠습니다.
**I must** say I forgot myself and laughed; it was so sudden.

　　　　그것이 너무도 갑작스러워서 저도 모르게 웃어 버리고 말았다고 말씀드려야 할 것 같네요.

## 7) 기타(참고)

① 명사 must: 필요물, 필수품

English is **a must** to get a better job in our society.

　　　　　　　　영어는 우리사회에서 더 좋은 직업을 얻기 위한 필수품이 된다.

② 형용사 must: 필요한, 필수의, 필독의

That is a **must** book for those who study English grammar.

　　　　　　　　그것은 영문법을 공부하는 사람들을 위한 필독서이다.

■ 참 고

1. 동사 go는 must와 함께 쓰일 경우 방향을 나타내는 부사가 있으면 생략하여 쓸 때가 있다.

   We must (go) away. 우린 떠나지 않으면 안 된다.

   I must (go) down to my hometown again. 나는 고향으로 다시 돌아가지 않으면 안 된다.

2. must needs: must의 강조형으로 쓰이며, 특히 needs must는 문어적 표현이다.

(1) 꼭 ~한다고 하다. (= cannot but, must necessarily)

   ▶ 여기서 needs는 부사로서 '반드시, 꼭, 어떻게든지'의 뜻을 갖는다.

   He must needs go alone. 그는 꼭 혼자 가겠다고 주장한다. (우긴다.)

   (= He persists in going alone. / He insist on going alone.)

   It must needs be so. 꼭 그럴 것이다.

(2) 꼭 해야 한다; ~하지 않을 수 없다. (= needs must do)

   I must needs go there. 나는 그곳에 꼭 가야 한다.

   Needs must when the devil drives.
   악마가 재촉하면 거절할 수가 없다. (필요에 쫓기면 꼭 하게 된다.) – 속담 –

### (12) need의 용법

need의 용법에는 본동사적 용법과 조동사적 용법이 있는데, 조동사적 용법으로서는 「need + 원형부정사(동사원형)」의 형태로 의문문이나 부정문에 쓰인다. 특히, 입말체에서는 부정문에 needn't를 쓰는 것을 제외하고는 조동사로는 거의 쓰지 않는다. 긍정문에서는 「need + 명사(동명사)/ to부정사」의 형태로 본동사(타동사)로 쓰는 것이 일반적이다.

※ 조동사 need는 과거형이 없으므로 과거를 나타낼 때에는 본동사 didn't need to를 쓰거나 didn't have to를 대용한다. 다만, 종속절에서는 주절의 시제가 과거라도 그대로 need를 쓴다.

1) 부정문에서

① need not (= needn't) + 동사원형 《현재·미래의 일에》 ~하지 않아도 된다; ~할 필요가 없다.》

   You need not do it at once.                                  그 일은 당장 하지 않아도 된다.

※ 통상적으로는 need를 본동사로 써서 You don't need to do it at once.와 같이 쓴다.

He **needn't** come. 〈조동사〉   그가 올 필요는 없다. * 주관적 판단.

cf.) He **doesn't need** to come. 〈본동사〉   그는 올 필요가 없다. * 객관적 판단 (상황).

I told her that she **need** not worry. 〈명사절〉

나는 그녀에게 걱정할 필요가 없다고 말해 주었다.

▷ 주절이 과거이더라도 (과거로 되더라도) 종속절 (명사절, 형용사절)에는 그대로 need를 쓴다.
All that we **need** do was to hide until the danger was past. 〈형용사절〉
우리들이 할 일이라고는 위험이 지날 때까지 숨어 있는 일뿐이었다.

② need not have + p.p. 《과거의 일에》 ~할 필요는 없었는데. (했다.)》

▶ 조동사 need에는 과거형이 따로 없고 need not have p.p.를 써서 과거를 나타내는데, 이는 과거의 불필요한 행동에 대한 유감을 드러내는 표현이다.

You **need not have done** it.   너는 그 일을 할 필요가 없었는데. (해버렸다.)

(= It was not necessary for you to do it, but you did it.)

He **need not have come**.   그가 올 필요는 없었다. (그런데 왔다.)

cf.) He **didn't need** to come.   그는 올 필요가 없었다. (왔는지 안 왔는지는 알 수 없음)

※ 본동사 need의 과거 부정은 'did not need to'이다.


2) 의문문에서

① Need + S + 동사원형 ~? 《현재·미래의 일에》 ~할 필요가 있을까?; ~하지 않으면 안 되는가?》

"**Need** I go at once?"   내가 당장 가야할 필요가 있을까?

– "No, you **needn't** (go)."   아니, 그럴 필요 없어.

"Yes, you must."   그래, 당장 가야만 해.

※ 조동사적 용법의 Need I [you…] ~?는 화자(I)가 부정적 대답을 기대하면서 묻는 것이나, 본동사적 용법의 Do I [you 등] need ~?는 단지 상대방의 대답 (판단)을 묻는 경우이다.

**Need** we really leave so early?   우리가 진짜 그렇게 일찍 떠나야 할까요?

There **need** be no hurry, **need** there? 〈부가의문문〉　　서두를 필요는 없지 않겠어요?

② Need + S + have + p.p.~? 《〈과거의 일에〉 ~할 필요가 있었을까?; ~하지 않으면 안 되었는가?》

▶ 의문문상의 과거 역시 과거의 불필요한 행동에 대한 유감을 드러내는 표현이다.

**Need** you **have paid** so much?

당신이 그렇게 많이 지불할 필요가 있었을까? (왜 많이 냈느냐?)

**Need** you **have spared** your precious time to do such a useless thing?

네 귀중한 시간들을 그런 쓸데없는 짓을 하는 데 소비할 필요가 있었을까?

---

### ■ 참고

#### 1. 본동사 (타동사) need의 용법

(1) S + need(vt.) + 명사/대명사, 동명사, 부정사

《~이 필요하다, ~을 필요로 하다; ~할 필요가 있다; ~해야 한다.》

My car **needs** repairing [= to be repaired.] 내 차는 수리가 필요하다.

You did not **need** to do it. 너는 그것을 할 필요는 없었다.

That **needs** no accounting for. 그것은 설명할 필요가 없다.

(2) need + 목적어 + to부정사(~) 《…(목적어)가 ~해 줄 필요가 있다.》

I **need** someone to look after my life. 나는 누군가 내 인생을 돌봐줄 사람이 필요하다.

I don't **need** you to help me. 당신의 도움 따위는 필요 없어요.

(3) need + 목적어 + 과거분사

《…(목적어)이 ~될 필요가 있다; …을 ~되도록 할 필요가 있다.》

I **need** my car mended. (= My car need mending.) 내차는 수리할 필요가 있다.

I **need** my shirt ironed. 내 셔츠를 다림질해야 할 것 같다.

#### 2. 본동사 need의 의문문 [Do (Does, Did) + S + need + to부정사?]

Does he **need** to do so? (= Need he do so ?) 그는 그렇게 할 필요가 있나요?

"Doesn't he **need** to work?" 〈본동사의 부정의문〉

그는 그 일을 할 필요가 없지 않나요? (= 그가 그 일을 할 필요가 있을까요?)

※ 본동사의 부정의문문은 긍정의문문과 같은 의미를 갖는다. 다만, 대답의 no, yes는 반대로 해석해야 한다.
- "No, he needn't."/ "No, he doesn't have to."/ "No, he hasn't got to."
예, 그는 할 필요가 없습니다.
- "Yes, he must."/ "Yes, he has (got) to." 아니요, 그는 해야 합니다.
Why do you need to work so hard? 무엇 때문에 너는 그렇게 열심히 일을 해야 하는 거니?

### 3. need가 쓰이는 관용어구

- in need 어려움에 처한, 궁핍한

  He is in (great) need. 그는 (매우) 곤궁에 처해 있다.

  A friend in need is a friend indeed. 어려움에 처했을 때 도와주는 친구가 진정한 친구다.

- be in need of~ : ~가[이] 필요하다

  The house is in need of repair. 그 집은 수리가 필요하다.

- need only (do) 단지 ~하기만 하면 되다

  You need only [but] do so. 너는 그렇게 하기만 하면 된다.

  (= All you need to do is (to) do so.)

I need it yesterday. 〈입말〉 나는 그것이 당장 필요해.

I need hardly say ~ : 거의 [굳이] ~을 말할 필요가 없을 것 같다.

I need hardly say that I am innocent.

나는 굳이 내가 결백하다는 것을 말할 필요는 없을 것 같다.

Who needs ~? 〈반어적〉 ~ 따위는 필요 없다.

Who needs it? 누가 그 따위 것이 필요하답니까?

That's [It's] all a person needs. / That's [It's] just what a person needs.

〈비꼬아서〉 그것만은 곤란하다; 그건 너무 지나치다.

### (13) dare의 용법

dare는 '감히 ~하다.'는 뜻으로 긍정문에서는 항상 본동사로 쓰이고, 부정문, 의문문에서는 조동사로 쓰인다. dare는 원형부정사와 함께 조동사로 쓰이며 3인칭 단수·현재일 때에도 -s는 붙지 않는다. 입말체에서는 부정문·의문문에서도 본동사의 형식으로 쓰는 경향이다.

※ 과거, 과거 완료형: dared / 부정형: dear not [부정 축약형: daren't]

1) dare는 부정문, 의문문에서 원형부정사와 함께 조동사로 쓰인다. 주어가 3인칭 단수의 현재일지라도 -s가 붙지 않고 do[does]도 필요 없다.

① 부정문: S + dare not + 동사원형 ~《감히 ~하지 못하다. ~할 용기가 없다.》

He **dare not** ask her. 〈조동사적 용법〉　　　　　그는 그녀에게 감히 물어 볼 용기가 없다.

(= He **does not dare** to ask her?) 〈본동사적 용법〉

He met her, but he **daren't** tell her the word that he loved her.

　　　　　　　　　　그녀를 만났으나, 그는 감히 그녀를 사랑한다는 말을 할 용기가 없었다.

② 의문문: Dare + S + 동사원형 ~?《감히 ~할까요?; 감히 ~할 수 있을까요?》

▶ 「How dare + S + 동사원형 ~?」의 형태로 많이 쓰인다. 《어떻게 감히 ~할 수 있는가?》

**Dare** he do so? 〈조동사적 용법〉　　　　　　그가 감히 그렇게 할 수 있을까?

(= **Does** he **dare** to do so?) 〈본동사적용법〉

**Dare** I suggest the answer?　　　　　　　(감히) 제가 답변을 해도 될까요?

**Daren't** she do so?　　　　　　　　　　그녀가 감히 그렇게 하지 않을 수 있을까요?

(= Doesn't she dare to do so?)

**How dare** you say such a thing to my face?

　　　　　　　　　　　　네가 감히 내 앞에서 어떻게 그런 말을 한단 말이냐?

**How dare** you come to ask me a favor?

　　　　　　　　　　　　네가 감히 무슨 낯으로 내게 부탁하러 왔느냐?

2) dare가 긍정문에 조동사로 쓰일 경우 보통 say가 결합한다. 이때는 I dare say 와 같이 1인칭 주어에 결합하며 that을 생략하는 것이 보통이다.

▶ I dare say (= daresay) 아마도; 내가 감히 말하면

**I dare say** this is the best book of the kind.

　　　　　　　　　　　　　아마 이 종류의 책으로는 이것이 최상일 것입니다.

He, **I dare say**, thinks otherwise.　　　　그는 아마 달리 생각 할 것이다.

It's a mere fiction, **I dare say**.　　　　그건 아마도 지어낸 이야기일거야.

### 3) 기타 (관용어구)

| | |
|---|---|
| Dare I say it | 굳이 이야기하자면 |
| Don't you dare! | 그만둬!; 당치도 않아! (= (Just) You dare!) |
| I dare swear | 반드시 ~라고 확신하다. |
| He will succeed, I dare swear. | 그가 꼭 성공할 거야. 난 확신해. |

---

### ■ 참고

#### 1. dare의 본동사적용법

**(1) dare + to부정사 《감히 ~하다; ~할 용기가 있다.》**

He **dares to** insult me because I am not a university man.
그는 내가 대학 출신이 아니라고 거리낌 없이 나를 모욕한다.
I have **never dared to** speak to him. 나는 그와는 감히 말을 나누어본 적이 없다.
She wanted to go, but she **didn't dare** (to). 그녀는 가보고 싶었지만 갈 용기가 나지 않았다.
**Does** he **dare to** do it? 그는 감히 그것을 할 수 있을까?

**(2) dare + 명사 《(위험을 무릅쓰고) ~을 해보다; ~에 용감히 맞서다.》**

I will **dare** your anger and say. 나는 네가 화낼 것을 각오하고 말하겠다.
He was ready to **dare** any danger. 그는 어떠한 위험도 무릅쓸 각오가 되어 있었다.
The boy **dared** a jump into the water. 소년은 용감히 물속에 뛰어들었다.

**(3) dare + 목적어 + (to do)/ 전치사 + 명사 《(할 테면 해보라고) ~에게 덤비다, 도전하다.》**

I **dare** you to tell her! 그녀에게 말하면 너를 가만 안 둔다!
He **dared** me to a fight. 그는 할 테면 해보라고 나에게 싸움을 걸어왔다.

#### 2. 본동사로서 dare는 그 목적어로 to부정사를 쓸 수 있지만 to를 종종 생략한다.

She **does not dare** (to) tell us. 그녀는 감히 우리에게 말할 용기가 없다.
**Do** I **dare** (to) ask? 제가 감히 여쭤 봐도 될까요?
**Don't** you **dare** sass me! 〈미, 입말〉 건방지게 감히 내게 말대꾸하지 마!

#### 3. 본동사 dare의 부정문과 의문문

현대영어(특히 미)에서는 부정문과 의문문에도 본동사 형식을 쓰는 편이다. 부정문, 의문문의 본동사 dare는 do를 취한다.

> (1) 본동사 부정문: S + don't [doesn't, didn't] dare + to부정사
> They **didn't dare** to disobey him. 그들은 감히 그를 거역하지 못했다.
> **Don't** you **dare** to touch me. (건방지게) 감히 나를 건드리려 하지마라.
> **Don't dare** to do that again. 다시는 감히 그런 일을 하지 마라.
>
> (2) 본동사 의문문: Do [Does, Did] + S + dare to?
> **Do** you **dare** (to) insult me? 네가 감히 나를 모욕할 수 있단 말이냐?
> **Did** he **dare** to do so? 그가 감히 그렇게 할 수가 있었을까?

### (14) 무리 조동사

단어 무리(두 개 이상의 단어)가 하나의 조동사와 같은 쓰임을 갖는 것을 말한다.

※ 단어 무리가 조동사에 준하는 역할을 한다고 하여 이를 준 조동사라고 부르기도 한다.

#### 1) used to

「used to + 동사원형」의 형식으로 현재의 사실과 대조되는 과거의 규칙적이고 습관적 동작이나 상태를 나타내어 조동사와 같은 역할을 한다.

※ **부정형**: didn't use(d) to / **축약형**: usedn't to 또는 〈영〉 usen't to
  **의문형**: 〈영〉 Used you to ~? / **부정의문문**: Use(d)n't you to ~?
      〈미〉 Did you use(d) to ~? / **부정의문문**: Didn't you use(d) to ~?

① 과거의 규칙적인 동작이나 습관 [used to + 동사원형 (의지동사)]《~하고는 했다.》

My mother always **used to** tell us bedtime stories.
                            우리 어머니는 항상 우리가 잠이 들기 전에 이야기를 들려주시고는 하셨다.
She **used to** go to school by bus.                    그녀는 버스로 통학했었다.
I read much less now than I **used to**.   나는 지금은 예전보다 책을 훨씬 덜 읽는다.
He **didn't use [usedn't 〈영〉]** to drink while young, did he?
                            그는 젊었을 때는 술을 마시지 않았죠, 그렇죠?
Did he use(d) to smoke? [Used he to smoke? 〈영〉]   그가 전에는 담배를 피웠습니까?

② 과거의 지속적 사실, 상태 [used to + 동사원형 (무의지 동사, 상태 동사)] 《전에는 ~ 있었다 [였다].》

ex) be, live, know, belong, love, think, etc,

We **used to** live under the same roof like a family.
우리는 한 지붕 아래서 가족같이 지내던 사이였다.

She **used to** be quite poor. 그녀가 아주 가난했다는 것은 다 지난 얘기다.

You can still see the place where the picture **used to** hang.
전에 그림이 걸렸던 자리가 아직도 표가 난다.

Things ain't (= are not) what they **used to** be. 사정이 예전과 같지 않다.

There **used to** be a cinema here, didn't there?
예전에는 여기에 영화관이 있었는데, 안 그래요?

■ used to와 would

1. used to는 과거의 상당한 기간에 걸쳐 규칙적으로 반복된 동작, 지속된 상태를 나타내며, would는 과거의 비교적 짧은 기간 또는 불규칙·반복적인 동작을 나타내는 데 쓰인다.

   I **used to** get up early. 전에 나는 일찍 일어났었다.
   There **used to** be many tall poplars in the school grounds.
   예전에 교정에는 키 큰 포플러 나무가 많이 있었다.
   He **used to** be a great baseball player. 그는 전에 대단한 야구 선수였었다.
   Sometimes he **would** talk with her all through the night.
   때때로 그는 밤을 새워 그녀와 이야기하고는 했다.

2. used to는 과거의 상태에도 쓰나, would는 의지적인 동작의 반복에만 쓰이므로 주어의 '의지'나 '동작'을 나타내지 않을 때는 would를 사용할 수 없다.

   I **used to** live in the country. 〈would (x)〉 나는 전에 시골에서 살았었다.
   She **used to** possess a large fortune. 〈would (x)〉
   그녀는 예전에 큰 재산을 소유하고 있었다.
   He **used to** have a moustache. 〈would (x)〉 그는 예전에 콧수염을 길렀었다.
   She **used to** be a Girl Scout in her elementary school days. 〈would (x)〉
   그녀는 초등학교 때 걸 스카우트 단원이었다.

She **used to** know him for a long time. ⟨would (x)⟩ 그녀는 그를 오랜 동안 알고 있었다.
He **used to** love her. ⟨would (x)⟩ 그는 오랫동안 그녀를 사랑했었다.
They **used to** think so in those days. ⟨would (x)⟩ 그들은 그 당시에는 그렇게 생각했다.
It **used to** be said that the earth was flat. ⟨would (x)⟩ 당시에는 지구가 평평하다고 말해졌었다.
There **used to** be a big tree here. ⟨would (x)⟩ 예전에 이곳에는 큰 나무 한그루가 있었다.
When I was a child, I **used** not **to** like beans. ⟨would (x)⟩
아이였을 때 나는 콩을 좋아하지 않았었다.
I **used to** be interested in reading a short novel in my schooldays. ⟨would (x)⟩
나는 학창시절에 단편소설을 읽는 것에 흥미가 있었다.

3. 과거의 습관적 동작 (행동)을 나타내는 경우에 used to와 would는 그 쓰임에 거의 차이가 없다. 다만, would는 used to보다 격식체의 문장에 쓰인다. 습관을 나타내는 would는 보통 always, often, frequently, every day 등의 시간(빈도)부사나 「when + s + v ~」 등의 시간 부사절을 동반한다. 이에 반해 used to는 시간부사를 반드시 동반할 필요는 없다. 그리고 이야기를 처음 시작할 때는 used to만을 쓴다.

I **would** [**used to**] frequently go to the cinema in my school days.
나는 학창시절에 영화관에 자주 갔었다.
When I was a pupil I **would** [**used to**] visit my maternal grandmother's house in my summer vacation.
초등학생이었을 때 나는 여름방학이면 외할머니댁을 찾아가고는 했었다.
In the spring, the birds **would** return to their old nests, and the woods **would** be filled with their music.
봄이면 새들은 옛 둥지로 돌아오고, 숲은 새들의 지저귀는 소리로 가득 차고는 했다.
We **used to** live in the same village and we **would** sometimes fight each other.
우리는 같은 동네에 살았었고, 종종 서로 싸우기도 했다.

③ used to의 의문문과 부정문

❶ 의문문

▶ used to의 의문형으로 ⟨미⟩에서는 「Did + S + use(d) to + 원형 ~?」이 쓰이며, ⟨영⟩에서는 「used + S + to + 동사원형~?」이 쓰인다.

Did he **use(d) to** be so forgetful? [Used he to be so forgetful? ⟨영⟩]
그는 전에도 이렇게 잊어버리기를 잘했나요?

What **used to** be your favorite games? 예전에는 어떤 놀이들을 좋아했었나요?

What did he **use(d) to** say? [What used he to say? 〈영〉]
그는 무슨 말을 하고는 했나요?

"Mr. Kim **used to** live at Gongju." 김 선생은 공주에 살았었습니다.
– "Oh, did [또는 used] he?" 아, 그랬습니까?

### ❷ 부정문

▶ used to의 부정형은 현재 영, 미 모두 didn't use(d) to를 쓰며, 〈영〉에서는 used not to의 축약형인 usedn't [usen't] to도 쓴다.

I **didn't use to** like him. 그전에는 나는 그를 좋아하지 않았다.

This river **didn't used to** dry up even in severe droughts.
이 강은 아무리 심한 가뭄에도 마르지 않았었다.

He **used to** live in Seoul, <u>**usedn't** [또는 **didn't**]</u> he?
그는 전에 서울에서 살았었지요, 그렇지 않습니까?

### ④ 기타 (관련어구)

❶ be used to + 동사원형 《~하기 위해 사용된다. (= be used for)》

Dictionaries **are used to** look up the words you don't know.
사전은 모르는 단어들을 찾기 위해 사용된다.

10 percent of the trust was to **be used for** the children's education.
위탁금의 10퍼센트가 그 아이들의 교육에 사용되기로 되어 있었다.

❷ be [get, become] used to + ~ing/ 명사 《~에 익숙하다 (익숙해지다); ~에 익숙해져 있다.》

She **was used to** <u>singing</u> before large audiences.
그녀는 많은 청중 앞에서 노래 부르는데 익숙했다.

cf.) She **used to** sing before large audiences.
그녀는 많은 청중 앞에서 노래를 부르고는 했었다.

You'll soon **get used to** <u>the climate</u> here. 너는 곧 이곳 기후에 익숙해질 것이다.

He **was used to** sleeping late. 그는 늦잠 자는 버릇이 있었다.

## 2) be supposed to

「be suppose to + 동사원형」의 형식으로 will, would, must 등의 조동사와 같은 역할을 한다. 관습, 법률, 규칙, 약속 등에 의해 정해진 일이나 의무, 그리고 '추정'의 뜻을 나타낼 때도 있다.

### ① ~하기로 되어있다; ~할 예정이다.

The government **is supposed to** supply those refugees with enough provisions. 정부는 충분한 구호품을 난민들에게 보급하기로 하고 있다.

Election officials **are supposed to** guard against stuffing the ballot box.
선거관리인들이 투표함에 부정 투표하는 것을 막기 위해 배치되어 있다.

The game **is supposed to** begin at six. 그 경기는 6시에 시작할 예정이다.
Who am I **supposed to** see? 제가 누구를 만나야 하죠?
What time are we **supposed to** leave? 우리는 언제 떠날 예정이죠?
How am I **supposed to** take that remark? 그 발언을 제가 어떻게 이해해야 되죠?

### ② 당연히 ~해야 한다.

Everybody **is supposed to** know the law. 법률은 누구나 알고 있을 의무가 있다.
High school students **are supposed to** know this level of vocabulary.
고등학교 학생이라면 이정도 수준의 어휘는 알고 있어야만 한다.

What am I **supposed to** do in this situation?
(= What should I do in this situation?) 이 상황에서 나는 무엇을 해야 하는가?

### ③ 〈부정문에서〉 ~할 수 없다; ~하게 되어 있지 않다.

We **are not supposed to** smoke in the school. 학교 안에서는 담배를 피울 수 없다.
They **are not supposed to** judge different religions and foreign cultures

by imposing their own arbitrary standards of morality.
그들은 그들만의 독단적인 윤리기준을 강요함으로써 다른 종교와 외국 문화를 심판해서는 안 된다.

④ ~인 것으로 추정되다; ~으로 생각되다.
▶ '추정'이란 단순 추측과 달리 어떤 전제나 사실에 근거하여 일정한 판단을 하는 것이므로, 다소 논리적, 객관적으로 추측되는 것에 사용한다고 볼 수 있다.

She **is supposed to** be thirty years old. 그녀는 나이가 30세로 추정된다.
Dinosaurs **are supposed to** have lived before human appeared on the earth. 공룡(다이너소어)은 지구 상에 인간이 출현하기 전에 살았던 것으로 추정된다.
Do you know what the weather **is supposed to** be like tomorrow?
내일 날씨가 어떨지 아세요?

## 3) be going to

「be going to + 동사원형」의 형식으로 말하는 사람(또는 주어)의 의지나 가벼운 명령을 나타내거나, 주어의 미래에 일어날 일에 대한 가능성, 확신 등을 나타내어 조동사와 같은 역할을 한다.

▶ will이 계획된 의도의 자발적인 동작을 강조하기 위해 사용되는 조동사인 것에 반해, be going to는 <u>단순히 미래에 그 같은 일이 일어날 것이라는 의미</u>를 나타내며, 그것이 자발적인 발생일 수 있고 자발적이지 않을 수도 있다. be going to는 말하는 사람의 기분 [의지]을 더 생생하게 나타내는 표현으로 will보다도 흔히 쓰인다.

① 쓰임

❶ 말하는 사람(또는 주어)의 의지, 가벼운 명령 《~할 작정이다, ~하려고 한다; ~하도록 되어 있다; ~해야 한다.》

I **am going to** the movie tonight. 나는 오늘밤 영화를 보러 갈 작정이다.
I'm sorry, but I**'m going to** have to ask you to work overtime today.
유감스럽지만 오늘 야근 좀 부탁드려야 하겠군요.

If you level with the people, they're **going to** be more willing to help you.
국민들에게 진솔하게 호소하면 그들은 더욱 기꺼이 도와주려 할 것이다.

※ 3인칭의 경우 주어의 의지를 나타낸다.

You're not **going to** see her. 너는 그녀를 만나서는 안 된다.

❷ 주어의 미래에 일어날 일을 말하여 《주어가》 곧 ~할 [있을] 것 같다. (= be likely to); 〈가까운 미래〉 막 ~하려하고 있다. (= be about to)》

We're **going to** miss you, that's for sure. 분명, 네가 그리워질 거야.
She is **going to** make a good wife. 그녀는 좋은 아내가 될 것 같다.
There's **going to** be a concert on Saturday. 토요일에 음악회가 있다.
Halley's Comet is **going to** come back in 2061. 핼리혜성은 2061년에 돌아올 것이다.
I was (just) **going to** open the door, when there was a knock on it.
막 문을 열려고 하는데 문 두드림 소리가 났다.

② be going to의 부정문 [be not going to + 동사원형] 《~하지 않을 것이다.》

I'm not **going to** tell you about it; it's private.
난 당신에게 그것에 대해 말하지 않을 거예요. 그건 비밀이에요.

I'm never ever **going to** speak to her again!
난 결코 다시는 그녀에게 말을 걸지 않을 거야!

③ be going to의 의문문 [Am(Are, Is) + S + going to + 동사원형 ~?]

▶ 그 대답이 긍정이면 「Yes, S + be.」로, 부정이면 「No, S + be + not.」으로 하며, going to 이하는 생략하는 것이 보통이다.

"Are you **going to** meet her?" 당신은 그녀를 만날 예정입니까?
− "Yes, I am." 예, 그럴 것입니다. / "No, I am not." 아니요, 그렇지 않을 것입니다.
Aren't you **going to** admire my new car? 내 새 자동차가 끝내주지 않아요?

| | |
|---|---|
| Who's **going to** take care of the work when you're away? | 당신이 없는 동안 그 일은 누가 맡아요? |
| How much **is** this **going to** cost? | 이것은 비용이 얼마나 들까요? |
| What **am** I **going to** do? | 나는 어떻게 하죠? |
| What sort of things **are** you **going to** sing? | 어떤 노래를 부르시겠습니까? |
| Where **is** next year's conference **going to** be held? | 내년 회의는 어디서 열리죠? |
| Why **are** you **going to** Seoul on Saturday? | 토요일에 왜 서울에 가세요? |

④ 기타

❶ 'be going to' 뒤에 명사가 나올 때는 '~로 가는 중이다.'라는 뜻으로 go의 진행형이 된다. 다만, 미래를 나타내는 부사(구)가 있으면 '~에 갈 작정 (예정)이다.'의 뜻을 나타낸다.

| | |
|---|---|
| I am going to school now. | 나는 지금 학교에 가는 중이다. |
| I am going to the movie theater tomorrow. | 나는 내일 영화관에 갈 작정이다. |

❷ be going (on) 《〈시각·연령이〉 거의 ~이다; (일이) 일어나다, 벌어지다.》

| | |
|---|---|
| It is going (on) ten o'clock. | 열 시가 다 됐다. |
| She is going (on) twenty. | 그녀는 곧 20세가 된다. |
| What's going on here? | 여기서 무슨 일이 일어나고 있느냐? |

### 4) be likely to

「be likely to + 동사원형」의 형식으로 '~할 것 같은'의 뜻을 나타내어 조동사와 같은 역할을 한다.

▶ likely는 어떤 일의 실현성이 매우 큰 경우를 나타낼 때 쓰며, possible이나 probable보다 훨씬 더 실현 가능한(실현이 거의 도래한) 경우를 나타낸다.

| | |
|---|---|
| He **is likely to** succeed. (= It is likely that he will succeed.) | 그는 성공할 것 같다. |
| In humans, fertilization **is more likely to** occur at certain times of the month. | 인간의 수태는 달의 어느 특정한 시기에 더 일어나는 것 같다. |

The attentive student is most likely to learn.

주의력이 깊은 학생이 공부도 잘할 가능성이 매우 크다.

She is not likely to come. 그녀는 올 것 같지 않다.

(= It is not likely (that) she will come.)


## 5) be to

「be + to부정사」의 형식으로 다음과 같은 뜻을 나타내어 조동사와 같은 역할을 한다. 격식체, 글말체에서의 표현으로, 신문, 잡지의 기사, 문서, 소설 등에서 많이 쓰여진다.

① (공식) 예정·계획 《~하기로 되어 있다; ~할 예정 [계획]이다.》

The president is to speak on the T.V tonight.

오늘 밤 대통령의 T.V. 연설이 있을 예정이다.

The worst is still to come. 최악의 사태는 이제부터이다. (아직 오지 않았다.)

He was to have arrived at 10. 그는 열 시에 도착하기로 되어 있었다. (아직 도착 안 했다.)

**※ 완료부정사를 쓰면 실현되지 않은 예정을 나타낸다.**

They were to have been married. 그들은 결혼하기로 되어 있었다. (그러나 하지 못했다).

② 운명 《~할 운명이다.》

▶ 운명을 나타낼 경우 과거시제를 쓰는 것이 보통이다.

The miserable princess was never to see her kin again in her life.

그 가엾은 공주는 살아서 결코 다시는 그녀의 가문사람들을 보지 못할 운명이었다.

But that was not to be. 그러나 그렇게는 안 될 운명이었다.

What is to become of her? 그녀는 어찌 될 것인가[될 운명인가]?

③ 의도, 목적, 필요: ~하고 싶다면; ~해야만 한다면; ~하는 것이 필요하다면

▶ 보통 조건문에 쓰여 이러한 뜻을 나타낸다.

If you are to succeed, you must work hard. 성공하고 싶다면 열심히 일해야 한다.

They have no choice but to take the test if they **are to** enter the college.
    대학에 입학하고자 한다면 시험을 치르지 않으면 안 된다.

### ④ 가능 (= can ): ~할 수 있다.

▶ 흔히 부정문에서 to be p.p. (seen, found, heard 등)의 형식으로 쓰인다.

Not a soul **was to** be seen on the street.    거리엔 사람 하나 볼 수 없었다.
My wallet **was** nowhere **to** be found.    내 지갑은 어디에도 보이지 않았다.
Nothing **was to** be heard in the hall except the speaker's clear voice.
    그 강당 안에서는 연사의 낭랑한 목소리만이 들릴 뿐 아무 소리도 들리지 않았다.

### ⑤ 당연 (= be supposed to, should), 필요성

This door **is to** remain unlocked during business hours.
    이 문은 업무시간에는 열려 있다.
Who **is to** blame for this affair?    누가 이 사건에 대해 책임져야 하는가?

### ⑥ 의무, 명령, 강제적 규정, 금지 《~할 의무가 있다; ~해야 한다.》

You **are to** report to the police.    (당신은) 경찰에 신고해야 합니다.
Rules **are to** be observed.    규칙은 지켜져야 한다.
When **am** I **to** come?    언제 오면 되죠?
You **are not to** speak in this room.    이 방에서 이야기해서는 안 된다.

### ⑦ were to

실현될 가능성이 거의 없는 것이거나, 순수한 상상, 미래의 일에 대한 강한 의심, 걱정, 관심, 놀람 등을 나타내는 가정법 과거의 전제절 (if절)에 쓰인다.

▶ 'If + S + were to ~'형식의 가정법을 가정법 미래로 분류하는 경우가 많으나 가정법은 그 내용이 아니라 사용하는 동사의 시제형에 따른 구별이므로, 여기서는 were라는 과거형의 동사가 사용되므로 가정법 과거라고 해야 합당하다.

If the sun **were to** rise in the west, I would never change my mind.

해가 서쪽에서 뜬다더라도 내 마음은 결코 변치 않을 것이다.

If I **were to** live again, I would like to be a farmer.

다시 한 번 인생을 산다면 나는 농부가 되고 싶다.

※ 이때의 if는 생략할 수 있으며 생략 시 주어와 were의 자리를 바꿔 'Were + S + to ~'의 형태로 쓴다.

Were I to live again, I would like to be a farmer.

If I **were to** tell you that I did it myself, would you believe me?

제가 직접 그것을 했다고 말하면 당신은 믿으시겠습니까?

## – REVIEW EXERCISES –

1. 우리말 문장과 영어 문장의 뜻이 같게 되도록 괄호 안에 알맞은 조동사 (무리 조동사의 경우에는 괄호 부분에 들어갈 말만)를 넣어라.

    (1) 대한민국은 민주공화국이다.

    The Republic of Korea (　　) be a democratic republic.

    (2) 그는 그 일을 하지 않으면 안 된다고 생각했기 때문에 그 일을 했다.

    He did the job because he felt he (　　).

    (3) 교사는 학생들이 상처받지 않도록 주의해야 한다.

    Teachers (　　) be careful not to discourage students.

    (4) 내일까지 그것을 해주신다면 고맙겠습니다.

    I (　　) be grateful if you could do it by tomorrow.

    (5) 만약 내가 당신의 입장이었다 해도, 당신이 지금 하시는 것처럼 했을 것입니다.

    If I (　　) been in your place, I (　　) have done as you are doing.

    (6) 그런 절호의 기회를 놓치지 말았어야 했는데.

    I (　　) have missed such a golden opportunity.

    (7) 그것은 내버려 두는 게 좋겠다.

    I prefer that it (　　) be left alone.

    (8) 사태가 이 지경이 되다니 유감스럽다

    I regret that things (　　) come to this.

    (9) 제가 한 말씀 드리고 싶습니다.

    I (　　) like to have a word with you.

    (10) 당신이 꼭 저를 도와주셨으면 합니다.

    I (　　) very much like you to help me.

    (11) 번거롭게 당신이 몸소 그곳에 갈 필요는 없습니다.

    You (　　) not take the trouble to go there yourself.

(12) 그녀를 만났으나 그는 감히 그녀를 사랑한다는 말을 할 용기가 없었다.

  He met her, but he (　　) tell her the word that he loved her.

(13) 당신이 감히 내 앞에서 어떻게 그런 소리를 한단 말이오?

  How (　　) you say such a thing to my face?

(14) 그녀는 전에도 이렇게 잊어버리기를 잘했나요? (used를 써서)

  (　　) she (　　) to be so forgetful?

(15) 그전에는 나는 그를 좋아하지 않았다. (used를 써서)

  I (　　) (　　) to like him.

(16) 그는 전에 서울에서 살았었지요, 그렇지 않습니까?

  He used to live in Seoul, (　　) he?

(17) 법률은 누구나 알고 있을 의무가 있다.

  Everybody is (　　) (　　) know the law.

(18) 제가 누구를 만나야 하죠?

  Who am I (　　) (　　) see?

(19) 제가 그 발언을 어떻게 이해해야 하죠?

  How am I (　　) (　　) take that remark?

(20) 이 상황에서 나는 무엇을 해야 하는가?

  What am I (　　) (　　) do in this situation?

(21) 누가 이 일에 대해 책임져야 하는가?

  Who is (　　) blame for this affair?


2. 밑줄 친 부분의 조동사 중 알맞은 것을 골라라.

  (A) I can / am able to do it now.

  (B) I can / am able to see it clearly.

  (C) I can / am able to smell something burning in the kitchen.

  (D) I can't / am not able to decide what to do.

  (E) I can / am able to remember it well.

(F) I can't / am not able to understand what you are talking now.

(G) This hall can / is able to hold 1,000 people.

(H) I could / was able to see her yesterday.

(I) After three hours' climbing, we could / were able to reach the top of the mountain.

(J) Because he worked hard, he could / was able to finish the job in time.

(K) He was able to / could swim across the river then.

(L) May / Might you be late coming home?

(M) It cannot / may not be true.

(N) A third world war could / might break out, but can / may not break out.

(O) The rumor must / have to be true.

(P) He said to me "You must / have to be tired."

(Q) You must / have to drive slowly in the school zone.

(R) Applicants must / have to have finished the senior high school.

(S) I used to / would live in the country.

(T) They used to / would think so in those days.

(U) When I was a child, I used not to / wouldn't like beans.

(V) I used to / would be interested in reading a short novel in my school-days.

3. '불명예 속에서 사느니 차라리 죽고 말겠다.'를 영역할 때 뜻이 같아지도록 다음 각 괄호에 알맞은 말을 넣어라.

   (A) I (        ) rather die than live in dishonor.

   (B) I (        ) better(or rather) die than live in dishonor.

   (C) I (        ) choose death before life in dishonor.

   (D) I prefer (        ) to living in dishonor.

7장 조동사(Auxiliary Verb)　509

(E) I prefer to die (　　) (　　) (to) live in dishonor.

(F) I (　　) as soon die as live in dishonor.

(G) I (　　) as well die as live in dishonor.

4. 빈칸에 들어갈 말로 적당한 것은?

The guards took Socrates away to prison. There he stayed for thirty days, with heavy irons on his legs. His friends _____ come to see him every day, and he was always ready to teach them.

(A) had　　(B) was used to　　(C) used to　　(D) would used to

5. 다음 우리말을 영어로 잘못 옮긴 것은?

(A) 난 그 파티에 가지 말았어야 했다.

→ I should not have gone to the party.

(B) 그는 그 사실을 미리 알고 있었음에 틀림없다.

→ He must have known the truth in advance.

(C) 그가 그렇게 어리석은 짓을 했을 리가 없다.

→ He could have done such a stupid thing.

(D) 아프면 운전을 하지 말아야 한다.

→ You ought not to drive if you're sick.

6. Choose the best translation of the following Korean sentence.

(다음의 한국어 문장을 가장 잘 영역한 것을 고르시오)

「뉴욕발 시애틀행 항공편을 예약하고 싶습니다. 가능하면 오전에 출발하는 걸로 말입니다.」

(A) I'd like to book a flight from New York to Seattle leaving in the morning if possible.

(B) I'd like to make a flight reservation from New York to Seattle if possible leaving in the morning.

(C) I'd appreciate if you make a book for a flight leaving from New York to Seattle if possible in the morning.

(D) I'd like to make a reservation of a morning flight from New York to Seattle if possible.

7. 다음 글의 흐름으로 보아, 밑줄 친 부분 중 어법상 자연스럽지 못한 것은? [수능]

It is often believed that the function of school is (A) <u>to produce</u> knowledgeable people. If schools (B) <u>only provide</u> knowledge, however, they may destroy creativity, (C) <u>producing ordinary people</u>. We often (D) <u>hear stories of ordinary people</u> who, if education had focused on creativity, could have become great artists or scientists. Those victims of education (E) <u>should receive</u> training to develop creative talents while in school. It really is a pity that they did not.

※ Choose the one word or phrase that best completes the sentence

(문장을 가장 잘 완성하는 하나의 단어나 구을 고르시오.)

8. A: You ought to have done it last night.

   B: Yes, I _____. [토익 유형]

   (A) ought to    (B) should    (C) must    (D) should have

※ Identify one underlined word or phrase that should be corrected or rewritten.

9. Sam-sun indicated <u>to me</u> that she <u>will marry</u> Sam-dol <u>in spite of</u> <u>her father's</u>
                     (A)                  (B)                (C)          (D)
objection. [토익 유형]

10. When we are <u>divided</u>, there is <u>little we can do</u> – for we <u>dare not to meet</u>
                  (A)                    (B)                        (C)
a powerful challenge and <u>split asunder</u>. [대학 편입, 토익 유형]
                            (D)

# = 해설·정답 =

## 1. 〈정답〉

(1) shall  (2) should  (3) should  (4) should  (5) had, should  (6) shouldn't  (7) should(생략 가능)  (8) should (생략 가능)  (9) should  (10) should  (11) need  (12) dare  (13) dare  (14) Did, use(d)  (15) didn't, use  (16) usedn't  (17) supposed, to  (18) supposed, to  (19) supposed, to  (20) supposed, to  (21) to

## 2. 【해설】

본문 참조

〈정답〉

(A) am able to  (B) can  (C) can  (D) can't  (E) can  (F) can't  (G) can  (H) was able to  (I) were able to  (J) was able to  (K) was able to  (L) Might  (M) cannot  (N) could, may  (O) must  (P) must  (Q) must  (R) must  (S) used to  (T) used to  (U) used not to  (V) used to

## 3. 〈정답〉

(A) would  (B) had  (C) would  (D) dying  (E) rather, than  (F) would (or had)  (G) may (or might)

## 4. 【해설】

(A) 단순과거의 일을 말하므로 과거시제가 와야 한다. had를 쓰면 과거완료시제가 되므로 옳지 않다.

(B) 문맥상 '~에 익숙하다 [익숙해져 있다], ~에 사용되다.'는 어울리지 않는다.

(C) used to는 과거의 (규칙적으로) 반복된 동작이나 지속된 상태 (습관)를 나타내어 '~하고는 했다.'의 뜻을 나타내므로 빈칸에 적당하다.

(D) would와 used to의 조동사를 연속하여 쓸 수 없다. 다만, would만 쓸 경우에 would는 과거의 (불규칙적인) 습관이나 의지적 동작의 반복을 나타내므로 빈칸에 would를 쓰는 것도 괜찮다.

[해석] 호송병들이 소크라테스를 감옥으로 데리고 갔다. 그곳에 그는 다리에 쇠고랑을 차고 30일 동안 투옥되었다. 그의 벗들이 매일 그를 보러 오고는 했으며, 그는 언제나 그들을 가르칠 준비가 되어있었다.

〈정답〉(C)

5. 【해설】

(A) should have p.p.는 전제절을 내포한 가정법 과거완료 구문으로 과거의 일에 대한 후회·유감 등을 나타낸다.

(B) must have p.p는 과거의 일에 대한 강한 추측을 나타내며

(C) could have p.p.는 현재·당시에서 과거의 일에 대한 추측, 감정을 나타낸다. 여기서는 과거의 일에 대한 부정의 추측을 나타내므로 could not have done ~으로 해야 한다.

(D) ought to의 부정형은 'ought not to'이다.

〈정답〉(C)

6. 【해설】

(A), (B), (D) I'd like to do (~하고 싶다). 항공편을 예약하다. (book a flight; make a reservation for a flight.). 뉴욕발 시애틀행 항공편 (a flight from New York to Seattle). 아침에 출발하는 (leaving in the morning). if possible (가능하면). if possible은 원하는 내용을 말한 뒤 그 뒤에 붙는다.

(C) 명사 book은 '예약'의 뜻은 갖지 않는다. '예약'의 뜻을 갖는 것은 booking이다.

(B), (C), (D)는 문법적, 내용적으로 맞지 않으며 (A)만이 예시문을 문법적, 내용적으로 맞게 잘 표현했다.

〈정답〉(A)

7. 【해설】

It is believed that ~ (~라고 생각되어지다, 사람들이 ~라고 믿다.). It은 가주어 that 이하가 진주어.

(A) 보어 (명사적 용법)로 쓰인 to부정사의 용법

(B) only provide knowledge (지식을 제공하기만 한다면). only는 초점부사로서 보통 피수식어 바로 앞에 놓인다.

(C) producing ordinary people (평범한 사람들을 양성할지도 모른다.)는 결과를 나타내는 분사구문.

(D) 문법적으로 이상이 없다.

(E) 내용상 과거의 일에 대한 유감, 비난을 나타내므로 should have p.p.가 되어야 한다. 즉, should receive는 should have received가 되어야 한다. 'S + should have p.p. ~'는 가정법 if절이 생략된 가정법 과거 완료구문으로 과거의 (하지 못한) 일에 대한 후회, 유감, 비난 등을 나타낸다.

[해석] 사람들은 왕왕 학교의 기능이 지식이 있는 사람들을 양성하는 것이라고 믿는다. 하지만 만약 학교가 지식을 제공하기만 한다면 학교는 창의력을 파괴하여 평범한 사람들을 양성할지도 모른다. 만일 교육이 창의력에 집중하였더라면 위대한 예술가나 과학자가 될 수도 있었을 평범한 사람들의 이야기들을 우리는 종종 듣는다. (그런) 교육의 희생자들은 학교에 다니는 동안에 창의적 재능을 개발하기 위한 훈련을 받았어야 했다. 그들이 그렇게 하지 못한 것은 정말 유감이다.

〈정답〉 (E)


8. 【해설】

ought to의 과거형인 'ought to + have p.p.'이며 과거에 하지 못한 일에 대한 유감, 후회, 비난 등을 나타낸다. 어젯밤 그 일을 하지 못한 것에 유감을 표시한 것에 대해 동감을 표시하는 내용이 와야 하므로 역시 과거의 일에 대한 유감, 후회, 비난을 나타내는 should have p.p.가 적당하다. (D)에 done이 생략되었다.

〈정답〉 (D)

## 9. 【해설】

(A) indicate는 절을 목적어로 할 수 있는 3형식 동사. 목적절 앞에 부사구 to me가 오는 것은 괜찮다.

(B) 주절의 동사가 과거시제이므로 시제조동사 will의 과거형 would를 써야 한다. (시제 일치)

(C) in spite of (~에도 불구하고)

(D) 소유격을 연속하여 쓸 수 있다.

[해석] 삼순은 그녀 아버지의 반대에도 불구하고 삼돌과 결혼할 것을 내게 넌지시 내비쳤다.

〈정답〉(B)


## 10. 【해설】

(A) 이상 없음.

(B) little은 명사로서 주어[조금(밖에 없다)]. we can do는 little을 수식하는 형용사절. we 앞에 목적격 관계대명사 that이 생략됨.

(C) dare는 부정문에서 조동사로 쓰이므로 meet 앞에 to를 없애야 한다.

(D) '자동사 (split) + 부사 (asunder)'로 이상이 없다. spill asunder (뿔뿔이 흩어지다).

[해석] 우리가 분열되어 있을 때에는 우리가 할 수 있는 일은 거의 없다. 왜냐하면, 우리는 강력한 도전에 대담하게 대처하지 못하고 뿔뿔이 흩어져 버리기 때문이다.

〈정답〉(C)

# 제8장

# 일치와 화법(Agreement and Narration)

## 1. 일치의 의의

　영문법에서 일치(一致)란 문장 내의 단어 및 구, 절 사이에 수, 성, 시제 등을 서로 알맞게 맞추어 주는 것을 가리킨다. 영어에서는 주어와 동사 사이를 비롯하여 수식하는 형용사(구)와 수식 받는 명사 (또는 대명사) 사이에, 때로는 동사와 보어나 목적어 사이에서 수의 일치를 요한다. 그리고 문장 내의 명사와 그것을 받는 대명사 사이에 성(性)을 일치시켜 줄 것을 요하며, 복문은 주절과 종속절 간에 동사의 시제를 맞추어 줄 것도 요한다. 즉, 주어와 동사, 주어와 보어, 형용사와 명사 사이에 또는 동사와 목적어나 보어 사이에 단수, 복수를 일치시켜 주는 것을 수의 일치, 문장 내의 명사와 그 명사를 받는 대명사 사이에 성을 일치시켜 주는 것을 성의 일치, 그리고 복문에서 주절과 종속절의 동사 사이에 시제를 알맞게 맞추어 주는 것을 시제의 일치라고 한다.

## 2. 수의 일치(Agreement of number)

　수의 일치 (數의 一致)란 보통은 주어의 단·복수에 따른 동사의 수나, 주어의 인칭에 따른 동사의 수를 주어의 수와 같게 해주는 것을 가리킨다. 하지만 수의 일치에는 복수의 수사나 기타 복수의 의미를 갖는 수식어구에 따른 복수형의 명사[또는 대명사]를 쓰는 경우와 일정한 동사에 따르는 목적어나 보어로 복수형 명사를 쓰는 경우 등 문장 내에서 관련된 어구 사이에 단수, 복수를 일치시켜 주어야 하는 모든 경우가 포함된다.

### (1) 주어와 동사의 수의 일치

주어가 단수이면 단수 동사로, 주어가 복수이면 복수 동사로 받는 것이 원칙이다. 다만 복수 형태의 주어라 하더라도 의미상으로 단수를 나타낼 경우 단수형 동사를 쓰는 때가 있다. 그리고 구나 절이 주어가 될 경우에는 단수형 동사를 쓰는 것이 원칙이다.

**1) 「사람 + and + 사람」이 주어인 경우에 동사는 복수형을 쓴다. (서로 다른 사람)**

You and I **are** a team. 당신과 나는 한팀입니다.

Sam-sun and Geum-sun **are** great friends. 삼순과 금순은 단짝이다.

Sam-sik, Dol-soe, and Man-su **are** good friends.

삼식, 돌쇠, 그리고 만수는 친한 친구들이다.

■ **덧붙임**

**1. 단일물로 취급되는 것을 제외하고는 「사물 + and + 사물」은 복수형 동사를 취한다.**

Oxygen and hydrogen **make** water. 산소와 수소로 물이 만들어진다.
Zebras and tigers **are** striped. 얼룩말과 호랑이는 줄무늬가 있다.
Milk and bread **are** nutritious. 우유와 빵은 영양이 풍부하다.
cf.) Bread and butter **is** my favorite food. 버터 바른 빵은 내가 제일 좋아하는 음식이다.

**2. 속담, 격언 등 관용적으로 쓰이는 'A and B'는 단수형 동사를 취한다.**

All work and no play **makes** Jack a dull boy.
공부만 시키고 놀지 않는 것은 잭(아이)을 우둔한 아이로 만드는 짓이다.
(사람이 휴식 없이 일만 하면 싫증 나고 따분해진다.)
Play and study **is** both necessary to students.
학생들에게는 노는 것과 공부하는 것이 모두 필요하다.
Trial and error **is** source of our knowledge. 시행착오는 지식 [앎]의 원천이다.
Slow and steady **wins** the race. 천천히 꾸준히 하면 경주를 이긴다.

### 2) each, every, no 등으로 수식 받는 「A and B」가 주어일 때 동사는 단수형을 쓴다.

Each boy and girl has a bicycle. 각 소년과 소녀가 자전거를 가지고 있다.
Every boy and girl works very hard. 모든 남학생과 여학생이 열심히 공부한다.
Each and every student is present. 학생이 하나 빠짐없이 출석해 있다.
No help and no hope comes to the drowning man.
　　　　　　　　　　　　　　도움도 받지 못하고 희망도 없으면 익사자 신세가 되게 된다.

### 3) 주어가 「A + 전치사 + B」의 형태인 경우 A의 수에 동사를 일치시킨다.

The child along with his parents has come to school.
　　　　　　　　　　　　　　그 아이는 부모님과 함께 학교에 왔다.
The distance between them is 5 miles in a straight line.
　　　　　　　　　　　　　　그것들 사이의 거리는 똑바로 가서 5마일이 된다.
The relations between the two countries are growing worse.
　　　　　　　　　　　　　　양국 간의 관계가 나날이 악화되고 있다
Some among them are almost always late to work.
　　　　　　　　　　　　　　그들 중 몇 명이 거의 항상 지각하고 있다.

### 4) 'A or B, either A or B, neither A nor B'가 주어일 때 동사의 수는 B에 일치시킨다.

Either he or I am to blame. 그 사람 아니면 내게 책임이 있다.
Is you or he responsible for it? 당신 아니면 그 사람이 그것에 대해 책임이 있습니까?
Either she or you are in the wrong. 그 여자나 너 중에서 어느 쪽인가가 잘못이다.
Neither you nor she is in the wrong. 너도 그녀도 잘못이 없다.

### 5) 「both A and B」가 주어일 때 동사는 복수형을 쓴다.

Both you and I are not wrong. 너도나도 틀리지 않았다.
Both the British and French government have committed thousands of

troops to U.N. peacekeeping forces.

> 영국과 프랑스 정부는 모두 수천 명의 병력을 유엔 평화유지군에 파병했다.

6) 「부정사 + and + 부정사」가 주어인 경우 동사는 그 주어가 나타내고자 하는 의미에 따라 단수형이나 복수형을 쓴다.

To love and to be loved is the greatest happiness.

> 사랑하고 사랑받는 것이 가장 큰 행복이다.

Early to rise and to bed makes a man healthy.

> 일찍 일어나고 일찍 자는 것은 사람을 건강하게 한다.

To profess and to practice are very different things.

> 말로 하는 것과 실행해 옮기는 것은 전혀 별개의 것이다.

7) 「동명사 + and + 동명사」가 주어일 경우 동사는 「명사 + and + 명사」의 형태와 다를 바 없으므로 보통은 복수형 동사를 쓰나, 그 주어가 단수적인 의미를 나타낼 때는 단수형 동사를 쓴다. 그리고 동명사의 의미상의 주어가 있는 경우 그것이 소유격인 경우에는 복수로 목적격인 경우에는 단수로 하는 것이 보통이다.

Saying and doing are quite different things.

> 말만 하는 것과 행하는 것은 전혀 다른 것이다.

Seeing how things are alike and seeing how they are different help us impose meaning on experiences that otherwise might remain fragmented and disconnected.

어떤 상황을 유사하다고 보는 것과 다르다고 보는 것은 다른 한편으로는 단편적이거나 연결되지 않은 채로 남아있는 경험들에 의미를 부여하는 데에 도움을 준다.

Loving and being loved is what makes life worth living.

> 사랑하고 사랑받는 일은 인생을 가치 있는 삶이 되도록 하게 해주는 무엇이다.

Tom's playing tennis and John's playing chess **were** relaxing.

톰이 테니스를 하고 존이 체스를 두는 것이 쉬는 것이었다.

(= Tom playing tennis and John playing chess **was** relaxing.)

8) not A but B, 또는 B, not A가 주어일 때 동사의 수는 B에 일치시킨다.

Not he but <u>they</u> **are** responsible for it.  그가 아니고 그들이 그 일에 책임이 있다.

(= <u>They</u>, not he **are** responsible for it.)

9) 「not only A but also B」(= B as well as A)가 주어인 경우 동사의 수는 B에 일치시킨다.

Not only he also <u>you</u> **are** to blame.  그 사람뿐만 아니라 너도 잘못이다.

(= <u>You</u> as well as he **are** to blame.)

10) there is [are], here is [are]로 시작하는 문장은 그다음에 오는 말의 인칭이나 수에 동사 (be)의 수를 일치시킨다.

There **is** a <u>student</u> (who) wants to see you.  어떤 학생이 당신을 뵙고 싶어 합니다.

There **are** approximately <u>one hundred students</u> in that classroom.

그 교실 안에는 대략 100명의 학생이 있다.

There **are** no <u>classes</u> on Saturday.  토요일은 수업이 없다.

There **is** only <u>one day</u> left.  단지 하루밖에 남아있지 않다.

There **are** only <u>three days</u> to go.  앞으로 3일밖에 남아있지 않다.

**Were** there <u>any messages</u> for me?  나한테 무슨 연락 온 것 없었나요?

Here **is** <u>a dog</u>.  여기 개 한 마리가 있습니다.

Here **are** <u>three books</u>.  여기 책 세 권이 있다.

11) It ~ that 강조 구문인 「It is [was] + A + that + v(동사)」 구문에서 that절의 동사의 수 는 A에 일치시킨다.

It is I that [who] am to blame.  잘못한 사람은 바로 나다.
It is you that [who] are to blame.  잘못한 사람은 바로 너다.
It is you and he that [who] are to blame  책임이 있는 사람은 너와 그 사람이다.

12) 전치사구를 주어로 하는 경우 단수 동사를 쓴다.
▶ 때때로 시간이나 장소를 나타내는 전치사구를 주어로 쓰기도 한다.

From now on is the most important thing.  지금부터가 가장 중요하다.
Under the big old tree was the best place for us to play.
  그 둥구나무 아래는 우리가 놀기에 제일 좋은 장소였다.

13) 주격 관계대명사 다음에 오는 동사의 수는 원칙적으로 선행사의 수, 인칭에 따른다.

I know a girl who speaks Korean very well. 나는 한국말을 아주 잘하는 한 소녀를 안다.
I know some girls who speak Korean very well.
  나는 한국말을 아주 잘하는 몇몇 소녀들을 안다.
He was one of the students who were awarded a gold medal.
  그는 금상을 받은 학생 중의 한 명이었다.

※ 선행사가 'one of + 복수 명사'인 경우 '복수 명사'에 맞춰 복수 동사를 쓰는 것이 원칙이다. (p. 23[3] 참조)

He was the only one of the students who was awarded a gold medal.
  그는 그 학생 중에서 금상을 받은 유일한 학생이었다.

※ 선행사가 'the (only) one of + 복수 명사'인 경우 'the (only) one'에 맞춰 단수 동사를 쓴다. (p. 24[3] 참조)

### 14) 「관계대명사 what절 + and + 관계대명사 what절」이 주어일 경우 복수형 동사를 쓴다.

What I say and what I think are my own business.
              내가 어떤 말을 하든, 어떤 생각을 하든 내 상관이다.

### 15) to 부정사구, 동명사구, 명사절이 주어인 경우 단수형 동사를 쓴다.

To know oneself is difficult.     자신을 아는 것은 어려운 일이다.
Speaking much is a sign of vanity.   말이 많은 것은 허영의 표시이다.
That he is honest is certain.     그가 정직하다는 것은 확실하다.
It is not what you have but what you are that counts.
                    중요한 것은 재산이 아니라 인격이다.

※ 'Not what you have but what you are counts.'의 'it ~ that' 강조 구문이다.

What we need most is food.     우리가 가장 필요로 하는 것은 식량이다.

> ▷ 「관계대명사 what절 + be + 주격 보어」의 꼴일 때는 be동사는 원칙적으로 단수를 쓰나 문맥에 따라 복수도 가능하다.
> What we need most is[are] clothes. 우리가 가장 필요로 하는 것은 의복이다.
> We shall not need any more chairs; what we have are quite sufficient.
> 의자가 더 이상 필요치 않을 것 같습니다. 우리가 갖고 있는 것이 아주 충분합니다.

### 16) 「enough, some, any, no, more, most, half, no + 명사」는 명사의 수에 따라 동사의 수가 결정된다.

There is enough money to buy the book. 그 책을 살 수 있는 충분한 돈이 있다.
Are there enough chairs for the meeting? 회의에 쓸 의자는 충분합니까?
He has some trouble in doing it.  그가 그것을 하는 데는 어느 정도의 어려움이 있다.
Was there any person in the house? 그 집에는 누구든 사람이 있었습니까?
No growing child has enough time to play.
            성장기의 아이들에겐 아무리 놀아도 놀 시간이 모자란다.
No two men think alike.    두 사람의 생각이 같은 경우는 전혀 없다.

There is more truth in it than you think.
　　　　　　　　　　　　거기에는 네가 생각하는 것보다 더 중요한 진실이 있다.

Most people like apples.　　　　　　　　대부분의 사람은 사과를 좋아한다.
Most fame is fleeting.　　　　　　　　대부분의 명성은 덧없는 것이다.
Half the orange was rotten.　　　　　　그 (한 개) 오렌지의 반이 썩었다.
Half the oranges were rotten.　　　　　그 오렌지들 (특정된 여러 개의 것 중)의 반이 썩었다.

> ▷ some, any, no 등이 수량의 뜻이 아니고, '누구, 어디'의 뜻으로 쓰일 땐 단수 명사와 함께 쓴다.
> If any person calls in my absents tell him that I am out shopping. 〈누군가〉
> 내가 없을 때 누군가 찾아오면 나는 시장 보러 밖에 나가 있다고 하세요.
> She went to some place in China. 〈어딘가에〉 그녀는 중국 어딘가에 갔다.

17) ~thing, ~one, ~body, what, whoever, whatever 등이 주어일 경우 동사는 단수형을 쓴다.

Everything has its drawback.　　　　　무엇이든지 결점이 없는 것은 없다.
There was nobody present.　　　　　　참석한 사람은 아무도 없었다.
What has (= What's) happened?　　　　무슨 일이 일어났는가?/ 무슨 일인가?
Whoever wants the book may take.　　누구든지 그 책을 원하는 사람은 가져도 좋다.
Whatever happens, I will go.　　　　　무슨 일이 생긴다 해도 나는 갈 것이다.

18) all이 주어로서 사람일 경우 복수 동사를, 사물일 경우 단수형 동사를 쓴다.

All were surprised at the news.　　　　모든 사람이 그 소식에 놀랐다.
All is lost.　　　　　　　　　　　　모든 것을 잃었다.

19) 「분수, most, half, a lot, a plenty, lots, the majority, a variety + of + 명사」는 명사의 수에 동사의 수를 일치시킨다.

Two-thirds of the apple was bad.　　　그 사과(한 개의 사과)의 3분의 2가 상했다.
Two-thirds of the apples were bad.　　그 사과들 중의 3분의 2가 상했다.

Most of the area is green belt. 그 지역의 대부분이 그린벨트이다.
Most of the people are paid monthly. 대부분의 사람은 매달 급여를 받는다.
The rest of the students are still in the classroom.
나머지 학생들은 아직 교실 안에 있다.
The rest of the water was thrown away. 나머지의 물은 버려졌다.
Half of my income was saved for the future. 내 수입의 반을 미래를 위해 저축했다.
There is a lot of business to sort through. 정리해야 할 업무가 산더미같이 많이 있다.
A lot of effort by everyone has been put into making of this film.
이 영화를 만드는 데는 모든 분의 많은 수고가 있었습니다.
There are a lot of [lots of] lakes in Chuncheon. 춘천에는 호수가 많이 있다.
The majority of the information was useless. 그 정보의 대부분이 쓸모없는 것이었다.
The majority of the people were against the bill.
국민의 대부분은 그 법안에 반대했다.
There are a variety of ways in which you can do this.
네가 이것을 할 수 있는 여러 가지 방법들이 있다.
A variety of thinking is necessary. 다양한 사고가 필요하다.

※ 'a variety of' 다음에는 복수 명사가 오고 복수 동사를 취하는 것이 보통이지만, 위 예문과 같이 'a variety of + 단수 명사 (불가산 명사 등) + 단수 동사'의 형태도 쓸 수 있다.

> ▷ 'The majority + 동사'일 경우 동사는 단·복수 둘 다 가능하다.
> The majority was [were] in favour of banning smoking. 대다수가 흡연 금지를 찬성했다.

20) 「one of + 복수 명사」가 주어일 경우 단수형 동사를 쓴다.

One of my friends has his house 내 친구 중의 한 명은 자기 집을 갖고 있다.
One of two men was standing outside the door.
두 남자 중 한 사람은 문밖에 서있었다.

## 21) 「many + a + 단수 명사」는 단수형 동사를 취한다.

Many a person **reads** his novel. 많은 사람이 그의 소설을 읽는다.

Many a little **makes** a mickle.

작은 것들이 많이 모이면 큰 것이 만들어진다. [티끌 모아 태산]

## 22) 「more than one + 단수 명사」는 단수형 동사를, 「more than one + of + 복수 명사」는 복수형 동사를 쓴다. 《많은》

More than one person **finds** it so. 많은 사람이 그렇게 인정한다.

There **is** more than one way to skin a cat. 문제를 해결하는 데에는 많은 방법이 있다.

More than one of soldiers **were** killed in the filed. 많은 군인이 전장에서 죽었다.

▷ 「more ~ (복수 명사) than one」처럼 분리된 경우에는 항상 복수형의 동사를 취한다. 《많은》
More persons than one **were** found guilty. 많은 사람이 유죄판결을 받았다.

## 23) a (great, large 등) number of + 복수 명사 + 복수형 동사: 많은 수의 ~
the (total) number of + 복수 명사 + 단수형 동사: ~의 (총) 수

A number of North Korean children **are** dying of starvation.

많은 수의 북한 어린이들이 기아로 죽어가고 있다.

A great [small] number of persons **were** present at the party.

많은[소수의] 사람들이 그 모임에 참석했다.

The (total) number of the students in our class **is** forty.

우리 학급의 학생 (총) 수는 사십 명이다.

The number of North Koreans who died from food shortages in the past decade **is** in the millions.

지난 10년 동안에 식량 부족으로 죽은 북한사람들은 수백만 명에 달한다.

24) a group of + 복수 명사 (대명사) + 단수형 동사 또는 복수형 동사 《~들의 (일부) 모임》

the group of + 복수 명사 (대명사) + 단수형 동사 《~들의 그 모임 [집단]》

▶ 「a group of + 복수 명사 (대명사)」는 복수로 구성된 하나의 집단을 나타내므로 단수형 동사를 쓰는 것이 원칙이나 단체의 복수의 구성원에 중점을 둘 경우 복수형 동사를 쓰기도 한다.

A group of girls **was [were]** standing in [on] the street.

한 무리의 여자애들이 길에 서있었다.

A group of us **is** going to go on travel to Jejudo in next week.

우리 모임은 다음 주에 제주도로 여행을 갈 예정이다.

The group of them is conservative. 그들 집단은 보수적이다.

25) a total of + 복수 명사 + 복수형 동사 또는 단수형 동사

▶ 「a total of + 복수 명사」가 주어로 쓰이는 경우 총합으로서의 하나를 나타내므로 단수 동사를 쓰는 것이 원칙이나 복수의 구성원에 중점을 두어 말할 경우 보통 복수 동사를 쓴다. 다만, 길이, 무게, 화폐단위 등의 복수 명사가 오는 경우에는 단수형 동사를 쓴다.

A total of 100 people **lives [live]** in this building.

이 건물에는 전부 100명의 사람이 산다.

There **is [are]** a total of fifty students in this room.

이 교실 안에는 총 50명의 학생이 있다.

A total of 100 million dollars is to be provided to North Korea by South Korea. 남한에 의해 총 1억 달러가 북한에 제공될 예정이다.

26) 시간, 거리, 금액, 무게의 복수 명사가 단일한 개념을 나타내어 주어로 쓰이는 경우 그 동사는 단수형을 쓴다.

Three years is too long for her to wait for you.

3년이라는 세월은 그녀가 너를 기다리기에는 너무도 긴 시간이다.

※ 시간의 복수 명사가 일정한 시간의 경과를 나타낼 때는 복수 취급한다.

Three years **have passed** since he died.  그가 죽은 후로 삼 년이라는 시간이 지나갔다.

Ten kilometers **is** a long distance to me.   십 킬로미터는 내게 먼 거리이다.

Twenty dollars **is** enough to buy this book.   이십 달러면 이 책을 사기에 충분하다.

Just six hundred grams **is** all I want.   단지 600g만 필요합니다.

### 27) 복수형태의 학문 명, 나라 이름, 질병 이름, 놀이 이름, 작품 이름, news 등이 주어일 때 그 동사는 단수형을 취한다.

■ **단수 동사를 취하는 복수형태의 명사**
A. 학문명: politics, ethics, physics, economics, phonetics, gymnastics, etc.
B. 나라 이름: the Netherlands, the Philippines, etc.
C. 질병 이름: the measles, the blues, etc.
D. 놀이 이름: billiards, cards, etc.
E. 작품 이름: Crime and Punishment, Gulliver's Travels, Romeo and Juliet, the brothers Karamazov, etc.

Politics **is** a kind of fraudulent means.   정치학은 일종의 사기술이다.

The blues **comes** from extreme self suppression.
   우울증은 과도한 자기 억제에서 생긴다.

Billiards **is** a very interesting game.   당구는 매우 재미있는 운동경기이다.

The Philippines **is** composed of many islands.
   필리핀은 많은 섬으로 이루어져 있다.

No news **is** good news.   소식이 없는 것이 좋은 소식일 때도 있다.

'Romeo and Juliet' **was** written by Shakespeare.

※ 복수형태의 서적이름도 형태는 복수이나 어디까지나 하나의 책의 이름이므로 단수형 동사를 쓴다.

### 28) 「the + 나라 이름 (+s)」이 주어일 때 동사는 복수형을 취한다.

The Germans **are** a diligent people.   독일인은 근면한 민족이다. (독일인은 근면하다.)

The Spartans **were** a warlike people.   스파르타인은 호전적인 민족이었다.

The Swiss **like** a quiet place. 스위스 사람들은 조용한 곳을 좋아한다.

### (2) 주어와 명사 보어의 수의 일치
주어와 일치하는 명사 보어나 명사 보어를 수식하는 소유격은 주어의 수에 그 수를 일치시킨다.

I am **a student**. 〈주어 - 단수: 보어 - 단수〉 나는 학생이다.
We are **students**. 〈주어 - 복수: 보어 - 복수〉 우리는 학생(들)이다.
Both of them are **students**. 〈주어 - 복수: 보어 - 복수〉 그들 두 사람은 학생(들)이다.
One of my friends has **his** car. 내 친구 중의 한 명이 자기 자동차를 갖고 있다.

### (3) 주어와 목적어의 일치
주어와 목적어 사이에는 수(數), 성(性), 인칭(人稱)이 일치해야 한다.

Every student has **his / her** own teacher. 〈수, 성의 일치〉
모든 학생에게 개인 담당 교사가 있다.

He injured **himself** in the arm. 〈인칭의 일치〉 그는 팔을 다쳤다.

### (4) 동사와 명사의 수의 일치
둘 이상이 상호적으로 작용해야 하는 경우를 나타내는 일정한 동사에 따르는 목적어나 보어는 복수형을 쓰는 경우가 있다. (상호복수) ☞ p. 65[2] (상호복수) 참조

You must change **cars** at the station. 너는 그 정류장에서 차를 갈아타야 한다.
They shook **hands** with each other. 그들은 서로 악수했다.

## (5) 형용사(구)와 명사 사이의 수의 일치

1) 복수의 의미를 나타내는 수식어(수사, 형용사 등)의 수식을 받는 가산명사는 복수형을 쓴다. 다만, 명사가 형용사적으로 쓰이는 경우 즉, 복합명사의 복수형이나, 「복수를 나타내는 수식어 + 명사」가 다른 명사를 수식하는 경우 앞의 명사는 단수형을 쓴다.

ten boys 열 명의 소년들    ten years 10년    ten dollars 10달러

many children 많은 아이들    many grocery stores 많은 식품점 (잡화점)들

many grocery store workers 많은 식품점(잡화점) 일꾼들

a three-year-old girl 열 살 난 여자아이

a ten-minute conversation 10분간의 대화

a ten-dollar bill 10달러짜리 지폐

2) different, diverse, several, various 등 복수적 의미를 담고 있는 형용사는 복수의 뜻을 드러낼 경우 복수 명사를 수반 [수식]한다.

Different men, different ways. 각인각색

Different nations have different customs. 민족이 다르면 풍속도 다르다.

at diverse times 때때로    various [diverse] aspects 다양한 측면들

for various reasons 여러 가지 이유로    at various times 여러 차례

several times 몇 번씩

in [of] several [two] minds 마음이 흔들리어, 갈피를 못 잡고

on several occasions 몇 차례나

go one's several ways 각자의 길을 가다; 흩어져 가다.

Several men, several minds. 각인각색

3) 명사가 대명사의 복수소유격에 의해 수식될 때 복수형의 명사를 써야 할 경우가 있다.

| | |
|---|---|
| He used to cut <u>our</u> hairs. | 그는 우리들의 머리카락을 잘라주고는 했다. |
| They've made up <u>their</u> minds to finish it. | 그들은 그것을 끝내기로 결심했다. |
| They came here against <u>their</u> wills. | 그들은 그들의 의사에 반하여 이곳으로 왔다. |
| Have you students had <u>your</u> lunches? | 학생들, 너희들은 점심을 먹었느냐? |

## 3. 성의 일치

남, 여의 성(性)을 받는 속격 대명사는 정해져 있으므로 문제 될 것은 없다. 다만, 성을 구별할 수 없다고 볼 수 있는 자연물, 국가나 도시, 그리고 특정의 배, 자동차, 건물 등의 물건에 대하여서도 성을 구별하여 쓰는 경우가 있다. ☞ p. 69[2] (명사의 성) 참조

## 4. 시제의 일치(sequence of tenses)

시제란 때를 표현하는 동사의 일정한 형태인데 주절-종속절의 복문에서 종속절의 시제는 주절의 시제에 의해 결정된다. 즉, 주절의 특정 시제(과거 시제, 과거완료 시제)는 종속절에도 특정한 시제(과거 시제, 과거완료 시제)만을 요구하는 경우가 있으므로 종속절에 주절이 요구하는 시제를 써주어야 하거나, 종속절이 주절이 요구하는 알맞은 시제로써 주절에 결합되어 있을지라도 주절의 시제를 바꿔 써야 할 경우에는 종속절도 그에 따라 알맞은 시제로 바꿔 써주어야 한다. 이와 같이 주절에 대한 종속절의 시제를 알맞게 맞추어 쓰는 것을 시제의 일치(時制

의 一致)라고 한다. 시제의 연관(聯關) 또는 시제의 호응(呼應)이라고도 한다.

## (1) 시제 일치의 원칙

1) 주절의 시제가 현재 (진행형 포함), 현재완료, 미래일 때에 종속절 동사의 시제는 12 시제의 어느 것이라도 사용할 수 있다.

① 주절의 동사 시제가 현재일 경우

I know that he studies English. 〈현재시제 + 현재시제〉

I know that he is studying English. 〈현재시제 + 현재진행시제〉

I know that he studied English. 〈현재시제 + 과거시제〉

I know that he was studying English. 〈현재시제 + 과거진행시제〉

I know that he will study English. 〈현재시제 + 미래시제〉

I know that he will be studying English. 〈현재시제 + 미래진행시제〉

I know that he has studied English. 〈현재시제 + 현재완료시제〉

I know that he has been studying English. 〈현재시제 + 현재완료진행시제〉

I know that he had studied English. 〈현재시제 + 과거완료시제〉

I know that he had been studying English. 〈현재시제 + 과거완료진행시제〉

I know that he will have studied English. 〈현재시제 + 미래완료시제〉

I know that he will have been studying English. 〈현재시제 + 미래완료진행 시제〉

▷ 「현재시제 (주절) + 과거완료 시제 (종속절)」의 형태로 쓸 수 없다고 하는 분들이 있는데, 그 쓸 수 없는 이유로는 과거완료는 현재와는 시간적으로 분리되어(= 2개 이상의 시제차이가 나므로) 연관성이 없기 때문이라고 한다. 하지만 시제란 시간 관계를 표시하기 위해 사용하는 일정한 동사의 형태 자체를 말하는 것이지 시간 자체를 나타내는 것이 아니다. 그러므로 '동사가 시제 상으로 시점의 차이가 난다'라는 표현은 타당하지만, '동사가 시제차이가 난다'라는 표현은 개념오류에 의한 잘못된 것이라고 할 수 있다. 설령 주절과 종속절 사이에 2단계 이상의 시점상의 차이가 난다 하더라도 「현재시제의 동사(주절) + 과거완료 시제의 동사(종속절)」의 형태로 못 쓸 이유는 없다. 주절과 종속절의 동사 시제를 어떻게 일치시키느냐 하는 것은 논리의 문제가 아니라 영문법에서 어떻게 규정했느냐에 달려있는 것이기 때문이다. 결론적으로 영문법은 「현재시제 (주절) + 과거완료 시제 (종속절)」의 형태로 쓰는 것을 인정한다.

> ex) Learning a foreign language **is** especially difficult for those who have [**had** (x)] never learned one before.
> 이전에 외국어를 전혀 배운 적이 없는 사람들에게 외국어를 배우는 일은 특히나 어렵다.
> ※ 여기서 had를 써서는 안 되는 이유는 현재시제와 과거완료 시제를 같이 쓸 수 없기 때문이 아니라 현재 시점(is)에서 볼 때 이전부터 지금까지 외국어를 전혀 배운 적이 없는(현재완료, 경험) 사람들이 외국어를 배우는 일이 어렵다는 말을 하는 것이므로 종속절에는 당연히 현재완료 시제의 동사가 와야 할 따름일 뿐이다.

② 주절의 동사 시제가 현재완료일 경우

I have known that he studies English. 〈현재완료시제 + 현재시제〉

I have known that he is studying English. 〈현재완료시제 + 현재진행시제〉

I have known that he studied English. 〈현재완료시제 + 과거시제〉

I have known that he was studying English. 〈현재완료시제 + 과거진행시제〉

I have known that he will study English. 〈현재완료시제 + 미래시제〉

I have known that he will be studying English. 〈현재완료시제 + 미래진행시제〉

I have known that he has studied English. 〈현재완료시제 + 현재완료시제〉

I have known that he has been studying English.
〈현재완료시제 + 현재완료진행시제〉

I have known that he had studied English. 〈현재완료시제 + 과거완료시제〉

I have known that he had been studying English. 〈현재완료시제+과거완료진행시제〉

I have known that he will have studied English. 〈현재완료시제 + 미래완료시제〉

I have known that he will have been studying English.
〈현재완료시제 + 미래완료진행시제〉

③ 주절의 동사 시제가 미래일 경우

I shall know that he studies English. 〈미래시제 + 현재시제〉

I shall know that he is studying English. 〈미래시제 + 현재진행시제〉

I shall know that he studied English. 〈미래시제 + 과거시제〉

I shall know that he was studying English. 〈미래시제 + 과거진행시제〉

I shall know that he will study English. 〈미래시제 + 미래시제〉

I shall know that he will be studying English. 〈미래시제 + 미래진행시제〉

I shall know that he has studied English. 〈미래시제 + 현재완료시제〉

I shall know that he has been studying English. 〈미래시제 + 현재완료진행시제〉

I shall know that he had studied English. 〈미래시제 + 과거완료시제〉

I shall know that he had been studying English. 〈미래시제 + 과거완료진행시제〉

I shall know that he will have studied English. 〈미래시제 + 미래완료시제〉

I shall know that he will have been studying English.

〈미래시제 + 미래완료진행시제〉

2) 주절이 과거시제(진행형 포함), 과거완료시제일 경우 종속절에는 과거(진행형 포함), 과거완료(진행형 포함)가 올 수 있다.

I thought that she was sleep. 〈과거시제 + 과거시제〉

I thought that she was sleeping. 〈과거시제 + 과거진행시제〉

I knew that he had done the work. 〈과거시제 + 과거완료시제〉

I knew that he had been doing the work. 〈과거시제 + 과거완료진행시제〉

I had known he wrote a novel. 〈과거완료시제 + 과거시제〉

I had known he was writing a novel. 〈과거완료시제 + 과거진행시제〉

I had known that he had written the novel. 〈과거완료시제 + 과거완료시제〉

I had known that he had been writing a novel. 〈과거완료시제 + 과거완료진행시제〉

▷ 과거완료시제도 과거시제와 마찬가지로 과거의 일을 나타낸다. 다만, 완료관계를 나타낸다는 점이 과거시제와 다를 뿐이다. 과거완료시제와 혼동하기 쉬운 개념으로는 대과거시제가 있다. **대과거시제**는 시간적 선후관계를 갖는 두 가지의 일을 복문으로 나타낼 경우에 앞선 일이 완료관계를 나타내지 않더라도 그 두 일간의 시간적 선후관계를 나타내 주기 위해 앞선 일을 과거완료시제와 똑같은 형식[had + 과거분사]을 사용해 나타내는 것을 말한다. 그러므로 시간적 선후관계가 없는 과거의 일을 복문으로 나타내는 경우 주절이나 종속절 어느 한쪽이 완료관계(완료시제)를 나타내는 경우에는 당연히 「과거시제 (주절) + 과거완료시제(종속절)」나 「과거완료시제(주절) + 과거시제(종속절)」의 형태로 쓸 수 있다.

■ 덧붙임

### 1. 주절의 동사의 시제변화와 종속절 동사의 시제변화

주절의 동사의 시제가 현재나 현재완료에서 과거나 과거완료가 되면, 종속절의 동사 시제는 다음과 같이 변한다.

| 현재시제 → 과거시제 | 현재형 조동사 → 과거형 조동사 |
|---|---|
| 현재완료시제 → 과거완료시제 | 과거시제 → 대과거시제 〈과거완료형과 형태는 동일〉 |
| 현재진행형 → 과거진행형 | 과거진행형 → 대과거진행형 〈과거완료진행형과 형태는 동일〉 |
| 과거완료 → 과거완료 | |

I know that he does it. 〈현재시제 + 현재시제〉
→ I knew that he did it. 〈과거시제 + 과거시제〉
I know that he will do it. 〈현재시제 + 미래시제〉
→ I knew that he would do it. 〈과거시제 + 과거시제(과거 시점에서의 미래)〉
I can see that she was crying. 〈현재시제 + 과거진행시제〉
→ I could see that she had been crying. 〈과거시제 + 대과거진행시제〉
I know that he has done it. 〈현재시제 + 현재완료시제〉
→ I knew that he had done it. 〈과거시제 + 과거완료시제〉
I know that he did it. 〈현재시제 + 과거시제〉
→ I knew that he had done it. 〈과거시제 + 대과거시제〉
I think that he is studying hard. 〈현재시제 + 현재진행시제〉
→ I thought he was studying hard. 〈과거시제 + 과거진행시제〉
I think that he was studying hard. 〈현재시제 + 과거진행시제〉
→ I thought he had been studying hard. 〈과거시제 + 대과거진행시제〉
I think that he had been worked hard. 〈현재시제 + 과거완료시제〉
→ I thought that he had been worked hard. 〈과거시제 + 과거완료시제〉
I have known that he did it. 〈현재완료시제 + 과거시제〉
→ I had known that he had done it. 〈과거완료시제 + 대과거시제〉
I have known that he had done it. 〈현재완료시제 + 과거완료시제〉
→ I had known that he had done it. 〈과거완료시제 + 과거완료시제〉

### 2. 시제의 일치와 조동사

**(1) 주절의 동사가 현재에서 과거로 변하면 종속절의 조동사도 현재형에서 과거형으로 바뀐다.**

I know that he will write a novel. 나는 그가 소설을 쓸 것이라는 것을 안다.
→ I knew that he would write a novel. 나는 그가 소설을 쓸 것이라는 것을 알았다.
I know that he will be writing a novel.
나는 (미래 어느 때) 그가 소설을 쓰고 있으리라는 것을 안다.

→ I **knew** that he **would** be writing a novel.
나는 (과거에서 본 미래 어느 때) 그가 소설을 쓰고 있을 것이라는 것을 알았다.
I <u>know</u> that he <u>will</u> have written the novel.
→ I **knew** that he **would** have written the novel.
I <u>know</u> that he <u>will</u> have be writing a novel.
→ I **knew** that he **would** have been writing novel.
I <u>am</u> afraid I <u>shall</u> be late. → I **was** afraid I **should** be late.
Nobody <u>knows</u> what <u>may[can]</u> happen. → Nobody **knew** what **might[could]** happen.

(2) 주절의 동사가 과거시제로 되는 경우 종속절의 조동사는 과거형으로 되는 것과 그대로 쓰이는 것이 있다.

| will → would | can → could | may → might | must → must, had to |
| shall → should | need → need | ought to → ought to | had better → had better |

She <u>said</u> she **must[had to]** find a job by summer.
그녀는 여름까지는 일을 찾아야 한다고 말했다.
I <u>considered</u> that he **ought to** help me. 나는 그가 나를 도와야만 한다고 생각했다.
I <u>told</u> her that she **need** not worry. 나는 그녀에게 걱정할 필요가 없다고 말해 주었다.

### (2) 시제 일치의 예외

주절의 시제가 과거시제로 되어도 종속절의 내용이 다음과 같은 것일 경우에는 시제 일치의 원칙이 적용되지 않는다.

#### 1) 불변의 진리, 속담, 격언, 일반화된 보편적 사실은 항상 현재시제를 쓴다.

We learned that the earth **goes** round the sun.

우리는 지구는 해의 주위를 돈다고 배웠다.

She said that boys **will** be boys. 그녀는 사내애들은 어쨌거나 사내애들이라고 말했다.

#### 2) 역사적 사실은 항상 과거시제를 쓴다.

Our history teacher said that Gojoseon, Korea's first kingdom, **was found-**

ed by Dangun in 2333 B.C.

우리 역사 선생님은 한국 최초의 왕국인 고조선은 기원전 2333년에 단군에 의해 건국되었다고 말씀하셨다.

I learned that in 1919, the Korean provisional government **was** established in Shanghai, China.

나는 대한민국임시정부는 1919년에 중국의 상하이에서 수립되었다고 배웠다.

3) **과거의 동작이나 상태가 현재까지 계속되고 있는 사실인 경우, 현재에도 지속되고 있는 습관, 변함없는 사물의 속성, 과거의 예정·계획이 현시점에서도 미래의 일인 경우 종속절의 시제는 주절의 시제 변화에 상관없이 현재나 미래시제를 그대로 쓴다.**

She says, "I am in Seoul now." 그녀는 "나는 지금 서울에 있어." 하고 말한다.

→ She said that she **is** in Seoul now. 〈현재에도 서울에 있을 경우〉

그녀는 현재 서울에 있다고 말했다.

He told me that the building **are** under construction. 〈현재에도 건축 중인 경우〉

그는 그 건물이 건축 중이라고 나에게 얘기했다.

He said that he **gets up** at six every morning. 〈현재에도 변함없는 습관의 경우〉

그는 매일 아침 여섯 시에 일어난다고 말했다.

Sam-dol said that his school **begins** at nine. 〈현재에도 변함없는 사실(상태)〉

삼돌이는 그가 다니는 학교는 아홉시에 시작한다고 말했다.

I knew a dog **is** a smart animal. 나는 개가 영리한 동물이라는 것을 알았다.

Sam-sun said to me this morning, "I will go there tomorrow."

삼순은 "내일 거기 갈거야." 하고 오늘 아침에 내게 말했다.

→ Sam-sun told me this morning that she **will come** here tomorrow.

〈현재 시점에서도 미래인 경우〉 삼순은 오늘 아침에 내일 이곳에 오겠다고 나에게 말했다.

4) 형용사절 또는 비교를 나타내는 부사절에서는 주절의 동사 시제에 영향을 받지 않는다. 특히, than, as등이 쓰여 과거와 현재를 비교하는 부사절의 현재는 현재 시제를 쓴다.

I **called** my parents who **live** in my hometown this morning. 〈형용사절〉
나는 오늘 아침 고향에 계시는 부모님께 전화를 드렸다.

This **is** the book which I **bought** yesterday. 〈형용사절〉   이것은 내가 어제 산 책이다.

He did it far better than you **will do** it.
그는 당신이 그것을 할 수 있는 것 보다 더 잘했다.

When (I was) young, I **studied** harder than you **do** now.
어렸을 때 나는 네가 지금 하는 것보다 더 열심히 공부했다.

She **was** more beautiful than she **is** now.   그녀는 과거에 지금보다 더 아름다웠다.

5) 종속절(명사절)의 조동사 would, should, could, might, ought to, need나 used to, had better, would rather 등은 주절의 시제변화와 관계없이 그대로 쓴다.

It is necessary that he **should** go there.   그가 그곳에 갈 필요가 있다. (꼭 가야 한다.)
→ It was necessary that he **should** go there.   그가 그곳에 가야할 필요가 있었다.
He says that we **had better** work hard.   그는 우리가 열심히 일하는 게 좋다고 말한다.
→ He said that we **had better** work hard.   그는 우리가 열심히 일하는 게 좋다고 말했다.
He says "He **ought to** know it."   그는 "걔는 마땅히 그것을 알고 있어야 해."라고 말을 한다.
→ He said you **ought to** know it.   그는 네가 마땅히 그것을 알고 있어야 한다고 말했어.
He says "You **need** not come here early."
그는 "너는 이곳에 일찍 올 필요가 없어."라고 말한다.
→ He said that I need not go there early.
그는 내가 일찍 그곳에 갈 필요가 없다고 말했다.

6) must는 '추측'을 나타낼 때는 시제가 변해도 변함없으며, '의무'를 나타낼 경우에는 must를 그대로 쓰거나 had to를 쓴다.

She says to me, "You must be tired."   그녀가 내게 "너는 분명 피곤할 거야."라고 말한다.
→ She told me that I must be tired.   그녀는 내가 피곤할 것이 틀림없다고 말했다.
He says "I must do the work."   그는 "나는 그 일을 반드시 해야만 해."라고 말한다.
→ He said he must [had to] do the work.
그는 그가 그 일을 반드시 해야만 한다고 말했다.

7) 주절의 동사 시제가 바뀌어도 종속절의 가정법의 동사형은 변하지 않는다. 가정법의 동사형은 시간관계를 나타내는 시제와는 다른 개념을 나타내기 때문이다. 단, 가정법 현재는 가정법 과거로 변한다. 이는 가정법 현재의 동사는 현재시제의 동사로 대체하여 쓰는 이유에서이다.

I think that I would buy the book if I had enough money.
내가 충분한 돈이 있다면 그 책을 사는 것을 생각하고 있다. (돈이 없다.)
→ I thought that I would buy the book if I had enough money.
나는 내가 충분한 돈이 있다면 그 책을 사겠다고 생각했다. (돈이 없었다.)
He says, "I would go there if I were not ill."
그는 "내가 아프지만 않다면 거기에 갈 텐데."라고 말을 한다.
→ He said that he would go if he were not ill.
그는 그가 아프지만 않다면 그곳에 갈 수 있을 것이라고 말했다.
She says, "If it rains tomorrow, I will not go." 〈가정법 현재〉
그녀는 "내일 비가 오면 나는 가지 않을 거야."라고 말한다.
→ She said that if it rained the next day, he would not go. 〈가정법 과거〉
그녀는 그 다음 날에 비가 오면 가지 않겠다고 말했다.

## 5. 화법 (Narration)

### (1) 의의

말이나 글에서 다른 사람의 말을 인용하여 재현하는 방법을 화법(話法)이라고 한다. 어떤 사람(자신 포함)의 말을 인용할 경우에 그대로 되풀이하여 말하는 표현법을 직접화법(direct narration)이라 하고, 현재 말하는 사람(話者)의 입장에서 주어나 시제 등을 바꾸어 그 내용만을 전달하는 표현법을 간접화법(indirect narration)이라고 한다.

ex) He says, "I am a student." 〈직접화법〉 그는 "나는 학생입니다."라고 말한다.
  → He says that he is a student. 〈간접화법〉 그는 자신이 학생이라고 말한다.

### (2) (평서문의) 화법전환의 방법 [직접화법 → 간접화법]

화법에서 say, say to 등을 말을 전해주는 동사라 해서 **전달동사(reporting verb)**라고 하며, 전달 동사가 있는 주절을 **전달문 (reporting speech)** 또는 **전달부 (reporting part)**라 하며, 전달의 내용 부분(직접화법의 인용부호 안의 말이나 간접화법의 that절 부분)을 **피전달문 (reported speech)** 또는 **피전달부(reported part)**라고 한다. 직접화법을 간접화법으로 고칠 때 전달동사는 보통 say는 say로, say to는 tell로 바꾸지만, 피전달문의 내용에 따라 say, tell, ask, advise, suggest, order, propose 등으로 바꿀 수 있다.

> ■ 직접화법의 표기법
> A. 직접화법의 전달동사 다음에는 콤마 (comma) [,]를 찍는다.
> B. 피전달문은 인용부호 (quotation marks) [" "]를 사용하고 대문자로 시작한다.
> C. 피전달문의 끝에는 전달내용의 의미에 따라 마침표 (period) [.], 물음표 (question mark) [?], 느낌표 (exclamation mark) [!] 등을 붙인다.

#### 1) 전달동사를 적절하게 변화시킨다.

직접화법의 전달동사 say를 간접화법에서도 그대로 사용해도 무방하나, 전달대상이 있는 경우 'say to'는 tell로 바꾸는 것이 원칙으로 되어있다.

He says, "I'll be back." 　　　　　　　　　그는 "나는 다시 돌아올 거야."라고 말한다.

→ He says he will be back. 　　　　　　　그는 다시 돌아올 것이라고 말한다.

The doctor said to me, "You had better give up smoking."

　　　　　　　　　　의사는 나에게 "당신은 담배를 끊는 게 좋겠습니다."라고 얘기했다.

→ The doctor told me that I had better give up smoking.

　　　　　　　　　　의사는 나에게 내가 담배를 끊는 게 좋겠다고 얘기했다.

→ The doctor advised me to give up smoking.

　　　　　　　　　　　　　의사는 나에게 담배를 끊을 것을 권고했다.

The child said to me, "Have you ever seen an elephant?"

　　　　　　　　　　　그 아이는 나에게 "코끼리를 본적 있으세요?"라고 말했다.

→ The child asked me whether I had ever seen an elephant.

　　　　　　　　　　　　그 아이는 나에게 코끼리를 본 적이 있느냐고 물었다.

He promised, "I will keep my promise."

　　　　　　　　　　　　그는 "저는 약속을 지키겠습니다."라고 약속했다.

→ He promised that he would his promise. 　그는 약속을 지키겠다고 약속했다.

---

▷ 피전달문의 동사 come, go, bring, take는 문맥에 따라 go, come, take, bring으로 바꿀 수 있다.

She said to me, "I will **come** here tomorrow."
그녀는 "나는 내일 (다시) 이곳에 올 거야."라고 말했다.
→ She told me that she would **go** there the next day.
그녀는 나에게 그 다음날 (다시) 그곳에 가겠다고 말했다.
He said to me, "I will **go** to Gunsan tomorrow."
그는 "나는 내일 군산에 갈거야."라고 말했다.
→ He told me that he would **come** to Gunsan the next day.
그는 내게 그 다음날에 군산에 오겠다고 말했다.
He said to me, "I'll **take** [bring] it to you tomorrow."
그는 나에게 "제가 내일 그것을 당신한테 가지고 가겠습니다."라고 말했다.
→ He told me that he would **bring** it to me today.
그는 내게 그것을 오늘 가지고 오겠다고 말했다.

## 2) 콤마(,)와 인용부호(" ")를 없애고 전달문과 피전달문을 접속사 that 등으로 연결시킨다. 이때의 접속사 that은 생략할 수 있다.

He said, "This boy is very honest."      그는 "이 소년은 아주 정직합니다."라고 말했다.

→ He said (that) that boy was very honest.      그는 그 소년은 아주 정직하다고 말했다.

He said, "I do not know if the rumo(u)r is true."

그는 "나는 그 소문이 정말인지 아닌지는 잘 몰라."라고 말했다.

→ He said (that) he did not know if the rumo(u)r was true.

그는 그 소문이 사실인지 아닌지는 잘 모르겠다고 말했다.

She said to me, "Have you read this book?"

그녀는 나에게 "이 책을 읽어 본 적 있어요?"라고 말했다.

→ She asked me if (whether) I had read that book.

그녀는 내가 그 책을 읽어 본 적이 있는지를 물었다.

Sam-sun said to Sam-sik, "Where are you going?"

삼순은 삼식에게 "어디를 가는 중이야?"라고 말했다.

→ Sam-sun asked Sam-sik where he was going.

삼순이 삼식에게 어디를 가느냐고 물었다.

## 3) 피전달문의 인칭대명사는 전달하는 사람의 입장에서 적절히 변화시킨다.

> **■ 주어(인칭대명사)의 일치**
> A. 피전달문의 1인칭(I, we): 전달문의 주어와 일치시킨다.
> B. 피전달문의 2인칭(you): 전달문의 목적어와 일치시킨다. 즉, 「say to + o ~」의 o와 일치시킨다.
> C. 피전달문의 3인칭(he, she, it, they): 변하지 않는다.

I said to her, "I will see you tomorrow."      나는 그녀에게 "내일 만나자."라고 말했다.

→ I told her that I would see her the next day.

나는 그녀에게 그 다음날 만나자고 말했다.

They said, "We are in dire need of your help."

그들은 "우리는 여러분들의 도움을 절실히 필요로 합니다."라고 말했다.

→ They said that they were in dire need of our help.

그들은 우리의 도움을 절실히 필요로 한다고 말했다.

My friends often say to me "You will succeed."

친구들은 종종 내게 "너는 성공할거야."라고 말을 한다.

→ My friends often tell me that I shall [will (미)] succeed.

친구들은 종종 내가 성공하게 될 거라고 말한다.

※ 직접화법에서의 단순미래 you[he] will이 간접화법의 종속절에서 1인칭 주어로 될 경우 영국에서는 shall [과거시제의 경우 should]을 많이 사용하지만 미국에서는 will [과거시제의 경우 would]을 쓴다.

She said to me, "He is very kind to me."

그녀는 나에게 "그 사람은 나에게 매우 친절하게 대해줘."라고 말했다.

→ She told me that he was very kind to her.

그녀는 내게 그 사람이 자기에게 매우 친절하게 대해 준다고 말했다.

He said, "It is a beautiful day."  그는 "날씨가 아주 좋군." 하고 말했다.

→ He said (that) it was a beautiful day.  그는 날씨가 아주 좋다고 말했다.

## 4) 전달 동사의 시제와 피전달문의 동사의 시제를 올바르게 맞추어 준다. (시제의 일치)

① 전달 동사의 시제가 현재, 현재완료, 미래인 경우는 피전달문의 동사, 조동사의 시제는 변하지 않는다.

She says, "I am busy now."  그녀는 "나는 지금 바쁘다."라고 말한다.

→ She says (that) she is busy now.  그녀는 지금 바쁘다고 말한다.

He has said always, "I am a genius."  그는 언제나 "나는 천재다."라고 말해왔다.

→ He has said always that he is a genius.  그는 언제나 자기가 천재라고 말해왔다.

I say, "I shall be back by tomorrow at latest."

말씀드리겠습니다, "늦어도 내일까지는 돌아오겠습니다."

→ I say (that) I **shall** be back by tomorrow at latest.
제가 늦어도 내일까지 돌아올 것을 말씀드립니다.

You say, "I **shall** be glad." 너는 "기쁠 거예요."라고 말하고 있다.

→ You say (that) you **will** [shall] be glad. 너는 기쁠 것이라고 말한다.

> ▷ 직접화법에서의 1인칭 단순 미래의 shall은 간접화법의 종속절에서 그 주어가 2인칭이나 3인칭으로 되더라도 그대로 shall (과거의 경우 should)을 쓰는 것을 원칙으로 하였으나, 현재는 그 인칭과 시제에 맞게 you will [would], he will [would]과 같이 쓰는 것이 보통이다. 특히, 시간상으로 당연히 도래하는 미래의 일에는 will [would]만을 쓴다.
>
> He will say "I **shall** succeed." 그는 "나는 성공할 거야."라고 말할 것이다.
> → He will say that he **will** [shall] succeed. 그는 자신은 성공할거라고 말할 것이다.
> She says, "I **shall** [will] be twenty years old next year."
> 그녀는 "나는 내년에는 스무 살이 되요."라고 말한다.
> → She says that she **will** [shall (x)] be twenty next year.
> 그녀는 내년이면 자신은 스무 살이 된다고 말한다.

② 전달 동사의 시제가 과거일 때 피전달문의 동사의 시제는 will, shall은 would, should로, 현재는 과거로, 현재완료나 과거.과거완료는 과거완료로 바꾼다.

> ■ 전달동사가 과거일 때의 종속절의 동사의 시제변화
> • will, shall → would, should
> • 현재 → 과거
> • 현재완료, 과거, 과거완료 → 과거완료

I say, "I **shall** be glad to help."
제 말씀이지만, "제가 도와 드릴 수 있다면야 좋겠습니다."

→ I said (that) I **should** [would (미)] be glad to help.
나는 도와줄 수 있다면 좋겠다고 말했다.

You said to me, "I **shall** do it, come what may."
너는 나에게 "어떠한 일이 있더라도 나는 그것을 하겠어."라고 말했다.

8장 일지와 화법(Agreement and Narration)

→ You told me that you should [would (미)] do it, come what may.

너는 나에게 어떠한 일이 있더라도 그 일을 할 것이라고 말했다.

He said to me, "You will hurt yourself if you're not careful."

그는 나에게 "너 조심하지 않으면 다치겠다."라고 말했다.

→ He told me that I would [should (영)] hurt myself if I were not careful.

그는 내가 조심하지 않으면 다칠 것이라고 말했다.

※ 직접화법에서의 단순미래 you [he] will이 간접화법에서 1인칭으로 될 경우 미국에서는 will을 쓰지만 영국에서는 shall을 쓰기도 한다.

She said to me, "One day I will come here again."

그녀는 나에게 "언젠가 나는 다시 이곳에 (돌아) 올거야."라고 말했다.

→ She told me that one day she would go there again.

그녀는 나에게 언젠가 다시 그곳에 갈 것이라고 말했다.

I had said, "I (have) lost my purse."  나는 "지갑을 잃어버렸어."라고 말을 했었다.

→ I had said that I had lost my purse.  나는 내 지갑을 잃어버렸다고 말을 했었다.

### ■ 덧붙임

1. 의지를 나타내는 shall은 간접화법에서 그 인칭이 바뀌더라도 shall (과거시제의 경우 should)을 그대로 쓰는 것이 원칙이나 미국에서는 will [would]를 쓰기도 한다.

She said, "I shall never forget you." 그녀는 "나는 너를 결코 잊지 않을 거야."라고 말했다.
→ She said (that) she should [would (미)] never forget me.
그녀는 결코 나를 잊지 않겠다고 말했다.
He said to me, "You shall have my answer tomorrow."
그는 "내일 답변을 드리지요."라고 나에게 말했다.
→ He told me (that) I should [would (미)] have his answer the next day.
그는 그 다음 날에 내가 답변을 받게 될 거라고 말을 했다.

2. 직접화법의 피전달문의 미래의 일(미래시제)이 간접화법에서 전달자가 말하는 시점에도 아직 도래하지 않은 시간일 경우 피전달문의 미래시제는 바뀌지 않는다.

Our teacher said to us, "There will be a test tomorrow."
우리 선생님은 우리에게 "내일 시험을 볼 겁니다."라고 말씀하셨다.

→ Our teacher told us that there **will** be a test tomorrow.
우리 선생님은 우리에게 내일 시험이 있을 것이라고 말씀하셨다.

---

③ 주절의 시제가 바뀌어도 종속절의 가정법의 동사형은 변하지 않는다. 단, 가정법 현재는 가정법 과거로 변한다. 그리고 피전달문이 「직설법 + 가정법 (과거, 과거완료)」일 때에는 직설법 부분만 시제를 일치시킨다.

He says, "I would go there if I were not ill."

그는 "내가 아프지만 않다면 거기에 갈 텐데."라고 말한다.

→ He said that he **would** go if he were not ill.

그는 그가 아프지만 않다면 그곳에 갈 수 있을 것이라고 말했다.

"If this report is (= be) true, anything can happen," he said.

"이 소문이 사실이라면, 무슨 일이든 일어날 거야."라고 그가 말했다.

→ He said that if that report **were** true, anything **could** happen.

그는 그 소문이 사실이라면 무슨 일인가 일어날 거라고 말했다.

They said, "We wish we didn't have to take exams."

그들은 "우리는 시험을 안 봤으면 좋겠어요."라고 말했다.

※ 여기서 wish는 직설법 동사로서 주절의 동사와 시제를 일치시켜 주어야 한다.

→ They **said** that they **wished** they **didn't** have to take exams.

그들은 그들이 시험을 치르지 않기를 바란다고 말했다.

My mother said to me, "It's (= is) time (that) my boy **went** to bed."

나의 어머니는 "아들아 이제 잘 시간이다."라고 말씀하셨다.

→ My mother **told** me that it **was** time that I **went** to bed.

나의 어머니는 그때 내가 잘 시간이라고 내게 말씀하셨다.

5) 피전달문의 지시대명사, 때.장소를 나타내는 부사는 전달하는 사람의 입장에서 말하는 때의 상황에 맞추어 적절하게 고쳐준다.

He said to me, "I will come here tomorrow."

그는 나에게 "나는 내일 다시 이곳에 올게."라고 말했다.

→ He told me that he will come here tomorrow. 〈같은 장소에서 같은 날에 전달 시〉

그는 나에게 내일 이곳에 올 것이라고 (오늘) 말했다.

→ He told me that he would come here today. 〈같은 장소에서 다음 날에 전달 시〉

그는 나에게 오늘 이곳에 올 것이라고 (어제) 말했다.

→ He told me that he will go there tomorrow. 〈다른 장소에서 같은 날에 전달 시〉

그는 내일 그곳에 갈 것이라고 나에게 말했다.

→ He told me that he would come here the next day. 〈같은 장소에서 훗날에 전달 시〉

그는 나에게 그 다음 날 이곳에 올 것이라고 (그날) 말했다.

→ He told me that he would go there the next day. 〈다른 장소에서 훗날에 전달 시〉

그는 나에게 그 다음 날 그곳에 갈 것이라고 (그날) 말했다.

She said to me, "I am hungry now." 그녀는 나에게 "나 지금 배고파."라고 말했다.

→ She told me that she was hungry then. 그녀는 그 당시 나에게 배고프다고 말했다.

She said to me there then, "I will come here again someday."

그녀는 그때 그곳에서 "나는 언젠가는 다시 이곳에 올거야."라고 나에게 말했다.

→ She told me there then that she would go there again one day.

그녀는 그때 그곳에서 언젠가 자기는 다시 그곳에 갈 것이라고 나에게 말했다.

※ 그녀가 그곳에 다시 다녀갔거나, 다녀 갈 수 없게 된 과거의 일을 말할 때 쓴다.

---

■ 간접화법에서의 형용사, 부사의 변화
1. 직접화법의 전달 동사가 과거일 때 간접화법의 피전달문의 시간관계를 나타내는 형용사, 부사는 다음과 같이 바뀐다.
   ex) now (지금) → then (그때, 그 당시)    ago (전에) → before (그 전에)
   today (오늘) → that day (그 날)    tonight (오늘 밤) → that night (그날 밤)
   tomorrow night (내일 밤) → the next day night (그 다음날 밤)

next week [month.] (다음 주) → the next week (그다음 주), the following week
last month [week…] (지난 달) → the previous month (그 이전 달…)
last night (어젯밤, 지난밤) → the night before (그 전날 밤), the previous night (그 이전 밤)
yesterday (어제) → the day before (그 전날), the previous day (그 이전 날)
the day before yesterday (엊그제) → two days before (그 이틀 전날)
tomorrow (내일) → the next day (그다음 날), the following day (그 이튿날), the day after (그 뒷날)

"I bought this hat a few days ago," said Mary.
"며칠 전에 이 모자를 샀어."라고 메리가 말했다.
→ Mary said that she had bought that hat a few days before.
메리는 그 며칠 전날에 그 모자를 샀다고 말했다.

I said to her, "I will see you again tomorrow."
나는 그녀에게 "내일 다시 만나자."라고 말했다.
→ I told her that I would see her again the following day.
나는 그녀에게 그 다음 날 다시 만나자고 말했다.

He said, "I saw her the day before yesterday."
그는 "나는 엊그제 그녀를 만났어."라고 말했다.
→ He said that he had seen her two days before.
그는 그 이틀 전날에 그녀를 만났다고 말했다.

## 2. 기타 (지시부사, 장소부사)

지시점이 달라지거나 다른 장소에서 전달하는 경우에는 보통 다음과 같이 바꾼다.

 ex) this → that 또는 the, these → those, here → there

I said to her, "I will be waiting for you here this evening."
나는 그녀에게 "오늘 밤 이곳에서 너를 기다리고 있을 거야."라고 말했다.
→ I told her that I would be waiting for her there that evening.
나는 그녀에게 그날 저녁 그곳에서 그녀를 기다리고 있겠다고 말했다.

She said, "I bought these shoes for my father."
그녀는 "아버지께 드리려고 이 구두를 샀어."라고 말했다.
→ She said she had bought those shoes for her father.
그녀는 자신의 아버지께 드리려고 그 구두를 샀다고 말했다.

He said to me, "I will go there tomorrow."
그는 나에게 "나는 내일 그곳에 갈거야."라고 말했다.
→ He said that he would come here the next day. 〈there가 현재의 전달지점이 된 경우〉
그는 나에게 그 다음 날에 이곳에 올 거라고 말했다.

### (3) 의문문의 화법전환

**1) 전달 동사 (say)는 ask, inquire (of), want to know, wonder 등으로 바꾼다.**

He said to me, "Do you know Mr. Kim Sam-sik ?"

그는 내게 "김삼식 씨를 아십니까?"라고 말했다.

→ He **asked** me if I knew Mr. Kim Sam-sik.

그는 내가 김삼식 씨를 아는지를 물었다.

He said to me, "Who is she?"   그는 나에게 "그녀는 누구죠?"라고 말했다.

→ He **asked** me who she was.   그는 나에게 그녀가 누구인지를 물었다.

She said to me, "Will you come here?"

그녀는 나에게 "언제 여기에 올 거예요."라고 말했다.

→ She **inquired of** me when I would go there.

그녀는 언제 내가 그곳에 갈 것인지를 물었다.

→ She **wondered [wanted to know]** when I would go there.

그녀는 내가 언제 그곳에 갈 것인지를 알고 싶어 했다.

**2) 의문사가 없는 의문문은 전달 동사(say)를 ask 등으로 바꾸고, 피전달문은 「if (whether) + s + v」로 바꾼다. 또, 피전달문의 인칭대명사, 지시대명사, 부사 등을 전달자의 입장에서 알맞게 고쳐주고, 시제를 일치시켜 준다. [ask + if (whether) + s + v]**

The girl says to the boy, "Is this your book?"

소녀는 소년에게 "이거 네 책이니?"라고 말한다.

→ The girl **asks** the boy if that is his book.

소녀는 소년에게 그것이 소년의 책인지를 묻는다.

She said to him, "Are you all right ?"   그녀는 그에게 "당신 괜찮아요?"라고 말했다.

→ She **asked [inquired of]** him if (whether) he was all right.

그녀는 그가 괜찮은지를 물었다.

In-su said to Cheol-su, "Did you ask Yeong-hui out?"

인수는 철수에게 "너, 영희에게 데이트하자고 했니?"라고 말했다.

→ In-su **asked** Cheol-su, if Chul-su had asked Yeong-hui out.

인수는 철수에게 영희에게 데이트하자고 청했었는지를 물었다.

He said to her, "Have you ever been to Cheongyang?"

그는 그녀에게 "청양에 가 본적 있습니까?"라고 말했다.

→ He **asked** her whether she had ever been to Cheongyang.

그는 그녀에게 청양에 가 본적이 있느냐고 물었다.

She said to him, "May I use your cellular phone?"

그녀는 그에게 "당신 휴대전화기 좀 사용해도 될까요."라고 말했다.

→ She **asked** him if she might use his cellular phone.

그녀는 그에게 그의 휴대전화기를 사용해도 되는지를 물었다.

I said to him, "Shall I bring you a drink?"

나는 그에게 "마실 것을 내올까요?"라고 말했다.

→ I **asked** him if I **should** bring him a drink.

나는 그에게 마실 것을 내가도 되는지를 물었다.

※ 상대방의 의지를 묻는 의문문 'Shall I [We] ~?'를 과거시제의 간접화법으로 바꿀 경우 피전달문의 주어의 인칭과 관계없이 should를 쓴다. (피전달문의 주어의 의지를 나타낸다.)

He said to me, "Shall I call a taxi?" 그는 나에게 "택시를 불러드릴까요?"라고 말했다.

→ He asked me if he should call a taxi. 그는 나에게 자기가 택시를 불러 주느냐고 물었다.

I said to her, "Shall [Will] you be free tomorrow evening?"

나는 그녀에게 "내일 저녁에 시간 있으세요?"라고 말했다.

→ I **asked** her if she would be free the next day evening.

나는 그녀에게 그 다음날 저녁에 시간이 나는지를 물었다.

He said to me, "Will you go to the party tonight?"

그는 나에게 "너 오늘밤 파티에 갈거니?"라고 물었다.

→ He **asked** me if I would go to the party that night.

그는 내게 그날 밤 파티에 갈 것인지를 물었다.

**8장 일치와 화법**(Agreement and Narration)

3) 피전달문이 의문사(who, when, where, why, what, which, how etc.)가 있는 의문문인 경우 전달동사 say는 ask 등으로 바꾸고, 피전달문은 「의문사 + s + v」의 어순으로 한다. [ask + 의문사 + s + v]

He said to her, "Who are you?"     그는 그녀에게 "당신은 누구시죠?"라고 말했다.
→ He **asked** her who she was.     그는 그녀에게 누구냐고 물었다.

She said to me, "Who did you say?"     그녀는 나에게 "누구를 말씀하셨죠?"라고 말했다.
→ She **inquired of** me who I had said.     그녀는 내가 누구를 말했었는지를 내게 물었다.

He said, "When will she come?"     그는 "그녀는 언제 올까요?"라고 말했다.
→ He **wondered[wanted to know]** when she would come.
    그는 그녀가 언제 올 것인가를 알고 싶어 했다.

He said to her, "Where do you live?"     그는 그녀에게 "어디에 사세요?"라고 말했다.
→ He **asked** her where she lived.     그는 그녀에게 어디에 사는지를 물었다.

She said to me "Why were you absent yesterday?"
→ She **asked** me why I had been absent the day before.
    그녀는 내가 그 전날 왜 결석했었는지를 물었다.

He said to me, "What did your father say about me last night?"
    그는 나에게 "당신 아버지께서 간밤에 나에 대해 무어라고 말씀하셨어요?"라고 말했다.
→ He **asked** me what my father had said about him the night before.
    그는 나에게 그 전날 밤에 나의 아버지가 그에 대해 무어라고 말씀하셨는지를 물었다.

He said to me "Which way shall we take?"     그는 나에게 "어느 길로 갈까?"라고 말했다.
→ He **asked** me which way we should take.
    그는 나에게 우리가 어느 길로 가야할지를 물었다.

She said to him, "How did it happen?"
→ She **asked** him how it had happened.
    그녀는 그에게 어떻게 해서 그 일이 일어났는지를 물었다.

■ 덧붙임

1. 의문사가 주어일 경우에는 간접화법에서도 「의문사 + v」의 어순을 그대로 쓴다.

The teacher said, "Who broke the window?"
→ The teacher wanted to know who had broken the window.
그 교사는 누가 유리창을 깨뜨렸는지를 알고자 했다.

He said to me, "What is the matter with you?"
→ He asked me what was the matter with me. 그는 나에게 무슨 일이 있는지를 물었다.

2. 직접화법의 피전달문이 「의문사 + v + s (긴 주어)」로서 주어(s) 부분이 긴 경우에는 간접화법에서도 그대로 「의문사 + v + s」의 어순으로 한다.

He said to me, "Which is the shortest way to the Seoul Sports Complex?"
→ He asked me which was the shortest way to the Seoul Sports Complex.
그는 나에게 어느 길이 서울종합운동장으로 가는 가장 빠른 길인지를 물었다.

4) 요청·부탁의 뜻을 나타내는 직접화법의 의문문은 「ask [beg] + 목적어(o) + to 부정사」의 형태로 간접화법문을 만들 수 있다.

He said to me, "Will you pass me the paper?"
→ He begged me to pass him that paper.   그는 그 신문을 건네줄 것을 나에게 부탁했다.

He said to me, "Could you look over this report when you get a chance?"
그는 내게 "혹시라도 시간이 있으면 이 보고서 좀 훑어봐 주시겠어요?"라고 말했다.
→ He asked me to look over that report when I got a chance.
그는 내게 혹시라도 시간이 나면 그 보고서를 훑어봐 줄 것을 부탁했다.

(4) 질문에 대한 응답으로서 Yes, No의 화법전환

1) yes, no를 없애고, 전달동사는 answer, reply, say 등을 쓴다.

He said, "Do you know her?" and I said, "Yes (I do)."
그는 "당신은 그녀를 아세요?"라고, 나는 "예 (알아요)."라고 말했다.

8장 일치와 화법(Agreement and Narration)

→ He asked me if I knew her and I answered (that) I did.

그는 내게 그녀를 아는지를 물었고 나는 안다고 대답했다.

2) 대답이 Yes. 또는 No. 만으로 끝난 경우에 Yes는 agree나 answer in the affirmative로 바꾸거나, 조동사가 있는 질문에 대한 대답으로는 「전달동사 + that + S + 조동사」의 형태로 고칠 수 있고, No는 disagree, deny it, answer in the negative로 바꾸거나 조동사가 있는 질문에 대한 대답으로는 「전달 동사 + that + S + 조동사 + not」의 형태로 고칠 수 있다.

He said to me, "Have you been to Sokcho?" and I said, "Yes [No]."

→ He asked if I had been to Sokcho and I agreed [disagreed].

그는 내게 속초에 가 본적이 있느냐고 물었고, 나는 그렇다 [그렇지 않다]고 대답했다.

→ He asked if I had been to Sokcho and I answered (that) I had [hadn't].

### (5) 명령문의 화법전환

전달 동사를 tell, order, command, advise, ask, beg, bid, forbid, request, suggest 등으로 바꾸고, 피전달문을 to 부정사구로 바꾼다.

#### 1) 직접명령문의 경우

① 일상적 (상·하) 관계의 명령인 경우: tell + 목적어 + to 부정사

The teacher said to his students, "Be quiet."

→ The teacher told his students to be quiet.

He said to me, "Call me tomorrow."

→ He told me to call him the next day.

My father said to me, "Don't go out after dark."

→ My father told me not to go out after dark.

아버지는 내게 해가 진 뒤에는 밖에 나가지 말라고 말씀하셨다.

> ▷ 부정·금지의 (직접) 명령문은 to 부정사 앞에 not이나 never를 붙여 'not [never] + to 부정사'의 형태 로 한다.
> "Don't bother your head about such trifles," said my friend to me.
> "그런 사소한 일로 골머리 썩이지 마라,"라고 내 친구가 내게 말했다.
> → My friend told me not to bother my head about such trifles.
> 내 친구는 내게 그와 같은 사소한 일가지고 걱정하지 말라고 말했다.

② 계급적·직업적 상하 관계의 명령인 경우: order [command] + 목적어 + to 부정사

The officer said to his men, "Rush forward."

그 장교는 부하들에게 "돌격하라"라고 말했다.

= The officer commanded [ordered] his men to rush forward.

그 장교는 부하들에게 돌격하라고 명령했다.

The president said to his staff, "Make greater efforts."

→ The president **ordered** his staff **to make greater efforts**.

사장은 직원들에게 더욱더 노력하라고 지시했다.

③ 충고·권고를 나타내는 명령인 경우: advise + 목적 + to 부정사

He said to me, "You had better work harder."

→ He **advised** me **to work harder**.  그는 나에게 일을 좀 더 열심히 하라고 충고했다.

The doctor said to him, "Don't smoke."

→ The doctor **advised** him **not to smoke**.

의사는 그에게 담배를 피우지 말 것을 권고했다.

④ 요구·부탁의 뜻을 나타내는 의문문 형식의 명령문 또는 please가 있는 명령문: ask, beg, request + 목적어 + to 부정사

The boy said to me, "Would you please throw the ball to me."

소년이 내게 말했다. "그 공 좀 제게 던져주시겠어요?"라고.

→ The boy **asked** [**requested, begged**] me **to throw** the ball to him.

소년은 나에게 그 공을 자신에게 던져줄 것을 부탁했다.

She said to me, "Please get me some drink."

그녀는 내게 "마실 것 좀 갖다 주실래요."라고 말했다.

→ She **asked** me **to get** her some drink.

그녀는 내게 마실 것 좀 가져다 달라고 부탁했다.

### 2) 간접명령문의 경우

① 피전달문이 'Let's ~.' (~ 합시다)로써 제안을 나타낼 경우: S + suggest [propose] + (to + 목적어) + that we + (should) + 동사원형

He said to me, "Let's go out."  그는 나에게 "밖으로 나갑시다(외출하자)."라고 말했다.

→ He **proposed** [**suggested**] to me **that we should go out**.

그는 나에게 밖으로 나갈 것을 [외출할 것을] 요구 (제안)했다.

My friend Man-su said to me, "Let's play truant from school this afternoon, shall we?"  "오후 수업을 땡땡이치자, 잉?" 하고 내 친구 만수가 내게 말했다.

→ My friend Man-su **proposed** [**suggested**] **that we (should) play truant from school that** afternoon.

내 친구 만수가 우리같이 그날 오후 수업을 들어가지 말자고 제안했다.

② 피전달문이 「Let me(us) ~.」(내가 ~을 해 주겠다)로써 제의를 나타낼 때: offer + to 부정사

He said, "Let me show you the way to the station."

그는 "제가 역까지 바래다 드리겠습니다."라고 말했다.

→ He **offered to show** me the way to the station.

그는 자기가 나를 역까지 바래다주겠다고 말했다.

He said, "Let me introduce myself."

그는 "제 자신을 소개하도록 하겠습니다."라고 말했다.

→ He offered to introduce himself.  그는 자신을 소개하겠다고 말했다.

③ 피전달문이 「Let me [us] ~.」 (나 [우리]를 ~하도록 해주세요)로써 상대방에게 허가 · 방임 을 요청하는 경우: ask, beg + to be allowed to ~

She said, "Let me go."  그녀는 "저를 가게 해주세요."라고 말했다.
→ She asked to be allowed to go.  그녀는 가는 것을 허락해 달라고 간청했다.
They said, "Let us be free."  그들은 "우리를 놓아 주세요."라고 말했다.
→ They begged to be allowed to be free.  그들은 놓아달라고 애원했다.

## (6) 감탄문 (기쁨, 슬픔)의 화법전환

1) 전달 동사 say는 say, cry (out), exclaim, remark, shout 등으로 고친다.

She said, "What a beautiful sight it is!"
  그녀는 "이 얼마나 아름다운 경치예요!"라고 말했다.
→ She exclaimed what a beautiful sight it was.
  그녀는 경치가 너무 아름답다고 탄성을 질렀다.
→ She cried that it was a very beautiful sight.
  그녀는 경치가 너무 아름답다고 소리쳤다.
He said to her, "How nice to sit here with you!"
  그는 그녀에게 "이곳에 당신과 함께 앉게 되다니 너무 좋군요!"라고 말했다.
→ He exclaimed how nice to sit there with her!
  그는 그곳에 그녀와 함께 앉게 되어서 너무 좋다고 큰 소리로 말했다.

2) What이나 How로 시작하는 감탄문은 what, how를 전달문 다음에 그대로 쓰고 시제와 인칭을 바꿔준다. [what, how + s + v]

He said, "What would I not give to get her!"
  그는 "그녀를 얻기 위해서라면 어떠한 대가인들 못 치르겠는가!"라고 말했다.

→ He exclaimed what would he not give to get her.

그는 그녀를 얻기 위해 무슨 일인들 못하겠냐며 소리쳤다.

The girl said, "How happy I am!" 그 소녀는 "나는 (지금) 너무 행복해!"라고 말했다.

→ The girl cried [said, exclaimed] how happy she was.

그녀는 너무 행복하다고 소리쳤다.

→ The girl cried (out) that she was very happy.

> ▷ what, how로 시작하는 감탄문을 평서문식으로 고치는 경우 what, how를 없애고 그 대신 very, so 등이 들어가는 문장으로 바꿀 수 있다.
> She said, "How pretty the flower is!" 그녀는 "꽃이 참 예쁘네!"라고 말했다.
> → She said that the flower was very pretty. 그녀는 그 꽃이 매우 예쁘다고 말했다.
> He said to her, "How kind of you!"
> 그는 그녀에게 "당신은 정말로 친절하시네요."라고 말했다.
> → He exclaimed how kind of her. 그는 그녀가 너무도 친절하다고 감탄의 말을 했다.
> → He exclaimed that she was so kind to him.
> 그는 그녀가 그에게 너무도 친절하다는 감탄의 말을 했다.

3) 피전달문이 기쁜 내용이거나 Hurrah, Bravo 등의 감탄사가 있을 땐 with delight, with joy, with pleasure 등을 전달동사 다음에 넣어준다.

He said, "Hurrah! I've passed examination."

그는 "야호, 내가 시험에 합격했다!"라고 말했다.

→ He exclaimed with delight that he had passed the examination.

그는 시험에 합격한 것에 좋아서 환호했다.

They said, "Bravo! we have won the game."

그들은 "좋았어! 우리가 경기에 이겼다."라고 말했다.

→ They exclaimed with pleasure that they had won the game.

그들은 경기에서 이겼다고 즐거워하며 환호했다.

4) 피전달문이 슬픈 내용이거나 Alack, Alas와 같은 슬픔을 표시하는 애탄사가 있을 땐 with regret, with a sigh, in sorrow 등을 전달동사 다음에 넣어준다.

He said "Alack, all is over with me!"
그는 "슬프도다, 나에게 모든 것이 끝이구나!"라고 말했다.

→ He cried (out) in sorrow that all was over with him.
그는 모든 것이 끝났다고 슬퍼하며 소리를 질러댔다.

She said, "Alas! (Have) lost my purse."
그녀는 "아이고! 내 지갑을 잃어버렸네."라고 말했다.

→ She exclaimed with a sigh that she had lost her purse.
그녀는 자신의 지갑을 잃어버렸다며 한숨 섞인 소리를 했다.

## (7) 기원문의 화법전환

1) 신이나 기타 절대적 믿음의 대상에 대한 기원 (특히 피전달문에 God, Heaven이 있을 때)에는 「pray [wish, curse] that God [Heaven] may ~」나 「pray to God [Heaven] + to 부정사」로 바꾼다.

He said, "God bless you!"  그가 "당신에게 신의 축복이 있기를!"라고 말했다.

→ He prayed[wished] that God might bless me.
그는 내게 신의 축복이 있기를 기원했다.

He said, "God[Heaven] help her!"  그는 "신이시여 제발 그녀를 도와주세요!"라고 말했다.

→ He prayed that God might help her.  그는 신에게 그녀를 도와달라고 기도했다.

→ He prayed to God to help her.

Father Kim said, "Heaven be my witness!"
김 신부(神父)는 "하늘이여 굽어살피소서!"라고 말했다.

→ Father Kim prayed that Heaven might be his witness.
김 신부는 하늘의 굽어살핌이 있기를 기도했다.

→ Father Kim prayed to Heaven to be his witness.

Tom said to Jack, "God damn you!"   톰은 잭에게 "뒈져버려, 자식아."라고 말했다.
→ Tom cursed that God might damn Jack.

               톰은 잭에게 죽어버리라며 악담 [저주]했다.

### 2) 사람에 대한 기원

「express [exclaim] one's wish that + s + may ~」와 같이 표현한다.

He said to her, "May you be happy!"   그는 그녀에게 "부디 행복하세요!"라고 말했다.
→ He expressed his wish that she might be happy.

               그는 그녀에게 행복하기를 바란다고 말했다.

He said to my grandmother, "May you live to be a hundred!"

               그는 우리 할머니에게 "100세까지 장수하세요."라고 말했다.

→ He exclaimed his wish that my grandmother might live to be a hundred.

               그는 우리 할머님이 100세까지 장수하시라는 바람을 큰소리로 말씀드렸다.

## (8) 가정법의 화법전환

### 1) 가정법 현재는 간접화법으로의 전환 시 가정법 과거로 바꾸어 주고, 그 의미에 맞게 전체 문장을 다듬어 주면 된다. 주절과 종속절(가정법절)이 시점이 다른 문장이 되며 시제 일치의 예외가 된다.

He said, "If it is [be] fine tomorrow, I will go to the sea."

               그는 "내일 날씨가 좋으면 난 바닷가에 갈거야."라고 말했다."

→ He said that if it were fine the next day, he would go to the sea.

               그는 그 다음날 날씨가 좋다면 바닷가에 가겠다고 말했다.

※ 여기서 주절의 said는 과거 시점을 나타내고 종속절의 were는 현재 시점을 나타내는 가정법 과거로서 시제규칙에는 어긋나나 시제와 법(가정법)은 전혀 다른 것으로 보아 시제규칙을 적용하지 않는다. 〈'법은 시제에 우선한다.'〉

He said, "If this report is [be] true, anything can happen."

→ He **said** that if that report **were** true, anything **could** happen.

그는 그 소문이 사실이라면 무슨 일인가 일어날 거라고 말했다.

I <u>said to</u> him, "You (**should**) start at once."

나는 그에게 "너는 즉시 시작하는 게 좋겠다. (낫겠다.)"라고 말했다.

→ I **advised** him that he (**should**) start at once.

나는 그에게 즉시 시작하는 것이 좋을 것이라고 조언했다.

2) 가정법 과거·과거완료의 동사형은 그대로 쓴다. 즉, comma와 quotation marks를 없애고 접속사 that을 쓰고 인칭을 변경시켜 주면 된다.

He <u>said to</u> me, "If I <u>were</u> you, I <u>would</u> not do it."

→ He **told** me that if he **were** I, he **would** not do it.

그는 나에게 자신이 나라면 그것을 하지 않겠다고 말했다.

He said, "If I <u>had known</u> your phone number, I <u>would have called</u> you."

그는 "내가 네 전화번호를 알았더라면 네게 전화를 했을 거야."라고 말했다.

→ He **said** that if he **had known** my phone number, he **would have called** me.

그는 내 전화번호를 알았더라면 나에게 전화했을 것이라고 말했다.

'If he <u>had come</u> here, this party <u>would have been</u> more delightful,' said she to herself.   '그 사람이 이곳에 왔다면 이 모임이 더욱 즐거웠을 텐데.'하고 그녀는 혼잣말을 했다.

→ She **said** to herself that If he **had gone** there, that party **would have been** more delightful.   그녀는 그가 그곳에 갔더라면 그 모임은 더욱 즐거웠을 것이라고 혼잣말을 했다.

## (9) 중문 (대등문), 복문, 혼합문의 화법전환

1) 중문 (대등문)의 화법전환

① 피전달문이 접속사 and, but으로 연결된 대등문일 경우에는 and, but 다음에 that을 붙인다. 전달 동사(said)의 목적어임을 분명히 하기 위함이다.

She said to me, "Winter is over and spring has come."

"겨울이 가고 봄이 왔어요."라고 그녀가 나에게 말했다.

→ She **told** me (that) winter **was** over and that spring **had come**.

그녀는 내게 겨울이 가고 봄이 왔다고 말했다.

※ 전달 동사 다음에 오는 that은 생략할 수 있다.

The girl said, "I have been ill, but I am now better."

소녀는 "나는 지금껏 아팠어, 하지만 지금은 좀 나아졌어."라고 말했다.

→ The girl **said** that she **had been** ill, but that she **was** then better.

그 소녀는 그전까지 몸이 아팠으나, 그때는 좀 괜찮다고 말했다.

② 피전달문이 「명령문 + and 또는 or」로 되어 있으면 and나 or는 조건을 나타내며 그다음에 that을 쓰지 않아도 된다. 「that if + s + v, S + V」 또는 「전달동사 + o + to 부정사, and [or] + S + V」와 같이 고친다.

My mother **said to** me, "My boy! Make haste, and you **will be** in time."

나의 어머니께서는 내게 "아들아, 서둘러라, 그러면 제시간에 맞출 수 있을게야."라고 말씀하셨다.

→ My mother **told** me that if I **made** haste I **should be** in time.

어머니께서는 만약 내가 서두른다면 제시간에 맞출 수 있겠다고 말씀하셨다.

→ My mother **told** me to make haste and I **should be** in time.

어머니께서는 내게 서둘러서 제시간에 맞춰가라고 말씀하셨다.

My mother said to me, "Sonny! Hurry up, or you will be late for school."

어머니께서는 나에게 "얘야, 어서 서둘러라, 안 그러면 학교에 늦겠다."라고 말씀하셨다.

→ My mother **told** me **that** if I **did** not hurry up, I **should be** late for school.

어머니께서는 만약 내가 서두르지 않으면 나는 학교에 늦을 거라고 말씀하셨다.

→ My mother told me to hurry up or I **should be** late for school.

어머니께서는 제게 서두르지 않으면 내가 학교에 늦을 거라고 말씀하셨습니다.

→ My mother told me I **should be** late for school **unless** I **hurried up**.

어머니께서는 제게 서두르지 않으면 학교에 늦을 거라고 말씀하셨다.

③ 피전달문이 for, so의 등위접속사로 연결되었을 때에는 이들 접속사 다음에 that을 쓰지 않아도 된다.

He <u>said</u>, "She must be ill, for she looks pale."

그는 "수척해 보이는 모습을 보아하니 그녀는 아픈 것이 틀림없어."라고 말했다.

→ He **said** that she must be ill, for she **looked** pale.

그는 그녀가 아픈 게 틀림없다고 말했다. 왜냐하면 그녀가 수척해 보였기 때문이다.

She <u>said</u>, "I am very tired, so I want to go to bed early."

그녀는 "너무 피곤해서 일찍 자고 싶다."라고 말했다.

→ She **said** that she was very tired, so she **wanted** to go to bed early.

그녀는 너무 피곤해서 일찍 자고 싶다고 말했다.

## 2) 복문의 화법전환

기본적으로 단문의 전환요령과 같다. 단, 피전달문의 주절과 종속절의 시제 모두를 전달동사의 시제와 일치시킨다.

She <u>said</u>, "I <u>think</u> that he <u>is</u> an honest man."

그녀는 "나는 그가 정직한 사람이라고 생각해요."라고 말했다.

→ She **said** (that) she **thought** that he **was** an honest man.

그녀는 그를 정직한 사람으로 생각한다고 말했다.

She <u>said</u>, "**Let's go** on a picnic, if it is fine tomorrow."

그녀는 "내일 날씨가 좋으면 우리 소풍 가요."라고 말했다.

→ She **suggested** that we **should go** on a picnic if it **was** fine the next day.

그녀는 그다음 날의 날씨가 좋으면 소풍 가자고 제안했다.

## 3) 종류가 다른 문장이 겹쳐 있는 경우의 화법전환

각각 따로 화법을 전환하고 그 둘을 and로 연결시킨다.

① 피전달문이 「평서문 + 의문문」일 때: 평서문의 화법전환 + and ask + 목적어
He said to me, "I have been to the school. Where are you going?"
그는 나에게 "나는 학교에 갔다 오는 길인데, 너는 어디 가고 있는 중이니?"라고 말했다.
→ He told me that he had been to the school, and asked me where I was going.   그는 자기는 학교에 갔다 오는 길이라 말하며 나에게 어디로 가고 있는 중인지를 물었다.

② 피전달문이 「평서문 + 명령문, 청유문」일 때: 평서문의 화법전환 + and tell + 목적 + to 부정사 [또는 and suggest that ~]
She said, "I will be free tomorrow. Let's go to the movies."
그녀는 "나 내일 한가한데, 우리 함께 영화 보러가지 않을래요?"라고 말했다.
→ She said that she would be free the next day and told us to go to the movies.
→ She said that she would be free the next day and suggested that we should go to the movies.
그녀는 그 다음 날은 한가하다고 말하며, 우리에게 함께 영화 보러 가자고도 청했다.

③ 피전달문이 「명령문 + 평서문」일 때: tell + 목적 + to 부정사 + and said that + s + v
Jack said, "Tom, you go to the station. I have to do this work here."
잭은 "톰, 네가 역에 가라. 나는 여기서 이 일을 해야만 해."라고 말했다.
→ Jack told Tom to go to the station and said that he had to do the work there.   잭은 톰에게 역에 가라며 자신은 그곳에서 그 일을 해야 한다고 말했다.

④ 피전달문이 「명령문 + 의문문」일 때: tell + 목적 + to 부정사 + and ask ~
Sam-sik said, "Stop crying, Geum-sun. Where are you sick?"
삼식은 "그만 울어라, 금순아. 너 어디가 아픈거니?"라고 말했다.
→ Sam-sik told Geum-sun to stop crying, and asked (her) where she was sick.   삼식은 울음을 그치라고 금순에게 말했다, 그리고 어디가 아프냐고도 물었다.

### ■ 묘출화법과 혼합화법

### 1. 묘출화법 (Represented Speech)

작가 (화자)가 작중인물의 말투 (직접화법)를 그대로 따라하되 인칭, 시제, 부사 등은 자신의 입장으로 바꾸어 (간접화법) 쓰는 화법을 말한다. 즉, 문장의 어순과 구두점은 직접화법에 따르고, 인칭과 시제, 시간부사 등은 간접화법에 따르는 화법이다. 다만, 작가 (화자) 입장에서 말을 하는 것이므로 따옴표(" ")나 작은따옴표(' ')는 사용치 않는다. 작가의 의중을 드러내는 말의 표현법이라 하여 묘출화법(描出話法)이라고 부른다. 직접화법과 간접화법의 중간적인 성격을 가지므로 중간화법(中間話法)이라고도 한다. 소설 등의 문학작품에서 작중인물의 말이나 심리(의식)를 더욱 사실적으로 묘사하는 데 사용되고 있다.

He thought, "I certainly like this sort of job, but can I really do it? What if I should fail?" 〈직접화법〉

그는 "나는 확실히 이런 종류의 일을 좋아해. 하지만 내가 정말로 그 일을 해낼 수 있을까? 내가 실패한다면 어떻게 하지?"라고 생각했다.

→ He hesitated. He certainly liked that sort of job, but could he really do it? What if he should fail? 〈묘출화법〉

그는 망설였다. 그는 분명히 그런 일을 좋아했다. 하지만 그가 정말로 그 일을 해낼 수 있을까? 만약 그가 실패한다면 어떻게 되지?

He heard the noise of the children in the park and envied their freedom; how he wished he could escape and join in their game!

그는 공원에서 아이들이 재잘거리는 소리가 듣자 그 애들의 천진난만함이 부러웠다. 그는 정말 할 수만 있다면 뛰쳐나가서 그 애들의 놀이에 어울리고 싶었다.

※ 직접화법의 "How I wish I could escape and join in their game!"을 묘출화법으로 나타낸 경우이다.

Roger begged her to have patience; somewhere, surely existed the very house they were looking for, and it only needed a little perseverance and they would find it.

로저는 그녀에게 인내심을 가지라고 간청했다. 어딘가에는 그들이 찾고 있는 집이 분명히 있을 것이고, 그 일은 단지 인내심이 조금 필요하며, 결국 그들은 그것을 찾게 될 것이다.

Tom began to feel hungry and looked at his watch. It was half-past eight. Lydia had not returned. Perhaps she had no intention of doing so? It wouldn't be very nice of her to leave him like this, without a word of explanation or farewell.

톰은 시장기가 느껴지기 시작해서 시계를 들여다보았다. 시간은 8시 반이었다. 아직까지도 리디아는 돌아오지 않았다. 아마도 그녀는 돌아올 생각이 없는 것일까. 그녀가 한마디 변명이나 작별의 말도 없이 이렇게 그를 떠나다니 너무도 가슴 아픈 일이다.

### 2. 혼합화법 (Mixed Narration)

피전달부의 인칭과 시제는 간접화법의 방식을 따르면서 그 어순이나 문장부호 등은 직접화법의 방식을 따르는 화법을 말한다. 묘출화법이 직접화법문에 간접화법의 요소를 가미하여 변형시킨 것이라면 혼합화법은 간접화법문에 직접화법의 요소를 가미하여 변형시킨 것이다. 피전달부의 종속접속사 이하의 내용을 묘출화법으로 하거나, 간접화법의 피전달부에 직접화법의 인용부호를 사용하거나 간접화법문의 전달부와 피전달부의 순서를 바꾸거나, 직접화법의 yes, no나 의문부호 등 직접화법의 일부를 간접화법에 그대로 사용하는 경우 등이 있다.

She said to me, "Will you come here?" 〈직접화법〉

→ She wondered when I would go there. 〈간접화법〉
그녀를 내가 언제 그곳에 가겠는지를 궁금해했다.

→ She wondered when would I go there? 〈혼합화법〉
그녀는 내가 언제 그곳에 가겠느냐며 궁금해했다.

She says, "I am busy now." 〈직접화법〉

→ She says (that) she is busy now. 〈간접화법〉 그녀는 그녀가 지금 바쁘다는 말을 하고 있다.

→ She says (that) "she is busy now." 〈혼합화법〉 그녀는 그녀가 지금 바쁘다고 말하고 있다.

He said (that) that boy was very honest. 〈간접화법〉

→ That boy was very honest, he said. 〈혼합화법〉 ※ 전달부가 피전달부의 뒤에 오는 경우

→ That boy, he said, was very honest. 〈혼합화법〉 ※ 전달문이 끼움절로 들어간 경우

I said, "Yes (I do)." 〈직접화법〉 나는 "예, 그래요."라고 말했다.

→ I said yes I did. 〈혼합화법〉 나는 예, 그랬습니다 라고 말했다.

# – REVIEW EXERCISES –

1. 괄호 안에 알맞은 형태의 동사를 넣어라.

    (1) Play and study (          ) both necessary to students.

    (2) The relations between the two countries (          ) growing worse.

    (3) Neither you nor she (          ) in the wrong.

    (4) To profess and to practice (          ) very different things.

    (5) Loving and being loved (          ) what makes life worth living.

    (6) Not he but they (          ) responsible for it.

    (7) It is you and he that (          ) to blame.

    (8) (          ) there any other questions?

    (9) There (          ) a variety of ways in which you can do this.

    (10) A variety of thinking (          ) necessary.

    (11) Many a little (          ) a mickle.

    (12) The (total) number of the students in our class (          ) forty.

    (13) Twenty dollars (          ) enough to buy this book.

    (14) The Inca (          ) a deeply religious people.

2. 빈칸에 동사의 알맞은 시제형을 넣어라.

    (A) I know that he will do it.

      I knew that he _____ do it.

    (B) I can see that she was crying.

      I could see that she _____ crying.

    (C) I know that he has done it.

      I knew that he _____ it.

    (D) I know that he did it.

I knew that he _____ it.

(E) I think that he had been worked hard

　　I thought that he _____ worked hard.

(F) I have known that he had done it.

　　I had known that he _____ it.

(G) He was better off than he _____ now.

(H) It is necessary that he should go there.

　　It was necessary that he _____ go there.

(I) He says "You need not come here early."

　　He said that I _____ not go there early.

(J) He says to me, "You must be tired."

　　He told me that I _____ be tired.

(K) He says "I must do the work."

　　He said he _____ do the work.

(L) He says, "I would go there if I were not ill."

　　He said that he _____ go if he _____ not ill.

(M) He said, "If it rains tomorrow, I will not go."

　　He said that if it _____ the next day, he _____ not go.


3. 직접화법을 간접화법으로 바꾸어라.

(1) He said, "It is a beautiful day."

(2) He has said always, "I am a genius."

(3) You said to me, "I shall do it, come what may."

(4) He said to me, "You will hurt yourself if you're not careful."

(5) He says, "I would go there if I were not ill."

(6) He said to me, "What is the matter with you?"

(7) My father said to me, "Don't go out after dark."

(8) He said, "Let me introduce myself."

(9) She said, "Let me go."

(10) He said, "If it be fine tomorrow, I will go to the sea."

(11) He said, "She must be ill, for she looks pale."

(12) He said to me, "I have been to the school. Where are you going?"

## 4. 간접화법을 직접화법으로 바꾸어라.

(1) He advised me to work harder.

(2) He proposed [suggested] to me that we should go out.

(3) The child asked me whether I had ever seen an elephant.

(4) She asked [inquired of] him if [whether] he was all right.

(5) I asked him if I should bring him a drink.

(6) He asked her who she was.

(7) She inquired of me when I would go there.

(8) Tom proposed [suggested] that we (should) go to the movies after school.

(9) He expressed his wish that she might be happy.

(10) She suggested that we should go on a picnic if it was fine the next day.

5. Choose the sentence that is not grammatically correct.

    (A) Two thirds of the surface of the earth are water.

    (B) Most of the refugees were forced to go back to their country.

    (C) Too much drinking does a lot of harm to anyone.

    (D) Each of the college students has his or her own locker.

6. 밑줄 친 부분 중 어법상 옳지 않은 것은? [공무원 9급]

    (A) In the mid 1990s, (B) it was estimated that (C) 9 million Americans (D) were planning a summer vacation alone. Since then, the number of solo travelers (E) have increased.

7. 다음 밑줄 친 부분 중 어법상 어색한 것은? [법원 9급]

Child sexual abuse (A) <u>has been reported</u> up to 80,000 times a year, but the number of unreported instances (B) <u>are</u> far greater, because the children are afraid (C) <u>to tell</u> anyone what has happened, and legal procedure for validating an episode is difficult. The problem should be identified, the abuse stopped, and the child should receive professional help. The long-term emotional and psychological damage of sexual abuse can be (D) <u>devastating</u> to the child.

※ Choose the ungrammatical one among the underlined parts. [8 ~ 9]
(밑줄 친 부분 중에서 비문법적인 하나를 고르시오.)

8. Among (A) <u>the most</u> widespread and persistent myths (B) <u>are</u> that there is a significant connection between the specific courses (C) <u>we take</u> in college and the employment (D) <u>for which</u> we are qualified.

9. Culture is (A) <u>necessary for</u> the survival and existence of human beings as human beings. (B) <u>Practically</u> everything humans perceive, know, think, value, feel, and do (C) <u>are learned</u> through participation (D) <u>in a sociological system</u>.

※ Choose the one word or phrase that best completes the sentence.

10. Christmas gift-giving _____ the wheels of commerce and warms the hearts of givers and recipients. [대학 편입, 토익 유형]

(A) crimps    (B) stop    (C) turn    (D) greases

11. Paper is the best choice for documents that contain sharp graphics, and it is suitable for all your everyday printing _____. [토익 유형]

    (A) need    (B) needs    (C) to need    (D) needed

12. I am sure that your system <u>seems</u> as <u>odd</u> to <u>us</u> as ours <u>do</u> to you. [대학 편입]
    　　　　　　　　　　　　　　(A)　　　　(B)　　　(C)　　　　(D)

13. <u>Contrary to</u> expectations we find ourselves today amid <u>clouds of</u> dense
    　(A)　　　　　　　　　　　　　　　　　　　　　　　　　(B)
    pollutants, <u>both material and spiritual</u>, which <u>seems</u> to deface nature and
    　　　　　　(C)　　　　　　　　　　　　　　　(D)
    injure man. [토익 유형]

14. The good statesman, <u>like</u> all sensible human beings, always <u>learns</u> more
    　　　　　　　　　　　(A)　　　　　　　　　　　　　　　　　　(B)
    from <u>their</u> opponents <u>than</u> from supporters. [토익 유형]
    　　　(C)　　　　　　　(D)

# = 해설·정답 =

## 1. ⟨정답⟩

(1) is  (2) are  (3) is  (4) are  (5) is  (6) are  (7) are  (8) Are  (9) are  (10) is  (11) makes  (12) is  (13) is  (14) were

## 2. ⟨정답⟩

(A) would  (B) had been  (C) had done  (D) had done  (E) had been  (F) had done  (G) is  (H) should  (I) need  (J) must  (K) must [or had to]  (L) would, were  (M) rained, would

## 3. ⟨정답⟩

(1) He said (that) it was a beautiful day.

(2) He has said always that he is a genius.

(3) You told me that you should [would (미)] do it, come what may.

(4) He told me that I would [should (영)] hurt myself if I were not careful.

(5) He said that he would go if he were not ill.

(6) He asked me what was the matter with me.

(7) My father told me not to go out after dark.

(8) He offered to introduce himself.

(9) She asked to be allowed to go.

(10) He said that if it were fine the next day, he would go to the sea.

(11) He said that she must be ill, for she looked pale.

(12) He told me that he had been to the school and asked me where I was going.

4. 〈정답〉

   (1) He said to me, "You had better work harder."

   (2) He said to me, "Let's go out."

   (3) The child said to me, "Have you ever seen an elephant?"

   (4) She said to him, "Are you all right ?"

   (5) I said to him, "Shall I bring you a drink?"

   (6) He said to her, "Who are you?"

   (7) She said to me, "Will you come here?"

   (8) Tom said to us, "Let's go to the movies after school, shall we?"

   (9) He said to her, "May you be happy!"

   (10) She said, "Let's go on a picnic, if it is fine tomorrow."


5. 【해설】

   (A) 하나의 물건(지표면)의 2/3는 단수 취급한다. are를 is로 고친다. '지표면의 2/3는 물이다.'

   (B) 'most of + 명사'가 주어일 경우 동사의 수는 명사의 수에 일치시킨다. '대부분의 난민들이 본국으로 강제 송환되었다.'

   (C) 동명사가 주어일 경우 단수 취급한다. '술을 너무 많이 마시는 것은 누구에게라도 많은 해를 준다.'

   (D) 'each of + 복수 (대)명사'는 원칙적으로 단수 취급한다. '그 대학생들은 제각각 자기의 사물함을 갖고 있다.'

   〈정답〉(A)


6. 【해설】

   (A) 1990년대 중반에

   (B) it는 that 이하를 받는 가주어이고 that 이하가 진주어. 과거의 일을 나타내므로 was의 사용은 이상이 없다.

   (C) '수사 + 명사'가 형용사적으로 쓰일 때의 명사는 복수형으로 하지 않는다. 여기서 million은

형용사적으로 쓰였으므로 복수형태로 하지 않는다.

(D) 주어 '9 million Americans'가 복수이므로 복수형 동사 were가 오는 것이 맞다.

(E) 'the number of ~ (~의 수)는 단수 동사를 취하므로 have increased는 has increased가 되어야 한다.

[해석] 1990년대 중반에 900만 명의 미국인들은 혼자만의 여름휴가를 계획하고 있던 것으로 추산되었다. 그때 이후로 홀로 여행하는 사람들의 수가 증가해 오고 있다.

〈정답〉 (E)

7. [해설]

(A) Child sexual abuse가 보고되어 온 것이므로 수동태가 적당하다. 현재까지 보고되어 온 것이므로 현재완료형이 적당하다. abuse가 단수이므로 has가 적당하다.

(B) 'the number of + 복수 명사 + 단수 동사' (~들의 수). are를 is로 고친다.

(C) 서술 형용사 afraid는 to 부정사를 그 보충어로 할 수 있다. be afraid to do(~하는 것을 두려워하다.)

(D) 능동태로 적당하다. devastating은 형용사로서 be의 주격 보어이다.

[해석] 아동 성적 학대는 1년에 8만 회까지 보고되어왔다. 하지만 보고되지 않은 경우들의 수는 훨씬 더 크다. 왜냐하면 그 아이들은 누군가에게 무슨 일이 일어났는지 말하는 것을 두려워하고, 사건을 밝히는 법적 절차도 어렵기 때문이다. 문제는 밝혀져야 하고, 학대는 멈춰야 하며, 그 아이는 전문적인 치료를 받아야 한다. 성적 학대에 의한 장기의 감정적, 심리적 손상은 그 아이를 황폐시킬 수 있다.

〈정답〉 (B)

8. [해설]

(A) widespread와 persistent는 2음절과 3음절의 형용사로서 the most를 붙여 그 최상급을 만든다.

(B) 지문의 주어는 that 이하이고, 'Among ~ myths'의 전치사구는 '~ 중의 하나로'의 뜻으로 부사구로 쓰여 보어 역할을 하는 경우이다. 이때 보어를 강조하여 글머리로 내보내고 주어(여

기서 that절)와 동사가 자리를 바꾼 구문이다. that절 (명사절)이 주어일 경우 동사는 단수를 쓰므로 are를 is로 고친다.

(C) the specific courses를 수식하는 형용사절이다. 앞에 목적격 관계대명사 which(또는 that)가 생략되어 있다.

(D) for which we are qualified는 the employment를 수식하는 형용사절이다. 'we are qualified for it.'을 「전치사 + 관계대명사」의 형태로 하여 앞에 놓은 것이다.

[해석] 우리가 대학에서 받는 특정 강좌들과 자격에 맞는 고용 사이에는 중요한 관련이 있다 는 것은 가장 널리 퍼지고 지속되는 사회적 통념 중 하나이다.

〈정답〉 (B)


9. 【해설】

(A) be necessary for ~ (~에게 필요하다; ~을 위해 필수적이다.)

(B) 실제적으로; 실용적으로; 사실상. 여기서 practically는 문장부사로서 문장 전체를 수식하고 있다.

(C) 주어가 everything이므로 단수의 is로 해야 한다. humans 앞에 everything을 선행사로 하는 목적격 관계대명사 that이 생략되었다.

[해석] 문화는 인간이 인간으로서 살아가고 존속하기 위해 필수적이다. 실제로 인간이 지각하고, 알고, 생각하고, 가치판단을 하고, 느끼고, 행하는 모든 것은 사회체제에의 참여를 통하여 배우게 된다.

〈정답〉 (C)


10. 【해설】

빈칸에는 3인칭 단수의 주어 'Christmas gift-giving'의 동사가 와야 한다. 동사원형을 쓴 (B)와 (C)는 탈락이다. 등위접속사 and 뒤에 긍정문이 오고 있으므로 등위절인 and 앞의 문장에도 긍정의 내용이 와야 한다(문장 병치). 문맥상 (D)가 와야 적당하다.

[해석] 성탄절 선물주기 [또는 주고받기]는 상업의 바퀴에 윤활유를 칠하고 (상업을 잘 돌게 하고), 주는 사람들과 받는 사람들의 마음을 따뜻하게 한다.

〈정답〉 (D)

## 11. 【해설】

'all your everyday printing _____'는 전치사 for의 목적어인 명사구이다. 빈칸에는 명사가 와야 하므로 (C)와 (D)는 답이 될 수 없다. 여기서 all은 your, everyday, printing과 함께 빈칸의 명사를 수식하는 한정어 (형용사)로 볼 수도 있고, all of your everyday printing에서 동격의 of가 생략된 대명사로 볼 수도 있다. (미국에서는 of를 쓰나 영국에서는 of를 쓰지 않는 것이 보통임) 여기서는 문맥상 후자로 보는 것이 적당하다. 명사 need는 불가산명사, 가산명사로 모두 쓰이나 여기서는 의미상 '필요한 것 (필요물)'의 가산명사로 쓰였고, 복수의 가산명사를 수식하거나 복수가산명사를 대신하는 대명사 all과의 관계(일치)상 복수형이 와야 한다.

[해석] 종이는 선명한 그래픽을 포함하는 서류를 위한 최고의 선택이다. 그리고 그것은 당신이 매일 인쇄하는 데 필요한 것의 전부이다.

〈정답〉 (B)

## 12. 【해설】

비교 구문.

(D) 여기서 do의 주어인 ours는 our system을 나타내므로 단수인 does 로 해야 한다.

[해석] 우리의 것이 너희에게 그러한 것과 같이 너희 제도도 우리에게 이상하게 보인다는 것은 틀림없다.

〈정답〉 (D)

## 13. 【해설】

(A) Contrary to expectations는 부사구 (예상과는 달리, 기대에 어긋나게)

(B) cloud는 물질명사, 보통명사로 모두 쓰인다. 복수적 의미를 나타낼 때는 -s를 붙인다. '하늘'의 의미로 쓸 때는 복수 형태로 쓴다.

(C) 상관접속사 both A and B의 A, B에 형용사가 온 경우. 두 개 이상의 형용사가 상관적으로 명사를 수식할 때는 후위 수식한다. 여기서 both A and B의 앞뒤에 콤마를 둔 것은 형용

사를 강조하는 의미와 뒤의 관계대명사를 쉽게 알아볼 수 있도록 하기 위한 것이라고 할 수 있다.

(D) which 이하는 선행사인 'clouds of dense pollutants'를 수식하는 관계사절이다. 여기서 which는 주격 관계대명사이다. 주격 관계대명사가 이끄는 절의 동사의 수는 선행사의 수에 일치시켜야 한다. 선행사가 '명사 + of + 명사'인 경우 앞 명사에 일치시키는 것이 원칙이므로 여기서 복수형(clouds)이 왔으므로 seems를 seem으로 고쳐야 한다.

[해석] 예상과는 달리 오늘날 우리는 자연을 훼손시키고 인간을 해치는 것으로 보이는 물질적이고도 정신적인 짙은 오염물질들의 구름들 가운데에 있는 우리 자신을 발견하게 된다.

〈정답〉(D)


14. 【해설】

(A) 여기서 like는 전치사로서 부사구를 만들고 있다. '모든 지각 있는 사람들처럼'

(B) 동사. 주어인 'The good statesman'이 3인칭 단수이므로 -s가 붙었다.

(C) The good statesman을 받는 소유격 대명사. The good statesman이 남성의 단수형이므로 his로 받아야 한다.

(D) 앞에 비교급 형태의 대명사 'more (더 많은 것)'에 대응하여 쓰인 전치사 than.

[해석] 훌륭한 정치인은 모든 지각 있는 사람들처럼 언제나 그들의 지지자들로부터 보다는 반대자들로부터 더 많은 것을 배운다.

〈정답〉(C)

## 제9장

# 태(The Voice)

### 1. 앞말

#### (1) 뜻

한 문장에서 주어 및 목적어에 대한 타동사의 관계를 태(voice, 態)라 한다. 태에는 주어가 동작이나 작용의 주체로서 목적어에 대한 어떤 동작이나 작용을 하는 관계를 나타내는 능동태 (the active voice, 能動態)와 주어가 행위자(agent)에 의해 이뤄지는 어떤 동작을 받는 관계를 나타내거나, 주어가 어떤 사건·상황의 작용을 받거나, 어떤 상태, 관계 등에 놓여 있는 것을 나타내는 수동태 (the passive voice, 受動態)가 있다. 수동태는 「be + 타동사의 과거분사」의 형식으로 나타낸다.

#### (2) 수동태문이 출현하는 유형

수동태의 형식을 사용하는 문장의 유형에는 능동태문의 목적어를 그 주어로 하여 고치는 유형과 행위나 작용의 주체를 수동태의 주어로 하거나, 어떠한 '상태'를 수동태의 형식으로 나타내는 유형이 있다.

##### 1) 능동태문을 수동태문으로 전환하는 경우

주어가 목적어에 대한 어떤 동작을 하는 관계를 나타내는 동사의 문장(3, 4, 5형식의 문장), 즉, 능동태문은 행위를 받는 그 목적어에 중심을 두어 나타내고자 할 경우에는 그 목적어를 주어로 하는 문장인 수동태문으로 바꿀 수가 있다. 능동태문을 수동태문으로 바꾸면 능동태문의 목적어가 수동태문의 주어가 되고, 타동사는 「be + 과거분사」의 동사구의 형태가 되며 능동태문의 주어는 수동태문에서 「by + 주어」의 부사구의 형태가 된다.

### ■ 능동태의 문장을 수동태의 문장으로 전환하는 방법

예문) He loves her very much. 그는 그녀를 매우 사랑한다.

→ She is very much loved by him. 그녀는 그에게 매우 사랑받는다.

A. **능동태문의 목적어를 수동태문의 주어로 한다. 즉, 목적어가 명사인 경우에는 그대로 주어로 하고 대명사의 목적격인 경우에는 주격으로 바꾼다.**

her → She

B. **능동태문의 타동사를 「be + 과거분사(p.p.)」의 동사구 형태로 바꾼다.**

이때 be동사의 시제는 능동태 동사의 시제와 같은 시점을 나타내는 시제를 쓰고, 그 수(數)는 수동태문의 주어의 인칭과 수에 따른다.

loves → is loved

He asked me some questions. 그는 나에게 몇 가지 질문을 했다.

→ Some questions **were** asked of me by him.

몇 가지 질문이 그에 의해 나에게 던져졌다.

※ 여기서 be동사의 복수의 과거형인 were를 쓴 것은 능동태문이 과거시제 (asked)이고, 또, 수동태문의 주어 (some questions)가 복수이기 때문이다.

C. **능동태문의 주어를 「by + 주어」의 부사구의 형태로 만든다.**

능동태문의 주어가 전치사 by의 목적어가 되므로 주격의 대명사는 목적격으로 바꾼다. 주어가 명사인 경우에는 주격과 목적격이 같으므로 그대로 쓴다.

He → by him

**Sam-sik** loves Geum-sun. 삼식은 금순을 사랑한다.

→ Geum-sun is loved **by Sam-sik**. 금순은 삼식에게 사랑받고 있다.

D. **능동태문의 기타 수식어구 등은 수동태문에 그대로 쓴다. 이때 always, sometimes, often, usually, highly, much, well 등의 빈도부사, 정도부사, 양태부사 등은 수동태문에서 과거분사 (p.p.) 앞에 놓는 것이 보통이며, 시간이나 장소의 부사(구)는 보통 문장 뒤에 놓는다.**

Paul **often** uses my computer. 폴은 종종 내 컴퓨터를 사용한다.

→ My computer is **often** used by Paul. 내 컴퓨터는 종종 폴에 의해 사용된다.
Gloria introduced me to her friends **at the party**.
글로리아는 모임에서 나를 그녀의 친구들에게 소개했다.
→ I was introduced to her friends by Gloria **at the party**.
나는 그 모임에서 글로리아에 의해 그녀의 친구들에게 소개되었다.

E. 능동태문의 주어가 we, you, one, people, they, somebody, someone 등으로서 일반인을 가리키거나, 정황상, 문맥상 누구인지 분명하여 나타낼 필요가 없을 때 또는 분명히 알지를 못할 때에는 이를 생략하는 것이 보통이다.

We should not violate traffic regulation. 우리는 교통법규를 위반해서는 안 된다.
→ Traffic regulation should not be violated (by us). 〈일반인〉
교통법규가 위배되어서는 안 된다.
His president dismissed him for his negligence.
사장은 태만하다는 이유로 그를 해고했다.
→ He was dismissed for his negligence (by his president). 〈정황상 분명〉
그는 태만해서 해고당했다.
Someone stole his book in the library. 도서관에서 누군가가 그의 책을 훔쳐갔다.
→ His book was stolen in the library. 〈불분명〉 그의 책을 도서관에서 도난당했다.

### 2) 본래 수동태 형식을 사용하는 경우

수동태문의 주어가 어떠한 동작을 받는 것을 나타내는 것이 아니라 어떤 동작이나 작용의 주체이거나 어떠한 '상태'로 있는 모습을 수동태로 표현하는 경우이다. 즉, 관용적으로 동작·작용의 주체를 수동태의 주어로 하거나, 능동태를 생각할 수 없는 어떠한 '상태'를 수동태의 형식으로 나타내는 경우이다. 보통 「S + be + 과거분사 + (by 이외의 전치사구, 부사절)」형태의 모습이 된다. ☞ **관용적으로 수동태를 쓸 경우 부분 (p. 584) 참조**

## (3) (의미에 따른) 수동태의 종류

### 1) 앞에

수동태는 그 나타내는 의미에 따라 '동작'의 뜻을 나타내는 경우의 동작수동태(動作受動態)와 '상태'의 의미를 나타내는 경우의 상태수동태(狀態受動態)로 구분된다. 같은 동사의 수동태라도 수반되는 전치사(구)나, (시간) 부사구, 부사절 등의 유무 또는 (시간) 부사구·절 등이 나타내는 의미에 따라서 '동작'이나 '상태'의 뜻을 나타내는 수가 있다.

## 2) 종류

### ① 동작수동태 (the actional passive voice)

수동태가 '동작(행위)'의 뜻을 나타내는 경우이다. 즉, 수동태문의 주어가 행위자(동작주)에 의해 동작을 일시적으로 받는 것을 뜻하거나(일반적 의미의 수동태), (관용적으로 수동태 형식을 쓰는 경우 중에) 수동태문의 주어가 능동적 동작을 하는 뜻을 나타내는 경우이다. 동작수동태는 보통 「by + 행위자」가 표현되며, 일시적 행위를 나타내므로 특정한 때를 나타내는 부사(구·절)를 수반한다.

The house was sold by him last week.  그 집은 지난주에 그에 의해 팔렸다.
(= He sold the house last week.)
The sportswoman immediately was surrounded by many reporters.
　　　　　　　　　그 여자 운동선수는 삽시간에 많은 기자들에 의해 둘러싸였다.

※ 'was surrounded'의 동사구(수동태구) 뒤에 by의 전치사구가 옴으로써 이때의 수동태는 '일시적 동작'의 뜻을 나타내게 되므로 '즉시'의 뜻을 나타내는 부사 immediately가 함께 쓰일 수 있다.

All the windows of the room was broken by gangsters last night.
　　　　　　　　　그 방의 모든 유리창이 어젯밤 깡패들에 의해 깨어졌다.
The door of the room was opened suddenly.  그 방의 문이 갑자기 열려졌다.
He was buried in the grave on the hill yesterday.
　　　　　　　　　그는 어제 언덕위에 있는 무덤에 묻혔다. (안장되었다.)
I was married when I was thirty years old.  나는 서른 살에 결혼(식)을 했다.

---

■ **become, get, grow + p.p.**

(주로 입말체에서) 「become, get, grow + p.p.」를 동작수동태의 의미로 사용하기도 한다. 이때에는 행위자나 (시간) 부사구 등을 나타내지 않아도 동작(= 상태의 변화)의 의미를 분명히 한다.
I become[got] acquainted with her at the party. 나는 그 모임에서 그녀를 알게 되었다.

At last the truth become known to us.
마침내 그 진실이 우리에게 알려지게 되었다.
Tom and Jane got married. 톰과 제인은 결혼(식)을 했다.
He got injured in the accident. 그는 그 사고로 다치게 되었다.
You will get tired of the work. 너는 그 일 때문에 피곤해지게 될 것이다.
I always get given the dirty jobs. 난 항상 지저분한 일만 맡게 되는 거야.
The window got broken. 창유리가 깨어졌다.
You will soon become[get, grow] accustomed to making a speech in public.
너는 사람들 앞에서 이야기하는 것에 곧 익숙해지게 될 것이다.
The class grow exited. 수업이 점점 재미있어간다.
He grew tied. 그는 점점 묶여졌다.

② 상태수동태(the stative passive voice)

상태수동태는 수동태의 주어가 어떠한 동작을 받는 것을 나타내는 것이 아니라 어떠한 '상태'로 있음을 수동태 형식으로 표현하는 것으로서 이에 대응하는 능동태는 없다. 「by + 행위자」가 아닌 다른 전치사구가 올 수 있으며, '상태'는 어느 정도의 시간적 지속을 나타내므로 기간을 나타내는 부사구 등과는 함께 쓸 수 있으나, 기간의 의미를 지니지 않고 한 때만을 가리키는 시간부사(구)나 부사절과는 함께 쓸 수 없다.

The house is already sold.  그 집은 이미 팔렸다. (팔린 상태다.)
(= The house has sold.)
The sportswoman is surrounded **with** many reporters.
그 여자 운동선수는 많은 기자들로 둘러싸여 있다.

※ 'is surrounded'의 수동태구 뒤에 with의 전치사구가 옴으로써 이때의 수동태는 어느 정도의 '지속적 상태'의 뜻을 나타내게 되므로 '즉시'의 의미를 갖는 immediately와 함께 쓸 수 없다.

All the windows of the room is broken.  그 방의 모든 창유리가 깨어져 있다.
The door of the room is opened.  그 방의 문이 열려있다.
He is buried in the grave on the hill.  그는 언덕위에 있는 무덤에 묻혀 (잠들어) 있다.
I have been married for ten years.  나는 결혼(생활을)한 지 10년 되었다.
I am acquainted with her.  나는 그녀를 알고 있다. / 나는 그녀와 친한 사이이다.

The fact is well known. 그 사실은 잘 알려져 있다.

▷ 「lie, remain, rest, sit, stand, appear, feel, look, seem 등의 자동사 + p.p.」의 구문이 상태 수동의 의미를 나타내는 경우도 있다.
He **lies buried** in the grave on the hill. 그는 언덕위에 있는 무덤에 잠들어 있다.
She **lay hidden** in the garret. 그녀는 다락방에 숨어 있었다.
His clothes **lay scattered** in the room. 그의 옷이 방안에 흩어져 있었다.
Many a problem **remains unsolved** before us.
우리 앞에 많은 문제들이 해결되지 않은 채 남아있다.
He **remained unmarried**. 그는 결혼하지 않은 채로 있었다.
He **stood surrounded** by his pupils. 그는 그의 학생들로 둘러싸여서 서있었다.
He **rested satisfied**. 그는 만족해했다.
She **appeared disappointed**. 그녀는 실망한 눈치였다.
You **look** much **worried**. 너는 많이 걱정하고 있는 것 같구나.
He **seems satisfied** with the result. 그는 그 결과에 만족해하는 것 같다.
She **felt cheated**. 그녀는 속는다는 기분이 들었다.

## (4) 수동태를 쓰는 경우

1) 행위자 (능동태의 주어)보다 동작을 받는 대상 (능동태의 목적어)을 더 드러내고자 할 때, 또는 역으로 행위자를 뒤에 두어 강조하고자 할 때

**Her puppy** was run over by a car. 그녀의 강아지가 차에 치였다.
I was hurt by his abrupt manner. 나는 그의 퉁명스러운 태도에 마음이 상했다.
**This matter** will be dealt with as soon as possible.
이 문제는 가능한 한 빨리 다뤄져야 할 것이다.
This flower was given to me **by Sam-dol**. 이 꽃은 삼돌이가 내게 준 것이다.

2) 행위자가 막연한 일반인 [we, you, one, people, they, somebody, someone 등]이거나, 너무 명백하거나 또는 불분명하거나 밝히고 싶지 않을 때

This matter will be dealt with as soon as possible.
이 문제는 가능한 한 빨리 다뤄져야 한다.

(= We [They] must deal with this matter as soon as possible.)

Stars can seldom be seen in big cities.  대도시에서는 별이 거의 보이지 않는다.
(= We can seldom see stars in big cities.)

The building was built a hundred years ago.  그 건물은 100년 전에 세워졌다.
(= Somebody built the building a hundred years ago.)

He is being treated in the hospital.  그는 병원에서 치료받고 있다.
(= The doctor is treating him in the hospital.)

It is expected that the times will be good.  경기가 좋아질 것으로 예상된다.
(= People expect that the times will be good.)

---

■ It + be + p.p. + that~

주어절이 that절인 수동태문에서 that절을 it로 대치하고 문의 뒤로 돌린 문장으로서, 행위자가 불분명하거나 밝히지 않으려 할 때, 어떤 사실이나 말 등이 불확실하거나 확신이 서지 않는 경우에 에둘러 표현하는 격식체 문장이다.

ex) We expect that he will succeed. 우리는 그가 성공할 것을 기대한다.
  → That he will succeed is expected (by us).
  ⇒ It is expected (by us) that he will succeed. 그가 성공할 것으로 기대된다.

It is said that if an expectant mother smokes, it has harmful effects on the fetus.
임산부가 흡연하면 태아에 해로운 결과를 가져온다고 한다.
It is reported that twenty people were injured in the explosion.
그 폭발로 20명이 다쳤다고 보도되고 있다.
It is alleged that he is not guilty. 그가 무죄라는 주장이 제기되고 있다.
It is thought that computers will play a greater role in the coming age.
다가오는 시대에는 컴퓨터가 더욱 중요한 역할을 하리라고 생각된다.

※ 이런 구문이 성립하는 동사
  ex) allege, acknowledge, assume, believe, consider, declare, expect, feel, know, predict, report, say, suppose, think, understand, etc.

---

3) 앞에 이미 나온 주어를 이어받을 경우 등 문장을 간결하고도 부드럽게 연결시키고자 할 때

George Foreman beat Joe Frazier, but he was beaten by Muhammad Ali.
조지 포먼은 조 프레이저를 이겼으나 무하마드 알리에게 패배했다.

The singer sang and was applauded by the audience.

　　　　　　　　　　그 가수는 노래를 하고서 청중으로부터 박수갈채를 받았다.

### 4) 관용적으로 수동태를 쓸 경우

다음과 같은 것들의 경우에는 수동태문이 능동태문보다 더 적당한 것으로 보아 관용적으로 수동태의 형식을 사용한다.

① 감정, 심리

| | |
|---|---|
| I was surprised[frightened] to hear the news. | 나는 그 소식을 듣고서 깜짝 놀랐다. |
| She was deeply moved to tears. | 그녀는 깊이 감동하여 눈물을 흘렸다. |
| Her eyes were drowned in tears. | 그녀의 눈은 눈물에 젖어 있었다. |
| I am convinced of his success. | 나는 그의 성공을 확신한다. |
| He is satisfied with the work. | 그는 그 일에 만족하고 있다. |

② 위치, 상태; 습관; 관계, 종사

| | |
|---|---|
| My house is located on the hill. | 우리 집은 언덕 위에 있다. |
| Sam-sun is engaged to Dol-soe. | 삼순은 돌쇠와 약혼한 사이다. |
| She is affiliated with good men. | 그녀는 좋은 남자들과 사귀고 있다. |
| The professor is devoted to genetic engineering. | 그 교수는 유전공학에 전념하고 있다. |
| He is associated in various companies. | 그는 각종 회사와 관계하고 있다. |
| I am not concerned with such trivial matters. | 나는 그런 하찮은 문제에는 관심이 없다. |
| I am now engaged in writing a book. | 나는 현재 책을 쓰는 일에 종사하고 있다. |

③ 출생, 사망

| | |
|---|---|
| She was born in 1968. | 그녀는 1968년에 태어났다. |

His father was killed in Korean War.
그의 아버지는 한국전쟁 (→ 6.25 전쟁) 중에 돌아가셨다.

He was burnt [frozen, starved] to death. 그는 소사 [동사, 아사] 했다.

### ④ 재해, 피해, 탈선, 발병, 부상

Farmers were more or less damaged by the typhoon.
태풍으로 농민들은 다소의 피해를 입었다.

He was robbed of his purse in the street yesterday.
그는 어제 거리에서 지갑을 강탈당했다.

The train was derailed near Daejeon station. 열차가 대전역 근처에서 탈선했다.
He was suddenly taken ill. 그가 갑작스럽게 병이 들었다.
Ten people were injured in the accident. 열 사람이 그 사고로 다쳤다.

### ⑤ 작품, 발명품

'Hamlet' was written by Shakespeare. '햄릿'은 셰익스피어에 의해 쓰였다.
This picture was painted by a very famous painter.
이 그림은 대단히 유명한 화가가 그린 것이다.

The term Silk Road was invented by the German geographer Ferdinand von Richtofen in 1877.
실크로드(비단길)라는 용어는 1877년에 독일의 지리학자 페르디난트 폰 리히트호펜에 의해 발명(명명)되었다.

### ⑥ 공고, 공표

Students are required to submit a term paper.
학생들은 학기말 과제물을 제출해야 한다.

All applicants are required to have a minimum of two years professional work experience. 모든 지원자들은 최소한 2년의 전문직 종사경험이 있어야 합니다.

Visitors are requested not to touch the exhibits.
관람객께서는 진열품에 손을 대지 않도록 하시기 바랍니다.

## 2. 수동태의 시제

수동태 [be + p.p.]의 시제는 be만의 시제규칙에 따른 변화로 나타낸다. 미래진행형의 수동태와 완료진행형의 수동태는 사용되지 않는다. 즉, 수동태문에는 12시제 중 미래진행형, 현재완료진행형, 과거완료진행형, 미래완료진행형의 네 가지 시제는 사용되지 않고 그 나머지 여덟 시제만이 사용된다.

### (1) 기본시제의 수동태

1) 현재시제의 수동태형: am, are, is + p.p.

He studies English. → English is studied by him.   그는 영어를 공부한다.
My school is located on the hill.   우리 학교는 언덕 위에 있다.

2) 과거시제의 수동태형: was, were + p.p.

I wrote the novel. → The novel was written by me.   그 소설은 나에 의해 쓰여 졌다.
He took off his coat.   그는 웃옷을 벗었다.
→ His coat was taken off by him.   그의 웃옷이 그에 의해 벗겨졌다.
He gave all the children presents.   그는 모든 어린이들에게 선물을 주었다.
→ All the children were given presents by him.
   모든 아이들이 그에게서 선물을 받았다.
Sam-sik and Geum-sun were married in 1968.   삼식과 금순은 1968년에 결혼했다.

### 3) 미래시제의 수동태형: will, shall + be + p.p.

능동태문의 will, shall은 수동태문의 새로운 인칭에 맞게 시제규칙을 적용한다.

I shall write a novel.            나는 소설을 쓸 것이다.

→ A novel **will be written** by me.       소설이 나에 의해 쓰여 질 것이다.

You **will** soon **be accustomed** to the work.    너는 곧 그 일에 익숙해지게 될 것이다.

The 2018 Winter Olympics **will be held** on February 9(th), 2018 in Pyongchang, Gangwon-Do, Korea.

         2018년 동계올림픽이 2018년 2월 9일에 한국의 강원도 평창에서 개최될 예정이다.

## (2) 진행시제의 수동태

진행시제로는 현재진행수동태와 과거진행수동태만을 사용하며, 미래진행수동태는 사용치 않는다.

### 1) 현재진행수동태: am, are, is + being + p.p.

I am writing a novel.

→ A novel is being written by me.      소설이 나에 의해 쓰여 지고 있는 중이다.

They are building an apartment house there.

→ An apartment house is being built there.

                그 곳에 아파트가 건설되어지고 있는 중이다.

※ 'An apartment house **is under construction** there.'와 같이 쓰는 것이 보통이다.

Elephants are targeted for their tusks and **are being slaughtered** in Africa.

        아프리카에서 코끼리들은 그들의 어금니 때문에 표적이 되어, 도살되고 있습니다.

### 2) 과거진행수동태: was, were + being + p.p.

I was writing the novel.

→ The novel was being written by me.    그 소설이 나에 의해 쓰여 지고 있는 중이었다.

They were hotly discussing the matter.
→ The matter was being hotly discussed. 그 문제가 격론되고 있었다.
While the East prospered in the early nineteenth century, much of the western part of the United States **was being opened up** by the trailblazers.
19세기 초 동부지역이 번창하고 있는 동안, 미국 서부의 대부분은 개척자들에 의해 조성되고 있는 중이었다.

### (3) 완료시제의 수동태

완료수동태 [have + been + p.p.]에서 have의 시제형은 능동태 have의 시제형과 일치시키고, 인칭과 수는 수동태의 주어에 일치시킨다.

#### 1) 현재완료수동태형: has [have] + been + p.p.

I have written the novel. 나는 그 소설을 썼다.
→ The novel **has been written** by me. 그 소설은 나에 의해 쓰여 졌다.
The early uses for chocolate were medicinal and in recent years bold claims **have been made** for its therapeutic benefits.
초콜릿의 초기 용도는 약용이었으며 최근 몇 년간 초콜릿의 치료 상의 이로움에 대한 대담한 주장들이 있어 왔다.

#### 2) 과거완료수동태형: had + been + p.p.

I had written the novel. 나는 그때 그 소설을 썼다.
→ The novel **had been written** by me. 그때 그 소설은 나에 의해 쓰여 졌다.
I was not upset when I was dismissed from my job because I **had been told**, when hired, that it was only a temporary position.
고용될 당시 임시직이라는 말을 들었기에, 직장에서 해고되었을 때도 나는 당황해하지 않았다.

3) 미래완료수동태형: will, shall + have been + p.p.

I shall have written a novel.   나는 (그때에는) 소설을 썼을 것이다.
→ A novel **will have been written** by me.   소설이 나에 의해 쓰여 졌을 것이다.

No matter how the fate of the project develops, taxpayers will suffer the most because the enormous amount of money spent on the project by the government **will have been wasted**.
이 사업의 최종결과가 어떻게 드러나든 간에, 정부가 이 사업에 쏟아 부은 엄청난 양의 돈이 낭비가 될 것이기 때문에, 납세자들이 가장 많이 피해를 보게 될 것이다.

▷ (주의) 완료진행수동태는 사용치 않는다.

(1) 현재완료진행수동태

He has been writing a novel. 〈현재완료진행형〉 그는 소설을 써오고 있는 중이다.
→ A novel has been being written by him. (x) 〈사용치 않음〉

(2) 과거완료진행수동태

He had been writing a novel. 〈과거완료진행형〉 그는 그 때 소설을 써오고 있던 중이었다.
→ A novel had been being written by him. (x) 〈사용치 않음〉

(3) 미래완료진행수동태

He will have been writing a novel for three years by next year. 〈미래완료진행형〉
그는 내년이면 3년 동안 계속해서 소설을 쓰는 셈이 될 것이다.
→ A novel will have been being written for three years by next year by him. (x)
〈사용치 않음〉

---

■ 참 고- 각 시제 별 수동태문 만들기의 예

1. 현재시제/ 현재진행시제/ 현재완료시제

현재시제 능동태) He writes a novel. 그는 소설을 쓴다.

(1) 단순현재수동태

A novel **is written** by him. 소설이 그에 의해 쓰여 진다.

### (2) 현재진행수동태
A novel is being written by him. 소설이 그에 의해 쓰여 지고 있는 중이다.

### (3) 현재완료수동태
The novel has been written by him. 그 소설은 그에 의해 쓰여 졌다.

### (4) 현재완료진행수동태
The novel has been being written by him. (x) 〈사용치 않음〉

## 2. 과거시제/ 과거진행시제/ 과거완료시제
과거시제 능동태) He wrote the novel. 그가 그 소설을 썼다.

### (1) 단순과거수동태
The novel was written by him. 그 소설은 그에 의해 쓰였다.

### (2) 과거진행수동태
The novel was being written by him. 그 소설은 그에 의해 쓰여 지고 있었다.

### (3) 과거완료수동태
The novel had been written by him. 그 소설은 그에 의해 쓰여 졌다.

### (4) 과거완료진행수동태
The novel had been being written by him. (x) 〈사용치 않음〉

## 3. 미래시제/ 미래완료시제
미래시제 능동태) He will write a novel. 그는 소설을 쓸 것이다.

### (1) 단순미래수동태
A novel shall [will] be written by him. 소설이 그에 의해 쓰여 질 것이다.

### (2) 미래진행수동태
A novel will be being written by him. (x) 〈사용치 않음〉

### (3) 미래완료수동태
A novel shall [will] have been written by him. 그때에는 소설이 그에 의해 쓰여졌을 것이다.

(4) 미래완료진행수동태

A novel **will have been being written** for three years by next year by him. (x) 〈사용치 않음〉

## 3. 수동태문의 주어와 행위자

### (1) 수동태문의 주어 (Patient)

1) 원칙적으로 타동사의 직접목적어를 수동태문의 주어로 한다.

   We must abolish <u>the law</u>.                        우리는 그 법을 폐지해야만 한다.

  → <u>The law</u> must be abolished.                 그 법은 폐지되어져야만 한다.

2) 목적어가 2개 있는 경우 (제4형식) 직접목적어와 간접목적어 어느 것이나 수동태문의 주어가 될 수 있다.

   He gave me <u>a rose</u>.                              그가 나에게 장미 한 송이를 주었다.

  ⇒ <u>A rose</u> was given to me by him.           장미 한 송이가 그 사람에게서 내게 주어졌다.

    I was given a rose by him.                  나는 그에게서 장미 한 송이를 받았다.

3) 목적어가 명사절인 경우 그 명사절 전체가 수동태문의 주어가 된다.

   Everyone expected <u>that Sam-sun would marry Sam-sik</u>.

                                          모두들 삼순이가 삼식이와 결혼할 것이라고 예상했다.

  → <u>That Sam-sun would marry Sam-sik</u> was expected.

                                          삼순이가 삼식이와 결혼할 것으로 예상되었다.

> ▷ say, rumor는 that절을 수동태문의 주어로 할 수 없다. 대신 'it be + p.p. +that절'의 구문이나 'that절의 주어 + be + said, rumored + to 부정사' 구문으로 한다.
>
> Everyone said [rumored] that Sam-sun would marry Sam-sik.
>
>   → That Sam-sun would marry Sam-sik was said [rumored]. (x)

> → It was said [rumored] that Sam-sun would marry Sam-sik. (o)
> → Sam-sun was said [rumored] to marry Sam-sik. (o)
> 삼순이가 삼식이와 결혼할 것이라는 말 [소문]이 있었다.

### 4) 제5 문장형식에서 부정사구가 목적보어인 경우, 그 의미상의 주어(= 목적어)가 수동태문의 주어가 된다.

Everyone expected Sam-sun to marry Sam-sik.
모두가 삼순이가 삼식이와 결혼할 것이라고 예상했다.

→ Sam-sun was expected to marry Sam-sik.
삼순이가 삼식이와 결혼하는 것이 예상되었다.

### 5) 능동태문의 주어와 목적어가 동일한 대상일 때 즉, 목적어가 재귀대명사, 상호대명사, 주어의 소유격이 포함된 명사구일 때는 수동태문의 주어가 될 수 없다.

They beat each other.  그들은 서로 치고받았다.
→ Each other was beaten by them. (x)

He wiped his hands.  그는 손을 닦았다.
→ His hands were wiped by him. (x)

O-wol lost her basket of herbs.  오월이는 나물 바구니를 잃어버렸다.
→ Her basket of herbs was lost by O-wol. (x)


## (2) 수동태문의 행위자 (Agent)

### 1) 수동태문의 행위자(= 동작주)는 보통 by에 의해 표현되나, with 등 다른 전치사가 쓰이기도 한다.

A reckless driver killed him.  난폭 운전자가 그 사람을 치어 죽게 했다.
→ He was killed by a reckless driver.  그는 난폭 운전자의 차에 치여 죽었다.
The window was broken by [with] a ball.  유리창이 공에 맞아 깨졌다.

The mountain is covered **with** snow.      그 산은 흰 눈으로 뒤덮여 있다.

### 2) 특히, 「be + 과거 분사형의 서술 형용사」구문에서는 by가 아닌 다른 전치사가 쓰일 수 있고, 이때의 과거분사 (형용사)는 very의 수식을 받을 수 있다.

I am interested **in** this book.      나는 이 책에 관심이 있다; 이 책을 좋아한다.
I was very [much] annoyed **with** her.      나는 그녀에게 아주 짜증이 났다.

### 3) 행위자의 생략

능동태문의 주어가 we, you, one, people, they, everyone [-body], someone [-body] 등일 때, 수동태문으로 할 경우 「by + them 등」의 생략이 가능하다.

We must deal with this matter as soon as possible.
     우리는 이 문제를 가능한 한 빨리 처리해야 한다.
→ This matter will be dealt with (by us) as soon as possible.
     이 문제는 가능한 한 빨리 처리되어야 한다.

They speak Spanish in Argentina.
→ Spanish is spoken (by them) in Argentina.
One should keep one's word.      사람은 약속을 지켜야 한다.
→ One's word should be kept (by one).      약속은 지켜 져야 한다.

---

**■ 수동태문에 쓰이는 by 이외의 전치사**

다음과 같은 전치사들이 관용적으로 수동태 형식으로 표현하는 문장에 사용되고 있다.

**A. about** 〈주로 심리상태(걱정, 염려)를 나타낼 경우 등에〉

be annoyed about ~ (~으로 괴로워하다), be concerned about ~ (~을 걱정하다, ~에 관심 있다, ~ 와 관계하다), be shocked about ~ (~에 충격받다), be troubled about ~ (~으로 걱정하다, ~으로 골치를 앓다), be worried about ~ (~을 걱정하다), etc.

His mother was much concerned about his future. 그의 어머니는 그의 장래를 무척 걱정했다.
I was worried about you all night. 나는 밤새도록 너를 걱정했다.

### B. at 〈주로 감정(기쁨, 슬픔)을 나타낼 경우 등에〉

be angered at ~ (~에 화내다), be delighted at [with] ~ (~에 기뻐하다), be disappointed at [in, with] (~에 실망하다), be displeased at [with] ~ (~을 불쾌하게 여기다), be grieved at ~ (~에 슬퍼하다), be offended at [with] ~ (~에 화내다), be pleased at [with] ~ (~에 기뻐하다), be relieved at ~ (~에 안심하다), be surprised at ~ (~에 놀라다), etc.

I am highly angered at your remarks. 나는 너의 말에 너무 화가 난다.
We were deeply disappointed at the result. 우린 그 결과에 대단히 실망했다.
His mother was relieved at his safety. 그의 어머니는 그가 안전한 것에 안도했다.

### C. for

be pressed for ~ (강요받다, 억눌리다) be pushed for ~ (강요받다, 쪼들리다), be known for ~ (~로 알려지다), etc.

He is pressed[pushed] for money [debt]. 그는 돈에 [빚으로] 쪼들리고 있다.
The fox is known for its cunning. 여우는 그 교활함으로 유명하다.

### D. from

be descended from ~ (~에서 나온, ~의 자손인), was divorced from ~ (~와 이혼하다) be estranged from ~ (~와 사이가 틀어지다), be exhausted from ~ (~으로 기진맥진하다), be tired from [with] ~ (~ 으로 지치다), etc.

We are descended from Dangun. 우리는 단군의 자손이다.
He is exhausted from the long work. 그는 오랜 노동으로 기진맥진했다.

### E. in 〈관련, 관심, 종사를 나타내는 경우에 등에〉

be absorbed [lost, engrossed, indulged, immersed, rapt] in ~ (~에 열중하다), be buried in ~ (묻히다, 잠기다), be caught in ~ (~와 만남을 당하다), be concerned in [with] ~ (~와 관계가 있다, ~에 관여하고 있다), be drowned in ~ (~에 빠지다, 익사하다), be dressed in ~ (~색 옷을 입다), be engaged in ~ (~에 종사하다), be included in ~ (~에 포함되다), be indulged in ~ (~에 빠지다), be interested in ~ (~에 관심 있다, ~와 관계하다, ~을 원하다), be involved in ~ (~와 관련되다), be killed in ~ (사고 등에 의해 죽다), be occupied in [with] ~ (~에 종사하다), be versed in ~ (~에 정통하다), etc.

He was absorbed in the novel. 그는 그 소설에 푹 빠져있다.
She was buried in grief. 그녀는 슬픔에 잠겨 있었다.
I was caught in a shower in my way home. 나는 집에 오는 도중에 소나기를 만났다.
I am not concerned in this affair. 나는 이 일과 관계가 [관련이] 없다.

She was dressed in pink. 그녀는 분홍색 옷을 입고 있었다.
Her eyes were drowned in tears. 그녀의 눈은 눈물에 젖어 있었다.
He is engaged in foreign trade. 그는 해외 무역에 종사하고 있다.
Detailed instructions are included in the booklet.
자세한 사용설명(서)은 소책자 안에 들어있습니다.
He was involved in a bribery case. 그는 뇌물사건에 연루되어 있었다.
He is deeply versed in the classics. 그는 고전(문학)에 대단히 정통하다.

## F. of

be assured of ~ (~을 확신하다), be convinced of ~ (~을 확신하다), be frightened of [by, at] ~ (~에 깜짝 놀라다), be possessed of ~ (~을 소유하고 있다), be rid of ~ (~을 면하다, 벗어나다), be scared of ~ (~을 무서워하다), be tired of ~ (~에 싫증 나다, 물리다), etc.
I am assured of his faithfulness. 나는 그의 성실함을 확신한다.
She was frightened of [by, at] the roar of thunder. 그녀는 천둥소리에 깜짝 놀랐다.
She is possessed of great wealth. 그녀는 큰 재산을 소유하고 있다.
I'm glad to be rid of that boring job. 나는 그런 따분한 일을 면해서 기쁘다.
I am not scared [afraid] of death in the least. 나는 죽음 따위는 전혀 두렵지 않다.
I am tired of my quiet life. 나는 나의 단조로운 삶에 진절머리가 난다.

## G. on

be avenged on ~ (~에게 복수하다), be based on ~ (~에 바탕을 두다), be revenged on ~ (~에게 복수하다), etc.
I will be avenged on you soon. 내 곧 네게 복수를 해주마.
The novel is based on historical facts. 그 소설은 역사적 사실을 토대로 하고 있다.

## H. to

be accustomed to ~ (~에 익숙하다, 익숙해지다), be ascribed [assigned, attributed] to ~ (~탓으로 돌리다), be dedicated [committed, devoted] to ~ (~에 전념하다, 헌신하다), be engaged to ~ (~와 약혼하다), be married to (+ 사람) (~와 결혼하다), be exposed to ~ (~에 노출되다, 집이 ~을 향하고 있다), be known to ~ (알려지다), be moved to ~ (~ 에 감동되다), be limited to (제한되다), be opposed to ~ (~에 반대하다; ~에 대립되다), be related to ~ (~와 관계가 있다, ~와 친척 간이다), be surprised to ~ (~에 놀라다), etc.
He was dedicated to human rights and democracy. 그는 인권과 민주주의를 위해 헌신했다.
The girl was married to a rich merchant. 그녀는 부유한 상인과 결혼했다.
I don't like to be exposed to public view. 나는 사람들의 구경거리가 되고 싶지 않다.

Our school is exposed to the sea. 우리 학교는 바다를 바라보고 있다.
She was moved to tears by the tragic story. 그녀는 그 슬픈 이야기에 감화되어 눈물을 흘렸다.
Speaking is limited to 3 minutes. 발언은 3분으로 제한되어 있습니다.
Both are inseparably related to each other. 양자는 서로 불가분의 관계에 있다.
He is related to her by marriage. 그 남자는 그녀와 사돈지간이다.

## I. with〈주로 도구, 감정을 나타낼 때〉

be acquainted with ~ (~와 아는 사이이다; ~에 정통하다; ~와 사귀다), be afflicted with ~ (~에 시달리다, ~을 앓다), be contend with ~ (~에 만족하다), be crammed with ~ (~로 가득 차다, ~로 붐비다), be crowded with ~ (~로 붐비다), be concerned with ~ (~와 관계가 있다), be covered with ~ (~로 덮이다), be decorated with ~ (~로 장식하다), be delighted with ~ (~을 기뻐하다), be fed up with ~ (~에 질리다), be filled with ~ (~로 가득 차다), be disappointed with ~ (~에 실망하다), be killed with ~ (어떤 도구에 의해 죽다), be pleased with ~ (~에 만족하다), be possessed with ~ (~에 사로잡히다), be satisfied with ~ (~에 만족하다), be seized with ~ (병에 걸리다, 공포에 사로잡히다), be struck with ~ (~에 감명받다, ~에 휩싸이다), be surrounded with [by] ~ (~에 둘러싸이다), be troubled with ~ (병 등으로 고생하다), etc.
He is well acquainted with law. 그는 법률에 아주 밝다.
She is acquainted with all classes. 그녀는 여러 계층에 아는 사람이 많다.
The top of the mountain is covered with snow all the year round.
그 산의 정상은 일 년 내내 눈으로 덮여 있다.
The street is crowded with a lot of people. 거리는 수많은 사람으로 북적거렸다.
Her hat was decorated with flowers. 그녀의 모자는 꽃으로 장식되어 있었다.
She is possessed with wild fancy [the illusion].
그녀는 망상에 사로잡혀 있다 [착각에 빠져 있다].
I was seized [struck] with fear [awe] all of a sudden. 나는 덜컥 겁이 났다.
I am struck dumb with amazement to hear you say such a thing.
네가 그런 소리를 하다니 기가 막혀서 말이 안 나온다.
Her eyes were filled with tears. 그녀의 눈은 눈물이 글썽글썽했다.
My grandmother is troubled with neuralgia. 우리 할머니는 신경통을 앓고 계신다.

## 4. 동사의 종류에 따른 수동태

### (1) 완전타동사 문장 (제3 문장형식)의 수동태

1) 주어(S) + <u>완전타동사(Vt.)</u> + 목적어 (명사·대명사)(O) ⇒ <u>S (← O)</u> + <u>be + p.p.</u> + <u>by + o (← S)</u>

▶ 능동태문의 목적어가 수동태문의 주어로 가고, 능동태문의 완전타동사는 'be + p.p.'의 형태로 바뀌며 능동태문의 주어는 수동태문의 「by + 행위자 (목적격)」의 부사구로 바뀐다. 이러한 제3 문장형식의 수동태문은 'be + p.p.'를 하나의 자동 사구로 보아 제1 문장형식으로 보는 것이 보통이다.

He loves her. 그는 그녀를 사랑한다.
→ She is loved by him. 그녀는 그에게 사랑을 받는다.
Shakespeare wrote 'Hamlet.' 셰익스피어가 '햄릿'을 썼다.
→ 'Hamlet' was written by Shakespeare. '햄릿'은 셰익스피어에 의해 쓰여 졌다.
We can reach the city in three hours by train.
열차로 3시간이면 그 도시에 갈 수 있다.
→ The city can be reached in three hours by train.
그 도시에 가려면 열차로 세 시간이 걸린다.

### ■ 덧붙임

**1. 수동태형을 허용하지 않는 완전타동사**

동작 (행위)의 의미를 나타내는 경우가 아니고 소유, 관계 등 '상태'적 의미를 나타내는 타동사(구)는 수동태형을 허용하지 않는다.

ex) become, befall, comprise, contain, cost, escape, fit, fix, get, have, hold, lack, let, like, match, mean, resemble, suit, survive, agree with, belong to, consist of, etc.

The white suit becomes you. 그 흰옷이 너에게 어울린다.
→ You are become by the white dress. (x)
The United States comprises 50 states. 미합중국은 50개의 주로 이루어져 있다.
→ Fifty states are comprised by united states. (x)
His shoes don't fit me. 그의 구두는 나에게 맞지 않는다. → I am not fitted by his shoes. (x)

He has the large building. 그는 큰 건물을 갖고 있다.
→ The large building is had by him. (x)
The hall holds 1000 people. 그 강당은 1,000명을 수용한다.
→ 1000 people is hold by the hall. (x)
He lacks common sense. 그는 상식이 없다. → Common sense is lacked by him. (x)
She resembles her mother. 그녀는 자기 어머니를 닮았다.
→ Her mother is resembled by her. (x)
Her pink hat suits her fair skin. 그녀의 분홍색 모자는 그녀의 뽀얀 피부와 어울린다.
→ Her fair skin is suited by her pink hat. (x)
This food does not agree with me. 이 음식은 내 입맛에 맞지 않는다.
→ I am not agree with by this food. (x)
The large building belongs to him. 그 큰 건물은 그의 소유이다.
→ He is belonged to the large building. (x)
The committee consists of seven members. 그 위원회는 7명으로 구성되어 있다.
→ Seven members are consisted of by the committee. (x)

## 2. 수동태문의 주어가 될 수 없는 목적어

### (1) 재귀대명사, 상호대명사 [each other, one another]
He killed himself. 그는 자살했다. → Himself was killed by him. (x)
We must prepare ourself for the worst. 우리는 최악의 경우를 대비해야만 한다.
→ Ourself must be prepared for the worst by us. (x)
We must be prepared for the worst. (o)
She dressed herself in yellow. 그녀는 노란 옷을 입고 있었다.
⇒ Herself was dressed in yellow. (x) / She was dressed in yellow. (o)
Tom and Jane loved each other. 톰과 제인은 서로 사랑했다.
→ Each other was loved by Tom and Jane. (x)

### (2) to 부정사, 동명사
I want to see her. → To see her is wanted by me. (x)
I like swimming. → Swimming is liked by me. (x)

### (3) 목적어인 명사구에 주어와 동일한 대명사의 소유격이 있는 경우
Jack hurt his left foot. 잭은 자신의 왼발을 다쳤다.
⇒ His left foot was hurt by Jack. (x) / Jack had [또는 got] his left foot hurt. (o)

### (4) it가 아무런 의미 없는 형식상의 목적어로 쓰인 경우

I can't make it. 나는 약속할 수 없다.; 시간을 지킬 수 없다.

→ It can't be made by me. (x)

※ **동족목적어는 수동태문의 주어가 될 수 있다.**

I **dreamed** a strange **dream** last night. 나는 어젯밤에 이상한 꿈을 꾸었다.

→ A strange dream was dreamed last night by me. (o)

지난밤 내게 이상한 꿈이 꾸어졌다.

They **fought** a fierce **battle**. 그들은 치열하게 싸웠다.

→ A fierce battle was fought (by them). (o) 치열한 싸움이 벌어졌다.

---

### 2) 목적어로서 명사절이 올 때

주어(S) + 완전타동사(Vt.) + 목적어(O, that절)

⇒ S (← O, that절) + be + p.p. + by + o (← S)

It + be + p.p. + by + o + that절

S (that절의 주어) + be + p.p. + to 부정사(that절을 to 부정사 형식으로 고침)

① 직접목적어인 명사절은 수동태문의 주어가 될 수는 있지만, 절을 수동태문의 주어로 하면 주어가 너무 길어 문장이 불안정하게 보이므로 대신 it을 쓰고 절을 뒤로 돌려 외치문으로 표현하는 것이 일반적이다.

Everybody believes that he is ill.　　　　　모든 사람이 그가 잘못이라고 생각한다.

⇒ That he is ill is believed (by everybody). (△)

　It is believed (by everybody) that he is ill. (o) 〈외치문〉

　　　　　　　　　　　　　　　　　　사람들은 그가 잘못이라고 생각하고 있다.

We expect that he will succeed.　　　　우리는 그가 성공할 것을 예상하고 있다.

⇒ That he will succeed is expected (by us). (△)

　It is expected (by us) that he will succeed. (o)　그가 성공할 것으로 예상된다.

② 명사절을 주어로 하는 수동태문이 외치문일 때, 진주어절의 주어를 가주어인 it와 대치시키고 동사는 부정사의 형태로 할 수 있다.

We believe that he is coming.　　　　　　　　우리는 그가 올 것이라고 믿는다.
→ That he is coming is believed (by us.) (△)
→ It is believed that he is coming. (○)　　　　그가 올 것으로 생각된다.
⇒ He is believed to be come. (○)

We expect that he will succeed.　　　　　　　우리는 그가 성공할 것이라고 예상한다.
→ That he will succeed is expected (by us). (△)
→ It is expected (by us) that he will succeed. (○)
⇒ He is expected to succeed. (○)　　　　　　그는 성공할 것으로 보인다.

The stadium project **is expected to** be completed in 2018.
　　　　　　　　　　　　　그 경기장 건설공사는 2018년에 완료될 것으로 예상된다.

■ 덧붙임

1. say, rumor는 that절을 수동태문의 주어로 할 수 없다.
2. 능동태문에서 insist, marvel, rejoice 등은 전치사 없이 that절을 목적어로 할 수 있지만 수동태문 으로 할 때에는 전치사를 써 주어야 한다.

Tom insisted that she did not know who stole the car.
→ That she did not know who stole the car **was insisted on** by Tom.
그녀는 누가 그 차를 훔쳤는지 모른다는 것이 톰의 주장이었다.

3. 관용되는 「It is p.p that ~」의 형식
　ex) believe, expect, predict, report, recommend, rumor, say, suggest, think, etc.

It is believed that ~ : ~으로 생각되어지다. (사람들이 ~라고 믿다.)
It is expected that ~ : ~으로 예상되어지다. (사람들이 ~라고 예상하다.)
It is predicted that ~ : ~으로 예측되다. (사람들이 ~라고 예측하다.)
It is reported that ~ : ~라고 보도되다; ~라는 보도가 있다.
It is recommended that ~ : ~라고 권고되다; ~하시기 바랍니다; ~하는 것이 좋습니다.
It is rumored that ~ : ~라는 소문이다. (~라는 소문이 있다.)
It is said that ~ : ~라고 말해지다. (사람들이 ~라고 말하다.)
It is suggested that ~ : ~라고 제안되다; ~라는 제안이 있다.

It is thought that ~: ~라고 여겨지다. (사람들이 ~라고 생각하다.)
※ say와 rumor는 that절을 주어로 하지 못하고 위와 같은 형식으로 쓰며, 「by + 행위자」나 부사구로 수식하지 못한다.

### 4. that절의 주어를 수동태의 주어로, that절의 동사를 to 부정사로 하는 경우의 to 부정사의 시제

**(1) 주절의 본동사의 시제와 that절의 동사의 시제가 같을 때: 단순부정사 [to + 동사원형]**

They said that he was rich. 그들은 그가 부자라고 말했다.

→ It was said that he was rich. 그는 부자였다고들 했다.

⇒ He was said to be rich.

**(2) 주절의 본동사 시제보다 that절의 동사의 시제가 한 시점 앞설 때: 완료부정사 [to have p.p.]**

They said that he had been rich. 그들은 그가 부자였다고 말했다.

→ It was said that he had been rich. 그가 부자였었다고 사람들은 말했다.

⇒ He was said to have been rich.

### 3) 목적어로서 to 부정사가 올 때

to 부정사가 목적어일 때는 일반적으로 수동태문의 주어가 될 수 없으나, agree, arrange, decide, desire, felt, forbid, hope, intend, propose 등은 예외적으로 외치문으로 하는 수동태가 가능하다.

I want to see her. 나는 그녀를 만나고 싶다. → To see her is wanted by me. (x)

Her father agreed for her to go there.

그녀의 아버지는 그녀가 그곳에 가는 것을 허락했다.

→ For her to go there was agreed by her father. (x)

⇒ It was agreed for her to go there by her father. (o)

Tom arranged for John to meet her.   톰은 존이 그녀를 만나도록 주선했다.

→ For John to meet her was arranged by Tom. (x)

⇒ It was arranged for John to meet her by Tom. (o)

존이 그녀와 만나는 것이 톰에 의해 주선되었다.

We decided to postpone the departure.   우리는 출발을 연기하기로 결정했다.

→ To postpone the departure was decided by us. (x)

⇒ It was decided **to postpone the departure.** (o)  출발을 연기하는 것이 결정되었다.

We forbid (for anyone) to smoke in this room.

이 방에서는 (누구라도) 담배 피우는 것을 금합니다.

→ (For anyone) To smoke in this room is forbidden. (x)

⇒ It is forbidden **(for anyone) to smoke in this room.** (o)

이 방에서는 흡연이 금지되어 있다.

### 4) 전치사의 목적어를 주어로 하는 수동태

전치사를 동반하는 동사구가 한 개의 타동사 역할을 하는 문장의 수동태를 말한다. 이러한 타동사구는 한 개의 타동사로 취급되므로 수동태로의 전환 시 뒤의 전치사를 생략해서는 안 된다.

① 주어(S) + 자동사(vi.) + 전치사 + 목적어(O) ⇒ 주어(← O) + be + p.p. + 전치사 + by + o (← S)

ex) account for, agree to, ask for, attend to, care for, call for, deal with, depend on [upon], hear of, insist on, laugh at, look after, listen to, long for, look for, look into, run over, speak with, send for, think of, turn over, etc.

His carelessness accounts for his failure.  그가 실패한 것은 그의 부주의함 때문이다.

→ His failure is accounted for by his carelessness.

You must attend to your own business.  당신의 일에나 신경 쓰세요.

→ Your own business must be attended to (by you).

We depended on him.

→ He was depended on by us.  그는 우리에게 신뢰를 받았다.

She looked after well her young brother.

→ Her young brother was well looked after by her.

그녀의 어린 동생은 그녀에 의해 잘 보살펴졌다.

The police is looking into her disappearance.

→ Her disappearance is being looked into by the police.
그녀의 실종사건이 경찰에 의해 조사되고 있다.

Everybody can rely on him. 모든 사람이 그를 믿는다.
→ He can be relied on by everybody. 그는 모든 사람에게 신뢰를 받는다.
We must send for a doctor.
→ A doctor must be sent for. 의사가 불러져야만 합니다.

② 주어(S) + 타동사(vt.) + 명사 + 전치사 + (전치사의) 목적어(O)
▶ 이와 같은 형태의 타동사구는 (전치사의) 목적어를 주어로 하는 수동태와 명사(실질적 목적어)를 주어로 하는 수동태를 각각 만들 수 있다.

⇒ 주어 (← O) + be + p.p. + 명사 + 전치사 + by + o (← S)
  주어 (← 명사) + be + p.p. + 전치사 + O + by + o (← S)

❶ (전치사의) 목적어 및 명사 (실질적 목적어)를 모두 수동태문의 주어로 할 수 있는 경우
▶ 타동사의 실질적 목적어를 수동태문의 주어로 하는 때는 보통 그 실질적 목적어 (명사)에 little, much, good, great, some, any, no 등의 수식어가 붙을 경우이다.

ex) have recourse to, pay attention to, take advantage of, take care of, take notice of, take pride in, etc.

They paid no attention to his advice.
⇒ His advice was paid no attention to (by him). (o)
그의 조언은 아무런 관심을 받지 못했다.
No attention was paid to his advice (by them). (o)
어떤 관심도 그의 조언에 기울여지지 않았다.

She took good care of the child.
⇒ Good care was taken of the child by her. (o)
좋은 보살핌이 그녀에 의해 그 아이에게 주어졌다.

The child was taken good care of by her. (o)

그 아이는 그녀에 의해 잘 보살펴졌다.

They took no notice of his remarks.
⇒ His remarks were taken no notice of (by them.) (o)

그의 의견은 그들의 어떤 주목도 받지 못했다.

No notice was taken of his remarks (by them.) (o)

어떤 주의도 그의 의견에 기울여지지 않았다.

They took some advantage of him.   그들은 다소 그를 이용해 먹었다.
⇒ Some advantage was taken of him by them. (o)

He was taken some advantage of (by them). (o) 그는 그들에게 다소 이용당했다.

❷ (전치사의) 목적어만을 수동태문의 주어로 할 수 있는 경우

ex) catch(lose) sight of, find fault with, give birth to, give effect to, keep company with, make a fool of, make fun of, make much of, make use of, pay heed to, take refuge in, etc.

We could catch sight of him.
⇒ He could be caught sight of by us. (o)   그가 우리 눈에 띄었다.

Sight could be caught of him by us. (x)

She is always finding fault with him.
→ He is always being finding fault with by her. (o)

그는 언제나 그녀에게 헐뜯기고 있다.

His friends made fun of him.
→ He was made fun of by his friends. (o)

그는 친구들에게 놀림을 당했다. (놀림감이 되었다.)

③ 주어(S) + 자동사(vi.) + 부사 + 전치사 + 목적어(O)

⇒ 주어 (← O) + be + p.p. + 부사 + 전치사 + by + o (← S)

ex) catch up with, do away with, fall back upon, go through with, look down upon, look forward to, look up to, make much of, make up for, put up at, put up with, speak well [ill] of, think well of, etc.

We must do away with such a custom.
→ Such a custom should be done away with.  그러한 관습은 철폐되어야만 한다.

The students looked up to their teacher.
→ Their teacher was looked up to by the students.
그 선생은 그의 학생들에게 존경받았다.

Even his friends can't put up with his rudeness.
→ His rudeness can't be put up with by even his friends.
그의 무례함은 그의 친구들에게조차도 용납되지 않을 것이다.

People speak well of him.  사람들은 그를 좋게 말한다.
→ He is well spoken of.  그는 좋은 평판을 얻고 있다.

※ 정도나 양태를 나타내는 부사 much, highly, ill, well 등을 수반하는 동사구가 수동태로 전환되면 'be well spoken of'의 경우처럼 부사가 과거분사 앞에 놓이는 경우가 많다.


④ 주어(S) + 타동사(vt.) + (전치사적) 부사 + 목적어(O)

⇒ 주어 (← O) + be + p.p. + (전치사적) 부사 + by + o (← S)

▶ 다음과 같은 '동사 + 부사' 형태의 동사구에서 부사는 전치사와 같이 취급되어 그 뒤에 목적어를 취하는 것처럼 보이게 되는데 실제로는 전치사적 부사의 목적어가 아니라 타동사의 목적어이다.

ex) blow up, give up, make out, pick up, put off, put on, take off, turn on, etc.

She took off the dress. (= She took the dress off.)
→ The dress was taken off by her.  옷이 그녀에 의해 벗겨졌다.

He turn on the T.V. (= He turn the T.V. on.)
→ The T.V. was turned on by him.  TV가 그에 의해 켜졌다.

He gave up the plan.

→ The plan was given up by him.  그 계획은 그에게서 포기되었다.

We had to put off the plan.

→ The plan had to be put off by us.  그 계획은 연기되어져야만 했다.

---

■ 참고

### 1. 준동사의 수동태

목적어인 부정사나 동명사는 수동태의 주어가 될 수 없으나 타동사의 목적어로서는 수동부정사나 동명사가 올 수 있다.

### (1) 수동 부정사

1) 단순 부정사 [to + 동사원형]: 'to + 동사원형'을 'to be +p.p.'로 고친다.
They say she loves him. 그들은 그녀가 그를 사랑한다고 말한다.
→ He is said to be loved by her. 그는 그녀에게 사랑을 받는다고 한다.
I want to be invited. 나는 초대받기를 원한다.
You're to be blamed. 너는 비난받아 마땅하다.
A great deal of petroleum has to be imported every year.
엄청난 양의 석유가 해마다 수입되지 않으면 안 된다.
To love and to be loved is the greatest happiness.

2) 완료부정사 [to have p.p.]: to have p.p.를 to have been p.p.로 고친다.
They say she loved him. → He is said to have been loved by her.
그는 그녀에게 사랑을 받았다고 사람들은 말한다.
I wanted to have been invited. 나는 초대되어지기를 바랐다.

### (2) 수동분사(구문), 수동동명사

분사의 수동태( 수동분사구문)에서 being이나 having been은 생략하는 것이 보통이다.

1) 단순분사, 단순동명사 [~ing]: ~ing를 being p.p로 고친다.
(Being) Taken by surprise, he did not lose his presence of mind. 〈수동분사구문〉
그는 깜짝 놀랐음에도 불구하고 정신을 놓지는 않았다.
Everybody likes being praised. 〈수동동명사〉 사람은 누구나 칭찬받는 것을 좋아한다.
I don't enjoy being beaten (by others) in a game. 〈수동동명사〉

나는 시합에서 (다른 사람에게) 지는 것을 싫어한다.

2) 완료분사, 완료동명사 [having p.p.]: having p.p.를 having been p.p.로 고친다.
Having been introduced to the book, he is indulged in it. 〈수동완료분사구문〉
그 책을 소개받은 후 그는 지금 그 책에 빠져있다.
She is proud of having been born in Korea. 〈수동완료동명사〉
그녀는 한국에서 태어난 것을 자랑스러워한다.
He regretted having been done such things. 〈수동완료동명사〉
그는 그런 일을 했던 것을 후회했다.

### 2. 자동사의 수동태

자동사는 수동태로 할 수 없다. 다만, 예외적으로 come, go, arrive, fall, finish, grow, return, rise, set 등의 자동사는 be + p.p. 의 수동태 형식으로 쓰기도 하는데, 그 경우에는 수동태의 의미보다는 상태의 계속 또는 동작의 완료나 결과 (완료시제)의 의미를 나타낸다. 다만, 실상에서는 be + p.p.와 have + p.p.의 형식을 의미의 구별함이 없이 쓰는 경향이다.
Spring comes. 봄이 온다.
Spring is come. 봄이 와 있다. (현재 봄이다: 봄이 계속되고 있는 상태)
≒ Spring has come. 봄이 왔다. (이제는 봄이다: 봄이 시작되었다.)
Leaves are fallen. 나뭇잎들이 떨어져 있다.
≒ Leaves have fallen. 나뭇잎이 (나뭇가지에서) 떨어져 버렸다.
She is gone. 그녀는 갔다 (떠났다); 그녀는 내 곁에 없다.
※ '떠나고 현재 없다.'는 '(부재) 상태'의 의미가 강조됨.
≒ She has gone. 그녀는 (다른 곳으로, 딴 사람에게로) 가버렸다 (떠나버렸다).
※ '다른 곳으로 가버렸다'는 '동작 (장소적 이동)'의 의미가 강조됨.
The moon is risen. 달이 떠 있다.
≒ The moon has risen. 달이 떠올랐다.

### (2) 수여동사 문장(제4 문장형식)의 수동태

주어(S) + 수여동사(Vt.) + 간접목적어(I.O.) + 직접목적어(D.O.)

⇒ 주어(← D.O. 또는 I.O) + be + p.p + I.O. 또는 D.O. + by + o (← S)

1) 수여동사의 직접목적어나 간접목적어는 모두 수동태문의 주어가 될 수 있으며, 그 중 하나가 수동태문의 주어로 갈 경우 남는 목적어를 보류 목적어(retained object)라고 부른다.

  Sun-hui gave In-su an apple.   순희가 인수에게 사과를 하나 주었다.

 ⇒ An apple was given (to) In-su by Sun-hui. 〈간접목적어 (In-su)가 보류 목적어〉

             사과 한 개가 순희에게서 인수에게 주어졌다.

  In-su was given an apple by Sun-hui. 〈직접목적어(an apple)가 보류 목적어〉

             인수는 순희에게서 사과 하나를 받았다.

---

■ 참고

1. 간접목적어가 수동태문의 주어가 되면 비논리적인 문장이 되므로 영국에서는 거의 쓰지 않으나, 미국에서는 예외는 있지만 별 제한 없이 쓰고 있다.

2. 간접목적어와 직접목적어 모두를 주어로 하는 수동태가 가능한 경우의 동사는 allow, ask, give, lend, offer, pay, promise, show, teach, tell 등이다. ('give 류' 동사)

 Man-su told me the story. 만수가 그 이야기를 나에게 했다.
 ⇒ I was told the story by Man-su. 나는 만수에게서 그 이야기를 들었다.
  The story was told (to) me by Man-su. 그 이야기는 만수에 의해 나의 귀에 들어왔다.
 He taught them Korean. 그는 그들에게 한국어를 가르쳤다.
 ⇒ They were taught Korean by him. (○) 그들은 그에게서 한국어를 배웠다.
  Korean was taught (to) them by him. (○) 한국어가 그에 의해서 그들에게 가르쳐졌다.
 She showed him the way to the station. 그녀는 그에게 역으로 가는 길을 가르쳐 주었다.
 ⇒ He was shown the way to the station by her. 그는 역으로 가는 길을 그녀에게 설명 들었다.
  The way to the station was shown (to) him by her.
  역에 가는 길이 그녀에 의해 그에게 설명됐다.

3. 제4 문장형식 수동태문의 문장형식

 Sun-hui gave In-su an apple.
 → An apple was given to In-su by Sun-hui. 〈간접목적어가 보류 목적어〉
 ※ 이러한 문장은 〈자동사구 + 부사구〉의 1형식의 문장이 된다.
 → In-su was given an apple by Sun-hui. 〈직접목적어가 보류 목적어〉
 ※ 이러한 구문은 〈타동사구 + 목적어 + 부사구〉의 3형식의 문장이 된다.

2) 일반적으로 직접목적어를 수동태문의 주어로 하고 간접목적어를 보류 목적어로 하는데, 이때 보류 목적어가 되는 간접목적어 앞에는 전치사 (to, for, of 등)를 사용한다.

Tom gave me the book. 톰은 나에게 그 책을 주었다.
⇒ The book was given to me by Tom. 〈우선〉 그 책은 톰이 나에게 준 것이었다.
　 I was given a book by Tom. 〈차선〉 나는 톰에게서 그 책을 받았다.
He bought her a bunch of roses. 그는 그녀에게 장미꽃 한 다발을 사 주었다.
→ A bunch of roses was bought for her by him.
He asked me some questions. 그는 나에게 몇 가지 질문을 했다.
→ Some questions were asked of me by him.
　　　　　　　　　　　　　　　　　그에 의해 몇 가지 질문이 나에게 던져졌다.

▷ 인칭대명사인 간접목적어가 보류 목적어가 될 때 그 앞의 to는 생략하는 것이 보통이다.
Tom gave me the book. 톰이 내게 그 책을 주었다.
→ The book was given (to) me by Tom. 그 책은 톰에 의해서 나에게 주어졌다.
Tom gave Jane the book. 톰이 제인에게 그 책을 주었다.
→ The book was given to Jane by Tom. 그 책은 톰에 의해서 제인에게 주어졌다.

■ 4형식 문장이 수동태문이 될 때 사용되는 전치사

A. to
　ex) give, lend, pass, promise, read, sell, send, teach, tell, write, etc.
I sent her a bunch of flowers. 나는 그녀에게 꽃 한 다발을 보냈다.
→ A bunch of flowers was sent to her (by me). 꽃 한 다발이 (내게서) 그녀에게 보내졌다.
The president promised them higher wages. 사장은 그들에게 더 높은 임금을 약속했다.
→ Higher wages were promised to them (by the president).
더 높은 임금이 (사장에 의해) 그들에게 약속됐다.
Will you lend me your pen? 펜 좀 빌려주시겠습니까?
→ Will you be your pen lent to me? 펜 좀 빌려 쓸 수 있을까요?
He wrote her a love letter. 그는 그녀에게 연애편지를 썼다.
→ A love letter was written to her by him. 그녀에 대한 연애편지가 그에 의해 쓰였다.

### B. for

ex) buy, get, make, etc.

She bought him a watch. 그녀는 그에게 손목시계를 하나 사주었다.
→ A watch was bought <u>for</u> him by her. 그에게 줄 손목시계 하나가 그녀에 의해 구입되었다.
She got him a cup of coffee. 그녀는 그에게 커피를 한 잔 끓여 주었다.
→ A cup of coffee was gotten <u>for</u> him by her. 그를 위해 한 잔의 커피가 그녀에 의해 끓여졌다.
He made her a new suit. 그는 그녀에게 새 옷을 지어 주었다.
→ A new suit was made <u>for</u> her by him. 그녀에게 줄 새 옷이 그에 의해 만들어졌다.
She will make him a good wife. 그녀는 그의 좋은 아내가 될 것이다.
→ A good wife will be made <u>for</u> him by her.

### C. of

ex) ask

He asked me a question. 그는 나에게 한 가지 질문을 했다.
→ A question was asked <u>of</u> me by him. 질문 하나가 그에게서 내게 던져졌다.

### D. on

ex) play

They played her a cruel joke. 그들은 그녀에게 짓궂은 농지거리를 하였다.
→ A cruel joke was played <u>on</u> her (by them). (그들에게서) 짓궂은 농담들이 그녀에게 던져졌다.

3) 다음의 4형식 동사들은 직접목적어만을 수동태문의 주어로 하며 간접목적어를 수동태문의 주어로 할 수 없다.

ex) afford, bring, buy, carry, choose, cook, do, ensure, find, get, hand, make, mean, pass, preach, reach, read, return, sell, send, serve, sing, throw, write, yield, etc.

He brought me a news.  그가 나에게 소식 하나를 가져 왔다.
⇒ A news was brought (to) me by him. (o)  나는 소식 하나를 그에게서 들었다.
　I was brought a news by her. (x)
I bought my little sister a doll.  나는 어린 여동생에게 인형을 하나 사 주었다.
⇒ A doll was bought for my little sister by me. (o)
　나는 인형 하나를 내 어린 여동생에게 주려고 샀다.

My little sister was bought a doll by me. (x)

My mother made me **Bulgogi**. 어머니는 나에게 불고기를 만들어 주셨다.

⇒ **Bulgogi** was made for me by my mother. (o)

나를 위해 불고기가 어머니에 의해 만들어졌다.

I was made Bulgogi by my mother. (x)

I sold my friend **my old bike**. 나는 내 친구에게 내 낡은 자전거를 팔았다.

⇒ **My old bike** was sold to my friend by me. (o)   내 낡은 자전거는 내 친구한테 팔렸다.

My friend was sold my old bike by me. (x)


**4) 다음의 동사들은 간접목적어만[또는 제1목적어(사람)]을 수동태문의 주어로 한다.**
ex) answer, call, deny, envy, forgive, kiss, pardon, refuse, save, spare, etc.

They envied **him** his luck. 그들은 그의 행운을 부러워했다.

⇒ **He** was envied his luck by them. (o) 그는 운이 좋다고 그들에게 부러움을 샀다.

His luck was envied him by them. (x)

That saved **me** a lot of trouble. 그것은 나에게 많은 수고를 덜어주었다.

⇒ **I** was saved a lot of trouble by that. (o) 그것 때문에 나는 많은 수고를 덜었다.

A lot of trouble was saved me by that. (x)

I forgave **him** his negligence. 나는 그가 태만한 것을 눈감아 주었다.

⇒ **He** was forgiven his negligence by me. (o) 그의 태만함이 나에게 그냥 보아 넘겨졌다.

His negligence was forgiven him by me. (x)

He kissed **her** a good-bye. 그는 그녀에게 작별의 입맞춤을 했다.

⇒ **She** was kissed a good-bye by him. (o) 그녀는 그에게 작별의 입맞춤을 받았다.

Good-bye was kissed to her by him. (x)

They called **him** names. 그들은 그에게 욕을 했다.

→ **He** was called names by them. 그는 그들에게 욕을 먹었다.

They answered **me** no question. 그들은 나에게 아무런 질문을 하지 않았다.

→ **I** was answered no question by him. 나는 그들에게 아무런 질문도 받지 않았다.

### (3) 불완전타동사 문장 (제5 문장형식)의 수동태

주어(S) + 불완전타동사(Vt.) + 목적어(O) + 목적격 보어(O.C.)

⇒ 주어 (← O) + be + p.p. + O.C. + by + o (← S)

※ 능동태문의 목적격 보어는 그대로 남으며 수동태문의 주격 보어가 된다. 이때의 수동태문은 제2 문장형식이 된다.

#### 1) 불완전타동사의 목적어만이 수동태의 주어가 된다.

We elected him chairman.
→ **He** was elected chairman by us. (o) 〈제2 문장형식〉     그가 의장으로 선출되었다.
    Chairman was elected him (by us). (x)

He painted the fence green.
→ **The fence** was painted green by him.     그 담은 그에 의해 녹색으로 칠해졌다.

They call him a genius.
→ **He** is called a genius by them.     그는 그들에게 천재로 불린다.

He made her happy.
→ **She** was made happy by him.     그녀는 그로 인해 행복해졌다.

He threw the door open. (= He threw open the door.)     그가 문을 확 열었다.
→ **The door** was thrown open by him.     문이 그에 의해 확 열어젖혀 졌다.

He asked them to go out.     그는 그들에게 밖으로 나가 달라고 요구했다.
→ **They** was asked to go out by him.     그들은 그에게 밖으로 나가 줄 것을 요청받았다.

---

■ 참고

**1. 목적격 보어로 'as + 명사/ 형용사'가 오는 경우의 수동태: S + be +p.p. + as +명사/형용사**

He regarded the situation as serious. 그는 그 상황을 심각한 것으로 보았다.
→ The situation was regarded as serious by him. 그 상황이 그에게는 심각하게 보였다.
I thought of you as a friend. 난 널 친구로 생각했다.
→ You was thought of as a friend by me. 너는 나에게 친구로 생각되어졌다.

### 2. 목적격 보어로 to 부정사가 오는 경우의 수동태: S + be + p.p. + to 부정사

The court didn't allow the Press to attend the trial.
→ The Press was [were] not allowed to attend the trial (by court).
언론 (보도진)은 재판에 참석하는 것이 허락되지 않았다.
They forced her to sign the paper.
→ She was forced to sign the paper by them.
그녀는 그들에게서 그 서류에 서명할 것을 강요받았다.
※ believe, expect, report, prove 등의 5형식문의 수동태문에서 「by + 행위자」는 to 부정사의 앞에 놓이는 것이 보통이다.
I believed Jack to be a genius.
→ Jack was believed by me to be a genius. 잭이 내게는 천재로 보였다.

2) 능동태문에 사역동사나 지각 동사가 쓰여 그 목적격 보어로 원형 부정사(동사원형)가 올 때 수동태문에서는 원형 부정사 앞에 반드시 to를 써주어서 to 부정사로 해야 한다. 그리고 사역동사 let과 have는 수동태를 만들지 못하며 be allowed to와 be asked to의 형식을 통하여 수동의 의미를 나타낸다.

주어(S) + 불완전타동사(지각동사, 사역동사) + 목적어(O) + 목적격 보어(원형부정사)(O.C.) ⇒ 주어 (← O) + be + p.p. + to 부정사 (← O.C.) + by + o (← S)

※ **지각동사**: see, watch, hear, feel, notice, smell, observe, behold, perceive, witness, look at, listen to
　**사역동사**: let, make, have, bid, help

I saw **him** enter (entering) the room.
→ **He** was seen to enter the room by me.
　　　　　　　　　　　　　그가 그 방에 들어가는 것이 나에게 목격되었다.
→ **He** was seen entering the room by me.
I have never seen **her** weep. → **She** has never been seen to weep.
　　　　　　　　　　　　　그녀는 지금껏 우는 모습을 보인 적이 없었다.
They made **us** work hard. → **We** were made to work hard (by them).
　　　　　　　　　　　　　우리는 열심히 일하도록 지시받았다.

He let me do it.

⇒ I was let to do it by him. (x)

　　I was allowed to do it by him. (o)　　내가 그것을 하는 것을 그에게 허락받았다.

　　　(= He let it be done by me.)

I will have him wash my car.　　나는 그에게 내 차를 세차하게 시킬 것이다.

⇒ He shall be had to wash my car by me. (x)

　　He shall be asked to wash my car by me. (o)

　　　　　　　　　　　　　　　　　그는 내 차를 세차하도록 내게 요청받을 것이다.

　　He shall be got to wash my car by me.　그는 내 지시로 내 차를 세차하게 될 것이다.

　　I will have my car washed by him.　　나는 그에게 내 차를 세차하게 할 것이다.

---

### ■ 참고

#### 1. have의 특수한 용법

**(1) have [get] + 목적 (사물) + p.p.**

1) 시킴(사역)

I had [got] my car **mended**. 나는 내 자동차를 수리하게 했다.

I had my house **built**. 나는 우리 집을 건축하게 했다.

2) 당함, 경험, 완료, 상태, 허락

I had [got] my purse **stolen**. 나는 내 지갑을 도둑맞았다.

She had her hat **blown** off. 그녀의 모자가 바람에 날아갔다.

He had his leg **hurt** in the accident. 그는 사고로 다리에 부상을 입었다.

He had his house **destroyed** by a typhoon. 태풍으로 그의 집이 부서졌다.

He had his hair **cut** at Kim's. 그는 김 씨의 이발관에서 이발했다.

She had her photograph **taken**. 그녀는 사진을 찍었다.

You should have your head **examined**.

네 머리를 검사받아보지그래. (어떻게 그런 짓을 할 수 있느냐.)

Have your work **done** by six p.m. 오후 6시까지 네 일을 끝마치도록 해라.

I have little money **left** in my purse. 내 지갑에는 돈이 거의 남아 있지 않다.

He had a book **opened** on the desk. 그는 책상 위에 책을 펴놓고 있었다.

(2) have + 목적 (사람) + 동사원형 (목적보어): ~하게 하다. (= get + 목적 (사람) + to 부정사); 당하다.

He had his men do it. 그는 자기 부하에게 그 일을 하게 했다.
→ He had it done by his men. (o)
　His men was got to do it by her. (o)
　His men was had to do it by her. (x)
I had Jack **clean** the room. 나는 잭에게 그 방을 청소하도록 시켰다.
I couldn't get her to accept the offer. 나는 그녀가 그 제안을 받아들이도록 할 수가 없었다.
He had his wife die last year. 그는 작년에 아내의 상을 당했다.
Have you ever had a policeman **ask** you questions? 너는 경찰관에게 심문을 당해본 적이 있니?

## 2. make의 특수한 용법

### (1) make + 사람·사물 + 동사원형

I made them **understand** me. 나는 그들이 나를 이해하도록 만들었다. (그들과 말이 통했다.)
Who made the machine **work**? 누가 이 기계를 작동시켰나요?

### (2) make + 사람·사물 + 형용사

You make me **happy**. 너는 나를 즐겁게 만든다 (한다).
It may make the situation **complicated**. 그것은 사태를 복잡하게 할 수도 있다.

### (3) make + 사람·사물 + 명사

I'll make you **a star** in a year. 내가 너를 일 년 안에 인기인으로 만들어 주겠다.
They're trying to make the world **a better place**.
그들은 세상이 더 살기 좋은 곳이 되게 하기 위해 노력하고 있다.

## 5. 조동사가 있는 문장의 수동태로의 전환

S + 조동사 + 동사원형 + O~ ⇒ S (← O) + 조동사 + be + p.p. + by + o (← S)

(1) 일반조동사가 있는 문장을 수동태로 고칠 경우 조동사는 그대로 두고 'be + 과거분사'를 써 준다. 다만, shall이나 will은 인칭에 따라서 의지미래나 단순 미래에 맞게 서로 바꿔 주어야 하겠으나, 현대영어에서는 'Shall I [we]~?'구문을 제외하고는 shall을 쓸 곳에 will을 쓰는 것이 일반적이다.

I will forgive you for this one.     나는 이번 한 번은 너를 용서하겠다.
→ You shall [will] be forgiven for this one (by me).
    너는 이번 한 번은 (내게) 용서받을 것이다.
I shall never forget your kindness.     당신의 은혜는 결코 잊지 않겠습니다.
→ Your kindness shall [will] never be forgotten.
    당신의 은혜는 결코 잊히지 않을 것입니다.
We may expect his success.     그의 성공을 기대해도 될 것이다.
→ His success may be expected (by us).
We must explore all the possibilities.     우리는 모든 가능성을 조사해 봐야만 한다.
→ All the possibilities must be explored (by us).     모든 가능성이 조사되어져야만 한다.
We can expect his success.     그의 성공을 기대할 수 있다.
→ His success can be expected.

(2) be able to, be going to, have to, ought to, used to 등의 무리 조동사도 일반조동사에 준해서 수동태를 만든다.
▶ 이때에는 무리 조동사 뒤의 동사원형은 be + p.p.로, have p.p.는 have been p.p.로 고친다.

I am going to surprise my friends.

→ My friends are going to be surprised by me.

            내 친구들은 나에 의해 깜짝 놀라게 될 것이다.

I was just able to manage it.

→ It was just able to be managed by me.  그것은 나에 의해 간신히 처리될 수 있었다.

We will have to set up a better marketing strategy.

→ A better marketing strategy will have to be set up.

            더 나은 판매 전략이 세워져야만 할 것이다.

You ought to have finished the work yesterday.

→ The work ought to have been finished by you.

            그 일은 어제 너에 의해 끝내졌어야 했다.

They used to believe that the earth was flat.

        옛날에는 사람들은 지구가 평평하다고 생각한 것이 보통이었다.

→ It was used to believe that the earth was flat. (x)

→ It used to be believed that **the earth** was flat. (o)

→ **The earth** used to be believed to be flat. (o)


## 6. 의문문의 수동태

**(1) 의문사가 없는 의문문을 수동태의문문으로 고치는 경우 be동사나 조동사를 문장의 맨 앞에 쓴다. 일상에서는 잘 사용치 않는다.**

> ■ 의문사가 없는 의문문을 수동태의문문으로 고치는 방법 (순서)
>
> 예문) Does he love her? 그는 그녀를 사랑하나요?

A. 의문문을 평서문으로 고친다.

Does he love her? → He loves her. 〈평서문〉

B. 평서문을 수동태문으로 고친다.

He loves her. → She is loved by him. 〈수동태문〉

C. 수동태문을 의문문으로 고친다.

She is loved by him.

⇒ Is she loved by him? 〈수동태의문문〉 그녀는 그에게 사랑받습니까?

※ Can you do it by tomorrow morning?

당신은 내일 아침까지 그것을 할 수 있겠습니까?

→ You can do it by tomorrow morning. → It can be done by tomorrow morning (by you).

⇒ Can it be done by tomorrow morning (by you)?

내일 아침까지 그것이 끝마쳐질 수 있습니까?

## (2) 의문사가 있는 의문문을 수동태의문문으로 고치는 경우

### 1) 의문사 who가 주어인 의문문을 수동태의문문으로 고치는 방법 (순서)

예문) Who invented Hangeul?  누가 한글을 발명 (창제)했습니까?

① 의문사 Who를 대명사로 하여 평서문으로 바꾼다.

He invented Hangeul. 〈평서문〉

② 수동태문으로 바꾼다.

Hangeul was invented by him. 〈수동태문〉

③ 의문문으로 만든다.

Was Hangeul invented by him?

④ 'by + whom'을 문장 앞에 놓는다. [By whom + be + O + p.p. ~?]

　　**By whom** was Hangeul invented? 〈수동태의문문〉　　누구에 의해서 한글이 발명되었나요?

## 2) 의문사가 주어가 아닐 때
의문사를 그대로 두고 의문사가 없는 의문문과 같은 방법으로 고친다.

① 의문사가 목적어일 때: 의문사 (주격) + be + p.p. + by + 주어의 목적격?

　　What did he study?　　　　　　　　　　　그는 무엇을 연구했습니까?

　　→ He studied **English**. 〈평서문〉

　　→ **English** was studied by him. 〈수동태문〉

　⇒ **What** was studied by him? 〈수동태의문문〉　　무엇이 그에 의해 연구되었습니까?

　　Who [Whom] does she love?　　　　　　　그녀는 누구를 사랑하나요?

　　→ She loves **him**.

　　→ **He** is loved by her.

　⇒ **Who [Whom]** is loved by her?　　　　　　누가 그녀에게 사랑을 받고 있나요?

② 의문사가 목적격 보어, 부사일 때: 의문사 + be + o + p.p. + by + 주어의 목적격?

　　What do you call the flower in Korean?　　그 꽃을 한국어로 무엇이라고 부릅니까?

　　→ You call the flower **Mugunghwa** in Korean. 〈평서문〉

　　→ The flower is called **Mugunghwa** in Korean (by you). 〈수동태문〉

　　→ Is the flower called **Mugunghwa** in Korean (by you)?

　⇒ **What** is the flower called in Korean? 〈수동태의문문〉

　　　　　　　　　　　　　　　　　　　　　　그 꽃은 한국어로 무엇이라고 불립니까?

　　When did you finish the work?　　　　　　당신은 그 일을 언제 끝마쳤습니까?

　　→ You finished the work **yesterday**.

　　→ The work was finished **yesterday** by you.

　　→ Was the work finished **yesterday** by you?

⇒ **When** was the work finished by you? 〈수동태의문문〉　　언제 그 일이 끝마쳐졌죠?

**How** did he solve the matter?　　그는 그 문제를 어떻게 해결했습니까?

→ He solved the matter **easily**.

→ The matter was solved by him **easily**.

→ <u>Was</u> the matter <u>solved</u> by him **easily**?

⇒ **How** <u>was</u> the matter <u>solved</u> by him?

　　　　　　　　　　　　　　　어떻게 해서 그 문제가 그에 의해 해결되었나요?


## 7. 부정문의 수동태

　부정문의 수동태는 be동사나 조동사의 뒤에 not, never 등을 써서 'be + not 등 + p.p.' 또는 '조동사 + not 등 + be + p.p.'의 형태로 나타낸다.　능동태의 주어가 no one, nothing, nobody 등의 부정대명사이면 그 수동태는 동사를 부정하는 「S + be + not 등 + p.p. + by anyone」이나 「S + 조동사 + not 등 + be + p.p. + by anyone」 등의 형태로 나타낸다. 이는 by 다음에는 행위자가와야 하는데 부정(否定)대명사는 '부존재'의 의미를 가지므로 행위자가 될 수 없기 때문이다.

She does <u>not</u> love **him**. → **He** <u>is not loved</u> by her.

　　　　　　　　　　　　　　　그는 그녀에게 사랑받지 못하고 있다.

We should <u>not</u> violate **traffic regulation**.　　우리는 교통법규를 위반해서는 안 된다.

→ **Traffic regulation** <u>should not be violated</u> (by us).　교통법규가 위반되어져서는 안 된다.

I can<u>t'</u> catch up with **him**.　　난 그를 따라잡을 수가 없다.

→ **He** <u>can't be caught</u> up with by me.　　그는 나에게 따라 잡히질 않는다.

We can see **nothing** in the sky.　　하늘에는 아무것도 보이지 않는다.

(= We can **not** see **anything** in the sky.)

⇒ **Anything** cannot be seen in the sky. (x) ※ 'any-'는 부정문의 주어가 될 수 없다.

　**Nothing** can be seen in the sky. (o)

**Nothing** disturbed me. 　　　　　　　　　　　아무것도 나를 방해하지 않았다.

⇒ I was disturbed by nothing. (x)

　I was **not** disturbed by anything. (o) 　　나는 어떤 것에 의하여서도 방해받지 않았다.

**Nothing** pleases her. 　　　　　　　　　　　아무것도 그녀를 만족시키지 못한다.

⇒ She is pleased with nothing. (x)

　She is **not** pleased with anything. (o) 　　그녀는 어느 것에도 만족해하지 않는다.

**Nobody** took any notice of the fact. 　　　아무도 그 사실에 대해 조금도 주목하지 않았다.

⇒ The fact was **not** taken any notice of by anybody. (o)

　　　　　　　　　　　　　　　　　　　　그 사실은 그 누구에게도 주목받지 못했다.

　No notice was taken of the fact by anybody. (o)

　　　　　　　　　　　　　　　그 누구의 어떠한 주목도 그 사실에 주어지지 않았다.

**Nobody** believed that he was free from guilt.

(= Nobody believed him to be free from guilt.) 아무도 그가 죄가 없다는 것을 믿지 않았다.

⇒ It was **not** believed by anybody that he was free from guilt. (o)

　　　　　　　　　　　　　　　　　죄가 없다는 것은 그 누구에게도 인정받지 못했다.

　He was **not** believed by anybody to be free from guilt. (o)

## 8. 명령문의 수동태(수동명령문)

일상적으로는 수동태의 명령문을 거의 쓰지 않는 것으로 보인다. 다만, 논리성을 요구하는 글에는 쓸 수도 있으므로 알아두어야 할 필요는 있겠다.

### (1) 직접명령문의 수동태

#### 1) 긍정명령문의 수동태: Let + 목적 + be + p.p.

| | |
|---|---|
| Open the window. | 창문을 열어라. |
| → Let the window **be opened**. | 창문이 열려지도록 해라. |
| Learn this poem by heart. | 이 시를 암기하도록 해라. |
| → Let this poem **be learnt** by heart. | 이 시가 암기되도록 만들어라. |
| Do it at once. | 즉시 그것을 해라. |
| → Let it **be done** at once. | 그것이 즉시 하여지도록 해라. |

#### 2) 부정명령문의 수동태: Don't let + O + be + p.p. 또는 Let + O + not + be + p.p.

| | |
|---|---|
| Don't waste your time. | 시간을 낭비하지 마라. |
| ⇒ **Don't** let your time **be wasted**. | 시간이 헛되이 버려지지 않도록 해라. |
| Let your time **not be wasted**. 〈not은 반드시 be 앞에 놓는다.〉 | |

### (2) 간접명령문의 수동태

간접명령문의 수동태는 동사원형의 목적어에 해당하는 말을 let의 목적어로 하고 「be + 동사원형의 p.p.」를 그 뒤에 놓아 만든다.

#### 1) 긍정 간접명령문의 수동태: Let + 목적 + <u>be + p.p.</u> + <u>by + 행위자</u>

| | |
|---|---|
| Let him <u>do the work</u>. | 그가 그 일을 하도록 시켜라. |
| → **Let** the work **be done** by him. | 그 일이 되도록 그에게 시켜라. |
| Let her <u>sing a song</u>. | 그녀가 노래하도록 시켜봐라. |
| → **Let** <u>a song</u> **be sung** by her. | 그녀에 의해 노래가 불리도록 해라. |

### 2) 부정 간접명령문의 수동태

: <u>Don't let + O + be + p.p.</u> + <u>by + 행위자</u> 또는 <u>Let + O + not + be + p.p.</u> + <u>by + 행위자</u>

Don't let him do it. 그가 그것을 하지 않도록 해라.
⇒ **Don't** let it **be done** by him. 그 일이 그에 의해 되도록 내버려 두지 마라.
  **Let** it **not be done** by him.
Don't let the children make a noise. 아이들이 떠들지 않게 해라.
⇒ **Don't** let a noise **be made** by the children.
  아이들로 인해 소란스럽게 되도록 내버려 두지 마라.
  **Let** a noise **not be made** by children.

## 9. 기타

### (1) 능동태문이 수동태문의 뜻을 갖는 경우
#### 1) 능동형의 to 부정사가 수동의 뜻인 경우
수동부정사와 능동 부정사는 거의 같은 뜻을 나타낸다.

You are **to blame** for the accident. 그 사고는 네게 책임이 있다.
(= You are **to be blamed** for the accident.)
There is no time **to lose**. 허비할 시간이 없다.
(= There is no time **to be lost**.)
This thing is **to sell**. 이 물건은 팔리는 것이다. (팔려고 내놓은 것이다.)
(= This thing is **to be sold**.)
There is nothing further **to say**. 더 이상 할 말이 없다.
(= There is nothing further **to be said**.)

There are many things **to do**. 해야 할 일들이 많다.

(= There are many things **to be done**.)

### 2) 능동형의 동명사가 수동의 뜻인 경우

S + need, require, want, deserve, stand, bear, be worth + ~ing (동명사)

= S + need [require, want, be worth] + to be + p.p.

Your shirt needs **washing**. 네 옷은 세탁이 필요하다.

(= Your shirt needs **to be washed**.)

That needs no **accounting for**. 그것은 고려할(될) 필요가 없다.

(= That needs no **to be accounted for**.)

He deserved punishing for **punishing** me.

그는 내게 고통을 준 것에 대하여 벌 받아 마땅하다.

(= He deserved **to be punished** for punishing me.)

The plan requires **changing**. 그 계획은 변경을 요한다.

(= The plan requires **to be changed**.)

The grass wants **cutting**. 잔디를 깎아야 할 것 같다.

(= The grass wants **to be cut**.)

This book is worth **reading**. 이 책은 읽힐 만한 가치가 있다.

(= This book is worthy **to be read**.)

### 3) 「지각동사 + 목적어 + ~ing (현재분사)」구문에서 현재분사가 수동의 뜻을 나타내는 경우

I can smell something burning. (= being bunt) 뭔가 타는 냄새가 난다.

I saw the house building. (= being built) 나는 그 집이 지어지는 것을 보았다.

### 4) 능동의 현재진행형이 수동진행형의 뜻인 경우

The house <u>is</u> now <u>building</u>. 그 집은 현재 건축 중이다.

(= The house is now **being built**.)

His book is reprinting already. 그의 책은 이미 재인쇄를 하고 있다.
(= His book **is being reprinted** already.)
The meal is now cooking. 식사가 지금 준비되고 있는 중이다.
(= The meal **is now being cooked**.)
What's showing at the cinema this week?
(= What's **being showed** at the cinema this week?)
이번 주에 극장에서는 무엇이 상영되나요?

### (2) 수동태의 형식으로 쓰이나 뜻은 능동적인 동사

사람의 감정이나 상태, 습관을 나타내는 동사 등은 보통 수동태의 형식으로 사용되지만 우리말 상으로는 능동의 뜻으로 번역된다.

#### 1) 감정, 심리 등을 나타내는 동사

I am satisfied with my income. 나는 내 수입에 만족한다.
I am convinced of his success. 나는 그의 성공을 확신한다.
She was deeply moved to tears. 그녀는 매우 감동하여 눈물을 흘렸다.

#### 2) 상태, 습관, 관계, 종사 등을 나타내는 동사

Sam-sik was married to Geum-sun. 삼식은 금순과 결혼했다.
He is accustomed to the work. 그는 그 일에 익숙하다.
He is associated in various companies. 그는 각종 회사와 관계하고 있다.
I am now engaged in writing a book. 나는 현재 책을 쓰는 일에 종사하고 있다.

### (3) There be p.p. + to be ~

수동태문의 일종으로 다음과 같은 동사들이 이 구문에 쓰일 수 있다.

**ex)** acknowledge, allege, believe, consider, expect, fear, feel, know, presume, report, say, suppose, think, etc.

There is expected to be further damage due to the typhoon.

태풍에 의한 큰 피해가 예상되어진다.

There are known to be over one hundred thousand species of bee on earth.

지구 상에는 십만 종 이상의 벌이 있다고 알려져 있다.

There was reported to have been some sort of agreement between north Korea and the United States. 북한과 미국 사이에 모종의 합의가 있었던 것으로 보도되었다.

There are thought to be too many obstacles to peace.

평화를 위해서는 너무도 많은 장애물이 있다고들 생각한다.

(= They think that there are too many obstacles to peace.)

### (4) 다음의 동사들은 「S + 자동사 + 양태부사 (부사구)」의 형태로 쓰일 때 수동의 뜻을 나타낸다

능동태와 수동태의 중간에 해당한다 하여 **중간태(中間態)**라고 부르기도 한다. 이러한 구문은 「주어 + 타동사 + 목적어 + 양태부사」 형태의 구문에서 목적어가 갖는 총칭적 (일반적)인 속성이나 특정의 상태를 나타내기 위하여 목적어를 주어로 하여 「주어 + 자동사 + 양태부사」 형태의 구문으로 바꾼 것으로서, 수동태구문의 (by +) 행위자가 필요하지 않은 구문이라고 할 수 있다. 중간태는 그 주어의 상태나 주어가 갖는 총칭적인 속성을 표현하는 데 쓰이므로 내용적 의미를 갖지 않는 가주어 it이나 there 등의 허사는 이 구문의 주어가 되지 못한다.

ex) bake, break, catch, clean, compare, cook, cut, drive, fill, lock, open, peel, photograph, read, rent, run, sell, show, tear, translate, wash, wear, write, etc.

She **bakes** a potatoes well in wood fire. 〈제3 문장형식〉

그녀는 장작불에 감자를 잘 굽는다.

→ A potatoes **bakes** well in wood fire. (= is baked) 〈중간태 구문〉

감자는 장작불에서 잘 구워진다.

cf.) The potato baked. 〈능격구문〉　　　　　　　　　　　　　　감자가 구워졌다.

※ 주어의 총칭적 (= 일반적)인 속성이나 특정의 상태를 나타내는 것이 아니라 능동태의 동사가 단지 수동적 의미를 가지며, 어떠한 특정의 상태나 의미상의 행위자도 필요로 하지 않는 문장을 **능격구문**(能格構文)이라고도 한다.
Glass **breaks** easily. 〈중간태 구문〉 유리는 쉽게 깨어진다. (유리의 일반적 속성)
The glass **broke** all by itself. 〈능격구문〉 그 유리가 저절로 깨어졌다.

| | |
|---|---|
| The window **broke** into pieces. (= was broken) | 유리창이 산산조각 났다. |
| His hat **caught** on a nail. | 그의 모자가 못에 걸리었다. |
| This surface **cleans** easily. (= is cleaned/ can be cleaned) | 이 표면은 쉽게 닦여진다. |
| No book can **compare** with this book. (= be compared) | 어떤 책도 이 책에 비교될 수 없다. |
| This razor **cuts** well. (= is cut) | 이 면도칼은 잘 든다. |
| This car **drives** easily. (= be driven) | 이 차는 운전이 쉽게 된다. |
| The door **locks** automatically. (= is locked) | 그 문은 자동으로 잠긴다. |
| This potatoes **peels** well. (= is peeled) | 이 감자는 껍질이 잘 벗겨진다. |
| The door **opened** with the key. (= was opened) | 그 문은 그 열쇠로 열렸다. |
| She **photographs** well. | 그녀는 사진이 잘 나온다 (사진이 잘 받는다). |
| His papers **reads** like novels. (= is read) | 그의 논문은 소설처럼 읽힌다. |
| The room **rents** at[for] 1,000 dollars a year. | 그 방은 1년에 천 달러로 세를 놓는다. |
| Ice-cream **sells** best in summer. (= is sold) | 아이스크림은 여름에 제일 잘 팔린다. |
| The first edition of the book **sold out** in a week. (= was sold out.) | 그 책의 첫판은 1주 만에 다 팔렸다. |
| This cloth **tears** easily. (= be torn) | 이 천은 쉽게 찢어진다. |
| These clothes **wash** well. | 이 옷은 세탁이 잘된다. |
| This pen **writes** [runs] well. (= is written) | 이 펜은 잘 써진다. |

## (5) 그밖에 (일상에서 자주 쓰이는 수동태문장)

| | |
|---|---|
| Her bedroom was made (to be) beautiful. | 그녀의 침실이 아름답게 꾸며졌다. |
| The store is always closed at ten. | 그 가게는 항상 열 시에 문을 닫는다. |
| The baseball game was rained out. | 야구경기가 비로 취소되었다. |
| Suddenly the door was thrown open. | 별안간 문이 확 열렸다. |
| The English test was given yesterday. | 어제 영어시험이 있었다. |
| I'm snowed under with work. | 저는 일에 파묻혀 있어요. (일로 매우 바쁩니다.) |
| Not even a mouse is to be seen in the house. | 그 집에는 쥐 한 마리 안 보인다. |

He has never been heard to sing in company.
그가 사람들 앞에서 노래하는 것을 여태껏 들어 본 적이 없다.

It is said that he is an American-born Korean.    그는 재미교포 한국인 2세라고들 말한다.

I heard it said that he would be elected president.
나는 그가 의장으로 선출되리라는 소문을 들었다.

Your clothes are being washed as they are dirty.    네 옷은 더러워서 지금 빨고 있다.

This morning I was spoken to by a foreigner on the street. I was puzzled because I could hardly make myself understood.
오늘 아침 길에서 외국인이 말을 걸어왔는데 내 말이 거의 통하지 않아서 당황스러웠다.

# – REVIEW EXERCISES –

1. 다음 문장들을 수동태문으로 바꿔라.

    (1) They were hotly discussing the matter.

    (2) We must deal with this matter as soon as possible.

    (3) We can reach the city in three hours by train.

    (4) The police is looking into her disappearance.

    (5) We must do away with such a custom.

    (6) He brought me a news.

    (7) They envied him his luck.

    (8) I saw him enter the room.

    (9) I have never seen her weep.

    (10) You can do it by tomorrow morning?

    (11) What do you call the flower in Korean?

    (12) No one has ever solved the problem.

    (13) I will forgive you for this one.

    (14) I am going to surprise my friends.

    (15) You ought to have finished the work yesterday.

2. 다음 문장들을 능동태문으로 바꿔라.

    (1) I was spoken to by a foreigner in the street.

    (2) I was made to work for nothing by him.

    (3) His remarks were taken no notice of (by them) or No notice was taken of his remarks (by them.)

    (4) A better marketing strategy will have to be set up.

    (5) It used to be believed that the earth was flat.

or The earth used to be believed to be flat.

(6) By whom were you given the money?

(7) Let your kite be flown higher.

(8) Your hands should be kept clean.

(9) I was allowed to do it by him. or He let it be done by me.

(10) It was not believed by anybody that he was free from guilt.
   or He was not believed by anybody to be free from guilt.


**3. 우리말에 맞는 영역이 되도록 괄호 안에 알맞은 말을 넣어라.**

(1) 그 집은 지난주에 그에 의해 팔렸다.

　　The house was (　　　) by him last week.

(2) 나는 마흔 살에 결혼(식)을 했다.

　　I was (　　　) when I was forty years old.

(3) 나는 그 모임에서 그녀를 (처음) 알게 되었다.

　　I become [got] (　　　) with her at the party.

(4) 마침내 우리는 그 진실을 알게 되었다.

　　At last the truth become (　　　) to us.

(5) 너는 그 일 때문에 피곤해질 것이다.

　　You will get (　　　) of the work.

(6) 그는 언덕 위에 있는 무덤에 잠들어 있다.

　　He lies (　　　) in the grave on the hill.

(7) 그녀는 다락방에 숨어 있었다.

　　She lay (　　　) in the garret.

(8) 그의 옷이 방안에 흩어져 있었다.

　　His clothes lay (　　　) in the room.

(9) 우리 앞에 많은 문제가 해결되지 않은 채 남아 있다.

　　Many a problem remains (　　　) before us.

(10) 네가 많이 걱정하고 있는 것 같구나.

You look much (          ).

(11) 임산부가 흡연하면 태아에게 해로운 결과를 가져온다고 한다.

It is (          ) that if an expectant mother smokes, it has harmful effects on the fetus.

(12) 그가 무죄라는 주장이 제기되고 있다.

It is (          ) that he is not guilty.

(13) 그 가게는 항상 열 시에 문을 닫는다.

The store is always (          ) at ten.

(14) 별안간 문이 확 열렸다.

Suddenly the door was (          ) open.

(15) 어제 영어시험이 있었다.

The English test was (          ) yesterday.

(16) 그녀는 깊이 감동하여 눈물을 흘렸다.

She was deeply (          ) to tears.

(17) 그녀의 눈은 눈물에 젖어 있었다.

Her eyes were (          ) in tears.

(18) 삼월은 돌쇠와 약혼한 사이이다.

Sam-wol is (          ) to Dol-soe.

(19) 나는 그런 하찮은 문제에는 관심이 없다.

I am not (          ) with such trivial matters.

(20) 태풍으로 농민들은 다소의 피해를 입었다.

Farmers were more or less (          ) by the typhoon.

(21) 모든 지원자는 최소한 2년간 전문직 종사 경험이 있어야 한다.

All applicants are (          ) to have a minimum of two years professional work experience.

## 4. 빈칸에 알맞은 전치사를 넣어라.

(A) I am highly angered _____ your remarks.

(B) His mother was relieved _____ his safety.

(C) He is pressed[pushed] _____ debt.

(D) He is exhausted _____ the long work.

(E) She was buried _____ grief.

(F) I was caught _____ a shower in my way home.

(G) He is engaged _____ foreign trade.

(H) He is deeply versed _____ the classics.

(I) The novel is based _____ historical facts.

(J) He was dedicated _____ human rights and democracy.

(K) Both are inseparably related _____ each other.

(L) He is well acquainted _____ law.

(M) The street is crowded _____ a lot of people.

(N) A cup of coffee was gotten _____ him by her.

(O) A good wife will be made _____ him by her.

## 5. 다음 글의 밑줄 친부분 중, 어법상 틀린 것은? [수능]

To be a mathematician you don't need an expensive laboratory. The typical equipment of a mathematician (A) <u>is</u> a blackboard and chalk. It is better to do mathematics on a blackboard (B) <u>than</u> on a piece of paper because chalk is easier to erase, and mathematical research is often filled with mistakes. One more thing you need to do is to join a club (C) <u>devotes</u> to mathematics. Not many mathematicians can work alone; they need to talk about what they are doing. If you want to be a mathematician, you had better (D) <u>expose</u> your new ideas to the criticism of others. It is so easy to include hidden assumptions (E) <u>that</u> you do not see but that are obvious to others.

6. 밑줄 친 부분 중 문법적으로 옳지 않은 것은? [공무원 7급]

(A) As is the case in many cultures, the degree (B) to which a minority group was seen(C) as different from the characteristics of the dominant majority (D) was determined the extent of that group's acceptance.

※ Choose the best English translation of the following sentence. [7~8]

7. 도둑은 개 짖는 소리에 질겁해서 달아났다.

   (A) The burglar was frightened very much by the dogs baking.
   (B) The dogs barking made the thief run away speedily.
   (C) The burglar was frightened away by the barking of the dog.
   (D) The barking of the dog caused the thief to run away.

8. 달에는 원자력의 생성에 필요한 것을 포함하여 지구에서 찾아볼 수 있는 모든 원소가 있다고들 한다.

   (A) People say that the moon holds all the elements finding on earth, including elements generating of atomic energy.
   (B) It is said that the moon contains all the elements found on earth, including those required to generate nuclear energy.
   (C) It is told that the moon has all the elements finding on earth, including those required for generation of nuclear energy.
   (D) They say that the moon possesses all the elements found on earth, including those that are necessary for the generating for nuclear energy.

※ Choose the one word or phrase that best completes the sentence.

9. Among the aims of any corporation must _____ the contribution to the welfare of its employees. [토익 유형]

   (A) include   (B) be included   (C) be inclusion of   (D) be including

10. She has never been heard _____ so harshly.

   (A) speak   (B) spoken   (C) to speak   (D) to be speak

※ Identify one underlined word or phrase that should be corrected or rewritten. [11~12]

11. Though Lincoln <u>knew</u> his defects, he was <u>broad-minded</u> enough <u>to</u>
         (A)                              (B)
   <u>appoint</u> the man to the important office because he <u>was convincing of</u>
   (C)                                                    (D)
   his ability.

12. Pro-life and pro-choice forces <u>are bracing for</u> <u>competing</u> observances
                                   (A)               (B)
   on Jan. 22, the twelfth anniversary of the Supreme Court decision that
   <u>was struck down</u> legal <u>restrictions on abortion</u>. [대학 편입, 토익 유형]
   (C)                         (D)

# = 해설·정답 =

## 1. 〈정답〉

(1) The matter was being hotly discussed.

(2) This matter will be dealt with (by us) as soon as possible.

(3) The city can be reached in three hours by train.

(4) Her disappearance is being looked into by the police.

(5) Such a custom should be done away with.

(6) A news was brought (to) me by him.

(7) He was envied his luck by them.

(8) He was seen to enter the room by me.

(9) She has never been seen to weep.

(10) Can it be done by tomorrow morning (by you)?

(11) What is the flower called in Korean?

(12) The problem has never been solved by anyone.

(13) You shall[will] be forgiven for this one (by me).

(14) My friends are going to be surprised by me.

(15) The work ought to have been finished by you.

## 2. 〈정답〉

(1) A foreigner spoke to me in the street.

(2) He made me work for nothing.

(3) They took no notice of his remarks.

(4) We will have to set up a better marketing strategy.

(5) They used to believe that the earth was flat.

(6) Who gave you the money?

(7) Fly your kite higher.

(8) You should keep your hands clean.

(9) He let me do it.

(10) Nobody believed that he was free from guilt.

## 3. 〈정답〉

(1) sold   (2) married   (3) acquainted   (4) known   (5) tired   (6) buried   (7) hidden   (8) scattered   (9) unsolved   (10) worried   (11) said   (12) alleged   (13) closed   (14) thrown   (15) given   (16) moved   (17) drowned   (18) engaged   (19) concerned   (20) damaged   (21) required

## 4. 〈정답〉

(A) at   (B) at   (C) for   (D) from   (E) in   (F) in   (G) in   (H) in   (I) on   (J) to   (K) to   (L) with   (M) with   (N) for   (O) for

## 5. 【해설】

(A) 주어인 'The typical equipment of a mathematician'는 단수이므로 is가 적당하다.

(B) 앞에 better가 있으므로 이와 상관적으로 쓰이는 than이 적당하다.

(C) 이하는 형용사절이 되어야 하고 의미상 '수학에 전념하다.'의 뜻을 나타내는 'which is devoted to mathematics.'가 되어야 맞게 된다. be devoted to ~ (~에 헌신 [전념]하다.)는 수동태 형식이지만 능동의 뜻을 나타낸다. devoting을 쓰면 현재진행형이 되어 의미상 맞지 않는다.

(D) 'had better + 동사원형'이 되어야 하므로 expose는 적당하다.

(E) 'that~ but that ~'의 두 개의 형용사절이 선행사 hidden assumptions를 수식하고 있는 형태이다. 앞의 that은 목적격 관계대명사이고 뒤의 that은 주격관계 대명사이다. 'It is so easy to include hidden assumptions.'에서 It은 가주어이고 to 이하가 진주어이다.

[해석] 수학자가 되기 위하여 비싼 실험실을 필요로 하지는 않는다. 수학자의 전형적인 장비는 칠

판과 분필이다. 분필은 보다 쉽게 지울 수 있고 수학적인 연구는 흔히 실수로 가득 차있기 때문에 종이 위보다는 칠판 위에서 수학을 하는 것이 더 낫다. 한 가지 더 필요로 하는 것은 수학에 전념하는 동호회에 가입하는 것이다. 혼자서 작업할 수 있는 수학자는 많지 않다. 그들은 자신들이 하는 것에 대해 토론할 필요가 있다. 수학자가 되기를 원한다면 (자신의) 새로운 생각을 다른 사람들의 비판에 노출시키는 편이 낫다. 자신은 보지 못하지만 다른 사람들에게는 환히 보이는 숨어있는 가정들을 (새로운 생각 속에) 포함하고 있기가 대단히 쉽다.

〈정답〉(C)


## 6. 【해설】

(A) as is (often) the case with[for, in] ~ (~에 흔히 있는 일이지마는).

(B) 'to which ~ dominant majority'는 주어(the degree)를 수식하는 형용사절. 'a minority group was seen ~ majority.'는 'We see a minority group as different from ~ majority.'의 수동태문.

(C) 'see + 목적어 + as 보어' (~라고 생각해 보다). was seen as ~ (~인 것으로 보여지다).

(D) 수동태이므로 'was determined by'가 되어야 한다.

[해석] 많은 문화에 흔히 있는 일이지마는 소수집단이 지배적인 다수의 특성과는 다른 것으로 보이는 정도는 그 집단의 수용 범위에 의해서 결정된다.

〈정답〉(D)


## 7. 【해설】

(A) 문법적으로는 이상이 없으나 '달아났다'는 내용이 없다.

(B) 역시 문법적으로는 이상이 없으나 '질겁해서'라는 내용이 포함되어 있지 않다.

(C) '~을 겁을 주어 쫓아내다(frighten ~ away)'를 수동태로 잘 표현했다. 'The barking of the dog frightened the burglar away.'가 능동형이다.

(D) 문법적으로는 이상이 없으나 '질겁해서'라는 내용이 없다.

〈정답〉(C)

## 8. 【해설】

(A), (B), (D) '~ (that 이하)라고들 말한다.' (People say that ~; It is said that ~; They say that ~.) 그러므로 (C)는 탈락이다.

(B) 달이 원소를 갖고 있다는 것은 그 내부에 포함하고 있다는 뜻이지 hold (손에 가지다)나 possess (소유하다.)의 뜻과는 멀므로 여기서 '가지다'의 표현으로는 contain이 적당하다. all the elements (that are) found on earth(지구에서 발견되는 모든 원소), including은 전치사로 쓰였다. those는 including의 목적어로서 the elements를 받음. those (which are) required to generate nuclear energy (원자력을 생성하기 위해 필요한 그것들). 부사구를 동반한 과거분사가 후위 수식하는 경우이다. to 이하는 목적을 나타내는 to 부정사의 부사적용법이다.

〈정답〉 (B)


## 9. 【해설】

어순 바꿈 구문이다. 전치사구인 부사구 'Among the aims of any corporation'이 글머리에 나옴으로 인해 주어(the contribution 이하)와 조동사를 포함한 동사구가 자리를 바꾼 경우이다. 주어인 'the contribution ~'은 포함되어야하는 대상이지 포함하는 주체는 될 수 없으므로 수동태가 되어야 한다. 그러므로 'be + p.p.'인 (B)가 적당하다.

[해석] 어느 회사라도 그 목적들 중에는 직원들의 복지에 대한 출자가 포함되어야 한다.

〈정답〉 (B)


## 10. 【해설】

지문은 'We never have heard her speak so harshly.'의 수동태문. 능동태문에 사역동사나 지각동사가 쓰여 그 목적격 보어로 원형부정사(동사원형)가 올 때, 수동태문에는 원형부정사 앞에 to를 써 주어야 한다. 그러므로 (C)가 알맞다.

[해석] 그녀가 이제껏 그렇게 까칠하게 말한 적은 없었다.

〈정답〉 (C)

## 11. 【해설】

(A) 시점이 과거이므로 과거시제로서 적당하다.

(B) 복합형용사. '마음이 넓은, 포용력이 넓은.'

(C) 「형용사(…) + enough + to 부정사(~)」(~할 정도로 매우 … 한; 매우 … 라서 ~할 수 있다.) 이때의 to 부정사는 정도나 결과를 나타내는 부사적 용법으로 쓰인 경우이다.

(D) 수동의 형태로 능동의 뜻을 나타내는 경우. 'be convinced of ~'는 주어의 확신을 나타낸다 (~을 확신하다). convincing을 convinced로 고쳐야 한다.

※ 지문에서 his는 모두 the man을 he는 모두 Lincoln을 가리킨다.

[해석] 링컨은 비록 그의 결점을 알고 있었지만, 그 사람의 능력을 확신했기 때문에 그를 중요 한 직책에 임명할 정도로 매우 포용력이 넓었다.

〈정답〉 (D)


## 12. 【해설】

(A) pro-life (낙태 합법화에 반대하는), pro-choice (낙태 합법화에 찬성하는), brace for (~에 대비하다.).

(B) competing observances: 경쟁하는 식전(행사) → 식전을 위해 경쟁적으로 (대비하는).

(C) strike down (~을 때려눕히다, ~을 철폐하다). 주격 관계대명사 that의 선행사인 'the Supreme Court decision'이 낙태에 대한 법적 제한을 철회하는 주체이므로 that절은 능동태가 돼야 한다. 그러므로 was struck down을 struck down으로 해야 한다.

(D) restrictions on abortion (낙태에 대한 제한).

[해석] 임신중절 합법화를 반대하는 단체들과 임신중절 합법화를 지지하는 단체들은 1월 22일의 식전을 위해 경쟁적으로 대비하고 있는데, 그날은 연방대법원이 낙태에 대한 법적 제한을 철폐하는 결정을 내린 열두 번째 기념일이다.

〈정답〉 (C)

# 찾아보기(Index)

※ [ ] 안의 숫자는 본권(제1권) 외의 권의 수를 표시합니다.
예) 266[2] 〈제2권의 266쪽〉, 331[3] 〈제3권의 331쪽〉

## [ㄱ]

가목적어 it / 170, 266[2]
가정문 / 34
가상법 / 380
가정법 / 34, 380
가정법 과거 / 387
가정법 과거완료  392
가정법 미래 / 386
가정법과 조건문의 차이 / 381
가정법의 (직설법에 대한) 특성 / 380
가정법 현재 / 382
가정법 현재동사가 쓰이는 예 / 384
가정법에서의 생략 / 384
가정법의 화법전환 / 558
가주어 it / 15, 166, 220, 265[2]
간접명령문 / 35, 373
간접목적어 / 59, 131 등
간접양보명령문 / 378
간접의문문 / 33, 331[3] 등
간접화법 / 539 등
감탄문 / 35, 365[3] 등
감탄어구, 감탄사 / 26, 40

감탄문의 화법전환 / 555
감탄부호 / 35, 36, 365[3], 367[3]
'경고·통지'형 동사 / 104
공급 동사 / 106
과거분사 / 271 등
과거분사형 / 60 등
과거분사가 목적격 보어일 경우 / 281 등
과거시제 / 329 등
과거완료시제 / 352 등
과거완료진행시제 / 357 등
과거진행시제 / 331
과거형 / 60, 329 등
관계대명사절 / 53, 15[3]
관계부사절 / 53, 15[3], 63[3] 등
관계형용사절 / 53, 16[3]
관계사 / 16, 52, 11[3]
'관련·비교' 동사 / 110
관사 / 15, 104[2] 등
관용되는 'It is p.p that ~'의 형식 / 600
교착어 / 14
구 / 47
구동사 / 74

구전치사 / 1131

군집명사 / 492

굴절 / 15, 60

굴절어 / 15

굴절접사 / 15, 42, 444[3]

귀결절 / 381 등

규칙동사 / 61

'금지·억제'동사 / 107

기본시제 / 318

기원문 / 36, 367[3]

기원문의 화법전환 / 557

끼움어구 / 27, 404[3]

## [ㄴ]

느낌표 / 539

능격 구문 / 627

능동태 / 577

능동태문 / 577

능동태의 문장을 수동태의 문장으로 전환하는 방법 / 578

## [ㄷ]

단모음 / 63, 218, 552[3] 등

단문 / 28, 235, 284, 561

단순동명사 / 230

단순미래시제 / 332

단순부정사 / 200

단순분사구문 / 295

단순형식어 / 17

단어 / [1] 40, 430[3]

단자음 / 63 등

대과거 시제 / 354

대등절 / 51, 100[3] 등

대부정사 / 206, 393[3]

도달시제 / 319

독립부정사구문 / 187

독립분사구문 / 288

독립요소, 독립어구 / 26

동격어구 / 27

동명사 / 218 등

동명사구 / 47 등

동명사의 부정 / 234

동명사의 의미상의 주어 / 225

동사 / 58 등

동사의 변화형 / 60

동사의 형태변화, 동사의 활용 / 60

동사-형용사 / 267

동사형 접미사 / 46, 446[3]

동작수동태 / 580

동족목적어 / 121

등위절 / 29, 51, 100[3], 112[3]

등위접속사 / 26, 99[3] 등

## [ㅁ]

명령문, 명령법 / 34, 372 등
명령문의 강조 / 379
명령문의 수동태 / 378, 621
명령문의 화법전환 / 552
명사 / 36, 13[2]
명사구 / 47
명사·대명사의 격 / 37
명사보어 / 92
명사상당어구 / 39, 92, 172, 83[2], 460[2], 179[3], 193[3]
명사절 / 52, 11[3], 120[3] 등
명사절을 동명사구로 전환하는 법 / 235
명사절을 이끄는 종속접속사 / 120
명사형 접미사 / 45, 446[3]
목적격 / 37
목적격 보어 / 58, 139, 221, 280 등
목적격 보어가 절인 경우 / 150
목적격 보어로 'as + 명사/ 형용사'를 취하는 동사 / 142
목적격 보어로 'for + 명사/ 형용사'를 취하는 경우 / 142
목적어 / 21, 59, 95 등
목적용법 / 180
묘출화법/ 563
무리 조동사 / 422, 496
무인칭 독립분사구문 / 291

문자와 글자 / 41
문장 / 19 등
문장과 절 / 50
문장의 요소 / 19
미래시제, 미래형 / 332 등
미래진행시제, 미래진행형 / 341
미래완료시제, 미래완료형 / 358
미래완료진행시제, 미래완료진행형 / 361

## [ㅂ]

법 / 370
법은 시제에 우선한다 / 397
법조동사 / 429 등
보어 / 21, 85 등
보통명사 / 16 등
보통명사의 추상명사로의 전용 / 17
보통명사의 형용사 대용 / 18
복문 / 29 등
복문의 화법전환 / 561
복합어 / 15, 46, 59, 506[3] 등
부가의문문 / 33, 337[3]
부대상황 / 94, 297 등
부사 / 39, 419[2]
부사구 / 49
부사나 전명구가 목적격 보어로 쓰이는 경우 / 150, 422[2]
부사적 소사 / 151, 443[2]

부사적 용법 / 180 등
부사절을 이끄는 종속접속사 / 26, 130[3] 등
부사형 접미사 / 46, 447[3]
부사절 / 53, 16[3], 99[3]
부사절의 동명사구문으로의 전환법 / 242
부정명령문 / 375
부정문의 수동태 / 620
부정부사 not의 용법 / 347
부정사 / 163 등
부정사구 / 47 등
부정사·동명사 모두를 목적어로 취할 수 있는 타동사 / 119
부정사의 의미상의 주어 / 194
부정사의 부정 / 203
부정사의 진행형 / 203
부정사의 태 / 198
'분리·구조' 동사 / 109
분리 부정사 / 208
분사 / 267 등
분사구 / 48
분사구문 / 284 등
분사구문을 만드는 방법 / 285
분사구문의 강조 / 304
분사구문의 부정 / 304
분사(구문)의 시점표시 / 295
불규칙 동사 / 64
불규칙(변화)복수형 / 52

불완전자동사 / 85 등
불완전타동사 / 139 등
불완전타동사 문장의 수동태 / 612

## [ㅅ]

사실을 나타내는 동사 / 111
사역동사 / 145, 613 등
'상·벌'동사 / 106
상태 동사 / 316
상태수동태 / 581
서법 / 28, 370 등
서법조동사, 법조동사 / 429
서술어 / 19, 58
서술용법 / 176, 277, 301[2]
선택의문문 / 33, 345[3]
선행사 / 51, 18[3]
설득 동사 / 108
성상형용사 / 279[2]
소유격 / 38, 153[2], 21[3] 등
수동명령문 / 378, 621
수동부정사 / 199, 606
수동완료동명사 / 234
수동태 / 577
수동태의 시제 / 586
수동태문의 주어 / 591
수동태문의 주어가 될 수 없는 목적어 / 598
수동태문의 행위자 / 592

수식어구 / 23, 409[3]

수여동사 / 59, 131

수의 일치 / 516

술부 / 22, 204

술어 동사 / 20, 22, 59, 164, 382 등

시제 / 316

시제의 일치 / 530

시제조동사 / 421, 428

## [ㅇ]

어간 / 42

어근 / 42, 430[3]

어기 / 42, 440[3]

양보명령문 / 376

연결어구, 연결사 / 25

영어단어의 구성요소 / 41, 430[3]

완료시제, 완료형 / 319, 342

완료시제의 수동태 / 588

완료진행시제, 완료진행형 / 320 등

완료(형)부정사 / 201

완료(형)분사구문 / 296

완료(형)동명사 / 233, 428

완전자동사 / 70

완전자동사 + 전치사 / 74

외치문 / 166, 599등

완전타동사 / 95 등

우분지 언어 / 17

원형부정사 / 145, 164 등

유사보어, 의사보어, 준보어 / 94

의사분사, 유사분사 / 268

의문문 / 31, 326[3]

의문문의 수동태 / 617

의문문의 화법전환 / 548

의문사가 있는 의문문 / 32, 330

의문사절 / 113, 14[3], 194[3]

의지미래 / 334 등

의지를 표시하는 동사 / 114

이중자음 / 63

인용부호 / 539 등

일반의문문, 의문사가 없는 의문문
 / 31, 326[3]

일반분사구문 / 288

## [ㅈ]

자동사 / 59 등

자동사의 과거분사 / 272

자동사의 기능을 하는 동사구 / 83

자동사의 수동태 / 607

자동사의 현재분사 / 270

장모음 / 63 등

재귀목적어 / 123

재료, 원료관계 전치사 / 237

전달동사 / 539

전달문, 전달부 / 539

전위수식 / 275, 293[2]
전제절 / 381
전치사 / 39, 179[3]
전치사구 / 49, 179[3]
전치사의 목적어를 주어로 하는 수동태 / 602
절 / 50
접사 / 43, 440[3]
접두사 / 43, 440[3]
접미사 / 45, 444[3]
접속사 / 16 39, 98[3]
정도 용법 / 185
정형동사와 비정형동사 / 163
제거·박탈 동사 / 105
조건명령문 / 375
조건 용법 / 185
조동사 / 421
존재 동사 / 327
종속절 / 50, 11[3], 120[3]
종속절의 동명사구문으로의 전환 / 235
종속접속사 / 26, 120[3], 99[3]
종요소 / 23
좌분지 언어 / 17
주격 / 37, 153[2], 245[2]
주격보어 / 85 등
주부와 술부 / 22
주어 / 19 등
주어가 있는 명령문 /379

주요소 / 19
주절 / 51 등
준동사 / 163 등
준동사의 수동태 / 606
준동사의 의미상의 주어로 쓰이는 there의 용법 / 294
준 조동사 / 496
준(법)조동사 / 421
중간태 / 626
중문, 대등문 / 29 등
중문의 화법전환 / 559
지각동사 / 145, 178, 613 등
직설법 / 34, 370
직접목적어 / 131, 169, 591 등
직접명령문 / 372
직접화법 / 539 등
진목적어 / 148, 170, 266[2]
진행시제 / 319 등
진행시제의 수동태 / 587
진행형을 쓸 수 없는 동사 / 326

## [ㅊ]

참여사 / 267
처단·처분 동사 / 108
첨가어 / 14
충고·협의 동사 / 110

## [ㅌ]

타동사 59
타동사구 / 74, 100 등
타동사의 현재분사 / 270
타동사의 과거분사 / 272
태 / 577
통성명사 / 71

## [ㅍ]

'판명'을 나타내는 동사 / 91
8품사 / 36
평서문 / 31
피전달문, 피전달부 / 539

## [ㅎ]

한정용법 / 173, 274[2], 289[2] 등
합성(법) / 451
허사 / 17, 460[2]
현수분사구문 / 290
현재분사가 목적격 보어일 경우 / 280
현재분사형 / 60
현재시제, 현재형 / 321
현재완료시제, 현재완료형 / 342
현재완료시제와 과거시제와의 비교 / 343
현재완료진행시제, 현재완료진행형 / 351
현재진행시제, 현재진행형 / 325
형식어 / 15, 17, 461[2]

형식조동사 / 422, 424
형용사 / 38, 279[2]
형용사구 / 48
형용사(구)와 명사 사이의 수의 일치 / 529
형용사보어 / 93
형용사 상당어구 / 93
형용사절 / 52, 15[3] 등
형용사절의 동명사구문으로의 전환법 / 244
형용사형 접미사 / 46, 447[3]
형태소 / 42, 430[3] 등
호격어구 / 27
혼합가정법 / 395
혼문 / 30
화법 / 539
후위수식 / 276, 297[2]

## [A]

Alexander Pope / 165
as if, as though + s + 가정법동사 / 399
as it were / 392

## [B]

be busy (in) + ~ing / 251
be equal to + ~ing / 246
be far from + ~ing / 254
be going to / 339, 501 등
be likely to / 503
be on the point of + ~ing / 251
be opposed to + ~ing/ 245
be suppose to + 동사원형 / 500
be sure of + ~ing / 258, 317[2]
be thankful[grateful] + A + for + B(~ing) / 250
be + to부정사 / 179, 504 등
be used to + 동사원형 / 499
be[get, become] used to + ~ing / 246, 499
be worth + ~ing / 251

## [C]

can의 용법 / 430
cannot (help, choice) but + 동사원형 / 192, 437

cannot help + ~ing / 254, 437
Charles Talbut Onions / 59
come, go + near + ~ing / 253
compared with / 292
considering [considered] (that) / 292, 163[3]
contribute to + ~ing / 245
could의 용법 / 437
could와 was able to의 차이 / 438

## [D]

dare / 493
devote [dedicate] + A + to + B(~ing) / 245
do anything but [except, save] + 동사원형 / 192
do nothing but [except] + 동사원형 / 192

## [F]

fall to + ~ing / 247
feel like + ~ing / 250

## [G]

give rise to + ~ing / 245
granted [granting] that / 293
go ~ing / 258

찾아보기 647

go on + ~ing / 258

## [H]

had best + 동사원형 / 192
had better + 동사원형 / 191
'had + p.p.'가쓰이는 경우 / 356
have (ever) been (to) ~ / 345
have + difficulty + (in) + ~ing / 257
have got / 348
have no alternative but to + 원형 / 254
have one's hands full [busy] ~ing / 256
have yet to do/ 426, 523[2]
have의 특수한 용법 / 614
Hornby / 70
How about ~ing …? / 246

## [I]

in + ~ing / 249
it's about time that / 392, 405
instead of + ~ing / 253
it goes without saying + ~(that) / 249
it is (high) time ~ (that) / 392
it is (of) no use [good] + ~ing / 248
I wish [wished] + 가정법 / 397

## [J]

judging from / 292, 190[3]

## [K]

King Sejong / 330, 74[2], 114[2], 116[2], 426[2], 579[2], 310[3]

## [L]

like, love, prefer, hate + ~ing / 256
look forward to + ~ing / 247
lose no time (in) ~ing / 257

## [M]

make 의 특수한 용법 / 615
make a point of + ~ing / 252
may as well + 동사원형 / 193, 449, 604[2]
may have p.p. / 330
may well + 동사원형 / 138, 333 등
might have p.p. / 444
must have p.p. / 487
must와 have to / 485

## [N]

need not have + p.p. / 491
never [cannot] A without B(~ing) / 253
not do better than + 동사원형 / 192
not do other [better] than + 동사원형 / 192

## [O]

of one's own + ~ing / 249

on [upon] + ~ing / 249

ought의 용법 / 468

## [P]

provided [providing] (that) / 163

## [R]

remember, forget, regret + ~ing / 255

## [S]

Saint-Exupery / 78

should have p.p. / 463

skill in + ~ing / 256

SOV형 언어 / 13

speaking [talking] of / 292

supposing / 293

SVO형 언어 / 13

## [T]

take one's time (in) ~ing … / 257

take to + ~ing/ 247

taking everything into consideration / 292

There is no ~ing / 248

the same as / 172

to부정사를 보충어로 취할 수 있는 서술형용사 / 344

'to be + 명사·형용사' 형태의 목적보어에서 'to be'의 생략 / 143

too ~ to부정사 / 204

try + ~ing / 256

turn one's attention to + ~ing / 246

## [U]

used to와 would / 497

## [W]

What do you say to + ~ing / 246

When it comes to + ~ing / 247

Why not + 동사원형 ~? / 194, 475[2]

'Will you ~?'와 'Won't you ~?' / 338

with + 목적 + 분사 / 302

with a view to + ~ing / 245

without + ~ing / 250

would + have +p.p. / 479

would rather + 동사원형 / 193

Would you mind ~ing? / 255, 482

Would you mind one's ~ing? / 483

### 영문법 대계 Ⅰ

**펴낸날** 2017년 5월 25일

**지은이** 김강석
**펴낸이** 주계수  |  **편집책임** 윤정현  |  **꾸민이** 윤정현

**펴낸곳** 밥북  |  **출판등록** 제 2014-000085 호
**주소** 서울시 마포구 월드컵북로 1길 30 동보빌딩 301호
**전화** 02-6925-0370  |  **팩스** 02-6925-0380
**홈페이지** www.bobbook.co.kr  |  **이메일** bobbook@hanmail.net

© 김강석, 2017.
ISBN 979-11-5858-275-3 (세트) (14740)
ISBN 979-11-5858-276-0 (14740)

※ 이 도서의 국립중앙도서관 출판시도서목록(CIP)은 e-CIP 홈페이지(http://www.nl.go.kr/cip)에서 이용하실 수 있습니다. (CIP2017012336)

※ 이 책은 저작권법에 따라 보호받는 저작물이므로 무단전재와 복제를 금합니다.
※ 책값은 표지 뒷면에 표기되어 있습니다.